Kant's Transcendental Deduction and the Theory of Apperception

Kantstudien-Ergänzungshefte

On behalf of the Kant-Gesellschaft
edited by
Manfred Baum, Bernd Dörflinger,
Heiner F. Klemme and Konstantin Pollok

Band 218

Kant's Transcendental Deduction and the Theory of Apperception

New Interpretations

Edited by
Giuseppe Motta, Dennis Schulting, and Udo Thiel

DE GRUYTER

ISBN 978-3-11-152330-9
e-ISBN (PDF) 978-3-11-073260-3
e-ISBN (EPUB) 978-3-11-073263-4
ISSN 0340-6059

Library of Congress Control Number: 2022937426

Bibliographic information published by the Deutsche Nationalbibliothek
The Deutsche Nationalbibliothek lists this publication in the Deutsche Nationalbibliografie; detailed bibliographic data are available on the Internet at http://dnb.dnb.de.

© 2024 Walter de Gruyter GmbH, Berlin/Boston
This volume is text- and page-identical with the hardback published in 2022.

www.degruyter.com

Acknowledgements

We would like to thank a number of people and institutions for their contributions to this volume: first and foremost, all of the contributors for participating in this project, the editors of *Kantstudien-Ergänzungshefte* for agreeing to publish this volume as part of that series, and several referees for their helpful and constructive comments on the manuscript. We thank Dietmar Heidemann, first chairperson of the *Kant-Gesellschaft*, for his continuous support of this project, and we thank the *Austrian Science Fund* (FWF) for their financial support of the research project in the context of which work on this volume has been pursued.

Many contributions to this volume derive from presentations given in connection with several conferences and lecture-series at the University of Graz in Austria. Accordingly, we are grateful to the sponsors of those highly successful events, including in particular the state of Styria and the University of Graz for their support of these conferences and the popular *Kant in Graz* lecture-series. In organizing these conferences and lecture-series, we benefitted from the help of a number of student assistants and in particular of the secretary of the History of Philosophy Section at the Department of Philosophy, Ingeborg Röllig. We also thank Henny Blomme and Karen de Boer who organized a conference on Kant's A-Deduction at the KU Leuven in December 2016, as several contributions to this volume derive from that conference.

In preparing this volume we have benefitted greatly from the help of assistants at the University of Graz, in particular Martin Hammer and Timo Teberikler-Kostmann. We thank Christopher E. Fremaux (University of Scranton) for his invaluable assistance with the English version of an early draft of the general Introduction. And last, but not least, we thank the Copy-Editors, Konrad Vorderobermeier und Ian Copestake, for their diligent work.

Table of Contents

Abbreviations and Citations —— XI

Giuseppe Motta and Udo Thiel
Introduction —— 1

The Sources of Apperception

Werner L. Euler
Apperzeption bei Leibniz und Kant —— 59

Gualtiero Lorini
Bewusstsein und innerer Sinn bei Baumgarten: Ein Beitrag zu Kants Begriff der Apperzeption? —— 93

Giuseppe Motta
David Hume und René Descartes. Über Form und Struktur der Deduktion der Kategorien —— 113

Martin Hammer
Lamberts Postulate als Quelle der Synthesis Kants —— 133

Henny Blomme
J. B. Merians Auffassung der Apperzeption. Eine Quelle für Kant? —— 193

Apaar Kumar
***Gefühl* in Kant's *Gefühl eines Daseins:* Clues from Tetens and Feder** —— 219

Developments in Kant's Thought

Udo Thiel
Consciousness, Inner Sense and Self-Consciousness in the 1760s —— 253

Rudolf Meer
Von den *Grentzen der Sinnlichkeit und der Vernunft* zur Idee der *Critick der reinen Vernunft*. Lamberts Einfluss auf Kants Denken zwischen 1770 und 1772 —— 275

Fernando Moledo
The Transcendental Deduction of the Categories in the Reflections of the *Duisburg Nachlass* (ca. 1775) —— 307

The A and B Deductions

Manfred Baum
Apperzeption und Natur. Zur transzendentalen Deduktion der Kategorien bei Kant —— 321

Huaping Lu-Adler
The Subjective Deduction and Kant's Methodological Skepticism —— 341

Günter Zöller
Zwischen Sinnlichkeit und Verstand. Kants Kategoriendeduktion und die Funktionen der Einbildungskraft —— 361

Corey W. Dyck
The Proof-Structure of Kant's A-Edition Objective Deduction —— 381

Dennis Schulting
The Unity of Cognition and the Subjectivist vs. "Transformative" Approaches to the B-Deduction, or, How to Read the *Leitfaden* (A79) —— 403

Christian Onof
The Transcendental Synthesis of the Imagination and the Structure of the B Deduction —— 437

Till Hoeppner
Kant's Metaphysical and Transcendental Deductions of the Categories: Tasks, Steps, and Claims of Identity —— 461

Hirotaka Nakano
Kant's Enactivism —— 493

Apperception and Self-Knowledge

Stefan Heßbrüggen-Walter
Apperception as "Radical Faculty" —— 513

Kenneth R. Westphal
Wie beweist Kant die „Realität" unseres äußeren Sinnes? —— 525

Ursula Renz
Selbsterkenntnis: Eine kantische Strategie —— 571

Maja Soboleva
Knowledge, Self-Knowledge and Self-Identity: Transcendental and Empirical Arguments —— 597

Katharina T. Kraus
Wie erfahren wir uns selbst sinnlich? Ein Lösungsvorschlag zu Kants Paradox der Selbstaffektion —— 613

Index of Names —— 641

Abbreviations and Citations

Kant's works are cited according to the abbreviations given in the list below. This is followed by the volume and page number in *Kant's Gesammelte Schriften*, edited by the Königlich-Preußische [later Deutsche] Akademie der Wissenschaften and, from volume 24, by the Akademie der Wissenschaften zu Göttingen, Berlin: Reimer/[later] De Gruyter, 1900–, unless otherwise indicated. For example, "*Anth* 7: 161" refers to Kant's *Anthropologie in pragmatischer Hinsicht*, Akademieausgabe, vol. 7, page 161. Kant's *Critique of Pure Reason* is cited according to the page numbers in the first ('A') and/or second ('B') editions. As regards translations, the authors state in their individual contributions which translations they have used for quotations from Kant's works.

Abbreviations and short titles for Kant's works

AA	Akademieausgabe
Anth	Anthropologie in pragmatischer Hinsicht
Bemerkungen	Bemerkungen in den "Beobachtungen über das Gefühl des Schönen und Erhabenen"
BM	Bestimmung des Begriffs einer Menschenrasse
Briefe	Briefwechsel
CPR	Critique of Pure Reason
De mundi	De mundi sensibilis atque intelligibilis forma et principiis
Deutlichkeit	Untersuchung über die Deutlichkeit der Grundsätze der natürlichen Theologie und der Moral
Fortschritte	Welches sind die wirklichen Fortschritte, die die Metaphysik seit Leibnitzens und Wolf's Zeiten in Deutschland gemacht hat?
FS	Die falsche Spitzfindigkeit der vier syllogistischen Figuren
Gegenden	Von dem ersten Grunde des Unterschiedes der Gegenden im Raume
KpV	Kritik der praktischen Vernunft
KrV	Kritik der reinen Vernunft
KU	Kritik der Urteilskraft
Log-Blomberg	Logik Blomberg
Log-Hechsel	Logik Hechsel
Log-Philippi	Logik Philippi
Logik	Jäsche Logik
Log-Pölitz	Logik Pölitz
Log-Wien	Wiener Logik
MAN	Metaphysische Anfangsgründe der Naturwissenschaften
Met-Dohna	Vorlesungen Wintersemester 1792/1793 Metaphysik Dohna
Met-K3E	Vorlesungen Wintersemester 1794/1795 Metaphysik K3
Met-L1	Metaphysik L 1
Met-L2	Metaphysik L 2
Met-Schön	Metaphysik von Schön
Met-Vigil	Metaphysik Vigilantius (K3)

Met-Volckmann	Metaphysik Volckmann
MH	Metaphysik Herder
MS	*Die Metaphysik der Sitten*
Nachträge zur KrV	Erdmann, Benno, *Nachträge zu Kants Kritik der reinen Vernunft*
OP	Opus Postumum
PE	*Untersuchung über die Deutlichkeit der Grundsätze der natürlichen Theologie und der Moral*, known as Kant's *Prize Essay*
Prol	*Prolegomena zu einer jeden künftigen Metaphysik*
Refl	*Reflexionen*
TG	*Träume eines Geistersehers*
TH	*Allgemeine Naturgeschichte und Theorie des Himmels*
V-Anth/Collins	Vorlesungen Wintersemester 1772/1773 Collins
V-Anth/Friedländer	Vorlesungen Wintersemester 1775/1776 Friedländer
V-Anth/Parow	Vorlesungen Wintersemester 1772/1773 Parow
V-Anth/Pillau	Vorlesungen Wintersemester 1777/1778 Pillau
VvRM	*Von den verschiedenen Rassen der Menschen*

Abbreviations and short titles for works by other authors

Acroasis logica	Baumgarten, Alexander Gottlieb, Acroasis logica in Christianum L.B. de Wolff
Aleth.	Lambert, Johann Heinrich, Alethiologie des Neuen Organons
Architectonic	Lambert, Johann Heinrich, Anlage zur Architectonic, oder Theorie des Einfachen und des Ersten in der philosophischen und mathematischen Erkenntniß
AT	Descartes, René, Oeuvres complètes
Beyfall	Baumgarten, Alexander Gottlieb, Gedancken vom Vernünfftigen Beyfall auf Academien, Wonebst er Zu einer Antrits-Rede und ersten Frankfurtischen Lese-Stunden eingeladen
Deutsche Metaphysik	Wolff, Christian, Vernünfftige Gedancken von Gott, der Welt und der Seele des Menschen, auch allen Dingen überhaupt.
Dian.	Lambert, Johann Heinrich, Dianoiologie des Neuen Organons
Enquiry	Hume, David, Enquiries concerning Human Understanding and concerning the Principles of Morals
Essay	Locke, John, An Essay concerning Human Understanding
GW 12	Hegel, Georg Wilhelm Friedrich, Wissenschaft der Logik. Zweiter Band. Die subjektive Logik (1816), in: G. W. F. Hegel, Gesammelte Werke, Band 12, hrsg. von Friedrich Hogemann und Walter Jaeschke, Hamburg: Meiner 1981
L II	Hegel, Georg Wilhelm Friedrich, Wissenschaft der Logik, Zweiter Teil, Drittes Buch, hrsg. von Georg Lasson, Hamburg: Meiner 1975
LM	Feder, Johann Georg Heinrich, Logik und Metaphysik
Metaphysica	Baumgarten, Alexander Gottlieb, Metaphysica

Nouveaux Essais	Leibniz, Gottfried Wilhelm, Nouveaux Essais sur l'entendement humain
Phaen.	Lambert, Johann Heinrich, Phänomenologie des Neuen Organons
Philosophia rationalis	Wolff, Christian, Philosophia rationalis sive Logica, methodo scientifica pertractata
Psychologia empirica	Wolff, Christian, Psychologia empirica, methodo scientifica pertractata
Psychologia rationalis	Wolff, Christian, Psychologia rationalis, methodo scientifica pertractata
PV I	Tetens, Johann Nicolas, Philosophische Versuche über die menschliche Natur und ihre Entwicklung, Band 1
PV II	Tetens, Johann Nicolas, Philosophische Versuche über die menschliche Natur und ihre Entwicklung, Band 2
SP	Tetens, Johann Nicolas, Über die allgemeine speculativische Philosophie
Treatise	Hume, David, A Treatise of Human Nature

Other abbreviations

ATD   Transcendental Deduction A version
FWF   Austrian Science Fund
MD   Metaphysical Deduction
TAe   Transcendental Aesthetic
TD   Transcendental Deduction
TSI   Transcendental Synthesis of the Imagination
TUA   Transcendental Unity of Apperception

Giuseppe Motta and Udo Thiel
Introduction

1 The Project

In the *Critique of Pure Reason*, the theory of apperception belongs to the transcendental deduction, and thus, in accordance with the juridical sense of the word 'deduction', to a justification – before the court of reason – of the use of the categories as necessary and universally valid functions of the understanding. Hence, the tasks of interpreting (1) the Kantian notion of apperception, and (2) the argument of the transcendental deduction both relate to the issue of synthetic a priori judgments that are based on the pure concepts of the understanding and whose use in determining the objectivity of the objects of experience requires justification. It is plain, then, that understanding Kant's account of apperception will assist our understanding of the transcendental deduction, and vice versa.

The present volume contains 22 essays (11 in English, 11 in German) that explore these two closely related topics in Kant's philosophy from four distinct perspectives:
1. Through an examination of the philosophical sources of the Kantian notions of 'apperception' and 'self-consciousness';
2. Through a historical investigation of the development of the theory of apperception and the deduction of the categories in the so-called pre-critical period;
3. Through an analysis of the content, form, and structure of the A- and/or B-Deductions of the categories in the *Critique of Pure Reason*;
4. Finally, through an examination of the notions of apperception and self-consciousness in both Kantian and non-Kantian contexts.

We believe that, in general, the project of combining these different perspectives is essential to an understanding of Kant. There can be no serious philosophical discussion of his thought unless it is accompanied by precise historical and even philological examinations of Kant's texts in their proper contexts, and historical reflections cannot reasonably dispense with a systematic analysis of notions such as 'apperception', 'synthesis', and 'objectivity'.

Thus, the present volume attempts to combine a variety of approaches to those fundamental themes in Kant's philosophy and bring them into a dialogue with one another. In addition, this introduction provides a historical overview of the most important and well-known interpretations of Kant's theory of apperception and the transcendental deduction, as the history of interpretations of Kant on these topics is diverse, rich, and illuminating, and provides essential context for present-day readings.

All contributions to this volume have been written within the past three to six years. The essays in sections 1 and 2 are based on talks presented at two conferences held at the University of Graz: (1) *Immanuel Kant. Die Quellen der Apperzeption* (Immanuel Kant: The Sources of Apperception), 16 and 17 March 2018; (2) *Immanuel Kant. Die Apperzeption und ihre Quellen* (Immanuel Kant: Apperception and Its Sources), 26 June 2019. Both events were organized by Giuseppe Motta and Udo Thiel and were part of a project funded by the Austrian Science Fund (FWF). While some essays in sections 3 and 4 were especially commissioned for this volume, most of them were previously given as talks. (1) At a conference titled *Kant's A-Deduction*, held at the Institute of Philosophy at the KU Leuven, organized by Henny Blomme and Karin de Boer, on 12 and 13 December 2016; (2) as part of the "Kant in Graz" lecture series, organized by Giuseppe Motta and Udo Thiel.

2 Interpretations from 1781 to 2021: A Short History

This section provides an overview of some of the most important and well-known interpretations of Kant's theory of apperception and the transcendental deduction, from the publication of the first edition of the *Critique of Pure Reason* in 1781 to the present day. Full citations of works referred to are given in the bibliography (pp. 26–55).

In the years immediately after the first publication of the *Critique of Pure Reason*, some reactions to Kant's theory of apperception were highly critical, while others were more neutral. An example of the latter is Christian Gottfried Schütz's 1785 review for the *Allgemeine Literatur-Zeitung*, claiming that the true principle of the table of categories is the unity of consciousness. As he says: "No cognitions can take place in us, no connection and unity among them, without that unity of consciousness that precedes all data of intuition and in relation to which alone the representation of objects is possible. Herr K. calls this pure, unchangeable consciousness *transcendental apperception*" (1785: 118).

An example of the former is Johann Schultz's review (of the same year and in the same periodical as Schütz's) of Ulrich's *Institutiones Logicae et Metaphy-*

sicae, in which he describes the whole deduction as an "obscure matter" (*dunkle Materie*). He is unconvinced by Kant's argument because Kant had, above all, not succeeded in ruling out the application of the categories to things in themselves (1785: 298–299). Note that a similar critique is present in Gottlob Ernst Schulze's *Aenesidemus* (1792). Kant responded to Schultz in a footnote to the preface of the *Metaphysical Foundations of Natural Science* of 1786, and again in the second edition of the *Critique of Pure Reason*. Other critical reactions from this period are of a more polemical nature, such as the famous review of the *Critique of Pure Reason* by Christian Garve and Johann Georg Heinrich Feder (published anonymously in 1782), and Christoph Meiners's preface to his *Grundriss der Seelenlehre* (1786).

Kant's theory of apperception was often misunderstood in the first years of its reception. In spite of this (and perhaps also because of this), it aroused enormous interest, especially around 1790. Several philosophers located apperception at the center of their interpretations in order to develop their own entirely new systems of philosophy. Their new metaphysical or psychological understanding of the original synthetic unity of apperception as fulfilling a grounding function led them to new interpretations of Kant's conception of the nature of thought and intuition, leading them in turn to a new, Kant-inspired, philosophy that was no longer purely 'Kantian'.

For example, Karl Leonhard Reinhold (against whom Schulze had mainly directed his critique in *Aenesidemus*) argues that his "principle of consciousness" is the grounding principle of a general system of critical idealism (cf. Reinhold 1789; 1790: vol. 1, ch. 2; 1791). By contrast, Salomon Maimon replaces Kantian apperception with the unity of an infinite understanding, or a world soul, which determines not only the form but also the matter of experience (cf. Maimon 1790).

At that time, most interpreters of Kant believed that, since for Kant concepts are intelligible only if they are derived from the synthetic unity of apperception, the theory of apperception should be regarded as the basis for evaluating the entire system of transcendental idealism. Jacob Sigismund Beck's 1796 treatise is committed to this thesis, as even its title indicates: *Einzig-möglicher Standpunct, aus welchem die critische Philosophie beurtheilt werden muß* (see also his *Grundriß der kritischen Philosophie* of the same year). For Beck, since transcendental philosophy accounts only for that which results from the realization of a postulated original act of representation, the objective and synthetic unity is the highest point of all uses of the understanding. That which cannot be traced back to this unity is to be considered incomprehensible and meaningless.

Johann Gottlieb Fichte's critique of the transcendental deduction is more radical and perspicuous than the critiques mentioned thus far (which is why it was later adopted by both Reinhold and Beck). According to Fichte, Kant did not deduce the validity of the categories (nor could he have done so), as he merely referred vaguely to a fundamental principle of all knowledge and never gave a clear and detailed account of this principle. According to Fichte, this fundamental principle cannot be described merely as consciousness or apperception, rather it is the "original act" (*ursprüngliche Thathandlung*) by which the I posits its own being. As Fichte claimed that the practical has primacy over the theoretical, he developed a theory, according to which the I, through an act of an original "self-positing", posits both itself and the Not-I (cf. Fichte 1794).

The 1790s witnessed a considerable increase in accounts that were influenced either positively or negatively by Reinhold and/or Fichte. See, for example, Karl Theodor A.M. von Dalberg, 1793 (attempting to analyze empirical consciousness and establish a doctrine of "human wisdom" on the basis of such analysis), Johann Heinrich Abicht, 1794 (critical of Schulze's *Aenesidemus*), Friedrich Bouterwek, 1795 (critical of both Reinhold and Fichte), Johann Neeb, 1795 to 1796 and Georg August Flemming, 1796 (both of whom hold positions fairly close to Reinhold's), Johann Christian August Grohmann, 1796 and 1798 (who is opposed to what he considers to be Fichte's 'solipsism'), and Johannes Baptist Schad, 1798 (an important interpreter of Fichte's philosophy).

Of more consequence than these accounts is, of course, the transformation of transcendental philosophy into absolute idealism in Friedrich Wilhelm J. Schelling (*Vom Ich oder über das Unbedingte im menschlichen Wissen als Prinzip der Philosophie*, 1795, and *System des transzendentalen Idealismus*, 1800), and Georg Wilhelm Friedrich Hegel (*Glauben und Wissen*, 1802, *Wissenschaft der Logik*, Part Two: "Subjective logic, or the doctrine of the concept", 1816, section: "on the concept in general", and the third part of the *Enzyklopädie der philosophischen Wissenschaften*, 1830: "Die Philosophie des Geistes"). As both philosophers hold that apperception grounds the identity of subject and object, they assign a special significance to that notion in their respective philosophical systems. Arthur Schopenhauer's rather peculiar view of the Kantian notion of consciousness is based on the claim that consciousness relates to the two aspects of the world (representation and will). Accordingly, the notion of unity, too, takes on a new meaning in his system (cf. 1819).

Most importantly, however, many works on Kant from this period attempted to relate transcendental accounts of the unity of consciousness to developments in empirical psychology. Here, lesser-known writings are for example the *Empirische Psychologie* by Carl Christian Erhard Schmid (1791), several books by Johann Christoph Hoffbauer (1794 and 1796), the articles in the *Psychologisches Magazin* published by Schmid in Jena (1796–1798), the *Mémoire sur la question de l'origine des connaissances humaines* by Fréderic de Castillon (1804), and *Psychologie in drei Theilen als empirische, reine und angewandte* by Carl August Eschenmayer (1817). The better-known works by Kant's successor in Königsberg, Johann Friedrich Herbart, and Jakob Friedrich Fries were published in the years that followed.

In contrast to Reinhold, Fichte, and Schelling, Herbart led the debate about the unity of consciousness back to psychological questions. For Herbart, apperception is not a subjective or transcendent unity given *a priori*, but merely the sum-total of conscious, empirically given representations. According to Herbart, the I is constituted by its representations. New ideas are assimilated, and older ones are to be understood in relation to them. Thus, in stark contrast to Kant and his notion of the transcendental I, Herbart holds that the I evolves and is subject to continuous growth in its development (1824/25). According to Fries, in order to move from assertoric experience to apodictic knowledge, empirical consciousness must be raised to a "consciousness in general". Here, Fries seems to follow Kant. There is, however, a fundamental difference between them, due to Fries's strictly anthropological conception of apodicticity (and of necessity). Moreover, according to Fries, Kant does not understand that accounting for the connections among cognitions should be the task of a kind of ('inner') physics. That is to say, even the unity of knowledge should be made the object of a psychological investigation (see especially the second volume of the second edition of Fries's *Neue oder anthropologische Kritik der Vernunft*, 1828–1831). Following Fries, Jürgen Bona Meyer argues a few decades later that Kant's deduction belongs to psychology. He maintains that Kant himself had discovered the unity of consciousness through empirical analysis, but failed to make this explicit (1870).

In Neo-Kantianism, the philosophical movement that originated in Marburg at the end of the nineteenth century, the *a priori* is understood as fundamentally dynamic. At the same time, the Neo-Kantians argue that transcendental philosophy should be concerned with explaining not the psychological workings of the human mind but the conditions of the validity of scientific knowledge. Hence, they do not consider the treatment of the (allegedly both static and psychological) concept of the unity of consciousness to be of central importance. Nevertheless, there are notable discussions of this concept, both in Hermann Cohen's works and in Paul Natorp's writings on psychology. In the first edition of *Kants Theorie der Erfahrung*, Cohen emphasizes that it is necessary to de-psychologize the notion of consciousness. At the same time, however, he presents Kant as having provided a psychological analysis of consciousness: "For consciousness to be explainable, it should be understood as a mechanism" (1871: 164). In the second, expanded edition, Cohen, while persisting with his psychological reading, presents an "alternative" to Kant's deduction of the categories that is meant to explain the generation of knowledge from what he terms "pure thought". The latter must be able to situate the object of knowledge within itself prior to any a posteriori determinations (cf. 1885). Since the concept of the unity of consciousness remains strictly linked to the transcendental function of unifying the manifold through the categories, Natorp describes what he calls the "concrete unity" of subjective experiences as "life" (*Leben*), or rather as the "totality of all that is experienced" (*Totalität alles Erlebten*). He attempts to examine this on the basis of a psychology that he redefines in terms of a transcendental framework. See, for example, his *Allgemeine Psychologie* (1904) and *Allgemeine Psychologie nach kritischer Methode* (1912). Ernst Cassirer defines Kant's "self" as a "logical requisite" (*logisches Requisit*), and apperception as a "systematic whole of pure, logical conditions" (1907: 588, 575).

The Austrian Neo-Kantian Alois Riehl offers a different interpretation. In volume 1 of *Der philosophische Kriticismus*, Riehl describes the form of consciousness as the form of lawfulness in general (1876: 388–389). In the less historical and more systematic account in volume 2, he replaces the unity of apperception with the principle of identity and redefines it as the "unity of logical consciousness" (1879: 236, cf. 219–236). Also significant is the interpretation by Heinrich Rickert, who belongs to the Southwestern or Baden school of Neo-Kantianism. Rickert understands the "judging consciousness in general" (*urteilende Bewusstsein überhaupt*) as singularly necessary for overcoming the subject-object dichotomy. In *Der Gegenstand der Erkenntnis* (1892), he emphasizes the necessity of overcoming the classical antinomy between the subjective form of knowledge and the objective givenness of the object of experience. Only the "judging consciousness in general" can take on this neutral standpoint, due to its contentless and therefore non-"subjective" character. Rickert calls it an "unreal subject" (*unwirkliches Subjekt*).

The interpretations of the Kantian "unity of consciousness" in the first century after the publication of Kant's first *Critique* can be summarized in terms of the labels 'idealism', 'empirical psychology' and 'Neo-Kantianism'. Important contributions to our understanding of the "unity of consciousness" were provided at the end of the nineteenth and beginning of the twentieth centuries in some historical and philological commentaries by Kant scholars such as Benno Erdmann (cf. 1878, 1908, 1915), Erich Adickes (cf. 1887 and 1889), and Hans Vaihinger (cf. 1902). In the first half of the twentieth century, the notion of apperception was dealt with also in the context of several reconstructions of Kant's philosophy as a whole. The most significant example here is probably Max Wundt's *Kant als Metaphysiker*, which was published in Stuttgart in 1924. Herman Jean de Vleeschauwer's *La déduction transcendantale dans l'oeuvre de Kant* (1934–1937) is still considered one of the most substantial works on Kantian apperception and the deduction. The first volume deals with the issue of the deduction in

Kant's pre-critical writings. In the second volume, Vleeschauwer examines the first edition of the *Critique*, as well as the *Prolegomena* and the *Metaphysical Foundations of Natural Science*. In the third volume, he examines the second version of the deduction of 1787. Also of note in this context are the classic, substantial English commentaries by Norman Kemp Smith (1918) and Herbert James Paton (1936) which, in terms of their interpretations, are diametrically opposed to each other.

In the essay "Persönlichkeit und Ding an sich in der Kantischen Philosophie" (1924), Heinz Heimsoeth turns against what he takes to be abstract and empty conceptions of personhood and the world in what we called above the idealist, psychological, and Neo-Kantian accounts. According to him, Kant's "I think" does not designate a merely logical subject, but is to be understood, instead, as the consciousness of the capacity for self-determination, or as the only possible knowledge of the spontaneous act of self-determination. The "I think" is thus interpreted as the consciousness of spontaneity (cf. 1961 and 1966–1971).

Among the metaphysical and existentialist readings of Kant, the interpretations by Martin Heidegger and Karl Jaspers are of course of particular importance. In *Kant und das Problem der Metaphysik* (1929), Heidegger emphasizes the importance of Kant's conception of the power of imagination as presented in the first edition of the *Critique of Pure Reason*. Heidegger describes the three forms of synthesis presented there (apprehension, reproduction, and recognition) as functions of the imagination, but he interprets these in terms of his conception of *Dasein* (i. e. in their relation to being). For an existentialist interpretation of the deduction, see Karl Jaspers's *Die großen Philosophen I* (1957). In the book's more than 200 pages on the philosophy of Kant, the topic of the empirical unity of the subject is prominent.

In the context of developing phenomenology into a transcendental philosophy, Husserl dealt with problems with which the representatives of critical idealism, such as the late Natorp, were also concerned. This led some scholars to attempt a convergence or synthesis of these two schools. A prominent scholar who worked on such a project in post-war Germany was Hans Wagner (see especially Wagner 1953 and 1959). Also, Robert Reininger's earlier account of what he calls "primordial experience" (*Urerlebnis*) can be related to Husserl's conception of immediate self-certainty. He agreed with the Neo-Positivists that, in thinking, we are concerned only with propositions. He argued, however, that the immediate experiential certainty of the original unity of thinking, which is present in all propositions but is not itself expressible, is the prerequisite for the constant mediating nexus of propositions (Reininger 1947/1948). Erich Heintel, Reininger's successor in Vienna, rejected the latter's notion of a primordial experience and attempted to reduce all human knowledge to a fundamental dialectic between absolute certainty and the never-ending revision of our propositions (see Heintel 1944 and 1968). Against the background of these developments, which amount to a kind of 'survival' of the Neo-Kantian tradition in Vienna, Hans-Dieter Klein developed his own conception of consciousness as an "action" (1973, 2002). See especially Kurt Walter Zeidler: 1992, 1995, 2004 (for a discussion of Zeidler's conception of the unity of apperception, see Edel 2020).

In a very different context, Lüder Gäbe's Marburg dissertation of 1954 provided a historical reconstruction of the Paralogisms. While available only as a typescript, this work has been very influential and is still being discussed today. Also in the 1950s, Rudolf Zocher, who had been a student of Rickert's in Heidelberg and later became professor in Erlangen, presented his own somewhat radical interpretation of the deduction. Zocher's analysis is based on his view that, in the deduction, Kant distorts his positive, objective ("semantic") stance by appealing to the psychologistic ("ontic") principles of self-consciousness and self-affection. Above all, the "figurative synthesis" of the "productive power of imagination" that Kant addresses in §24 is, according to Zocher, a "psychologistic aberration" (1954). In a later work (1959), Zocher systematically separates Kant's theory of objectivity from his (supposedly) psychologistic thesis about subjectivity. In 1958, Ingeborg Heidemann published a monograph, *Spontaneität und Zeitlichkeit*, which was strongly influenced by Heimsoeth and Heidegger. According to Heidemann, in the consciousness of spontaneity, spontaneity and temporality relate to one another in the same way as do the act of determination and the concept of determinability (*Bestimmbarkeit*). Other important contributions from 1958 include André de Muralt's *La conscience transcendantale dans le criticisme kantien*, and D.R. Cousin's essay "Kant on the Self". Cousin reads the account of "consciousness in general" in the *Prolegomena* as indicating that there is a connection of consciousness between different subjects, and that transcendental apperception does not relate to individual subjects but to human consciousness as such. Finally, Pietro Chiodi's detailed work, *La deduzione transcendentale nell'opera di Kant* (1961) is a significant contribution from this period, combining historical scholarship with a reading from an existentialist perspective.

Due to Peter F. Strawson's *The Bounds of Sense* (1966) the discussion of Kant's "unity of consciousness" was pursued with renewed vigor in anglophone scholarship. According to Strawson, the deduction is an argument that is based on the analytic (not the synthetic) connection between the unity of consciousness and the unified objectivity of the world. The necessity of this relation should therefore be demonstrated analytically, without referring back to a synthesizing activity of the understanding. Strawson rejects any equation of self-consciousness with an "act of spontaneity" or with an "act of the understanding". Some of Strawson's claims about the transcendental deduction of the categories had been anticipated in a more radical form by Nicolai Hartmann (1924). Strawson's analysis of the "paralogisms of pure reason", too, is relevant to discussions about Kant's notion of self-consciousness. He first presents his reading in the third part of *The Bounds of Sense* (Part Three, II. Soul), and again in an essay (1987) in which he criticizes Jonathan Bennett's interpretation of the Paralogisms (cf. Bennett 1974: 111–113). Here, Strawson stays rather close to the Kantian conception of the "unity of consciousness", in that he clearly emphasizes its "non-denotative" character in signifying consciousness in general.

Jonathan Bennett argues against Strawson's "analytic" interpretation of self-consciousness (1968), attempting to read the argument of the transcendental deduction "progressively", taking the applicability of the categories to be a result of the deduction, without however referring back to a non-empirical consciousness. Other scholars who argue against Strawson's reading of Kant include most notably William H. Bossart (1977), Moltke S. Gram (1978) and Hansgeorg Hoppe (1983). In the last analysis, Strawson's Kantian arguments have been more influential in the development of analytic philosophy than in specialized Kant scholarship. However, followers of Strawson, such as C. Thomas Powell, whose 1990 book contains a detailed analysis of the Paralogisms, and Quassim Cassam (1997), remain rather close to Strawson's positions, not only in their general philosophical approaches, but also in their interpretations of Kant.

In the 1970s, at least partly in response to Strawson's interpretation, German scholars brought out investigations of the transcendental deduction that were based on detailed historical research and close textual analysis. The immediate occasion for this was an essay by Dieter Henrich. In light of the fact that the proof structure of the B-deduction consists of two distinct steps (§§15–20/§26), Henrich argues that Kant proves here "the possibility of a systematic knowledge of experience", as well as "the impossibility of knowledge beyond the limits of experience" (1969: 640; see also 1973). According to Henrich, Kant first shows that the manifold of an intuition belongs to the synthetic unity of apperception by means of categorial unification. In the second step, Kant proves that the same synthesis is responsible for the spatio-temporal unity of the manifold, that is for those intuitions the unity of which at first only depends on the forms of sensibility (space and time). Henrich's essay was probably inspired by Friedrich Tenbruck's doctoral thesis (Marburg, 1944; on this, see Baumanns 1991: 333). In a larger, classic work from 1976 (*Identität und Objektivität*), Henrich further explores the connection between transcendental identity and objectivity that he had established in the earlier essay. According to Henrich, identity implies a unified subjective consciousness in the transition from one state to another state. In order for the subject to become aware of his or her self-conscious identity, the subject would have to make use of the categories that are constitutive of the determination of objects (see also 1988). Henrich's main thesis can be summarized as follows: Kant leads the self-certainty of the Cartesian *cogito* out of its isolation and extends it to the world. Knowledge of the I is inseparable from knowledge of the categories, mainly for the reason that self-conscious identity consists in a dynamic relationship with the knowledge of objects.

Recently, Heiner F. Klemme has discussed Henrich's interpretation in "'Eigentliches Selbst' (I. Kant) oder 'ursprüngliches Selbstsein' (D. Henrich)?" (2017; also, in part, in 1996). See also Fitzerald Kennedy Sitorus, *Das transzendentale Selbstbewusstsein bei Kant. Zu Kants Begriff des Selbstbewusstseins im Lichte der Kritik der Heidelberger Schule* (2018). However, Henrich's account of Kant had aroused controversy and debate much earlier, indeed immediately after its first publication. For example, in 1975, Raymond Brouillet criticized Henrich's reconstruction of Kant's text, arguing that the second step of the deduction, developed in §26, should be interpreted in light of the definition of necessity contained therein, and in light of the homogeneity between categories and intuitions that the schematism establishes. Then, in 1981, the bicentennial of the *Critique*, the following Kant scholars criticized various aspects of Henrich's interpretation: Hoke Robinson, Viktor Nowotny, Bernhard Thöle, and Hans Wagner. Robinson (1981) argues that the Kantian manifold can hardly be reduced to a multiplicity of unities and that one should introduce the notion of a "proto-intuition" (*Proto-Anschauung*). In the first step of the deduction, Kant focuses on the manifold's relation to the function of unity in general; and in the second step on its relation to the specific function of the categories. Nowotny's essay (1981) contains a series of detailed critiques of Henrich's claims, agreeing only with the "two-steps thesis". See also Bernhard Thöle's "Die Beweisstruktur der transzendentalen Deduktion der zweiten Auflage der Kritik der reinen Vernunft" (1981). Wagner (1984) sums up his critique of Henrich as follows: "[Henrich] thinks it is possible that Kant (in spite of §§20 and 21) also envisaged sensible intuitions which do not owe their character as sensible intuitions to the unity brought about by the *categories*. In view of 'On the Deduction of the Pure Concepts of the Understanding' as a whole (from §13), I would think it extremely unlikely that in § 20 Kant could envisage a kind of sensible intuitions that do not owe their unity to the categories [...]" (1984: 38). If he did, Kant would have to think it conceivable that the necessary unity of sensible intuitions could be traced back to a unity other than that which is established by the categories. Wagner's own view is that "the result of the so-called *first* step of the argument is this: wherever there is a unified sensible intuition with its own necessary unity, this unity, and therefore the sensible intuition itself, is due to the categories. By contrast, the result of the so-called *second* step of the argument is this: there can be no sensible intuition or perception at all that is not necessarily subject to the categories. Therefore, what is new, additional, and completes the argument is the absolute *universality* of the function of the categories [...]" (1984: 38–39).

Other scholars have defended Henrich's account, however. See, for example, Hinrich Fink-Eitel (1978), Siegfried Blasche (1985) and Joseph Claude Evans (1990). Apart from the debates about matters of interpretation, Henrich's supporters agree that the main thesis of his reading still stands: in the last analysis, Kant fails to provide a coherent and complete account of the unity of consciousness. Some scholars argue that this could be resolved historically, by appealing to Fichte and the early idealists (see for example Jürgen Stolzenberg: 1986, Wilhelm Metz: 1991, Eckardt Förster: 1989, 2011, Violetta Waibel: 2000, and Konrad Cramer: 2003). Others prefer a systematic account. See, for example, the debate about analytic accounts of the identity of the subject (Manfred Frank: 1991a, 2002; Tobias Rosefeldt: 2000a, 2001). Ernst Tugendhat in *Selbstbewußtsein und Selbstbestimmung* (1979) puts forward a more general critique of Henrich's theory of subjectivity from the standpoint of analytic philosophy of language. According to Tugendhat, the circular and paradoxical nature of the traditional philosophical concepts of self-awareness is evident in Henrich's very attempt to renew them. Tugendhat's arguments led to a broad philosophical debate and provoked a response from Henrich, in which he charges Tugendhat's own account with circularity (Henrich 1989b). See also Frank (1991a), Düsing (1997) and Rosefeldt (2000b).

Other noteworthy interpretations of the deduction from the 1970s include those by Malte Hossenfelder, Karl Ameriks, and Walter Schindler. Like Strawson, Hossenfelder interprets the basic principle of the deduction as strictly analytic. He is critical, however, of Kant's distinction between the analytic and the synthetic unity of apperception (1978, see especially p. 100 ff.). Ameriks (1978) understands the deduction as a regressive argument that presupposes objective knowledge. Schindler, by contrast, stresses the reflexive significance of the postulates of empirical thinking as the basic modal principles of the unity of thought itself (1979). He summarizes his position as follows: "The modal functions account for the forms of unity in judgments as logical functions of the unity of thought as such [...], this amounts to a complete characterization (*Auszeichnung*) of the principle's unity in the sense of a systematic ordering of its moments" (1979: 32). Schindler appeals to Klaus Reich, who interprets the modal categories as those concepts through which the synthetic unity of apperception constitutes the whole table of judgments (see 1932/1948). Henrich contributed further to the debate by attempting to deduce the categories of relation from the identity of the "I think" (1988). This derivation project is present in recent discussions, especially in the work of Dennis Schulting (see 2012a, 2018).

In the 1980s, several conferences contributed to, and profoundly reshaped the debate about the deduction and the relevant concepts:

Marburg 1981. While Wagner was not present in person, his above-mentioned critique of Henrich's reading of the deduction was presented and discussed by Henrich and other scholars at this conference on the *Critique of Pure Reason* (see Tuschling (ed.) 1984). Reinhard Brandt's and Burkhard Tuschling's contributions deal with different aspects of the sources of Kant's theory of apperception. Brandt examines the historical constellation that led Kant to the "turn to the I" (*Wende zum Ich*) at the beginning of the 1770s. He emphasizes, above all, the influence of John Locke and philosophers such as Johann N. Tetens (1984). Also relevant in this context are Brandt's essays on Locke and Hume (1980), Locke and Johann Schultz (1981), Locke and Kant (1991), and Rousseau and Kant (1994). Burkhard Tuschling, by contrast, emphasizes the importance of Leibniz: "The systematic grounding of transcendental idealism in the original synthetic unity of apperception is […] a critical reconstruction of Leibnizian monadology" (1984: 259). See also Tuschling 1989 and 1993.

Memphis 1986. This was the fifth Spindel-Conference, dedicated to the B-deduction (see Robinson (ed.) 1987). Here, Henry E. Allison, Paul Guyer, Hoke Robinson, and Manfred Baum contributed papers on the nature and function of the synthetic unity of apperception. According to Allison, the first step of the deduction (to §20) contains an account of the necessity, possibility, and validity of the categories. In the second step (to §26), space and time, and thereby intuitions themselves, are determined through the categories. Thus, a transition takes place from a merely "analytic" theory of apperception (the question about the "that") to a "synthetic" theory of the validity of the categories (the question about the "how") (Allison 1987; see also 1983). According to Guyer, by contrast, the B-deduction is a failure due to Kant's unsuccessful attempt to connect absolute unity and synthesis, and the impossibility of a cognitive determination of self-consciousness (1987b). Robinson's contribution contains a detailed discussion of the constitutive function of the categories (1987). Baum explains both the *synthesis intellectualis*, which marks the first step of the deduction, and the *synthesis speciosa*, characteristic of the second step, from the particular perspective of the way in which "qualitative unity" is characterized in §15. Further, Baum criticizes the classic idealist interpretation of the deduction (1987).

Bad Homburg 1986. This conference on the transcendental deduction was organized by the *Forum für Philosophie*. Ross Harrison (1988) discusses the meaning of the transcendental I, while Reinhold Aschenberg (1988) examines the principle of self-consciousness in relation to the conditions of transcendental philosophy in general. Relevant to our topics are especially: Hansgeorg Hoppe on the significance of experience for the deduction (1988), Peter Rohs on the necessity of nonsensible structures of subjectivity (1988; see also 1977), and Thomas M. Seebohm on the possibility (or impossibility) of different categorial systems (1988).

Stanford 1987. Eckart Förster organized this conference on the various forms of "deduction" in Kant's critical system (Förster (ed.) 1989). Here, Wolfgang Carl (1989b) explores the development of the deduction of the categories in the 1770s and the fundamental difference between a "subjective" and an "objective" deduction. In an essay that has become quite famous, Dieter Henrich analyzes the origin and meaning of the word "deduction". According to Henrich, at Kant's time "deduction" referred to "the process through which a possession or a usage is accounted for by explaining its origin, such that the rightfulness of the possession or the usage becomes apparent [...] Only with regard to acquired rights can a deduction be given" (1989a: 35). The topic of the juridical metaphor in the deduction of the categories, and in Kant's philosophy in general, is still a matter of debate today. Paul Guyer's contribution is concerned with the deduction's relationship to psychology and psychological arguments (1989). Peter F. Strawson comments on these last two essays. Several contributions concern deductions in Kant's other writings.

Other relevant studies from the 1980s include the following. In "L'argument dans la déduction transcendantale" (1983), Robert Theis stresses the role of the productive power of the imagination in the second edition-version of the deduction. Manfred Baum provides a detailed interpretation and reconstruction of the deduction in *Deduktion und Beweis in Kants Transzendentalphilosophie* (1986). According to Baum, "the first part of the deduction (§ 20) proves that the categories are conditions of the objectivity of the objects of any (sensible) intuition, the second part of the deduction proves that the categories are conditions of our knowledge of objects through experience (connected perceptions)" (1986: 12). See also on this topic Baum's 1975 doctoral thesis (University of Cologne). Paul Guyer argues that the whole deduction depends on the ambiguity of notions such as "unity of consciousness" and "apperception", which denote both subjective and objective unities (1987a). Guyer's contributions to the Memphis and Stanford conferences mentioned above (1987b and 1989; see also 1980) are characterized by a rather critical approach to Kant. Several other studies from this period should be mentioned, such as *Erfahrung und Selbstbewusstsein* by Wilfried Hinsch (1986), in which the author emphasizes the fundamental role that the unity of the intuition of space and time plays in the deduction, and an essay by Klaus Düsing on Descartes and Kant, "'Cogito, ergo sum? Untersuchungen zu Descartes und Kant'" (1987).

For a long time in the twentieth century, scholars had largely neglected Kant's philosophy of mind (*Philosophie des Geistes*), regarding Kant rather as a metaphysician or an epistemologist. It was thought that in order to understand Kant's writings as contributing to the classic debates in the philosophy of mind, one would have to detach them from their epistemological and methodological contexts and incorporate them into a context that is essentially alien to Kant's philosophy. However, inspired and motivated by the works of authors such as Robert Paul Wolff (1963), Dieter Henrich (1976), or Gerold Prauss (1970), Kant's conceptions of consciousness and self-consciousness, understood in terms of a philosophy of mind, became a matter of lively debate in the early 1980s. The first book devoted to this topic was Karl Ameriks's *Kant's Theory of Mind* (1982), which contains a detailed account and critical evaluation of Kant's chapter on the "paralogisms of pure reason", relating this chapter to other parts of the *Critique of Pure Reason* and other Kantian texts. Ameriks places Kant's conception of mind squarely at the center of his interpretation. Subsequently, a variety of Kant scholars came to understand the chapter on the deduction as an important contribution to cognitive psychology. These scholars generally assume that one can learn a great deal from the way the nature of the empirical subject's intellectual acts are dealt with in the *Critique of Pure Reason*. See, for example, the works of Hansgeorg Hoppe (1983) and Richard E. Aquila (1983), who read Kant as a theorist of intentionality, although in different ways respectively. In *Matter in Mind* (1989), Aquila reconstructs the deduction on the basis of the *matter/form* distinction. Wolfgang Becker's *Selbstbewußtsein und Erfahrung* (1984), Onora O'Neill's study on *Developmental Psychology* (1984), Dieter Sturma's *Kant über Selbstbewußtsein* (1985), and Ralf Meerbote's many articles from this period (such as 1986, 1989a, 1989b, 1991) are also relevant in this context. According to Sturma (1985), Kant's conception of self-consciousness is, above all, the expression of a person's capacity to become aware of his/her own identity in relation to a multiplicity of mental data (see also 1989, 2002, and *Philosophie der Person* 1997/2008).

The best-known representative of this interpretative tradition is Patricia Kitcher's *Kant's Transcendental Psychology* (1990), in which she construes Kant's account of mental unity naturalistically (see also Kitcher 1989, 1991, 1995, and 2011a). Other works in this tradition include the following. In *Kant's Theory of Self-Consciousness* (1990), C. Thomas Powell describes the I of apperception as, at least in part, an empirical subject. Wayne Waxman's *Kant's Model of the Mind* (1991) stresses the role of the power of imagination as constitutive of perception. Partially connected to this tradition is *Das sinnliche Ich* (1991) by Georg Mohr, who focuses on the systematic significance of inner sense within the transcendental deduction, as well as on its conceptual relation to both "outer sense" and "apperception". Andrew Brook, in *Kant and the Mind* (1994), holds that the synthetic character of apperception, interpreted correctly, is relevant to matters dealt with in present-day cognitive science (see also Brook 2001, 2006, 2013, and Brook and Wuerth 2020). Robert Howell argues in *Kant's Transcendental Deduction* (1992) that the central argument of the deduction fails and that this is due to the impossibility of combining the *de dicto* necessity of the unity of apperception with the *de re* necessity of the categories. Alejandro Rosas (1996) confronts Kant with the problem of the mind-body relationship. In 1997, Reinhard Heckmann published an extensive reconstruction of the deduction within the conceptual framework of analytic philosophy of mind: *Kants Kategoriendeduktion. Ein Beitrag zur Philosophie des Geistes*. Finally, there is Pierre Keller's *Kant and the Demands of Self-Consciousness* (1998/2001). Keller argues among other things that "empirical or personal self-consciousness is parasitic on transcendental or impersonal self-consciousness" and that "our very ability to form concepts in general is based on our capacity for transcendental self-consciousness" (1998: 3).

In four essays in *Kant-Studien* (1991 and 1992), Peter Baumanns provides a useful review of the debate on the deduction of the categories in the 1970s and 1980s. In the subsequent decades, Kant scholars continued to discuss the form, structure, and content of the transcendental deduction of the categories, if less so than in previous years.

At the end of the 1980s, Wolfgang Carl, in *Der schweigende Kant* (1989a), explored the complex development of the deduction in Kant's pre-critical writings. Carl argues, among other things, that the "Reflexionen" in the so-called *Duisburg Nachlass* still contain a dogmatic and thoroughly substantialist conception of the "I think". Kant is said to have abandoned this conception only at the end of the 1770s in the context of his treatment of the Paralogisms. In 1992, Carl published a commentary on the A-deduction in which he presents the results of his historical research in an entirely different form. Also significant are of course Carl's more systematic essays on the topic of apperception. See, for example "Apperception and Spontaneity" (1997).

Reinhard Brandt's and Werner Stark's edition of Kant's lectures on anthropology in the twenty-fifth volume of the *Academy Edition* (Kant 1997) gave rise to more research on the notion of apperception. See, for example, the works by Heiner F. Klemme (*Kants Philosophie des Subjekts: systematische und entwicklungsgeschichtliche Untersuchungen zum Verhältnis von Selbstbewusstsein und Selbsterkenntnis*, 1996; see also 1999), Konstantin Pollok (*Kants "Metaphysische Anfangsgründe der Naturwissenschaft". Ein kritischer Kommentar*, 2001) and Thomas Sturm (*Kant und die Wissenschaften vom Menschen*, 2009). After the publication of his monograph on Kant's philosophy of the subject in 1996, Klemme published a series of essays in which he examines Kantian apperception in regards to the relation between theory and practice (see especially 2012, 2013, and 2014). In 2014, Pollok discusses the unity of consciousness again in an essay titled "'The understanding prescribes laws to nature': Spontaneity, legislation, and Kant's transcendental hylomorphism"; and Sturm examines Kant's reflections on apperception and their relation to the sciences (especially to anthropology and psychology). See Sturm 2001: "How not to investigate the human mind: Kant on the impossibility of empirical psychology". See also 2010 and 2017.

In the 1990s, and around the turn of the century, scholarly interest in the "paralogisms of pure reason" increased significantly. See for example C. Thomas Powell, *Kant's Theory of Self-Consciousness* (1990), and In-Sook Choi (1991). In 1993, Rolf-Peter Horstmann published an essay in *Kant-Studien* titled, "Kants Paralogismen". According to Horstmann, in the second edition of the *Critique* Kant moves from a conception of the I as object, or as thing in itself, to a new conception of the I as activity and action. Horstmann holds that this could be interpreted as an essential step towards the later idealist theory of subjectivity (1993). Michael Wolff and Tobias Rosefeldt criticized Horstmann's reading at a Berlin colloquium on the Paralogisms in 2005. Wolff (2006) rejects Horstmann's central thesis, stating that "no, there was no such development". Rosefeldt (2006) criticizes Horstmann's emphasis on the notion of activity and understands Kant's "I" as a logical, and not a real object that has nevertheless a specific content. Also of interest in this context is a later essay by Rosefeldt: "Subjects of Kant's First Paralogism" (2017), which revisits and reinforces the main theses of his major work published in 2000 (*Das logische Ich. Kant über den Gehalt des Begriffes von sich selbst*).

The chapter on the Paralogisms was a constant theme in the debates about Kant's philosophy of the subject during these years. It plays a central role in both Klemme's aforementioned *Kants Philosophie des Subjekts* (1996; see also 2010) and Dieter Sturma's *Philosophie der Person* (1997; see also Sturma 1998). Other significant works in this context include the new edition of Karl Ameriks's *Kant's Theory of Mind* (2000), So-In Choi (1996), and Matthias Koßler (1999). Konrad Cramer (2003) appeals to the Paralogism chapter in his attempt to understand the "I think" as an act of spontaneity. Manfred Baum (2004) provides a detailed account of the different meanings of the terms "person" and "personality" in Kant (see also Baum 2010). For other works on the Paralogisms, see: Dina Emundts, "Die Paralogismen und die Widerlegung des Idealismus in Kants 'Kritik der reinen Vernunft'" (2006); Bernard Thöle, "Kants Diagnose der Illusionen der rationalen Psychologie" (2010); Marc Zobrist, *Subjekt und Subjektivität in Kants theoretischer Philosophie* (2011); Camilla Serck-Hanssen's essays (2008, 2009, 2011, 2017); as well as Jiří Chotaš (2010), Carlos João Correia (2010), Ian Proops (2010), Avery Goldman (2012), Bernd Ludwig (2012), Alberto Rosales (2015), Paul F. Snowdon (2017), and Carsten Olk (2018). Corey W. Dyck's 2014 book *Kant and Rational Psychology* contains a detailed historical reconstruction of the content and genesis of the Paralogisms (see also 2010). Marcus Willaschek investigates the form and function of the Paralogisms in *Kant on the Sources of Metaphysics: The Dialectic of Pure Reason* (2018): Chapts. 7.1 and 7.2. More recently, Ian Proops devotes the first part of *The Fiery Test of Critique. A Reading of Kant's Dialectic* to a detailed analysis of the Paralogisms (2021: 59–205.). Proops holds that, while Kant rejects the dogmatic project of rational psychology, he nonetheless argues for a "doctrinal belief" in an afterlife.

Bernd Dörflinger's *Das Leben theoretischer Vernunft* (2000), too, includes detailed reflections on the "unity of apperception". Dörflinger stresses the non-signifying and non-determining character of the "I think", but also notes and analyzes its relation to the principles of knowledge. In *Negatives Selbstbewußtsein* (2002), Gunnar Hindrichs sketches a kind of negative theology of the I, which is based on an alienation of the subject in the order-constituting act itself. See also, more specifically on the deduction, Hwang (2002). In *Poétique de l'ipse. Étude sur le Je pense Kantien* (2008) Paulo Jesus relates the theory of apperception to Kant's conception of the categories of modality. Anselmo Aportone's *Gestalten der transzendentalen Einheit* (2009) investigates the concept and forms of "unity" as part of the project of a transcendental philosophy.

In *Apperzeption und Erfahrung. Kants Transzendentale Deduktion im Spannungsfeld der frühen Rezeption und Kritik* (2006), Martin Bondeli discusses the questions and problems that led to the debates about the deduction in the early years after the publication of the *Critique of Pure Reason* (see also Bondeli 2018). In this context, see also Frank Kuhne, *Selbstbewusstsein bei Kant und Fichte* (2007), and more recently: Marina Bykova, "Kant's "I Think" and Fichte's principle of self-positing" (2019), Zachary Calhoun, "Kant on Positing: Being as Self-Determination" (2019), Francisco Prato Gaspar, "Spontaneität und Ich bei Fichte (und Kant)" (2020), Christian Klotz, "Substance and Subject, from Kant to Hegel" (2020), Stefan Lang, "Karl Leonhard Reinholds Begriff der Deduktion" (2021). For a general overview of debates relating to post-Kantian Idealism, see Emundts (ed.) 2013 and Emundts and Sedgwick (eds) 2016.

In discussing Kant's account of apperception in the transcendental deduction, several scholars have attempted to isolate a phenomenal, i. e. not merely logical, meaning of the fundamental concept of transcendental apperception. For example, Katja Crone provides a detailed examination of Kant's notion of apperception in terms of what she calls a "first-person accessible, phenomenal content of apperceptive consciousness" (Crone 2007: 151; see also Crone 2012). Some of the well-known Kant scholars mentioned above, such as Konrad Cramer (1987), Manfred Frank (1991a), Dieter Sturma (1997), and Béatrice Longuenesse (2008), have also focused on aspects of the phenomenal self and the concrete consciousness that go beyond, or are prior to any functional or formal determination of thought.

In recent decades, a considerable amount of work has been done on the historical sources and genesis of the concept of apperception. Some of this scholarship has been mentioned above, such as Brandt 1980, 1981, 1984, 1994, and Tuschling 1984, 1989. Manfred Kuehn's work on Kant and Hume ("Kant's Conception of Hume's Problem", 1983b; see also 1983a and 1988) is relevant in this context. For a different account of the relationship between Hume and Kant, see Gawlick and Kreimendahl (1987) and Lothar Kreimendahl's *Kant – Der Durchbruch von 1769* (1990). For more on this debate, see Falkenstein 1995. On the subject of the "sources of Kantian apperception", see the first part of Klemme's *Kants Philosophie des Subjekts*, in which he emphasizes the influence of Marcus Herz and Moses Mendelssohn, as well as several studies by Udo Thiel, such as 'Between Wolff and Kant: Merian's Theory of Apperception' (1996) and "Kant's Notion of Self-Consciousness in Context" (2001). See also "Unities of the Self. From Kant to Locke" (2015), "Die Einheit des Bewusstseins und die 'Gefahr des Materialismus'" (2017), "Kant and Tetens on the Unity of the Self" (2018), "The Concept of a Person in Eighteenth-Century German Philosophy: Leibniz – Wolff – Kant" (2019b), "Priestley and Kant on Materialism" (2020), and "Experience and Inner Sense: Feder–Lossius–Kant" (2021). Indirectly relevant is Thiel's *The Early Modern Subject. Self-Consciousness and Personal Identity from Descartes to Hume* (2011/2014).

Other commentary relating to the historical background and context include: Manfred Kuehn: "The Wolffian Background of Kant's Transcendental Deduction" (1997); Stefan Heßbrüggen-Walter, "Nur suchen, nicht finden: Kant, Tetens und die Grundkraft der Seele" (2001, see also 2004); Manfred Baum, who compares Kant and Locke in "Logisches und personales Ich bei Kant" (2002); Anton F. Koch: *Subjekt und Natur. Zur Rolle des "Ich denke" bei Descartes und Kant* (2004); Werner Euler, "Bewußtsein – Seele – Geist. Untersuchungen zur Transformation des Cartesischen Cogito in der Psychologie Christian Wolffs" (2004); Falk Wunderlich, *Kant und die Bewusstseinstheorien des 18. Jahrhunderts* (2005); and the opening sections of Patricia Kitcher's *Kant's Thinker* (2011a). See also: Olli Koistinen, "Descartes in Kant's Transcendental Deduction" (2011); Davide Poggi, "Kant and Locke: 'Das Ich denke' and I think. Between Transcendental Apperception and Empirical Consciousness" (2013); Alexei N. Krouglov, "Tetens und die Deduktion der Kategorien bei Kant" (2013), Corey W. Dyck, *Kant and Rational Psychology* (2014; see also his essays from 2011, 2016b and 2018); Gualtiero Lorini, "The Origins of the Transcendental Subjectivity: On Baumgarten's Psychology" (2014; see also 2018a and 2018b); Manfred Frank: "'Selbstgefühl'. Vorstufen einer präreflexivistischen Auffassung von Selbstbewusstsein im

18. Jahrhundert" (2016); Andrea Gentile, *Le percezioni oscure e l'appercezione trascendentale in Leibniz e Kant* (2016); Mathieu Haumesser, *Le jeu du "Je pense" dans Locke et Kant. L'entrecroisement des facultés dans l'aperception* (2017); John J. Callanan (who connects Kant primarily to Cudworth and Rousseau), "Kant on the Spontaneous Power of the Mind" (2017); Matteo Favaretti Camposampiero: "Anthropology from a Logical Point of View: The Role of Inner Sense from Jungius to Kant" (2018); and Radka Tomečková, "Zwischen Wahnsinn und Erkenntnistheorie. Die Einbildungskraft bei Locke, Hume und Kant" (2019).

Significant in this context are two books in Spanish that study the development of the theory of apperception and the deduction of the categories in Kant's pre-critical period. Fernando Moledo, *Los años silenciosos de Kant: Aspectos de la génesis de la Deducción Trascendental en la década de 1770* (2014; see also 2016a and 2016b) and Gonzalo Serrano Escallón, *La Deducción Trascendental y sus inéditos, 1772–1788* (2014). Further, the first three chapters in Henry E. Allison's *Kant's Transcendental Deduction. An Analytical-Historical Commentary* (2015) deal with developmental questions, as do Dennis Schulting's "Transcendental Apperception and Consciousness in Kant's Lectures on Metaphysics" (2015b), and Corey W. Dyck's essay "The Scope of Inner Sense: The Development of Kant's Psychology in the Silent Decade" (2016a).

Inspired by John McDowell's critique (1994) of Gareth Evans (1982), a debate arose at the beginning of the twenty-first century about a question that may not be Kantian, but is nevertheless applicable to Kant: are sensations to be thought of as independent of the pure concepts of the understanding? In other words, can sensible intuitions be conceived of independently of the categories, or are they constitutively linked to the latter? The so-called "non-conceptualists" argue, in various ways, for the independence of sensible intuitions. See the work of Robert Hanna (2005, 2011), Lucy Allais (2009, 2011, 2015), Sacha Golob (2014, 2016), Hemmo Laiho (2012), Clinton Tolley (2013), Colin McLear (2014, 2015b), Christian Onof and Dennis Schulting (2015), and Dietmar Heidemann (2016). The opposing thesis ("conceptualism") is defended, also in a variety of ways, by Hannah Ginsborg (2006, 2008), Stefanie Grüne (2009, 2011), John McDowell (2009, 2013), Anil Gomes (2010, 2014), Brady Bowman (2011), Thomas Land (2011, 2016), Nathan Bauer (2012), Aaron M. Griffith (2012), Jessica J. Williams (2012), Robert B. Pippin (2013), Luca Forgione (2015), James B. Conant (2017), and Ruslanas Baranovas (2019). Many recent contributions to the debate about the transcendental deduction belong to this controversy about conceptualism versus non-conceptualism. See especially the edited collections by Dietmar Heidemann (ed.) 2013 and Dennis Schulting (ed.) 2016. Schulting critically examines this dispute in an essay in *Kant-Studien* (2015a). Finally, see Colin McLear,

"Kantian Conceptualism/Nonconceptualism", in *The Stanford Encyclopedia of Philosophy* (2021).

New approaches to the issue of Kant and the philosophy of mind are present in Chiara Fabbrizi's book *Mente e corpo in Kant* (2008) and in Arthur Melnick's *Kant's Theory of the Self* (2009), in which apperception is understood as a mental activity. See also Scott Edgar's "The Explanatory Structure of the Transcendental Deduction and a Cognitive Interpretation of the First Critique" (2010), and essays by Andrew Brook and Dieter Sturma in *Kant y las ciencias* (2011), sect. 3: *Ciencia cognitiva, filosofía de la mente, neurociencia*. Pedro Jesús Teruel, who is the editor of this volume, reflects on Kant's importance to the philosophy of mind, in "La recepción de Kant en la Philosophy of Mind" (2011). Another notable work here is Wolfgang Carl's "Kant über Bewußtsein und Selbstbewußtsein. Mit einem Blick auf die gegenwärtige Diskussion" (2015). Several other works on Kant on "apperception" have recently appeared in the context of debates in the philosophy of mind. See, for example, Hermann G. W. Burchard, *The Role of Conscious Attention in Perception: Immanuel Kant, Alonzo Church, and Neuroscience* (2011); Lawrence J. Kaye, *Kant's Transcendental Deduction of the Categories. Unity, Representation, and Apperception* (2015), which re-evaluates the role of the "synthesis of recognition"; Thomas C. Vinci: *Space, Geometry, and Kant's Transcendental Deduction of the Categories* (2015), which emphasizes the role of the transcendental account of space and time within the deduction; and Colin McLear's article for the *Internet Encyclopedia of Philosophy*: "Kant: Philosophy of Mind" (2015a). Also note Guido Antônio de Almeida's essay "Kant and the Cognitive Function of Imagination" (2015), and discussions of Kant's anthropology, such as those by Rudolf Makkreel, "Self-Cognition and Self-Assessment in Kant's Lectures on Anthropology" (2015), and Thomas Sturm, "Reines und empirisches Selbstbewusstsein in Kants Anthropologie: Das 'Ich' und seine rationale Selbstentwicklung" (2017). In 2017, Dieter Sturma published an essay in *Internationales Jahrbuch des Deutschen Idealismus* titled "Philosophy of Psychology in German Idealism". See also: Steven Tester, "Mental Powers and the Soul in Kant's Subjective Deduction and the Second Paralogism" (2016), Alexandra M. Newton, "Kant and the Transparency of the Mind" (2019), Markus Kohl, "Kant on Cognizing Oneself as a Spontaneous Cognizer" (2020).

As it is impossible to summarize the many contributions on the topic of Kantian apperception from the last 11 years in a few pages, we list 15 monographs (or collections of essays by a single author) from this period that have been particularly influential or reflect on interpretations from previous decades:

(1) Michael Städtler, *Kant und die Aporetik moderner Subjektivität. Zur Verschränkung historischer und systematischer Momente im Begriff der Selbstbestimmung*, Berlin 2011.

(2) Patricia Kitcher, *Kant's Thinker*, Oxford 2011. This book consists of three parts (in 15 chapters). *Part I Background:* on the historical development and sources of the Kantian theory of apperception. *Part II Theory:* on the synthetic unity of apperception. *Part III Evaluation:* a defense of the Kantian conception of the unity of the subject. For more from Kitcher on this topic, see: "The Unity of Kant's Active Thinker" (2011b), "Précis of *Kant's Thinker*" (2013), and "Apperception as the Supreme Principle of the Understanding" (2015).

(3) Klaus Düsing, *Immanuel Kant: Klassiker der Aufklärung. Untersuchungen zur kritischen Philosophie in Erkenntnistheorie, Ethik, Ästhetik und Metaphysik*, Hildesheim (et. al.) 2013. This book contains selected essays by Düsing from 1971 to 2012. Note especially the first four essays on Descartes and Kant (3–16), the schema and the power of imagination (17–40), Kant's account of thinking (41–67), and Kant and Heidegger (69–94).

(4) Corey W. Dyck, *Kant and Rational Psychology*, Oxford 2014. This study places Kantian philosophy, and especially Kant's "paralogisms of pure reason", within the context of eighteenth-century German philosophy, particularly the Wolffian tradition.

(5) Mario Caimi, *Kant's B Deduction*, Cambridge 2014. This is María del Carmen Caimi's translation of the original edition of Mario Caimi's *Leçons sur Kant. La déduction transcendantale dans la deuxième édition de la Critique de la raison pure*, Paris 2007.

(6) Gerold Prauss, *Die Einheit von Subjekt und Objekt. Kants Probleme mit den Sachen selbst*, Freiburg/Munich 2015. In the second part, time and space are defined as the subject's "self-consciousness" and "other-directed consciousness" (*Fremdbewußtsein*) respectively.

(7) Henry E. Allison, *Kant's Transcendental Deduction. An Analytical-Historical Commentary*, Oxford 2015. Here, Allison supplements his interpretation in *Kant's Transcendental Idealism* (1983 and 2004) with more historical contextualization, textual analysis, and a detailed examination of the A-deduction.

(8) Béatrice Longuenesse, *I, Me, Mine. Back to Kant, and Back Again*, Oxford 2017. In the second part of this work, Longuenesse contrasts Kant's "I think" with Descartes's "cogito", and she analyzes and discusses central parts of the chapter on the paralogisms. The other two sections (Part I and Part III) are concerned with other authors (Wittgenstein, Sartre, Freud) and other philosophical traditions, which Longuenesse contrasts with Kant.

(9) Dennis Schulting, *Kant's Radical Subjectivism. Perspectives on the Transcendental Deduction*, London/New York 2017. This book was published between

Kant's Deduction and Apperception: Explaining the Categories (Basingstoke 2012; see also 2014) and its revised and expanded version: *Kant's Deduction from Apperception. An Essay on the Transcendental Deduction of the Categories* (Berlin/Boston 2019). It contains new interpretations and detailed discussions of central ideas and contentious aspects of the transcendental deduction of the categories. Schulting's most recent publications on the topic are *Apperception and Self-Consciousness in Kant and German Idealism* (London/New York 2020) and *The Bounds of Transcendental Logic* (London/New York 2021).

(10) Manfred Baum, *Kleine Schriften I. Arbeiten zur theoretischen Philosophie Kants*, Berlin/Boston 2019. See especially: "The B-Deduction and the Refutation of Idealism" (41–60), "Der Aufbau der Deduktion der Kategorien" (71–82), "Über die Kategoriendeduktion in der 1. Auflage der Kritik der reinen Vernunft" (191–208), and "Objects and Objectivity in Kant's First *Critique*" (269–288). – *Kleine Schriften II. Arbeiten zur praktischen Philosophie Kants*, Berlin/Boston 2020. See especially: "Subjekt und Person bei Kant" (17–30), "Logisches und personales Ich bei Kant" (31–44).

(11) Luca Forgione, *Kant and the Problem of Self-knowledge*, London/New York 2018. Apart from a detailed investigation of Kant's account of self-knowledge, the book includes helpful references to contemporary debates and to the enormous literature on this topic.

(12) Alison Laywine, *Kant's Transcendental Deduction. A Cosmology of Experience*, Oxford 2020. Laywine relates the transcendental deduction to Kant's pre-critical writings and reads the deduction as "a reinterpretation of Kant's early metaphysics" (2020: 1).

(13) Katharina T. Kraus, *Kant on Self-Knowledge and Self-Formation. The Nature of Inner Experience*, Cambridge 2020: In this new investigation of Kant's notion of inner experience, the author combines psychology ("I cognize myself only qua my psychological features") and teleology ("A person is an empirical reality in the process of becoming – a process that is guided by a rational ideal").

(14) Kenneth R. Westphal, *Kant's Transcendental Deduction of the Categories. Critical Re-Examination, Elucidation and Corroboration*, Helsinki 2021. The book includes a new translation of, and a commentary on Kant's 1787 version of the Transcendental Deduction (see also 2021b).

(15) Till Hoeppner, *Urteil und Anschauung. Kants metaphysische Deduktion der Kategorien*, Berlin/Boston 2021. This book provides a detailed reconstruction of Kant's arguments in the "Transcendental Clue to the Discovery of all Pure Conceptions of the Understanding" (*Critique of Pure Reason*, A 64–83 / B 89–113).

Other relevant recent works include: Mirella Capozzi's essay "L'io e la conoscenza di sé in Kant" (2007); further discussions of the difference between the objective and subjective deduction (Corey W. Dyck 2008, Nathan Bauer 2010, Pedro Costa Rego 2011, Fernando Moledo 2015, Ryan Kemp 2018); Hirotaka Nakano's reconstruction of the deduction (2008) and his study on self-affection (2011); Paul Guyer's "The Deduction of the Categories: The Metaphysical and Transcendental Deductions" in *The Cambridge Companion to Kant's Critique of Pure Reason* (2010); the examination of the term "mind" by Valerio Rohden (2012); the anti-subjectivist interpretation by Justin B. Shaddock (2015; see also 2012 and 2019); Ursula Renz's essay "Becoming Aware of One's Own Thoughts: Kant on Self-Knowledge and Reflective Experience" (2015); Sorin Baiasu on Kant and Sartre (2016); Gennaro Luise on Kant and Maréchal (2017); an essay by Katharina T. Kraus about the role of the rational idea of the soul in empirical psychology (2017); Dina Emundts's chapter "Kant's Ideal of Self-Knowledge" in *Self-knowledge: A History* (2017, U. Renz (ed.); see also Emundts 2007 and 2013); two different reconstructions by Mario Caimi (2017) and Giuseppe Motta (2017) of the structure of the deduction of the categories; Paulo Roberto Licht dos Santos's study of the deduction in the *Prolegomena* (2019); and the recent studies by Luca Forgione on the "I Think" and the fundamental distinction between empirical and transcendental apperception (2019, 2020, 2021).

See also the following monographs. Ursula Weitkamp: *Selbstbewusstsein – eine Untersuchung im Anschluss an Immanuel Kant* (2011), Claus Langbehn: *Vom Selbstbewußtstein zum Selbstverständnis. Kant und die Philosophie der Wahrnehmung* (2012), Patrick R. Frierson: *What Is the Human Being?* (2013) and *Kant's Empirical Psychology* (2014), Sebastiano Ghisu: *Soggetto e possibilità. La svolta kantiana e i suoi presupposti storici* (2016), Hyeongjoo Kim: *Zur Empirizität des "Ich denke" in Kants Kritik der reinen Vernunft* (2017, see also 2019), Xi Luo: *Aspekte des Selbstbewusstseins bei Kant. Identität, Einheit und Existenz* (2019, see also 2021), Yibin Liang: *Die Struktur des Bewusstseins und des Selbstbewusstseins bei Kant* (2021), Nicolás Guzmán Grez: *Kants Theorie der Selbstsetzung. Versuch über die Epigenesis des transzendentalen Subjekts als Form und Materie der Erkenntnis* (2021), Alain Séguy-Declot: *Kant, le premier cercle. La déduction transcendantale des catégories (1781 et 1787)* (2021). And the following essays: Claudia Jáuregui (2011), Melissa McBay Merritt (2011), Sasa Josifovic (2013), Stephen Engstrom (2013), Rado Riha (2015), Yeben Chen (2016), Barry Stroud (2017), and Michael Rohlf (2018), Michela Bella (2019), Olga Lenczewska (2019), Christopher Peacocke (2019), Carsten Olk (2019) and Addison Ellis (2020).

Over the last decade, several edited collections have been published in several languages which contain numerous studies that further our understanding of our topics. Here is a list of some of these works:

(1) *Kant's Idealism, New Interpretations of a Controversial Doctrine*, Schulting, Dennis / Verburgt, Jacco (eds), Dordrecht/Heidelberg/London/New York 2011. The contributions by Manfred Baum, Lucy Allais, and Gary Banham are especially relevant to our topics.

(2) *Kant y las ciencias*, Teruel, Pedro Jesús (ed.), Madrid 2011. Section 3 (*Ciencia cognitiva, filosofía de la mente, neurociencia*) contains essays by Andrew Brook, Dieter Sturma, and Pedro Jesús Teruel.

(3) *Kant's Philosophy of the Unconscious*, Giordanetti, Piero / Pozzo, Riccardo / Sgarbi, Marco (eds), Berlin/Boston 2012. There are articles on apperception by Patricia Kitcher, Dietmar Heidemann, Katja Crone, and Dennis Schulting. For more on the subject of this volume (the unconscious), see also Claudio La Rocca (2008), and Matthew C. Altman and Cynthia D. Coe (2013).

(4) *Das Leben der Vernunft. Beiträge zur Philosophie Kants. Festschrift für Bernd Dörflinger*, Hüning, Dieter / Klingner, Stefan / Olk, Carsten (eds), Berlin/Boston 2013. See the articles by Volker Gerhardt, Reinhard Hiltscher (cf. 2011), and Claudio La Rocca for discussions of the relevant topics.

(5) *Kants Theorie der Erfahrung*, Rainer Enskat (ed.), Berlin/Boston, De Gruyter, 2015. This volume contains essays on the deduction and the theory of apperception by Patricia Kitcher and Alejandro G. Vigo.

(6) *Internationales Jahrbuch des Deutschen Idealismus / International Yearbook of German Idealism* (11/2013), *Bewusstsein/Consciousness*, Emundts, Dina / Sedgwick, Sally (eds), Berlin/Boston 2016. Graham Bird, Stephen Engstrom (see also 2013), Rolf-Peter Horstmann, and Manfred Frank have articles on Kant in this collection.

(7) *Kant and the Philosophy of Mind. Perception, Reason, and the Self*, Gomes, Anil / Stephenson, Andrew (eds), Oxford 2017. Articles by Anil Gomes, Andrew Stephenson, Andrew Chignell, Ralph C. S. Walker, Ralf Bader, and Tobias Rosefeldt.

(8) *Immanuel Kant: Die Einheit des Bewusstseins*. Motta, Giuseppe / Thiel, Udo (eds), Berlin/Boston 2017. Articles by Dietmar Heidemann, Corey W. Dyck, Giuseppe Motta, Rudolf Meer, Henny Blomme, Dennis Schulting, Thomas Höwing, Camilla Serck-Hanssen, Toni Kannisto, Falk Wunderlich, Udo Thiel, Thomas Sturm, Bernd Dörflinger, Violetta L. Waibel, and Heiner F. Klemme.

(9) *The Imagination in German Idealism and Romanticism*, Gentry, Gerard / Pollok, Konstantin (eds), Cambridge 2019. Contributions on Kant's theory of apperception by Clinton Tolley, Tobias Rosefeldt, Günter Zöller, and Keren Gorodeisky.

(10) *Konzepte der Einbildungskraft in der Philosophie, den Wissenschaften und den Künsten des 18. Jahrhunderts. Festschrift zum 65. Geburtstag von Udo*

Thiel, Meer, Rudolf / Motta, Giuseppe / Stiening, Gideon (eds), Berlin/Boston 2019. Essays on Kant by Corey W. Dyck, Günter Zöller, Giuseppe Motta, Rudolf Meer (see also 2019b on the principle of the deduction of the categories), and Stefan Klingner.

(11) *Das Selbst und die Welt. Beiträge zu Kant und der nachkantischen Philosophie. Festschrift für Günter Zöller*, Kisner, Manja / Basile, Giovanni Pietro / Lyssy, Ansgar / Weiß, Michael Bastian (eds), Würzburg 2019. See the essays by Giovanni Pietro Basile, Halla Kim and Ives Radrizzani.

(12) *Kant et l'humain. Géographie, psychologie, anthropologie*, Jesus, Paulo / Lefort, Elisabeth / Lequan, Mai / Sardinha, Diogo (eds), Paris 2019. Essays by Luc Langlois, Gualtiero Lorini, Claude Piché, Claudia Serban, Frédéric Seyler.

(13) *Kategoriendeduktion in der klassischen deutschen Philosophie*, Bickmann, Nicolas/ Heckenroth, Lars/Schäfer, Rainer (eds), Berlin 2020. Contributions on Kant by Elena Ficara, Klaus Düsing, Reinhard Hiltscher and Klaus Erich Kaehler, and Wilhelm Metz.

There are several essays on Kant's notion of apperception in three edited collections based on recent international conferences of the Kant Society (*Kant-Gesellschaft*): in Pisa 2010 (*Kant und die Philosophie in weltbürgerlicher Absicht*, published 2013), in Vienna 2015 (*Natur und Freiheit*, published 2019) and in Oslo 2019 (*The Court of Reason*, published 2021). With regard to the Pisa conference, see especially the contributions by Luca Forgione, Dietmar Heidemann, Jindřich Karásek, Béatrice Longuenesse, Edgar Maraguat, Riccardo Martinelli, Sebastian Rödl, Gerhard Seel, and Emanuele Tredanaro. Regarding the Vienna conference, see the essays by Katharina T. Kraus, Claudio La Rocca, Paulo Roberto Licht dos Santos, Giuseppe Motta, Rainer Noske, Michael J. Olson and Udo Thiel. With regard to the Oslo conference, see the contributions by David Hyder, Katharina T. Kraus, Inga Römer (see also 2020), Dennis Schulting, Terence Hua Tai (see also 2020) and Lucia Volonté.

Finally, an important addition to the relevant literature is provided by the *Kant-Lexikon* (2015), published in three volumes, and edited by Marcus Willaschek, Jürgen Stolzenberg, Georg Mohr, and Stefano Bacin. The *Lexikon* has several articles on Kant's deduction of the categories and the theory of apperception. See, for example, the entries by Günter Zöller on "Apperzeption", "Apperzeption, Einheit der", "Bewußtsein, transzendentales", "Gedankenwesen", "Identität, numerische", "Pneumatologie", "Selbstbewusstsein", "Selbstbewusstsein, reines", and "Wesen, denkendes".

Bibliography

Abicht, Johann Heinrich, 1794, *Hermias oder Auflösung der die gültige Elementarphilosophie betreffenden Aenesidemischen Zweifel*, Erlangen.

Adickes, Erich, 1887, *Kant's Systematik als mitbildender Faktor bei der Entstehung seines Systems*, Berlin.

Adickes, Erich, 1889, *Immanuel Kant's Kritik der reinen Vernunft*, Berlin.

Allais, Lucy, 2009, "Kant, Non-Conceptual Content and the Representation of Space", *Journal of the History of Philosophy*, 47, 383–413.

Allais, Lucy, 2011, "Transcendental Idealism and the Transcendental Deduction", in: Dennis Schulting and Jacco Verburgt (eds), *Kant's Idealism, New Interpretations of a Controversial Doctrine*, Dordrecht/Heidelberg/London/New York: Springer, 91–108.

Allais, Lucy, 2015, *Manifest Reality: Kant's Idealism and His Realism*, Oxford: Oxford University Press.

Allison, Henry E., 1983, *Kant's Transcendental Idealism. An Interpretation and Defense*, New Haven/London: Yale University Press. Revised and Enlarged Edition, Yale University Press, 2004.

Allison, Henry E., 1987, "Reflections on the B-Deduction", in: Hoke Robinson (ed.), *Spindel-Conference 1986. The B-Deduction*, Supplement vol. 25 of *The Southern Journal of Philosophy*, 1–15.

Allison, Henry E., 2015, *Kant's Transcendental Deduction. An Analytical-Historical Commentary*, Oxford: Oxford University Press.

Almeida, Guido Antônio de, 2015, "Kant and the Cognitive Function of Imagination", in: Patricia Kauark-Leite, Giorgia Cecchinato, Virginia de Araujo Figueiredo, Margit Ruffing and Alice Serra (eds), *Kant and the Metaphors of Reason*, Hildesheim/Zürich/New York: Olms, 11–26.

Altman, Matthew C. and Coe, Cynthia D., 2013, "Kant: The Inscrutable Subject", in: Matthew C. Altman and Cynthia D. Coe (eds), *The Fractured Self in Freud and German Philosophy*, Basingstoke: Palgrave Macmillan, 8–26.

Ameriks, Karl, 1978, "Kant's Transcendental Deduction as a Regressive Argument", *Kant-Studien*, 69, 273–287.

Ameriks, Karl, 1982, *Kant's Theory of Mind. An Analysis of the Paralogisms of Pure Reason*, Oxford: Clarendon Press. New edition: 2000.

Aportone, Anselmo, 2009, *Gestalten der transzendentalen Einheit: Bedingungen der Synthesis bei Kant*, Berlin/New York: De Gruyter.

Aquila, Richard E., 1983, *Representational Mind. A Study of Kant's Theory of Knowledge*, Bloomington, IN: Indiana University Press.

Aquila, Richard E., 1989, *Matter in Mind. A Study of Kant's Transcendental Deduction*, Bloomington, IN: Indiana University Press.

Aschenberg, Reinhold, 1988, "Einiges über Selbstbewußtsein als Prinzip der Transzendentalphilosophie", in: Forum für Philosophie Bad Homburg (ed.), *Kants transzendentale Deduktion und die Möglichkeit von Transzendentalphilosophie*, Frankfurt a. M.: Suhrkamp, 51–69.

Bader, Ralf M., 2017, "Inner Sense and Time", in: Anil Gomes and Andrew Stephenson (eds), *Kant and the Philosophy of Mind. Perception, Reason, and the Self*, Oxford: Oxford University Press, 124–137.

Baiasu, Sorin, 2016, "Transcendental Unity of Apperception and Non-Reflective Consciousness of Self", in: Sorin Baiasu (ed.), *Comparing Kant and Sartre*, London/New York: Palgrave Macmillan, 21–44.

Banham, Gary, 2011, "Transcendental Idealism and Transcendental Apperception", in: Dennis Schulting and Jacco Verburgt (eds), *Kant's Idealism, New Interpretations of a Controversial Doctrine*, Dordrecht/Heidelberg/London/New York: Springer, 109–125.

Baranovas, Ruslanas, 2019, "Why Kant is a Weak Conceptualist", *Problemos*, 95, 81–93.

Basile, Giovanni Pietro, 2019, "Die Weltmaschinenmetapher von Descartes bis Kant", in: Manja Kisner, Giovanni Pietro Basile, Ansgar Lyssy and Michael Bastian Weiß (eds), *Das Selbst und die Welt. Beiträge zu Kant und der nachkantischen Philosophie. Festschrift für Günter Zöller*, Würzburg: Königshausen & Neumann, 13–42.

Bauer, Nathan, 2010, "Kant's Subjective Deduction", *British Journal for the History of Philosophy*, 18, 433–460.

Bauer, Nathan, 2012, "A Peculiar Intuition: Kant's Conceptualist Account of Perception", *Inquiry*, 55, 215–237.

Baum, Manfred, 1975, *Die transzendentale Deduktion in Kants Kritiken: Interpretationen zur kritischen Philosophie*, Dissertation, Universität zu Köln.

Baum, Manfred, 1986, *Deduktion und Beweis in Kants Transzendentalphilosophie*, Königstein/Ts.: Athenäum.

Baum, Manfred, 1987, "The B-Deduction and the Refutation of Idealism", in: Hoke Robinson (ed.), *Spindel-Conference 1986. The B-Deduction*, Supplement vol. 25 of *The Southern Journal of Philosophy*, 89–107.

Baum, Manfred, 2002, "Logisches und personales Ich bei Kant", in: Dietmar H. Heidemann (ed.), *Probleme der Subjektivität in Geschichte und Gegenwart*, Stuttgart-Bad Cannstatt: Frommann-Holzboog, 107–123.

Baum, Manfred, 2004, "Person und Persönlichkeit bei Kant", in: Achim Lohmar and Henning Peucker (eds), *Subjekt als Prinzip? Zur Problemgeschichte und Systematik eines neuzeitlichen Paradigmas*, Würzburg: Königshausen & Neumann, 81–92.

Baum, Manfred, 2010, "Subjekt und Person bei Kant", in: Jiří Chotaš, Jindřich Karásek, Jürgen Stolzenberg (eds), *Metaphysik und Kritik. Interpretationen zur "Transzendentalen Dialektik" der Kritik der reinen Vernunft*, Würzburg: Königshausen & Neumann, 237–251.

Baum, Manfred, 2011, "Objects and Objectivity in Kant's First Critique", in: Dennis Schulting and Jacco Verburgt (eds), *Kant's Idealism, New Interpretations of a Controversial Doctrine*, Dordrecht/Heidelberg/London/New York: Springer, 55–70.

Baum, Manfred, 2019, *Kleine Schriften I. Arbeiten zur theoretischen Philosophie Kants*, Marion Heinz (ed.), Berlin/Boston: De Gruyter.

Baum, Manfred, 2020, *Kleine Schriften II. Arbeiten zur praktischen Philosophie Kants*, Dieter Hüning (ed.), Berlin/Boston: De Gruyter.

Baumanns, Peter, 1991, "Kants transzendentale Deduktion der reinen Verstandesbegriffe. Ein kritischer Forschungsbericht. Erster und zweiter Teil", *Kant-Studien*, 82, 329–348 and 436–455.

Baumanns, Peter, 1992, "Kants transzendentale Deduktion der reinen Verstandesbegriffe. Ein kritischer Forschungsbericht. Dritter und vierter Teil", *Kant-Studien*, 83, 60–83 and 185–207.

Beck, Jacob Sigismund, 1796a, *Einzig-möglicher Standpunct, aus welchem die critische Philosophie beurtheilt werden muß*. Vol. 3 of *Erläuternder Auszug aus den kritischen Schriften des Herrn Prof. Kant, auf Anrathen desselben*, Riga, 1793–1796.

Beck, Jacob Sigismund, 1796b, *Grundriß der kritischen Philosophie*, Halle.

Becker, Wolfgang, 1984, *Selbstbewußtsein und Erfahrung. Zu Kants transzendentaler Deduktion und ihrer argumentativen Rekonstruktion*, Freiburg/Munich: Alber.

Bella, Michela, 2019, "James and Kant on Empirical Psychology", in: Krzysztof Piotr Skowronski and Sami Pihlström (eds), *Pragmatist Kant: Pragmatism, Kant, and Kantianism in the Twenty-first Century*, Helsinki: Nordic Pragmatism Network, 172–188.

Bennett, Jonathan, 1966, *Kant's Analytic*, Cambridge: Cambridge University Press.

Bennett, Jonathan, 1968, "Strawson on Kant", *The Philosophical Review*, 77, 340–349.

Bennett, Jonathan, 1974, *Kant's Dialectic*, Cambridge: Cambridge University Press.

Bickmann, Nicolas, Heckenroth, Lars, and Schäfer, Rainer (eds), 2020, *Kategoriendeduktion in der klassischen deutschen Philosophie*, Berlin: Duncker & Humblot.

Bird, Graham, 2016, "Consciousness in the Critique of Pure Reason", in: Dina Emundts and Sally Sedgwick (eds), *Internationales Jahrbuch des Deutschen Idealismus / International Yearbook of German Idealism*, 11/2013. *Bewusstsein/Consciousness*, Berlin/Boston: De Gruyter, 221–244.

Blasche, Siegfried, 1985, "Das Verhältnis der beiden Argumentationsschritte der transzendentalen Deduktion von Kants Kritik der reinen Vernunft (B)", in: Volker Gerhard and Norbert Herold (eds), *Wahrheit und Begründung*, Würzburg: Königshausen & Neumann, 131–145.

Blomme, Henny, 2017, "Die Rolle der Anschauungsformen in der B-Deduktion", in: Giuseppe Motta and Udo Thiel (eds), *Immanuel Kant: Die Einheit des Bewusstseins*, Berlin/Boston: De Gruyter, 75–88.

Bona Meyer, Jürgen, 1870, *Kant's Psychologie*, Berlin.

Bondeli, Martin, 2006, *Apperzeption und Erfahrung: Kants Transzendentale Deduktion im Spannungsfeld der frühen Rezeption und Kritik*, Basel: Schwabe.

Bondeli, Martin, 2018, *Kant über Selbstaffektion*, Basel: Colmena.

Bossart, William H., 1977, "Kant's Transcendental Deduction", *Kant-Studien*, 68, 381–403.

Bouterwek, Friedrich, 1795, *Paullus Septimius oder das letzte Geheimniß des Eleusinischen Priesters*, 2 vols, Halle.

Bowman, Brady, 2011, "A Conceptualist Reply to Hanna's Kantian Non-Conceptualism", *International Journal of Philosophical Studies*, 19, 417–446.

Brandt, Reinhard, 1980, "L'identità della persona (Locke e Hume)", in: Haydn Mason (ed.), *Transactions of the Fifth International Congress on The Enlightenment (1979, Pisa, Italy)*, 4 vols, Oxford: Voltaire Foundation at the Taylor Institution, Liverpool University Press, vol. 1, 445–449.

Brandt, Reinhard, 1981, "Materialen zur Entstehung der Kritik der reinen Vernunft (John Locke und Johann Schultz)", in: Ingeborg Heidemann and Wolfgang Ritzel (eds), *Beiträge zur Kritik der reinen Vernunft 1781–1981*, Berlin/New York: De Gruyter, 37–68.

Brandt, Reinhard, 1984, "Historisches zum Selbstbewußtsein", in: Burkhard Tuschling (ed.), *Probleme der Kritik der reinen Vernunft (Klaus Reich zum 75. Geburtstag), Kant-Tagung, Marburg, 1981*, Berlin/New York: De Gruyter, 1–14.

Brandt, Reinhard, 1991, "Locke und Kant", in: Martyn P. Thompson (ed.), *John Locke und/and Kant. Historische Rezeption und gegenwärtige Relevanz*, Berlin: Duncker & Humblot, 87–108.

Brandt, Reinhard, 1994, "Rousseau und Kants *Ich denke*", in: Reinhard Brandt and Werner Stark (eds), *Autographen, Dokumente und Berichte. Zu Edition, Amtsgeschäften und Werk Immanuel Kants*, Kant-Forschungen 5, Hamburg: Meiner, 1–18.

Brandt, Reinhard, 1999, *Kritischer Kommentar zu Kants Anthropologie in pragmatischer Hinsicht*, Hamburg: Meiner.

Brandt, Reinhard, 2007, *Die Bestimmung des Menschen bei Kant*, Hamburg: Meiner.

Brook, Andrew, 1994, *Kant and the Mind*, Cambridge: Cambridge University Press.

Brook, Andrew, 2006, "Kant: A Unified Theory of the Representational Base of All Consciousness", in: Uriah Kriegel and Ken Williford (eds), *Consciousness and Self-Reference*. Cambridge, MA: MIT Press, 89–110.

Brook, Andrew, 2011, "Kant y las ciencias cognitivas", in: Pedro Jesús Teruel (ed.), *Kant y las ciencias*, Madrid: Editorial Biblioteca Nueva, 227–236.

Brook, Andrew, 2013, "Kant's Idealism About Time", in: Adrian Bardon and Heather Dyke (eds), *A Companion to the Philosophy of Time*, Oxford: Wiley-Blackwell, 120–134.

Brook, Andrew and De Vidi, Richard C., 2001, *Self-Reference and Self-Awareness*. Amsterdam: John Benjamins.

Brook, Andrew and Wuerth, Julian, 2020, "Kant's View of the Mind and Consciousness of Self", in: Edward N. Zalta (ed.), *The Stanford Encyclopedia of Philosophy* (Winter 2020 Edition), URL: https://plato.stanford.edu/archives/win2020/entries/kant-mind/.

Brouillet, Raymond, 1975, "Dieter Henrich et *The Proof-Structure of Kant's Transcendental Deduction*", *Dialogue*, 14, 639–648.

Burchard, Hermann G. W., 2011, "The Role of Conscious Attention in Perception: Immanuel Kant, Alonzo Church, and Neuroscience", *Foundations of Science*, 16, 67–99.

Bykova, Marina, 2019, "Kant's "I Think" and Fichte's principle of self-positing", *Anuario filosófico*, 52(1), 145–165.

Caimi, Mario, 2007, *Leçons sur Kant. La déduction transcendantale dans la deuxième édition de la Critique de la raison pure*, transl. by María del Carmen Caimi, Paris: Éditions de la Sorbonne.

Caimi, Mario, 2014, *Kant's B Deduction*, Newcastle upon Tyne: Cambridge Scholars Publishing.

Caimi, Mario, 2017, "Das Prinzip der Apperzeption und der Aufbau der Beweisführung der Deduktion", *Kant-Studien*, 108, 378–400.

Calhoun, Zachary, 2019, "Kant on Positing: Being as Self-Determination", *Review of Metaphysics*, 73(1), 77–108.

Callanan, John J., 2017, "Kant on the Spontaneous Power of the Mind", *British Journal for the History of Philosophy*, 25(3), 565–588.

Capozzi, Mirella, 2007, "L'io e la conoscenza di sé in Kant", in: Eugenio Canone (ed.), *Per una storia del concetto di mente*, Firenze: Leo S. Olschki, 267–326.

Carl, Wolfgang, 1989a, *Der schweigende Kant. Die Entwürfe zu einer Deduktion der Kategorien vor 1781*, Göttingen: Vandenhoeck & Ruprecht.

Carl, Wolfgang, 1989b, "Kant's First Drafts of the Deduction of the Categories", in: Eckardt Förster (ed.), *Kant's Transcendental Deductions. The Three 'Critiques' and the 'Opus postumum'*, Stanford: Stanford University Press, 3–20.

Carl, Wolfgang, 1992, *Die Transzendentale Deduktion der Kategorien in der ersten Auflage der Kritik der reinen Vernunft. Ein Kommentar*, Frankfurt a. M.: Klostermann.

Carl, Wolfgang, 1997, "Apperception and Spontaneity", *International Journal of Philosophical Studies*, 5, 147–163.

Carl, Wolfgang, 2015, "Kant über Bewußtsein und Selbstbewußtsein mit einem Blick auf die gegenwärtige Diskussion", in: Claudia Jáuregui, Fernando Moledo, Hernán Pringe and Marcos Thisted (eds), *Crítica y Metafísica, Homenaje a Mario Caimi*, Hildesheim: Olms, 75–92.

Cassam, Quassim, 1997, *Self and World*, Oxford: Oxford University Press.

Cassirer, Ernst, 1906–07, *Das Erkenntnisproblem in der Philosophie und Wissenschaft in der neueren Zeit*, 2 vols, Berlin: Cassirer.

Castillon, Fréderic de, 1804, "Mémoire sur la question de l'origine des connaissances humaines" (1801), in: Akademie der Wissenschaften zu Berlin. *Mémoires de l'Académie Royale des Sciences et Belles-Lettres, Classe de Philosophie Spéculative*, Berlin, 17–30.

Chen, Yeben, 2016, "On Kant's Cogito and Hegel's Self-Consciousness", *Theory Journal*, 1, 82–90.

Chignell, Andrew, 2017, "Can't Kant Cognize Himself? Or, A Problem For (Almost) Every Interpretation Of The Refutation Of Idealism", in: Anil Gomes and Andrew Stephenson (eds), *Kant and the Philosophy of Mind. Perception, Reason, and the Self*, Oxford: Oxford University Press, 138–157.

Chiodi, Pietro, 1961, *La deduzione trascendentale di Kant*, Turin: Taylor.

Choi, In-Sook, 1991, *Die Paralogismen der Seelenlehre in der ersten und der zweiten Auflage der Kritik der reinen Vernunft*, Frankfurt a. M.: Peter Lang.

Choi, So-In, 1996, *Selbstbewußtsein und Selbstanschauung. Eine Reflexion über Einheit und Entzweiung des Subjekts in Kants Opus Postumum*, Berlin/New York: De Gruyter.

Chotaš, Jiří, 2010, "Das Ich als transzendentales Subjekt. Eine Auseinandersetzung mit Rolf-Peter Horstmanns Interpretation von Kants Paralogismen", in: Jiří Chotaš, Jindřich Karásek and Jürgen Stolzenberg (eds), *Metaphysik und Kritik. Interpretationen zur "Transzendentalen Dialektik" der Kritik der reinen Vernunft*, Würzburg: Königshausen & Neumann, 117–139.

Cohen, Hermann, 1871, *Kants Theorie der Erfahrung*, Berlin. Second edition: Berlin, 1885.

Conant, James B., 2017, "Kant's Critique of the Layer-Cake Conception of Human Mindedness in the B-Deduction", in: James R. O'Shea (ed.), *Kant's Critique of Pure Reason: A Critical Guide*, Cambridge: Cambridge University Press, 120–139.

Correia, Carlos João, 2010, "Kant e o paralogismo da personalidade", in: Leonel Ribeiro dos Santos, Ubirajara Rancan de Azevedo Marques, Gregorio Piaia, Marco Sgarbi and Riccardo Pozzo (eds), *Was ist der Mensch? Que é o homem? Antropologia, Estética e Teleologia em Kant*, Lisbon: CFUL, 371–382.

Costa Rego, Pedro, 2011, "Aperception subjective et aperception objective dans la 'Déduction' B de la Critique de la raison pure", in: Sophie Grapotte, Mai Lequan and Margit Ruffing (eds), *Kant et la science. La théorie critique et transcendantale de la connaissance*, Paris: Vrin, 307–315.

Cousin, D. R., 1957/58, "Kant on the Self", *Kant-Studien*, 49, 25–35.

Cramer, Konrad, 1987, "Über Kants Satz: Das 'Ich denke' muß alle meine Vorstellungen begleiten können", in: Konrad Cramer, Hans Friedrich Fulda, Rolf-Peter Horstmann and

Ulrich Pothast (eds), *Theorie der Subjektivität, Dieter Henrich zum 60. Geburtstag*, Frankfurt a. M.: Suhrkamp, 167–202.
Cramer, Konrad, 2003, "Kants 'Ich Denke' und Fichtes 'Ich bin'", *Internationales Jahrbuch des Deutschen Idealismus / International Yearbook of German Idealism*, 1, 57–93.
Crone, Katia, 2007, "Vorbegriffliches Selbstbewusstsein bei Kant?", in: Jürgen Stolzenberg (ed.), *Kant in der Gegenwart*, Berlin/New York: De Gruyter, 149–165.
Crone, Katja, 2012, "Pre-Conceptual Aspects of Self-Consciousness in Kant's Critique of Pure Reason", in: Piero Giordanetti, Riccardo Pozzo and Marco Sgarbi (eds), *Kant's Philosophy of the Unconscious*, Berlin/Boston: De Gruyter, 131–146.
Dalberg, Karl Theodor A. M. von, 1793, *Von dem Bewusstseyn als allgemeinem Grunde der Weltweisheit*, Erfurt.
Dörflinger, Bernd, 2000, *Das Leben theoretischer Vernunft*, Berlin/New York: De Gruyter.
Dörflinger, Bernd, 2017, "Kants Idee eines intuitiven Verstandes im Kontext seiner Theorie der Organismen", in: Giuseppe Motta and Udo Thiel (eds), *Immanuel Kant: Die Einheit des Bewusstseins*, Berlin/Boston: De Gruyter, 221–235.
Düsing, Klaus, 1987, "Cogito, ergo sum? Untersuchungen zu Descartes und Kant", *Wiener Jahrbuch für Philosophie*, 19, 95–106.
Düsing, Klaus, 1997, *Selbstbewusstseinsmodelle. Moderne Kritiken und systematische Entwürfe zur konkreten Subjektivität*, Munich: Fink.
Düsing, Klaus, 2013, *Immanuel Kant: Klassiker der Aufklärung. Untersuchungen zur kritischen Philosophie in Erkenntnistheorie, Ethik, Ästhetik und Metaphysik*, Hildesheim/Zürich/New York: Olms.
Düsing, Klaus, 2020, "Gibt es eine Kantische Kategorienentwicklung aus der Einheit des ›Ich denke‹?", in: Nicolas Bickmann, Lars Heckenroth and Rainer Schäfer (eds), *Kategoriendeduktion in der klassischen deutschen Philosophie*, Berlin: Duncker & Humblot, 29–42.
Dyck, Corey W., 2008, "The Subjective Deduction and the Search for a Fundamental Force", *Kant-Studien*, 99(2), 152–179.
Dyck, Corey W., 2010, "The Aeneas Argument: Personality and Immortality in Kant's Third Paralogism", *Kant Yearbook*, 2(1), 95–122.
Dyck, Corey W., 2011, "A Wolff in Kant's Clothing: Christian Wolff's Influence on Kant's Accounts of Consciousness, Self-Consciousness, and Psychology", *Philosophy Compass*, 6(1), 44–53.
Dyck, Corey W., 2014, *Kant and Rational Psychology*, Oxford: Oxford University Press.
Dyck, Corey W., 2016a, "The Scope of Inner Sense: The Development of Kant's Psychology in the Silent Decade", *Con-Textos Kantianos*, 3, 326–344.
Dyck, Corey W., 2016b, "Spontaneity Before the Critical Turn: Crusius, Tetens, and the Pre-Critical Kant on the Spontaneity of the Mind", *Journal of the History of Philosophy*, 54(4), 625–648.
Dyck, Corey W., 2017, "The Principles of Apperception", in: Giuseppe Motta and Udo Thiel (eds), *Immanuel Kant: Die Einheit des Bewusstseins*, Berlin/Boston: De Gruyter, 32–46.
Dyck, Corey W., 2018, "Between Wolffianism and Pietism: Baumgarten's Rational Psychology", in: Courtney Fugate and John Hymers (eds), *Baumgarten and Kant on Metaphysics*, Oxford: Oxford University Press, 78–93.
Dyck, Corey W., 2019, "Imagination and Association in Kant's Theory of Cognition", in: Rudolf Meer, Giuseppe Motta and Gideon Stiening (eds), *Konzepte der Einbildungskraft in der*

Philosophie, den Wissenschaften und den Künsten des 18. Jahrhunderts. Festschrift zum 65. Geburtstag von Udo Thiel, Berlin/Boston: De Gruyter, 353–372.

Edel, Geert, 2020, "Zur Frage der Einheit der Vernunft. Kurt Walter Zeidlers schlusslogische Alternative zu Kant und Cohen", in: Lois Marie Rendl and Robert König (eds), *Schlusslogische Letztbegründung. Festschrift für Kurt Walter Zeidler zum 65. Geburtstag*, Berlin: Peter Lang, 211–226.

Edgar, Scott, 2010, "The Explanatory Structure of the Transcendental Deduction and a Cognitive Interpretation of the First Critique", *Canadian Journal of Philosophy*, 40, 285–314.

Ellis, Addison, 2020, "Self-Consciousness as Self-Limitation", *Contemporary Studies in Kantian Philosophy*, 5, 15–36.

Emundts, Dina, 2006, "Die Paralogismen und die Widerlegung des Idealismus in Kants *Kritik der reinen Vernunft*", *Deutsche Zeitschrift für Philosophie*, 54(2), 295–309.

Emundts, Dina, 2007, "Kant über innere Erfahrung", in: Udo Kern (ed.), *Was ist und sein soll. Natur und Freiheit bei Immanuel Kant*, Berlin: Akademie Verlag, 189–205.

Emundts, Dina, 2013, "Kant über Selbstbewusstsein", in: Dina Emundts (ed.), *Self, World, and Art: Metaphysical Topics in Kant and Hegel*, Berlin/Boston: De Gruyter, 51–78.

Emundts, Dina, 2017, "Kant's Ideal of Self-Knowledge", in: Ursula Renz (ed.), *Self-Knowledge: A History*, New York: Oxford University Press, 183–198.

Emundts, Dina (ed.), 2013, *Self, World, and Art: Metaphysical Topics in Kant and Hegel*, Berlin/Boston: De Gruyter.

Emundts, Dina and Sedgwick, Sally (eds), 2016, *Internationales Jahrbuch des Deutschen Idealismus / International Yearbook of German Idealism, 11/2013. Bewusstsein/Consciousness*, Berlin/Boston: De Gruyter.

Engstrom, Stephen, 2013, "Unity of Apperception", *Studi Kantiani*, 26, 37–54.

Engstrom, Stephen, 2016, "Self-Consciousness and the Unity of Knowledge", in: Dina Emundts and Sally Sedgwick (eds), *Internationales Jahrbuch des Deutschen Idealismus / International Yearbook of German Idealism, 11/2013. Bewusstsein/Consciousness*, Berlin/Boston: De Gruyter, 25–48.

Enskat, Rainer (ed.), 2015, *Kants Theorie der Erfahrung*, Berlin/Boston: De Gruyter.

Erdmann, Benno, 1878, *Kant's Kriticismus in der ersten und in der zweiten Auflage der Kritik der reinen Vernunft*, Leipzig.

Erdmann, Benno, 1908, *Umrisse zur Psychologie des Denkens*, Tübingen: Mohr.

Erdmann, Benno, 1915, "Kritik der Problemlage in Kants transzendentaler Deduktion der Kategorien", in: *Sitzungsberichte der königlich preussischen Akademie der Wissenschaften, Sitzung vom 25.2.1915*, vol. 11, Berlin, 190–219.

Eschenmayer, Carl August, 1817, *Psychologie in drei Theilen als empirische, reine und angewandte*, Stuttgart/Tübingen.

Euler, Werner, 2004, "Bewußtsein – Seele – Geist. Untersuchungen zur Transformation des Cartesischen Cogito in der Psychologie Christian Wolffs", in: Oliver-Pierre Rudolph and Jean-Francois Goubet (eds), *Die Psychologie Christian Wolffs*, Tübingen: Niemeyer, 11–50.

Evans, Gareth, 1982, *The Varieties of Reference*, ed. by John McDowell, Oxford: Oxford University Press.

Evans, Joseph Claude, 1990, "Two-Steps-in-One-Proof. The Structure of the Transcendental Deduction of the Categories", *Journal of the History of Philosophy*, 28, 553–570.

Fabbrizi, Chiara, 2008, *Mente e corpo in Kant*, Roma: Aracne.
Falkenstein, Lorne, 1995, "The Great Light of 1769 – A Humean Awakening? Comments on Lothar Kreimendahl's Account of Hume's Influence on Kant", *Archiv für Geschiche der Philosophie*, 77, 63–79.
Favaretti Camposampiero, Matteo, 2018, "Anthropology from a Logical Point of View: The Role of Inner Sense from Jungius to Kant", in: Gualtiero Lorini and Robert B. Louden (eds), *Knowledge, Morals and Practice in Kant's Anthropology*, London: Palgrave Macmillan, 43–61.
Feder, Johann Georg Heinrich and Garve, Christian [Anonymous], 1782, "Critik der reinen Vernunft von Immanuel Kant", *Göttingische Anzeigen von gelehrten Sachen*, Zugabe zum 3. Stück, 40–48.
Ficara, Elena, 2020, "Was ist die transzendentale Deduktion der Kategorien?", in: Nicolas Bickmann, Lars Heckenroth and Rainer Schäfer (eds), *Kategoriendeduktion in der klassischen deutschen Philosophie*, Berlin: Duncker & Humblot, 17–28.
Fichte, Johann Gottlieb, 1794, *Grundlage der gesamten Wissenschaftslehre als Handschrift für seine Zuhörer*, Leipzig.
Fink-Eitel, Hinrich, 1978, "Kants transzendentale Deduktion der Kategorien als Theorie des Selbstbewußtseins", *Zeitschrift für philosophische Forschung*, 32, 211–238.
Flemming, Georg August, 1796, *Lehrbuch der allgemeinen empirischen Psychologie*, Altona.
Forgione, Luca, 2013, "Kant and the I as Subject", in: Stefano Bacin, Alfredo Ferrarin, Claudio La Rocca and Margit Ruffing (eds), *Akten des XI. Internationalen Kant-Kongresses: Kant und die Philosophie in weltbürgerlicher Absicht (Pisa 2010)*, vols 1–5, Berlin/Boston: De Gruyter, vol. 2, 117–127.
Forgione, Luca, 2015, "Kant on de re: some aspects of the Kantian non-conceptualism debate", *Kant Studies Online*, 32–64.
Forgione, Luca, 2018, *Kant and the problem of self-knowledge*, London/New York: Routledge.
Forgione, Luca, 2019, "Kant, the Transcendental Designation of I, and the Direct Reference Theory", *Theoria. An International Journal for Theory. History and Foundations of Science*, 34(1), 31–49.
Forgione, Luca, 2020, "Apperception and Pre-Reflective Self-Consciousness in Kant", *International Philosophical Quarterly*, 60(4), 431–447.
Forgione, Luca, 2021, "Kant, I think, and the question of self-identification", *Studi Filosofici*, 44, 33–52.
Förster, Eckardt, 1989, "Kant's Selbstsetzungslehre", in: Eckardt Förster (ed.), *Kant's Transcendental Deductions. The Three 'Critiques' and the 'Opus postumum'*, Stanford: Stanford University Press, 217–238.
Förster, Eckardt, 2011, *Die 25 Jahre der Philosophie*, Frankfurt a. M.: Vittorio Klostermann.
Förster, Eckardt (ed.), 1989, *Kant's Transcendental Deductions. The Three 'Critiques' and the 'Opus postumum'*, Stanford: Stanford University Press.
Frank, Manfred, 1991a, *Selbstbewußtsein und Selbsterkenntnis*, Stuttgart: Reclam.
Frank, Manfred, 1991b, "Fragmente einer Geschichte der Selbstbewusstseins-Theorie von Kant bis Sartre", in: Manfred Frank (ed.), *Selbstbewusstseinstheorien von Fichte bis Sartre*, Frankfurt am Main: Suhrkamp, 413–599.
Frank, Manfred, 2002, *Selbstgefühl. Eine historisch-systematische Erkundung*, Frankfurt a. M.: Suhrkamp.

Frank, Manfred, 2016, "'Selbstgefühl'. Vorstufen einer präreflexivistischen Auffassung von Selbstbewusstsein im 18. Jahrhundert", in: Dina Emundts and Sally Sedgwick (eds), *Internationales Jahrbuch des Deutschen Idealismus / International Yearbook of German Idealism, 11/2013. Bewusstsein/Consciousness*, Berlin/Boston: De Gruyter, 197–220.

Frierson, Patrick R., 2013, *What Is the Human Being?* Abingdon/New York: Routledge.

Frierson, Patrick R., 2014, *Kant's Empirical Psychology*, Oxford: Oxford University Press.

Fries, Jakob Friedrich, 1828–1831, *Neue oder anthropologische Kritik der Vernunft*, second edition, 3 vols., Heidelberg. First edition: *Neue Kritik der Vernunft*, Heidelberg, 1807.

Gäbe, Lüder, 1954, *Die Paralogismen der reinen Vernunft in der ersten und in der zweiten Auflage von Kants Kritik*, Dissertation, Marburg.

Gawlick, Günter and Kreimendahl, Lothar, 1987, *Hume in der deutschen Aufklärung. Umrisse einer Rezeptionsgeschichte*, Stuttgart-Bad Cannstatt: Frommann-Holzboog.

Gentile, Andrea, 2016, *Le percezioni oscure e l'appercezione trascendentale in Leibniz e Kant*, Rome: IF Press.

Gentry, Gerard and Pollok, Konstantin (eds), 2019, *The Imagination in German Idealism and Romanticism*, Cambridge: Cambridge University Press.

Gerhardt, Volker, 2013, "Bewusstsein als Funktion der Mitteilung", in: Dieter Hüning, Stefan Klingner and Carsten Olk (eds), *Das Leben der Vernunft. Beiträge zur Philosophie Kants. Festschrift für Bernd Dörflinger*, Berlin/Boston: De Gruyter, 733–750.

Ghisu, Sebastiano, 2016, *Soggetto e possibilità. La svolta kantiana e i suoi presupposti storici*, Milan: Mimesis.

Ginsborg, Hannah, 2006, "Empirical Concepts and the Content of Experience", *European Journal of Philosophy*, 14(4), 372–395.

Ginsborg, Hannah, 2008, "Was Kant a Nonconceptualist?", *Philosophical Studies*, 137, 65–77.

Giordanetti, Piero, Pozzo, Riccardo and Sgarbi, Marco (eds), 2012, *Kant's Philosophy of the Unconscious*, Berlin/Boston: De Gruyter.

Goldman, Avery, 2012, *Kant and the Subject of Critique. On the Regulative Role of the Psychological Idea*, Bloomington, IN: Indiana University Press.

Golob, Sacha, 2014, "Kant on Intentionality, Magnitude, and the Unity of Perception", *European Journal of Philosophy*, 22(4), 505–528.

Golob, Sacha, 2016, "Why the Transcendental Deduction Is Compatible with Nonconceptualism", in: Dennis Schulting (ed.), *Kantian Nonconceptualism*, London/New York: Palgrave Macmillan, 27–52.

Gomes, Anil, 2010, "Is Kant's Transcendental Deduction of the Categories Fit for Purpose?", *Kantian Review*, 15(2), 118–137.

Gomes, Anil, 2014, "Kant on Perception: Naive Realism, Non-Conceptualism, and the B-Deduction", *Philosophical Quarterly*, 64(254), 1–19.

Gomes, Anil, 2017, "Kant, the Philosophy of Mind, and Twentieth Century Analytic Philosophy", in: Anil Gomes and Andrew Stephenson (eds), *Kant and the Philosophy of Mind. Perception, Reason, and the Self*, Oxford: Oxford University Press, 5–24.

Gomes, Anil and Stephenson, Andrew (eds), 2017, *Kant and the Philosophy of Mind. Perception, Reason, and the Self*, Oxford: Oxford University Press.

Gorodeisky, Keren, 2019, "Unity in Variety: Theoretical, Practical, and Aesthetic Reason in Kant", in: Gerad Gentry and Konstantin Pollok (eds), *The Imagination in German Idealism and Romanticism*, Cambridge: Cambridge University Press, 86–105.

Gram, Moltke S., 1978, "Do Transcendental Arguments Have a Future?", in: Rüdiger Bubner, Konrad Cramer and Reiner Wiehl (eds), *Zur Zukunft der Transzendentalphilosophie*, Göttingen: Vandenhoeck & Ruprecht, 23–56.

Griffith, Aaron M., 2012, "Perception and the Categories: A Conceptualist Reading of Kant's Critique of Pure Reason", *European Journal of Philosophy*, 20(2), 193–222.

Grohmann, Johann Christian August, 1796, "Neue transzendentale Deduktion der logischen Formen", in: Johann Christian August Grohmann (ed.), *Neue Beyträge zur kritischen Philosophie und insbesondere zur Logik*, Leipzig, 1–187.

Grohmann, Johann Christian August, 1798, "Versuch einer Angabe der vorzüglichsten unterscheidenden Hauptpunkte der Kantischen und Fichteschen Philosophie", in: Johann Christian August Grohmann and Karl Heinrich Ludwig Pölitz (eds), *Neue Beyträge zur kritischen Philosophie und insbesondere zur Geschichte der Philosophie*, Berlin, 158–185.

Grüne, Stefanie, 2009, *Blinde Anschauung. Die Rolle von Begriffen in Kants Theorie sinnlicher Synthesis*, Frankfurt a. M.: Klostermann.

Grüne, Stefanie, 2011, "Is There a Gap in Kant's B Deduction?", *International Journal of Philosophical Studies*, 19, 465–490.

Guzmán Grez, Nicolás, 2021, *Kants Theorie der Selbstsetzung. Versuch über die Epigenesis des transzendentalen Subjekts als Form und Materie der Erkenntnis*, Würzburg: Königshausen & Neumann.

Guyer, Paul, 1980, "Kant on Apperception and A Priori Synthesis", *American Philosophical Quarterly*, 17(3), 205–212.

Guyer, Paul, 1987a, *Kant and the Claims of Knowledge*, Cambridge: Cambridge University Press.

Guyer, Paul, 1987b, "The Failure of the B-Deduction", in: Hoke Robinson (ed.), *Spindel-Conference 1986. The B-Deduction*, Supplement vol. 25 of *The Southern Journal of Philosophy*, 67–84.

Guyer, Paul, 1989, "Psychology and the Transcendental Deduction", in: Eckardt Förster (ed.), *Kant's Transcendental Deductions. The Three 'Critiques' and the 'Opus postumum'*, Stanford: Stanford University Press, 47–68.

Guyer, Paul, 2010, "The Deduction of the Categories: The Metaphysical and Transcendental Deductions", in: Paul Guyer (ed.), *The Cambridge Companion to Kant's Critique of Pure Reason*, Cambridge: Cambridge University Press, 118–150.

Guyer, Paul, 2017, "What Does the Transcendental Deduction Prove, and When Does It Prove It? Henry Allison on Kant's Transcendental Deduction", in: *Kant-Studien*, 108, 589–600.

Hanna, Robert, 2005, "Kant and Nonconceptual Content", *European Journal of Philosophy*, 13, 247–290.

Hanna, Robert, 2011, "Kant's Non-Conceptualism, Rogue Objects, and the Gap in the B Deduction", *International Journal of Philosophical Studies*, 19, 399–415.

Harrison, Ross, 1988, "Wie man dem transzendentalen Ich einen Sinn verleiht" (transl. by W. R. Köhler), in: Forum für Philosophie Bad Homburg (ed.), *Kants transzendentale Deduktion und die Möglichkeit von Transzendentalphilosophie*, Frankfurt a. M.: Suhrkamp, 32–50.

Hartmann, Nicolai, 1924, "Diesseits von Idealismus und Realismus. Ein Beitrag zur Scheidung des Geschichtlichen und Übergeschichtlichen in der Kantischen Philosophie", *Kant-Studien*, 29, 160–206.

Haumesser, Mathieu, 2017, "Le jeu du 'Je pense' dans Locke et Kant. L'entrecroisement des facultés dans l'aperception", in: Antoine Grandjean (ed.), *Kant et les Empirismes*, Paris: Garnier, 57–73.

Heckmann, Reinhard, 1997, *Kants Kategoriendeduktion. Ein Beitrag zur Philosophie des Geistes*, Freiburg/Munich: Alber.

Hegel, Georg Wilhelm Friedrich, 1802, "Glauben und Wissen oder die Reflexionsphilosophie der Subjektivität, in der Vollständigkeit ihrer Formen, als Kantische, Jacobische und Fichtesche Philosophie", in: Georg Wilhelm Friedrich Hegel and Friedrich Wilhelm Joseph Schelling (eds), *Kritisches Journal der Philosophie*, 2, Tübingen.

Hegel, Georg Wilhelm Friedrich, 1816, *Wissenschaft der Logik, Zweiter Band (Die Subjektive Logik oder die Lehre vom Begriff)*, Nürnberg.

Hegel, Georg Wilhelm Friedrich, 1830, *Enzyklopädie der philosophischen Wissenschaften im Grundrisse*, third amended edition, 3 vols, Heidelberg.

Heidegger, Martin, 1929, *Kant und das Problem der Metaphysik*, Bonn: Cohen.

Heidemann, Dietmar H., 2012, "The 'I Think' Must Be Able To Accompany All My Representations. Unconscious Representations and Self-Consciousness in Kant", in: Piero Giordanetti, Riccardo Pozzo and Marco Sgarbi (eds), *Kant's Philosophy of the Unconscious*, Berlin/Boston: De Gruyter, 37–59.

Heidemann, Dietmar H., 2013, "'Daß ich bin'. Zu Kants Begriff des reinen Existenzbewusstseins", in: Stefano Bacin, Alfredo Ferrarin, Claudio La Rocca and Margit Ruffing (eds), *Akten des XI. Internationalen Kant-Kongresses: Kant und die Philosophie in weltbürgerlicher Absicht (Pisa 2010)*, vols 1–5, Berlin/Boston: De Gruyter, vol. 2, 153–164.

Heidemann, Dietmar H., 2016, "Kant's Aesthetic Nonconceptualism", in: Dennis Schulting (ed.), *Kantian Nonconceptualism*, London/New York: Palgrave Macmillan, 117–144.

Heidemann, Dietmar H., 2017, "Diskursivität und Einheit des Bewusstseins bei Kant", in: Giuseppe Motta and Udo Thiel (eds), *Immanuel Kant: Die Einheit des Bewusstseins*, Berlin/Boston: De Gruyter, 11–31.

Heidemann, Dietmar H. (ed.), 2013, *Kant and Non-Conceptual Content*, London/New York: Routledge.

Heidemann, Ingeborg, 1958, *Spontaneität und Zeitlichkeit. Ein Problem der Kritik der reinen Vernunft*, Cologne: Kölner Universitäts-Verlag.

Heimsoeth, Heinz, 1924, "Persönlichkeitsbewußtsein und Ding an sich in der kantischen Philosophie", in: Albertus Universitaet (ed.), *Immanuel Kant. Festschrift zur zweiten Jahrhundertfeier seines Geburtstages*, Königsberg, 41–80. New edition in: Heimsoeth, Heinz, 1956, *Studien zur Philosophie Immanuel Kants. Metaphysische Ursprünge und Ontologische Grundlagen*, Cologne: Kölner Universitäts-Verlag, 227–257.

Heimsoeth, Heinz, 1961, *Studien zur Philosophiegeschichte*, Cologne: Kölner Universitäts-Verlag.

Heimsoeth, Heinz, 1966–71, *Die transzendentale Dialektik. Ein Kommentar zu Kants Kritik der reinen Vernunft* (4 vols), Berlin: De Gruyter.

Heintel, Erich, 1944, *Metabiologie und Wirklichkeitsphilosophie*, Leipzig: Barth.

Heintel, Erich, 1968, *Die beiden Labyrinthe der Philosophie. Systemtheoretische Betrachtungen zur Fundamentalphilosophie des abendländischen Denkens*, Vienna/Munich: Oldenbourg.

Henrich, Dieter, 1969, "The Proof-Structure of Kant's Transcendental Deduction", *The Review of Metaphysics*, 22, 640–659.
Henrich, Dieter, 1973, "Die Beweisstruktur von Kants transzendentaler Deduktion der Kategorien", in: Georg Prauss (ed.), *Kant. Zur Deutung seiner Theorie von Erkennen und Handeln*, Cologne: Kiepenheuer & Witsch, 90–104.
Henrich, Dieter, 1976, *Identität und Objektivität. Eine Untersuchung über Kants transzendentale Deduktion*, Heidelberg: Carl Winter.
Henrich, Dieter, 1988, "Die Identität des Subjekts in der transzendentalen Deduktion", in: Hariolf Oberer and Gerhard Seel (eds), *Kant: Analysen-Probleme-Kritik*, Würzburg: Königshausen & Neumann, 39–70.
Henrich, Dieter, 1989a, "Kant's Notion of a Deduction and the Methodological Background of the First Critique", in: Eckardt Förster (ed.), *Kant's Transcendental Deductions. The Three 'Critiques' and the 'Opus postumum'*, Stanford: Stanford University Press, 29–46.
Henrich, Dieter, 1989b, "*Noch einmal in Zirkeln*. Eine Kritik von Ernst Tugendhats semantischer Erklärung von Selbstbewußtsein", in: Clemens Bellut and Ulrich Müller-Schöll (eds), *Mensch und Moderne. Beiträge zur philosophischen Anthropologie und Gesellschaftskritik*, Würzburg: Königshausen & Neumann, 93–132.
Herbart, Johann Friedrich, 1824–25, *Psychologie als Wissenschaft, neu gegründet auf Erfahrung, Metaphysik und Mathematik*, 2 vols, Königsberg.
Heßbrüggen-Walter, Stefan, 2001, "Nur suchen, nicht finden: Kant, Tetens und die Grundkraft der Seele", in: Volker Gerhardt, Ralph Schumacher and Rolf-Peter Horstmann (eds), *Akten des IX. Internationalen Kant-Kongresses: Kant und die Berliner Aufklärung (Berlin 2000)*, vols 1–5, Berlin/New York: De Gruyter, vol. 4, 368–374.
Heßbrüggen-Walter, Stefan, 2004, *Die Seele und ihre Vermögen. Kants Metaphysik des Mentalen in der Kritik der reinen Vernunft*, Paderborn: Mentis.
Hiltscher, Reinhard, 2011, "Einheit der Anschauung vom Gegenstand und Einheit des Gegenstandes der Anschauung in Kants Transzendentaler Deduktion", in: Christian Krijnen and Kurt Walter Zeidler (eds), *Gegenstandsbestimmung und Selbstgestaltung. Transzendentalphilosophie im Anschluss an Werner Flach*, Würzburg: Königshausen & Neumann, 124–159.
Hiltscher, Reinhard, 2013, "Gegenstandsbegriff und funktionale Reflexivität in Kants Transzendentaler Deduktion", in: Dieter Hüning, Stefan Klingner and Carsten Olk (eds), *Das Leben der Vernunft. Beiträge zur Philosophie Kants. Festschrift für Bernd Dörflinger*, Berlin/Boston: De Gruyter, 40–61.
Hiltscher, Reinhard, 2020, "Funktionale Reflexivität, Apperzeption und Selbstbewusstsein in Kants Transzendentaler Deduktion der Kategorien", in: Nicolas Bickmann, Lars Heckenroth and Rainer Schäfer (eds), *Kategoriendeduktion in der klassischen deutschen Philosophie*, Berlin: Duncker & Humblot, 43–69.
Hindrichs, Gunnar, 2002, *Negatives Selbstbewußtsein. Überlegungen zu einer Theorie der Subjektivität in Auseinandersetzung mit Kants Lehre vom transzendentalen Ich*, Hürtgenwald: Pressler.
Hinsch, Wilfried, 1986, *Erfahrung und Selbstbewusstsein: Zur Kategoriendeduktion bei Kant*, Hamburg: Meiner.
Hoeppner, Till, 2021, *Urteil und Anschauung. Kants metaphysische Deduktion der Kategorien*, Berlin/Boston: De Gruyter.

Hoffbauer, Johann Christoph, 1794, *Anfangsgründe der Logik nebst einem Grundrisse der Erfahrungsseelenlehre*, Halle.
Hoffbauer, Johann Christoph, 1796, *Naturlehre der Seele in Briefen*, Halle.
Hoppe, Hansgeorg, 1983, *Synthesis bei Kant. Das Problem der Verbindung von Vorstellungen und ihrer Gegenstandsbeziehung in der Kritik der reinen Vernunft*, Berlin/New York: De Gruyter.
Hoppe, Hansgeorg, 1988, "Die Bedeutung der Empirie für transzendentale Deduktionen", in: Forum für Philosophie Bad Homburg (ed.), *Kants transzendentale Deduktion und die Möglichkeit von Transzendentalphilosophie*, Frankfurt a. M.: Suhrkamp, 114–134.
Horstmann, Rolf-Peter, 1993, "Kants Paralogismen", *Kant-Studien*, 83, 408–425.
Horstmann, Rolf-Peter, 2016, "Kant, the German Idealists, the I, and the Self – A 'Systematic Reconstruction'", in: Dina Emundts and Sally Sedgwick (eds), *Internationales Jahrbuch des Deutschen Idealismus / International Yearbook of German Idealism, 11/2013. Bewusstsein/Consciousness*, Berlin/Boston: De Gruyter, 245–272.
Hossenfelder, Malte, 1978, *Kants Konstitutionstheorie und die transzendentale Deduktion*, Berlin/New York: De Gruyter.
Howell, Robert, 1992, *Kant's Transcendental Deduction: An Analysis of Main Themes in His Critical Philosophy*, Dordrecht: Kluwer.
Höwing, Thomas, 2017, "Kant über Wissen, Allgemeingültigkeit und Wahrheit", in: Giuseppe Motta and Udo Thiel (eds), *Immanuel Kant: Die Einheit des Bewusstseins*, Berlin/Boston: De Gruyter, 114–129.
Hüning, Dieter, Klingner, Stefan and Olk, Carsten (eds), 2013, *Das Leben der Vernunft. Beiträge zur Philosophie Kants. Festschrift für Bernd Dörflinger*, Berlin/Boston: De Gruyter.
Hwang, Soon-U, 2002, *Identitätsbewusstsein und Objektivität bei Kant*, Würzburg: Königshausen & Neumann.
Hyder, David, 2021, "Figurative Synthesis and Propositional Content in B-Deduction §24", in: Beatrix Himmelmann and Camilla Serck-Hanssen (eds), *Proceedings of the 13th International Kant Congress: The Court of Reason*, vols 1–3, Berlin/Boston, vol. 1, 525–534.
Jáuregui, Claudia, 2011, "Subjetividad y auto-conocimiento en la filosofía trascendental de I. Kant", *Agora*, 30(1), 31–47.
Jaspers, Karl, 1957, *Die großen Philosophen I*, Munich: Piper.
Jesus, Paulo, 2008, *Poétique de l'ipse. Étude sur le Je pense Kantien*, Frankfurt a. M./New York/Bern: Peter Lang.
Jesus, Paulo, Lefort, Elisabeth, Lequan, Mai, and Sardinha, Diogo (eds), 2019, *Kant et l'humain. Géographie, psychologie, anthropologie*, Paris: Vrin.
Jiménez, Alba, 2016, "The Duisburg Nachlaß as a Key to Interpreting Salomon Maimon's Reading of the Transcendental Deduction of Categories", in: Rafael V. Orden Jiménez, Robert Hanna, Robert Louden, Jacinto Rivera de Rosales and Nuria Sánchez Madrid (eds), *Kant's Shorter Writings: Critical Paths outside the Critiques*, Newcastle upon Tyne: Cambridge Scholars Publishing, 39–54.
Josifovic, Sasa, 2013, "The Crucial Role of The Crucial Role of Pure Apperception within the Framework of Kant's Theory of Synthesis and Cognition", in: Gertrudis Van der Vijver and Boris Demarest (eds), *Objectivity after Kant. Its Meaning, Its Limitations, Its Fateful Omissions*, Hildesheim/New York: Olms, 221–233.

Kaehler, Klaus Erich, 2020, "›Transzendentale Deduktion der Kategorien‹: Kant und Hegel", in: Nicolas Bickmann, Lars Heckenroth and Rainer Schäfer (eds), *Kategoriendeduktion in der klassischen deutschen Philosophie*, Berlin: Duncker & Humblot, 127–139.

Kannisto, Toni, 2017, "Why There Can Be No Future Achilles. The Inherent Fallacy in the Paralogisms", in: Giuseppe Motta and Udo Thiel (eds), *Immanuel Kant: Die Einheit des Bewusstseins*, Berlin/Boston: De Gruyter, 148–163.

Kant, Immanuel 1997, *Vorlesungen über Anthropologie*, ed. by Reinhard Brandt and Werner Stark, in: *Kant's gesammelte Schriften*, vol. 25 (Abt. 4, Vorlesungen), 2. vols, ed. by the Akademie der Wissenschaften zu Göttingen, Berlin: De Gruyter.

Karásek, Jindřich, 2013, "Synthetische Einheit des Mannigfaltigen. Textanalytische Überlegungen zu einem Schlüsselbegriff in Kants Erkenntnistheorie", in: Stefano Bacin, Alfredo Ferrarin, Claudio La Rocca and Margit Ruffing (eds), *Akten des XI. Internationalen Kant-Kongresses: Kant und die Philosophie in weltbürgerlicher Absicht (Pisa 2010)*, vols 1–5, Berlin/Boston: De Gruyter, vol. 2, 177–187.

Kaye, Lawrence J., 2015, *Kant's Transcendental Deduction of the Categories. Unity, Representation, and Apperception*, Lanham, MD: Lexington.

Keller, Pierre, 1998, *Kant and the Demands of Self-Consciousness*, Cambridge/New York: Cambridge University Press. New edition (Paperback): 2001.

Kemp, Ryan S., 2018, "Kant's Subjective Deduction", *European Journal of Philosophy*, 26(3), 945–957.

Kemp Smith, Norman, 1918, *A Commentary to Kant's Critique of Pure Reason*, London: Macmillan.

Kim, Halla, 2019, "The Unity of the Kantian Self", in: Manja Kisner, Giovanni Pietro Basile, Ansgar Lyssy and Michael Bastian Weiß (eds), *Das Selbst und die Welt. Beiträge zu Kant und der nachkantischen Philosophie. Festschrift für Günter Zöller*, Würzburg: Königshausen & Neumann, 43–64.

Kim, Hyeongjoo, 2017, *Zur Empirizität des "Ich denke" in Kants Kritik der reinen Vernunft*, Würzburg: Königshausen & Neumann.

Kim, Hyeongjoo, 2019, "Was heißt 'Ich denke ist ein empirischer Satz'?", *Kant-Studien*, 110(1), 136–159.

Kisner, Manja, Basile, Giovanni Pietro, Lyssy, Ansgar, and Weiß, Michael Bastian (eds), 2019, *Das Selbst und die Welt. Beiträge zu Kant und der nachkantischen Philosophie. Festschrift für Günter Zöller*, Würzburg: Königshausen & Neumann.

Kitcher, Patricia, 1989, "Kant's Dedicated Cognitivist System", in: John-Christian Smith (ed.), *Historical Foundations of Cognitive Science*, Dordrecht: Reidel, 189–209.

Kitcher, Patricia, 1990, *Kant's Transcendental Psychology*, Oxford: Oxford University Press.

Kitcher, Patricia, 1991, "Kant's Transcendental Psychology", in: Gerhard Funke (ed.), *Akten des Siebenten Internationalen Kant-Kongresses (Mainz 1990)*, Bonn: Bouvier, 215–225.

Kitcher, Patricia, 1995, "Kant on Some Functions of Self-Consciousness", in: Hoke Robinson (ed.), *Proceeding of the Eight International Kant Congress (Memphis 1995)*, 2 vols, Milwaukee: Marquette University Press, vol. 1, 645–666.

Kitcher, Patricia, 2011a, *Kant's Thinker*, Oxford: Oxford University Press.

Kitcher, Patricia, 2011b, "The Unity of Kant's Active Thinker", in: Joel Smith and Peter Sullivan (eds), *Transcendental Philosophy and Naturalism*, Oxford: Oxford University Press, 55–73.

Kitcher, Patricia, 2012, "Kant's Unconscious 'Given'", in: Piero Giordanetti, Riccardo Pozzo and Marco Sgarbi (eds), *Kant's Philosophy of the Unconscious*, Berlin/Boston: De Gruyter, 5–36.
Kitcher, Patricia, 2013, "Précis of Kant's Thinker", *Philosophy and Phenomenological Research*, 87, 200–212.
Kitcher, Patricia, 2015, "Apperception as the Supreme Principle of the Understanding", in: Rainer Enskat (ed.), *Kants Theorie der Erfahrung*, Berlin/Boston: De Gruyter, 47–70.
Klein, Hans-Dieter, 1973, *Vernunft und Wirklichkeit*, Vol 1: *Untersuchungen zur Kritik der Vernunft*. Munich/Vienna: Oldenburg.
Klein, Hans-Dieter, 2002, *System der Philosophie*. Vol 1: *Untersuchungen zur Kritik der Vernunft*. Frankfurt am Main: Peter Lang.
Klemme, Heiner F., 1996, *Kants Philosophie des Subjekts. Systematische und entwicklungsgeschichtliche Untersuchungen zum Verhältnis von Selbstbewußtsein und Selbsterkenntnis*, Hamburg: Meiner.
Klemme, Heiner F., 1999, "Kants Wende zum Ich", *Zeitschrift für philosophische Forschung*, 53(4), 507–529.
Klemme, Heiner F., 2010, "Die rationalistische Interpretation von Kants 'Paralogismen der reinen Vernunft'", in: Jiří Chotaš, Jindřich Karásek and Jürgen Stolzenberg (eds), *Metaphysik und Kritik. Interpretationen zur "Transzendentalen Dialektik" der Kritik der reinen Vernunft*, Würzburg: Königshausen & Neumann, 141–161.
Klemme, Heiner F., 2012, "Spontaneität und Selbsterkenntnis. Kant über die ursprüngliche Einheit von Natur und Freiheit im Aktus des 'Ich denke' (1785–1787)", in: Mario Brandhorst, Andree Hahmann and Bernd Ludwig (eds), *Sind wir Bürger zweier Welten? Freiheit und moralische Verantwortung im transzendentalen Idealismus*, Hamburg: Meiner, 195–222.
Klemme, Heiner F., 2013, "Moralized Nature, Naturalized Autonomy: Kant's Way of Bridging the Gap in the Third Critique (and in the Groundwork)", in: Oliver Sensen (ed.), *Kant on Moral Autonomy*, Cambridge: Cambridge University Press, 193–211.
Klemme, Heiner F., 2014, "Is the Categorical Imperative the Highest Principle of Both Pure Practical and Theoretical Reason?", *Kantian Review*, 19(1), 119–126.
Klemme, Heiner F., 2017, "'Eigentliches Selbst' (I. Kant) oder 'ursprüngliches Selbstsein' (D. Henrich)? Über einige Merkmale von Kants Begriff des Selbstbewusstseins", in: Giuseppe Motta and Udo Thiel (eds), *Immanuel Kant: Die Einheit des Bewusstseins*, Berlin/Boston: De Gruyter, 258–276.
Klingner, Stefan, 2019, "Das individuelle Subjekt. Zur Originalität von J. G. E. Maaß' Versuch über die Einbildungskraft", in: Rudolf Meer, Giuseppe Motta and Gideon Stiening (eds), *Konzepte der Einbildungskraft in der Philosophie, den Wissenschaften und den Künsten des 18. Jahrhunderts. Festschrift zum 65. Geburtstag von Udo Thiel*, Berlin/Boston: De Gruyter, 455–484.
Klotz, Christian, 2020, "Substance and Subject, from Kant to Hegel", *Studia Kantiana*, 18(3), 45–58.
Koch, Anton Friedrich, 2004, *Subjekt und Natur. Zur Rolle des "Ich denke" bei Descartes und Kant*, Paderborn: Mentis.
Kohl, Markus, 2020, "Kant on Cognizing Oneself as a Spontaneous Cognizer", *Canadian Journal of Philosophy*, 50(3), 395–412.

Koistinen, Olli, 2011, "Descartes in Kant's Transcendental Deduction", *Midwest Studies in Philosophy*, 35, 149–163.
Koßler, Matthias, 1999, "Der transzendentale Schein in den Paralogismen der reinen Vernunft nach der ersten Auflage der Kritik der reinen Vernunft. Ein Kommentar zu KrV, A 396–405", *Kant-Studien*, 90, 1–22.
Kraus, Katharina T., 2017, "Rethinking the Relationship between Empirical Psychology and Transcendental Philosophy in Kant", *Internationales Jahrbuch des Deutschen Idealismus / International Yearbook of German Idealism*, 15 (Psychologie), 47–76.
Kraus, Katharina T., 2019, "Innere Erfahrung und 'ich' als Objekt. Freedom on This and the Other Side of Kant", in: Violetta L. Waibel, Margit Ruffing and David Wagner (eds), *Akten des XII. Internationalen Kant-Kongresses: Natur und Freiheit (Wien 2015)*, vols 1–5, Berlin/Boston: De Gruyter, vol. 4, 2673–2682.
Kraus, Katharina T., 2020, *Kant on Self-Knowledge and Self-Formation. The Nature of Inner Experience*, Cambridge: Cambridge University Press.
Kraus, Katharina T., 2021, "The Puzzle of the Empirical Self and the Regulative Principles of Reason", in: Beatrix Himmelmann and Camilla Serck-Hanssen (eds), *Proceedings of the 13th International Kant Congress: The Court of Reason*, vols 1–3, Berlin/Boston: De Gruyter, vol. 2, 1151–1160.
Kraus, Katharina T. and Sturm, Thomas, 2017, "'An Attractive Alternative to Empirical Psychologies Both in His Day and Our Own'? A Critique of Frierson's Kant's Empirical Psychology", *Studi Kantiani*, 30, 203–223.
Kreimendahl, Lothar, 1990, *Kant – Der Durchbruch von 1769*, Cologne: Dinter.
Krouglov, Alexei N., 2013, "Tetens und die Deduktion der Kategorien bei Kant", *Kant-Studien*, 104, 466–489.
Kuehn, Manfred, 1983a, "Hume's Antinomies", *Hume Studies*, 9, 25–45.
Kuehn, Manfred, 1983b, "Kant's Conception of Hume's Problem", *Journal of the History of Philosophy*, 21, 25–45.
Kuehn, Manfred, 1987, *Scottish Common Sense in Germany, 1768–1800. A Contribution to the History of Critical Philosophy*, Kingston/Montreal: McGill-Queen's University Press.
Kuehn, Manfred, 1988, "Kant's Transcendental Deduction: A Limited Defense of Hume", in: Bernard den Ouden (ed.), *New Essays on Kant*, New York/Bern: Peter Lang, 47–72.
Kuehn, Manfred, 1997, "The Wolffian Background of Kant's Transcendental Deduction", in: Patricia A. Easton (ed.), *Logic and the Workings of the Mind: The Logic of Ideas and Faculty Psychology in Early Modern Philosophy*, Atascadero: Ridgeview, 229–250.
Kuehn, Manfred, 2001, *Kant. A Biography*, Cambridge/New York: Cambridge University Press.
Kuhne, Frank, 2007, *Selbstbewusstsein bei Kant und Fichte. Über Möglichkeiten und Grenzen der Transzendentalphilosophie*, Hamburg: Meiner.
Laiho, Hemmo, 2012, *Perception in Kant's Model of Experience*, PhD dissertation, University of Turku.
Land, Thomas, 2011, "Kantian Conceptualism", in: Günter Abel and James Conant (eds), *Rethinking Epistemology*, vol. 1, Berlin/New York: De Gruyter, 197–239.
Land, Thomas, 2016, "Moderate Conceptualism and Spatial Representation", in: Dennis Schulting (ed.), *Kantian Nonconceptualism*, London/New York: Palgrave Macmillan, 145–170.
Lang, Stefan, 2021, "Karl Leonhard Reinholds Begriff der Deduktion", *Archiv für Geschichte der Philosophie*, 103(3), 531–561.

Langbehn, Claus, 2012, *Vom Selbstbewußstein zum Selbstverständnis. Kant und die Philosophie der Wahrnehmung*, Paderborn: Mentis.

Langlois, Luc, 2019, "Kant et les limites de l'observation de soi: de la psychologie empirique au concept pragmatique de l'anthropologie", in: Paulo Jesus, Elisabeth Lefort, Mai Lequan and Diogo Sardinha (eds), *Kant et l'humain. Géographie, psychologie, anthropologie*, Paris: Vrin, 121–129.

La Rocca, Claudio, 2008, "Der Dunkle Verstand: Unbewusste Vorstellungen und Selbstbewusstsein bei Kant", in: Valerio Rohden, Ricardo R. Terra, Guido Antônio Almeida and Margit Ruffing (eds), *Akten des X. Internationalen Kant-Kongresses: Recht und Frieden in der Philosophie Kants (Sao Paolo 2005)*, vols 1–5, Berlin/New York: De Gruyter, vol. 2, 457–468.

La Rocca, Claudio, 2013, "Kant on Self-Knowledge and Conscience", in: Dieter Hüning, Stefan Klingner and Carsten Olk (eds), *Das Leben der Vernunft. Beiträge zur Philosophie Kants. Festschrift für Bernd Dörflinger*, Berlin/Boston: De Gruyter, 364–385.

La Rocca, Claudio, 2019, "Selbstbewusstsein und Fürwahrhalten in Kants Theorie des Gewissens", in: Violetta L. Waibel, Margit Ruffing and David Wagner (eds), *Akten des XII. Internationalen Kant-Kongresses: Natur und Freiheit (Wien 2015)*, vols 1–5, Berlin/Boston: De Gruyter, vol. 1, 441–456.

Laywine, Alison, 2020, *Kant's Transcendental Deduction. A Cosmology of Experience*, Oxford: Oxford University Press.

Lenczewska, Olga, 2019, "Expansion of Self-consciousness in the Critique of Pure Reason", *Kant-Studien*, 110(4), 554–594.

Liang, Yibin, 2021, *Die Struktur des Bewusstseins und des Selbstbewusstseins bei Kant*, Berlin/Boston: De Gruyter.

Licht dos Santos, Paulo Roberto, 2019, "Die programmatische Frage der transzendentalen Deduktion in der Kritik der reinen Vernunft", in: Violetta L. Waibel, Margit Ruffing and David Wagner (eds), *Akten des XII. Internationalen Kant-Kongresses: Natur und Freiheit (Wien 2015)*, vols 1–5, Berlin/Boston: De Gruyter, vol. 2, 1277–1286.

Licht dos Santos, Paulo Roberto, 2019, "La déduction transcendantale dans les Prolégomènes et le problème de l'idéalisme", *Con-Textos Kantianos*, 9, 7–22.

Longuenesse, Béatrice, 2008, "Kant's 'I think' versus Descartes's 'I am a thing that thinks'", in: Daniel Garber and Béatrice Longuenesse (eds), *Kant and the Early Moderns*, Princeton: Princeton University Press, 9–31.

Longuenesse, Béatrice, 2013, "Kant and Freud on 'I'", in: Stefano Bacin, Alfredo Ferrarin, Claudio La Rocca and Margit Ruffing (eds), *Akten des XI. Internationalen Kant-Kongresses: Kant und die Philosophie in weltbürgerlicher Absicht (Pisa 2010)*, vols 1–5, Berlin/Boston: De Gruyter, vol. 1, 299–320.

Longuenesse, Béatrice, 2017, *I, Me, Mine. Back to Kant, and Back Again*, Oxford: Oxford University Press.

Lorini, Gualtiero, 2014, "The Origins of the Transcendental Subjectivity: On Baumgarten's Psychology", in: *Philosophica*, 44, 107–126.

Lorini, Gualtiero, 2018a, "Anthropologie und empirische Psychologie bei Kant: Diskontinuität oder Entwicklung?", *Archiv für Begriffsgeschichte*, Special Issue 14 (*Der Zyklop in der Wissenschaft. Kant und die anthropologia transscendentalis*), 113–124.

Lorini, Gualtiero, 2018b, "The Rules for Knowing the Human Being: Baumgarten's Presence in Kant's Anthropology", in: Gualtiero Lorini and Robert B. Louden (eds), *Knowledge, Morals and Practice in Kant's Anthropology*, London: Palgrave Macmillan, 63–80.

Lorini, Gualtiero, 2019, "Objectivité et normativité chez Kant: un point de vue anthropologique", in: Paulo Jesus, Elisabeth Lefort, Mai Lequan and Diogo Sardinha (eds), *Kant et l'humain. Géographie, psychologie, anthropologie*, Paris: Vrin, 269–278.

Lorini, Gualtiero and Louden, Robert B. (eds), 2018, *Knowledge, Morals and Practice in Kant's Anthropology*, London: Palgrave Macmillan.

Ludwig, Bernd, 2012, "Was weiß ich vom Ich? Kants Lehre vom Faktum der reinen praktischen Vernunft, seine Neufassung der Paralogismen und die verborgenen Fortschritte der Metaphysik im Jahre 1786", in: Mario Brandhorst, Andree Hahmann and Bernd Ludwig (eds), *Sind wir Bürger zweier Welten? Freiheit und moralische Verantwortung im transzendentalen Idealismus*, Hamburg: Meiner, 155–194.

Luise, Gennaro, 2017, "Deduzione trascendentale e ontologia della conoscenza", *Aretè*, 17, 130–153.

Luo, Xi, 2019, *Aspekte des Selbstbewusstseins bei Kant. Identität, Einheit und Existenz*, Stuttgart: Metzler.

Luo, Xi, 2021, "Kant über inneren Sinn, Zeitanschauung und Selbstaffektion", *Kantovskij Sbornik / Kantian Journal*, 40(2), 27–66.

Maimon, Salomon, 1790, *Versuch über die Transzendentalphilosophie mit einem Anhang über die symbolische Erkenntnis und Anmerkungen*, Berlin.

Makkreel, Rudolf, 2015, "Self-Cognition and Self-Assessment in Kant's Lectures on Anthropology", in: Alix Cohen (ed.), *Kant's Lectures on Anthropology*, Cambridge: Cambridge University Press, 18–37.

Maraguat, Edgar, 2013, "Kant's Underlying Metaphysics of Mind", in: Stefano Bacin, Alfredo Ferrarin, Claudio La Rocca and Margit Ruffing (eds), *Akten des XI. Internationalen Kant-Kongresses: Kant und die Philosophie in weltbürgerlicher Absicht (Pisa 2010)*, vols 1–5, Berlin/Boston: De Gruyter, vol. 2, 669–676.

Martinelli, Riccardo, 2013, "Vom Ich zur Welt. Formen der Weltbeziehung in Kants Anthropologie", in: Stefano Bacin, Alfredo Ferrarin, Claudio La Rocca and Margit Ruffing (eds), *Akten des XI. Internationalen Kant-Kongresses: Kant und die Philosophie in weltbürgerlicher Absicht (Pisa 2010)*, vols 1–5, Berlin/Boston: De Gruyter, vol. 4, 413–423.

McBay Merritt, Melissa, 2011, "Kant's Argument for the Apperception Principle", *European Journal of Philosophy*, 10, 59–84.

McDowell, John, 1994, *Mind and World*, Cambridge, MA: Harvard University Press.

McDowell, John, 2009, *Having the World in View*, Cambridge, MA: Harvard University Press.

McDowell, John, 2013, "Perceptual Experience: Both Relational and Contentful", *European Journal of Philosophy*, 21, 144–157.

McLear, Colin, 2014, "The Kantian (Non)-conceptualism Debate", *Philosophy Compass*, 9(11), 769–790.

McLear, Colin, 2015a, "Kant: Philosophy of Mind", *Internet Encyclopedia of Philosophy*, ISSN 2161-0002, https://iep.utm.edu/, 04.02.2022.

McLear, Colin, 2015b, "Two Kinds of Unity in the *Critique of Pure Reason*", *Journal of the History of Philosophy*, 53(1), 79–110.

McLear, Colin, 2021, "Kantian Conceptualism/Nonconceptualism", *The Stanford Encyclopedia of Philosophy* (Fall 2021 Edition), Edward N. Zalta (ed.), URL: https://plato.stanford.edu/archives/fall2021/entries/kant-conceptualism/.

Meer (Mösenbacher), Rudolf, 2017, "Apperzeption und Urteil. Analysen zum § 19 der Transzendentalen Analytik", in: Giuseppe Motta and Udo Thiel (eds), *Immanuel Kant: Die Einheit des Bewusstseins*, Berlin/Boston: De Gruyter, 66–74.

Meer, Rudolf, 2019a, "Eingebildete Gegenstände. Kants Konzept des focus imaginarius im Spannungsfeld der Träume eines Geistersehers und der Kritik der reinen Vernunft", in: Rudolf Meer, Giuseppe Motta and Gideon Stiening (eds), *Konzepte der Einbildungskraft in der Philosophie, den Wissenschaften und den Künsten des 18. Jahrhunderts. Festschrift zum 65. Geburtstag von Udo Thiel*, Berlin/Boston: De Gruyter, 413–436.

Meer, Rudolf, 2019b, "The Principle of the Transcendental Deduction. The First Section of the Deduction of the Pure Concepts of the Understanding", *Revista de Estudios Kantianos*, 4(1), 44–62.

Meer, Rudolf, Motta, Giuseppe and Stiening, Gideon (eds), 2019, *Konzepte der Einbildungskraft in der Philosophie, den Wissenschaften und den Künsten des 18. Jahrhunderts. Festschrift zum 65. Geburtstag von Udo Thiel*, Berlin/Boston: De Gruyter.

Meerbote, Ralf, 1986, "Apperception and Objectivity", *Southern Journal of Philosophy*, 25, 115–130.

Meerbote, Ralf, 1989a, "Deduktion und Beweis in Kants Transzendentalphilosophie", *International Studies in Philosophy*, 21(3), 96–97.

Meerbote, Ralf, 1989b, "Kant's Functionalism", in: John-Christian Smith (ed.), *Historical Foundations of Cognitive Science*, Dordrecht: Reidel, 161–187.

Meerbote, Ralf, 1991, "Matter in Mind: A Study of Kant's Transcendental Deduction", *Philosophy and Phenomenological Research*, 51(4), 929–934.

Melnick, Arthur, 2009, *Kant's Theory of the Self*, New York/London: Routledge.

Metz, Wilhelm, 1991, *Kategoriendeduktion und produktive Einbildungskraft in der theoretischen Philosophie Kants und Fichtes*, Stuttgart-Bad Cannstatt: Frommann-Holzboog.

Metz, Wilhelm, 2020, "Der Streit um das ›Subjekt‹. Luhmann versus Kant", in: Nicolas Bickmann, Lars Heckenroth and Rainer Schäfer (eds), *Kategoriendeduktion in der klassischen deutschen Philosophie*, Berlin: Duncker & Humblot, 140–151.

Mohr, Georg, 1991, *Das sinnliche Ich. Innerer Sinn und Bewußtsein bei Kant*, Würzburg: Königshausen & Neumann.

Mohr, Georg, 2001, "Der Begriff der Person bei Kant, Fichte und Hegel", in: Dieter Sturma (ed.), *Person. Philosophiegeschichte – Theoretische Philosophie – Praktische Philosophie*, Paderborn: Mentis, 103–141.

Moledo, Fernando, 2014, *Los años silenciosos de Kant: Aspectos de la génesis de la Deducción Trascendental en la década de 1770. Seguido de la traducción del Legado de Duisburg (ca. 1775)*, Buenos Aires: Prometeo.

Moledo, Fernando, 2015, "Über die Bedeutung der objektiven und der subjektiven Deduktion der Kategorien", *Kant-Studien*, 106, 418–429.

Moledo, Fernando, 2016a, "La deducción metafísica de las categorías en torno a 1772 y una hipótesis sobre el primer estadio de la historia evolutiva de la Deducción trascendental", *Studi Kantiani*, 29, 145–159.

Moledo, Fernando, 2016b, "Límites y contradicciones de la razón pura, entre la Dissertatio (1770) y la Crítica de la razón pura (1781)", *Cadernos de Filosofia Alemã*, 21(2), 49–59.

Motta, Giuseppe, 2012, *Die Postulate des empirischen Denkens überhaupt. Kritik der reinen Vernunft, A 218–235 / B 265–287. Ein kritischer Kommentar*, Berlin/Boston: De Gruyter.

Motta, Giuseppe, 2017, "'Was objektive Einheit des Selbstbewußtseins sei'. § 18 als systembildendes Element der B-Deduktion", in: Giuseppe Motta and Udo Thiel (eds), *Immanuel Kant: Die Einheit des Bewusstseins*, Berlin/Boston: De Gruyter, 47–65.

Motta, Giuseppe, 2019a, "Synthesen. Eine Auseinandersetzung mit Form und Struktur des § 17 der B-Deduktion", in: Violetta L. Waibel, Margit Ruffing and David Wagner (eds), *Akten des XII. Internationalen Kant-Kongresses: Natur und Freiheit (Wien 2015)*, vols 1–5, Berlin/Boston: De Gruyter, vol. 2, 1313–1320.

Motta, Giuseppe, 2019b, "'bald rot, bald schwarz'. Die Zufälligkeit des Zinnobers im Kontext der Kantischen Theorie der Einbildungskraft", in: Rudolf Meer, Giuseppe Motta and Gideon Stiening (eds), *Konzepte der Einbildungskraft in der Philosophie, den Wissenschaften und den Künsten des 18. Jahrhunderts. Festschrift zum 65. Geburtstag von Udo Thiel*, Berlin/Boston: De Gruyter, 393–412.

Motta, Giuseppe and Thiel, Udo (eds), 2017, *Immanuel Kant: Die Einheit des Bewusstseins*, Berlin/Boston: De Gruyter.

Muralt, André de, 1958, *La conscience transcendantale dans le criticisme kantien. Essai sur l'unité d'aperception*, Paris: Aubier.

Nakano, Hirotaka, 2008, "The First Half of the Transcendental Deduction in Kant's Critique of Pure Reason (B)", *Ideas Y Valores*, 57(137), 93–112.

Nakano, Hirotaka, 2011, "Selbstaffektion in der transzendentalen Deduktion", *Kant-Studien*, 102, 213–231.

Natorp, Paul, 1904, *Allgemeine Psychologie. In Leitsätzen zu akademischen Vorlesungen*, Marburg: Elwert.

Natorp, Paul, 1912, *Allgemeine Psychologie nach kritischer Methode*, Tübingen: J. C. B. Mohr (P. Siebeck).

Neeb, Johann, 1795–1796, *System der Kritischen Philosophie, auf den Satz des Bewußtseins gegründet*, 2 vols, Bonn/Frankfurt.

Newton, Alexandra M., 2019, "Kant and the Transparency of the Mind", *Canadian Journal of Philosophy*, 49(7), 890–915.

Noske, Rainer, 2019, "Kants Ansichten zum Ich, Ich denke und seine Kritik an Descartes' cogito ergo sum", in: Violetta L. Waibel, Margit Ruffing and David Wagner (eds), *Akten des XII. Internationalen Kant-Kongresses: Natur und Freiheit (Wien 2015)*, vols 1–5, Berlin/Boston: De Gruyter, vol. 4, 3215–3226.

Nowotny, Viktor, 1981, "Die Struktur der Deduktion bei Kant", *Kant-Studien*, 72, 270–279.

Olk, Carsten, 2018, "Ich, Selbstbewusstsein und der psychologische Paralogismus. Zur möglichen Bestimmung reflexiver Subjektivität und zur unmöglichen Bestimmung einer Ich-Substanz bei Kant", *Kant-Studien*, 109, 228–248.

Olk, Carsten, 2019, "Synthetische und analytische Einheit der Apperzeption. Über ein nach wie vor aktuelles und missverständliches Problem der *Kritik der reinen Vernunft*", *Revista de Estudios Kantianos*, 4(2), 319–337.

Olson, Michael J., 2019, "Kant on the Unity of the Act of Thinking", in: Violetta L. Waibel, Margit Ruffing, David Wagner (eds), *Akten des XII. Internationalen Kant-Kongresses: Natur und Freiheit (Wien 2015)*, vols 1–5, Berlin/Boston: De Gruyter, vol. 2, 1099–1106.

O'Neill, Onora, 1984, "Transcendental Synthesis and Developmental Psychology", *Kant-Studien*, 75, 149–167.
Onof, Christian and Schulting, Dennis, 2015, "Space as Form of Intuition and as Formal Intuition: On the Note to B160 in Kant's Critique of Pure Reason", *Philosophical Review*, 124(1), 1–58.
Paton, Herbert James, 1936, *Kant's Metaphysics of Experience*, 2 vols, London: G. Allen & Unwin/New York: Macmillan.
Peacocke, Christopher, 2019, "Is Kant's 'I Think' Unique?", *Philosophy and Phenomenological Research*, 98(3), 742–747.
Piché, Claude, 2019, "Psychologie empirique et métaphysique: La raison pure comme Dichtungsvermögen", in: Paulo Jesus, Elisabeth Lefort, Mai Lequan and Diogo Sardinha (eds), *Kant et l'humain. Géographie, psychologie, anthropologie*, Paris: Vrin, 99–108.
Pippin, Robert B., 2013, "What Is 'Conceptual Activity'?", in: Joseph K. Schear (ed.), *Mind, Reason, and Being-in-the-World: The McDowell-Dreyfus Debate*, London: Routledge, 91–109.
Poggi, Davide, 2013, "Kant and Locke: 'Das: Ich denke' and I think. Between Transcendental Apperception and Empirical Consciousness", in: Stefano Bacin, Alfredo Ferrarin, Claudio La Rocca and Margit Ruffing (eds), *Akten des XI. Internationalen Kant-Kongresses: Kant und die Philosophie in weltbürgerlicher Absicht (Pisa 2010)*, vols 1–5, Berlin/Boston: De Gruyter, vol. 2, 297–306.
Pollok, Konstantin, 2001, *Kants "Metaphysische Anfangsgründe der Naturwissenschaft". Ein kritischer Kommentar*, Hamburg: Meiner.
Pollok, Konstantin, 2014, "'The Understanding Prescribes Laws to Nature': Spontaneity, Legislation, and Kant's Transcendental Hylomorphism", *Kant-Studien*, 105(4), 509–530.
Powell, C. Thomas, 1990, *Kant's Theory of Self-Consciousness*, Oxford: Oxford University Press.
Prato Gaspar, Francisco, 2020, "Spontaneität und Ich bei Fichte (und Kant)", *Studia Kantiana*, 18(3), 233–256.
Prauss, Gerold, 1970, *Erscheinung bei Kant. Ein Problem der Kritik der reinen Vernunft*, Berlin/New York: De Gruyter.
Prauss, Gerold, 1974, *Kant und das Problem der Dinge an sich*, Bonn: Bouvier.
Prauss, Gerold, 2015, *Die Einheit von Subjekt und Objekt. Kants Probleme mit den Sachen selbst*, Freiburg/Munich: Alber.
Proops, Ian, 2010, "Kant's First Paralogism", *The Philosophical Review*, 119(4), 449–495.
Proops, Ian, 2021, *The Fiery Test of Critique. A Reading of Kant's Dialectic*, Oxford: Oxford University Press.
Radrizzani, Ives, 2019, "Vom cartesianischen Cogito zum fichteschen Dialego: Identität und Alterität bei Fichte", in: Manja Kisner, Giovanni Pietro Basile, Ansgar Lyssy and Michael Bastian Weiß (eds), *Das Selbst und die Welt. Beiträge zu Kant und der nachkantischen Philosophie. Festschrift für Günter Zöller*, Würzburg: Königshausen & Neumann, 159–168.
Reich, Klaus, 1932, *Die Vollständigkeit der Kantischen Urteilstafel*, Dissertation, Rostock. New edition: Berlin: R. Schoetz, 1948.
Reinhold, Karl Leonhard, 1789, *Versuch einer neuen Theorie des menschlichen Vorstellungsvermögens*, Prague/Jena.

Reinhold, Karl Leonhard, 1790, *Beyträge zur Berichtigung bisheriger Mißverständnisse der Philosophen*, Jena.
Reinhold, Karl Leonhard, 1791, *Über das Fundament des philosophischen Wissens, nebst einigen Erläuterungen über die Theorie des Vorstellungsvermögens*, Jena.
Reininger, Robert, 1947–1948, *Metaphysik der Wirklichkeit*, 2 vols, Vienna: Wilhelm Braumüller.
Renz, Ursula, 2015, "Becoming Aware of One's Own Thoughts: Kant on Self-Knowledge and Reflective Experience", in: Danièle Moyal-Sharrock, Volker Munz and Annalisa Coliva (eds), *Mind, Language and Action. Proceedings of the 36th International Wittgenstein Symposium*, Berlin/Boston: De Gruyter, 581–599.
Renz, Ursula (ed.), 2017, *Self-Knowledge: A History*, New York: Oxford University Press.
Rickert, Heinrich, 1892, *Der Gegenstand der Erkenntnis. Ein Beitrag zum Problem der philosophischen Transzendenz*, Freiburg i. Br.
Riehl, Alois, 1876, *Der Philosophische Kritizismus und seine Bedeutung für die positive Wissenschaft.* Vol. 1: *Geschichte und Methode des philosophischen Kritizismus*, Leipzig.
Riehl, Alois, 1879, *Der Philosophische Kritizismus und seine Bedeutung für die positive Wissenschaft.* Vol. 2, part 1: *Die sinnlichen und logischen Grundlagen der Erkenntnis*, Leipzig.
Riehl, Alois, 1887, *Der Philosophische Kritizismus und seine Bedeutung für die positive Wissenschaft.* Vol. 2, part 2: *Zur Wissenschaftstheorie und Metaphysik*, Leipzig.
Riha, Rado, 2015, "Das transzendentale Subjekt und sein *Dawider*", *Filozofski vestnik*, 36(2), 139–154.
Robinson, Hoke, 1981, "Anschauung und Mannigfaltiges in der transzendentalen Deduktion", *Kant-Studien*, 72, 140–148.
Robinson, Hoke, 1987, "The Transcendental Deduction from A to B: Combination in the Threefold Synthesis and the Representation of a Whole", in: Hoke Robinson (ed.), *Spindel-Conference 1986. The B-Deduction*, Supplement vol. 25 of *The Southern Journal of Philosophy*, 47–61.
Robinson, Hoke (ed.), 1987, *Spindel-Conference 1986. The B-Deduction*, Supplement vol. 25 of *The Southern Journal of Philosophy*.
Rödl, Sebastian, 2013, "Self-Consciousness and Knowledge", in: Stefano Bacin, Alfredo Ferrarin, Claudio La Rocca and Margit Ruffing (eds), *Akten des XI. Internationalen Kant-Kongresses: Kant und die Philosophie in weltbürgerlicher Absicht (Pisa 2010)*, vols 1–5, Berlin/Boston: De Gruyter, vol. 2, 357–370.
Rohden, Valerio, 2012, "The Meaning of the Term Gemüt in Kant", in: Frederick Rauscher and Daniel Omar Perez (eds), *Kant in Brazil*, Rochester: University of Rochester Press, 283–294.
Rohlf, Michael, 2018, "Transcendental Idealism in the B-Deduction", in: Kate A. Moran (ed.), *Kant on Freedom and Spontaneity*, Cambridge: Cambridge University Press, 48–65.
Rohs, Peter, 1977, "Transzendentale Apperzeption und ursprüngliche Zeitlichkeit", *Zeitschrift für philosophische Forschung*, 31, 191–216.
Rohs, Peter, 1988, "Die transzendentale Deduktion als Lösung von Invarianzproblemen", in: Forum für Philosophie Bad Homburg (ed.), *Kants transzendentale Deduktion und die Möglichkeit von Transzendentalphilosophie*, Frankfurt a. M.: Suhrkamp, 135–192.

Römer, Inga, 2020, "Transcendental Apperception and Temporalization. Husserl on Kant", in: Iulian Apostolescu and Claudia Serban (eds), *Husserl, Kant and Transcendental Phenomenology*, Berlin/Boston: De Gruyter, 127–142.

Römer, Inga, 2021, "Was ist eine transzendentale Apperzeption in phänomenologischer Sicht? Husserl über Kant", in: Beatrix Himmelmann and Camilla Serck-Hanssen (eds), *Proceedings of the 13th International Kant Congress: The Court of Reason*, vols 1–3, Berlin/Boston, vol. 2, 1305–1313.

Rosales, Alberto, 2015, "La teoría de la apercepción en el capítulo de los paralogismos", in: Claudia Jáuregui, Fernando Moledo, Hernán Pringe and Marcos Thisted (eds), *Crítica y Metafísica, Homenaje a Mario Caimi*, Hildesheim: Olms, 319–336.

Rosas, Alejandro, 1996, *Kants idealistische Reduktion. Das Mentale und das Materielle im transzendentalen Idealismus*, Würzburg: Königshausen & Neumann.

Rosefeldt, Tobias, 2000a, *Das logische Ich. Kant über den Gehalt des Begriffes von sich selbst*, Berlin: Philo.

Rosefeldt, Tobias, 2000b, "Sich setzen, oder: Was ist eigentlich das Besondere an Selbstbewußtsein? John Perry hilft, eine Debatte zwischen Henrich und Tugendhat zu klären", *Zeitschrift für philosophische Forschung*, 54, 425–444.

Rosefeldt, Tobias, 2001, "Wer oder was ist das 'stehende und bleibende Ich'?", in: Volker Gerhardt, Ralph Schumacher and Rolf-Peter Horstmann (eds), *Akten des IX. Internationalen Kant-Kongresses: Kant und die Berliner Aufklärung (Berlin 2000)*, vols 1–5, Berlin/New York: De Gruyter, vol. 2, 430–436.

Rosefeldt, Tobias, 2006, "Kants Ich als Gegenstand", *Deutsche Zeitschrift für Philosophie*, 54(2), 277–293.

Rosefeldt, Tobias, 2017, "Subjects of Kant's First Paralogism", in: Anil Gomes and Andrew Stephenson (eds), *Kant and the Philosophy of Mind. Perception, Reason, and the Self*, Oxford: Oxford University Press, 221–244.

Rosefeldt, Tobias, 2019, "Kant on Imagination and the Intuition of Time", in: Gerad Gentry and Konstantin Pollok (eds), *The Imagination in German Idealism and Romanticism*, Cambridge: Cambridge University Press, 86–106.

Schad, Johannes Baptist, 1798, "Ob Kants Kritik Metaphysik sey?", *F. I. Niethammers phil. Journal*, X(1), 66–79.

Schelling, Friedrich Wilhelm Joseph, 1795, *Vom Ich oder über das Unbedingte im menschlichen Wissen als Prinzip der Philosophie*, Tübingen.

Schelling, Friedrich Wilhelm Joseph, 1800, *System des transzendentalen Idealismus*, Tübingen.

Schindler, Walter, 1979, *Die reflexive Struktur objektiver Erkenntnis: Eine Untersuchung zum Zeitbegriff der Kritik der reinen Vernunft*, Munich: Carl Hanser.

Schmid, Carl Christian Erhard, 1791, *Empirische Psychologie*, Jena.

Schmid, Carl Christian Erhard (ed.), 1796–1798, *Psychologisches Magazin*, 3 vols, Jena.

Schopenhauer, Arthur, 1819, *Die Welt als Wille und Vorstellung*, Leipzig.

Schulting, Dennis, 2012a, *Kant's Deduction and Apperception. Explaining the Categories*, Basingstoke: Palgrave Macmillan.

Schulting, Dennis, 2012b, "Non-Apperceptive Consciousness", in: Piero Giordanetti, Riccardo Pozzo and Marco Sgarbi (eds), *Kant's Philosophy of the Unconscious*, Berlin/Boston: De Gruyter, 271–303.

Schulting, Dennis, 2014, "Kant's Deduction From Apperception: A Reply to My Critics", *Studi Kantiani*, 27, 95–118.

Schulting, Dennis, 2015a, "Probleme des 'kantianischen' Nonkonzeptualismus im Hinblick auf die B-Deduktion", *Kant-Studien*, 106(4), 561–580.

Schulting, Dennis, 2015b, "Transcendental Apperception and Consciousness in Kant's Lectures on Metaphysics", in: Robert R. Clewis (ed.), *Reading Kant's Lectures*, Berlin/Boston: De Gruyter, 89–113.

Schulting, Dennis, 2017a, "Gap? What Gap? On the Unity of Apperception and the Necessary Application of the Categories", in: Giuseppe Motta and Udo Thiel (eds), *Immanuel Kant: Die Einheit des Bewusstseins*, Berlin/Boston: De Gruyter, 89–113.

Schulting, Dennis, 2017b, *Kant's Radical Subjectivism. Perspectives on the Transcendental Deduction*, London/New York: Palgrave Macmillan.

Schulting, Dennis, 2018, "The Current Status of Research on Kant's Transcendental Deduction", *Revista de Estudios Kantianos*, 3(1), 69–88.

Schulting, Dennis, 2019, *Kant's Deduction from Apperception. An Essay on the Transcendental Deduction of the Categories*, Berlin/Boston: De Gruyter.

Schulting, Dennis, 2020, *Apperception and Self-Consciousness in Kant and German Idealism*, London/New York: Bloomsbury.

Schulting, Dennis, 2021a, *The Bounds of Transcendental Logic*, London/New York: Palgrave Macmillan.

Schulting, Dennis, 2021b, "Apperception, Objectivity, and Idealism", in: Beatrix Himmelmann and Camilla Serck-Hanssen (eds), *Proceedings of the 13th International Kant Congress: The Court of Reason*, vols 1–3, Berlin/Boston: De Gruyter, vol. 1, 641–650.

Schulting, Dennis (ed.), 2016, *Kantian Nonconceptualism*, London/New York: Palgrave Macmillan.

Schulting, Dennis and Verburgt, Jacco (eds), 2011, *Kant's Idealism, New Interpretations of a Controversial Doctrine*, Dordrecht/Heidelberg/London/New York: Springer.

Schultz, Johann, 1785, Rez. von *Institutiones Logicae et Metaphysicae* von J. A. H. Ulrich (Jena, Cröker, 1785), *Allgemeine Literatur-Zeitung*, 13. Dezember, 247–249.

Schulze, Gottlob Ernst, 1792, *Aenesidemus oder über die Fundamente der von dem Herrn Professor Reinhold in Jena gelieferten Elementar-Philosophie. Nebst einer Vertheidigung des Skepticismus gegen die Anmassungen der Vernunftkritik*, ohne Ortsangabe.

Schütz, Christian Gottfried, 1785, Rez. von *Erläuterungen über des Herrn Professor Kant Critik der reinen Vernunft* von Johann Schultz (Königsberg, Dengel, 1784), *Jenaische Allgemeine Literatur-Zeitung*, n. 162, 41–44, n. 164, 53–56, n. 178, n. 179, 121–128.

Seebohm, Thomas M., 1988, "Über die unmögliche Möglichkeit andere Kategorien zu denken als die unseren", in: Forum für Philosophie Bad Homburg (ed.), *Kants transzendentale Deduktion und die Möglichkeit von Transzendentalphilosophie*, Frankfurt a. M.: Suhrkamp, 11–31.

Seel, Gerhard, 2013, "'Ich bin mir meiner Selbst als Weltwesens unmittelbar und ursprünglich bewust'. The Leningrad-Reflection 'On Inner Sense' and Kant's Refutation of Idealism", in: Stefano Bacin, Alfredo Ferrarin, Claudio La Rocca and Margit Ruffing (eds), *Akten des XI. Internationalen Kant-Kongresses: Kant und die Philosophie in weltbürgerlicher Absicht (Pisa 2010)*, vols 1–5, Berlin/Boston: De Gruyter, vol. 2, 395–407.

Séguy-Declot, Alain, 2021, *Kant, le premier cercle. La déduction transcendantale des catégories (1781 et 1787)*, Paris: Classiques Garnier.
Serban, Claudia, 2019, "Y a-t-il un interdit anthropologique dans la philosophie transcendantale de Kant?", in: Paulo Jesus, Elisabeth Lefort, Mai Lequan and Diogo Sardinha (eds), *Kant et l'humain. Géographie, psychologie, anthropologie*, Paris: Vrin, 161–169.
Serck-Hanssen, Camilla, 2008, "Kant on the Human Standpoint", *Theoria*, 74, 79–85.
Serck-Hanssen, Camilla, 2009, "Kant on Consciousness", in: Sara Heinämaa and Martina Reuter (eds), *Psychology and Philosophy. Inquiries into the Soul from Late Scholasticism to Contemporary Thought*, Dordrecht: Springer, 139–157.
Serck-Hanssen, Camilla, 2011, "Der Nutzen von Illusionen. Ist die Idee der Seele unentbehrlich?", in: Bernd Dörflinger and Günter Kruck (eds), *Über den Nutzen von Illusionen. Die regulativen Ideen in Kants theoretischer Philosophie*, Hildesheim: Olms, 59–71.
Serck-Hanssen, Camilla, 2017, "Fighting Achilles", in: Giuseppe Motta and Udo Thiel (eds), *Immanuel Kant: Die Einheit des Bewusstseins*, Berlin/Boston: De Gruyter, 130–147.
Serrano Escallón, Gonzalo, 2014, *La Deducción Trascendental y sus inéditos, 1772–1788*, Bogotá: Universidad Nacional de Colombia.
Seyler, Frédéric, 2019, "De l'intuition empirique indéterminée à la présence à soi: figures de la subjectivité transcendantale", in: Paulo Jesus, Elisabeth Lefort, Mai Lequan and Diogo Sardinha (eds), *Kant et l'humain. Géographie, psychologie, anthropologie*, Paris: Vrin, 139–148.
Shaddock, Justin B., 2012, "Justification, Objectivity, and Subjectivity in Kant's Transcendental Deduction of the Categories", *Southwest Philosophy Review*, 28(1), 177–185.
Shaddock, Justin B., 2015, "Kant's Transcendental Idealism and His Transcendental Deduction", *Kantian Review*, 20(2), 265–288.
Shaddock, Justin B., 2019, "Select Kant's Neglected Alternative and the Unavoidable Need for the Transcendental Deduction", *Kantian Review*, 24(1), 127–152.
Sitorus, Fitzerald Kennedy, 2018, *Das transzendentale Selbstbewusstsein bei Kant. Zu Kants Begriff des Selbstbewusstseins im Lichte der Kritik der Heidelberger Schule*, Hamburg: Verlag Dr. Kovač.
Snowdon, Paul F., 2017, "The Lessons Of Kant's Paralogisms", in: Anil Gomes and Andrew Stephenson (eds), *Kant and the Philosophy of Mind. Perception, Reason, and the Self*, Oxford: Oxford University Press, 245–262.
Städtler, Michael, 2011, *Kant und die Aporetik moderner Subjektivität. Zur Verschränkung historischer und systematischer Momente im Begriff der Selbstbestimmung*, Berlin: Akademie Verlag.
Stephenson, Andrew, 2017, "Imagination and Inner Intuition", in: Anil Gomes and Andrew Stephenson (eds), *Kant and the Philosophy of Mind. Perception, Reason, and the Self*, Oxford: Oxford University Press, 104–123.
Stolzenberg, Jürgen, 1986, *Fichtes Begriff der intellektuellen Anschauung. Die Entwicklung in den Wissenschaftslehren von 1793/94 bis 1801/02*, Stuttgart: Klett-Cotta.
Strawson, Peter Frederick, 1966, *The Bounds of Sense*, London: Routledge.

Strawson, Peter Frederick, 1970, "Imagination and Perception", in: Lawrence Foster and Joe William Swanson (eds), *Experience and Theory*, Amherst: University of Massachusetts Press, 31–54.

Strawson, Peter Frederick, 1987, "Kant's Paralogisms: Self-Consciousness and the 'Outside Observer'", in: Konrad Cramer, Hans Friedrich Fulda, Rolf-Peter Horstmann and Ulrich Pothast (eds), *Theorie der Subjektivität, Dieter Henrich zum 60. Geburtstag*, Frankfurt a. M.: Suhrkamp, 203–219.

Stroud, Barry, 2017, "Kant's Transcendental Deduction", in: James R. O'Shea (ed.), *Kant's Critique of Pure Reason*, Cambridge University Press, 106–119.

Sturm, Thomas, 2001, "How Not to Investigate the Human Mind: Kant on the Impossibility of Empirical Psychology", in: Eric Watkins (ed.), *Kant and the Sciences*, Oxford University Press, 163–184.

Sturm, Thomas, 2009, *Kant und die Wissenschaften vom Menschen*, Paderborn: Mentis.

Sturm, Thomas, 2017, "Reines und empirisches Selbstbewusstsein in Kants Anthropologie: Das 'Ich' und seine rationale Selbstentwicklung", in: Giuseppe Motta and Udo Thiel (eds), *Immanuel Kant: Die Einheit des Bewusstseins*, Berlin/Boston: De Gruyter, 195–220.

Sturm, Thomas and Wunderlich, Falk, 2010, "Kant and the Scientific Study of Consciousness", *History of the Human Sciences*, 23, 48–71.

Sturma, Dieter, 1985, *Kant über Selbstbewußtsein. Zum Zusammenhang von Erkenntniskritik und Theorie des Selbstbewußtseins*, Hildesheim/Zürich/New York: Olms.

Sturma, Dieter, 1989, "'Das doppelte Ich im Bewußtsein meiner selbst'. Zur Struktur von Kants Begriff des Selbstbewußtseins", in: Gerhard Funke and Thomas M. Seebohm (eds), *Proceedings of the Sixth International Kant Congress (Pennsylvania State University 1985)*, 3 vols: 1989–1991, Washington: University Press of America, vol. 2 (1), 369–381.

Sturma, Dieter, 1997, *Philosophie der Person. Die Selbstverhältnisse von Subjektivität und Moralität*, Paderborn/Munich/Vienna/Zürich: Schöningh. New edition: Paderborn: Mentis, 2008.

Sturma, Dieter, 1998, "Die Paralogismen der reinen Vernunft in der zweiten Auflage. Kritik des Subjekts", in: Georg Mohr and Marcus Willaschek (eds), *Immanuel Kant. Kritik der reinen Vernunft*, Klassiker Auslegen 17/18, Berlin: Akademie Verlag, 391–411.

Sturma, Dieter, 2002, "Selbstbewußtsein und personale Identität. Kant über den Zusammenhang von Erkenntniskritik und Philosophie des Geistes", in: Reinhard Hiltscher and André Georgi (eds), *Perspektiven der Transzendentalphilosophie im Anschluß an die Philosophie Kants*, Freiburg/Munich: Alber, 247–268.

Sturma, Dieter, 2011, "Kant y la actual filosofía de la mente", in: Pedro Jesús Teruel (ed.), *Kant y las ciencias*, Madrid: Editorial Biblioteca Nueva, 237–243.

Sturma, Dieter, 2017, "Philosophy of Psychology in German Idealism", *Internationales Jahrbuch des Deutschen Idealismus / International Yearbook of German Idealism*, 15 (Psychologie), 3–22.

Tai, Terence Hua, 2020, "Kant's Critical Objection to the Rationalists in the B-Deduction", *Kant-Studien*, 111, 531–559.

Tai, Terence Hua, 2021, "Kant's Critical Objection to the Rationalists in the B-Deduction", in: Beatrix Himmelmann and Camilla Serck-Hanssen (eds), *Proceedings of the 13th*

International Kant Congress: The Court of Reason, vols 1–3, Berlin/Boston, vol. 2, 813–822.

Tenbruck, Friedrich, 1944, *Die transzendentale Deduktion der Kategorien nach der zweiten Auflage der Kritik der reinen Vernunft*, Dissertation, Marburg.

Teruel, Pedro Jesús, 2011, "La recepción de Kant en la Philosophy of Mind: Una revisión crítica desde las fuentes kantianas", in: Pedro Jesús Teruel (ed.), *Kant y las ciencias*, Madrid: Editorial Biblioteca Nueva, 244–302.

Teruel, Pedro Jesús (ed.), 2011, *Kant y las ciencias*, Madrid: Editorial Biblioteca Nueva.

Tester, Steven, 2016, "Mental Powers and the Soul in Kant's Subjective Deduction and the Second Paralogism", *Canadian Journal of Philosophy*, 46(3), 426–452.

Theis, Robert, 1983, "L'argument dans la déduction transcendantale", *Revue philosophique de Louvain*, 81, 205–223.

Thiel, Udo, 1996, "Between Wolff and Kant: Merian's Theory of Apperception", *Journal of the History of Philosophy*, 34(2), 213–232.

Thiel, Udo, 2001, "Kant's Notion of Self-Consciousness in Context", in: Volker Gerhardt, Ralph Schumacher and Rolf-Peter Horstmann (eds), *Akten des IX. Internationalen Kant-Kongresses: Kant und die Berliner Aufklärung (Berlin 2000)*, vols 1–5, Berlin/New York: De Gruyter, vol. 2, 468–476.

Thiel, Udo, 2011, *The Early Modern Subject. Self-Consciousness and Personal Identity from Descartes to Hume*, Oxford: Oxford University Press. New edition (Paperback): 2014.

Thiel, Udo, 2015, "Unities of the Self. From Kant to Locke", *Kant-Yearbook*, 7, 139–165.

Thiel, Udo, 2016, "The Early Modern Subject Revisited – Responses to Barth, Lenz, Renz and Wunderlich", *Kant-Studien*, 107, 554–566.

Thiel, Udo, 2017, "Die Einheit des Bewusstseins und die 'Gefahr des Materialismus'", in: Giuseppe Motta and Udo Thiel (eds), *Immanuel Kant: Die Einheit des Bewusstseins*, Berlin/Boston: De Gruyter, 181–194.

Thiel, Udo, 2018, "Kant and Tetens on the Unity of the Self", in: Corey Dyck and Falk Wunderlich (eds), *Kant and His German Contemporaries*, Cambridge: Cambridge University Press, 59–75.

Thiel, Udo, 2019a, "Kant und der Materialismus des 18. Jahrhunderts", in: Violetta L. Waibel, Margit Ruffing and David Wagner (eds), *Akten des XII. Internationalen Kant-Kongresses: Natur und Freiheit (Wien 2015)*, vols 1–5, Berlin/Boston: De Gruyter, vol. 1, 595–614.

Thiel, Udo, 2019b, "The Concept of a Person in Eighteenth-Century German Philosophy: Leibniz – Wolff – Kant", in: Antonia Lolordo (ed.), *Persons. A History*, Oxford: Oxford University Press, 187–231.

Thiel, Udo, 2020, "Priestley and Kant on Materialism", *Intellectual History Review* 30(1), 129–143.

Thiel, Udo, 2021, "Experience and Inner Sense: Feder – Lossius – Kant", in: Karin de Boer and Tinca Prunea-Bretonnet (eds), *The Experiential Turn in Eighteenth-Century German Philosophy*, New York/London: Routledge, 98–118.

Thöle, Bernhard, 1981, "Die Beweisstruktur der transzendentalen Deduktion der zweiten Auflage der Kritik der reinen Vernunft", in: Gerhard Funke (ed.), *Akten des V. Internationalen Kant-Kongresses (Mainz 1981)*, vols 1–3, Bonn: Bouvier, vol. 1, 302–312.

Thöle, Bernhard, 2010, "Kants Diagnose der Illusionen der rationalen Psychologie", in: Jiří Chotaš, Jindřich Karásek and Jürgen Stolzenberg (eds), *Metaphysik und Kritik*,

Interpretationen zur "Transzendentalen Dialektik" der Kritik der reinen Vernunft, Würzburg: Königshausen & Neumann, 99–116.

Tolley, Clinton, 2013, "The Non-Conceptuality of the Content of Intuitions", *Kantian Review*, 18, 107–136.

Tolley, Clinton, 2019, "Kant on the Role of the Imagination (and Images) in the Transition from Intuition to Experience", in: Gerad Gentry and Konstantin Pollok (eds), *The Imagination in German Idealism and Romanticism*, Cambridge: Cambridge University Press, 27–47.

Tomečková, Radka, 2019, "Zwischen Wahnsinn und Erkenntnistheorie. Die Einbildungskraft bei Locke, Hume und Kant", in: Rudolf Meer, Giuseppe Motta and Gideon Stiening (eds), *Konzepte der Einbildungskraft in der Philosophie, den Wissenschaften und den Künsten des 18. Jahrhunderts. Festschrift zum 65. Geburtstag von Udo Thiel*, Berlin/Boston: De Gruyter, 327–352.

Tredanaro, Emanuele, 2013, "Sul rapporto tra lo penso e soggetto pratico", in: Stefano Bacin, Alfredo Ferrarin, Claudio La Rocca and Margit Ruffing (eds), *Akten des XI. Internationalen Kant-Kongresses: Kant und die Philosophie in weltbürgerlicher Absicht (Pisa 2010)*, vols 1–5, Berlin/Boston: De Gruyter, vol. 2, 457–469.

Tugendhat, Ernst, 1979, *Selbstbewußtsein und Selbstbestimmung*, Frankfurt a. M.: Suhrkamp.

Tuschling, Burkhard, 1984, "Widersprüche im transzendentalen Idealismus", in: Burkhard Tuschling (ed.), *Probleme der Kritik der reinen Vernunft (Klaus Reich zum 75. Geburtstag), Kant-Tagung, Marburg, 1981*, Berlin/New York: De Gruyter, 227–310.

Tuschling, Burkhard, 1989, "Apperception and Ether. On the Idea of a Transcendental Deduction of Matter in Kant's opus postumum", in: Eckardt Förster (ed.), *Kant's Transcendental Deductions. The Three 'Critiques' and the 'Opus postumum'*, Stanford: Stanford University Press, 193–216.

Tuschling, Burkhard, 1993, "Das Sein bestimmt das Bewußtsein – wie bitte?", in: Hassan Givsan and Wolfdietrich Schmied-Kowarzik (eds), *Reflexionen zur geschichtlichen Praxis. Helmut Fleischer zum 65. Geburtstag*, Würzburg: Königshausen & Neumann, 257–275.

Tuschling, Burkhard (ed.), 1984, *Probleme der Kritik der reinen Vernunft (Klaus Reich zum 75. Geburtstag), Kant-Tagung, Marburg, 1981*, Berlin/New York: De Gruyter.

Vaihinger, Hans, 1902, *Die transcendentale Deduktion der Kategorien*, Sonderabzug aus "Philosophische Abhandlungen. Gedenkschrift für Rudolf Haym", Halle: Niemeyer.

Vigo, Alejandro G., 2015, "Kategoriale Synthesis und Einheit des Bewusstseins. Zu Kants Lehre vom Verhältnis zwischen Wahrnehmung und Erfahrung", in: Rainer Enskat (ed.), *Kants Theorie der Erfahrung*, Berlin/Boston: De Gruyter, 169–199.

Vinci, Thomas C., 2015, *Space, Geometry, and Kant's Transcendental Deduction of the Categories*, Oxford: Oxford University Press.

Vleeschauwer, Herman Jean de, 1934–37, *La déduction transcendantale dans l'œuvre de Kant*, 3 vols, Antwerpen: De Sikkel/Paris: Leroux/'s-Gravenhage: Nijhoff.

Volonté, Lucia, 2021, "On the Identity of "I Think" and "I Am"", in: Beatrix Himmelmann and Camilla Serck-Hanssen (eds), *Proceedings of the 13th International Kant Congress: The Court of Reason*, vols 1–3, Berlin/Boston: De Gruyter, vol. 2, 823–832.

Wagner, Hans, 1953, *Existenz, Analogie und Dialektik. Religio pura seu transcendentalis*, Munich/Basel: Ernst Reinhardt.

Wagner, Hans, 1959, *Philosophie und Reflexion*, Munich/Basel: Ernst Reinhardt.

Wagner, Hans, 1981, "Der Argumentationsgang in Kants Deduktion der Kategorien", *Kant-Studien*, 72, 352–365. New edition in: Wagner, Hans, 2008, *Zu Kants Kritischer Philosophie*, ed. by Bernward Grünewald and Hariolf Oberer, Würzburg: Königshausen & Neumann, 22–37.

Wagner, Hans, 1984, "Eine Meinungsdifferenz bezüglich Kants transzendentaler Kategorien-Deduktion", in: Burkhard Tuschling (ed.), *Probleme der Kritik der reinen Vernunft (Klaus Reich zum 75. Geburtstag), Kant-Tagung, Marburg, 1981*, Berlin/New York: De Gruyter, 35–41.

Waibel, Violetta L., 2000, *Hölderlin und Fichte. 1794–1800*, Paderborn: Schöningh.

Waibel, Violetta L., 2017, "Das reine Selbst, die Kausalität des Begriffs und die Zeit", in: Giuseppe Motta and Udo Thiel (eds), *Immanuel Kant: Die Einheit des Bewusstseins*, Berlin/Boston: De Gruyter, 236–257.

Walker, Ralph C. S., 2017, "Self and Selves", in: Anil Gomes and Andrew Stephenson (eds), *Kant and the Philosophy of Mind. Perception, Reason, and the Self*, Oxford: Oxford University Press, 204–220.

Waxman, Wayne, 1991, *Kants Model of the Mind. A New Interpretation of Transcendental Idealism*, Oxford: Oxford University Press.

Weitkamp, Ursula, 2011, *Selbstbewusstsein – eine Untersuchung im Anschluss an Immanuel Kant*, Frankfurt a. M./New York/Bern: Peter Lang.

Westphal, Kenneth R., 2021a, *Kant's Transcendental Deduction of the Categories. Critical Re-Examination, Elucidation and Corroboration*, Helsinki: Helsinki University Press, 2021.

Westphal, Kenneth R., 2021b, *Kant's Critical Epistemology. Why Epistemology Must Consider Judgment First*, London/New York: Routledge.

Willaschek, Marcus, 1997, "Kant und die Philosophie des Geistes. Zu neuen Büchern über Geist und Subjekt bei Kant", *Zeitschrift für philosophische Forschung*, 51(3), 471–485.

Willaschek, Marcus, 2018, *Kant on the Sources of Metaphysics: The Dialectic of Pure Reason*, New York: Cambridge University Press.

Willaschek, Marcus, Stolzenberg, Jürgen, Mohr, Georg and Bacin, Stefano (eds), 2015, *Kant-Lexikon*, 3 vols, Berlin/Boston: De Gruyter.

Williams, Jessica J., 2012, "How Conceptually-Guided Are Kantian Intuitions?", *History of Philosophy Quarterly*, 29, 57–78.

Wolff, Michael, 2006, "Empirischer und transzendentaler Dualismus. Zu Rolf-Peter Horstmanns Interpretation von Kants Paralogismen", *Deutsche Zeitschrift für Philosophie*, 54(2), 265–275.

Wolff, Robert Paul, 1963, *Kant's Theory of Mental Activity*, Cambridge, MA: Harvard University Press.

Wunderlich, Falk, 2005, *Kant und die Bewusstseinstheorien des 18. Jahrhunderts*, Berlin/New York: De Gruyter.

Wunderlich, Falk, 2017, "Kant on Consciousness of Objects and Consciousness of the Self", in: Giuseppe Motta and Udo Thiel (eds), *Immanuel Kant: Die Einheit des Bewusstseins*, Berlin/Boston: De Gruyter, 164–180.

Wunderlich, Falk and Sturm, Thomas, 2010, "Kant and the Scientific Study of Consciousness", *History of the Human Sciences*, 23, 48–71.

Wundt, Max, 1924, *Kant als Metaphysiker. Ein Beitrag zur Geschichte der deutschen Philosophie im 18. Jahrhundert*, Stuttgart: F. Enke.

Zeidler, Kurt Walter, 1992, *Grundriß der transzendentalen Logik*, Cuxhaven: Junghans.

Zeidler, Kurt Walter, 1995, *Kritische Dialektik und Transzendentalontologie. Der Ausgang des Neukantianismus und die post-neukantianische Systematik R. Hönigswalds, W. Cramers, B. Bauchs, H. Wagners, R. Reiningers und E. Heintels*, Bonn: Bouvier.

Zeidler, Kurt Walter, 2004, "Transzendentalphilosophie", in: Karl Acham (ed.): *Geschichte der österreichischen Humanwissenschaften*, vol. 6.1: *Philosophie und Religion: Erleben, Wissen, Erkennen*, Vienna: Passagen, 113–139.

Zobrist, Marc, 2011, *Subjekt und Subjektivität in Kants theoretischer Philosophie*, Berlin/Boston: De Gruyter.

Zocher, Rudolf, 1954, "Kants Transzendentale Deduktion der Kategorien", *Zeitschrift für philosophische Forschung*, 8, 161–194.

Zocher, Rudolf, 1959, *Kants Grundlehre, ihr Sinn, ihre Problematik, ihre Aktualität*, Erlangen: Universitätsbund Erlangen.

Zöller, Günter, 2015, "Apperzeption", "Apperzeption, Einheit der", "Bewußtsein, transzendentales", "Gedankenwesen", "Identität, numerische", "Pneumatologie", "Selbstbewusstsein", "Selbstbewusstsein, reines", "Wesen, denkendes", in: Marcus Willaschek, Jürgen Stolzenberg, Georg Mohr and Stefano Bacin (eds), *Kant-Lexikon*, 3 vols, Berlin/Boston: De Gruyter.

Zöller, Günter, 2019, "'The Faculty of Intuitions A Priori.' Kant on the Productive Power of the Imagination", in: Gerad Gentry and Konstantin Pollok (eds), *The Imagination in German Idealism and Romanticism*, Cambridge: Cambridge University Press, 66–85.

Zöller, Günter, 2019, "'Zum Raum wird hier die Zeit.' Die Bildung der Zeit in Kants Kritik der reinen Vernunft", in: Rudolf Meer, Giuseppe Motta and Gideon Stiening (eds), *Konzepte der Einbildungskraft in der Philosophie, den Wissenschaften und den Künsten des 18. Jahrhunderts. Festschrift zum 65. Geburtstag von Udo Thiel*, Berlin/Boston: De Gruyter, 373–392.

The Sources of Apperception

Werner L. Euler
Apperzeption bei Leibniz und Kant

Abstract: This essay not only offers a direct comparison between Leibniz and Kant on the meaning of the term 'apperception' or 'consciousness' (the I), but, above all, it explores the systematic position of this term within these thinkers' respective philosophical contexts and examines Kant's critique, both explicit and implicit, of Leibniz's conception of consciousness. First, I will analyze Leibniz's conception of apperception and explain his understanding of consciousness and reflection as a kind of self-relation, through which he develops elements of a theory of consciousness that are independent of a metaphysics of substance, including spontaneity, freedom, and personality. Second, I examine Kant's conceptions of the empirical and of the original synthetic unity of apperception, in view of which I inquire into which theoretical implications of his theory of consciousness could have their roots in Leibniz's theory of apperception.

Wenn man wissen will, welche Unterschiede es zwischen den Apperzeptionstheorien von Leibniz und Kant gibt und welche Gründe dafür vorliegen, um schließlich zu beurteilen, ob und inwieweit Kant auf Einsichten Leibnizens aufbauen konnte, genügt es nicht, sich oberflächlich an das Auftauchen dieses und damit verwandter Begriffe im Schriftgut beider Autoren oder etwa an die wenigen expliziten Bezüge Kants auf Leibniz zu halten. Man muss schon tiefer zu den konzeptionellen Zusammenhängen vordringen, um verlässliche Aussagen treffen zu können. Ich werde daher im ersten Teil meines Beitrages die Apperzeptionstheorie von Leibniz rekonstruieren und problematisieren.[1] Diese Untersuchung konzentriert sich auf die Bedeutung und die Funktion des Begriffs der *Apperzeption* (*l'Apperception*) – und verwandter Begriffe – außerhalb und innerhalb des Zusammenhangs seiner Substanz- und Seelen-Metaphysik. Im zweiten Teil konzentriere ich mich auf die Interpretation der Apperzeptionslehre Kants auf der Grundlage einiger Lehrstücke der *Kritik der reinen Vernunft*. Dabei richtet sich mein Augenmerk sowohl auf die markanten Unterschiede zu Leibniz als auch auf die Frage möglicher Übereinstimmungen.

---

[1] Zur Problematik der Apperzeption in Leibniz' Schriften siehe Pelletier 2017: 103–118; Schüßler 1994: 210–219; Thiel 1994: 195–209. Zur Zitierweise der Schriften von Leibniz: Bandangaben in römischen Ziffern beziehen sich auf die Bände der Werkausgabe bei der Wissenschaftlichen Buchgesellschaft, solche in arabischen Ziffern auf die Ausgabe bei Olms (s. dazu die Bibliographie am Ende des Textes).

1 Apperzeption in Leibniz' Spätschriften

1.1 Ich, Seele und Empfindungen (*Metaphysische Abhandlung*, 1686; *Neues System der Natur*, 1695 – 1702)

Obwohl die Hauptmomente der Theorie der Apperzeption und des Bewusstseins bei Leibniz im Zusammenhang mit seiner neuen Theorie der Substanz und der Monadenlehre eingeführt und entwickelt worden sind, möchte ich diese Momente in ihrer Bedeutung und in ihren Relationen zunächst für sich betrachten. Erst in einem zweiten Schritt beziehe ich das, was von der Geistsubstanz gelten soll, auf alle Substanzen und zeige umgekehrt, dass die allgemeinen Bestimmungen der Monadensubstanz auch von der vernünftigen Seele gelten müssen. Es ist dabei zu beachten, dass die Mosaike aus verschiedenen Schriften sich nicht am Ende zu einem homogenen Bild zusammenfügen.

Bereits in der *Metaphysischen Abhandlung* von 1686, in der die Begriffe der *Monade* und der *Entelechie* noch nicht vorkommen, zeigen sich die Grundrisse einer Theorie des Bewusstseins. Die *substanziellen Formen* gibt es bereits. Sie liegen im Wesen des Körpers, der dadurch nicht bloß als extensive Größe (Ausdehnung) begriffen wird, sondern eine Beziehung zu den Seelen unterhält (Leibniz, *Metaphysische Abhandlung*, §12, I:83). Nur die vernünftigen Seelen erkennen indessen ihre inneren Handlungen, nicht die „substantiellen Formen der Körper" bzw. Seelen schlechthin (Leibniz, *Metaphysische Abhandlung*, §12, I:85). Was man *unsere Natur* nennt, ist unser „Vermögen" (*puissance*). Im Unterschied zu unserem *Wesen* (*essence*) ist das Natürliche in uns begrenzt (Leibniz, *Metaphysische Abhandlung*, §16, I:105). Alles, was der Seele und jeder anderen Substanz widerfährt, ist eine Folge ihres Begriffs (*notion*). Die Idee selbst bzw. das „Wesen der Seele" besteht darin, „daß alle ihre Erscheinungen oder Perzeptionen ihr *spontan* aus ihrer eigenen Natur erwachsen müssen" (Leibniz, *Metaphysische Abhandlung*, §33, I:150 – 153). Die intelligente Seele erkennt sich selbst, d. h. das, was sie ist, und kann „ICH" sagen (Leibniz, *Metaphysische Abhandlungen*, §34, I:155). Sie hat nicht nur im metaphysischen Sinne Bestand, sondern bleibt auch im moralischen Sinne mit sich identisch und schafft damit die mit ihr übereinstimmende Persönlichkeit (*personnage*): „Denn die Erinnerung oder Kenntnis dieses *Ichs* befähigt zu Strafe und Belohnung" (Leibniz, *Metaphysische Abhandlung*, §34, I:155). Die moralische Beurteilung der Person hängt in diesem Sinne von der Ich-Identität ab.

Es war keineswegs die ursprüngliche Absicht von Leibniz eine Bewusstseinsphilosophie zum Zweck der Verbesserung der allgemeinen Verstandeserkenntnis auszuarbeiten. Obwohl sie später als Erklärungsmuster der Aktivität der

Substanz im allgemeinen und auch als Instrument der Kritik an Locke diente, war sie ursprünglich eher ein Nebenprodukt seiner *dynamischen Physik*, die aus der Kritik an der klassischen cartesianischen Mechanik, insbesondere am Materiebegriff als einer ausgedehnten (trägen) Masse, erwuchs. So ist es zu erklären, dass der Begriff der *Kraft* bei der Betrachtung der lebendigen Tätigkeit der Substanz im Mittelpunkt steht und die Natur der Seele ausmacht. Da die Kraft nach Leibniz' neuen Grundlagen der Physik unzerstörbar, unveränderlich in Bezug auf ihr Quantum und ihre Richtung ist, verändert sie sich kontinuierlich, und zwar *spontan* durch alle Zustände hindurch, die ihr widerfahren, und zugleich gemäß einer bestimmten Ordnung, d. h. einem zeitlichen *Ordnungsgesetz*,[2] „das die Individualität jeder besonderen Substanz bewirkt", hinsichtlich der *Qualität* ihrer Wirkungen bzw. Produkte (Leibniz, *Erläuterung zu den Schwierigkeiten*, I:255). Kant hat einen Rest dieser Vorstellung beibehalten, indem er das Bewusstsein in Grade einteilte. Die Kraft wird bei Leibniz als *ursprünglich* vorgestellt. Sie soll unter explizitem Bezug auf Aristoteles ungefähr dem entsprechen, was der antike Autor *Entelechie* nannte (darauf komme ich später zurück). Als *ursprünglich* wird sie deshalb bezeichnet, weil sie eine erste spontane *Tätigkeit* (*activité*) enthält (Leibniz, *Neues System*, §3, I:204–207). Zugleich sollen diese Triebkräfte aber auch als unteilbare (einfache), zeitlose (ewige) und vollkommene Formen (vernünftige Seelen) unseres Geistes zu verstehen sein (Leibniz, *Neues System*, §4, I:207).

Von der Seele oder der Form schließt Leibniz auf eine *wahre Einheit*, die (in den einfachen Substanzen) dem entsprechen soll, das *in uns* das Ich (*moy*) genannt werde (Leibniz, *Neues System*, §11, I:215; siehe auch Leibniz, *Erläuterung*, §2, I:229). Sie ist die Quelle aller Tätigkeit und in sich lebendig. Das Lebendige besteht in dem Hervorbringen der Perzeption. Der wahren Einheit kommt eine „vollkommene *Spontaneität*" zu (Leibniz, *Neues System*, §14, I:219). Innere Empfindungen der Seele, d. i. die inneren *Perzeptionen*, stammen aus der inneren Verfassung der Seele selbst, nämlich aus ihrer inneren *Kraft*, die eine Kraft zu

---

2 Es wird an dieser Stelle nicht ganz klar, was Leibniz mit diesem *Gesetz* meint, das er im selben Kontext auch „das Gesetz von der Veränderung der tierischen Substanz" nennt (Leibniz, *Erläuterung zu den Schwierigkeiten*, I:257), demzufolge die Kontinuität der Vorgänge im eigenen Körper unterbrochen wird. Dieses wiederum soll auf einem anderen Gesetz beruhen, nämlich dem „Gesetz der unteilbaren tierischen Substanz". Das letztere soll nach Leibniz darin bestehen, dass alle erfahrbaren eigenen körperlichen Zustände auf entsprechende Weise von der Seele ausgedrückt (vorgestellt) werden. Dabei fungieren die substanziellen Einheiten (Individualitäten) zugleich als Konzentrationspunkte der jeweils eigenen Weltsicht. Das Wesen, das Gott der Seele verliehen habe, sei es, „gemäß ihrer eigenen Gesetze das darzustellen, was sich in ihren Organen ereignet" (Leibniz, *Erläuterung zu den Schwierigkeiten*, I:257).

handeln ist (Leibniz, *Neues System*, §14, I:221). Sie schließt notwendig Fortschritt und Veränderung ein, die sie selbst hervorbringt. Durch diese innere Kraft ist der Geist absolut für sich, d. h. unabhängig von anderen Geistern und somit frei (Leibniz, *Neues System*, §§15–16, I:220–223). So kommt es, dass nach Leibniz selbst die Empfindungen nicht allein passiv (Reaktionen auf äußere Reize) sind, sondern ebenfalls innere spontane Handlungen darstellen, die die Seele aus sich selbst hervorbringt (Leibniz, *Erläuterung zu den Schwierigkeiten*, I:253). Wobei nicht alle spontanen Handlungen der Seele willensabhängig sind (Leibniz, *Erläuterung zu den Schwierigkeiten*, I:259; siehe ferner Leibniz, *Zusatz zu der Erklärung*, I:288–291).

Die Kraft oder Seele oder Form erkennt die von ihr spontan hervorgebrachten Perzeptionen zunächst nicht. Sie sind weder geordnet noch unterschieden voneinander, sondern erscheinen in unendlicher, verworrener Vielheit (Leibniz, *Erläuterung zu den Schwierigkeiten*, I:263). Sie machen sozusagen einen wirren Datenhaufen aus, den das Gedächtnis aufzeichnet. Dieser Haufen bildet eine Totalität in dem Sinne, dass keine Empfindung, die die Seele macht, abseits steht. Die Seele ist also einfach und doch spontan veränderlich.[3] Dies setzt die unendliche Verschiedenheit der Empfindungen oder Perzeptionen voraus.

Alle *Empfindungen* zusammengenommen, heißt es im *Zusatz* zu der *Erklärung des neuen Systems*, „folgen aus der Natur der Seele selbst", d. h. aus ihrem *Streben*, das einer Regel folgt (Leibniz, *Zusatz zu der Erklärung*, I:275). Die Regel ist wohl das Prinzip der Zweckursachen.[4] Denn die zeitliche Reihe der Erscheinungen (*series de phenomenes*), die daraus mit Notwendigkeit folgt (und somit eigentlich wirkkausal sein muss), unter dem Gesichtspunkt, dass sie die Funktionen des Körpers darstellen sollen, ist ursprünglich spontan hervorgebracht, und zwar von dem geregelten Streben (*tendance reglé*), das in ihrem Wesen steckt (Leibniz, *Zusatz zu der Erklärung*, I:275).

Im Unterschied zu verworrenen Gedanken sind die deutlichen Gedanken[5] Ausdruck für Vollkommenheit, Kraft, Freiheit und Handlungsvermögen der Seele (Leibniz, *Zusatz zu der Erklärung*, I:281). Verworrene Empfindungen oder Perzeptionen sind nicht willkürlich (Leibniz, *Zusatz zu der Erklärung*, I:281). Daher sind sie streng genommen nicht frei, obwohl sie spontan entstehen. Das führt zu dem Problem des Verhältnisses von Freiheit und Notwendigkeit bei Leibniz. Er

---

[3] Siehe dazu die Argumentation von Leibniz gegen einen Einwand von Bayle, in: Leibniz, *Erläuterung zu den Schwierigkeiten*, I:262–269.
[4] Siehe Leibniz, *Zusatz zu der Erklärung*, I:286–289; 293: „Die Ordnung der willentlichen Perzeptionen ist aber die der Finalursachen und stimmt mit der Natur des Willens überein."
[5] *Gedanken* (*pensées*) bedeuten hier dasselbe wie *Empfindungen* (*sentiments*). Siehe Leibniz, *Zusatz zu der Erklärung*, I:289.

versucht es zu lösen, indem er bemerkt, nur die willentlichen Gedanken oder Empfindungen seien frei, die unwillkürlichen seien es nicht, da sie aus der Konstitution (der Natur) der Seele folgen, „insofern sie den Körper ausdrücken muß" (Leibniz, *Zusatz zu der Erklärung*, I:289–291; siehe auch 301). Freiheit besteht in der Vollkommenheit der Natur der Seele (Leibniz, *Zusatz zu der Erklärung*, I:291). Die Argumentation, die Leibniz aufbaut, um die Einwände seines Gegners in diesem Punkt zu entkräften, ist meines Erachtens nach nicht ganz stichhaltig, insofern das Handeln aus Freiheit im Grunde ja zur Natur jeder Seele gehört. Auch das unwillkürliche Hervorbringen von (verworrenen, ungeordneten) Perzeptionen beruht, wie gesagt, auf einem Akt der Spontaneität und kann daher nicht nur der kausalen Notwendigkeit folgen – das sei nur am Rande bemerkt.[6]

1.2 Perzeption, Reflexion und Apperzeption (*Monadologie*, 1714)

In der *Monadologie* wird die *Perzeption* sehr deutlich von der *Apperzeption* unterschieden, die hier mit dem *Bewusstsein* (*conscience*) gleichgesetzt wird (Leibniz, *Monadologie*, §14, I:445). Perzeptionen sind auf der einen Seite innere Handlungen oder Handlungsfolgen der Seele, andererseits drückt jede einzelne Perzeption deren aktuellen, vorübergehenden *Zustand* aus, der eine Vielheit in der Einheit repräsentiert. Diese Einheit ist für uns erfahrbar, indem wir uns bestimmter Gedanken bewusst werden (Leibniz, Monadologie, §16, I:445). Das bedeutet nämlich, dass ein Gedanke eine Vielzahl von Gegenständen in sich schließt. Darüber hinaus scheinen die Perzeptionen für Leibniz sogar die einzigen inneren Handlungen zu sein, sofern man nur die Substanzen für sich betrachtet (Leibniz, *Monadologie*, §17, I:447). Neben den perzeptiven Akten gibt es jedoch noch die Tätigkeit des inneren Prinzips, das ein Streben ist (*appetitus*). Diese Tätigkeit bewirkt den Übergang von einer Perzeption zur nächsten und damit deren Beziehung und gegenseitige Bestimmung sowie die stufenweise Veränderung (Leibniz, *Monadologie*, §13, I:443; §15, I:445).[7] Perzeptionen bewegen sich also genau genommen nicht von selbst, sondern sie werden bewegt und bewegen sich gemäß den körperlichen Veränderungen. Dennoch behauptet Leibniz, die Perzeption sei durch mechanische Gründe nicht erklärbar (Leibniz, *Monadologie*,

---

[6] Auch die Unterscheidung zwischen Natur und Wesen, die Leibniz dann einführt, aber nicht konsequent beibehält, kann an diesem Befund nichts ändern. Siehe Leibniz, *Zusatz zu der Erklärung*, I:296–299).

[7] Zur Funktion des *appétit* siehe ferner Leibniz, *Brief an Königin Sophie Charlotte, 8. Mai 1704*, 3:347.

§17, I:445). „Die Seelen handeln gemäß den Gesetzen der Zweckursachen durch Strebungen, Ziele und Mittel", die Körper dagegen handeln nach den Gesetzen der Wirkursachen (Leibniz, *Monadologie*, §79, I:475).

Nun wird eine *Empfindung* (*sentiment*) aber noch von einer einfachen Perzeption unterschieden. Das *de plus* der Empfindung besteht darin, dass sie deutlicher ist als die Perzeption, und zwar dadurch, dass sie von dem Gedächtnis oder der Erinnerung begleitet wird. Solcher Art ist die Empfindung der Seele gegenüber der Regung der einfachen Substanz (Leibniz, *Monadologie*, §19, I:447). Wie sich die Empfindung vom Bewusstsein unterscheidet, erklärt Leibniz nicht. Es ist jedoch klar, dass Empfindung und Bewusstsein einander nicht widersprechen, da das Bewusstsein (z. B. durch plötzliche Ereignisse) über alle niedrigeren Stufen bis zur vollkommenen Bewusstlosigkeit herabsinken kann (Leibniz, *Brief an Königin Sophie Charlotte, 8. Mai 1704*, 3:346). Umgekehrt ist das Erwachen aus der Betäubung ein Bewusstwerden der eigenen Perzeption (Leibniz, *Monadologie*, §23, I:449), obwohl diese eine direkte Folge vorangegangener Perzeptionen (Zustände) gewesen sein muss. Das Gedächtnis liefert den Seelen eine Art Folgerung (*consecution*), diese wird von der Vernunft nachgeahmt (Leibniz, *Monadologie*, §26, I:451). Denn: Die Folgerung besteht aus Verknüpfungen von Einbildungen (Empfindungen), die es schon bei Tieren gibt, aber nicht den eigentlichen Vernunftschlüssen entsprechen (Leibniz, *Theodizee*, II/1:169–170.). Das Verbindende ist die Gewohnheit, die Wiederholung *mittlerer* Perzeptionen (Leibniz, *Monadologie*, §27, I:451), die nicht so stark sind, dass sie auf einen Schlag erfolgen, sondern eine Vielheit gewesener Perzeptionen voraussetzen.

Sofern die Menschen nur aus Erinnerung handeln, d. h. nur Schlüsse aus Perzeptionen ziehen, handeln sie im Grunde genommen wie Tiere, d. h. rein empirisch (Leibniz, *Monadologie*, §28, I:451).[8] Erst die Vernunft und die Wissenschaft führen uns zur Erkenntnis unserer selbst (Leibniz, *Monadologie*, §29, I:451– 453). Durch die Erkenntnis der notwendigen oder ewigen Wahrheiten[9] und deren Abstraktionen steigen wir zu den *reflexiven Akten* empor, die uns an das denken

---

8 Siehe auch Leibniz, *Neue Abhandlung*, III/1:XIII: „Das Vermögen der Tiere, Folgerungen zu ziehen, ist daher etwas, was tiefer steht als die menschliche Vernunft. Die Folgerungen, welche die Tiere ziehen, stehen auf derselben Stufe, wie die von reinen Empirikern, welche behaupten, daß das, was einige Male geschehen ist, auch in einem anderen ähnlich scheinenden Falle geschehen wird, ohne daß sie dabei beurteilen können, ob wieder dieselben Ursachen vorliegen." Sowie Leibniz, *Neue Abhandlung*, III/1:XV: „Die Folgerungen der Tiere sind nur ein Schatten von Vernunftschlüssen, nämlich nur eine Verknüpfung in der Phantasie und ein Übergang von einem Bilde zum anderen, weil sie bei einem neuen Falle, der dem vorhergehenden ähnlich scheint, wieder das erwarten, was sie damit früher verbunden fanden; als müßten die Dinge in Wirklichkeit miteinander verknüpft sein, weil ihre Phantasiebilder es im Gedächtnis sind."
9 Zur Klassifizierung der Vernunftwahrheiten siehe Leibniz, *Theodizee*, §2, II/1:71.

lassen, was man in uns „Ich" nennt. Zugleich denken wir dann daran, dass etwas (*cecy ou cela*; z. B. das Sein, die Substanz, Gott) in uns ist (Leibniz, *Monadologie*, §30, I:453). Die *reflexiven Akte* sind also (zunächst) nicht selbst und unmittelbar das Ich, sondern wir werden durch sie zum Denken (Erkennen) des *Ich* aber auch anderer Dinge in uns erhoben. Das Ich und die Dinge, die sonst noch in uns sind, aber vom Ich unterschieden werden müssen, sind die Gegenstände, die durch die Denkakte der Reflexion, die in der Erkenntnis abstrakter Gegenstände geübt ist, erkannt werden. Diejenige Instanz, die diese Denkakte aber vollzieht, die vernünftige Seele, ist selbst ein Ich. Insofern ist die Reflexion mit dem Ich identisch. Somit haben wir hier eine Subjekt-Objekt-Struktur des Ich-Bewusstseins vorliegen, die es Leibniz erlaubt, von Selbsterkenntnis (Erkenntnis unserer selbst) zu sprechen.

In den *Prinzipien der Natur und Gnade*, einer der letzten Arbeiten, die Leibniz vor seinem Tode verfasste, handeln die §§4–5 gleichfalls von der *Apperzeption*. Sie ist Bewusstsein *oder* die reflexive Erkenntnis des inneren Zustandes der Monade oder Seele. Der innere Zustand aber ist, wie gezeigt, die *Perzeption*. Die reflexive Erkenntnis der Perzeptionen ist also die Apperzeption und bedeutet zugleich das Bewusstsein. Dieses Bewusstsein kann also nur empirisch sein, weil sein Inhalt empirisch ist. Die Geister-Seelen sind allein der reflexiven Akte fähig; sie können immaterielle Dinge betrachten, nämlich: „Ich, Substanz, Seele, Geist" (Leibniz, *Prinzipien der Natur und Gnade*, §5, I:423). Die Seelen der Tiere sind zu solchen *Vernunftüberlegungen* nicht imstande. Sie können aber auf der Grundlage von Erinnerungen an Tatsachen Perzeptionen auf eine Art verbinden, die den Vernunftschlüssen ähneln (Leibniz, *Prinzipien der Natur und Gnade*, §5, I:421).

1.3 Personale Identität, Reflexion, Erinnerung und Bewusstsein (*Nouveaux Essais*, 1765)

Das Ich oder Selbst hat auch eine *moralische* Qualität und heißt insofern *Person* (Leibniz, *Neue Abhandlungen*, 2.27.9, III/1:404–407). Diese persönliche Identität ist an das gebunden, was die Ich-Identität oder das Bewusstsein genannt wird. Das Ich *beweist* das Vorhandensein der moralischen oder persönlichen Identität durch dessen unmittelbare Vergegenwärtigung. Mit welcher Art von *Beweis* haben wir es hier zu tun?

Von einem Beweis spricht Leibniz in einem schwächeren und in einem stärkeren Sinne, je nachdem er sich auf *Tatsachenwahrheiten* oder auf *Vernunft*-

wahrheiten richtet.[10] Ein strenger Beweis entspricht bei Leibniz einer begriffsanalytischen Wahrheitsdefinition. Sie ist erfahrungsunabhängig. Die beiden Prinzipien, die dabei zur Anwendung kommen, sind das Prinzip des Widerspruchs und das Prinzip des zureichenden Grundes (siehe Liske 2000: 52f.; Kaehler 1979: 12f.). Der Beweis der moralischen Qualität der Ich-Identität beruht einfach darauf, dass das Person-Sein als Prädikat a priori im Ich als Subjekt analytisch enthalten ist.

Die *Person* befähigt das Ich, Strafe und Belohnung zu *fühlen* (*sentir*). Denn sie selbst ist eine erscheinende oder *sich als dieselbe* fühlende Identität (Leibniz, *Neue Abhandlungen*, 2.27.9, III/1:407). Das Selbstgefühl oder Selbstempfinden ist nur scheinbar der Grund des Beweises der Existenz der moralischen Person. Sie setzt zwar die *wirkliche Identität* voraus, die in dem Fortschreiten der Perzeption gegeben ist, aber dieses Voraussetzen ist kein Beweis im strengen Sinne. Dieses Fortschreiten ist „von Reflexion oder Ich-Empfinden begleitet" (Leibniz, *Neue Abhandlungen*, 2.27.9, III/1:407). Durch das Bewusstsein, das „immer das Denken begleitet", unterscheidet jeder sein Ich von anderen denkenden Wesen. „So weit sich dieses *Bewußtsein* [*conscience*] auf schon vergangene Handlungen oder Gedanken erstrecken kann, so weit erstreckt sich auch die Identität dieser Person, und das *Ich* ist jetzt dasselbe, das es damals war" (Leibniz, *Neue Abhandlungen*, 2.27.9, III/1:405). Dieses Ich, das an verschiedenen Orten und zu verschiedenen Zeiten denkt, betrachtet sich selbst aber durch das *Empfinden* (*sentiment*) und ist deshalb „le sentiment du moy", oder auch die *Reflexion*, die durch Erinnerungsbilder gebildete Identität (Leibniz, *Neue Abhandlungen*, 2.27.9, III/1:405).[11] Gedächtnisstörungen, Erinnerungslücken, die z.B. durch Krankheiten eintreten können, widerstreiten der Ich-Identität nicht (Leibniz, *Neue Abhandlungen*, 2.27.13, III/1:410–413). Denn für die moralische Identität und sogar für das Ich genügt die Minimalforderung, „daß es ein *vermittelndes Bewußtseinsband* [*une moyenne liaison de consciencité*] eines benachbarten oder sogar eines etwas weiter entfernten Zustandes zum anderen gibt, wenn ein Sprung oder ein vergessener Zwischenraum damit verquickt ist" (Leibniz, *Neue Abhandlungen*, 2.27.9, III/1:407). Vergessen oder Krankheit lösen das Ich nicht auf. Es kommt dadurch nicht zu einer Bewusstseinsspaltung in zwei verschiedene Personen, wie überhaupt das persönlich Gedachte, dessen ich mich vergewissere, nicht durch Übertragung Eigentum einer anderen Person werden kann (Leibniz, *Neue Abhandlungen*, 2.27.9, III/1:407; 2.27.13; III/1:411). Bemerkenswert sind die weiteren Erhellungen im §9

---

[10] Zur Unterscheidung zwischen Tatsachen- und Vernunftwahrheiten siehe Leibniz, *Monadologie*, §33, I:453.
[11] Siehe dazu die ähnliche Ausdrucksweise Kants in: *Prol* §46, 4:334 Anm.

(Leibniz, *Neue Abhandlungen*, 2.27.9, III/1:409): Es wird deutlich zwischen der *Erscheinung* des Selbst (Ich) (*l'apparence du soy*) und dem Selbstbewusstsein (*la consciensité*) unterschieden. Der Unterschied beruht auf den verschiedenen Funktionen: Während das Selbstbewusstsein die reelle oder physische Identität ausmacht, verbindet seine Erscheinung mit dieser Identität noch die persönliche Identität. Man kann weder sagen, dass sich die persönliche Identität nicht weiter als die Erinnerung erstreckt, noch dass das Selbst als die physische Identität vom Gedächtnis abhängt. Darin geht also meines Erachtens das menschliche Selbst über das tierische Selbstgefühl hinaus. Sowohl die physische als auch die persönliche Identität *beweist* man am sichersten nicht durch das Gedächtnis, sondern „durch gegenwärtige und unmittelbare Reflexion, wie man es bei tatsächlichen Gegenständen vermag" (Leibniz, *Neue Abhandlungen*, 2.27.9, III/1:409). Vermutlich meint Leibniz damit, dass der unmittelbare (empirische) Selbstbezug des Bewusstseins (das Selbstgefühl) seine eigene Begleitfunktion entdeckt. Diese Erkenntnis kommt dann einer analytischen Wahrheit gleich, die selbstevident ist und keines anderen Beweises mehr bedarf. Dies ähnelt dem Erkenntnisvorgehen bei *tatsächlichen Gegenständen* insofern, als auch deren sinnliche Gewissheit dadurch, dass sie unmittelbar ist, zugleich die Beziehung auf die Identität des Bewusstseins mit einschließt.[12] Die persönliche Identität wird zum anderen aber auch als unabhängig von der physischen betrachtet, denn sie bleibt auch dann noch erhalten, wenn die letztere unterbrochen ist oder (durch göttlichen Beschluss) ganz aufhört. Das Bewusstsein ist also „nicht das einzige Mittel, um die persönliche Identität zu gewährleisten" (Leibniz, *Neue Abhandlungen*, 2.27.9, III/1:409). Eine Bewusstseinsstörung kann jedoch nur im Falle des Begehens eines Widerspruchs auftreten: „Das Bewußtsein kann, wie beim Vergessen, schweigen. Wenn es aber vollkommen klar etwas aussagen würde, was anderen Erscheinungen entgegengesetzt wäre, so würde man bei der Entscheidung verwirrt sein [...]" (Leibniz, *Neue Abhandlungen*, 2.27.9, III/1:409).

Um sicherzustellen, dass die Handlung der Reflexion dieselbe ist wie die, auf die man reflektiert (so dass das Bewusstsein beide Handlungen umschließt), bezieht sich Leibniz auf das kurzzeitige Gedächtnis: Die *unmittelbare* Erinnerung an das, was sich gerade in uns ereignet hat (als innere Erfahrung oder Selbstbeobachtung), dient als *Beweis* für das Bewusstsein oder die Reflexion, „die die innere Handlung begleiten" (Leibniz, *Neue Abhandlungen*, 2.27.13, III/1:411); die innere Handlung ist die gewesene Reflexion, auf die reflektiert wird. Und dieses

---

[12] Dieser Sachverhalt erschließt sich durch das Studium einiger Passagen der *Neuen Abhandlungen* (siehe im Folgenden).

Bewusstsein oder die Reflexion in ihrer die Perzeptionen begleitenden Funktion „können natürlich niemals täuschen" (Leibniz, *Neue Abhandlungen*, §13, III/1:411).

So wie das Bewusstsein durch Erinnerungslücken aussetzen oder getrübt werden kann, so kann aber *im Allgemeinen* auch die Reflexion unterbrochen werden oder der Täuschung unterliegen, obwohl sie an sich die „Mutter der Wissenschaften ist" (*Brief an Königin Sophie Charlotte, 8. Mai 1704*, 3:344). Der Punkt der Gewissheit ist also die *unmittelbare* innere Erfahrung und nicht die bloße Erinnerung an das Vergangene. Sie prüft und beweist aber nur das Vergegenständlichte, nicht die Handlung der Reflexion selbst, die sich etwas zum Gegenstand macht. Es ist also zwischen einer passiven und einer aktiven Form der Reflexion zu unterscheiden, und die aktive kann wiederum als unmittelbare Einheit beider interpretiert werden, da die aktive stets im Augenblick ihrer Aktivität sich unmittelbar schon gegenständlich ist und doch zugleich aktiv bleibt (Leibniz, *Neue Abhandlungen*, 2.27.13, III/1:411).[13] Sie spaltet sich im Augenblick ihrer Aktivität auf in eine reflektierende und eine reflektierte Reflexion. Auf der Grundlage dieser Argumentation gilt Leibniz die Gewissheit des denkenden Ich als sicherer im Vergleich zur Existenz der sinnlichen Dinge.[14]

Im Dialogspiel der *Nouveaux Essais* argumentiert Leibniz pro und contra die sensualistische Erfahrungserkenntnis Lockes. Es mag demzufolge durchaus zutreffen, dass unsere Erkenntnis aus der Erfahrung stammt; doch ist sie in dem Sinne unabhängig von Erfahrung als allein die Verstandesaktivität Erkenntnis stiftet (siehe Liske 2000: 149–151; 154–156).

Tatsachenwahrheiten sind durch Erfahrung gegeben und insofern kontingent, als sie die Möglichkeit des Gegenteils einer Behauptung zulassen. Sie müssen jedoch – sollen sie bewiesen werden – zumindest dem Prinzip des zureichenden Grundes genügen, d.h. durch fortschreitende Begriffsanalyse begründet werden. Sie sind also prinzipiell auf einfache, identische Sätze zurückführbar, die widerspruchsfrei sind und insofern keines weiteren Beweises bedürfen (siehe Wolff 1986: 94–99). Aber sind die inneren Erfahrungen als Gegenstand des Bewusstseins nicht per se unbezweifelbar (siehe Liske 2000: 155–157)?

Zwar räumt Leibniz die Möglichkeit des Beweises von Tatsachen (als Begriffen *a posteriori*) ein, und zwar in Form unmittelbarer innerer bzw. äußerer Er-

---

13 Siehe zur Doppeldeutigkeit des Begriffs der *Reflexion* bei Leibniz mit Blick auf Kulstad: Thiel 1994: 195–209.

14 „ce Moy qui pense et qu'on appelle l'esprit ou l'ame, est incomparablement plus aseurée que l'existence des choses sensibles" / „dieses Ich, das denkt und das man Geist oder Seele nennt, [ist] unvergleichlich sicherer [...] als die Existenz der wahrnehmbaren Dinge" (Leibniz, *Brief an Königin Sophie Charlotte, 1702*, V/2:202/203).

fahrung, aber genaugenommen setzt jede Möglichkeit voraus, dass die Wahrheit eines Sachverhaltes dem Prinzip des Widerspruchs genügen muss. Tatsachenwahrheiten beruhen insofern immer auf Vernunftwahrheiten (Kaehler 1979: 15f.; 18; 55f.). Sie sind kontingent, indem sie die Möglichkeit des Gegenteils zulassen, und sie sind zugleich notwendig, insofern nur das als möglich berechtigt ist, das keinen Widerspruch einschließt. Denn das, was sich widerspricht, ist unmöglich.

Wenn das *unmittelbare* Gegebensein nach Leibniz also die Wahrheit einer Tatsache verbürgen soll, nämlich im Akt der Perzeption selbst (siehe Kaehler 1979: 16), anstelle eines identischen Satzes, der durch unendliche Analyse (Reflexion) eines Begriffes nicht erreicht werden könne, dann ist in diesem potenziell unendlichen Akt der Analyse, d. i. dem unendlichen Regress, implizit bereits der Widerspruch und seine Auflösung angelegt. Das Unmittelbare ist seinem Begriff nach selbst nichts anderes als eine angenommene einfache Identität. Tatsachenwahrheiten erscheinen nur insofern als kontingent, als von der Notwendigkeit der Identität (und des Widerspruchs) abgesehen wird.

1.4 Substanz (Monade), Entelechie, Seele, Geist und Apperzeption

Bisher wurde von den Geistern und Seelen gesprochen, insofern ihnen Bewusstsein zukommt oder nicht. Doch gibt es Eigenschaften der ganz einfachen Substanzen oder Monaden, die sich davon unterscheiden. Diese haben zwar Perzeptionen, denn das gilt von allem was lebt, aber keine darüber hinausgehenden *Empfindungen*. Man darf daraus aber nicht schließen, dass die Geister deshalb ihnen gegenüber ganz fremdartige Wesen wären und z. B. nichts mit *Entelechien* zu tun hätten. Im Gegenteil: Der Geist enthält alle diese stufenförmigen Entwicklungen in sich. Das Bewusstsein kann graduell abnehmen bis zur Bewusstlosigkeit und damit auf die Stufe der einfachen Monade herabsinken, ohne sich notgedrungen in ein anderes Wesen zu verwandeln. Denn der normale Zustand des Bewusstseins kehrt in der Regel wieder zurück. So sagt Leibniz z. B. ausdrücklich, dass die Fähigkeit der Tiere, vernunftähnliche Folgerungen aus den Perzeptionen zu ziehen, sich auch im *inneren Sinn* des Menschen befänden und diesen dort zu Irrtümern verleiteten (Leibniz, *Theodizee*, §65, II/1:169). Aber wie hat man sich diese Vorgänge gedanklich klar zu machen, deren äußere Erscheinung von Leibniz durch Beispiele illustriert wird (z. B. als Ohnmacht, Schwindel, traumloser Schlaf und dergleichen)? Begriffliche Erklärungen gibt Leibniz dazu nicht, außer der bloß negativen, dass in solchen Zuständen die Erinnerung ausgeschaltet sei, so dass keine deutlichen Perzeptionen erzeugt würden (siehe Leibniz, *Monadologie*, §20, I:447).

Ein paar Bemerkungen zum Begriff der *Entelechie*, der aus dem Wortschatz der Philosophie des Aristoteles stammt.[15] In der *Monadologie* fällt sie mit der (geschaffenen) Monade oder Seele zusammen. Die vernünftige, mit Bewusstsein begabte Seele ist keine Entelechie, aber sie enthält eine Entelechie. Entelechie bedeutet nun bei Leibniz eine aktive Kraft und ist ein mittlerer Zustand der Substanz zwischen dem bloßen Vermögen zu handeln und der Handlung selbst (Leibniz, *Über die Verbesserung der Ersten Philosophie*, I:199). Sie schließt ein Streben ein und wird auf diese Weise „durch sich selbst in Tätigkeit gesetzt etc." (Leibniz, *Über die Verbesserung der Ersten Philosophie*, I:199) – d.h. die *Spontaneität*, die es auch bei Kant gibt, ist zwar zunächst auf die Körperphysik bezogen, über die Substanzen aber auch auf das Denken. Das Problem bei Leibniz erwächst deshalb aus der allgemeinen Substanzmetaphysik. Dieselbe Struktur kommt nämlich bei allen Seelendingen vor, nicht nur im menschlichen Denken.

Ich fasse kurz und schlagwortartig zusammen:
1) Apperzeption ist keine Eigenschaft der Substanz im Allgemeinen. Sie hat besondere Substanzen zur Grundlage, von denen gelten muss, dass sie über deutliche Erkenntnis der Perzeptionen, mindestens Gedächtnis und abstraktes Denken (Reflexion und Selbstreflexion) verfügen.[16]
2) Bewusstsein setzt nicht nur Apperzeption und Perzeption der besonderen (geistigen, intelligenten, vernünftigen) Substanz voraus, sondern es hat darüber hinaus auch die allgemeine, einfache Substanz und alle deren Eigenschaften, die nicht notwendig an das Bewusstsein gebunden sind (verworrene Perzeptionen, Empfindungen) zur Grundlage, d.h. sie schließt die einfachen Formen der *rohen Seelen, die in die Materie versenkt sind*, ein (Leibniz, *Neues System der Natur*, §§5–6, I:206–209).
3) Nicht erklärt wird bei Leibniz, was die (qualitativen) Zustandsänderungen der Seelensubstanz (z.B. vom Wachbewusstsein zum Schlaf) auslöst.

---

[15] Nähere Einzelheiten in: Euler 2001: 370–377.
[16] Ich gehe hier nicht der Frage nach, inwieweit Leibniz auch den Tieren eine gewisse Art der Apperzeption zuschreibt. Auch die Frage nach einer Entwicklung verschiedener Bedeutungen von Apperzeption in Leibniz' Schriften liegt außerhalb meines Interesses. Zu beiden Fragestellungen siehe Kulstad 1991: 16ff.

2 Funktion und Bedeutung der Apperzeption in Kants *Kritik der reinen Vernunft*

2.1 Die Apperzeptionstheorie in der *Deduktion* (B129–169 / A95–130)

Bekanntlich hat Kant im Zuge der Ausarbeitung der Grundlagen seiner *Kritik der reinen Vernunft* (KrV) erst verhältnismäßig spät die Bedeutung und Funktion einer Theorie des Selbstbewusstseins entdeckt (siehe *Briefe* 10:129–135). Dabei ist diese Theorie gerade der entscheidende systematische Faden der Theorie der Erfahrung, besteht doch eben ihre Funktion darin, als höchster Vereinigungspunkt alle Formen der Anschauung und des Verstandesdenkens zu koordinieren. In der sogenannten *Deduktion der reinen Verstandesbegriffe* kommt ihm daher eine Schlüsselfunktion zu (siehe *KrV* B134). Ich betrachte diesen Abschnitt (nach der §§-Zählung der B-Auflage) nun so, dass ich daraus die Bestandteile der Theorie der *Apperzeption* oder des Bewusstseins zusammentrage und in ihrem Zusammenhang darstelle. Dabei interessiere ich mich für das Beweisziel und den Gesamtverlauf des Beweises nur so weit, wie es für das Erfassen der Apperzeptionstheorie und ihrer konstitutiven Momente erforderlich ist.

Geprüft werden soll im Deduktionskapitel die objektive Gültigkeit der Kategorien im Hinblick auf die Frage, inwiefern alle empirische Erkenntnis von Gegenständen notwendig mit den reinen Begriffen als deren Bedingung übereinstimmt (siehe *KrV* B126). Inwiefern bilden also die reinen Verstandesbegriffe „den objektiven Grund der Möglichkeit der Erfahrung" (*KrV* B126)? Doch ist es in der A-Auflage, wo der Begriff der *Apperzeption* zuerst auftaucht. In A94 wird sie, nach *Sinn* und *Einbildungskraft* als letztes Glied zu den drei ursprünglichen Quellen aller Bedingungen der Möglichkeit von Erfahrung gerechnet. Sie bildet dabei als ein Vermögen den Grund oder die Einheit der Synthesis des Mannigfaltigen der Einbildungskraft.

Eine solche Problemlage existierte bei Leibniz nicht, insofern für ihn alles empirisch Mannigfaltige notwendig aus der subjektiven Einheit des Begriffs folgt. Obwohl sich deshalb Kant im Deduktionsabschnitt nirgends auf Leibniz berufen kann, weil er die sinnliche Anschauung als ursprünglich unabhängig betrachtet, ist es doch hilfreich zu entdecken, welche leibnizschen Überlegungen zur Einheit des Bewusstseins Kant vorfand und benutzt haben könnte.

Zunächst muss man sich klar darüber sein, dass die sinnliche Anschauung als bloße Rezeptionsform keine Verbindungsfunktion ausüben kann, weil dazu eine ursprüngliche Aktivität gehört, die auf Spontaneität beruht und die allein dem

Verstand zukommt und nicht aus dem Objekt aufgenommen werden kann (*KrV* B130, §15). Die Verbindung des Mannigfaltigen ist angesichts der Zerstreutheit des durch die sinnliche Anschauung gegebenen Mannigfaltigen ein Akt der Selbsttätigkeit des Subjekts. Die Synthesis des Verstandes ist aber zunächst eine allgemeine Verbindung überhaupt, die nicht notwendig voraussetzt, dass wir uns derselben im Akt des Verbindens zugleich bewusst sein müssen. Jedoch macht die Tätigkeit nur das eine Moment der Verbindung aus. Es ist noch ein zweites erforderlich: die Einheit der Synthesis, die aller Verbindung a priori vorausgehen muss. Diese Einheit ist die *„transzendentale* Einheit des Selbstbewußtseins" (*KrV* B132, §16). Sie ist Einheit als Identität. Durch sie erst gehören meine Vorstellungen insgesamt zu ein und demselben Bewusstsein. Diesen Sachverhalt nennt Kant „durchgängige Identität der Apperzeption" des gegebenen Mannigfaltigen. Sie *„enthält"* zwar eine Synthesis der Vorstellungen (*KrV* B133), ist jedoch nur durch das Bewusstsein *der Synthesis* möglich, und dieses Bewusstsein kann nicht empirisch sein. Denn das empirische Bewusstsein ist diskret und bezieht sich gar nicht auf die „Identität des Subjekts" (*KrV* B133). Doch ist es hier eben dieses empirische Bewusstsein von dem Kant sagt, es *begleite verschiedene Vorstellungen*. Dieses bloß begleitende Bewusstsein stellt somit noch keine Beziehung zur Subjektidentität her. Sondern dies kann nur durch die Synthesis-Handlung (indem ich eine Vorstellung zur anderen *hinzusetze*) und das Bewusstsein *dieser* Synthesis bewerkstelligt werden. Das ist die *synthetische* „Einheit der Apperzeption" (*KrV* B133). Um die Synthesis auf die „Identität des Subjekts" zu beziehen, genügt es deshalb nicht, „daß ich jede Vorstellung mit Bewußtsein begleite" (*KrV* B133). Mit diesem Gedanken führt Kant ein Novum in die Philosophie des Bewusstseins ein, das wir weder bei Leibniz noch bei Wolff, Baumgarten oder Tetens vorfinden.

Zwar gilt auch für Leibniz, dass die Begleitfunktion, die sich im inneren Sinn abspielt, nicht den Begriff des Bewusstseins erschöpft. Dem Begleiten muss auch dort eine ursprüngliche Einheit oder Identität zugrunde liegen. Aber das Begleiten hat keine Synthesisfunktion, da die Perzeptionen und Empfindungen ihrer eigenen kausalen Logik folgen. *Begleiten* heißt nur, dem Wechsel und der Veränderung der inneren Seelenzustände zuzuschauen und dabei über die ihr zugrunde liegende Einheit zu reflektieren. Durch die Verbindung der inneren Wahrnehmung jedes Zustandes in der zeitlichen Reihe der Vorstellungen mit dem Ich, erfährt dieses seine (empirische) Identität. Die wahre Einheit ist nicht diejenige, die aus der Zusammensetzung folgt, sondern die, die als *substanzielle Form* ihr Grund ist. Diese Einheit ist rein intellektuell, aber sie kann nicht ursprünglich *synthetisch* sein, sondern bloß analytisch.

Was dieses *Begleiten* in der *KrV* besagen soll, wird also durch das verdeutlicht, was Kant an seiner Stelle fordert, nämlich: Sich der *Synthesis* bewusst zu sein, in der ich eine Vorstellung zu der anderen *hinzusetze*. Daraus schließt Kant:

> Also nur dadurch, daß ich ein Mannigfaltiges gegebener Vorstellungen in einem Bewußtsein verbinden kann, ist es möglich, daß ich mir die Identität des Bewußtseins in diesen Vorstellungen selbst vorstelle, d. i. die analytische Einheit der Apperzeption ist nur unter der Voraussetzung irgendeiner synthetischen möglich (*KrV* B133).

Bei der analytischen Einheit denkt Kant an eine Einheit, durch die die verschiedenen Merkmale hinsichtlich eines gemeinschaftlichen zu einem *conceptus communis* zusammengezogen und gedacht (auf ein und dasselbe Bewusstsein bezogen) werden können; an dieser Einheitsbildung ist das empirische Bewusstsein (das keine durchgängige Identität aufweist) beteiligt (Begleitfunktion) (*KrV* B133 Anm.). Im Falle des obigen Zitats (*KrV* B133) wird der *conceptus communis* durch die „Identität des Bewußtseins" in vielen Vorstellungen repräsentiert; es ist aber nur die Identität des empirischen und damit beschränkten Bewusstseins (ein Sichselbstgleiches im Hinblick auf übereinstimmende Merkmale). Die Begleitfunktion des *empirischen* Bewusstseins bzw. der analytischen Apperzeption besagt nicht mehr als ein fallweise zur Übereinstimmung Bringen (Zusammenfassen) von unterschiedlichen Vorstellungen. Sie geht sozusagen selektiv vor, indem sie von allem Ungleichartigen abstrahiert und nur das Gleiche durch ihre Identität verbindet. Die synthetische Einheit der Apperzeption dagegen bezieht sich außerdem noch auf *alles* Verschiedene, das in der analytischen Einheit enthalten oder auch nicht enthalten ist. Sie ist aufgrund ihrer Bedeutung und vorrangigen Funktion „der höchste Punkt, an dem man allen Verstandesgebrauch, selbst die ganze Logik, und, nach ihr, die Transzendental-Philosophie heften muß, ja dieses Vermögen ist der Verstand selbst" (*KrV* B133 Anm.).

Die Meinigkeit der Vorstellungen drückt die Identität in ihrer Beziehung auf das Subjekt aus, und diese Identität beruht auf der ursprünglichen Einheit der Apperzeption. Daraus ergibt sich als oberster Grundsatz „im ganzen menschlichen Erkenntnis" die Einsicht, dass einzig der Verstand die Verbindung der Vorstellungen a priori *tätig* vollzieht und der „Einheit der Apperzeption" unterstellt (*KrV* B135). Kant nennt ihn Grundsatz „der notwendigen Einheit der Apperzeption" (*KrV* B135). Als solcher begegnet er uns in §17 der *Deduktion* als oberster Grundsatz wieder. Die Notwendigkeit dieser Einheit ergibt sich daraus, dass ohne sie die ausschließliche Zugehörigkeit von Vorstellungen zu einem bestimmten Subjekt (Meinigkeit) und damit zugleich die Identität dieses Subjekts nicht zu begründen wäre.

Nun ist einerseits die Synthesis des Mannigfaltigen notwendig zur Erklärung (zum Denken) der *durchgängigen* Identität des Selbstbewusstseins, andererseits ist diese Identität als Einheit gleichwohl Voraussetzung (Grund) *jeder* Synthesis. Die Grundbeziehung kommt hier zweimal vor, da Selbstbewusstsein und Mannigfaltiges als voneinander getrennt begriffen werden müssen. Das verdeutlicht, dass auch die begrifflichen Zusammenhänge in Kants Apperzeptionstheorie nicht eindeutig sind. „Synthetische Einheit des Mannigfaltigen der Anschauung ist also der Grund der Identität der Apperzeption", und ohne „eine Synthesis des in einer Anschauung gegebenen Mannigfaltigen" kann die „durchgängige Identität des Selbstbewußtseins nicht gedacht werden" (*KrV* B135), denn „durch das Ich, als einfache Vorstellung, ist nichts Mannigfaltiges gegeben; in der Anschauung, die davon unterschieden ist, kann es nur gegeben und durch *Verbindung* in einem Bewußtsein gedacht werden" (*KrV* B135). Das heißt, durch das *Ich* ist nicht wie bei Leibniz zugleich schon das Mannigfaltige (etwa als ihm inhärierend) gegeben (denn der menschliche Verstand ist nicht anschauend). Andernfalls würde die Deduktion auch misslingen oder überhaupt von vornherein eine sinnlose Aufgabe sein. Diese Trennung finden wir bei Leibniz nicht, und das mag zuerst an seiner monadologischen Substanzmetaphysik liegen, die Kant über Bord wirft. Leibniz wiederum handelt sich damit das Problem ein, dass er zu einem rein formalen, präperzeptiven Bewusstsein – kantisch gesprochen zur *reinen Einheit der Apperzeption* – gar nicht vordringen kann. Denn *jede* substantielle Form ist von vornherein schon eine Vielheit in der Einheit. In der kantischen Theorie gibt es zwar auch eine Abhängigkeit der Ich-Identität von dem zu verbindenden Mannigfaltigen (und darin kann man eine Entsprechung zu Leibniz sehen), aber der eigentliche Grund der ganzen Konstruktion ist die *ursprünglich synthetische Einheit der Apperzeption*, die für sich leer, sozusagen gereinigt von der Mannigfaltigkeit ist:

> Ich bin mir also des identischen Selbst bewußt, in Ansehung des Mannigfaltigen der mir in einer Anschauung gegebenen Vorstellungen, weil ich sie insgesamt *meine* Vorstellungen nenne, die *eine* ausmachen. Das ist aber soviel, als, daß ich mir einer notwendigen Synthesis derselben a priori bewußt bin, welche die ursprünglich synthetische Einheit der Apperzeption heißt, unter der alle mir gegebenen Vorstellungen stehen, aber unter die sie auch durch eine Synthesis gebracht werden müssen (*KrV* B135 f., §16).[17]

Diese *transzendentale* Einheit des Selbstbewußtseins oder *Einheit der Apperzeption* hat Kant bereits am Anfang des hier betrachteten §16 eingeführt. Es ist die Vorstellung des „Ich denke", die ein Akt der Spontaneität (bzw. der Apperzeption)

---

17 Siehe *KrV* B138, §17: In der reinen Apperzeption ist „noch gar nichts Mannigfaltiges gegeben".

ist (siehe *KrV* B137, §17). Diese „reine Apperzeption" ist im Unterschied zur empirischen „dasjenige Selbstbewußtsein", das, „indem es die Vorstellung *Ich denke* hervorbringt, die alle anderen muß begleiten können, und in allem Bewußtsein ein und dasselbe ist, von keiner weiter begleitet werden kann" (*KrV* B137). Sie ist unabhängig, steht für sich selbst und heißt auch „*transzendentale* Einheit des Selbstbewußtseins" (*KrV* B132). Der Ausdruck „Ich denke" wird also von Kant zweimal vergeben: Erstens als Bezeichnung der Einheit der Apperzeption, die spontan geschieht; zweitens für das begleitende Bewusstsein, das als Vorstellung von der reinen Apperzeption produziert wird.

In der Vorstellung des „Ich denke", die wir in diesem Paragraphen bei Kant antreffen, liegt der gleiche Doppelsinn, den wir bereits am Begriff der Reflexion bei Leibniz festgestellt haben: Einerseits ist sie ein besonderes Produkt des Selbstbewusstseins – dasjenige nämlich, das als Vorstellung alle anderen Vorstellungen *begleiten* können muss, und dann entspricht sie nur der analytischen Apperzeption – andererseits ist sie als spontaner Akt die *reine* oder *ursprüngliche*, und zwar *synthetische* Apperzeption selbst. Die *transzendentale Einheit des Selbstbewußtseins* aber ist die (bloß formale) Einheit dieser ursprünglichen Bewusstseinstätigkeit.

Es muss kurz auf den Anfang der A-Deduktion eingegangen werden, da Kant hier der leibnizschen Position näher zu stehen scheint als in der B-Deduktion. Das hat damit zu tun, dass er in der B-Deduktion der Funktion des empirischen Bewusstseins, der Synthesis der Apprehension und dem inneren Sinn nur relativ wenig Aufmerksamkeit zuwendet. In den Abschnitten „Synthesis der Reproduktion in der Einbildung" (*KrV* A100–102; siehe auch *KrV* B152) und „Synthesis der Rekognition im Begriffe" (*KrV* A103–107) finden wir Überlegungen wieder, die Leibniz im Zusammenhang mit der Analyse der Reflexion und der Erinnerung angestellt hat. In die B-Deduktion wurden sie nicht übernommen, weil sie anscheinend ihre Bedeutung und Funktion für die argumentative Gliederung der Deduktion verloren haben. Die empirische, *reproduktive* Einbildungskraft erscheint nur am Rande (in *KrV* B141, §19; B152, §24). Für Leibniz taucht das Problem in der kantischen Form der A-Deduktion allerdings so gar nicht auf. Er muss nicht zeigen, dass das empirische Gesetz der Reproduktion (des Übergangs, der Begleitung und Folge in den Vorstellungen) seinerseits an die Bedingung gebunden ist, dass die Erscheinungen selbst diesem Gesetz unterworfen sind, mit anderen Worten, dass die empirische Reproduktion zugleich unter einer nicht-empirischen Bedingung (einer „reine[n] transzendentale[n] Synthesis", *KrV* A101, und zwar als Synthesis der *Apprehension*, *KrV* A102) ihrer Möglichkeit stehen muss. Das folgt bei Leibniz, da er Verstand und Anschauung, Ding an sich und Erscheinung, nicht voneinander trennt, wie von selbst aus der Tätigkeit der Seele, die nicht nur Apperzeption ist, sondern auch Produzent der eigenen Perzeptionen, die sich von selbst miteinander verbinden. Nun zeigt aber erst die *Synthesis der Rekognition im Begriffe* als dasjenige Bewusstsein, das darin besteht, „daß das, was wir denken, eben dasselbe sei, was wir einen Augenblick zuvor dachten", dass die Reproduktion möglich ist (*KrV* A103). Diese Funktion verhindert also das *Vergessen* einer Teilsynthese und ermöglicht erst den ununterbrochenen Fortgang der Gedankenbildung. Der Rekognition im Begriff, als dem Bewusstsein, in dem die mannigfaltigen, aufeinander folgenden und reproduzierten Vorstellungen zu einer einzigen vereinigt werden (*KrV* A103), kommt also die Funktion zu, die bei Leibniz das Gedächtnis zu erfüllen hatte. Die Forderung der Notwendigkeit des Regelvollzugs der Reproduktion und der Rekognition in der Reihe der Erscheinungen führt in der A-Deduktion auf die *transzendentale Apperzeption* als dem „transzendentalen Grund der Einheit des Bewußtseins" (*KrV* A106–107). Diese wird dann unterschieden vom *empirischen* Bewusstsein oder der „*empirische[n] Apperzeption*", dem „*innere[n] Sinn*" (*KrV* A107), der keine notwendige Stetigkeit (numerische Identität) garantiert. Die *transzendentale Apperzeption* ist ein „reine[s], ursprüngliche[s], unwandelbare[s]" Bewusstsein (*KrV* A107).

Zurück zur B-Deduktion. In ihr entfernt und emanzipiert sich Kant weiter von Leibniz: §17 hat den „Grundsatz der synthetischen Einheit der Apperzeption" als „oberste[s] Prinzip alles Verstandesgebrauchs" zum Gegenstand (*KrV* B136). Dieser Grundsatz ist nicht mit dem obersten Grundsatz aller synthetischen Urteile im Grundsatzkapitel zu verwechseln, obwohl die Einheit der Apperzeption auch darin eine wichtige Rolle spielt. Ich muss in diesem Beitrag davon absehen, das Verhältnis zwischen diesen beiden Grundsätzen genauer zu beleuchten. Der „Grundsatz der synthetischen Einheit der Apperzeption" in §17, der zugleich der *erste* Grundsatz für den menschlichen Verstand ist (*KrV* B139), besagt, „daß alles Mannigfaltige der Anschauung unter Bedingungen der ursprünglich-synthetischen Einheit der Apperzeption stehe" (*KrV* B136). Diese notwendige Beziehung ergibt sich daraus, dass das in der Anschauung gegebene Mannigfaltige erst noch verbunden werden muss. Denn – das behauptet Kant – die gegebenen Vorstellungen haben nicht per se bereits den „Aktus der Apperzeption, *Ich* denke" als ein Gemeinsames (*conceptus communis*) in sich; sie sind diskret und nicht bereits im Voraus geordnet und vereinigt; und deshalb würden sie auch „nicht in einem Selbstbewußtsein zusammengefaßt sein" (*KrV* B137). Erst durch die Beziehung der Vorstellungen (Anschauungen) auf die ursprünglich synthetische Einheit der Apperzeption erlangen diese objektive Gültigkeit bzw. konstituieren sie ein Objekt der Erkenntnis.

Die synthetische Einheit des Bewusstseins, die *allein* ausschlaggebend für die Beziehung der Vorstellungen auf einen Gegenstand ist, kommt in zwei Varianten im Begründungszusammenhang dieses Paragraphen vor: Zum einen als empirische Apperzeption, nämlich als der aus dem Ziehen einer Linie (als Beispiel der

Verbindung des Mannigfaltigen) hervorgehende vollständige Begriff der Linie als Einheit des Bewusstseins, die zugleich Einheit der Handlung des Verbindens (dem Verbundensein) ist (*KrV* B137f.; siehe B154); zum anderen in der Form der „ursprünglichen *synthetischen* Einheit der Apperzeption" als der obersten Bedingung aller Synthesis-Funktionen (*KrV* B137). Das bedeutet, dass auch alle Anschauungen, noch bevor etwas angeschaut wird, bereits unter der objektiven Bedingung der Einheit der Apperzeption stehen müssen, sofern sie sich zu einem Objekt der Erkenntnis qualifizieren können sollen (*KrV* B138). Dass etwas unter etwas anderem steht, hat nicht die Bedeutung einer logischen Folge oder des Hervorgebrachtseins. Für sich ist das *Ich denke* oder die Vorstellung *Ich bin* ganz leer.[18] Sie enthält ohne den Beitritt der Anschauung noch kein Mannigfaltiges. Auf der anderen Seite wird durch das Hinzutreten des Anschauungsmannigfaltigen der synthetische Akt des Bewusstseins erst notwendig (*KrV* B139). Das ist ein markanter Unterschied zur Position von Leibniz.

Obwohl Kant die *empirische* Einheit der Apperzeption nicht näher untersuchen will, wird in §18 der Unterschied zur „*transzendentale[n] Einheit* der Apperzeption" (*KrV* B139) am bestimmtesten gekennzeichnet. Die letztere ist *objektiv*, insofern sie das in der Anschauung gegebene Mannigfaltige in einem Begriff vom Objekt vereinigt. Die empirische Einheit ist dagegen *subjektiv*. Sie ist eine „Bestimmung des inneren Sinnes" (*KrV* B139) und bestimmt die Ordnung des Mannigfaltigen gemäß empirischer Bedingungen. Da die Ordnung dieser empirischen Einheit des Bewusstseins nur auf dem Wege der Assoziation zustande kommt, ist sie „ganz zufällig" (*KrV* B140). Die ursprüngliche Einheit des Bewusstseins bezieht sich unmittelbar auf die reine Form der Anschauung in der Zeit, mittelbar auf das gegebene Mannigfaltige, das sie enthält (und das nicht empirisch ist). Diese notwendige Beziehung des Anschauungsmannigfaltigen auf das *Ich denke* (als die Einheit der Synthesis des Verstandes) liegt der empirischen Einheit der Apperzeption, die nur subjektive Gültigkeit besitzt, zu Grunde (*KrV* B140), oder – wie §21 es ausdrückt: Das empirische Bewusstsein eines in der Anschauung gegebenen Mannigfaltigen steht unter dem „reinen Selbstbewußtsein a priori" (*KrV* B144). In §19 wird gezeigt, dass die objektive Einheit der Apperzeption auch die logische Form aller Urteile, insbesondere ihre objektive Gültigkeit, bestimmt. Diesen Aspekt überspringe ich hier, ebenso wie den unter Rekurs auf §19 in §20 geführten Nachweis, dass das Mannigfaltige einer gegebenen Anschauung notwendig unter Kategorien als Urteilsfunktionen steht (*KrV*

---

[18] Es ist auf die Mehrdeutigkeit des „Ich denke" bei Kant zu achten: Es bedeutet 1) das begleitende, hervorgebrachte Bewusstsein, also das analytische oder empirische (*KrV* B132f.); 2) die synthetische Einheit des Bewusstseins selbst bzw. der Actus der Apperzeption (*KrV* B137f.; B140).

B143). §21 unterstreicht noch einmal die zu beachtende Reihenfolge der sich überlagernden Erkenntnistätigkeiten, die erneut die Differenz zu Leibniz verdeutlicht: Das Mannigfaltige der Anschauung muss noch *vor* der Synthesis des Verstandes „und unabhängig von ihr" (*KrV* B145) gegeben werden. Der Verstand gibt es also nicht selbst, wie die vernünftige Seele bei Leibniz, sondern wird in seiner Tätigkeit durch die Sinnlichkeit begrenzt.

Den Rest des Deduktionskapitels (*KrV* B146 – 168, §§22 – 27) muss und kann ich hier (vorläufig) außer Acht lassen, wenngleich er für den Fortgang und Abschluss der Deduktion ganz wichtig ist, insofern er in Anknüpfung an §20 zwei Teilergebnisse zusammenfasst, indem gezeigt wird, *wie* das Mannigfaltige zur empirischen Anschauung gegeben wird, nämlich so, dass die Einheit des in der empirischen Anschauung gegebenen Mannigfaltigen genau die Art von Einheit ist, die in den Kategorien ausgedrückt wird und die diese dem Mannigfaltigen *vorschreibt* (siehe *KrV* B144 f.). Daraus resultiert der für Kant höchst wichtige Satz, dass der Gebrauch der Kategorien begrenzt ist, d. h., dass die Kategorien allein zur Möglichkeit *empirischer* Erkenntnis (zur Erkenntnis von Gegenständen möglicher Erfahrung) gebraucht werden (*KrV* B 147 f.).

2.2 Leibniz-Kritik, Reflexion und Apperzeption im Amphibolie-Kapitel der *KrV* (B316 – 349/A260 – 292)

In dem als Anhang zu dem dritten Hauptstück des zweiten Kapitels der Transzendentalen Analytik bezeichneten Abschnitt über die Amphibolie der Reflexionsbegriffe geht es darum, durch eine spezielle Art der Untersuchung Vorkehrungen gegen eine mögliche Verwechslung von Begriffen in Urteilen hinsichtlich ihrer Abstammung vom Erkenntnisvermögen zu treffen (siehe Willaschek 1998: 340 – 350). Der Begriff der *Reflexion* oder der *Überlegung* ist das Instrument dieser Untersuchung und bedeutet das „Bewußtsein des Verhältnisses gegebener Vorstellungen zu unseren verschiedenen Erkenntnisquellen", d. i. der Sinnlichkeit oder dem Verstand (*KrV* B316/A260). Im Unterschied dazu hatten wir bei Leibniz festgestellt, dass die Reflexion die Tätigkeit des Bewusstseins in Beziehung auf die Vergegenständlichung seiner vorübergehenden Zustände im Gedächtnis bezeichnet, für die das Problem, das Kant behandeln will, irrelevant ist. Leibniz steht damit Locke's Begriff der *reflection* näher als dem kantischen der *Überlegung* (siehe Locke 1975, II.i.4:105).

Auch bei Kant ist jedoch die *Überlegung* ein „Zustand des Gemüts", bei dem es darum geht, die subjektiven Bedingungen zu erforschen, „unter denen wir zu Begriffen gelangen können" (*KrV* B316/A260). Sie ist mit einer Vorklärung befasst, die gebraucht und vorausgesetzt wird, um Begriffe überhaupt in einer logischen

Operation nach bestimmten Regeln miteinander vergleichen und zuverlässig in Urteilen verwenden zu können – „alle Vergleichungen bedürfen einer Überlegung, d. i. einer Unterscheidung der Erkenntniskraft, wozu die gegebenen Begriffe gehören" (*KrV* B317/A261). Zuerst richtet sich der Vergleich also auf das Verhältnis der Begriffe zum Erkenntnisvermögen. Dies nennt Kant *transzendentale Überlegung* (transzendentale Reflexion), im Unterschied zur *logischen Reflexion*, in der die Begriffe bloß untereinander verglichen werden (*KrV* B318 f./A262; siehe B325/A269; B335/A279), bevor sie in *objektiven Urteilen* Gebrauch finden (*KrV* B317/A261). Ein wichtiger Gesichtspunkt dabei ist, dass es bei dem Vergleich der Begriffe, die der Urteilsbildung vorhergehen muss, nicht um deren *logische Form* geht, sondern um die *Dinge selbst*, d. h. um die Begriffs*inhalte* (*KrV* B318/A262), und dies macht erst die Bedeutung der *transzendentalen Reflexion* aus, von der das Verhältnis der Begriffe zueinander abhängt. Sie ist die Voraussetzung, der *Grund der Möglichkeit* und die Bedingung der *objektiven* Vergleichung der Begriffe, die man als zweiten Schritt der transzendentalen (nicht der logischen) Reflexion auslegen kann. Eigentlich war diese Art der Reflexion im Deduktionskapitel bereits vorausgesetzt und in der Argumentation ständig benutzt worden, ohne dass sie bei ihrem Namen genannt wurde.

Im Verlauf der Präsentation und Erläuterung der Paarungen von Reflexionsbegriffen kommt Kant mehrmals kritisch auf Leibniz zu sprechen. Diese Kritik ist aber für uns nur insoweit von Interesse, als sie die Frage der Apperzeption und Perzeption berührt. *Einerleiheit und Verschiedenheit* unter dem Gesichtspunkt der Unterscheidung zwischen Verstand und Sinnlichkeit sind dem Denken von Leibniz fremd, da er nur die Verstandeserkenntnis – weil sie eine Folge der Apperzeption ist – zulässt. Vielheit in der Einheit ist aber für ihn auch insofern ein Problem, als die vielen Perzeptionen nicht nur numerisch, sondern eigentlich auch qualitativ verschieden sein sollen. Das scheint Kant zu übersehen. Für Kant tritt die numerische Verschiedenheit erst dadurch ein, dass ein Ding als *Erscheinung* (im Unterschied zu einem Verstandesding) als Einheit (als numerisch identisch) betrachtet wird, und zwar bereits durch die Verschiedenheit seiner örtlichen Lage (*KrV* B319/A283 f.; siehe B327 f./A271 f.), während der Gegenstand als Verstandesding immer numerisch identisch ist, also nur einer sein kann. Auf der Grundlage dieser Überlegungen lässt Kant Leibnizens *Grundsatz der Identität des Nichtzuunterscheidenden* (*principium identitatis indiscernibilium*) nicht als Naturgesetz gelten (*KrV* B328/A272; B337/A281).[19] Nach Kants Einschätzung hat Leibniz diesen Grundsatz irrtümlich auch auf Erscheinungen bezogen (*KrV* B328/

---

[19] Siehe hierzu Willaschek 1998: 347 f. sowie Hegel, *Wissenschaft der Logik*, L II: 39; GW 11:270–271.

A272). Er ist für Kant in Wahrheit kein Naturgesetz sondern bloß „eine analytische Regel oder Vergleichung der Dinge durch bloße Begriffe" (*KrV* B328/A272), weil Dinge als *Dinge an sich* in sich ununterscheidbare Bestimmungen haben, als Erscheinungen jedoch notwendig Verschiedenheit in sich fassen und dem Grundsatz nicht angemessen sind.

Auch in anderen Hinsichten ist die leibnizsche Identifizierung von Gegenständen mit Verstandesdingen Ziel von Kants Angriffen. So ist das *Innere* bei Leibniz ohne wirkliche Beziehung auf etwas von ihm Verschiedenes, im Unterschied zu den inneren Bestimmungen der *Erscheinung*. Weil Leibniz aber die Substanzen schlechthin nur als Gedankendinge konzipierte und keine äußere Beziehung gelten ließ, musste er auf die einfachen Subjekte als Monaden stoßen (siehe *KrV* B330 / A275). Strenggenommen hätte Leibniz mangels des Verhältnisses des Äußeren im Inneren der Substanz auch gar keine *Bewegung* annehmen dürfen, sondern nur die Bestimmung des inneren Sinnes als eines „*Zustand[es] der Vorstellungen*" (*KrV* B330 / A274). Diese Wiedergabe ist samt der Kritik von Kant, kraft der sich Leibniz einer „transzendentalen Amphibolie", d.h. einer „Verwechslung des reinen Verstandesobjekts mit der Erscheinung", schuldig gemacht hätte (*KrV* B326 / A270), natürlich nicht ganz einleuchtend. Sie soll hier nur verdeutlichen, in welchen Punkten und aus welchen Gründen Kant explizit von der leibnizschen Position abrückt. Hinsichtlich der vierten Paarung der Reflexionsbegriffe – *Materie* und *Form* – beruht die Vertauschung ihrer Stellung nach Ansicht von Kant bei Leibniz gleichfalls darauf, dass er die Dinge auf Dinge an sich reduzierte und Gegenstände der Anschauung nicht kannte. Wenn er Leibniz mit den Worten kritisiert: „Der Intellektualphilosoph konnte es nicht leiden: dass die Form vor den Dingen selbst vorhergehen, und dieser ihre Möglichkeit bestimmen sollte" (*KrV* B323 / A267), so ist dieses Urteil überzogen und nicht gerechtfertigt. Es verdeckt den Umstand, dass die begleitende Apperzeption bei Leibniz den materiellen Vorstellungen (Perzeptionen) vorhergeht. Denn Leibniz hat gerade deswegen ja die *substanziellen Formen* wieder eingeführt, um die Selbstbestimmung und Eigendynamik der individuellen Substanzen einleuchtend zu machen.

Die Gesamtkritik Kants an Leibniz geht dahin, dass Leibniz, „durch die Amphibolie der Reflexionsbegriffe hintergangen", sein „*intellektuelles System der Welt*" errichten konnte (*KrV* B326/A270) und die innere Beschaffenheit der Dinge erkennen wollte, „indem er alle Gegenstände nur mit dem Verstande und den abgesonderten formalen Begriffen seines Denkens verglich" (*KrV* B326/A270). Über diesen Missverstand, so hofft Kant, soll nun seine Tafel der Reflexionsbegriffe aufklären. Die *Kritik des reinen Verstandes* spricht aber schon als Ganzes betrachtet ein Verbot des transzendentalen Gebrauchs der Kategorien und der Einführung von Gegenständen der Erfahrung, die nicht auf Anschauung bezogen, also keine Erscheinungen sind, aus. Insofern die Apperzeption bzw. das Denken überhaupt vor der Ordnung der Vorstellungen gegeben ist, leistet sie der Fehlentwicklung Vorschub, die zu dem Irrtum führt, den Gegenstand bloß durch das Denken bestimmen zu können und also die falsche Behauptung einer Existenz noumenaler Objekte aufzustellen. Auf diesen Irrweg musste Leibniz geraten, weil er zwar von der Apperzeption ausgegangen war, dabei aber die Anschauung ganz vergessen hatte (siehe *KrV* B345f./A289).

2.3 Rationale Psychologie, Paralogismus und die Einheit des Subjekts (*KrV* B399–432/A341–405)

In diesem Abschnitt der *KrV* hat man als Leser die Schwierigkeit, Kants eigene Folgerungen von den Verwicklungen der traditionellen rationalen Psychologie zu unterscheiden. Ich gehe davon aus, dass Kant hier nicht nur Kritik an überlieferten Positionen übt, sondern auch positive Perspektiven einer kritisch bereinigten rationalen Psychologie entwickelt, an deren Programm er implizit festhält.

Der *transzendentale Paralogismus* ist ein dialektischer Vernunftschluss, der vom transzendentalen Begriff des einfachen Subjekts fälschlicherweise auf die begrifflose „absolute Einheit dieses Subjekts selber" (*KrV* B397 f./A340; siehe *KrV* B426 f.), deren Existenz man als *Ding an sich* oder Substanz verstehen kann, schließt.[20] Ein solcher Fehlschluss gründet sich auf die Natur der menschlichen Vernunft (*KrV* B 399/A 341). Dieser Fehler ist deshalb zwar unvermeidbar, aber behebbar. Das „Urteil: *Ich denke*" (*KrV* B 399/A 341) fungiert als Träger aller reinen Verstandesbegriffe. Es dient dazu, „alles Denken, als zum Bewußtsein gehörig, aufzuführen" (*KrV* B399f./A341). Zugleich ist dieses Ich, das denkt, Gegenstand des *inneren Sinnes*, d. i. *Seele* und insofern auch Gegenstand der rationalen Seelenlehre. Auf den Satz *Ich denke* lässt sich eine Psychologie als Wissenschaft aufbauen, die zwar unabhängig von Erfahrung gewonnen wird, aber doch zum Teil von Erfahrung, nämlich *innerer Erfahrung* (Wahrnehmung) Gebrauch macht. Die Wahrnehmung seiner selbst *als Wahrnehmung* ist empirisch. Die rationale Seelenlehre beruht also unvermeidlich teilweise auf einem empirischen Prinzip. Die „innere Wahrnehmung" ist im Grunde „die bloße Apperzeption: *Ich denke*", die alle Verstandesbegriffe erst möglich macht (*KrV* B401/A343). „Innere Erfahrung überhaupt" („Wahrnehmung überhaupt") ist nicht als empirische Erkenntnis, sondern als „Erkenntnis des Empirischen überhaupt" anzusehen (*KrV* B401/A343). Aus dem *Ich denke* allein entspringt dann, wenn dieser Gedanke auf das Ich

---

[20] Zur Problematik des Paralogismus siehe Sturma 1998: 391–411; Klemme 1996.

als Gegenstand bezogen wird, wie Kant glaubt, aller Inhalt der rationalen Psychologie in Form transzendentaler Prädikate. Ausgehend von der Seele als Substanz, die ein Ding an sich vorstellt, gruppieren sich nach der Ordnung der Kategorien die klassischen Eigenschaften der Seele: Einfachheit, Einheit (numerische Identität), Gemeinschaft mit Dingen im Raum (*KrV* B402/A344). Aus diesen „Elementen" und ihren Verhältnissen zueinander lässt sich dann nach Kant die gesamte reine Seelenlehre aufbauen oder rekonstruieren: Immaterialität, Inkorruptibilität, Personalität, Spiritualität und Commercium. Alle Verhältnisse beziehen sich auf die Substanz *als Gegenstand des inneren Sinnes*. Die Seele stellt darin als denkende Substanz das Prinzip des Lebens in der Materie vor (*KrV* B403/A345). Aber wozu diese Konstruktion? Dient sie nur der Beschreibung und dem genaueren Verständnis eines Auslaufmodells, das Leibniz noch vor Wolff und Baumgarten entscheidend geprägt hat, oder ist es zugleich der Entwurf eines neuen Programms? Und wenn letzteres gelten sollte, läuft Kant damit nicht Gefahr, Gegenstände der Sinnlichkeit durch einfache Abstraktion zu intellektualisieren?

Die vier Paralogismen, die Kant vor allem in der A-Auflage (in der B-Auflage nur in Kurzform) in „einer transzendentalen Seelenlehre" nachweist, sollen den Pseudocharakter dieser Lehre als einer vermeintlichen „Wissenschaft der reinen Vernunft" aufdecken (*KrV* B403/A345; siehe Ameriks 1998: 390). Den einzelnen Figuren und Erläuterungen dieser Paralogismen werde ich hier nicht weiter nachgehen. Zu Grunde gelegt wird dabei aber Kants Begriff vom *Ich* als einer „gänzlich leere[n] Vorstellung", „von der man nicht einmal sagen kann, dass sie ein Begriff sei, sondern ein bloßes Bewußtsein, das alle Begriffe begleitet" (*KrV* B404/A346). Das *begleitende* Bewusstsein müsste eigentlich dasjenige sein, welches wir früher als empirische Apperzeption identifiziert haben. Durch dieses denkende Ich werde bloß „ein transzendentales Subjekt der Gedanken vorgestellt = x, welches nur durch die Gedanken, die seine Prädikate sind, erkannt wird, und wovon wir, abgesondert, niemals den mindesten Begriff haben können" (*KrV* B404/A346) – d. i. hier: die Seele als Substanz. Die behauptete unvermeidliche Zirkularität im Denken der Seele als Substanz oder des ganz leeren, unbestimmten Ich, die für die Unerklärbarkeit verantwortlich gemacht wird, beschreibt Kant so, dass „wir uns seiner Vorstellung jederzeit schon bedienen müssen, um irgendetwas von ihm zu urteilen" (*KrV* B404/A346). Sie wird darauf zurückgeführt, dass das Bewusstsein „an sich" einerseits die *Vorstellung* eines besonderen Objekt sei, andererseits bloß die Form überhaupt von dieser Vorstellung, „sofern sie Erkenntnis genannt werden soll" (*KrV* B404/A346). Man kann diese Zirkelbehauptung aber nur unter der Voraussetzung billigen, dass man mit Kant die sinnliche Anschauung als notwendige Bedingung objektiver Erkenntnis gelten lässt und überhaupt den Standpunkt des transzendentalen Idealismus vorher schon einnimmt.[21]

Kant weist noch darauf hin, dass der seinen Überlegungen zugrunde liegende Satz des denkenden Ich, der keinen Wahrnehmungsinhalt über das Dasein des Subjekts, welches der Art des „Cartesianische[n] *cogito, ergo sum*" entsprechen würde, aufweist, sondern der bloß die Form und die Bedingung des Denkens meiner selbst und der daraus folgenden Bestimmung der Eigenschaften der Dinge enthält, „nur problematisch" zu nehmen sei, d. h. vorläufig nur so, dass er die möglichen Eigenschaften, die daraus für das Subjekt folgen könnten, anzeigt (*KrV* B405/A347). Im Grunde bedeutet das, dass das bloß als Form gefasste *Ich denke* überhaupt unbestimmt und unerklärbar ist und kein objektives Dasein hat. Stillschweigend und unbemerkt, so könnte man behaupten, nähert sich Kant damit wieder dem Bewusstseinsbegriff von Leibniz an, den er insofern nur noch abstrakter und formeller fasst, als er auch noch die Vielheit überhaupt aus dem Einfachen ausschließt.

Der Formalismus des Satzes *Ich denke*, der ihn einerseits *problematisch* macht, lässt andererseits seine grundlegende Funktion für die Konstitution der Form des Verstandesurteils unangetastet. Er ist und bleibt das Substrat aller Kategorien, so dass die daraus gezogenen Schlüsse insgesamt „einen bloß transzendentalen [d. i. erfahrungsunabhängigen, W.E.] Gebrauch des Verstandes enthalten können" (*KrV* B407). Insofern ist der *Paralogismus* eine natürliche Erscheinung der Vernunft und als solche unvermeidlich, in der Konsequenz seiner Auflösung sogar konstitutiv für die weitere Ausführung der Transzendentalphilosophie und einer möglichen Erfahrungsseelenlehre. Es folgt daraus aber, dass die „*modi* des Selbstbewußtseins im Denken an sich" „noch keine Verstandesbegriffe von Objekten, (Kategorien) sondern bloße Funktionen, die dem Denken gar keinen Gegenstand, mithin mich selbst auch nicht als Gegenstand, zu erkennen geben" (*KrV* B406 f.). Zum Objekt der Erkenntnis kann nicht „das Bewußtsein des *Bestimmenden*" werden, sondern ausschließlich dasjenige „des *bestimmbaren* Selbst, d. i. meiner inneren Anschauung (sofern ihr Mannigfaltiges der allgemeinen Bedingung der Einheit der Apperzeption im Denken gemäß verbunden werden kann) [...]" (*KrV* B407). Dasjenige Ich, das Gegenstand der

---

21 „Nicht dadurch, dass ich bloß denke, erkenne ich irgendein Objekt, sondern nur dadurch, dass ich eine gegebene Anschauung in Absicht auf die Einheit des Bewußtseins, darin alles Denken besteht, bestimme, kann ich irgend einen Gegenstand erkennen. Also erkenne ich mich nicht selbst dadurch, dass ich mich meiner als denkend bewußt bin, sondern wenn ich mir die Anschauung meiner selbst, als in Ansehung der Funktion des Denkens bestimmt, bewußt bin." (*KrV* B406) Zur Kritik an dem Zirkelargument Kants siehe Hegel, *Wissenschaft der Logik*, L II: 430 f.; GW 12:194.

Anschauung werden kann, ist also nicht deckungsgleich mit demjenigen, das nur die bloße Form des Denkens sein soll.

Daran schließt sich im Kern die Problematik des ersten Paralogismus an (*KrV* B407, Nr. 1). Das denkende Selbst bleibt zwar in allen Urteilen das *bestimmende* Subjekt (und nicht bloß ein Prädikat des Denkens), aber nur aus analytischer Betrachtungsweise, und dann steht es in einem *identischen* Satz. Aber dasselbe Subjekt in der Bedeutung als *Objekt*, d. h. als ein selbständiges *Wesen* (Substanz), würde über das Denken hinausgehen und Sinnesdaten erfordern. Ebenso wenig kann die Apperzeption (das Ich), als ein *logisches einfaches Subjekt*, als einfache Substanz ausgelegt und in einen synthetischen Satz eingebaut werden. Generell steht der Begriff der Substanz immer unter der Bedingung der sinnlichen Anschauung und hat die Bedeutung der Substanz in der Erscheinung, wie in der zweiten Analogie der Erfahrung (*KrV* B250 f./A204–206) gezeigt wurde. Ebenso verhält es sich mit der Bestimmung der Ich-Identität als „Person" (*KrV* B408) sowie mit der Bestimmung des Ich im Verhältnis zu anderen Dingen (*KrV* B409). Kant fasst diese Ergebnisse seiner Untersuchung in dem resümierenden Schluss zusammen:

> Also ist durch die Analysis des Bewußtseins meiner selbst im Denken überhaupt in Ansehung der Erkenntnis meiner selbst als Objekt nicht das mindeste gewonnen. Die logische Erörterung des Denkens überhaupt wird fälschlich für eine metaphysische Bestimmung des Objekts gehalten. (*KrV* B409)

Obwohl in dieser Erörterung der Name von Leibniz nicht fällt, ist doch implizit und unverkennbar seine Seelen-Substanz-Metaphysik im Ganzen betroffen. Dasselbe mag jedoch ebenso auf Descartes und auf Wolff zutreffen. Alle wesentlichen Bestimmungen der Apperzeption, des Bewusstseins und des inneren Sinnes, die Leibniz entwickelt hat, müssen als ungültig (paralogistisch) gelten, wenn Kants Argumente und Schlussfolgerungen Beweiskraft besitzen. Dagegen kann es jedoch berechtigte Zweifel geben. Ein Hauptargument (für Kant das einzig mögliche) gegen seine Behauptungen diskutiert Kant selbst im Anschluss an die vorgestellten Paralogismen. Es besteht darin, „a priori zu beweisen, dass alle denkenden Wesen an sich einfache Substanzen sind" und dass ihnen damit alle die Prädikate (Personalität usw.) zugesprochen werden könnten, die ihnen zuvor abgesprochen wurden (*KrV* B409). Dies sollte in einem synthetischen Satz a priori ausgedrückt werden, der außerhalb der Sinnenwelt Gültigkeit besäße, also das synthetische Moment nicht aus der Erfahrung hernähme (*KrV* B410). So hätte ja auch Leibniz seinen Sätzen über die Seelensubstanz ganz einfach den Status synthetischer Sätze a priori anheften können, um ihren Erkenntniswert darzulegen. Diese Umdeutung des Synthetischen a priori, das sich auch auf Noumena erstrecken würde, wird aber von Kant durch die logische Analyse des in der rationalen Psychologie herrschenden Paralogismus entkräftet (*KrV* B410 f.). Der Fehler in diesem Schluss[22] beruht nach Kants Ansicht darauf, dass im Obersatz und im Untersatz vom Subjekt-Begriff in verschiedenen Bedeutungen Gebrauch gemacht wird, einmal in einem weiteren Sinne, der die Anschauung einschließt, das andere Mal in einem engeren Sinne, der die Anschauung ausschließt und sich nur auf das Selbstbewusstsein als bloßer Form des Denkens, auf das Ich, das „immer zum Subjekt des Bewußtseins dient", bezieht (*KrV* B412, Anm.). Die Conclusio ist daher ungültig. Die auf diesem Schlussverfahren beruhenden Sätze der leibnizschen Seelenlehre ergeben keine Erkenntnis im vollwertigen Sinne. Der Wortlaut in Kants Zitat lässt diesen behaupteten Unterschied jedoch meines Erachtens nach nicht eindeutig erkennen. Zur Unterstützung der Richtigkeit des Paralogismus verweist Kant selbst auf andere Lehrstücke seiner *KrV*, in denen er nachgewiesen habe, dass dem Begriff von einem Ding, das nur als Subjekt für sich existiere, alle objektive Realität abgesprochen werden müsse. So hat insbesondere die allgemeine Anmerkung zum Amphibolie-Kapitel mit Blick auf Leibniz gezeigt, dass dessen wichtigste Lehrbegriffe auf einer unerlaubten Identifizierung bloßer Verstandeserkenntnis mit Erfahrung, zu der Anschauung gehört, beruhen (*KrV* B324–346/A268–289). Soll dem Subjektbegriff als Substanz die Bedeutung eines Objekts untergelegt werden, so bemerkt Kant am Ende der Betrachtung des Paralogismus, dann muss die notwendige Bedingung erfüllt sein, dass dem Begriff eine „beharrliche Anschauung" zu Grunde gelegt werden kann (*KrV* B412). In der inneren Anschauung allein sei diese Bedingung nicht erfüllbar, da das Ich „nur das Bewußtsein meines Denkens" sei (*KrV* B413). Der Begriff der Substanz könne somit nicht auf das Subjekt als denkendes Wesen appliziert werden, „die damit verbundene Einfachheit der Substanz fällt mit der objektiven Realität dieses Begriffs gänzlich weg, und wird in eine bloß logische qualitative Einheit des Selbstbewußtseins im Denken überhaupt, das Subjekt mag zusammengesetzt sein oder nicht, verwandelt" (*KrV* B413). In dieser Hinsicht hätte also auch Leibnizens Begriff der *substanziellen Form* als eines Vielen in Einem keinen argumentativen Wert mehr.

Ich fasse zusammen: Dass die vier oben genannten Prädikate (Substanzialität, Einfachheit, numerische Identität, Gemeinschaft) aus der bloßen Apperzeption folgen, wird von Kant nicht beanstandet. Auch die Bestimmung des Ich selbst als einer leeren Form bleibt von seiner Kritik unberührt. Durch die Aufdeckung

---

22 Er lautet: „*Was nicht anders als Subjekt gedacht werden kann, existiert auch nicht anders als Subjekt, und ist also Substanz. Nun kann ein denkendes Wesen, bloß als ein solches betrachtet, nicht anders als Subjekt gedacht werden. Also existiert es auch nur als ein solches, d. i. als Substanz.*" (*KrV* B410f.; siehe A348)

des Paralogismus werden daher die auf die Prädikate (eigentlich sind es *Prädikabilien* der Kategorie der Substanz) bezogenen Urteile als *analytische* Urteile nicht falsch. Verworfen wird nur das Verfahren, diese Urteile in synthetische Urteile a priori verwandeln zu wollen und damit einen Anspruch auf objektive Erkenntnis zu verbinden. Nur als objektive Erkenntnisurteile ausgelegt werden die leibnizschen Sätze über die Apperzeption und die darauf bezogenen weiteren Erkenntnisse, die die Seele als Substanz betreffen, für ungültig erklärt. Das betrifft selbst diejenigen Bestimmungen, die auf innerer Erfahrung beruhen, insofern die innere Wahrnehmung für Leibniz gleichfalls ein intellektueller Akt ist.

2.4 Der empirische Satz „Ich denke", „Ich existiere" – eine Annäherung an Leibniz?

Wenn ich in diesem letzten Abschnitt meines Beitrages von *Annäherung* spreche, dann meine ich nicht, dass die bereits determinierte Differenz in den Apperzeptionstheorien von Leibniz und Kant sich letzten Endes wieder verflüchtigt. Sie lässt sich jedoch in dem Anhang zum Paralogismus, der die Widerlegung des mendelssohnschen Beweises der Beharrlichkeit der Seele zum Gegenstand hat, präziser darlegen und in seiner Problematik transparenter machen.

Das erste Problem, das in diesem Abschnitt zum Vorschein kommt, ist die von Kant behauptete Möglichkeit, das Bewusstsein als einteilbar in Grade der Realität vorzustellen (*KrV* B414). Diese Möglichkeit ergibt sich aus dem Grundsatz der Antizipationen der Wahrnehmung (*KrV* B207–218/A166–176)[23] und setzt die Anwendung der intensiven Größe (Moretto 1999: 249 ff.) auf den Begriff des Bewusstseins voraus, „denn selbst das Bewußtsein hat jederzeit einen Grad der immer noch vermindert werden kann" (*KrV* B414).[24] Es gibt „unendlich viele Grade des Bewusstseins bis zum Verschwinden" (*KrV* B415, Anm.). Diese Überlegung verhilft Kant zu dem Schluss, dass die für die Erkenntnis der Seelensubstanz notwendige „Beharrlichkeit der Seele" als Gegenstandes des inneren Sinnes „unbewiesen, und selbst unerweislich" sei (*KrV* B415). Für den Nachweis der Beharrlichkeit müsste sie auch Gegenstand des äußeren Sinnes sein. Obwohl diese Kritik unmittelbar gegen Mendelssohn gerichtet ist, trifft sie doch auch ebenso – und vielleicht noch nachhaltiger – die Dauerhaftigkeit der Monaden-

---

[23] Dieser Grundsatz bestimmt, dass das Reale in der Erscheinung notwendig in Grade eingeteilt ist (Variabilität der intensiven Größe durch die Apprehension oder Wahrnehmung als des empirischen Bewusstseins).

[24] Über den Zusammenhang von Apperzeption und intensiver Größe, siehe das Zitat aus der Vorarbeit zum Streit der Fakultäten, in: Bayerer 1992: 45.

Seele bei Leibniz. Es ist aber eine berechtigte Frage, wieso die innere Anschauung (sie sei intellektuell oder sinnlich) nicht ebenso der Beharrlichkeit fähig sein soll wie die äußere? Das empirische Bewusstsein, das alle Bewusstseinshandlungen begleiten können soll, muss ja schon dieser Funktion wegen auch beharren.

Kant diskutiert im Folgenden ein idealistisches (synthetisches) und ein materialistisches (analytisches) Verfahren der Auslegung des *Ich denke*. Das *Ich denke* als „einfaches Subjekt" wird auf der Grundlage des zweiten Modells als „die absolute Einheit der Apperzeption, das einfache Ich" verstanden (*KrV* B419) und ist hier etwas „Reales". Da es aber nun im Raum nichts Einfaches gibt, so ist die materialistische Erklärung des „meiner, als bloß denkenden Subjekts" unmöglich (*KrV* B420). Was jedoch übrig bleibt ist der erste Satz dieses Modells: „Ich denke" in der Bedeutung „*ich existiere* denkend" (siehe *KrV* B429). Dies ist jedoch nicht im cartesianischen Sinne als ein *ergo sum* zu verstehen, sondern als ein empirischer Satz, der von vornherein die Möglichkeit der Existenz (den Satz: „Ich existiere", *KrV* B422 Anm.) einschließt.[25] Aber eine solche Existenzbehauptung kommt auch nicht an der Notwendigkeit vorbei, die *Beharrlichkeit* als Merkmal des Daseins nachweisen zu müssen. Da dies aber prinzipiell nicht möglich ist, ist mit Hilfe des empirischen Satzes nichts zu erkennen. Die dafür notwendige Anschauung bleibt unbestimmt.

Wenn in diesem Zusammenhang von *rationaler Psychologie* gesprochen wurde, dann bedeutet das nicht, dass Kant deren Doktrin wieder aufleben lassen will. Er benutzt diesen Titel nur im negativen Sinne als *Disziplin*, die den traditionellen metaphysischen Lehren kritische Grenzen aufzeigen soll (*KrV* B421). Die gesamte rationale Psychologie beruht demnach auf einem folgenschweren „Mißverstand":

> Die Einheit des Bewußtseins, welche den Kategorien zum Grunde liegt, wird hier für Anschauung des Subjekts als Objekt genommen, und darauf die Kategorie der Substanz angewandt. Sie ist aber nur die Einheit im *Denken*, wodurch allein kein Objekt gegeben wird [...]. (*KrV* B421 f.)

Was den empirischen Satzcharakter des *Ich denke* angeht, so darf der mit ihm identische *Existentialsatz* „Ich existiere" (Wolff, *Deutsche Metaphysik*, I.2:4) zunächst nicht verallgemeinert werden zu dem Satz *alles, was denkt, existiert*. Der Satz *Ich denke* ist insofern empirisch, als er „eine unbestimmte empirische Anschauung, d. i. Wahrnehmung" ausdrückt (*KrV* B422, Anm.). Er enthält eine Empfindung, die zur Sinnlichkeit gehört. Diese geht vor der Erfahrung vorher, die

---

[25] Das ist z. B. auch im ersten Kapitel von Chr. Wolffs *Deutscher Metaphysik* zu konstatieren (siehe Wolff, *Deutsche Metaphysik*, I.2:1–5).

mittels der Kategorie das Wahrnehmungsobjekt in der Zeit bestimmen soll. Die Existenz wird noch nicht von der Kategorie her bestimmt, ist also eine unbestimmte Wahrnehmung, die „nur etwas Reales" bestimmt (*KrV* B423, Anm.), das nicht als Erscheinung gelten kann. Dadurch, dass das *Ich denke* als *empirischer* Satz ausgewiesen wird, wird das Ich noch nicht in eine empirische Vorstellung verwandelt. Die Vorstellung gehört nur zum Denken und ist „rein intellektuell" (*KrV* B423, Anm.). Andererseits aber – so argumentiert Kant nun – muss das Ich auf irgendeine empirische Vorstellung bezogen werden, weil das Denken sonst leer wäre, und der „Aktus, Ich denke" würde ohne dies gar nicht stattfinden können (*KrV* B423, Anm.). Das Empirische muss also „die Bedingung der Anwendung, oder des Gebrauchs des reinen intellektuellen Vermögens" sein (*KrV* B423, Anm.). Auf der Grundlage des Textes der betrachteten Fußnote, wäre es vielleicht möglich, die gesamte Beschreibung als mit der Konzeption des Bewusstseins bei Leibniz verträglich anzusehen, denn so viel an sinnlicher Anschauung, wie hier verlangt wird, liefert auch der Begriff der Apperzeption als des spontanen Aktes, der die Perzeptionen gesetzmäßig hervorbringt und ohne dieses Produzieren und sich selbst Anschauen in seinen Produkten gar nicht gedacht werden kann. Nur wenige Textseiten weiter, im Beschluß, scheint Kant die zuletzt ausgelegte Erklärung schon wieder zurückzunehmen bzw. deutlich zu relativieren. Da ich mich aber selbst in solchem Akt der Vorerfahrung noch nicht als Substanz denke, kann damit noch kein Paralogismus vorliegen. Denn dazu müsste erst eine Verwechslung zwischen einer bloßen Vernunftidee „mit dem in allen Stücken unbestimmten Begriffe eines denkenden Wesens überhaupt" eintreten (siehe *KrV* B426 f.).

Im Beschluß zeigt sich aber auch die Grenze dieser von mir behaupteten Annäherung an Leibniz und zugleich das Motiv, das Kant dazu getrieben hat. Das Motiv, um dies vorweg zu nehmen, ist die Aussicht auf den praktischen Gebrauch der Kategorien der Kausalität unter der Herrschaft des moralischen Gesetzes.

Es ist zweierlei zu unterscheiden: 1) dass das reine Denken „bloß die logische Funktion" ist, d. h. „Spontaneität der Verbindung des Mannigfaltigen einer bloß möglichen Anschauung" (*KrV* B428). Darin wird das Subjekt noch nicht Erscheinung, denn es abstrahiert von der spezifischen Art der Anschauung. Das als was ich mich vorstelle (als Subjekt des Denkens), ist noch nicht auf eine Kategorie (etwa der Substanz) bezogen. Ich bin deshalb in diesem Fall kein Erkenntnisobjekt (Erscheinung). Dies ist eine wichtige Voraussetzung für den praktischen Gebrauch des Denkens. 2) Das *Ich denke*, das die Existenz des Denkenden einschließt, ist mehr als die bloße Funktion des Denkens, nämlich bereits ein bestimmtes Subjekt, ein Subjekt-Objekt. Dazu ist der *innere Sinn* nötig, der das Objekt durch die Anschauung als Erscheinung möglich macht. Dann aber ist in dem Ich nicht nur die reine Spontaneität gegeben, sondern auch die Rezeptivität der Anschauung. „Das Denken meiner selbst [wird; W.E.] auf die empirische Anschauung ebendesselben Subjekts angewandt" (*KrV* B430). In der empirischen Anschauung soll „das denkende Selbst die Bedingungen des Gebrauchs seiner logischen Funktionen zu Kategorien [...] suchen, um sich als Objekt an sich selbst" seinem Dasein nach zu bestimmen (*KrV* B430). Mit anderen Worten: Es soll sich als Noumenon *erkennen*. Aber das ist aus den dargelegten Gründen nicht möglich, da die innere Anschauung sinnlich und empirisch, daher nur tauglich zur Erscheinung ist (siehe *KrV* B 430). Obwohl nun die Erfahrungseignung der Ichbestimmung negiert wird, ist der halbe Weg dahin eine notwendige Voraussetzung der Bestimmbarkeit des Ich durch das moralische Gesetz. Denn dazu muss die freie Existenz als Spontaneität und Selbstbestimmung des Ich (ohne Rücksicht auf die Bedingung der empirischen inneren Anschauung) gesetzt werden können. Eine theoretische Erkenntnis des eigenen Selbst bleibt freilich dadurch nach wie vor ausgeschlossen, und die Psychologie kann von dieser sich neu eröffnenden praktischen Selbsterkenntnis eigentlich nicht profitieren.

3 Fazit

Ziel dieses Beitrages war es, mittels impliziter und expliziter Bezüge auf metaphysische Grundannahmen von Leibniz und deren Analyse Spuren der kantischen Apperzeptionslehre bei Leibniz ausfindig zu machen, zu interpretieren und zu unterscheiden. Es haben sich bei diesen Betrachtungen Ähnlichkeiten (z. B. hinsichtlich der notwendigen Begleitfunktion des Bewusstseins), aber auch grundsätzliche Differenzen ergeben. Das Hauptmerkmal des Unterschieds beider Apperzeptionstheorien besteht darin, dass Kant eine *ursprünglich synthetische Einheit der reinen Apperzeption* einführt, die einen Begriff vom *Ich* bzw. vom reinen Selbstbewusstsein generiert, der in seiner Abstraktion über den Begriff des Ich-Bewusstseins bei Leibniz hinausgeht. Dieser ursprünglich synthetischen Einheit liegt die ursprüngliche Trennung zwischen Anschauungsmannigfaltigkeit und Verstandeseinheit zugrunde, die es in der leibnizschen Metaphysik nicht gibt. Gleichwohl sind beide Konzeptionen aus unterschiedlichen Gründen problematisch (in sich fragwürdig). Die Spontaneität der Bewusstseinshandlungen, die es sowohl bei Kant als auch bei Leibniz gibt, lässt sich in ihrer spezifischen Bedeutungsdifferenz nur adäquat erfassen, wenn man, wie in diesem Beitrag geschehen, allen scheinbaren Übereinstimmungen zuwider, den grundlegenden Unterschied in Art und Funktion der jeweiligen Verstandeshandlung (Apperzeption) herausarbeitet.

Bibliographie

Ameriks, Karl, 1998, "The Paralogisms of Pure Reason in the First Edition (A338/B396–A347/B406: A348–380)", in: Georg Mohr und Marcus Willaschek (Hrsg.), *Immanuel Kant. Kritik der reinen Vernunft*, Berlin: Akademie, 371–390.

Bayerer, Wolfgang Georg, 1992, *Eine Vorarbeit Kants zum "Streit der Fakultäten" (Abschnitt III: "Von der Macht des Gemüths, durch den bloßen Vorsatz seiner krankhaften Gefühle Meister zu sein") nebst Notizen für seine Stellungnahme zu J. S. Becks "Standpunktlehre"*. Diss. Gießen.

Euler, Werner, 2001, "Substanz, Organismus, Leben. Das ‚Neue' im ‚Neuen System der Natur' von Leibniz", in: Hans Poser (Hrsg.), *Nihil sine ratione. Mensch, Natur und Technik im Wirken von G. W. Leibniz* (VII. Internationaler Leibniz-Kongreß, Berlin, 10.–14. Sept. 2001), Vorträge 1. Teil, Berlin: bei den Autoren, 370–377.

Hegel, Georg Wilhelm Friedrich, 1975, *Wissenschaft der Logik*, Zweiter Teil, Drittes Buch, hrsg. von Georg Lasson, Hamburg: Meiner.

Hegel, Georg Wilhelm Friedrich, 1981 [1816], *Wissenschaft der Logik. Zweiter Band. Die subjektive Logik*, in: G. W. F. Hegel, *Gesammelte Werke*, Bd 12, hrsg. von Friedrich Hogemann und Walter Jaeschke, Hamburg: Meiner.

Kaehler, Klaus Erich, 1979, *Leibniz – der methodische Zwiespalt der Metaphysik der Substanz*, Hamburg: Meiner.

Klemme, Heiner F., 1996, *Kants Philosophie des Subjekts. Systematische und entwicklungsgeschichtliche Untersuchungen zum Verhältnis von Selbstbewußtsein und Selbsterkenntnis*, Hamburg: Meiner.

Kulstad, Mark, 1991, *Leibniz on Apperception, Consciousness, and Reflection*, München: Philosophia.

Leibniz, Gottfried Wilhelm, 1875–1890, *Die philosophischen Schriften von Gottfried Wilhelm Leibniz*, 7 Bände, hrsg. von Carl Immanuel Gerhardt, Berlin, Nachdruck Hildesheim: Olms 1961–1962 u. ö.

Leibniz, Gottfried Wilhelm, 1985–1992, *Philosophische Schriften*, zweisprachige Ausgabe, 5 Bände, hrsg. und übers. von Hans Heinz Holz, Darmstadt: WBG (unter demselben Titel und Herausgeber auch als Suhrkamp-Tb. erschienen, Frankfurt a. M. 1996).

Leibniz, Gottfried Wilhelm, 1985 [1686], "Discours de Métaphysique / Metaphysische Abhandlung", in: *Philosophische Schriften I*, Darmstadt: Wissenschaftliche Buchgesellschaft, 49–172.

Leibniz, Gottfried Wilhelm, 1985 [1694], "Über die Verbesserung der Ersten Philosophie und über den Begriff der Substanz", in: *Philosophische Schriften I*, Darmstadt: Wissenschaftliche Buchgesellschaft, 194–201.

Leibniz, Gottfried Wilhelm, 1985 [1695], "Neues System der Natur und des Verkehrs der Substanzen sowie der Verbindung, die es zwischen Seele und Körper gibt", in: *Philosophische Schriften I*, Darmstadt: Wissenschaftliche Buchgesellschaft, 200–227.

Leibniz, Gottfried Wilhelm, 1985 [1696a], "Erläuterung des neuen Systems des Verkehrs der Substanzen als Antwort auf das, was darüber im ‚Journal' vom 12. September 1695 gesagt wurde", in: *Philosophische Schriften I*, Darmstadt: Wissenschaftliche Buchgesellschaft, 226–237.

Leibniz, Gottfried Wilhelm, 1985 [1696b], „Erläuterung zu den Schwierigkeiten, die Bayle in dem Neuen System der Vereinigung der Seele und des Körpers gefunden hat", in: *Philosophische Schriften I*, Darmstadt: Wissenschaftliche Buchgesellschaft, 252–271.
Leibniz, Gottfried Wilhelm, 1985 [1696c], „Zusatz zu der Erklärung des Neuen Systems das die Vereinigung der Seele und des Körpers betrifft – anlässlich eines Buches unter dem Titel ‚Selbsterkenntnis' nach Paris gesandt", in: *Philosophische Schriften I*, Darmstadt: Wissenschaftliche Buchgesellschaft, 270–319.
Leibniz, Gottfried Wilhelm, 1985 [1705], *Neue Abhandlungen über den menschlichen Verstand*, in: *Philosophische Schriften III/1–2*, Darmstadt: Wissenschaftliche Buchgesellschaft.
Leibniz, Gottfried Wilhelm, 1985 [1710], *Die Theodizee. Von der Güte Gottes, der Freiheit des Menschen und dem Ursprung des Übels*, in: *Philosophische Schriften II/1–2*, Darmstadt: Wissenschaftliche Buchgesellschaft.
Leibniz, Gottfried Wilhelm, 1985 [1714a], „Die Prinzipien der Philosophie oder die Monadologie", in: *Philosophische Schriften I*, Darmstadt: Wissenschaftliche Buchgesellschaft, 438–483.
Leibniz, Gottfried Wilhelm, 1985 [1714b], „In der Vernunft begründete Prinzipien der Natur und Gnade", in: *Philosophische Schriften I*, Darmstadt: Wissenschaftliche Buchgesellschaft, 415–439.
Liske, Michael-Thomas, 2000, *Gottfried Wilhelm Leibniz*, München: C.H. Beck.
Locke, John, 1975, *An Essay concerning Human Understanding*, ed. by Peter H. Nidditch, Oxford: Oxford University Press.
Moretto, Antonio, 1999, *Dottrina delle Grandezze e Filosofia Transcendentale in Kant*, Padua: Il Poligrafo.
Pelletier, Arnaud, 2017, „Attention et Aperception selon Leibniz: Aspects cognitifs e étiques", *Les Études philosophiques*, 171(1), 103–118.
Schüßler, Werner, 1994, „Leibniz' Begriff der Apperzeption im Rahmen der Standpunktproblematik", *Archiv für Geschichte der Philosophie*, 76(2), 210–219.
Sturma, Dieter, 1998, „Die Paralogismen der reinen Vernunft in der zweiten Auflage (B406–432; A381–405)", in: Georg Mohr und Marcus Willaschek (Hrsg.), *Immanuel Kant. Kritik der reinen Vernunft*, Berlin: Akademie, 391–411.
Thiel, Udo, 1994, „Leibniz and the Concept of Apperception", *Archiv für Geschichte der Philosophie*, 76(2), 195–209.
Willaschek, Marcus, 1998, „Phaenomena/Noumena und die Amphibolie der Reflexionsbegriffe (A235/B294–A292/B349)", in: Georg Mohr und Marcus Willaschek (Hrsg.), *Immanuel Kant. Kritik der reinen Vernunft*, Berlin: Akademie, 325–351.
Wolff, Christian, 1983 [1720], *Vernünfftige Gedancken von Gott, der Welt und der Seele des Menschen, auch allen Dingen überhaupt, Den Liebhabern der Wahrheit mitgetheilet* [*Deutsche Metaphysik*]. Neue vermehrte Auflage Halle 1751. In: Christian Wolff, *Gesammelte Werke*, hrsg. und bearb. von J. École u. a., I. Abt., Band 2. Mit einer Einleitung und einem kritischen Apparat von Charles A. Corr. Hildesheim-Zürich-New York: Olms.
Wolff, Michael, 1986, „Der Satz vom Grund, oder: Was ist philosophische Argumentation?", *Neue Hefte für Philosophie 26.*, 89–114.

Gualtiero Lorini
Bewusstsein und innerer Sinn bei Baumgarten: Ein Beitrag zu Kants Begriff der Apperzeption?

Abstract: A.G. Baumgarten is usually studied either as the founder of modern aesthetics or as the author of the *Metaphysica*, the text used by Kant for his lectures on metaphysics. However, the latter point deserves special attention since Baumgarten's influence on Kant – both positive and negative – on some key-concepts like that of apperception is particularly relevant. Indeed, although apperception is addressed only marginally in the *Metaphysica*, it is presupposed by the identification of consciousness with inner sense (§535). Conversely, apperception is explicitly addressed in the *Acroasis logica* (1761), which is useful for tracing the origin of Baumgarten's positions in the *Metaphysica*. In the light of these premises, this essay first investigates Baumgarten's approach to the concept of apperception. By analyzing the role played by the „inner sense" in this context, we will then attempt to show whether, how and to what extent Baumgarten's position may have influenced Kant's critical account of apperception.

1 Einführung

In einem Aufsatz über die kantischen Quellen des Begriffs „Bewusstsein" verwendet H. Hohenegger ein eindrucksvolles Bild. Wenn wir alle möglichen Zweige der konzeptuellen Geschichte, die mit dem „Bewusstsein" oder dem „inneren Sinn" verbunden sind, individuell verfolgen wollten – erläutert er –, würde das resultierende Bild den von Eschers richtungslosen und paradoxen Gravierungen ähneln, in denen nur lokal eine kohärente Bedeutung gefunden werden kann (Hohenegger 2013: 152).[1]

Dies deutet darauf hin, dass man, um die im Titel gestellte Frage angemessen beantworten zu können, eine weitere, noch ursprünglichere Frage stellen muss, nämlich: Welche Art von Quelle im komplexen Blickfeld der kantischen Quellen

---

Danksagung: Der Autor ist Frau Liselotte Rutishauser für die sorgfältige sprachliche Überprüfung des Texts sehr dankbar.

[1] Für eine Vertiefung des dieser Betrachtung unterliegenden begriffsgeschichtlichen Rahmens ist Hohenegger 2013: 149–152 sehr wertvoll.

zu den untersuchten Themen ist Baumgarten für Kant? Oder mit anderen Worten: Wie liest Kant Baumgarten in Bezug auf die untersuchten Themen? Als objektiver Ausgangspunkt solch einer Untersuchung kann die Tatsache geltend gemacht werden, dass Kant während seiner gesamten akademischen Karriere Baumgartens *Metaphysica* als Handbuch für seine Vorlesungen über Metaphysik und dann auch über Anthropologie verwendete. Dies lässt uns Baumgarten als einen privilegierten Autor im Rahmen des kantischen Dialogs mit der vorherigen Tradition denken, wobei dies insbesondere in Bezug auf das Verhältnis zwischen Bewusstsein und innerem Sinn gilt. Baumgarten bietet tatsächlich eine für den jungen Kant bedeutungsvolle Feststellung, nicht nur hinsichtlich des Verhältnisses zwischen Bewusstsein und innerem Sinn, sondern auch zwischen innerem und äußerem Sinn, an, wie anhand einer kurzen Rekonstruktion aufgezeigt werden soll.

In *An Essay concerning Human Understanding* definiert Locke den *internal sense* als *reflection*, d. h. als „*that notice which the Mind takes of its own Operations*" (Locke, *Essay*, II.i.4: 105). Locke benutzt jedoch den Ausdruck „*internal sense*" nur selten, denn die Annäherung des Terminus „Sinn", den er mit der äußeren Dimension assoziiert,[2] an das Adjektiv „innerer" scheint ihm etwas unangebracht. Dies soll im Rahmen von Lockes Forderung, jede Form von unbewussten Gedanken abzulehnen, interpretiert werden. Er beurteilt solche Gedanken für die Feststellung der persönlichen Identität als sehr gefährlich.[3] In diesem Zusammenhang definiert Locke den „wirklichen" Sinn als *sensation:* Hier handelt es sich um den Sinn, mit dem oder durch den wir die äußeren Objekte wahrnehmen. Neben der durch die *sensation* bezeichneten Sinnes-Wahrnehmung nimmt Locke eine zweite Quelle kognitiver Daten an, die er mit der Selbst-Wahrnehmung identifiziert und die er als *reflection* bezeichnet. Das erlaubt es ihm, die Reflexivität des inneren Sinnes von der Unmittelbarkeit des Bewusstseins zu differenzieren, sodass er behaupten kann: „*thinking consists in being conscious that one thinks*" (Locke, *Essay*, II.i.19: 115).[4]

In dem mit den *Nouveaux Essais* verbundenen *Échantillon de Réflexions sur le II. Livre* scheint Leibniz Lockes Unterscheidung zwischen innerem und äußerem

---

2 Siehe: Locke, *Essay*, II.i.4: 105: „*This source of* Ideas [„Perception, Thinking, Doubting, Believing, Reasoning, Knowing, Willing, *and all the different actings of our own Minds*"] *every Man has wholly in himself: And though it be not Sense, as having nothing to do with external Objects; yet it is very like it, and might properly enough be call'd internal Sense*". Lockes *Essay* wird unter Angabe des Buches, Kapitels, der Seite und des Paragraphen zitiert nach der von P. H. Nidditch herausgegebenen Ausgabe (Locke 1975).
3 Siehe dazu, z. B.: Locke, *Essay*, II.i.19: 119.
4 Siehe dazu auch: Thiel 2006: 288 und Thiel 2011: 109 f.

Sinn zu akzeptieren, aber er präzisiert, dass sich die *reflection* nicht auf die Verstandestätigkeiten beschränkt:

> Il est tres vray que nos perceptions des idées viennent ou des sens exterieurs ou du sens interne qu'on peut appeler reflexion; mais cette reflexion ne se borne pas aux seules operations de l'esprit, [...] elle va jusqu'à l'esprit luy même, et c'est en s'appercevant de luy, que nous nous appercevons de la substance. (Leibniz, *Échantillon de Réflexions sur le II. Livre*, in: Leibniz 1875–1890, 5: 23).[5]

Die *reflection* erreicht also den Geist selbst, und insofern als wir uns des Geistes bewusst werden, werden wir uns (als Erkenntnis-Subjekte) der Substanz bewusst. Wie zu Recht bemerkt worden ist, gilt für Leibniz, unabhängig von seinem Vergleich mit Locke, der innere Sinn immer noch traditionell als der aristotelische *sensus communis*. Die Ideen, die mehrere äußere Sinne in sich bergen, können auf diese Weise als klare und deutliche in einem „*sens commun et intern*" vereint werden (siehe Hohenegger 2013: 150).[6]

Abgesehen von diesen spezifischen Stellen jedoch ist Leibniz' Uneinigkeit mit Locke bezüglich der Außen-Innen-Opposition viel tiefer verwurzelt: Wie aus den *Principes de la Nature et de la Grace* besonders deutlich hervorgeht, dient solch eine Opposition der Unterscheidung von *perception* und *apperception*. Die erste heißt „l'état intérieur de la Monade représentant les choses externes", während die zweite „la Conscience, ou la connaissance réflexive de cet état intérieur" lautet.[7] Man sieht also, wie die rationalistische Perspektive sich auf eine weitere Differenzierung der inneren Dimension des Bewusstseins konzentriert, um die Möglichkeit unbewusster Gedanken oder Vorstellungen zu gewährleisten.

Dies wird besonders deutlich bei Wolff, der in seiner lateinischen *Logik* den relativ isolierten und noch festzusetzenden Ausdruck *sensus internus* verwendet:

---

5 „Es ist sehr wahr, dass unsere Wahrnehmungen von Ideen entweder von den äußeren Sinnen oder von dem inneren Sinn, den man Reflexion nennen kann, stammen; aber diese Reflexion beschränkt sich nicht auf die Operationen des Geistes allein, [...] sie reicht bis zum Geist selbst, und indem wir uns seiner bewusst werden, werden wir uns der Substanz bewusst" (meine Übersetzung).
6 Siehe: Leibniz an Sophie Charlotte, Mai 1702, in: Leibniz 1875–1890, 6: 493, 501. Siehe auch die damit verbundene Abhandlung *Sur ce qui passe les sens et la matiere*, wo Leibniz ausdrücklich das *Moy* dem inneren Sinn gleichsetzt: Leibniz 1875–1890, 6: 489: „Cette conception de l'estre et de la verité se trouve donc dans ce Moy ou dans le sens interne, plustost que dans les sens externes". Siehe auch: Ritter, Gründer und Gabriel 1971–2004, 9: 850. Für eine neuere Rekonstruktion der Geschichte des Begriffs von „innerem Sinn" von Wolff bis zu seiner Einführung in Deutschland durch Wolff, Baumgarten, Tetens und Crusius siehe: Grandjean 2014; Bardout 2014.
7 G. W. Leibniz, *Principes de la Nature et de la Grace*, in: Leibniz 1875–1890, 6: 600. Siehe auch: Dessoir ²1902: 41.

> Mens etiam sibi conscia est eorum, quae in ipsa contingunt, si non omnium saltem quorundam, atque sic veluti se ipsam percipit sensu quodam interno. (Wolff, *Philosophia rationalis*, §31)[8]

2 Baumgarten: Innerer Sinn und Apperzeption

Ein weiter entscheidender Beitrag zur sowohl konzeptuellen als auch terminologischen Unterscheidung zwischen innerem Sinn und äußerem Sinn stammt von Baumgarten, der das Bewusstsein in engerer Bedeutung ausdrücklich mit dem inneren Sinn identifiziert:

> Habeo facultatem sentiendi (§534, 216) i. e. SENSUM. SENSUS repraesentat vel statum animae meae, INTERNUS, vel statum corporis mei, EXTERNUS. Hinc SENSATIO est vel INTERNA per sensum internum (conscientia strictius dicta), vel EXTERNA, sensu externo actuata. (Baumgarten, *Metaphysica*, 15: 13, §535)[9]

Das liefert uns bereits einen ersten Anhaltspunkt, der uns erlaubt festzustellen, dass Kant, als er in den 50er Jahren das Bewusstsein und den inneren Sinn identifiziert, eher Baumgarten als Locke folgt (siehe Hohenegger 2013: 151):

> Das Bewust seyn ist *sensus internus. Conscientia logica distingvitur a conscientia morali.* Die Heyden nannten diese religion. *animalia habent sensum externum, non internum.* (*Refl* 1680 16: 80, datiert 1755–1756)

Nun wissen wir jedoch, dass das reife kantische Denken zu einem Verständnis von transzendentaler Apperzeption und innerem Sinn führt, das eine strenge Unterscheidung beider voneinander voraussetzt. Um das effektive Ausmaß eines möglichen Einflusses von Baumgarten auf die kantische Bestimmung dieses Verhältnisses beurteilen zu können, muss man sich fragen, ob bei Baumgarten ein

---

[8] „Der Geist ist sich auch dessen bewusst, was in ihm geschieht, wenn nicht aller Dinge, so doch zumindest einiger Dinge, das heißt, es ist, als ob er sich selbst mit einem irgendwie inneren Sinn wahrnehmen würde" (meine Übersetzung).

[9] Siehe Baumgarten 2011: 285: „Ich habe das Vermögen zu empfinden (§534, 216), d. h. den SINN. Der Sinn stellt entweder einen Zustand meiner Seele vor – der INNERE SINN – oder den Zustand meines Körpers – EIN ÄUSSERER SINN (§508). Folglich ist die EMPFINDUNG entweder eine INNERE durch den inneren Sinn (das Bewußtsein in engerer Bedeutung) oder eine ÄUSSERE, die durch einen äußeren Sinn verwirklicht wird (§534)". Baumgartens *Metaphysica* wird unter Angabe des Paragraphen und der Seite in der Akademie-Ausgabe von Kants *Schriften* zitiert. In den Fußnoten wird die deutsche Übersetzung in der von G. Gawlick und L. Kreimendahl herausgegebenen Edition verwendet.

Begriff von Apperzeption zu finden ist. Des Weiteren ist zu ermitteln, welche Rolle der Begriff in seiner Theorie des Selbstbewusstseins spielt.

In der *Metaphysica* liefert Baumgarten keine Definition des Begriffs der Apperzeption, sondern er verwendet ihn mit einer nicht technisch konnotierten Bedeutung, einer Bedeutung, die mit Kants kritischer Auffassung dieses Begriffes gar nichts zu tun hat. Tatsächlich gebraucht Baumgarten das Wort entweder als Synonym von „Wahrnehmung" oder von „Bemerken":

> *Quam ob causam debiliorem obscurat fortior perceptio diversa* (§529), *ob eandem debiliores diversae fortiorem illustrant* (§531). *Hinc debiliori alicuius obiecti perceptioni succedens clara fortior diversa eo ipso, quod nova est, in campo clararum perceptionum, magis appercipitur* (§529). (Baumgarten, *Metaphysica*, 15: 16, §549)[10]

> *Habitus plura appercipiendi est* ATTENTIONIS EXTENSIO, *admodum clarius clarioribus etiam quaedam appercipiendi habitus est* ATTENTIONIS INTENSIO. (Baumgarten, *Metaphysica*, 15: 35, §628)[11]

---

10 Siehe Baumgarten 2011: 291: „Aus demselben Grund, aus dem eine verschiedenartige stärkere Vorstellung [*perceptio*] eine schwächere verdunkelt (§529), hellen verschiedenartige schwächere eine stärkere auf (§531). Folglich wird eine verschiedenartige klare und stärkere Vorstellung [*perceptioni*], die auf die schwächere irgendeines Gegenstands folgt, eben deshalb, weil sie neu ist, im Feld der klaren Vorstellungen [*perceptionum*] eher wahrgenommen (§529)". In diesem Zusammenhang muss erwähnt werden, dass sich Baumgarten, wenn er in der *Metaphysica* von *perceptio* im technischen Sinne spricht, auf das entsprechende deutsche Wort „Vorstellung" bezieht. In diesem Sinne siehe auch die Hinweise auf die deutschen Fachwörter, die Baumgarten am Ende der Absätze der *Metaphysica* als Entsprechungen der im Haupttext verwendeten lateinischen Begriffe einfügt. In den §§512, 521 entspricht „Vorstellung" dem Terminus *repraesentatio*, aber in den §§514, 516, 517, 525, 530, 531 entspricht „Vorstellung" der *Perceptio* („Wahrnehmung"). Obwohl wir im Haupttext bereits den Originaltext zitieren und die deutsche Übersetzung der *Metaphysica* in den Fußnoten geliefert wird, wiederholen wir neben den entsprechenden Okkurrenzen des Wortes in eckigen Klammern das lateinische, von Baumgarten verwendete Wort, da die deutschen Übersetzer bei den zitierten Stellen der Entsprechung *perceptio/Vorstellung* folgen. Um mit diesem Begriff und Kants späterer Auffassung der „Vorstellung" keine Verwirrung zu stiften, werden wir dafür im Folgenden stets „Wahrnehmung" verwenden. Es ist aber wichtig, diesen Aspekt nicht zu vernachlässigen, denn einige Interpreten vermuten, dass es besser wäre, *perceptio* immer mit „Vorstellung" zu übersetzen (siehe z. B. Rumore 2011: 188, die aber dieser Übersetzungs-Auswahl keine entscheidende Rolle zumisst). Der Kernpunkt dieser Debatte besteht wahrscheinlich darin, dass Baumgarten keine endgültige Bestimmung dieser Unterscheidung empfiehlt, wie aus §510 hervorgeht: „Quaedam distincte, quaedam confuse cogito. Confuse aliquid cogitans eius notas non distinguit, *repraesentat* tamen, *seu percipit*" (Hervorhebung G. L.); siehe z. B. auch *Acroasis logica*, §3.

11 Siehe Baumgarten 2011: 333: „Die Fertigkeit, mehr zu bemerken, ist die ERWEITERUNG DER AUFMERKSAMKEIT, die Fertigkeit, einiges beträchtlich klarer als ziemlich Klares zu bemerken, ist die ANSPANNUNG DER AUFMERKSAMKEIT".

Es gibt aber auch zwei Stellen, an denen Baumgarten eine spezifischere Bestimmung dieses Begriffs zu skizzieren versucht:

> CERTITUDO OBIECTIVA (cf. §531) *est apperceptibilitas veritatis in ente. Iam omnis entis veritas est clare cognoscibilis* (§90, 8). *Ergo* omne ens est obiective certum. (Baumgarten, *Metaphysica*, 17: 46, §93)[12]

> *Quod tantum symbolice appercipio, si vel maxime symbolice mihi eius conscius sim, ut boni, vel mali, non clare intueor tamen, ut tale* (§620), *hinc nec placet, nec displicet mihi, sed est indifferens* (§651), *quatenus observatur.* (Baumgarten, *Metaphysica*, 15: 40, §652)[13]

In der ersten Auflage des Textes von 1739 fehlt jedoch an diesen beiden Stellen der Bezug auf die Apperzeption: In §93 steht „cognoscibilitas" statt „apperceptibilitas" und in §652 „cognosco" statt „appercipio": Es handelt sich also eher um einen generischen Bezug auf die Erkenntnis als um einen direkten Vergleich mit der Rolle des Selbstbewusstseins in diesem kognitiven Vorgang.

Zwar führt Baumgarten den Begriff Apperzeption relativ früh in seine *Metaphysica* ein, beginnend mit der zweiten Auflage von 1743, im Rahmen dieses Texts stellt er allerdings weiterhin eine generische Referenz auf die menschliche Erkenntnis dar.

Eine explizite Definition der Apperzeption vonseiten Baumgartens findet sich lediglich in der *Acroasis logica* von 1761, ein Text, der Kant bekannt war und von dem er eine Kopie besaß:

> *Quae ab aliis distinguimus, ea APPERCIPIMUS, eorum nobis sumus conscii. Perceptio appercepta est COGITATIO.* (Baumgarten, *Acroasis logica*, §15)

Baumgarten fasst die *cogitatio* als die apperzipierte Wahrnehmung auf, in der *Acroasis* hingegen gibt es keine Spur irgendeiner Relation zwischen solch einer Apperzeption und dem inneren Sinn. Trotzdem entsprechen sowohl die in der *Metaphysica* erörterte Auffassung des inneren Sinnes (*conscientia strictius dicta*) als auch die in der *Acroasis* eingeführte Definition der Apperzeption dem rationalistischen Schema. Es handelt sich um ein Schema, nach dem die Kontinuität zwischen dem inneren Sinn und dem äußeren Sinn wesentlich ist, um die Einheit

---

12 Siehe Baumgarten 2011: 87: „OBJEKTIVE GEWISSHEIT (vgl. §531) ist die Begreiflichkeit der Wahrheit im Ding. Nun ist die Wahrheit jedes Dinges klar erkennbar (§90, 8). Also *ist jedes Ding objektiv gewiß*".
13 Siehe Baumgarten 2011: 345: „Was ich nur symbolisch erkenne, wenn ich mich seiner auch symbolisch als gut oder schlecht höchst bewußt bin, erkenne ich anschauend dennoch nicht klar als solches (§620), folglich gefällt es mir weder noch mißfällt es mir, sondern ist mir, soweit ersichtlich, gleichgültig (§651)".

der Seele als Substanz sowie die Möglichkeit unbewusster Gedanken zu gewährleisten.

Mit Ausnahme einiger Schwankungen in den 60er Jahren bildet ein solch rationalistisches Schema bis Ende der 70er Jahre auch Kants theoretischen Horizont. In den Vorlesungen über Metaphysik und Anthropologie dieser Periode, die auf Baumgartens *Metaphysica* basieren, folgt Kant noch dem wolffschen Modell. Das heißt: Die Betrachtung der denkenden Natur des Menschen im Rahmen der rationalen Psychologie ist nur nach der Abstraktion von empirischen Elementen möglich, die im Rahmen der vorherigen breiteren Analyse der empirischen Psychologie gesammelt worden sind.

Im Kapitel über die empirische Psychologie der *Metaphysik L₁*, eine Vorlesung, die Kant vermutlich in den späteren 70er Jahren hielt, heißt es:

> Dieses Ich kann im zweifachen Verstande genommen werden: Ich als Mensch, und Ich als Intelligenz. Ich, als ein Mensch, bin ein Gegenstand des inneren und äußeren Sinnes. Ich als Intelligenz bin ein Gegenstand des innern Sinnes nur. (*Met-L1* 28: 224)[14]

Im Kapitel über die rationale Psychologie derselben Vorlesung unterscheidet Kant das Ich *in sensu latiori* von demjenigen *in sensu stricto* (*Met-L1* 28: 265). Das erste Ich identifiziert sich mit der Vorstellung des Ichs, das der Mensch von sich selbst hat, insofern er auch Veränderungen des Körpers unterworfen ist, die durch äußere Gegenstände verursacht werden. Es handelt sich insofern um eine Vorstellung der Seele, wie sie „vom Körper determiniert" wird und mit ihm „im *Commercio*" steht (*Met-L1* 28: 225).[15] Im Gegensatz dazu bin „Ich als Intelligenz ein Wesen, das denkt", und solch eine Intelligenz, d. h. das Ich *in sensu stricto*, kann als eine raffinierte Version dessen gelten, was Kant 1775 in den *Vorlesungen über Anthropologie-Friedländer* behauptet hatte: „Jeder Mensch als Person oder als Intelligenz vermöge des Ichs bezieht alle Gedancken auf sich" (*V-Anth/Friedländer* 25: 476).[16] Daher deckt sich 1778 die Intelligenz mit dem Bewusstsein des Selbst oder des Subjekts, auf das sich alle unsere Vorstellungen beziehen.

---

14 Siehe auch *V-Anth/Collins* 25: 13; *V-Anth/Parow* 25: 245 f.; und *V-Anth/Friedländer* 25: 473 f.
15 Zur psychologischen Betrachtung des Ichs in weiterer Bedeutung siehe *Met-L1* 28: 259: „Wenn wir die Seele des Menschen erwägen, so betrachten wir sie nicht blos als Intelligenz, sondern als Seele des Menschen, wo sie in Verbindung mit dem Körper steht". Siehe auch *Refl* 5461 18: 189: „Ich als das *correlatum* aller äusseren Anschauung bin Mensch. Die äussere Anschauung, worauf sich all übrige an mir beziehen, ist mein Korper. Also muss ich als ein subiect äusserer Anschauungen einen Korper haben".
16 Siehe auch *V-Anth/Pillau* 25: 736: „Das Vermögen eines Geschöpfs sich selbst anzuschauen, und alles in der Schöpfung auf sich zu referieren ist die Persönlichkeit".

Die zweifache Bedeutung des Begriffs des Ichs – als Seele und als Menschen – bezieht sich auf die Behauptung, dass wir eine doppelte Persönlichkeit haben, die von Kant seit der ersten Vorlesung über die Anthropologie (Collins, 1772/73) verteidigt wurde:

> Jeder Mensch hat in sich gleichsam eine doppelte Persönlichkeit, das Ich als Seele, und das Ich als Mensch. (*V-Anth/Collins* 25: 13)[17]

Daher glaubt Kant noch in der *Metaphysik L₁* (Ende der 70er Jahre), dass der Gegenstand der rationalen Psychologie das Ich im engeren Sinne (als Seele) ist, zu dem man nur durch Abstraktion vom Ich im weiteren Sinne (als Mensch) gelangen kann:

> Wenn ich von der Seele rede; so rede ich von dem Ich in sensu stricto. Den Begriff der Seele bekommen wir nur durch das Ich; also durch die innere Anschauung des inneren Sinnes […] In sensu stricto nehme ich das Selbst, sofern ich alles das weglasse, was in sensu latiori zu meinem Selbst gehört. (*Met-L1* 28: 265)

Kants fortschreitende Abwendung von der Identifikation zwischen der Lehre der selbstbewussten Subjektivität und der Seelenlehre deckt sich mit seiner zeitgleichen Emanzipation von derjenigen Tradition, mit deren bemerkenswertesten Elementen er sich vermittelt durch Baumgarten auseinandergesetzt hat.[18]

Wie aber hat Baumgarten jene Transition beeinflusst? Die Punkte, bei denen – obwohl er sich immer noch im Rahmen des Leibniz-Wolffschen Rationalismus befindet – eine gewisse Originalität Baumgartens anzuerkennen ist, sind genau diejenigen, anhand derer Kant die methodologischen Voraussetzungen für den totalen Bruch mit dieser Tradition ausarbeitet: der Wert der sinnlichen Dimension im Rahmen des kognitiven Verfahrens und die damit verbundene Ergründung der Möglichkeit (oder Unmöglichkeit) irgendeines individuellen empirischen Zugangs

---

17 Siehe auch *V-Anth/Parow* 25: 246 und *V-Anth/Friedländer* 25: 475–476. Die Version dieser Behauptung in den Vorlesungen über Anthropologie stammt vielleicht teilweise von Kants früheren Schriften, insofern er sich auf Swedenborg bezieht (siehe: *TG* 2: 337–338). Vgl. *V-Anth/Pillau* 25: 736.
18 Es ist hier weder notwendig noch möglich, sich auf die manchmal sogar kontroversen Stellen der zweiten Hälfte der 70er Jahre zu fokussieren, in denen Kants kritische Auffassung der selbstbewussten Subjektivität reift (man denke z. B. an die manchmal schwankenden Hinweise, die man aus dem Vergleich zwischen den Vorlesungen und dem duisburgischen Nachlass gewinnen könnte). Es ist aber zweifellos so, dass Kant gerade in diesen Jahren ein endgültiges *redde rationem* gegenüber der rationalistischen Tradition über den Status der Subjektivität ausführt.

zur reinen Subjektivität. Es ist daher angebracht, kurz auf diese Punkte in Baumgartens Denken einzugehen.

3 Baumgarten im Vergleich zur wolffschen Tradition

In seiner *Antrittsvorlesung* (1740) kündigt Baumgarten an, dass er „bey sich äussernder Gelegenheit auch kein Bedencken tragen" werde, „allgemeine Gesetze der Aesthetik, Rhetorik, Poetik und Hermenevtik zu erklären" (Baumgarten, *Beyfall* 1740: 36, Anm., §11). Die relevanten Veränderungen zwischen der ersten und der zweiten Auflage der *Metaphysica* bestätigen diese Tendenz, da sie zumeist die empirische Psychologie – und darin die *Facultas cognoscitiva inferior* – betreffen. In der zweiten Version dieses Abschnitts koppelt Baumgarten eine bestimmte Logik an jede Kraft des unteren Erkenntnisvermögens[19] – und bereitet damit eine Art Propädeutik für die *Ästhetik* (1750–58) vor. Mit H. Adlers Worten ist Baumgartens Ästhetik eine Wissenschaft „der klaren und verworrenen Erkenntnis, an der [...] die dunkle ihren Anteil hat" (Adler 1998: 206).

Das macht es notwendig, Baumgartens Auffassung von Klarheit und Dunkelheit zu vertiefen. Baumgartens Auffassung von Klarheit ist dynamischer als die wolffsche, denn jede Wahrnehmung – die intensive ebenso wie die extensive – ist mit einer Kraft belegt, die sich in verschiedener Art und Weise auf andere Wahrnehmungen auswirkt:

> *Pone duas cogitationes claras notarum aequaliter clararum, quarum tres sint in una, sex sint in altera: posterior erit clarior* (§528). *Ergo multitudine notarum augetur claritas* (§162). *CLARITAS claritate notarum maior INTENSIVE, multitudine notarum EXTENSIVE MAIOR dici potest.* (Baumgarten, *Metaphysica*, 15: 12, §531)[20]

---

[19] Siehe z. B. „AESTHETICA PERSPICACIAE" (*Metaphysica*, §575), „ARS MNEMONICA" (*Metaphysica*, §587), „AESTHETICA MYTHICA" (*Metaphysica*, §592), „AESTHETICA CRITICA" (*Metaphysica*, §607), „MANTICA" (*Metaphysica*, §§604, 610), „AESTHETICA CHARACTERISTICA" (*Metaphysica*, §622).
[20] Siehe Baumgarten 2011: 281–283: „Man setze zwei klare Gedanken mit gleichermaßen klaren Merkmalen, drei in dem einen, sechs in dem anderen, so wird letzterer klarer sein (§528). Also wird die Klarheit durch die Menge der Merkmale vermehrt (§162). Größere KLARHEIT aufgrund der Klarheit der Merkmale kann INTENSIV, aufgrund der Menge der Merkmale EXTENSIV GRÖSSER heißen".

Wenn wir die Erweiterung einer Wahrnehmung – d. h. den Reichtum ihrer Merkmale (*Notae*) –berücksichtigen, sehen wir, dass es möglich ist, sowohl klare vs. dunkle als auch eindeutige vs. verworrene Wahrnehmungen nebeneinander zu stellen. Eine dunkle und verworrene Wahrnehmung kann nur wegen einer größeren Anzahl von Merkmalen stärker sein als eine klare und eindeutige. Solch eine größere Anzahl von Merkmalen macht in der Tat diese Wahrnehmung *praegnans* aus (siehe Baumgarten, *Metaphysica*, 15: 7f., §517) und *vivida* (siehe Baumgarten, *Metaphysica*, 15: 12, §531) aus, zwei Charakterisierungen, die bei Wolff nicht zu finden sind. Die dunklen Wahrnehmungen des *Fundus animae* sind mit einer lebhafteren Kraft ausgestattet, die ihre Position neben den klaren in einer Art wechselseitiger Bereicherung ermöglicht:[21] „*Tam intensive, quam extensive clarior possunt esse sensitivae (§522, 531), et tunc vividior est perfectior, quam minus vivida (§531, 185). Potest vividior intensive clariore ipsaque distincta perceptione fortior esse (§517, 531)*" (Baumgarten, *Metaphysica*, 15: 13, §532).[22]

Zweifellos verdankt Baumgarten seinen Ausgangspunkt Leibniz und Wolff. Er übernimmt von diesen Autoren die Bestimmung der Klarheit als entweder intensiv oder extensiv. Im Einklang mit Wolff akzeptiert er auch die allgemeine Einteilung der Seelenkräfte in obere oder untere. Baumgarten behauptet jedoch, dass die Gradunterscheidungen der Wahrnehmungen (Grade von Klarheit, Deutlichkeit oder Angemessenheit) nicht ausreichen, um einen qualitativen Unterschied der daraus resultierenden Erkenntnisse nachzuweisen.

Die Natur einer Erkenntnis kann nur durch eine rationale Analyse dingfest gemacht werden, die die Perzeptionsmodalitäten der darunterliegenden mehr oder weniger klaren und deutlichen Wahrnehmungen erklärt. In diesem Sinne ist Baumgartens Unterscheidung zwischen intuitiver und symbolischer Erkenntnis paradigmatisch, denn Baumgarten stellt diese zwei Erkenntnisarten nicht etwa einander gegenüber, sondern betrachtet sie als zwei Seiten des einzigen *nexus significativus*:

> *Si signum et signatum percipiendo coniungitur, et maior est signi, quam signati perceptio, COGNITIO talis SYMBOLICA dicitur, si maior signati repraesentatio, quam signi, COGNITIO erit INTUITIVA (intuitus). In utraque cognitione facultatis characteristicae haec est lex: Percep-*

---

[21] Siehe Pimpinella 2001: 292–293. Zur weiteren Behandlung des *Fundus animae* bei Baumgarten siehe auch Adler 1990. Auf der Grundlage dieser Themen hat Carboncini (2021: insbesondere 205–207) kürzlich die Originalität von Baumgartens Psychologie innerhalb der „wolffschen Schule" unterstrichen.

[22] Siehe Baumgarten 2011: 283: „Die intensiv wie auch die extensiv klarere Vorstellung können sinnliche Vorstellungen sein (§522, 531), und dann ist die lebhaftere vollkommener als die weniger lebhafte (§531, 185). Die lebhaftere kann stärker als die intensiv klarere und selbst als die deutliche Vorstellung sein (§517, 531)". Hier gibt das Wort *Vorstellung* immer den Terminus *perceptio* wieder.

tionum sociarum una fit medium cognoscendae exsistentiae alterius (§347). (Baumgarten, *Metaphysica*, 15: 32, §620)[23]

Das bedeutet, dass sich Baumgartens Ansatz eher nach der Art und Weise richtet, wie ein Ding erkannt wird, als nach der Definition seines Wesens.[24]

Baumgarten sieht in der Symbolisierung keine Technik zur Beseitigung der mangelnden Deutlichkeit (*Distinctio*) einer Erkenntnis, sondern nur eine andere Art des subjektiven Bezuges auf das Ding. Wie spiegelt sich dies in Baumgartens Auffassung der Subjektivität wider? Um diese Frage zu beantworten, müssen wir uns der Konzeption der Beziehung zwischen empirischer Psychologie und rationaler Psychologie in der Schulmetaphysik zuwenden.

Während Wolffs empirische Psychologie sich auf das konzentriert, was *wir* von der Seele beobachten können, besteht Baumgartens Ausgangspunkt in der individuellen Erfahrung des *Ichs* (als *anima mea*). Es ist kein Zufall, dass die letztere Perspektive genau diejenige ist, die in Kants Vorlesungen zumindest bis zum Ende der 70er Jahre zu spüren ist. Zwar beanspruchen sowohl Wolff als auch Baumgarten, von den empirischen Daten auszugehen, um dann zu einer abstrakteren und formalistischen Begründung dieser Daten in der rationalen Psychologie weiterzuschreiten. Aber trotz der unbestrittenen methodologischen Relevanz, die Wolff den empirischen Daten als Beginn des kognitiven Prozesses zuschreibt, scheint der rationalistische Formalismus in seiner Auffassung der Erfahrung doch irreduzibel zu sein.

Dies wird besonders klar in §193 der *Deutschen Metaphysik*. Hier behauptet Wolff nämlich, dass Bewusstsein und Seele nicht zusammenfallen, da es in der Seele auch etwas geben könnte, das uns nicht sofort bewusst werde, etwas, das wir nicht durch Erfahrung, sondern durch Schlüsse ausfindig machen müssen, aber stets von dem ausgehend, was uns bewusst ist (siehe Wolff, *Deutsche Metaphysik*, §193). Der Vorrang des empirischen Elements ist unbestreitbar, aber es ist ebenso klar, dass auch auf empirischer Ebene die Prinzipien der formalen Logik vorausgesetzt werden.

Auch Baumgarten kann nicht vermeiden, seine Untersuchung auf empirische Beobachtung zu gründen, aber seine Ich-Perspektive in der empirischen Psy-

---

23 Siehe Baumgarten 2011: 327: „Wenn Zeichen und Bezeichnetes in der Vorstellung [*percipiendo*] verbunden werden und die Vorstellung [*perceptio*] des Zeichens grösser ist als die des Bezeichneten, spricht man von SYMBOLISCHER ERKENNTNIS; wenn die Vorstellung [*repraesentatio*] des Bezeichneten grösser ist als die des Zeichens, handelt es sich um ANSCHAUENDE (intuitive) ERKENNTNIS. Bei beiden lautet das Gesetz des Bezeichnungsvermögens: *Von vergesellschaften Vorstellungen [Perceptionum] wird die eine das Mittel, die Existenz der anderen zu erkennen* (§347)".
24 Siehe Barnouw 1995: 37.

chologie zeigt seine tiefere Beschäftigung mit dem erkennenden Subjekt in seiner sinnlichen Erfahrung:

> Si quid in ente est, quod sibi alicuius potest esse conscium, illud est ANIMA. In me exsistit (§55) quod sibi alicuius potest esse conscium (§57). Ergo in me exsistit anima (ego anima exsisto). (Baumgarten, *Metaphysica*, 15: 5, §504)[25]

> Cogito statum meum praesentem. Ergo repraesento statum meum praesentem, i. e. SENTIO. (Baumgarten, *Metaphysica*, 15: 13, §534)[26]

Obwohl Baumgartens Begriff von *Erfahrung* dem wolffschen scheinbar ähnlich ist, zielt er darauf ab, eine Form von Rationalität einzuführen, die von der eigentümlich sinnlichen Erfahrung des einzelnen Ichs herrührt: Darin gründet die oben erwähnte Absicht, eine eigene Logik für die verschiedenen Kräfte des unteren Erkenntnisvermögens zu konzipieren. Während Wolffs Begriff von *Perceptio* immer noch auf der Aufmerksamkeit (*Attentio*) beruht (siehe Wolff, *Psychologia empirica*, 267, §§264 f–265; *Psychologia rationalis*, 372 f., §§23–25), legt Baumgarten seine Behandlung des *Sensus* sofort nach der Erörterung des *unteren Erkenntnisvermögens* fest, deren Höhepunkt sich mit der „*Scientia sensitive cognoscendi et proponendi*", nämlich der Ästhetik als „*ars analogi rationis*", deckt (Baumgarten, *Metaphysica*, 15: 13, §533).

Während Baumgarten sich auf das singuläre empirische Ich beruft, um seinen Begriff der Seele zu definieren, beschäftigt sich Wolff hauptsächlich mit der Beziehung zwischen Seele und Bewusstsein, und er scheint an der Erkenntnis nicht interessiert, die die Seele als ein Singular gewinnen kann. Dies wird in §20 von Wolffs *Psychologia empirica* durch den gleichgültigen Gebrauch der Wörter *Anima* und *Mens* bezeugt, wenn es darum geht, den Gegenstand der empirischen Psychologie zu bezeichnen:

> *Ens istud, quod in nobis sibi sui et aliarum rerum extra nos conscium est*, Anima *dicitur. Vocatur etiam subinde* Anima umana, *item* Mens *vel* Mens umana. (Wolff, *Psychologia empirica*, §20)[27]

---

[25] Siehe Baumgarten 2011: 269: „Wenn in einem Ding etwas ist, das sich irgendeiner Sache bewußt sein kann, ist das eine SEELE. In mir existiert etwas (§55), das sich irgendeiner Sache bewußt sein kann (§57). Also existiert in mir eine Seele (ich existiere als Seele)".
[26] Siehe Baumgarten 2011: 285: „Ich denke meinen gegenwärtigen Zustand. Also stelle ich mir meinen gegenwärtigen Zustand vor, d. h. ICH EMPFINDE".
[27] „Dieses Ding in uns, das sich seiner selbst und anderer Dinge außerhalb von uns bewusst ist, wird *Seele* genannt. Es wird auch oft als *menschliche Seele*, sowie *Geist* oder *menschlicher Geist* benannt" (meine Übersetzung).

Darüber hinaus geht Wolff in seiner *Psychologia rationalis* noch einen Schritt weiter und identifiziert *Mens* und *Intellectus*, denn er spricht von der „Prima intellectus seu mentis operatio" (Wolff, *Psychologia rationalis*, §393).

Baumgarten dagegen benutzt *Mens*, um den Verstand als das *obere Erkenntnisvermögen* zu definieren, das mir als Seele zukommt:

> Anima mea cognoscit quaedam distincte (§522), facultas distincte quid cognoscendi est FA-CULTAS COGNOSCITIVA SUPERIOR (mens), intellectus (§402) mihi conveniens (§216). (Baumgarten, Metaphysica, 15: 34, §624)[28]

Merkwürdig aber ist, dass die Behandlung des *Intellectus* noch im Rahmen der empirischen Psychologie stattfindet.

Zwar kann die Universalität der Vernunft auch auf der sinnlichen Ebene nicht aufgehoben werden. Vielmehr müssen die empirischen Angaben betreffend *meiner* auf die *menschliche Seele überhaupt* verallgemeinert werden. Nur dadurch kann die rationale Psychologie die menschliche Seele als einen Geist, einen Verstand, d. h. als eine Person, definieren.[29] Baumgarten drückt diese Generalisierung von der Ich-Perspektive im Abschnitt der *Metaphysica* zur *Psychologia rationalis* folgendermaßen aus:

> Eodem modo, quo §752 de sensatione e. c. evicit eam esse in omni anima humana, ostendi id potest de reliquis animae actibus per experientiam in anima humana deprehendendis, per psychologiam empiricam enumeratis (§. 576 seqqu). (Baumgarten, Metaphysica, 17: 144, §753)[30]

Das besondere Merkmal von Baumgartens psychologischem Ansatz besteht also darin, eine intrinsische Rationalität für das empirische Wissen zu beanspruchen. Gerade angesichts solch einer Rationalität kann Baumgarten die Eigenschaften, die sich durch eine unmittelbare Erfahrung der Ich-Seele aufdrängen, auf alle anderen Ich-Seelen übertragen.

Hier liegt der konzeptuelle Kern, anhand dessen Baumgartens positiver und/oder negativer Einfluss auf Kants kritische Auffassung der Apperzeption konkret

---

[28] Siehe Baumgarten 2011: 311: „Meine Seele erkennt einiges deutlich (§522); das Vermögen, etwas deutlich zu erkennen, ist das OBERE ERKENNTNISVERMÖGEN (Geist), der Verstand (§402), der mir zukommt (§216)".

[29] Siehe Dyck 2014: 45 f.

[30] Siehe Baumgarten 2011: 405: „Auf die gleiche Weise, wie §752 von der Empfindung usw. beweist, daß sie in jeder menschlichen Seele ist, kann das von den übrigen durch Erfahrung in der menschlichen Seele festzustellenden Akten der Seele, welche die Empirische Psychologie aufzählt (§576 ff.), gezeigt werden".

geprüft werden kann – und dies führt uns zu einigen abschließenden Bemerkungen.

4 Schlussbemerkungen

Wie bereits ausgeführt und wie von vielen Forschern betont worden ist,[31] kann Baumgartens Einfluss auf Kant hinsichtlich des Verhältnisses zwischen Bewusstsein und innerem Sinn noch im Rahmen des Wolffianismus betrachtet werden. Tatsächlich bleibt Baumgarten im Rahmen einer Auffassung der Seele als Substanz, reagiert aber gleichzeitig anders als der Wolffianismus auf die von Locke stammende Frage: Wie ist es möglich, die Bedeutung der Identität/Kontinuität des Selbstbewusstseins psychologisch zu interpretieren, ohne seinen Inhalt von einer Art *substanziellem Substrat* abzuleiten?[32] Zudem mit einem rationalistischen Akzent: Wie kann man dazu gelangen, dieses Substrat zu erkennen?

Baumgarten beantwortet diese Frage, indem er auf die individuelle Erfahrung des Ichs als Seele verweist. Es geht um eine Erfahrung, die das Subjekt in einem mit dem Bewusstsein identifizierten inneren Sinn macht, und deren Ergebnisse dann im Hinblick auf alle anderen Ich-Seelen verallgemeinert werden können.

Kant löst den Knoten des Dualismus zwischen Ich und Seele andersherum auf, und zwar mit ihrer radikalen Trennung, die eine Trennung von Apperzeption und innerem Sinn voraussetzt. Tatsächlich gibt Kant alle Formen von Psychologismus auf und nimmt eine Perspektive an, in der die Einheit der Apperzeption eines logisch-transzendentalen Ichs den inneren Sinn bestimmt. Die Übereinstimmung von Selbstbewusstsein und innerem Sinn ist damit definitiv ausgeschlossen, und dies wird auch unter einer anthropologischen Perspektive verdeutlicht.[33] Was die Seele angeht, wird sie auf eine andere Ebene gestellt, die mit den Mitteln des menschlichen begrenzten Verstandes nicht erreicht werden

---

31 Siehe z. B. Wunderlich 2005.
32 Für ein Beispiel einer Stelle bei Locke, von der diese Frage ideell inspiriert worden sein könnte, siehe: Locke, *Essay*, II:27, §16. Siehe dazu auch Perini 2005: 220.
33 Die Unterscheidung zwischen reiner Apperzeption und innerem Sinn bleibt ein Grundbestandteil der kantischen Perspektive auch jenseits des rein transzendentalen Standpunkts einer Untersuchung über die Erkenntnisarten a priori. In der Tat wird solch eine Unterscheidung auch in der Perspektive einer praktisch orientierten Erforschung der *Natur des Menschen* betont. Es handelt sich natürlich um die anthropologische Perspektive. Siehe dazu *Anth* 7: 161: „§24. Der innere Sinn ist nicht die reine Apperception, ein Bewußtsein dessen, was der Mensch thut, denn dieses gehört zum Denkungsvermögen, sondern was er leidet, wiefern er durch sein eignes Gedankenspiel afficirt wird. Ihm liegt die innere Anschauung, folglich das Verhältniß der Vorstellungen in der Zeit (so wie sie darin zugleich oder nach einander sind) zum Grunde".

kann.³⁴ Gleichzeitig ist aber unbestreitbar, dass Kants methodologische Revolution von denselben Themen ausgeht, durch die Baumgarten sich von der wolffschen Schulmetaphysik unterscheidet, jedoch ohne mit dieser Tradition zu brechen:
1) die Natur der Selbsterfahrung, die das Subjekt haben kann,
2) der innere Sinn als Vermittler dieser Erfahrung,
3) die sinnliche Komponente dieser Erfahrung (die der rationalen qualitativ nicht unterlegen ist),
4) die Möglichkeit, diese Erfahrung zu verallgemeinern.

Es handelt sich um eng miteinander verbundene Themen, in Bezug auf die Kants Stellungnahmen im Vergleich zu Baumgarten völlig divergierend sind. Daher ist Baumgarten hier als ein negativer Bezug zu werten.

Ein gutes Beispiel ist natürlich Kants berühmte Distanzierung von Baumgartens Auffassung des Wortes und Begriffes *Ästhetik* in einer bekannten Fußnote der Transzendentalen Ästhetik.³⁵ Für unser Ziel mag aber die Anmerkung zur Amphibolie der Reflexionsbegriffe als ein noch angemesseneres Beispiel dienen. Tatsächlich verbindet Kant hier zwei wichtige Themen miteinander: „das Geheimnis des Ursprungs unserer Sinnlichkeit" und den inneren Sinn als Selbstaffektion. In Bezug auf Letztere bemerkt er: „[N]icht einmal gegeben ist, unser eigenes Gemüt mit einer anderen Anschauung, als der unseres inneren Sinnes, zu beobachten" (*KrV* A278/B334). Wir kennen nur Erscheinungen, und können „sogar

---

34 Man muss hier darauf aufmerksam machen, dass unter den Kant-Forschern die Möglichkeit, den Gegenstand der rationalen Psychologie mit der Seele zu identifizieren, umstritten ist. Siehe z. B. Allison 1983: 258 und Brook 1994: 11. Allison und Brook behaupten, dass der Gegenstand der rationalen Psychologie mit der Seele identifiziert werden kann, Klemme dagegen schlägt eine ganz andere These vor, vgl. Klemme 1996: 301–305.
35 *KrV* A21/B35 f.: „Die Deutschen sind die einzigen, welche sich jetzt des Worts Ästhetik bedienen, um dadurch das zu bezeichnen, was andre Kritik des Geschmacks heißen. Es liegt hier eine verfehlte Hoffnung zum Grunde, die der vortreffliche Analyst Baumgarten faßte, die kritische Beurtheilung des Schönen unter Vernunftprincipien zu bringen und die Regeln derselben zur Wissenschaft zu erheben. Allein diese Bemühung ist vergeblich. Denn gedachte Regeln oder Kriterien sind ihren vornehmsten Quellen nach bloß empirisch und können also niemals zu bestimmten Gesetzen *a priori* dienen, wornach sich unser Geschmacksurtheil richten müßte; vielmehr macht das letztere den eigentlichen Probirstein der Richtigkeit der ersteren aus. Um deswillen ist es rathsam, diese Benennung entweder wiederum eingehen zu lassen und sie derjenigen Lehre aufzubehalten, die wahre Wissenschaft ist (wodurch man auch der Sprache und dem Sinne der Alten näher treten würde, bei denen die Eintheilung der Erkenntniß in αἰσθητά καὶ νοητά sehr berühmt war), oder sich in die Benennung mit der speculativen Philosophie zu theilen und die Ästhetik theils im transscendentalen Sinne, theils in psychologischer Bedeutung zu nehmen".

uns selbst nur durch inneren Sinn, mithin als Erscheinung" (*KrV* A278/B334) kennen.

Diese Passagen setzen aber offenbar die transzendentale Bestimmung des Verhältnisses zwischen Verstand und Sinnlichkeit voraus, die Kant in der transzendentalen Deduktion erreicht hat. Demgemäß gehört der notwendige Bezug des Denkens auf das empirische Element zur Natur des Verstandes selbst, und deshalb muss die Doppelheit des Bewusstseins als eine strukturelle Eigenschaft seiner Natur angenommen werden. Gleichzeitig ist es wichtig, diese beiden Komponenten getrennt zu halten, wie Kant in einigen wichtigen und bekannten Stellen der transzendentalen Deduktion deutlich macht. Dies tritt besonders klar in §24, „Von der Anwendung der Kategorien auf Gegenstände der Sinne überhaupt", zutage:

> Die Apperception und deren synthetische Einheit ist mit dem inneren Sinne so gar nicht einerlei, daß jene vielmehr, als der Quell aller Verbindung, auf das Mannigfaltige der Anschauungen überhaupt, unter dem Namen der Kategorien vor aller sinnlichen Anschauung auf Objecte überhaupt geht; dagegen der innere Sinn die bloße Form der Anschauung, aber ohne Verbindung des Mannigfaltigen in derselben, mithin noch gar keine bestimmte Anschauung enthält, welche nur durch das Bewußtsein der Bestimmung desselben durch die transscendentale Handlung der Einbildungskraft (synthetischer Einfluß des Verstandes auf den inneren Sinn), welche ich die figürliche Synthesis genannt habe, möglich ist. (*KrV* B154)

Bezüglich des Selbstaffektion-Problems – das Kant nicht zufällig sowohl in der Transzendentalen Ästhetik[36] als auch in der Deduktion[37] unterstreicht – behauptet er, dass, um eine bestimmte Anschauung zu haben, ein synthetischer Einfluss des Verstandes auf den inneren Sinn in Übereinstimmung mit der Einheit der Apperzeption notwendig ist. Wenn dies aber einerseits die strukturell unvermeidliche Natur der Selbstaffektion erklärt, besteht andererseits der epistemologische Bruch mit der Tradition darin, dass trotz der Innerlichkeit sowohl der Apperzeption als auch des inneren Sinnes keine Substanz aus ihrem Verhältnis abgeleitet werden kann, d. h.: Wir können uns keineswegs als Substanz kennen.

Diese endgültige Ablehnung der Pneumatologie erreicht Kant jedoch erst, nachdem er lange über die Möglichkeit eines empirischen Zugangs zu einer als

---

36 Siehe *KrV* B68, §8: „Hiebei beruht alle Schwierigkeit nur darauf, wie ein Subject sich selbst innerlich anschauen könne; allein diese Schwierigkeit ist jeder Theorie gemein".
37 Siehe *KrV* B152f., §24: „Hier ist nun der Ort, das Paradoxe, was jedermann bei der Exposition der Form des inneren Sinnes [...] auffallen musste, verständlich zu machen: nämlich wie dieser auch sogar uns selbst, nur wie wir uns erscheinen, nicht wie wir an uns selbst sind, dem Bewußtsein darstelle, weil wir nämlich uns nur anschauen, wie wir innerlich afficirt werden, welches widersprechend zu sein scheint".

Substanz aufgefassten Subjektivität nachgedacht hat. Und selbst wenn er dieses Muster verlässt, tut er dies zugunsten eines Modells, in dem die transzendentale Subjektivität sich nur durch die Anwendung ihrer Begriffe auf eine Sinnlichkeit erkennen kann, deren Bedingungen a priori bestimmt werden müssen.

Damit kommen wir schließlich zur Antwort auf die anfängliche Frage: Welche Art von Quelle ist Baumgarten für Kant? In der *Kritik* schreibt Kant, dass er die paradoxen und skeptischen Autoren bevorzuge (auch wenn ihre Thesen sich als falsch herausstellen), wenn sie einen fruchtbaren intellektuellen Anreiz anbieten. Umgekehrt ist kein nützlicher Inhalt von den dogmatischen Autoren zu erwarten.[38] Trotzdem betont er etwas später – nicht zufällig in der *Architektonik* – die Wichtigkeit des *Bauzeuges* des Denkens. Solches Bauzeug kommt oft von Autoren, die falsche Thesen verteidigen und deswegen noch im Dunkeln tappen, aber wenn es in den Dienst neuer Ziele gestellt wird, kann es der Verstärkung der Thesen dienen, die sich bemühen, auf die skeptischen Einwände zu reagieren (*KrV* A834f./ B862f.).[39] In den *Prolegomena* ist Kant diesbezüglich noch deutlicher:

> Denn man kann uns zwar viele Sätze aufzeigen, die apodiktisch gewiß sind und niemals gestritten worden; aber diese sind insgesammt analytisch und betreffen mehr die Materialien und den Bauzeug zur Metaphysik, als die Erweiterung der Erkenntniß, die doch unsere eigentliche Absicht mit ihr sein soll. (*Prol* 04: 271, §4)

Baumgarten ist wahrscheinlich zu dieser Art von Quellen zu zählen: Er ist für Kant kein authentisch philosophischer Gesprächspartner – wie Hume oder Rousseau –, sondern ein Lieferant von Denkmaterialien. Wir dürfen jedoch sagen, dass es sich um einen besonders treuen Lieferanten handelt, der in der Tat das ganze philosophische Leben des Philosophen von Königsberg begleitet hat. Einem Vorschlag von C. Schwaiger folgend, kann man behaupten, dass Baumgarten eine Art Sprungbrett ist, dank dessen Schwung Kant die Theorien der schulmetaphysischen Tradition durchpflügt, um eine neue Höhe zu erreichen (vgl. Schwaiger 2011: 37). Gleichzeitig bedeutet dies aber auch, dass Kant manchmal zu Baumgarten zurückkehren muss, um sich einen neuen Schub zu geben.

---

38 Siehe *KrV* A753/B781.
39 Zur Betonung der Bauzeug-Metapher siehe: Hohenegger 2013: 146f.

Bibliographie

Adler, Hans, 1998, „*Fundus Animae* – Der Grund der Seele. Zur Gnoseologie des Dunklen in der Aufklärung", *Deutsche Vierteljahrsschrift für Literaturwissenschaft und Geistesgeschichte*, 62, 197–220.

Allison, Henry E., 1983, *Kant's Transcendental Idealism. An Interpretation and Defense*, New Haven: Yale University Press.

Bardout, Jean-Cristophe, 2014, „Kant et la tradition française du sens intime", in: François Calori, Michaël Fœssel und Dominique Pradelle (Hrsg.), *De la sensibilité: les esthétiques de Kant*, Rennes: Presses Universitaires de Rennes, 93–110.

Barnouw, Jeffrey, 1995, „The Cognitive Value of Confusion and Obscurity in the German Enlightenment: Leibniz, Baumgarten, and Herder", *Studies in Eighteenth-Century Culture*, 24, 29–50.

Baumgarten, Alexander Gottlieb, ^{7}1779 [^{1}1739] *Metaphysica*, Halle: Hemmerde [Nachdruck 1963, Hildesheim: Olms].

Baumgarten, Alexander Gottlieb, ^{1}1740 [1741], *Gedancken vom Vernünfftigen Beyfall auf Academien, Wonebst er Zu einer Antrits-Rede und ersten Frankfurtischen Lese-Stunden eingeladen*, Halle: Hemmerde.

Baumgarten, Alexander Gottlieb, 1761, *Acroasis logica in Christianum L. B. de Wolff*, Halle: Hemmerde [Nachdruck 1973, Hildesheim: Olms].

Baumgarten, Alexander Gottlieb, 2011, *Metaphysik*, übers. von Günter Gawlick und Lothar Kreimendahl, Stuttgart-Bad Canstatt: frommann-holzboog.

Brook, Andrew, 1994, *Kant and the Mind*, Cambridge: Cambridge University Press.

Carboncini, Sonia, 2021, „Development and Diffusion of Wolff's Psychology Through His Disciples and Followers", in: Saulo de Freitas Araujo, Thiago Constâncio Ribeiro Pereira, Thomas Sturm (Hrsg.), *The Force of an Idea. New Essays on Christian Wolff's Psychology*, Cham: Springer, 197–215.

Dessoir, Max, ^{2}1902, *Geschichte der neueren deutschen Psychologie*, Berlin: Dunker.

Dyck, Corey W., 2014, *Kant and Rational Psychology*, Oxford: Oxford University Press.

Grandjean, Antoine, 2014, „La constitution esthétique de l'intériorité: Kant, Locke et l'invention du sens interne", in: François Calori, Michaël Fœssel und Dominique Pradelle (Hrsg.), *De la sensibilité: les esthétiques de Kant*, Rennes: Presses Universitaires de Rennes, 71–92.

Hohenegger, Hansmichael, 2013, „La terminologia della coscienza in Kant: *pars destruens*", in: Roberto Palaia (Hrsg.), *Coscienza nella filosofia della prima modernità*, Florenz: Olschki, 135–168.

Klemme, Heiner, 1996, *Kants Philosophie des Subjekts. Systematische und entwicklungsgeschichtliche Untersuchungen zum Verhältnis von Selbstbewusstsein und Selbsterkenntnis*, Hamburg: Meiner.

Leibniz, Gottfried Wilhelm, 1875–1890, *Die philosophischen Schriften*, 7 Bände, C. I. Gerhardt (Hrsg.), Berlin: Weidmannsche Buchhandlung [Nachdruck 1960–1961, Hildesheim/New York: Olms].

Locke, John, 1689, *An Essay concerning Human Understanding*, Peter H. Nidditch (Hrsg.), Oxford: Oxford University Press, 1975.

Perini, Roberto, 2005, *Della soggettività finita. Dalla teoria del soggetto alla filosofia dell'uomo*, Perugia: Morlacchi.

Pimpinella, Pietro, 2001, „*Cognitio intuitiva* bei Wolff und Baumgarten", in: Michael Oberhausen, Heinrich P. Delfosse und Riccardo Pozzo (Hrsg.), *Vernunftkritik und Aufklärung. Studien zur Philosophie Kants und seines Jahrhunderts*, Stuttgart-Bad Cannstatt: frommann-holzboog, 265–294.

Ritter, Joachim, Gründer, Karlfried und Gabriel, Gottfried (Hrsg.), 1971–2004, *Historisches Wörterbuch der Philosophie*, 13 Bände, Stuttgart/Basel: Schwabe.

Rumore, Paola, 2011, Rezension von Günter Gawlick und Lothar Kreimendahl (Hrsg.), A. G. Baumgarten, *Metaphysik*, Stuttgart-Bad Canstatt: frommann-holzboog, 2011, *Studi Kantiani*, 24, 185–188.

Schwaiger, Clemens, 2011, *Alexander Gottlieb Baumgarten. Ein intellektuelles Porträt*, Stuttgart-Bad Cannstatt: frommann-holzboog.

Thiel, Udo, 2006, „Self-Consciousness and Personal Identity", in: Knud Haakonssen (Hrsg.), *The Cambridge History of Eighteenth-Century Philosophy*, Cambridge: Cambridge University Press, 286–231.

Thiel, Udo, 2011, *The Early Modern Subject. Self-Consciousness and Personal Identity from Descartes to Hume*, Oxford: Oxford University Press.

Wolff, Christian, 1983 [1719], *Vernünfftige Gedancken von Gott, der Welt und der Seele des Menschen auch allen Dingen überhaupt* [*Deutsche Metaphysik*], in: *Gesammelte Werke*, I. Abteilung – Deutsche Schriften, Band 2, Jean École (Hrsg.), Hildesheim: Olms.

Wolff, Christian, 1983 [1728], *Philosophia rationalis sive Logica, methodo scientifica pertractata*, in: *Gesammelte Werke*, II Abteilung – Lateinische Schriften, Bände 1.1–1.3, Jean École (Hrsg.), Hildesheim: Olms.

Wolff, Christian, 1968 [1732], *Psychologia empirica, methodo scientifica pertractata*, in: *Gesammelte Werke*, II Abteilung – Lateinische Schriften, Band 5, Jean École (Hrsg.), Hildesheim: Olms.

Wolff, Christian, 1972 [1734], *Psychologia rationalis, methodo scientifica pertractata*, in: *Gesammelte Werke*, II Abteilung – Lateinische Schriften, Band 6, Jean École (Hrsg.), Hildesheim: Olms.

Wunderlich, Falk, 2005, *Kant und die Bewußtseinstheorien des 18. Jahrhunderts*, Berlin/New York: De Gruyter.

Giuseppe Motta
David Hume und René Descartes. Über Form und Struktur der Deduktion der Kategorien

Abstract: This essay examines the deduction of the categories from the perspective of the concepts of modality. Two distinct conceptual models characterize Kant's argument, shaping the text's various shifts and alterations: (1) the model of the *relative* necessity of the pure concepts of the understanding, which define the form of experience itself and the subsumtion of the given under this form, and (2) the model of the *absolute* positing of these forms through transcendental apperception. The aim of this essay is to explain how these models arise out of Kant's engagement with two philosophers: Hume and Descartes. The deduction of the categories may well take the form of a „subjective" or an „objective" deduction (according to Kant's distinction in the preface to the first edition of the *Critique*), although, in both cases, the relationship between the *absolutely necessary* and the *relatively necessary* plays a formative and constitutive role in Kant's argument.

Innerhalb der *Kritik der reinen Vernunft* gehört die Lehre der Apperzeption zur Deduktion der Kategorien und somit, nach dem juridischen Sinn des Wortes „Deduktion",[1] zu einer Rechtfertigung – vor dem Gerichtshof der Vernunft – des

---

[1] Eine Deduktion als „quaestio juris" besteht für Kant in der argumentativen Feststellung einer Legitimität: *„Quaestio facti* ist, auf welche Art man sich zuerst in den Besitz eines Begriffs gesetzt habe; *quaestio juris*, mit welchem Recht man denselben besitze und ihn brauche" (*Refl* 5636 18: 267). Inspirierend bei der Redaktion der ersten Fassung der Deduktion der Kategorien war wahrscheinlich das ab 1778 veröffentlichte Werk *Deductions-Bibliothek von Teutschland nebst dazu gehörigen Nachrichten* (vier Bände: 1778–1783). Die Metapher des Gerichtshofs prägt nicht nur die transzendentale Deduktion der Kategorien, sondern die ganze kantische Philosophie. Schon das Wort „Kritik" weist auf einen *krités* hin (also auf einen Richter), der ein Urteil über die Legitimität/Nicht-Legitimität gewisser (theoretischer) Ansprüche fällt. Jedoch – das schrieb zum Beispiel Reinhard Brandt in *Die Bestimmung des Menschen* (2007: 277) – ist die „systemnotwendige Fassung der kritischen Erkenntnislehre als eines Rechtsproblems bis heute nicht im ganzen Umfang dieser Selbstaussagen untersucht worden". Weder Fichte oder Schelling noch Hegel oder Schopenhauer haben auf den juridischen Charakter der *Kritik der reinen Vernunft* Rücksicht genommen: „Die angelsächsische Kantreflexion steht in der Tradition von David Hume, für den eine rechtsphilosophische Fassung von Erkenntnisproblemen schlechtweg absurd wäre, denn bei ihm ist das Recht ein Erzeugnis unserer Eindrücke und Assoziationen unter gesellschaftlichen Bedingungen, es kann nicht umgekehrt für die Konstitution unserer Erkenntnis relevant sein"

Besitzes und des Gebrauchs der Kategorien als notwendigen und allgemeingültigen Funktionen des reinen Verstandes. Es geht also in beiden interpretatorischen Aufgaben einer Darstellung der Inhalte der Deduktion und einer Untersuchung des kantischen Begriffs der Apperzeption konstitutiv und von Anfang an um das Gleiche: um wenige durch die reinen Begriffe des Verstandes ausgedrückte synthetische Urteile a priori, deren Funktion für die Bestimmung der Objektivität der Gegenstände der Erfahrung gerechtfertigt werden soll. Deduktion der Kategorien und Theorie der Apperzeption gehören in Kants Werk unzertrennbar und fundamental zueinander.

Über die Inspirationsmomente einer Deduktion der Kategorien ist sich Kant immer klar: Nicht John Locke oder andere, sondern David Hume habe als erster das Problem der Notwendigkeit gewisser Urteile in Ansätzen erfasst. In der Vorrede der *Prolegomena* wird dementsprechend festgestellt, dass vor ihm niemand außer Hume die Möglichkeit einer solchen Deduktion der reinen Verstandesbegriffe überhaupt gesehen oder in Erwägung gezogen habe. Diese Deduktion sei jedoch seinem „scharfsinnigen Vorgänger" als solche „unmöglich" erschienen (*Prol* 4: 260).

Über das Inspirationsmoment einer neuen Theorie der Apperzeption, wie Kant sie in der Transzendentalen Deduktion der Kategorien entwickelt, kann meiner Meinung nach auch kein Zweifel herrschen: René Descartes ist der Philosoph, der diese Lehre, wenn auch aus einer beachtlichen Distanz, veranlasst hat.

In dem vorliegenden Aufsatz soll weniger der Versuch unternommen werden, Hume und Descartes als die obersten Referenz-Autoren in diesem zentralen Teil der *Kritik der reinen Vernunft* zu fixieren oder ihre Rolle als „Quellen" der Deduktion und der Theorie der Apperzeption zu rekonstruieren. Wir wollen vielmehr die These verteidigen, dass diese doppelte, wenn auch weite (und beide Male sehr kritische) Referenz auf diese zwei Philosophen einen neuen Blick auf die Struktur der Deduktion selbst ermöglicht. Form und Strategie sowohl der A- als auch der B-Fassung der Deduktion (eigentlich der ganzen philosophischen Reflexion, die Kant Anfang der 70er Jahre in diesem Sinne entwickelte) lassen sich anhand der Resultate dieser parallelen Auseinandersetzung mit David Hume (1) und René Descartes (2) gut beschreiben.

Die architektonisch-systematische Gliederung einer „objektiven" *versus* einer „subjektiven" Deduktion der Kategorien, wie sie Kant als erster und bei Weitem bester Interpret seiner eigenen Seiten in der Vorrede der ersten Auflage der *Kritik*

(Brandt 2007: 273). Interessant sind die Auseinandersetzungen mit der Metapher des Gerichtshofs von Hans Vaihinger (1881), Dieter Henrich (1989) und Fumiyasu Ishikawa (1990).

nahelegt, ist zwar in mehrerlei Hinsicht von entscheidender Bedeutung, sie erklärt aber keineswegs Form und Struktur des Arguments der Deduktion selbst.

1 David Hume

„There is a NECESSARY CONNEXION to be taken into consideration" (Hume, *Treatise*, 77). Das war von Anfang an Humes philosophisches Programm. Bei ihm führte die Behauptung, dass die Notwendigkeit etwas ist, was nur im Geist existiert (nicht aber in den Objekten) zur psychologischen Untersuchung und Bestimmung der Funktionen der Einbildungskraft. Die Notwendigkeit der Ursache-Wirkung-Beziehung könne vor allem nicht rein rational bewiesen werden: „The knowledge of this relation is not, in any instance, attained by reasonings a priori" (Hume, *Enquiry*, 27).[2] Jene Notwendigkeit lässt sich andererseits aber auch nicht aus den Eindrücken der Sinne ableiten. Wenn wir die Reihe der empirischen Ereignisse beobachten und miteinander vergleichen, bemerken wir vielleicht die regelmäßige Verbindung von ähnlichen „Ursachen" mit ähnlichen „Wirkungen". Diese Regelmäßigkeit ist aber keine ausreichende Bedingung für die Definition der Kausalität. Der Verstand gewöhnt sich nach Hume an die Regelmäßigkeit mancher Ereignisse. Die Einbildungskraft verleitet ihn zum Glauben (*belief*), dass gewisse Erlebnisse notwendigerweise (nach festen Gesetzen) geschehen. Das rationale Prinzip der Notwendigkeit wird damit letztendlich in der Beschreibung einer psychologischen Tatsache aufgelöst.[3] Resultat (und Voraussetzung) dieser allgemeinen Einstellung ist, mit den Worten von Dal Pra, eine Art „Kopernika-

---

[2] Hume leugnet sowohl jede rationale Ableitung der Gewissheit des Satzes vom Grunde wie auch die bloße Feststellung, dass dieser Satz einfach wahr sei – was nicht nur die deutsche Metaphysik, sondern auch Hobbes, Locke und Clarke behauptet hatten. Die Notwendigkeit der Gesetze der Bewegung wird von Hume im Prinzip verneint: „The mind can never possibly find the effect in the supposed cause, by the most accurate scrutiny and examination. For the effect is totally different from the cause" (Hume, *Enquiry*, 29). Es gibt nach Hume in der Welt der Naturereignisse einfach keine rationale Gewissheit, denn das Gegenteil einer Tatsache bleibt als solches immer möglich. Durch andere genauso dunkle Wörter wie „power", „force", „energy" können wir laut Hume die Kausalität auch nicht definieren (siehe Hume, *Enquiry*, 61f.).

[3] „after a repetition of similar instances, the mind is carried by habit, upon the appearance of one event, to expect its usual attendant, and to believe that it will exist. This connexion, therefore, which we feel in the mind, [...] is the sentiment or impression from which we form the idea of power or necessary connexion. Nothing farther is in the case. Contemplate the subject on all sides; you will never find any other origin of that idea" (Hume, *Enquiry*, 75).

nische Wende" in der Philosophie: Nicht mehr die Gegenstände der Welt, sondern das Subjekt gilt bei Hume als Zentrum der Bestimmung der Erkenntnis.[4]

Die Notwendigkeit sei dementsprechend zuerst etwas, das nur im Geist existiert: *that exists in the mind, not in objects*. Für Kant, der sich Anfang der 70er Jahre sehr intensiv (und sicherlich nicht zum ersten Mal) mit der Philosophie Humes auseinandersetzt,[5] gilt die Notwendigkeit als die Definition des Objektiven selbst. Seine Philosophie enthält darüber hinaus eine echte Destruktion eines jeden Psychologismus. Die Objektivität hänge ausschließlich von der apriorischen (also notwendigen und allgemeingültigen) Verbindung des Mannigfaltigen ab. Das Gegebene der Sinnlichkeit, d. h. der Inhalt einer empirischen Anschauung, lasse sich erst dann als Gegenstand einer objektiven Erkenntnis bestimmen, wenn es im Denken nach gewissen Prinzipien aufgenommen werde.

---

4 Dal Pra 1984 [1949]: 152.
5 Im Juli 1771 erscheint in der *Königsberger gelehrten Zeitung* eine Übersetzung von Johann Georg Hamann des Schlussabschnitts des ersten Buches des *Treatise* von David Hume. Der Text wird unter dem Titel *Nachtgedanken eines Zweiflers* veröffentlicht (ohne jeglichen Hinweis auf die Textherkunft, wobei die meisten Leser und unter ihnen auch Kant über die tatsächliche Autorschaft informiert waren). Man kann diesbezüglich mit Manfred Kühn einverstanden sein, wenn er die Vermutung äußert, ausgerechnet diese kleine, sehr eigenartige Schrift von Hume sei der Hauptimpuls gewesen, der Kant aus seinem „dogmatischen Schlummer" weckte und ihn auf den Weg der Vernunftkritik brachte. So Kuehn: „By publishing in 1771 the translation of the Conclusion of Book I of the Treatise, Hamann wanted to [...] remind those who relied all-too-confidently on reason that this is always a serious mistake. [...] The main addressee was Kant [...] The traslation of Hume should be seen as Hamann's veiled response to Kant's dissertation. Hamann remindes Kant that his new dogmatism about pure reason [...] is a dead end [...]" (Kuehn 2001: 201). Der kleine Text habe also wie ein Wecker gewirkt. Kants „dogmatischer Schlummer" korrespondiere mit den Positionen der *Dissertatio* von 1770, in der er einerseits (aufgrund auch des massiven, vorherigen Einflusses von David Hume) auf jede metaphysische Erklärung der Kausalität verzichtete, andererseits doch Gott nicht nur als einzige Ursache und als Einheit der Welt, sondern auch als Prinzip der Intelligibilität aller Dinge gelten ließ. Hamanns Übersetzung des Schlussabschnitts des ersten Buches des *Treatise* enthielt unter anderem eine extreme Verschärfung und Radikalisierung der Positionen der *Enquiry* zum Thema „Kausalität": Die Ursache-Wirkung-Beziehung habe in sich gar nichts Objektives. Sie sei in allen Hinsichten als subjektiv anzunehmen. So Manfred Kuehn: „In the *Enquiry*, it could appear that the causal connection, though itself not objective, was somehow based upon the obects themselves. In this passage, Hume claims that the causal relation is entierly subjective. We may want to ‚push our enquiries, till we arrive at the original and ultimative principle' of any phenomena, but we cannot" (Kuehn 2001: 198). Wenn man dann also viel später, in der *Kritik der praktischen Vernunft* zum Beispiel, liest, dass „die Bearbeitung in der Kritik der reinen Vernunft [...] *durch jene Humische Zweifellehre* veranlaßt ward" (*KpV* 5: 52), dann kann man wohl im Wort „Zweifel" ein entferntes Echo dieser Lektüre der 70er Jahre hören.

Hume wird nichtsdestotrotz von Kant für den ersten und einzigen Philosophen gehalten, der eine Deduktion überhaupt in Erwägung gezogen hat. Nicht in dem Sinne, dass er seine Definition des Objektiven oder seine Lehre der Apperzeption irgendwie inspiriert habe, sondern eben aufgrund der Etablierung einer modalen Diskussion zum Thema „Objektivität". Es geht hier letztendlich um die Möglichkeit, den modalen Begriff der Notwendigkeit als Grundlage einer neuen Theorie der Objektivität aufzufassen.[6]

In enger Auseinandersetzung mit den Positionen von David Hume wird dementsprechend zunächst die sogenannte „objektive Deduktion der Kategorien" verfasst, die Kant erst in der Vorrede zu der ersten Auflage der *Kritik der reinen Vernunft* zu bestimmen und zu beschreiben versucht. Diese sei vor allem im ersten

---

[6] In diesem Sinne ist es meines Erachtens nicht ratsam, diese in mehreren Hinsichten fundamentale Auseinandersetzung mit der Objektivitätsfrage zu marginalisieren. In einem Aufsatz von 1982 (unter dem Titel: *Kant on Self-Identity*) stellt beispielsweise Patricia Kitcher in Bezug auf Hume zwar treffend fest: „His theory of personal identity is a fairly straighforward consequence of [his] denial of the causal relation" (Kitcher 1982: 44). Humes Theorie des Subjekts hänge letztendlich und strukturell von seiner Auffassung der Objektivität ab. Andererseits ist Kitcher aber keineswegs bereit, das Gleiche in Bezug auf Kant gelten zu lassen. Sie versucht dementsprechend, die Analyse des Verhältnisses Hume-Kant auf dem für sie fundamentalen und exklusiven Ansatz der subjektiven Deduktion der Kategorien zu begründen. Die objektive Deduktion und die Frage nach der Objektivität überhaupt hänge in diesem Sinne vollständig von einer Auseinandersetzung über Form und Sinn der Subjektivität ab: „Kant would have no hope of ‚deducing' the categories unless he can offer a reply to Hume's denial of all real connection among mental states. Thus I think the worthwhile project of the Subjective Deduction is the fashioning of this reply. Notice that on this interpretation the Subjective Deduction is essential to the overall Deduction, a point Kant explicitly denies" (1982: 52). Das Problem liegt natürlich in diesen letzten fünf Worten: „a point Kant explicitly denies". Was Kant nicht „explicitly denies", sondern mehrmals „explicitly affirms" ist die strukturelle Abhängigkeit der subjektiven Deduktion von der sogenannten objektiven Deduktion der Kategorien. Eine korrekte historische, philologische und philosophische Analyse der Reflexionen der Jahre 1771 bis 1774 kann Kants Worte in diesem Punkt nur bestätigen und wir können mit Interpreten wie Wolfgang Carl (1989) oder neuerdings Henry Allison (2015) einverstanden sein, wenn sie in den frühen 70ern zunächst die relativ rasche Entwicklung einer neuen Theorie der Objektivität, dann die allerdings folgende und quasi hinzukonstruierte Entstehung einer Rede über die Begründung (und somit später über die Rechtfertigung) der Kategorien im Subjekt konstatieren. In dieser ersten Phase der kantischen Entwicklung zum System der Transzendentalphilosophie ist also ein deutliches (zugleich zeitliches und logisches) Primat der *objektiven* über jede *subjektive* Deduktion der Kategorien zu bemerken. Eine wenn auch akribische Betrachtung des Einflusses von Humes Theorie der personalen Identität auf Kants Lehre der Apperzeption (wie die von Patricia Kitcher, die ihre historische Rekonstruktion auf der deutschen Übersetzung von James Beatties *Essay on the Nature and Immutability of Truth* von 1772 aufbaut und auf dieser Basis den Kontrast der kantischen Theorie des Urteils zu Humes Bündeltheorie betont) sollte vor allem nicht auf der Umkehrung des Verhältnisses des Subjektiven und des Objektiven konstruiert werden.

(in B größtenteils unveränderten) Abschnitt der Deduktion zu finden. So Kant in der Vorrede der ersten Auflage der *Kritik:*

> Diese Betrachtung [die Deduktion; G. M.], die etwas tief angelegt ist, hat [...] zwei Seiten. Die eine bezieht sich auf die Gegenstände des reinen Verstandes, und soll die objektive Gültigkeit seiner Begriffe a priori dartun und begreiflich machen [d. h. sie soll die allgemeine und notwendige Gültigkeit der reinen Prinzipien des Verstandes darstellen; G. M.]; eben darum ist sie auch wesentlich zu meinen Zwecken gehörig. Die andere geht darauf aus, den reinen Verstand selbst, nach seiner Möglichkeit und den Erkenntniskräften, auf denen er selbst beruht, mithin ihn in subjektiver Beziehung zu betrachten [...]. (*KrV* Axvi–xvii)

Und weiter heißt es bezüglich der Unterordnung der „subjektiven" Deduktion unter die „objektive" und der genauen Lokalisierung letzterer innerhalb der gesamten Deduktion der Kategorien:

> Da das letztere gleichsam eine Aufsuchung der Ursache zu einer gegebenen Wirkung ist, und insofern etwas einer Hypothese Ähnliches an sich hat, [...] so scheint es, als sei hier der Fall, da ich mir die Erlaubnis nehme, zu *meinen*, und dem Leser also auch freistehen müsse, anders zu *meinen*. In Betracht dessen muß ich dem Leser mit der Erinnerung zuvorkommen; daß, im Fall meine subjektive Deduktion nicht die ganze Überzeugung, die ich erwarte, bei ihm gewirkt hätte, doch die objektive, um die es mir hier vornehmlich zu tun ist, ihre ganze Stärke bekomme, wozu allenfalls dasjenige, was Seite 92 bis 93 gesagt wird, allein hinreichend, sein kann. (*KrV* Axvii)

Ich kann hier nicht in die lange und komplexe Debatte über eine korrekte Interpretation der Bedeutung und der Lokalisierung der *objektiven* und der *subjektiven* Deduktion der Kategorien eintreten. Dass aber der erste Abschnitt der Deduktion (A84–95/B116–129) zu der *objektiven* Seite gehört, das entspricht meiner Meinung nach sowohl Kants Worten (die „objektive Deduktion" sei in A92–93 zu finden) als auch – und vor allem – dem Inhalt des Abschnitts selbst, der keinerlei Erörterung des Subjekts bzw. menschlichen Vermögens enthält, wohl aber ein fundamentales (durchaus objektives) Prinzip der Deduktion selbst darstellt, nämlich „daß [gewisse reine Begriffe; G. M.] als Bedingungen a priori der Möglichkeit der Erfahrungen erkannt werden müssen" (*KrV* A93/B126).[7]

---

[7] Im Versuch, die *subjektive* Deduktion von der *objektiven* Deduktion zu trennen, sollte man also zunächst und vor allem keinen schlichten Übergang von der ersten zu der zweiten suchen. Denn die *objektive* Deduktion (im ersten Abschnitt) geht der *subjektiven* mit Sicherheit voraus. In *Kants Philosophie des Subjekts* behauptet beispielsweise Heiner Klemme: „Wenn Kant auf den Seiten A 96–97 die subjektive Deduktion als Voraussetzung der objektiven Deduktion faßt und auf der Seite A 111 der (vorläufige) Nachweis der objektiven Gültigkeit erbracht worden ist, dann muß im vorhergehenden Text der Übergang von der subjektiven zur objektiven Deduktion stattgefunden haben. Es bietet sich nun an, ihn dort zu lokalisieren, wo Kant nach dem Nachweiß der reinen

1.1 Kant versus Hume im ersten Abschnitt der Deduktion

Der erste Paragraph des ersten Abschnittes der Deduktion (§13 nach B) hat vor allem deswegen die Aufmerksamkeit der Interpreten erregt, weil er mehrere Sätze enthält, die anscheinend mit den Hauptinhalten der Kritik unvereinbar sind oder zu sein scheinen. In drei verschiedenen Formulierungen betont Kant, dass Erscheinungen in der Anschauung gegeben werden können, ohne notwendigerweise mit den Funktionen des Verstandes in Verbindung zu stehen.

> [Gegenstände] können uns allerdings [...] erscheinen, ohne daß sie sich notwendig auf Funktionen des Verstandes beziehen müssen, und dieser also die Bedingungen derselben a priori enthielte. (*KrV* A89/B122)

> [...] denn ohne Funktionen des Verstandes können allerdings Erscheinungen in der Anschauung gegeben werden. (*KrV* A90/B122)

> Erscheinungen würden nichts destoweniger unserer Anschauung Gegenstände darbieten, denn die Anschauung bedarf der Funktionen des Denkens auf keine Weise. (*KrV* A90f./B123)[8]

Synthesisfunktionen von Sinn (Apprehension) und Einbildungskraft (Reproduktion), aber vor der Nennung des Begriffes der transzendentalen Apperzeption, den transzendentalen Gegenstand im Abschnitt Von der Synthesis der Rekognition im Begriffe in die Erörterung einbezieht, also A 104" (Klemme 1996: 153).

8 Auf dieser Basis betrachteten manche Anhänger der Patchwork-Theorie, wie zum Beispiel Vaihinger (1881) und Kemp Smith (1918), die gesamte Sektion am Anfang der Deduktion einfach als vor-kritisch und als künstlich dort implantiert. Henry Clemens Birven (1913) und Herbert James Paton (1936) sahen diese Sektion eher als ein Sammelsurium aus Behauptungen aus der Perspektive des gesunden Menschenverstandes an. Cassirer schrieb ihr ein bloß methodologisches Ziel zu. In seinem bekannten Kommentar zur A-Deduktion betrachtet Wolfgang Carl (1989) die hier enthaltenen Behauptungen als eine Art Abstraktion: vor (und vor allem unabhängig von) den Ergebnissen der Deduktion. Wären nun aber all diese (und viele andere weniger bekannten) Interpretationen irgendwie begründet, dann wäre die Definition selbst der „Zufälligkeit", wie Kant sie ausdrücklich im Gegensatz zu der Definition der „Notwendigkeit" in den „Postulaten des empirischen Denkens überhaupt" gibt, vollkommen sinnlos. Nämlich: „Dessen Zusammenhang mit dem Wirklichen nach allgemeinen Bedingungen der Erfahrung *nicht* bestimmt ist, ist (existiert) zufällig". Das ist wie gesagt das Gegenteil der Definition der Notwendigkeit: „Dessen Zusammenhang mit dem Wirklichen nach allgemeinen Bedingungen der Erfahrung bestimmt ist, ist (existiert) notwendig", die ihrerseits bekanntlich nichts anders als die Verbindung der Definitionen der „Möglichkeit" und der „Wirklichkeit" ist: „Was mit den formalen Bedingungen der Erfahrung (der Anschauung und den Begriffen nach) übereinkommt, ist möglich" und „[w]as mit den materialen Bedingungen der Erfahrung (der Empfindung) zusammenhängt, ist wirklich" (*KrV* A218/B265f.).

Im zentralen Teil des Paragraphen werden die Begriffe „Raum" und „Zeit" mit den reinen Begriffen oder Funktionen des Verstandes kontrastiert. Bei ersteren (den reinen Anschauungen) können wir die Form selbst konstitutiv nicht von der Materie der Anschauung trennen. Modal ausgedrückt: Möglichkeit (Form) und Wirklichkeit (Materie) sind genau das Gleiche. Nichts in der Mathematik kann also als zufällig gelten. Es gibt hier schlicht keine Zufälligkeit. Andererseits können nach Kant Erscheinungen doch so beschaffen sein, dass der Verstand ihnen begegnet, ohne sie in Übereinstimmung mit den Bedingungen seiner Einheit bringen zu können. Wir können dann zum Beispiel annehmen, dass B A folgt, ohne irgendeine Beziehung zwischen A und B festzulegen oder in Betracht zu ziehen (in einer Art „Wahrnehmungsurteil" mit den Worten der *Prolegomena* von 1783). Wenn wir aber A und B aus der Perspektive zum Beispiel des reinen Begriffs der Kausalität betrachten (welcher eine Art von Synthesis impliziert, in der zwei Fakten oder Gegenstände nach einer Regel interagieren), dann sagen wir nicht mehr „B folgt A", sondern eher (in einem „Erfahrungsurteil" nach den *Prolegomena*): „A verursacht B"/„A ist Ursache von B". In kritischer Hinsicht definiert „A verursacht B" ein notwendiges/objektives (nicht kontingentes/zufälliges und nicht bloß subjektives) Verhältnis zweier Tatsachen: „nämlich, daß die Wirkung nicht bloß zu der Ursache hinzukomme, sondern durch dieselbe gesetzt sei, und aus ihr erfolge" (*KrV* A91/B124).

Die beiden separaten Erscheinungen A und B gehören in der empirischen Intuition nicht notwendigerweise zusammen. Dennoch können sie als notwendig angenommen werden, wenn sie in Übereinstimmung mit (oder besser: durch die Bestimmung von) den Prinzipien a priori der objektiven Möglichkeit aller Erfahrung betrachtet werden. Mit anderen Worten: Die Materie der Erfahrung kann als „notwendig" (hier ist die Definition selbst der „Notwendigkeit" nach den Postulaten des empirischen Denkens) angenommen werden, wenn sie aus der formalen Perspektive des reinen Verstandes betrachtet wird.

Auf der anderen Seite (also umgekehrt) können die reinen Begriffe selbst als „notwendig" definiert werden, wenn sie als die Bedingungen der Möglichkeit objektiver Erfahrung angenommen werden: „Begriffe, die den objektiven Grund der Möglichkeit der Erfahrung abgeben, sind *eben darum* notwendig" (*KrV* A94/B126), so Kant im zweiten Paragraphen des ersten Abschnittes der Deduktion, also nicht mehr in §13, sondern in §14.

Die zwei Definitionen von „Notwendigkeit" in den ersten beiden Paragraphen, also in §13 und §14, des ersten Abschnitts der Deduktion der Kategorien ergänzen sich und gelten als miteinander komplementär. Sie drücken dieselbe Notwendigkeit aus zwei entgegengesetzten Perspektiven aus: aus der Perspektive der durch die Form bestimmten Materie der Anschauung (in §13) und der Denkformen selbst, welche die Erfahrung ermöglichen (in §14). Sie tun dies in direktem und offensichtlichem Kontrast zu jeder Reduktion des Notwendigen auf das Empirische oder Psychologische, wie sie in ausgeprägter Weise vor allem in der Philosophie von David Hume stattfand.

1.2 Kant versus Hume im zweiten und dritten Abschnitt der A-Deduktion

Nicht nur das Hauptargument des ersten Abschnitts, sondern auch wesentliche Teile des zweiten und dritten Abschnitts der ersten Fassung der Transzendentalen Deduktion, die zum großen Teil Aspekte einer offensichtlich eher *subjektiven* Deduktion der Kategorien darlegen, können als eine Antwort auf die Philosophie von David Hume betrachtet werden. Diese zentrale Entgegensetzung wird zum Beispiel in der *Synthesis der Reproduktion in der Einbildung* (in der zweiten Sektion des zweiten Abschnitts) besonders deutlich.

Man kann laut Kant entweder der Meinung sein, dass das Apriori selbst (die Regel) aus dem Aposteriori entsteht, oder umgekehrt behaupten, dass das Apriori das Aposteriori selbst ermöglicht. Kant verfolgt bekanntlich die zweite Variante: Das Apriori gilt als die Bedingung der Möglichkeit jeder Verbindung a posteriori. Ohne objektive Regel und ohne Form bzw. Formen der Regelmäßigkeit bekäme selbst unsere empirische Einbildungskraft nichts zu tun, sondern bliebe, in Kants Worten, „wie ein totes und uns selbst unbekanntes Vermögen im Innern des Gemüts verborgen" (*KrV* A100). Die Regel selbst kann also nicht als das Resultat einer Aktivität der Einbildungskraft angenommen werden, was ihr endgültig einen bloß subjektiven und zufälligen Charakter verliehe. Sie gilt viel mehr als die Bedingung der Möglichkeit der Aktivität selbst der Einbildungskraft.

> Es muß [...] etwas sein, was selbst diese Reproduktion der Erscheinungen möglich macht, dadurch, daß es der Grund a priori einer notwendigen synthetischen Einheit derselben ist. (*KrV* A101)

Und kurz danach heißt es noch deutlicher:

> [D]iese Synthesis der Einbildungskraft [ist] vor aller Erfahrung auf Prinzipien a priori gegründet, und man muß eine reine transzendentale Synthesis derselben annehmen, die selbst der Möglichkeit aller Erfahrung, (als welche die Reproduzibilität der Erscheinungen notwendig voraussetzt) zum Grunde liegt. (*KrV* A101f.)[9]

---

[9] Siehe dazu Motta 2019.

Weitere wichtige Teile des zweiten und des dritten Abschnitts der A-Deduktion sind von einer fundamentalen Entgegensetzung zu Hume gekennzeichnet. Dahinter steht eine neue Definition des Begriffs der „Notwendigkeit", welcher für Kant – wie er in den „Postulaten des empirischen Denkens überhaupt" am deutlichsten erklärt – auf der Unterscheidung von Form (Möglichkeit) und Materie (Wirklichkeit) der Erfahrung und vor allem auf der Überwindung derselben Unterscheidung basiert, welche in der (für die Objektivität) notwendigen Subsumption der Materie unter eine Form a priori mündet.[10]

1.3 Erste Zwischenbemerkung

Man kann ganz im Allgemeinen festhalten, dass Kants Auseinandersetzung mit Hume in der Transzendentalen Deduktion sowohl auf der Ebene einer *objektiven* (vgl. 1.1) als auch im Kontext einer *subjektiven* Deduktion der Kategorien (vgl. 1.2) stattfindet, und zwar beide Male nach dem in der ganzen *Kritik* präsenten modalen Muster einer „relativen Notwendigkeit".

Aber auch Kants Auseinandersetzung mit René Descartes findet auf der Ebene einer zugleich *subjektiven* und *objektiven* Deduktion der Kategorien statt, wie im Folgenden (in 2) darzulegen ist.

2 René Descartes

In einer Reflexion aus den 70er Jahren (*Refl* 4674 aus dem Duisburg'schen Nachlass) definiert Kant die Apperzeption einerseits als „die Warnehmung seiner selbst als eines denkenden subjects überhaupt", andererseits als „das Bewustseyn des Denkens, d. i. der Vorstellungen, so wie sie im Gemüthe gesetzt werden". In derselben Reflexion unterscheidet er „drey functionen der apperception" oder „drey exponenten: 1. Der Verhaltnis zum Subjekt, 2. Der Verhaltnis der Folge unter einander, 3. Der Zusammennehmung" (*Refl* 4674 17: 647). Unmittelbar daneben (in *Refl* 4676) findet man einen mittlerweile bekannten Satz von Kant: „Ich bin, ich denke, Gedanken sind in mir. Dieses sind insgesamt Verhaltnisse, welche zwar

---

[10] Man beachte in diesem Sinne vor allem die Darstellung der drei Formen der Synthesis (in *KrV* A98–103) und die Definition der Objektivität (in *KrV* A104–110) im zweiten Abschnitt, ebenso wie die sogenannte „Deduktion von unten auf" (in A119 ff.) und – ganz im Allgemeinen – die Definition der Begriffe „Affinität" und „Natur" in den Abschnitten 2 und 3 (zur Affinität: *KrV* A113 f., 122 f., zur Natur: A114, 125–127). Ohne synthetische Sätze a priori in ihrer formalen Bedeutung ist nach Kant gar nicht die Möglichkeit gegeben, ein (zum Beispiel empirisches) Objekt zu erfahren.

nicht regeln der Erscheinung geben, aber machen, daß alle Erscheinung als unter Regeln enthalten vorgestellt werden" (17: 656). In einem cartesianischen Gestus gesteht Kant also schon hier (in den frühen 70er Jahren) dem *cogito* den Rang des *primum principium* bzw. des höchsten Punkts des ganzen Systems der Philosophie zu: „le premier principe de la philosophie" für Descartes, „das oberste Prinzip allen Verstandesgebrauches" in der *Kritik der reinen Vernunft* (*KrV* B134). Enorm groß sind allerdings die Unterschiede zwischen Descartes und Kant bezüglich der Auffassung dieses fundamentalen Konzepts.[11]

Bei Descartes basiert die Selbsterkenntnis des *cogito* auf einer Abstraktion: Je mehr ich an allen Wahrheiten *zweifle*, desto sicherer und deutlicher wird sich das denkende Ich in mir (also der Zweifelnde selbst) seines Selbst bewusst. Und zwar in seiner Existenz selbst. Form und Existenz des Ich werden somit von der Materie der Erfahrung abstrahiert bzw. abgesondert und erst in dieser Abtrennung festgestellt. Vor allem im *Discours de la méthode* erklärt Descartes, dass die „Wahrheit: ‚Ich denke, also bin ich' so fest und sicher ist, dass die ausgefallensten Unterstellungen der Skeptiker sie nicht zu erschüttern vermöchten, [und dass] ich sie ohne Bedenken als ersten Grundsatz der Philosophie [...] ansetzen könne" (Descartes, *AT* VI: 33; dt. Descartes 1960: 26). In den *Meditationes* wird darüber hinaus dargelegt, auf welche Weise sich diese fundamentale Erkenntnis als zweifelresistente Gewissheit erweist, worauf auch der ontologische Schluss der substanziellen Differenz zwischen *res cogitans* und *res extensa* basiert (vgl. Descartes, *AT* VII: 78).

Bei Kant hingegen bleibt die Form mit der Materie konstitutiv verbunden (sie wird nicht radikal von ihr abgetrennt): Das „Ich denke" kann nicht exklusiv (in einer *Abstraktion*) von der Materie des Denkens getrennt werden. Denn das „Ich denke" gilt nun – ganz im Gegensatz zu Descartes – als höchster Ausdruck der *Inklusion* selbst der Materie der Erfahrung in die Form des Denkens.

Descartes – so ließe sich in aller Kürze sagen – hat den absoluten, subjektiven und einseitigen Aspekt des Selbstbewusstseins unterstrichen, während Kant eher die korrelative Funktion des denkenden Ich im Zusammenhang mit den Gegenständen der Erfahrung betont. Dementsprechend wird das „Ich denke" bei Kant

---

11 Zwischen Descartes und Kant gibt es eine lange Tradition von Philosophen und Philosophinnen, welche das *Ich denke* als Definition der letzten Begründung der Erkenntnis betont haben. So zum Beispiel Christian Wolff im ersten Kapitel der sogenannten *Deutschen Metaphysik* von 1719/1720, in der er den Satz „Wer sich seiner und anderer Dinge bewust ist, der ist" (§6) deswegen als einen fundamentalen „Grundsatz" annimmt, weil er „ohne allen Beweiß" gilt (§7). Die damit verbundene Syllogistik wird erst auf dieser Basis als methodologische Grundlage des ganzen Systems der Philosophie durchgesetzt.

von Anfang an als die Grund-Kategorie (oder Vor-Kategorie) definiert, welche als Vehikel aller Kategorien selbst gilt (so z. B. in *KrV* B399 oder B674).

Bei Descartes wie auch bei Kant definiert nun aber die Abstraktion des *cogito* viel weniger eine Theorie der Subjektivität oder der Personalität, welche grundsätzlich auf dem (unterschiedlich interpretierbaren) Verhältnis von Geist und Leib basiert, als eine Theorie der Objektivität, die sich als ein radikaler und ganz eigenartiger Rationalismus definiert: „En effet, c'est de ce doute universel que, comme d'un point fixe et immuable, j'ai résolu de dériver la connaissance de Dieu, de vous-même, et de tout ce que renferme le monde" (Descartes, *Recherche de la vérité par les lumières naturelles*, 2019: 27). Genauso, aber in entgegengesetzter Weise, ist bei Kant dieser höchste Moment des Subjekts in seiner Reflexion über sich selbst mit einer zugleich präzisen und fundamentalen Auffassung des Objektiven verbunden. Wenn wir zum Beispiel in der *Kritik* lesen: „das notwendige Bewußtsein der Identität seiner selbst [ist] zugleich ein Bewußtsein einer ebenso notwendigen Einheit der Synthesis aller Erscheinungen nach Begriffen, d. i. nach Regeln" (*KrV* A108), dann können wir unbestreitbar feststellen, dass Kant hier in einem einzigen ursprünglichen Bewusstsein die Identität zweier verschiedener, aber fundamentaler Formen notwendiger Einheit festlegt: die des Selbst im reflexiven Akt des Selbstbewusstseins und die der begrifflichen Synthese des Mannigfaltigen der Erfahrung. In einem grundsätzlich cartesianischen Gestus (der Reflexion des Subjekts über sich selbst) wird in anderen Worten eine entscheidend andere Auffassung des Objekts der Erkenntnis und der Objektivität der Erfahrung überhaupt (im Namen einer ganz anderen Form von Gesetzlichkeit) begründet.[12]

---

[12] Der Interpret, der am intensivsten die cartesianische Prägung des Kernarguments der Deduktion erkannt und erörtert hat, ist Dieter Henrich in *Identität und Objektivität* (1976). Kants „Ich denke" drückt laut Henrich das unmittelbare Bewusstsein eines sich selbst betrachtenden Subjekts im Akt einer Reflexion über sich selbst aus. Das kantische Selbstbewusstsein sei nun aber – in Unterschied zum cartesianischen *cogito* – das Bewusstsein, in dem wir unmittelbar wahrnehmen, dass wir potenziell den Gedanken von uns selbst als denkendem Subjekt zu jedem unserer Gedanken hinzufügen können. Kontinuität und Unterschiede zwischen Descartes und Kant werden von Henrich sorgfältig beschrieben: „Es ist nicht schwer einzusehen, in welchem Sinne dieses Bewußtsein ursprünglich ist: Es hat die Evidenz, über allem Zweifel zu stehen und auch auf kein anderes Bewußtsein zurückgeleitet werden zu können, – die Evidenz also, die zuerst Descartes für die Selbstgewißheit seiner denkenden Substanzen in Anspruch nahm und die man deshalb (um Kürze der Formel willen) die cartesianische Evidenz zu nennen gewohnt ist" (Henrich 1976: 58 f.). Nicht nur diese cartesianische Ursprünglichkeit könne nun dem kantischen Selbstbewusstsein zugeschrieben werden. Das Selbstbewusstsein sei vor allem eine *einfache* („denken wir uns selbst als das denkende Subjekt unserer Gedanken, so ist in diesem Gedanken ‚Ich' nichts weiter enthalten als eben dies, daß ein Denker auf ein und dieselbe Weise auf alle seine Gedanken bezogen ist"; Henrich 1976: 55) und *identische* (so Henrich: „„numerisch iden-

2.1 Kant und Descartes im dritten Abschnitt der A-Deduktion

Nicht alle Teile der A-Deduktion von 1781 lassen sich dementsprechend durch die Definition der Trennung/Verbindung von Form und Materie beschreiben, die wir in der Entgegensetzung zu Hume über Sinn und Funktion der Gesetzlichkeit betrachtet haben. Die sogenannte Deduktion „von oben" (am Anfang des dritten Abschnitts in *KrV* A116–119) wird von Kant zum Beispiel anhand des entgegengesetzten Modells einer absoluten Setzung entfaltet, welche in ihrer Form das Verhältnis „Möglichkeit + Wirklichkeit = Notwendigkeit" gar nicht benötigt.

Die Apperzeption wird hier zunächst als höchster Punkt und Prinzip aller Erkenntnis, also rein „quantitativ" eingeführt:

> Wir [wollen] den inneren Grund dieser Verknüpfung der Vorstellungen bis auf denjenigen Punkt verfolgen, in welchem sie alle zusammenlaufen müssen, um darin allererst Einheit der Erkenntnis zu einer möglichen Erfahrung zu bekommen [...]. (*KrV* A116)

Sie wird sodann – „qualitativ" – bestimmt und in der analytischen Feststellung der Identität des Ichs in allen unseren Vorstellungen konkretisiert:

> Wir sind uns a priori der durchgängigen Identität unserer selbst in Ansehung aller Vorstellungen, die zu unserem Erkenntnis jemals gehören können, bewußt [...]. (*KrV* A116)

---

tisch' sein läßt sich wörtlich durch die Formel übersetzen: ‚ein und dasselbe sein', die sich zuvor aus der Einfachheit des Subjekts hatte herleiten lassen"; 1976: 57) *Einheit* („seine Einheit ergibt sich aus seiner Leere von aller spezifischen Bestimmung in seiner Beziehung auf mannigfaltige Inhalte"; Henrich 1976: 56). Gerne rekurriert Henrich also auf die Eigenschaften, die Kant im (ganz anderen) Kontext der Paralogismen auflistet, um eine kohärente Auffassung der Apperzeption zu skizzieren. In seiner etwas zu großzügig rekonstruktiven Auseinandersetzung mit Kants Begriff des Selbstbewusstseins stellt Henrich vor allem die problematische Tatsache in den Vordergrund, dass „das Selbstbewußtsein [...] kraft seiner Einzelheit keine Ressourcen dafür [enthält], daß die Bedingungen für komplexe Gedanken apriori spezifiziert werden können" (Henrich 1976: 68f.). Die Frage also, wie die Einheit des Selbstbewusstseins zugleich auch eine durch gewisse Prinzipien a priori regulierte Synthesis verlangt, findet laut ihm keine von Kant angemessen artikulierte Lösung. Kant habe dieses ganz zentrale Problem der Deduktion einfach übergangen. In *Identität und Objektivität* versucht Henrich daher selbst, den Schritt von der Konstanz des identischen Subjektes hin zur konstanten Form der Verbindung mit Hilfe einer vertieften Untersuchung der Begriffe der „Identität" und der „Einfachheit" zu machen (Henrich 1976: 86ff. und 93ff.). In anderen (auch früheren) Schriften wie *Fichtes ursprüngliche Einsicht* von 1967 kritisiert Henrich ganz im Allgemeinen die Grenzen und die Selbstwidersprüchlichkeit aller Theorien des Selbstbewusstseins (wie die von Descartes und die von Kant), welche sich auf einen Akt von Reflexion stützen. Fichte sei in diesem Sinne der erste Autor, der eine Theorie der Subjektivität entwickelt hat, welche sich nicht auf das klassische Paradigma einer Reflexivität des Subjekts über sich selbst stützt.

Schließlich wird sie durch die Behauptung des Primats des Synthetischen über das Analytische als konstitutiv und ursprünglich „relational" aufgefasst:

> Nun ist die Einheit des Mannigfaltigen in einem Subjekt synthetisch; also gibt die reine Apperzeption ein Prinzipium der synthetischen Einheit des Mannigfaltigen in aller möglichen Anschauung an die Hand. (*KrV* A116f.)

Dieselbe Apperzeption wird dann dementsprechend, im vierten Absatz des dritten Abschnitts, als „der Grund der Möglichkeit aller Erkenntnis, besonders der Erfahrung" betrachtet (*KrV* A118). Das entspricht von Nahem der Form und Struktur des Argumentationsgangs des ersten Teils des zweiten Abschnitts der B-Deduktion von 1787 (vor allem §§15–17).[13]

Betrachtet man den korrespondierenden „schlechthin erste[n] und synthetische[n] Grundsatz unseres Denkens überhaupt", wie dieser sowohl in der langen Anmerkung innerhalb der Deduktion „von oben" als auch in §17 der B-Deduktion dargestellt wird, so bemerkt man relativ schnell, dass dieser der Form, dem Sinn und der Struktur nach keineswegs der kantischen Auffassung einer relativen, sondern eher der absoluten Notwendigkeit entspricht. So der oberste Grundsatz in A:

> Der synthetische Satz, daß alles verschiedene empirische Bewußtsein in einem einigen Selbstbewußtsein verbunden sein müsse, ist der schlechthin erste und synthetische Grundsatz unseres Denkens überhaupt. Es ist aber nicht aus der Acht zu lassen, daß die bloße Vorstellung Ich in Beziehung auf alle anderen (deren kollektive Einheit sie möglich macht) das transzendentale Bewußtsein sei. Diese Vorstellung mag nun klar (empirisches Bewußtsein) oder dunkel sein, daran liegt hier nichts, ja nicht einmal an der Wirklichkeit desselben; sondern die Möglichkeit der logischen Form alles Erkenntnisses beruht notwendig auf dem Verhältnis zu dieser Apperzeption als einem Vermögen. (*KrV* A117 Anm.)

In B wird das oberste Prinzip (und der allererste Anfang) der Erkenntnis auf ähnliche Weise definiert:

> Der oberste Grundsatz [aller Anschauung] in Beziehung auf den Verstand ist: daß alles Mannigfaltige der Anschauung unter Bedingungen der ursprünglich-synthetischen Einheit der Apperzeption stehe. (*KrV* B136)

Die Bedeutung der absoluten Notwendigkeit, die Kant in ihrem ontologischen Sinn radikal ausschließt („nichts ist an sich notwendig"), löst sich – bereits in der vorkritischen Phase, dann in Einklang mit der Definition dieser zwei fundamentalen Prinzipien der Erkenntnis – auf in der Behauptung der allgemeinen Gül-

---

13 Vgl. dazu Motta 2017.

tigkeit der relativen Notwendigkeit gewisser Gesetze. Innerhalb der Deduktion der Kategorien wird die Allgemeingültigkeit der durch die Kategorien ausgedrückten synthetischen Urteile a priori somit von oben gesichert.

2.2 Zweite Zwischenbemerkung

Kants Auseinandersetzung mit René Descartes findet also (auch) auf der Ebene einer *subjektiven*, zugleich aber fundamental auch *objektiven* Deduktion der Kategorien statt. Einerseits wird hier das Vermögen der Apperzeption bzw. des Selbstbewusstseins neu definiert (innerhalb der subjektiven Seite der Deduktion); andererseits wird auf dieser Basis das wichtigste und vor allem das allererste Prinzip einer jeden (objektiven) Erkenntnis überhaupt ausgedrückt: dass alles Mannigfaltige der Anschauung unter Bedingungen der synthetischen Einheit der Apperzeption steht. Als allererste objektive Erkenntnis gilt in diesem Sinne die Tatsache, dass alles Mannigfaltige synthetisch verbunden ist. Die Definition selbst der Objektivität bleibt von dieser Synthesis konstitutiv abhängig.

3 Modelle der Modalität

Die Trennung einer *subjektiven* von einer *objektiven* Deduktion der Kategorien prägt sowohl Kants Auseinandersetzung mit Hume als auch diejenige mit Descartes und darf nicht als konstitutiv und fundamental für die Definition der Grundform und der Struktur der Deduktion angenommen werden. In der obigen, kursorischen Wiedergabe der Seiten der A-Deduktion habe ich daher eine ganz andere Teilung bevorzugt. Die zwei Beweismuster (1) der *relativen* Notwendigkeit der reinen Begriffe des Verstandes und (2) ihrer *absoluten* Setzung durch die Apperzeption ermöglichen es meines Erachtens am besten, die allgemeine Bestimmung der gesamten Deduktion der Kategorien in ihrem Argument zu begreifen. Die Auseinandersetzung mit Hume und Descartes konnte somit als gleichermaßen musterhaft wie unvermeidlich betrachtet werden, wenn es um die Beschreibung der Strategie Kants auf diesen zentralen Seiten der *Kritik der reinen Vernunft* geht.

Man sieht somit aber auch, dass man – wenn diese Zusammenfassung überhaupt zutrifft – den Entwurf einer Deduktion der Kategorien bereits in den zahlreichen Reflexionen und Gedanken aufspüren sollte, in denen Kant (schon ab den 50er/60er Jahren) das Objektive grundsätzlich in einer Reflexion über die Modalität neu zu bestimmen versuchte. Eine beeindruckend lange Reihe von

Reflexionen der vorkritischen sowie der kritischen Zeit bestätigt diese parallele modale Auseinandersetzung mit der Frage der Objektivität.

Die absolute (nicht relative) Notwendigkeit kann nach Kant weder a posteriori angeschaut[14] noch a priori begriffen oder auf irgendeine Art im Verstande bewiesen werden.[15] Alle Notwendigkeit (und Zufälligkeit), die wir uns vorstellen können, ist eine *respektive* oder *relative*. Das liest man in verschiedenen Reflexionen sowohl aus den frühen 1760er (man beachte zum Beispiel die *Refl* 3717 17: 260–262) als auch aus den 1770er (z. B. *Refl* 4768 17: 722 und *Refl* 5249 18: 131) oder aus den 1780er Jahren (z. B. *Refl* 5911 18: 382) und wiederholt auch in Kants Vorlesungen:

> Da [...] nach unserer Vernunft das Gegentheil von einem jeden Dinge möglich ist; so können wir nach unserer Vernunft die absolute Nothwendigkeit nicht einsehen. (*Met-L1* 28: 312)

Ein absolut notwendiges Dasein kann also kein Mensch einsehen. All unsere Erkenntnis der Notwendigkeit ist dementsprechend immer eine hypothetische. Das entspricht sowohl der systematischen Ausschließung aller Formen des Absoluten in der (wahren) Antithesis der vierten Antinomie der Vernunft in A453/B481 als auch der drastischen Behauptung Kants im V. Abschnitt des Ideals der reinen Vernunft: „Die unbedingte Notwendigkeit, die wir, als den letzten Träger aller Dinge, so unentbehrlich bedürfen, ist der wahre Abgrund für die menschliche Vernunft" (*KrV* A613/B641). Die absolute Notwendigkeit (oder „Notwendigkeit schlechthin", „Notwendigkeit an sich", „unbedingte" oder „ursprüngliche" Notwendigkeit) wird von Kant konsequenterweise als eine ganz besondere Form der *äußeren* bzw. *relativen* Notwendigkeit bezeichnet. Sie ist die Notwendigkeit der allgemeinen (äußeren) Bedingung des Möglichen überhaupt und gilt damit als eine grundlegende Hypothesis zu allem Denkbaren: „[...] also muß die absolute nothwendigkeit als eine auf alles überhaupt bezogene nothwendigkeit einer voraussetzung sich grunden" (*Refl* 5262 18: 135).

Absolut und trotzdem relativ! Wir haben es im Grunde mit der Notwendigkeit einer ursprünglichen Hypothese zu tun, also mit einem Prinzip, welches für alles gilt, und damit von oben eine Regel in Kraft setzt. Die absolute Notwendigkeit gilt im Allgemeinen – so Kants rekurrierender Ausdruck – als ein „Grenzbegriff":

---

14 „Die Erfahrung giebt [...] keine wahre allgemeinheit, weil sie keine nothwendigkeit giebt" (*Refl* 4397 17: 532).
15 „[W]ir [können] uns keine absolute Nothwendigkeit eines Dinges denken" (*Refl* 6020 18: 425 f.).

> Der Begrif eines *absolute necessarii* ist ein *conceptus terminator* (weil wir alles zufallige durch einen Grund als nothwendig ansehen müssen und endlich die Bedingung wegfallen muß); und da die Bedingung der Verstandlichkeit wegfällt, so ist er nach den Gesetzen der Vernunft nicht einzusehen [...]. (*Refl* 4039 17: 393–394).

4 Schlussbemerkung

Die Deduktion der Kategorien kann nur dann gelingen, wenn das problematische Modell dieser *absoluten* Notwendigkeit mit demjenigen der *relativen* verbunden wird (also: „Moglichkeit: die Uebereinstimmung (*non repugnantia*) mit einer Regel, Wirklichkeit: die position schlechthin, Nothwendigkeit: die position nach einer Regel", *Refl* 4298 17: 499). Die Stellen der A- und B-Deduktion, an denen diese zwei Modelle der Modalität (der absoluten und der relativen Notwendigkeit) verbunden und (wenn auch problematisch) ineinander aufgelöst werden, sind die zentralen Momente, welche eine transzendentale Deduktion der Kategorien überhaupt möglich machen. So die Bestimmung der Einheit der Apperzeption als eine „synthetische":

> Nun ist die Einheit des Mannigfaltigen in einem Subjekt synthetisch; also gibt die reine Apperzeption ein Prinzipium der synthetischen Einheit des Mannigfaltigen in aller möglichen Anschauung an die Hand. (*KrV* A 116 f.)

oder die neue Definition vom *Urteil* in §19 der B-Deduktion:

> Diejenige Handlung des Verstandes [...], durch die das Mannigfaltige gegebener Vorstellungen (sie mögen Anschauungen oder Begriffe sein) unter eine Apperzeption überhaupt gebracht wird, ist die logische Funktion der Urteile. (*KrV* B143)

Man könnte leicht noch weitere zentrale Stellen nennen. Denn erst durch die schwierige Aufgabe, diese zwei Momente gleichzeitig und zusammen zu denken, wird eine Deduktion der Kategorien, als Rechtfertigung der Gültigkeit gewisser synthetischen Urteile a priori, möglich.

Bibliographie

Allison, Henry E., 2015, *Kant's Transcendental Deduction. An Analytical-Historical Commentary*, Oxford: Oxford University Press.

Birven, Henri Clemens, 1913, *Immanuel Kants Transzendentale Deduktion*, Kantstudien Ergänzungshefte 29, Berlin: Reuther & Reichard.

Brandt, Reinhard, 2007, *Die Bestimmung des Menschen bei Kant*, Hamburg: Meiner.

Carl, Wolfgang, 1989, *Der schweigende Kant. Die Entwürfe zu einer Deduktion der Kategorien von 1781*, Göttingen: Vandenhoeck & Ruprecht.
Dal Pra, Mario, 1984 [1949], *David Hume: La vita e l'opera*, Rom/Bari: Laterza.
Deductions-Bibliothek von Teutschland nebst dazu gehörigen Nachrichten, 4 Bände, Frankfurt/Leipzig, 1778–1783.
Descartes, René, *Œuvres complètes*, 12 Bände, hrsg. von Charles Adam und Paul Tannery, Paris: Cerf, 1897–1913.
Descartes, René, 1637, *Discours de la méthode*, in: *Œuvres complètes*, Band 6, 1–78.
Descartes, René, 1644, *Principia Philosophiae*, in: *Œuvres complètes*, Band 8.
Descartes, René, 1684, *Regulae ad directionem ingenii* (~1628), in: *Œuvres complètes*, Band 10, 349–488.
Descartes, René, 1960, *Von der Methode des richtigen Vernunftgebrauchs und der wissenschaftlichen Forschung*, ins Deutsche übersetzt von Lüder Gäbe, Hamburg: Meiner [Nachdruck 1978].
Descartes, René, 2019, *Recherche de la vérité par les lumières naturelles. Nouvelle édition augmentée*, Arvensa Editions.
Henrich, Dieter, 1967, *Fichtes ursprüngliche Einsicht*, Frankfurt a. M.: Klostermann.
Henrich, Dieter, 1976, *Identität und Objektivität. Eine Untersuchung über Kants transzendentale Deduktion*, Heidelberg: C. Winter.
Henrich, Dieter, 1989, „Kant's Notion of a Deduction and the Methodological Background of the First ‚Critique'", in: Eckart Förster (Hrsg.), *Kant's Trascendental Deductions. The Three ‚Critiques' and the ‚Opus postumum'*, Standford: Standford University Press, 29–46.
Hume, David, 1888 [1739/1740], *A Treatise of Human Nature*, hrsg. von L. A. Selby-Bigge, Oxford: Clarendon Press.
Hume, David, 1894 [1748], *Enquiries concerning Human Understanding and concerning the Principles of Morals*, hrsg. von L. A. Selby-Bigge, Oxford: Clarendon Press. Zweite Auflage 1902.
Hume, David, 1755, *Philosophische Versuche über die Menschliche Erkenntniß*, hrsg. von Johann Georg Sulzer et al., Hamburg/Leipzig.
Ishikawa, Fumiyasu, 1990, *Kants Denken von einem Dritten. Das Gerichtshof-Model und das unendliche Urteil in der Antinomienlehre*, Frankfurt a. M.: Peter Lang.
Kemp Smith, Norman, 1918, *A Commentary to Kant's Critique of Pure Reason*, London: Macmillan [Zweite Auflage, 1923, London. Nachdruck 1979, London: Macmillan].
Kitcher, Patricia, 1982, „Kant on Self-Identity", *The Philosophical Review*, 91, 41–72.
Klemme, Heiner F., 1996, *Kants Philosophie des Subjekts. Systematische und entwicklungsgeschichtliche Untersuchungen zum Verhältnis von Selbstbewußtsein und Selbsterkenntnis*, Hamburg: Meiner.
Kuehn, Manfred, 2001, *Kant. A Biography*, New York: Cambridge University Press.
Motta, Giuseppe, 2017, „‚Was objektive Einheit des Selbstbewußtseins sei'. § 18 als systembildendes Element der B-Deduktion", in: Giuseppe Motta und Udo Thiel (Hrsg.), *Immanuel Kant: Die Einheit des Bewusstseins*, Berlin/Boston: De Gruyter, 47–65.
Motta, Giuseppe, 2019, „‚bald rot, bald schwarz'. Die Zufälligkeit des Zinnobers im Kontext der Kantischen Theorie der Einbildungskraft", in: Rudolf Meer, Giuseppe Motta und Gideon Stiening (Hrsg.), *Konzepte der Einbildungskraft in der Philosophie, den Wissenschaften und den Künsten des 18. Jahrhunderts. Festschrift zum 65. Geburtstag von Udo Thiel*, Berlin/Boston: De Gruyter, 391–410.

Paton, Herbert James, 1936, *Kant's Metaphysic of Experience. A Commentary on the First Half of the „Kritik der reinen Vernunft"*, 2 Bände, London: George Allen & Unwin [Nachdruck 1997, Bristol: Thoemmes].

Vaihinger, Hans, 1881, *Commentar zu Kants „Kritik der reinen Vernunft"*, Stuttgart: Spemann. Band 2, 1892, Stuttgart/Berlin/Leipzig: Union Deutsche Verlagsgesellschaft [Zweite Auflage (2 Bände), Stuttgart/Berlin/Leipzig: 1922. Nachdruck 1970, Aalen: Scientia Verlag].

Wolff, Christian, 1720, *Vernünfftige Gedanken von Gott, der Welt und der Seele des Menschen, Auch allen Dingen überhaupt, Den Liebhabern der Wahrheit mitgetheilet* [*Deutsche Metaphysik*], Halle. Neue Auflage hin und wieder vermehrt, Halle, 1751.

Martin Hammer
Lamberts Postulate als Quelle der Synthesis Kants

Abstract: Lambert's theory of postulates plays a crucial role in the development of Kant's concept of synthesis. Laywine (2010) has put forward this thesis, which is developed further in this essay. I will first provide some evidence for Lambert's influence on Kant in general (1). Secondly, I will show that Lambert's theory of postulates, which involves a radical revision of Wolff's mathematical method, influenced Kant's concept of synthesis (2.1). These methodological improvements enabled Kant to find a way to solve the problem of the transcendental deduction of the categories (2.2). Thirdly, I will analyse the extent to which Lambert's theory of postulates is crucial to his own reform of metaphysics, in particular through his new concept of *generality* („Allgemeinheit") (3) and his new concept of the *a priori* (4). Both innovations are rooted in Lambert's theory of postulates and shed new light on Kant's revolution.

Eine der Gretchenfragen der Kantforschung ist diejenige nach der synthetischen Einheit der Apperzeption: Sag mir, wie du diese Einheit verstehst und ich erkenne, wie du Kants Philosophie begreifst. Es ist kein Wunder, dass diese Frage so fundamental erscheint. Kant selbst räumte ihr eine Vorrangstellung ein:

> Und so ist die synthetische Einheit der Apperzeption der höchste Punkt, an dem man allen Verstandesgebrauch, selbst die ganze Logik, und, nach ihr, die Transzendental-Philosophie heften muß, ja dieses Vermögen ist der Verstand selbst. (*KrV* B134 Anm.)

Die analytische Einheit der Apperzeption, das (numerisch) „identische Selbst" (*KrV* B138, vgl. B135f.), setzt die synthetische Einheit der Apperzeption voraus:

> Also nur dadurch, daß ich ein Mannigfaltiges gegebener Vorstellungen *in einem Bewußtsein* verbinden kann, ist es möglich, daß ich mir die *Identität des Bewußtseins in diesen Vorstellungen* selbst vorstelle, d. i. die analytische Einheit der Apperzeption ist nur unter der Voraussetzung irgend einer synthetischen möglich. (*KrV* B133)

Ich möchte mich hier nicht mit den Interpretationen dieses Vorrangs, die sich in der Forschungsliteratur sowie im vorliegenden Band zu Genüge finden, aufhalten. Der entscheidende Unterschied zwischen der *analytischen* Einheit der Apperzeption und der *synthetischen* Einheit der Apperzeption liegt offensichtlich in den

Begriffen analytisch und synthetisch. Da die Funktion der Synthesis für das Verständnis der synthetischen Einheit der Apperzeption entscheidend ist, ist Lambert hierfür eine wichtige, wenn nicht sogar die wichtigste Quelle Kants. Durch den Bezug auf Lambert lassen sich die mathematischen Beispiele Kants zur Konkretion in den Kategoriendeduktionen (A und B) besser, denn im Kontext, verstehen. Doch das ist nicht alles. Im Folgenden werde ich Lambert als den Philosophen der Synthesis vor Kant darstellen, der Kant ein Modell für die Formulierung und Lösung der Frage nach der Synthesis sowie weitere entscheidende Denkanstöße lieferte, die unter anderem für die Kategoriendeduktion von Bedeutung sind. Zu diesem Zweck, die Bedeutung Lamberts als Quelle der Synthesis aufzuklären, wird der Bestimmung der „Handlungen des Verstandes" (*KrV* A69/B94) und damit einhergehend der „Funktionen des Verstandes" (*KrV* A69/B94) eine entscheidende Rolle zukommen müssen.[1]

Durch das Bewusstsein der Quelle der Synthesis erfahren Deutungen der synthetischen Einheit der Apperzeption, die diese in Richtung eines Psychologismus zu lesen neigen, ein wichtiges Korrektiv. Um aber zu erweisen, dass in Lamberts Philosophie tatsächlich die Hauptquelle der Synthesis entsprungen ist, kann es gar nicht genügen, Lamberts Begriff der Synthesis allein darzustellen. Vielmehr finden sich die Anlagen zu Kants Synthesisbegriff in Lamberts Reform der Philosophie selbst. Hierbei ist Lamberts Verständnis von Euklid und damit einhergehend seine Überführung des Begriffs des Postulats in die Philosophie ebenso entscheidend wie Lamberts neue Grundlegung der Wahrheitslehre und

---

[1] Im Folgenden liegt der Schwerpunkt auf dem Handlungsbegriff. Lambert als Quelle des Funktionsbegriffs bei Kant zu untersuchen erspare ich mir, da dieser Zusammenhang bereits dezidiert von Schulthess herausgearbeitet wurde. Lambert hat demnach die als „systematische Topik" (*KrV* B109) bezeichnete Kategorienlehre inspiriert, indem er die *Titel des Denkens* als *Loci der Topik* interpretierte und diese als „Absichten, in welchen ein Gegenstand kann betrachtet werden" bestimmte (Schulthess 1981: 213). „Die loci metaphysici, oder wie es bei Lambert heißt: Loci logici, sind ja nichts anderes als Stellen in der Ordnung des Verstandes" (Schulthess 1981: 237). Bei dieser Rekonstruktion des Funktionsbegriffs wird der Handlungsbegriff in den Vordergrund gerückt: „Die *Handlung des Anweisens* wird also durch den Verstandesbegriff, der ja eine Handlung des Denkens ist, bestimmt" (Schulthess 1981: 235). Dass Funktionen im mathematischen Sinn Stellen bestimmen, stellt Schulthess auch mit Bezug auf Kästner heraus, dass Funktionen Funktionswerte bestimmen, mit Bezug auf Euler (vgl. Schulthess 1981: 238). Kant verbindet den mathematischen mit dem physiologischen Funktionsbegriff dadurch, dass die „formale Bestimmung der Funktion (Stellenanweisen), [...] je nach Ordnung, in der Stellen ausgezeichnet sind, und je nach Differenz der Actus verschiedene Funktionsarten zu[läßt]", während die Funktionen „als Akte verstanden, [...] als Verrichtungen eines Vermögens verstanden werden, also im alten philosophischen Sinne" (Schulthess 1981: 240). Den für Kants formalen Funktionsbegriff maßgeblichen gesetzlichen Akt des (ordnenden) Stellenanweisens (vgl. *KrV* B282) konnte Kant bereits bei Lambert finden (Schulthess 1981: 235, vgl. *Architectonic* II, 1771: 57, §431).

Metaphysik auf einfache Begriffe und sein Insistieren auf einem neuen Begriff von Apriorität. Um bei der Quellenmetapher zu bleiben: Wenn Kants Philosophie ein Hauptfluss ist, der die Philosophie in eine neue Zeit führt, so ist Lamberts Philosophie ein wasserreicher Nebenfluss, der diesen Hauptstrang speist.

Ich werde aus diesem Reichtum bloß diejenigen Begriffe behandeln, von denen ich denke, dass sie für Kants Entwicklung der Synthesis von entscheidender Bedeutung sind. Nachdem ich der für die Quellenforschung klassischen Frage, inwiefern Kant diese Quelle überhaupt kannte, nachgegangen bin (1), stelle ich zunächst die Grundidee des Aufsatzes vor, indem ich plausibilisiere, dass Lamberts Postulatenlehre in der Tat Kants Synthesisbegriff beeinflusst hat (2.1). Von dieser Basis aus kann gezeigt werden, welchen Nutzen diese Postulatenlehre auch für Kants Lösung des Kategoriendeduktionsproblems entfalten konnte (2.2). Anschließend plausibilisiere ich die Bedeutung der Postulatenlehre für Lamberts Reform der Philosophie selbst, indem ich zeige, wie die Methode der Auflösung und damit einhergehend ein neuer Begriff von Allgemeinheit (3) und Apriorität (4) grundsätzlich mit der Postulatenlehre zusammenhängen. Erst damit wird das ganze Ausmaß der Bedeutung der hier vertretenen These, dass Lambert *die Quelle* der Synthesis ist, begreiflich.

1 Eine Quelle der Inspiration

Wie lässt sich das Verhältnis von Lambert und Kant bestimmen? Zunächst negativ: Lamberts Philosophie konnte die Wirkung, die ihr Autor von ihr erwartete, nicht entfalten. Der Schatten der kolossalen Revolution der Denkungsart, die Kant veranlasste, verdunkelte Lamberts philosophische Leistung. Riehls Bemerkung bezüglich des Missverhältnisses zwischen Leistung und Würdigung der Philosophien von Tetens, Lossius und Lambert ist treffend:

> Alle diese kritischen Bestrebungen wurden durch die kritischen Werke Kant's verdunkelt. Sie sind jedoch zum Theile werth, der Vergessenheit entrissen zu werden. (Riehl 1876: 175, vgl. Eisenring 1942: 77)

Dieses Entreißen ist noch nicht gelungen. Verborgen im Schacht der Erinnerung der Menschheit befindet sich manch großes Werk, das es vom Staub der Archive zu befreien und für das Denken der Gegenwart zu aktualisieren gilt. Lamberts Werk gehört sicherlich zu diesem verborgenen Schatz. Dessen Potenzial harrt trotz mancher Versuche, es unabhängig von Kant fruchtbar zu machen (Eisenring 1942, Wolters 1980, Bierbach 2001), seiner Vergegenwärtigung. Von einer Lambert-Forschung zu sprechen wäre ein Euphemismus. Noch bleibt Eisenrings Urteil – obschon mit Einschränkungen – gültig:

> Faßt man in diesem Sinne Lamberts Werk als einen Versuch zur Grundlegung einer wissenschaftlichen Philosophie auf, so ist festzuhalten, daß dieser Versuch [...] bis in die Gegenwart unbeachtet geblieben ist. (Eisenring 1942: 78)

Dass die Popularität der Philosophie Lamberts ausgeblieben ist, ist nicht nur Kants schlagendem Erfolg anzulasten. Ein Hindernis stellte das sperrige philosophische Werk Lamberts selbst dar. Nicht vornehmlich, weil es sich immerhin über zwei Bände *Novum Organon (Vernunftlehre)* und zwei weitere Bände *Architektonik (Ontologie)*[2] erstreckt, sondern aufgrund des eigensinnigen Stils. Die Schriften sind verflochten, ihre Intertextualität gerät durch die zahlreichen Querverweise unübersichtlich. Der Autor lässt seine Leser an seinen eigenen Gedankenentwicklungen teilhaben, fängt mit Bestimmungen an, die er dem Forschungsstand seiner Zeit entnimmt, entwickelt sie denkend weiter, oft bis er auf Ungereimtheiten stößt, um die überlieferte Bedeutung dann grundlegend zu verändern oder gar zu ersetzen. So kommt es, dass sich Lambert zwar der gängigen Terminologie der Vernunftlehre und Metaphysik seiner Zeit bediente, deren Bedeutung aber gleichzeitig entscheidend modifizierte.

Nebenschauplätze sind dem Werk eingeschrieben, Gedankengänge, die für sinnvoll gehalten wurden, entfernen die Rezipienten immer wieder vom eigentlichen Gegenstand. All dies steht nicht nur der Lesbarkeit, sondern auch der Verständlichkeit im Wege. Der Autor nahm auf die Möglichkeit eines leichten Verständnisses seiner Neukonzeption der Philosophie durch geneigte Leserinnen und Leser wenig Rücksicht – von populärer Schreibweise keine Spur. All dies hat sicher zur weitgehenden Ignoranz gegenüber seiner Philosophie beigetragen, die nichtsdestotrotz als einer der wichtigsten Beiträge zur Philosophie des 18. Jahrhunderts angesehen werden muss und die auch für die heutige Philosophie bedeutende Einsichten birgt. Bereits Lamberts Zeitgenossen erschien das *Novum Organon* sperrig. So kritisierte Mendelssohn in seiner Rezension:

> Er [Lambert; M. H.] ist so voll von seinen tiefsinnigen Mediationen, daß er sich begnügt, sie zu Papier gebracht zu haben, ohne darauf zu sehen, ob sie auch für den Leser in das erforderliche Licht gesetzt sind. Sein Vortrag gehet auch selten den graden Weg auf das Ziel los, sondern was ihm unterwegs aufstößt, giebt ihm Gelegenheit zu Nebenbetrachtungen. Un-

---

[2] Die Bezeichnung *Architectonica* wurde von Baumgarten in der *Metaphysica* (§4) als Synonym des Wortes *ontologia* gebraucht (vgl. Arndt 1965: xiii).

bekümmert, ob sie den Leser zerstreuen, oder zu sehr abführen werden, sucht er nur, sich ihrer zu entladen, und sie gleichsam aus dem Kopfe zu haben. (Mendelssohn 1767: 30)[3]

Kant hat Lambert sehr geschätzt. Ein beeindruckendes Zeugnis davon ist Kants Absicht, Lambert die *Kritik der reinen Vernunft* zu widmen (vgl. *Refl* 5024 18: 64). Diese – letztlich aufgrund des jähen Todes Lamberts ausgebliebene – Dedikation kann durch die Richtung, in die beide Philosophen eine Reform der Metaphysik anstrebten, erklärt werden. Ein weiterer Grund könnte in den offenen und dringlichen Fragen bezüglich des Problems von Raum und Zeit (vgl. *Briefe* 10: 105–110) liegen, mit denen Lambert Kant in deren Briefwechsel konfrontierte. Lamberts Frage an Kant, „ob oder wieferne die Kenntnis der Form zur Kenntnis der Materie unseres Wißens führe?" (*Briefe* 10: 64) enthält im Grunde das Problem der Beziehung und Übereinstimmung von (subjektiven) Vorstellungen und (objektiven) Gegenständen (vgl. schon *Briefe* 10: 52; Kant greift dieses Problem in dem berühmten Brief an Herz vom 21. Februar 1772 auf, vgl. *Briefe* 10: 130 f.). Lamberts Insistieren auf dieser Frage gab vermutlich den entscheidenden Anstoß für die Deduktion der reinen Verstandesbegriffe und damit für „das Schwerste, das jemals zum Behuf der Metaphysik unternommen werden konnte" (*Prol* 4: 260; vgl. *KrV* Axvi).[4] Es ist möglich, die *Kritik der reinen Vernunft* als Beantwortung beider

---

3 Mendelssohns Rezensionen des ersten (1766) und zweiten (1767) Bandes des *Novum Organons* (1764), die sich in der Allgemeinen Deutschen Bibliothek finden, bieten eine systematische und detaillierte Darstellung der Philosophie Lamberts und sind deshalb für die ersten Schritte des Lambert-Studiums empfehlenswert.

4 Lambert fiel die Aufgabe der Kategoriendeduktion, der Rechtfertigung objektiver Realität, leichter als Kant. Das Äquivalent zur Kategoriendeduktion in seiner Philosophie findet sich in der Bestimmung des Übergangs von der logischen zur metaphysischen Wahrheit. „Wir können es auch so ausdrücken, daß die logische Wahrheit die Gränzlinie zwischen dem bloß Symbolischen und dem Gedenkbaren ist, eben so auch die metaphysische Wahrheit die Gränzlinie zwischen dem bloß gedenkbaren und dem wirklichen, oder realen, categorischen Etwas sey. Damit das Symbolische durchaus gedenkbar sey, ist es genug, daß die Widersprüche und Lücken daraus wegbleiben. Hingegen soll das Gedenkbare wirklich Etwas vorstellen, so muß zu dem bloßen Nicht-widersprechen noch etwas positives hinzukommen und dieses ist das existiren können. Das will nun sagen: So viel man auch das Gedenkbare möglich nennen will, so bleibt es nur in Absicht auf die Kräfte des Verstandes möglich; an sich aber sind alle diese Möglichkeiten Nichts, oder ein leerer Traum, wenn die Möglichkeit zu existiren nicht mit dabey ist. Da sich nun ohne Solides und ohne Kräfte nichts Existirendes gedenken läßt, so ist das Solide nebst den Kräften die Grundlage zu der metaphysischen Wahrheit." (*Architectonic* I, 1771: 286 f., §297) Diesen Übergang, Lamberts Deduktion, ermöglichen die einfachen Begriffe *Solidität* und *Kraft*, für Lambert die „Träger der objektiven Realität" (König 1884: 310). Bemerkenswert ist die von König erkannte Strukturidentität zwischen der ersten Relationskategorie (Inhärenz–Subsistenz) und der Solidität sowie zwi-

Probleme zu lesen (vgl. Meer – in diesem Band– sowie Pelletier 2018: 55; Peters 1968: 452; Beck 1969a: 402–412; De Vleeschauwer 1934: 713–732 sowie Kant selbst: *Briefe* 10: 271, 277 f.).[5]

Kant hegte große Bewunderung für Lamberts philosophische Leistungen und fühlte sich ihm freundschaftlich verbunden. Er erhoffte sich von „[s]einem tiefeinsehenden Freunde [...] Beurtheilung und weitere[] Überarbeitung" (*Briefe* 10: 277) seiner Philosophie.

Lambert war Autodidakt, ein „Selbstdenker" (Zeller 1875: 239), was seinem Denken den Vorteil der Unvoreingenommenheit gegenüber philosophischen Systemen seiner Zeit verlieh (vgl. Eisenring 1942: 46–51). Entsprechend bemerkte Kant, dass

> Lambert gerade der Mann war, den sein heller und erfindungsreicher Geist eben durch die Unerfahrenheit in metaphysischen Speculationen desto vorurtheilfreyer und darum desto geschikter machte, die in meiner Critik der reinen Vernunft nachdem vorgetragene Sätze in ihrem ganzen Zusammenhange zu übersehen und zu würdigen, mir die etwa begangene Fehler zu entdecken und bey der Neigung, die er besaß, hierinn etwas Gewisses vor die menschliche Vernunft auszumachen, seine Bemühung mit der meinigen zu vereinigen, um etwas Vollendetes zu Stande zu bringen (*Briefe* 10: 278).[6]

---

schen der zweiten Relationskategorie (Kausalität–Dependenz) und der Kraft (vgl. König 1884: 307).

Eine weitere Eigenheit der lambertschen Bestimmung, die bereits anzeigt, dass das Bewusstsein oder Denken bei ihm die oberste Bestimmung ausmacht, wird in diesem Zusammenhang als die maßgebliche Bedingung hervorgehoben, damit etwas nicht weniger als ein leerer Traum sei: „So z. E. ist die Gedenkbarkeit nichts, daferne nicht die metaphysische Wahrheit mit dazu kömmt, das will sagen, daferne nicht ein denkendes Wesen existirt, welches das Gedenkbare wirklich denke. Das Reich der logischen Wahrheit, wäre ohne die metaphysische Wahrheit, die in den Dingen selbst ist, ein leerer Traum und ohne ein existirendes *Suppositum intelligens* würde es auch nicht einmal ein Traum, sondern vollends gar nichts seyn. Man kann demnach sagen, daß das Reich der logischen Wahrheit eine gedoppelte Basin oder Grund, worauf es beruhen könne, haben müsse. Einmal ein denkendes Wesen, damit sie in der That gedacht werde, und sodann die Sache selbst, die der Gegenstand des Gedenkbaren ist. Ersteres ist der subjective, letztere der objective Grund, wodurch die logische Wahrheit in die metaphysische verwandelt wird." (*Architectonic* I, 1771: 289, §299) In der A-Deduktion greift Kant diese *doppelte Basis* erkenntniskritisch gewendet wieder auf. Ohne die durch die Kategorien gestiftete Einheit und ohne die davon abhängige Einheit des Bewusstseins würden Wahrnehmungen „zu keiner Erfahrung gehören, folglich ohne Objekt, und nichts als ein blindes Spiel der Vorstellungen, d. i. weniger, als ein Traum sein" (*KrV* A112).

5 Siehe zu Kants Erklärung der Unterbrechung des Briefwechsels *Briefe* 10: 271.

6 Lambert wäre genau der Mann gewesen, auf Basis der Tafel der Kategorien, die „doch so abgezählt und in Ansehung alles möglichen Vernunftgebrauchs durch Begriffe so bestimmt [sind], als die Mathematik es nur verlangen kann", eine *„ars universalis characteristica combinatoria"* (*Briefe* 11: 290) bzw. eine „artem characteristicam combinatoriam daran [= an der Kategorientafel]

In Lambert, davon war Kant überzeugt, hätte er den erwünschtesten Leser, Richter und Kritiker seiner *Kritik der reinen Vernunft* und einen Partner für die gemeinschaftliche Verbesserung und Fortschreibung des damit begonnenen Projekts gefunden. Der Wunsch zu dieser Schrift klingt bereits bei Lambert an:

> Eine *Theorie der Formalursachen der menschlichen Erkenntniß*, schien mir immer von äußerster Wichtigkeit zu seyn, und war ein Hauptgrund mit, warum ich mich um den ächten Begriff der Form umzusehen bemüht war. (*Architectonic* II, 1771: 242, XV. Zusatz zum 19. Hauptstück; Hervorhebung M. H.)

Kant waren die philosophischen Werke Lamberts bekannt. Meiner Einsicht nach ist Kants gesamtes Logik-Verständnis wesentlich von demjenigen Lamberts geprägt (siehe exemplarisch für das einzelne Urteil: Hammer 2018). Beide Philosophen bestätigten sich in ihrem Briefwechsel die Ähnlichkeit ihrer Denkungsart und Übereinstimmung ihrer Methoden (*Briefe* 10: 51; 10: 54 f.). Immer wieder ließ Kant durch Marcus Herz Grüße an Lambert ausrichten und seine Hochachtung bekunden (*Briefe* 10: 102; vgl. 10: 121; 10: 124; 10: 133; 10: 135; 10: 200). In Kants erster Ankündigung einer „Critick der reinen Vernunft" (10: 132) lautete der Arbeitstitel dieses Projekts noch „Die Grentzen der Sinnlichkeit und der Vernunft" und Kant beabsichtigte, deren theoretischen Teil mit „1. Die phaenomologie

---

in Ausübung zu bringen" (*Briefe* 10: 351); eine Idee, deren Ausführung Kant nach Abfassung seiner *Kritik der reinen Vernunft* sowohl 1783 Schultz als auch 1791 Beck nahelegte. Kants Anmerkung im Brief an Beck vom 27. September 1791 gehen genau in die Richtung, die Lambert im Brief an Kant vom 13. Oktober 1770 anspricht: „Noch hat sich niemand alle Glieder einer unendlichen Reyhe zugleich deutlich vorgestellt und niemand wird es künftig thun. Daß wir aber mit solchen Reyhen rechnen, die Summ davon angeben können etc. das geschieht vermög der Gesetze der Symbolischen Erkenntnis. Wir reichen damit weit über die Grenzen unseres wirklichen Denkens hinaus. Das Zeichen $\sqrt{-1}$ stellt ein nicht gedenkbares Unding vor, und doch kann es Lehrsätze zu finden sehr gut gebraucht werden." (*Briefe* 10: 109 f.)

Man vergleiche Kants Hoffnung gegenüber Beck: „Denn die Tafel der Categorien so wohl als der Ideen, unter welchen die cosmologische Etwas den unmöglichen Wurzeln *) ähnliches an sich zeigen, sind doch abgezählt und in Ansehung alles möglichen Vernunftgebrauchs durch Begriffe so bestimmt, als die Mathematik es nur verlangen kann, um es wenigstens mit ihnen zu versuchen, wie viel sie, wo nicht Erweiterung, doch wenigstens Klarheit hinein bringen könne. *) Wenn es nach dem Grundsatze: in der Reihe der Erscheinungen ist alles bedingt ich doch zum unbedingten und dem obersten Grunde des Gantzen der Reihe strebe so ist es als ob ich $\sqrt{-2}$ suchte." (*Briefe* 11: 290) Kant erinnert sich also anscheinend an Lamberts – durch dessen mathematische Praxis erwiesene – Aussage, dass in der mathematischen Denkungsart auch „ein nicht gedenkbares Unding [...] sehr gut gebraucht werden" kann. Martin schließt aus diesen Briefstellen, „daß Kant seinen ursprünglichen heftigen Widerstand gegen Leibniz in Bezug auf die Logistik aufgegeben hat und daß er selbst umgekehrt in dieser Methode den Weg zur Vollendung des eigenen Systems sieht." (Martin 1972: 86)

überhaupt" beginnen zu lassen (*Briefe* 10: 129; vgl. *Briefe* 10: 98). Hinter dieser frühen Idee einer Gliederung ist Lambert, der den Begriff Phänomenologie in die Philosophie einführte, deutlich zu erkennen (vgl. Ishikawa 1990; *Briefe* 10: 98).

Nicht nur terminologische, sondern auch methodische und inhaltliche Überschneidungen beider Philosophen führten letztlich zu der Vorläufer-Debatte des 19. Jahrhunderts, die vereinzelt bis in die heutige Zeit fortgeführt wird und nicht eindeutig ausklingt, indem die genaue Bestimmung von Lamberts Einfluss strittig bleibt: Während einige Autoren Lambert als Vorgänger Kants zu verstehen suchen oder zumindest dessen Einfluss stark machen (Zimmermann 1879; Lepsius 1881; König 1884; Riehl 1876; Vaihinger 1922; Peters 1968; Beck 1969b; Lenders 1971: 137; Martin 1972: 79–83; Schulthess 1981; Laywine 2001, 2010; Kuliniak 2004; Dunlop 2009; Rivero 2014: 148–152; Perin 2016; Leduc 2018; Pelletier 2018), marginalisieren andere Autoren dessen Einfluss oder wollen sich hierüber zumindest nicht festlegen (Baensch 1902; Griffing 1893; Klemme 1996: 75f.; Allison 2015: 87f.; Fichant 2018; Sturm 2018; Watkins 2018).

Die Frage der Vorläuferschaft scheint mir dann falsch gestellt zu werden, wenn damit ein Vergleich der Resultate intendiert wird, der „noch lange nicht die [...] wesentliche Frage beantwortet, ob nicht Lambertsche Ideen Wege gewiesen und Türen geöffnet haben, die Kant zum Kritizismus, Lambert aber [...] zu anderen Lösungen führen mussten" (Eisenring 1942: 95). Die Klärung des Verhältnisses von Lambert und Kant durch den Hinweis auf terminologische Übereinstimmungen, die zahlreich sind, birgt hingegen die Gefahr, von einer identischen Benennung auf die Identität des dahinterliegenden Begriffs zu schließen. Während der Vergleich der Resultate eher zu negativen Einschätzungen des Einflusses führt, tendiert eine Untersuchung der Terminologie zur voreiligen Feststellung von Übereinstimmungen.

Der Rezeption der Philosophie Lamberts kam es nicht zugute, dass das Interesse an Lambert meistens durch die Perspektivierung auf Kant präformiert war (vgl. Eisenring 1942: 92, siehe exemplarisch Watkins 2018: 186[7]). Der Schwierig-

---

[7] Den Einfluss Lamberts durch die Tatsache zu unterminieren, dass Lambert keine Lehre zweier distinkter Erkenntnisstämme vertritt, läuft fehl, weil der Einfluss eines Philosophen auf einen originären Denker, wie Kant es zweifelsohne war, nur partikulär sein kann und sich genuine Errungenschaften eines Philosophen nicht gegen einen möglichen Einfluss ausspielen lassen. Watkins intendiert jedoch genau das: „By contrast, Lambert's view on several of these points is less clear. For although he thinks that experience involves both a perception of the object and an awareness of the perception, he does not explicitly state that perception involves intuition as a distinct kind of representation." (Watkins 2018: 186) Solch eine Feststellung trägt zu entwicklungsgeschichtlichen Erkenntnissen bzw. zur Quellenfrage nichts bei, ist bloße Meinung, subjektive Betonung objektiver Differenzen. Die gleiche Aussage würde auch helfen, das Gegenteil plausibel zu machen: Lamberts Erfahrungsbegriff, der ein *gedoppeltes Bewusstsein* (Erfahrung

keit, die sich durch die Perspektivierung auf Kant bei der Interpretation der Philosophie Lamberts einstellt, werde ich dadurch begegnen, dass ich Lamberts Philosophie, die ohnehin nicht sehr bekannt ist, so weit wie möglich selbst zum Sprechen bringen. Die Zitation und Kommentierung einiger Gedankenentwicklungen Lamberts können aufgrund dieser Absicht nicht vermieden werden.

Für die Lambert-Interpretation mit Blick auf Kant ist eine kritische Untersuchung des Einflusses durch den Erweis der Beziehungen – Abhängigkeiten und Emanzipationen – in Details entscheidend. Anstatt als Vorläufer werde ich im Folgenden Lambert – ähnlich wie Debru – als „Anreger" (Arndt 1982: 478) behandeln. Die Übereinstimmung beider Philosophen scheint vordergründig (oder vielmehr oberflächlich) „in der Gleichartigkeit der Fragestellung" (Eisenring 1942: 96) und in der gemeinsamen Absicht zu liegen, eine Reform der Metaphysik, durch die Reform der Methode zu erreichen.[8] Als Quelle der Inspiration lässt sich Lamberts Philosophie hingegen nur an den Details erweisen.

Bei der vorliegenden Quellenerforschung geht es darum zu zeigen, was Kant von seinem Zeitgenossen hat lernen können. Solche Kontextualisierung hilft, Kants idiosynkratische Leistung genauer zu bestimmen.

---

involviert sowohl das Bewusstsein der Vorstellung einer Empfindung als auch das Bewusstsein, dass es sich bei dieser Vorstellung um eine Empfindung handelt, vgl. *Dian.*, Organon 1764: 348, §552) verlangt, konnte für Kant einen wichtigen Impuls (z. B. für das *Postulat* des alle Vorstellungen begleitenkönnenden Bewusstseins) darstellen – unabhängig von der Tatsache, dass Lambert keine Lehre von „zwei Stämme[n] der menschlichen Erkenntnis" (*KrV* B29; vgl. B89; A50/ B74; B129) vertritt. Das bestätigt sich durch die Erläuterungen zum *Ich denke* von Baum in diesem Band (Seite 326): „Kant kann in seinen Texten vielfach vom Bewusstsein statt von der Apperzeption sprechen, weil bei ihm ein jedes Bewusstsein einer Vorstellung oder eines Gegenstandes der Vorstellungen das reine Ich denke als ursprüngliche Apperzeption enthält, während bei Wolff und Baumgarten das Bewusstsein des denkenden Subjekts nur ein besonderes Bewusstsein neben dem Bewusstsein anderer Gegenstände ist, das als Folge der deutlichen Vorstellung des Unterschiedes dieser Gegenstände bzw. Vorstellungen von dem sie vorstellenden Subjekt von dieser abhängig ist."

8 „Gemeinsam ist beiden die Grundabsicht, das System oder das Reich der Wahrheit, wie Lambert sagt, oder das System der reinen Vernunft, wie Kant sagt, dadurch zu finden, daß zunächst das System der Grundbegriffe aufgestellt wird und daß dann aus diesen Grundbegriffen sämtliche zusammengesetzten Begriffe abgeleitet werden. Kant geht über den Lambertschen Ansatz in drei Punkten hinaus: Er wählt eine andere Methode; er ist von der Vollständigkeit des Systems der reinen Vernunft überzeugt; er spaltet die bei Lambert noch von Leibniz her festgehaltene Homogenität der apriorischen Erkenntnis auf, indem er zwei Erkenntnisquellen ansetzt." (Martin 1972: 82)

2 Das Erbe der Postulatenlehre

In der *Kritik* führt Kant den Begriff der *reinen Synthesis*, die „allgemein vorgestellt [...] den reinen Verstandesbegriff" (*KrV* A78/B104) gibt, in §10 der Transzendentalen Analytik als Einheitsfunktion am Beispiel des Zählens ein:

> Ich verstehe aber unter dieser Synthesis diejenige, welche auf einem Grunde der synthetischen Einheit a priori beruht: so ist unser Zählen (vornehmlich ist es in größeren Zahlen merklich) eine *Synthesis nach Begriffen*, weil sie nach einem gemeinschaftlichen Grunde der Einheit geschieht (z. E. der Dekadik). (*KrV* A78/B104)

Kant nutzte das Beispiel des Zählens aus der Arithmetik bereits in seinem Brief an Herz vom 21. Februar 1772, um das Problem der Übereinstimmung von Formen des Denkens mit den durch das Denken gedachten Gegenständen zu diskutieren. Kant fragte hier, „woher komt die Übereinstimmung die sie [= die intellectuale[n] Vorstellungen [die] auf unsrer innern Thätigkeit beruhen; M. H.] mit Gegenständen haben sollen, die doch dadurch nicht etwa hervorgebracht werden" (*Briefe* 10: 131) und sieht in der Mathematik ein Modell, wie diese Übereinstimmung stattfinden könnte:

> In der Mathematic geht dieses an; weil die obiecte vor uns nur dadurch Größen sind und als Größen können vorgestellet werden, da wir ihre Vorstellung erzeugen können, indem wir Eines etlichemal nehmen. Daher die Begriffe der Größen selbstthätig seyn und ihre Grundsätze a priori können ausgemacht werden. (*Briefe* 10: 131)

Hier muss dreierlei bemerkt werden: 1) Kants Überlegungen zur Lösung des Deduktionsproblems hängen schon 1772 mit dem *Handlungsbegriff* eng zusammen. 2) Dabei bedient sich Kant der Arithmetik bzw. dem Zählen als Beispiel und betont einen *konstruktiven Akt*. 3) Damit verweist Kant implizit auf Lamberts Philosophie, in der die *Selbsttätigkeit* der Arithmetik als Wissenschaft a priori durch Postulate gesichert wurde.

Lambert bestimmt im *Novum Organon* die Arithmetik als Wissenschaft a priori durch deren Grundlegung auf dem einfachen Begriff der Einheit und dem Postulat der Möglichkeit der Wiederholung der Einheit:

> Die Wiederholung der Einheit giebt uns den Begriff der Zahl, welcher der Gegenstand der Arithmetik, und daher eine Wissenschaft *a priori* ist, weil sie außer dem Begriff der Möglichkeit dieser Wiederholung weiter kein andres *Postulatum* nöthig hat. (*Aleth.*, Organon 1764: 469, §26)

In §77 der *Architectonic* (I, 1771: 60) gibt Lambert die Postulate der Arithmetik ausführlicher an. Wie im *Novum Organon* heißt es dort: „Die Einheit, nebst den aus ihrer Wiederholung erwachsenden Zahlen, ist der Gegenstand der Arithmetic". Die ersten beiden Postulate lauten:

> 1. Jede Zahl kann so vielmal genommen werden, als man will.
> 2. Jede Zahl kann als eine größere Einheit angesehen werden. (*Architectonic* I, 1770: 60, §77; vgl. Laywine 2010: 126f.)

Durch diese Postulate erhellt, dass hier die „Begriffe der Größen selbstthätig" sind, da man jede Zahl „so vielmal [...] als man will" nehmen kann, und sie als eine „*Synthesis nach Begriffen*" aus einem gemeinschaftlichen Grund der Einheit (z. B. 10, 100, 1000 etc.) gedacht werden. Kants Beispiel aus der *Kritik*, das ausdrücklich auf die Dekadik bezogen ist, bestätigt, dass sich Kant bei der Einführung des Begriffs der reinen Synthesis an Lamberts Postulate der Arithmetik erinnert, denn in der Erläuterung dieser Postulate in §78 erklärt Lambert die Einheitsfunktion ausführlich mit Bezug auf die Dekadik:

> Auf dem zweyten von diesen Postulatis beruht das charakteristische Zahlengebäude, weil man in demselben die Zahlen 10, 100, 1000 etc. als neue Einheiten ansieht, und ihren Werth durch die Stelle oder Rangordnung andeutet. (*Architectonic* I, 1771: 60, §78)

Allgemein gilt, dass Kant die Bedeutung der Postulate in Lamberts Philosophie schwer übersehen haben konnte, da die Postulatenlehre für Lamberts Reform der Philosophie zentral ist. Nur bei Lambert findet sich eine synthetische Postulatenlehre, deren Aufgabe die Zusammensetzung von einfachen Begriffen (Elementen) zur Konstitution entsprechender Objekte durch Regeln ist. Eine Lehre, die sich durch ihren Handlungscharakter auszeichnet und durch die allein die Apriorität im strengen Sinne gesichert werden kann. Es scheint schwer vorstellbar zu sein, dass Kant aus bloßem Zufall sowohl 1772, kurz nach der Veröffentlichung der *Anlage zur Architectonic* (1771), in der Postulatenlehre ein Modell der Lösung des Deduktionsproblems erblickte als auch in der *Kritik* (1781/1787) die begriffliche Synthesis durch Postulate der Arithmetik, am Beispiel des Zählens, vorstellte.

In dem zitierten §26 der Alethiologie findet sich außerdem bereits bei Lambert eine Strukturidentität des Begriffs der Einheit des Bewusstseins (Ich) mit dem Begriff des Begriffs ausgedrückt:

> Der Begriff der Einheit ist ebenfalls einfach, und wir haben ihn unmittelbar in dem Wort Ich, und so auch in der Vorstellung eines jeden Begriffes, in so fern es ein Begriff ist. Die Wiederholung der Einheit giebt uns den Begriff der Zahl, welcher der Gegenstand der Arithmetik, und daher eine Wissenschaft *a priori* ist, weil sie außer dem Begriff der Möglichkeit dieser

Wiederholung weiter kein andres *Postulatum* nöthig hat. (*Aleth.*, Organon 1764: 469, §26, vgl. 500, §74)

Der Grundbegriff der Einheit ist Lambert zufolge *unmittelbar* im Ich, während er mittelbar in der Vorstellung eines jeden Begriffs, „in dem, was wir in unsern Vorstellungen zusammennehmen" (*Aleth.*, Organon 1764: 500, §74), ist. Sowohl die (mittelbare) Engführung der Einheitsfunktion in der Arithmetik mit der Einheitsfunktion des Begriffs als auch die (unmittelbare) Einheitsfunktion des Bewusstseins entspricht ziemlich genau dem, was Kant in der A-Deduktion im Abschnitt 3 (Von der Synthesis der Rekognition im Begriffe) zur Einheitsfunktion schreibt, wenn er die oben zitierte Bestimmung der *reinen Synthesis* (*KrV* A78/B104) expliziert.

> Vergesse ich im Zählen: daß die Einheiten, die mir jetzt vor Sinnen schweben, nach und nach zu einander von mir hinzugetan worden sind, so würde ich die Erzeugung der Menge, durch diese sukzessive Hinzutuung von Einem zu Einem, mithin auch nicht die Zahl erkennen; denn dieser Begriff besteht lediglich in dem Bewußtsein dieser Einheit der Synthesis.
>
> Das Wort Begriff könnte uns schon von selbst zu dieser Bemerkung Anleitung geben. Denn dieses eine Bewußtsein ist es, was das Mannigfaltige, nach und nach Angeschaute, und denn auch Reproduzierte, in einer Vorstellung vereinigt. (*KrV* A103)

Das Zählen verlangt für Kant die Einheit der Synthesis. Zahl und Begriff sind sich darin gleich, dass hier Einheiten verbunden werden und als Verbundene eine neue Einheit bilden – eine Einheit, die sich zugleich in einer Beziehung mit der synthetischen Einheit des Bewusstseins befindet.

Nicht nur Kants Beispiel für die reine Synthesis in der *Kritik* ist Lamberts Postulatenlehre entnommen. In den Kategoriendeduktionen der ersten und zweiten Auflage finden sich noch weitere mathematische Beispiele, die ebenfalls die Handlungsdimension betonen und die als Erbe ganz ähnlicher Bestimmungen bei Lambert erscheinen. Mit dem Beispiel der Linie hebt Kant die Tätigkeit des Ziehens in Gedanken hervor:

> Nun ist offenbar, daß, wenn ich eine Linie in Gedanken ziehe, oder die Zeit von einem Mittag zum anderen denke, oder auch nur eine gewisse Zahl mir vorstellen will, ich erstlich notwendig eine dieser mannigfaltigen Vorstellungen nach der andern in Gedanken fassen müsse. (*KrV* A102)

> Um aber irgend etwas im Raume zu erkennen, z. B. eine Linie, muß ich sie ziehen. (*KrV* B137 f.)

In Lamberts *Architectonic* finden sich ganz entsprechende *Postulate* des Raumes:

2. Von jedem Puncte läßt sich nach jeder Lage eine gerade Linie von jeder beliebigen Länge ziehen.
3. Von jedem Puncte zu jedem andern kann eine gerade Linie gezogen, und so weit man will, verlängert werden. (*Architectonic* I, 1771: 62 §79; vgl. *Aleth.*, Organon 1764: 502f., §84)

Dabei betont Lambert, dass

> wir hier den Raum an sich, und folglich den so genannten absoluten Raum betrachten. In der Geometrie wird alles dieses ideal genommen. Man trägt darinn eine Linie von einem Orte an den anderen, und dieses geschieht in Gedanken (*Architectonic* I, 1771: 62 §80).

Lamberts Postulatenlehre liefert Kant ein Modell, welches ihm erlaubt, den Handlungscharakter des Synthesisbegriffs und damit zugleich den Handlungscharakter des Denkens zu betonen.

> Wir können uns keine Linie denken, ohne sie zu *ziehen*, keinen Zirkel denken, ohne ihn zu *beschreiben*, die drei Abmessungen des Raums gar nicht vorstellen, ohne aus dem selben Punkte drei Linien senkrecht auf einander zu setzen, und selbst die Zeit nicht, ohne indem wir im *Ziehen* einer geraden Linie bloß auf die Handlung der Synthesis des Mannigfaltigen, dadurch wir den inneren Sinn sukzessiv bestimmen, und dadurch auf die Sukzession dieser Bestimmung in demselben, Acht haben. (*KrV* B154, siehe auch B156)

Bereits bei Lambert findet sich die Erkenntnis, dass wir „den Begriff der Zeit von der Succession unserer Gedanken haben" (*Architectonic* I, 1771: 65, §84), wobei die Zeit, ihrem dritten Postulat zufolge, anhand einer in Gedanken gezogenen Linie vorgestellt wird:

> 3. Jede Zeit kann durch eine Linie vorgestellet, und wie die Linie vor und nachwärts verlängert werden, so weit man will. (*Architectonic* I, 1771: 65, §83)

Wie im vorhergehenden Kant-Zitat so ist auch das Achtgeben auf die Sukzession für Lambert entscheidend, um die Zeit zu denken. Nun versteht Kant unter den Postulaten Lamberts (bzw. Euklids) allgemeine Regeln der Konstruktion:

> So denken wir uns einen Triangel als Gegenstand, indem wir uns der Zusammensetzung von drei geraden Linien nach einer Regel bewußt sind, nach welcher eine solche Anschauung jederzeit dargestellt werden kann. (*KrV* A105, siehe auch A124)

Die Postulate sind auch für Lambert allgemeine Regeln der Zusammensetzung im Sinne von uneingeschränkten einfachen Möglichkeiten, was Lambert am Beispiel der Geometrie Euklids erklärt:

> In der Geometrie [...] suchte [man] demnach den einfachsten Fall auf, wobey die Möglichkeit nicht eingeschränkt war. Und dieses war derjenige, daß eine Linie von jedem Punkt zu jedem andern gezogen und verlängert werden könne, und daß man um jeden Punkt einen Zirkel von jeder Größe beschreiben, oder wenigstens als gezogen sich vorstellen könne. Giebt man Eucliden diese beyde Postulata zu, so widerlegt er jeden, der ihm die allgemeine Möglichkeit eines gleichseitigen Triangels in Zweifel ziehen wollte, dadurch, daß er zeigt, wie man denselben machen könne. Dadurch erhält er die Möglichkeit, jede Linie von gegebener Länge dahin zu setzen, wo man sie gebraucht, und dadurch die allgemeinen Symptomata der Triangel und ihrer Möglichkeit zu bestimmen. (*Dian.*, Organon 1764: 442f., §692)

Die Methode Euklids bildet für Lambert die einzige Möglichkeit eine Vernunftlehre zu entwickeln, die als Wissenschaft a priori wird auftreten können. Wichtig war es, auch für die Philosophie den Vorteil zu nutzen, jeden Skeptizismus widerlegen zu können, soweit dieser bereit ist, die grundlegenden Postulate zuzugeben (siehe ausführlich: Dunlop 2009: 54–62 und 2.2). In der bei Kant ständig auftretenden Formulierung eines *Nachvollziehen-können-müssens* scheint mir diese Art der Evidenz fortzuleben.

Die Aktualisierung einer wahrhaft verstandenen Methode der *Elemente* Euklids für die Philosophie des 18. Jahrhunderts ist Lambert zu verdanken. Diese fasste der Mathematiker als eine *handlungstheoretische* Grundlegung der Mathematik auf, womit er die Bedeutung der Postulate und Grundsätze (Axiome) betonte und die von Wolff forcierte Vorrangstellung der Definition in der Mathematik als Verfehlung und Missverständnis des Mathematischen ausweisen konnte. Eine Postulatenlehre ist Lambert zufolge nur auf der Basis einer Theorie einfacher Grundbegriffe (Elemente) sinnvoll. Entsprechend gründet sich Lamberts Reform der Metaphysik hauptsächlich auf zwei Aspekte: Die Lehre *einfacher Grundbegriffe* (Elemente) und ihrer *Zusammensetzung* durch Postulate und Grundsätze (Axiome).

2.1 Postulate bei Lambert und Kant

Die Postulate waren „allgemeine, unbedingte und für sich gedenkbare, oder einfache Möglichkeiten oder Thunlichkeiten" (*Architectonic* I, 1771: 10, §12; vgl. 59, §76; 76f., §102; *Aleth.*, Organon 1764: 579, §246). Die Einschränkungen der Möglichkeit der Zusammensetzung obliegt den Grundsätzen.[9] Im Brief an Kant von

---

[9] Auch hierin ist eine nicht nur terminologische Abhängigkeit Kants von Lambert zu entdecken, wenn dieser bestimmt, dass die „*Analytik der Grundsätze* [...] sie [die Urteilskraft; M. H.] lehrt, die Verstandesbegriffe, welche die Bedingungen zu Regeln a priori enthalten, auf Erscheinungen anzuwenden" (*KrV* A132/B 171), dann dienen die Grundsätze genau in dem angegebenen Sinn als

1766 betont Lambert, dass „*Axiomata* [=Grundsätze; M. H.] und *Postulata*" (*Briefe* 10: 65) materielle Prinzipien sind, aus denen „[d]ie Möglichkeit der Zusammensetzung" (*Briefe* 10: 65) folgt und die nur bei einfachen Begriffen vorkommen. Wie Dunlop klar macht, sind es die Postulate, die die Anweisungen dazu geben, wie die Grundbegriffe Objekte erhalten: „postulates [...] instruct us how to give them [=simple concepts; M. H.] objects" (Dunlop 2009: 63). Wellmanns Interpretation ist ähnlich, obschon erkenntnistheoretischer: „These practical instructions regulate the connection between simple concepts and account for their application to experience" (Wellmann 2017: 146).

Die Postulate werden von Lambert als Forderungen übersetzt – nicht als Heische-Sätze wie bei Wolff. Sie sind positive Möglichkeiten. Ihre Aufgabe ist die Anwendbarkeit der einfachen Begriffe allgemein, d. h. unabhängig von der bestimmten Beschaffenheit von Einzelfällen, also für alle möglichen Bestimmungen der Einzelfälle, zu sichern:

> The application of a simple concept to a given manifold can, as Lamberts sees it, only be executed by a principle that is not purely formal. And it is, according to Lambert, only postulates that fulfill this requirement (Wellmann 2017: 141).

> [P]ostulates themselves are supposed to guarantee that the general rule (posited by the enunciation) can be applied to all particular cases (Wellmann 2017: 142, Anm. 65).

Ihr Handlungscharakter wird durch die Bestimmung als „Thunlichkeiten" hervorgehoben. Wolters sieht zurecht, dass „,Postulat' bei Lambert eine Bedeutung [hat], die sich aus Ansätzen einer Handlungstheorie ergibt" (Wolters 1981: 88). Es sind „Aufforderungen, die jeder normalsinnige, der dazu bereit ist, erfüllen kann"

Einschränkungen der Möglichkeit und damit zugleich als Spezifizierungen hinsichtlich der Absicht der Transzendentalen Analytik, die Anwendung der reinen Verstandesbegriffe im Bereich der Erfahrung konkret zu entwickeln. „Daher wird eine Anwendung der Kategorien auf Erscheinungen möglich sein, vermittelst der transzendentalen Zeitbestimmung" (*KrV* A139/B178). Grundsätze sind für Kant – ebenso wie für Lambert – unerweislich, „weil sie selbst nicht in höhern und allgemeinern Erkenntnissen gegründet sind" (*KrV* A148/B188). Während der oberste Grundsatz aller analytischen Urteile der Satz vom Widerspruch ist – der die Möglichkeit analytischer Urteile einschränkt – soll auch der oberste Grundsatz aller synthetischen Urteile „den Umfang und die Grenzen des reinen Verstandes zu bestimmen" ermöglichen (*KrV* A154/B193). Dieser Grundsatz schließt den Bezug zu Dingen an sich aus, womit er die Konkretisierung der Zusammensetzung der reinen Denkfunktionen mit den reinen Formen der Sinnlichkeit leistet, indem er bestimmt: „die Bedingungen der *Möglichkeit der Erfahrung* überhaupt sind zugleich Bedingungen der *Möglichkeit der Gegenstände der Erfahrung*, und haben darum objektive Gültigkeit in einem synthetischen Urteile a priori." (*KrV* A158/B197)

(Wolters 1980: 90). Paradigmatisch für Lamberts Begriff des Postulats sind die drei ersten Postulate des ersten Buchs der *Elemente* Euklids.[10]

Interessant im Zusammenhang der Kategoriendeduktion ist Lamberts Bestimmung des bedeutendsten, grundlegendsten, ersten Postulats:

> Das Bewußtseyn oder das Denken können wir unter die Postulata setzen, weil bey denkenden Wesen ohne dasselbe keine klare Empfindung, Vorstellung, Begriff möglich ist. (*Aleth.*, Organon 1764: 498, §70)

Das Bewusstsein, als Bedingung der Möglichkeit von Empfindungen, Vorstellungen und Begriffen bei denkenden Wesen überhaupt, ist der erste oder höchste einfache Begriff in der systematischen Darstellung der einfachen Begriffe im zweiten Hauptstück der Alethiologie. Diese Darstellung ist nicht wie die im ersten Hauptstück auffindbare Aufzählung willkürlich, sondern systematisch, weil Lambert hier versucht, die einfachen Begriffe auseinander zu entwickeln. So ist der Begriff der Existenz eine unmittelbare Folge des Bewusstseinsbegriffs und die Existenz der Maßstab der Gewissheit und auch „[d]en Begriff der Einheit haben wir [unmittelbar; M. H.] in dem Worte ich" (*Aleth.*, Organon 1764: 500, §74).

Lamberts Philosophie geht völlig vom Standpunkt der Subjektivität aus. Die Idee zum Begriff der synthetischen Einheit der Apperzeption ist bei der Bestimmung des Bewusstseins als Postulat schon mit Händen greifbar, denn erstens sind Postulate synthetische Handlungen und zweitens wird das Bewusstsein als höchster oder erster einfacher Begriff bestimmt, der bei allen anderen einfachen Begriffen vorkommt (vgl. *Architectonic* I, 1771: 45, §52) und der drittens den einfachen Begriff der Einheit unmittelbar involviert. Das Bewusstsein ist für Lambert *das* Grundpostulat – und ebenso für Kant, der noch im ersten Satz von §16 der B-Deduktion als *Postulat* und *somit* als *synthetischen Satz a priori* formuliert, dass

---

10 Laywine diskutiert, weshalb sich zwar das fünfte aber nicht das vierte Postulat Euklids bruchlos Lamberts Begriff des Postulats einfügen lässt (vgl. Laywine 2010: 119). Motta weist darauf hin, dass in der Ausgabe von Euklid, die damals populär war und die wahrscheinlich auch Lambert vorgelegen hat, das vierte und fünfte Postulat weggelassen wurden (Motta 2012: 76; vgl. ergänzend Dunlop 2009: 36, Anm. 5 und 6). Motta bezieht sich auf die Ausgabe: Elementorum Euclidis libri XV ad Graeci contextus fidem recensiti et ad usum tironum accommodati, hrsg. von G. F. Baermann, Leipzig, Gliditsch, 1743. Entsprechend befinden sich in der von Johann Karl Friedrich Hauff neu übersetzten Ausgabe von 1805 nur drei Postulate: „1. Von jedem Punkte nach jedem andern eine gerade Linie *zu ziehen*. 2. Eine begränzte gerade Linie stetig in gerader Richtung *zu verlängern*. 3. Aus jedem Mittelpunkte und mit jeder Weite einen Kreis *zu beschreiben*." (Euklid 1805: 3; Hervorhebung M. H.) Der Handlungscharakter der Postulate ist deutlich erkennbar (siehe Hervorhebungen).

„[d]as: *Ich denke*, [...] alle meine Vorstellungen begleiten *können* [muss]" (B131, vgl. Baum in diesem Band).

Das Fehlen einer adäquaten Postulatenlehre hat Lambert sowohl bei Wolff als auch bei Locke kritisiert. Die methodische Anwendung der euklidschen Postulate in der Metaphysik sollte die unmethodische Zusammensetzung einfacher Begriffe bei Locke durch eine Theorie der allgemeinen Möglichkeiten der Zusammensetzung beheben.[11] Für Lambert hat Wolff lediglich „ungefehr die Helfte der Mathematischen Methode in der Philosophie angebracht" (*Briefe* 10: 33), denn „[w]as in der Meßkunst Postulata (Forderungen) und Aufgaben heißt, davon kömmt in Wolfens Metaphysik wenig oder nichts vor" (*Architectonic* I, 1771: 8, §11, vgl. 9, §12). Das liegt daran, dass Wolff kein Bewusstsein für die Notwendigkeit einer Theorie einfacher Grundbegriffe hatte.

Die Bedeutung des Terminus einfacher Begriffe ist bei Lambert von Locke durch ihren Status als Begriffe a priori wesentlich unterschieden, dennoch ist seine Bezeichnung derjenigen Lockes näher als derjenigen Wolffs, denn Wolff verstand darunter „nur solche, denen keine fremde und veränderlichen Merkmaale eingemischt sind, die folglich bloß aus dem wesentlichen bestehen", was nach Lambert genauer als „ideam incomplexam" hätte bezeichnet werden sollen (*Aleth.*, Organon 1764: 478, §38, vgl. Lenders 1971: 95).[12]

---

11 Kants Betonung der Handlungsdimension des Urteilens ist von Lamberts Hervorhebung der praktischen Dimension (allgemeine Möglichkeiten/Tunlichkeiten sowie Zusammensetzung) zur Lösung der Probleme der Metaphysik wesentlich beeinflusst (vgl. Laywine 2010: 129 f.). Gerade aufgrund der Betonung der Postulate ist Lamberts Mathematikverständnis als synthetisch aufzufassen: „Man wird, aus der Betrachtung, daß dieses [das Nichtzusammenlaufen parallel konstruierter Linien; M. H.] ein merkwürdiger Umstand ist, sodann von selbst darauf verfallen, auf eine kurze und schickliche Benennung zu denken, oder solchen Linien, die nicht zusammen laufen, so viel man auch auf beyden Seiten verlängert, einen *Namen* zu geben. [...] Dies ist die eigentlich synthetische Art zu verfahren; und man denkt dabey erst dann auf die Benennung, wenn die Sache herausgebracht und erheblich genug ist, einen besonderen Namen zu verdienen. Beyspiele davon kommen in der Mathematik unzählige vor, und sollen auch in allen denen Wissenschaften, wo man a priori gehen kann oder zu gehen gedenkt, nicht selten seyn." (Lambert 1786: 146) Es ist bemerkenswert, dass bereits Lambert „synthetisch" und „a priori" zusammen denkt und zwar vermittels seiner Theorie der Postulate und direkt gegen das *analytische a priori* der Definitionsmethode gerichtet. Für Lambert ist die Mathematik aufgrund der Konstruierbarkeit qua entsprechender Postulate eine synthetische Wissenschaft a priori, deren Vorzüge ebenso für andere Wissenschaften, insofern diese a priori sein können, angebracht werden sollten.
12 Bezüglich der Bedeutung der *notio simplex* bei Wolff stellt Lenders in Übereinstimmung mit Martin fest, „daß man sich gar nicht weiter vom Leibnizschen Begriff der *notio simplex* entfernen kann, als *Wolff* es getan hat" (Lenders 1971: 95, vgl. Martin 1967: 215). Martins Bestimmung der Abweichung Wolffs von Leibniz stimmt völlig mit Lamberts Kritik an Wolffs *notio simplex* überein.

> Allein Wolf scheint es für nothwendiger und möglicher angesehen zu haben, einfache *Dinge*, als aber einfache *Begriffe* aufzusuchen, und ließe sich es nicht in Sinn kommen. (*Architectonic* I, 1771: 10, §13)

Das Fehlen elementarer Grundbegriffe zieht das Fehlen einer richtig verstandenen Postulatenlehre nach sich (vgl. *Architectonic* I, 1771: 12, §14) und damit weitere schwerwiegende Fehler, wie Wolffs Annahme, dass aus den Definitionen die Postulate abzuleiten wären, während die Postulate in Wahrheit die Definition allererst erweisen und sie somit von ihrem bloß hypothetischen Status befreien (vgl. *Architectonic* I, 1771: §23, §22, §77, *Dian.*, Organon 1764: 444–446, §§695–696, Lambert 1786: 144; vgl. Laywine 2010: 126; Motta 2012: 77). Die Postulate dienen eigentlich dazu, „die Möglichkeit der Figuren zu beweisen und ihre Gränzen zu bestimmen" (*Briefe* 13: 29), denn „eine jede Definition, ehe sie bewiesen ist, [ist] eine leere Hypothese" (Lambert 1786: 144) – erst durch die Postulate werden sie kategorisch.

Die Definitionen erhielten durch das Fehlen der praktischen Dimensionen der mathematischen Methode einen ganz anderen Stellenwert als bei Euklid:

> Eucliden war es leicht, Definitionen zu geben, und den Gebrauch seiner Wörter zu bestimmen. Er konnte die Linien, Winkel und Figuren vor Augen legen, und dadurch Worte, Begriffe und Sache unmittelbar mit einander verbinden. Das Wort war nur der Name der Sache, und weil man diese vor Augen sah, so konnte man an der Möglichkeit des Begriffes nicht zweifeln. (*Architectonic* I, 1771: 9 f., §12, siehe Anm. 11)[13]

---

[13] Für Euklid besteht der Zweck einer Definition lediglich darin, einen Namen für besondere, von anderen unterschiedene geometrische Figuren zu geben. In der *Theorie der Parallellinien* präzisiert Lambert: „Es ist falsch, daß Euklid irgend eine seiner Definitionen, ehe er die Möglichkeit der Sache erwiesen, anders als eine blosse Hypothese gebrauche, oder sie als ein categorisches *Principium demonstrandi* ansehe. Der Ausdruck *per definitionem* galt bey ihm nicht mehr als der Ausdruck *per hypothesin*. Sieht man auch genauer nach: so nimmt er das *Categorische* in seinen Lehrsätzen nicht von den *Definitionen*, sondern eigentlich und vornehmlich von den *Postulatis*." (Lambert 1786: 144) Die Definition ist bei Euklid fast unerheblich und zum Beweis völlig untauglich – was sich gegen Wolff richtet: „Es kömmt aber eigentlich auf die Definition gar nicht an. Man kann sie bey Eukliden ganz weglassen" (Lambert 1786: 145 f.; vgl. Lamberts Brief an Holland, in: Engel und Stäckel 1895: 142; vgl. *Architectonic* II, 1771: 305 f., §685). „Wolf habe den Definitionen zu viel eingeräumt [...] und es wurde bey vielen unvermerkt Mode [...]. Daher war es nun kein Wunder, wenn der Satz, daß eine jede Definition, ehe sie bewiesen ist, eine leere Hypothese sey; wenn dieser Satz, den Euklid so genau wußte und so durchgängig beobachtete, darüber, wo nicht verloren gieng, doch sehr vergessen wurde." (Lambert 1786: 144)

Wolffs strukturelle Überschätzung der Definitionen ergibt sich aus der Überbewertung der Syllogismen,[14] denn diese benötigen klare Vordersätze. Um der Hauptaufgabe der Grundlehre (Metaphysik), „unveränderlich [zu]seyn, wie die Wahrheit", zu genügen, sah Wolff es als erforderlich an, eine „geometrische Nothwendigkeit und Evidenz" einzuführen (*Architectonic* I, 1771: 17f., §21). Zu diesem Zweck erhielt die Schlusslehre bei Wolff ein großes Gewicht und verlangte dabei,

> zu den ersten Sätzen lauter Grundsätze [zu]gebrauchen, und zwar, weil man diese zugiebt, so bald man die Worte versteht. Hiezu erforderte Wolf noch ferner, daß man die Wörter, die einige Dunkelheit haben könnten, definiren müsse, damit ihre Bedeutung bestimmt werde. Auf diese Art brachte man es so weit, daß man sich eine Ehre daraus machte, wenn man auch zu solchen Wörtern, an deren Bedeutung kein Mensch je gezweifelt hatte, und welche ehender die Sprache als ihre Bedeutung ändern, Definitionen finden konnte (*Architectonic* I, 1771: 18, §21).

Diese Polemik enthält zugleich die Erklärung für Wolffs sogenannte Definiersucht (vgl. *Log-Philippi* 24/1: 460; Harms 1878: 293; Dessoir 1902: 64, 70; Schütz 1972: 159). Zwar folgte Wolff der analytischen Methode von Leibniz, doch fasste diese falsch auf, sodass seine Philosophie der Definition eine beklagenswerte Stellung zuschrieb, die Lambert ebenso wie Kant unangebracht erschien.

Der Einfluss der Postulatenlehre auf Kant lässt sich durch eine Reflexion untermauern, die Kant im Kontext der Definitionen nach Adickes zwischen 1776 und 1781 notierte:

> Wir verstehn aber etwas auf zwiefache Art: 1. wenn wir denselben Gedanken denken können, 2. wenn wir seine Anwendung denken können. [...] Raum und Zeit aber, obzwar in ihnen Zusammengesetzte obiecte gnug gedacht werden können, sind doch einfache Begriffe, welche die Zusammensetzung moglich machen, und lassen sich nicht erklären; eben so im discursiven Denken. Es muß doch zuletzt einfache begriffe geben, die sich wohl verstehen, aber nicht erklären lassen; aber die sind nur logische Handlungen des erklärens, d. i. einer Regel der Vorstellungen überhaupt, so fern sie auf obiecte überhaupt angewandt werden. Diese logischen Handlungen, die Vorstellung vom obiect überhaupt zu bestimmen, d. i. von andern vor aller Erfahrung zu unterscheiden, heissen categorien. (*Refl* 2967, 16: 588f.)

---

14 Lenders hat nachgewiesen, dass Wolff anfangs Tschirnhaus in seiner negativen Bewertung der Syllogismen für die Wahrheitssuche folgte, dann aber die Aussage von Leibniz in seinem Brief an Wolff vom 21. Februar 1705, dass er nicht sagte, der Syllogismus sei gar kein Mittel, die Wahrheit zu finden, überbewertete und so den Syllogismus zum primären Mittel der Wahrheitsfindung erhob (vgl. Lenders 1971: 134–136).

Diese Reflexion zeigt deutlich, dass Kant hier im Fahrwasser der einfachen Begriffe und der Postulatenlehre Lamberts sowohl Raum und Zeit als auch die Kategorien denkt. Zunächst wird der Anwendungs- bzw. Handlungscharakter betont: Verstehen kann als Denken der Anwendung, also als Nachvollziehen aufgefasst werden. Anschließend werden Raum und Zeit als einfache Begriffe und damit als Ermöglichungsbedingungen von Zusammensetzungen überhaupt und zugleich als unerklärlich aufgefasst – weil sie einfache Begriffe sind, können sie nicht durch andere erklärt werden. Ebenso macht Kant im Verstand einfache Begriffe aus, die – wie einfache Begriffe bei Lambert auch – unmittelbar verständlich aber ebenso wenig wie Raum und Zeit erklärbar sind, denn sie „sind nur logische Handlungen des erklärens, d. i. einer Regel der Vorstellungen überhaupt". Diese einfachen Begriffe des Denkens bringt Kant mit dem Regelbegriff in Verbindung. Sie sind Ermöglichungsbedingungen jeglicher Vorstellungen, die explizit als logische Handlungen aufgefasst werden. Logische Handlungen sind Regeln der Vorstellung bzw. des Verstandes, entsprechen also dem Sinn der Postulate bei Lambert. Als solche Ermöglichungsbedingungen können sie nicht durch anderes erklärt werden, weil dieses andere allererst durch sie möglich wird. Diese Elementarhandlungen des Verstandes sind a priori, weil sie Ermöglichungsbedingungen der Erfahrung und somit vor aller Erfahrung sind. Insbesondere dadurch, dass Kant hier sowohl inhaltlich als auch terminologisch mit Lambert übereinkommt, zeigt diese Reflexion gut an, dass Kant für die Entwicklung des Synthesis-Begriffs von Lamberts Theorie einfacher Begriffe und Postulate gelernt hat.

Entwicklungsgeschichtlich lässt sich zeigen, dass Kant bereits um 1772, also nach seiner Lektüre der *Architectonic* und dem gefassten Plan, „eine Critick der reinen Vernunft, welche die Natur der theoretischen [...] Erkenntnis [...] enthält" (*Briefe* 10: 132), zu schreiben, die subjektiven Erkenntnisbedingungen als Postulate zu denken unternimmt.

> Die subjective Bedingungen der Menschlichen Vernunft sind die *postulata* ihres Gebrauchs und nicht *axiomata*. (*Refl* 4568 [1772–1775] 17: 596)

Um 1772, also zu Beginn der Arbeit an der *Kritik*, identifizierte Kant also die subjektiven Bedingungen der menschlichen Vernunft mit den Postulaten und macht sich dabei deren handlungstheoretische Dimension („*postulata* ihres Gebrauchs") zunutze.

Kant kannte Lamberts Postulatenlehre offensichtlich sehr gut, denn seine Begriffsbestimmung des Postulats als praktische Regeln in der *Kritik der praktischen Vernunft* (*KpV* 5: 31) entspricht Lamberts Verständnis genau. Hier betont Kant zur Bestimmung des kategorisch gebietenden Sittengesetzes qua Grenzbegriff den problematischen Charakter solcher nicht-kategorischen Forderungen a priori in der Mathematik – denn ich muss keinen Kreis konstruieren.[15]

> Die reine Geometrie hat Postulate als praktische Sätze, die aber nichts weiter enthalten als die Voraussetzung, daß man etwas thun könne, wenn etwa gefordert würde, man solle es thun und diese sind die einzigen Sätze derselben, die ein Dasein betreffen. Es sind also praktische Regeln unter einer problematischen Bedingung des Willens. Hier aber sagt die Regel: man solle schlechthin auf gewisse Weise verfahren. Die praktische Regel ist also unbedingt, mithin als kategorisch praktischer Satz a priori vorgestellt, wodurch der Wille schlechterdings und unmittelbar (durch die praktische Regel selbst, die also hier Gesetz ist) objectiv bestimmt wird. Denn reine, an sich praktische Vernunft ist hier unmittelbar gesetzgebend. (KpV 5: 31)

Postulate sind demnach für Kant Handlungen, denn sie sind *praktische* Regeln, die sowohl a priori als auch unbedingt sowie objektiv bestimmend sind. Übereinstimmend stellen Laywine und Motta fest, dass sich Kants Verständnis der Postulate mit demjenigen Lamberts deckt:

> Finally, when Kant himself does take a look at Euclid's constructive postulates, whether in the first or the second Critique, the analysis he gives always coincides with Lambert's–for the most part. (Laywine 2010: 125)

> Der Begriff „Postulat" orientiert sich bei Kant an der Bedeutung, die ihm Johann Heinrich Lambert im Zuge der Neuentdeckung der ursprünglichen Bedeutung des Wortes bei Euklid [...] zugewiesen hat. [...] Die konstruktivistische Bedeutung des Wortes bei Lambert drückt nämlich am besten den subjektiven Charakter der Grundsätze der Modalität aus. (Motta 2012: 70)[16]

In der *Kritik der reinen Vernunft* nutzt Kant bei der Bestimmung der Postulate des empirischen Denkens überhaupt ebenfalls den mathematischen Begriff des Postulats im Sinne Lamberts, doch hier, um qua Analogie Eigentümlichkeiten der Postulate des Denkens zu vergegenwärtigen:

---

15 Der Unterschied von Regel und Gesetz hängt mit dem Unterschied von *können* und *müssen* zusammen: „Nun heißt aber die Vorstellung einer allgemeinen Bedingung, nach welcher ein gewisses Mannigfaltige, (mithin auf einerlei Art) gesetzt werden kann, eine *Regel*, und wenn es so gesetzt werden muß, ein Gesetz." (*KrV* A114) Schulthess scheint mir aber nicht richtig zu liegen, wenn er mit Verweis auf Reflexion 4812 [1770–1776?] behauptet, dass alle Regeln a priori Gesetze sind, weil praktische Regeln a priori – mithin die mathematischen Postulate – gerade keinen zwingenden Charakter haben und dennoch Regeln a priori sind (vgl. Schulthess 1981: 251, Anm. 76).

16 Postulate sind auch für Kant „Thunlichkeiten": „Die Grundsätze der Modalität also sagen von einem Begriffe nichts anders, als die Handlung des Erkenntnisvermögens, dadurch er erzeugt wird." (*KrV* A234/B287)

> Nun heißt ein Postulat in der Mathematik der praktische Satz, der nichts als die Synthesis enthält, wodurch wir einen Gegenstand uns zuerst geben, und dessen Begriff erzeugen, z. B. mit einer gegebenen Linie, aus einem gegebenen Punkt auf einer Ebene einen Zirkel zu beschreiben, und ein dergleichen Satz kann darum nicht bewiesen werden, weil das Verfahren, was er fordert, gerade das ist, wodurch wir den Begriff von einer solchen Figur zuerst erzeugen. So können wir demnach mit eben demselben Rechte die Grundsätze der Modalität postulieren, weil sie ihren Begriff von Dingen überhaupt nicht vermehren, sondern nur die Art anzeigen, wie er überhaupt mit der Erkenntniskraft verbunden wird. (*KrV* A234 f./B287)

Gerade weil die Grundsätze der Modalität „ihren Begriff von Dingen überhaupt nicht vermehren" (*KrV* A234 f./B287) – so wie die Modalität der Urteile „nichts zum Inhalte des Urteils beiträgt" (*KrV* A74/B99 f.) –, kann Kant den Postulat-Begriff der Mathematik hier korrekt anwenden und dabei direkt deren Vorzug nutzen, den er schon im Herz-Brief von 1772 (*Briefe* 10: 131) bemerkte. Die Deduktion der Postulate der Modalität fällt Kant besonders leicht, da „das Verfahren, was er fordert, gerade das ist, wodurch wir den Begriff von einer solchen Figur zuerst erzeugen".

Für Kant sind Postulate ebenso wie für Lambert unbedingte Möglichkeiten oder Tunlichkeiten, in Kants Terminologie, unbedingte praktische Regeln, denen ein ganz spezieller Status zukommt. Sie können nicht bewiesen werden, weil das durch das Postulat angezeigte Verfahren den zu beweisenden Begriff allererst erzeugt (vgl. Laywine 2010: 123 f.). Wie ich oben bereits angedeutet habe und im Folgenden etwas näher ausführen werde, ist dieses Bewusstsein, das Kant bereits in dem Brief an Herz als Vorteil der mathematischen Postulate der Arithmetik hervorhob, wahrscheinlich auch für die ersten Schritte bei der Entwicklung einer Lösung des Problems der Kategoriendeduktion entscheidend.

2.2 Postulate und die Deduktion der reinen Verstandesbegriffe

Bei Lambert erhielten die Postulate die Funktion, als praktische Regeln die allgemeine Möglichkeit der Verbindung einfacher Grundbegriffe zu gewährleisten, um ihnen Objekte zu verschaffen (vgl. Dunlop 2009: 63; Wellmann 2017: 146). Im Bewusstsein dieser Funktion drängt sich aus Sicht der Kantforschung die Frage auf, „what role the analysis of postulates may have played in Kant's idea about the transcendental deduction of the categories" (Laywine 2010: 125)? Die Postulatenlehre bietet auf die Frage, „wie er [=der Verstand; M. H.] reale Grundsätze über ihre Möglichkeit entwerfen soll, mit denen die Erfahrung getreu einstimmen muß und die doch von ihr unabhängig sind" (*Briefe* 10: 131), eine spannende Antwort, denn die Postulate der Geometrie eröffnen dem endlichen menschlichen Intellekt einen Weg, die Übereinstimmung von Denken und Gegenstand durch das Denken a priori zu gewinnen:

> The constructive procedure that I use to generate a circle of any center and radius at the same time generates the universal concept of a circle. [...] Concept and object thus always go together. Indeed, they spring from the same source. That is what establishes a certain relation between them. The relation is such that there can be no talk of the object without invoking the concept, and no use of the concept without invoking the nature of the object. (Laywine 2010: 125f.)

Das dritte Postulat Euklids regelt die Erzeugung des Kreises und garantiert dadurch zugleich dessen objektive Realität – weshalb die Postulate, wie bereits oben bemerkt, die Definitionen kategorisch machen und nicht umgekehrt. Das Postulat stellt eine reziproke Abhängigkeitsrelation zwischen Begriff und Gegenstand her. Mit Schulthess ließe sich sagen, dass „[d]ie Frage nach der Objektivität der Erscheinungen und eo ipso die transzendentale Deduktion [...] primär auf die Objektivität der Gesetze bzw. auf die Realität der Relationen [zielt]" (Schulthess 1981: 258). Das dritte Postulat Euklids leistet genau das: Das Postulat (der allgemeinen Regel der Erzeugung des Kreises) qua Realisierung (Handlung) sichert zugleich die Objektivität des Begriffs (eines jeden derartig erzeugten Kreises). Das mathematische Postulat erlaubet es, die *Aktivität* des Verstandes bei der Konstitution des Gegenstandes (im Sinne vom logisch-epistemologischen „Gegenstand als Etwas überhaupt = x"; *KrV* A104) genauer in den Blick zu bekommen. Das Postulat hat den Charakter einer unbedingten, uneingeschränkten und daher allgemeinen Möglichkeit. Es ist allgemein, insofern es erlaubt, jeden möglichen Kreis zu beschreiben und zwar a priori, „since the relevant constructive procedure is not grounded in experience" (Laywine 2010: 126). Außerdem sind Postulate und Grundbegriffe gegen skeptische Angriffe gefeit, weil sie selbst im Zuge ihrer Anzweifelung vorausgesetzt werden müssen: „every instance of thinking, including the skeptic's attempt at doubting, proves the possibility of the concepts" (Dunlop 2009: 61).

Nun ließe sich einwenden, dass Kant schon früh eingesehen hat, dass die unterschiedliche Materie von Mathematik und Philosophie eine Adaption der mathematischen Methode in der Philosophie verbietet. Diese Einsicht schreibt sich in der *Kritik* fort. Während diskursive Grundsätze der Philosophie „jederzeit noch eine Deduktion [erfordern]" (*KrV* A733/B761), können intuitive Grundsätze im Sinne mathematischer Axiome einer Deduktion entbehren, da die Mathematik „vermittelst der Konstruktion der Begriffe in der Anschauung des Gegenstandes die Prädikate desselben a priori und unmittelbar verknüpfen kann" (*KrV* A732/B760). Zu beachten ist hierbei, dass Kant zufolge zwar die *gegenstandskonstitutive* Konstruktion der Mathematik vorbehalten ist, womit aber dem diskursiven Denken nicht die *erkenntniskonstitutive* Konstruktion abgesprochen wird. Insbesondere in Kants Bestimmung der *produktiven* Einbildungskraft, die eine Vermittlungsposition zwischen Sinnlichkeit und Verstand innehat, wird dieser erkenntniskonstitutive (synthetische) Aspekt deutlich, der allerdings auf durch die Sinnlichkeit Gegebenes angewiesen ist (siehe Zöller, Abschnitt 3, in diesem Band).

Die Anregung, die Kant durch die Postulatenlehre empfangen konnte, ist nicht gleichzeitig der direkte Weg zur Lösung des Deduktionsproblems, sondern macht umgekehrt die Forderung nach einer Deduktion – aufgrund des Unterschieds von Mathematik und Philosophie – vom Standpunkt der *Kritik* aus gesehen noch dringlicher. Wie aus der Forschungsliteratur ebenso wie aus diesem Sammelband ersichtlich wird, ist Kants Lösung der Kategoriendeduktion überaus komplex und vielschichtig. Es wäre daher ein Fehler, die Abhängigkeit zu Lamberts Postulatenlehre überzustrapazieren. Doch es ist auch ein Schritt zur Lösung in der Postulatenlehre Lamberts zu entdecken, weil damit erstmals unbedingte Möglichkeiten als Handlungsfähigkeiten des Subjekts bestimmt wurden, die zugleich die Apriorität und Objektivität von Erkenntnis zu sichern ermöglichen. Dies setzt sozusagen einen Rahmen, indem einerseits die Rechtfertigung als Objektivitätserweis der subjektiven Formen gefordert wird – wobei Kant eine Lösung im Sinne Lamberts[17] ablehnt –, aber andererseits die Ausgangsbedingungen nun so auf dem Tisch liegen, dass durch den radikal kopernikanisch gewendeten Standpunkt, wie er später von Kant eingenommen wird, ein Lösungsweg eröffnet ist:

> [D]ie Erfahrung [...] richte sich nach diesen Begriffen [a priori, die Regeln des Verstandes ausdrücken; M. H.] [...] nach denen sich also alle Gegenstände der Erfahrung notwendig richten und mit ihnen übereinstimmen müssen. (*KrV* Bxvii)

Wie im letzten Abschnitt beschrieben, lässt sich Lamberts konstruktiv-mathematischer Begriff des Postulats als Anstoß für Kants Lösung des Deduktionsproblems dadurch plausibilisieren, dass Kant im Zuge des Aufwerfens des Deduktionsproblems auf ein mathematisches Beispiel aus der Arithmetik zurückgreift (vgl. *Briefe* 10: 131), das sich auch bei Lambert als Postulat findet (*Architectonic* I, 1771: 60, §77). Obschon Kant gerade aufgrund des Unterschieds von Diskursivität und Konstruktivität Philosophie und Mathematik unterscheidet und die Methode der letzteren für erstere als unangemessen klassifiziert und sich gegen die Konstruierbarkeit von Existenz wendet (vgl. *KrV* B221f.), kann ein Einfluss der Postulatenlehre auf Kants Entwicklung einer Lösung des Deduktionsproblems vermutet werden:

---

17 Siehe Anm. 4.

> [I]sn't it possible that the understanding has certain resources that are to experience what Euclid's constructive procedures are to circles and line segments? If so, might it not be the case that we can represent nature to ourselves *a priori*, because somehow we construct a model of it using these resources [...]? (Laywine 2010: 128)

In der äußerst dunklen Reflexion 4684 aus dem *Duisburger Nachlass* ([1773–1775] 17: 670 ff.) spielt Kant mit konstruktiven Gedanken der Geometrie zur Bestimmung des Synthesisbegriffs sowie zur Lösung der Deduktionsfrage – Gedanken, deren Echo noch in den vorhin zitierten Triangel-Beispielen der Kategoriendeduktion, obschon präzisiert und kritisch gewendet, nachhallte:

> Wir stellen uns also das obiect durch ein analogon der construction vor, daß es sich nemlich vor den inneren sinn construieren lasse, nemlich daß, so wie etwas auf etwas anderem folgt, iederzeit, wenn etwas geschieht, es worauf anderes folge, oder daß diese Vorstellung eine von den allgemeinen Handlungen der Bestimmung der Erscheinungen sey, welche darum eine Regel geben, so wie ein Triangel nur nach einer Regel construirt wird und allen zur Regel dient. (*Refl* 4684, 17: 670 f.; vgl. *KrV* A91/B123 f.)

Laywine interpretiert diese Reflexion so, dass Kant hier die „main idea" verfolge,

> that it is possible for us by the power of our understanding to represent a priori objective temporal relations in the order of succession. How? By appealing to some kind of universal rule that allows us to construct what follows what in time, just as we appeal to a certain rule to construct a triangle. This rule will be a postulate of objective time-determination and thus a fundamental principle we use in constructing a priori our model of nature (Laywine 2010: 129).

Postulate sind für Lambert wie für Kant Regeln der Zusammensetzung, sie sind allgemeine, uneingeschränkte Möglichkeiten der Konstruktion. Die Kategorien sind hingegen die Gesetze, die die Erfahrung strukturieren und Erfahrung überhaupt erst möglich machen – oder, wie es in der wahrscheinlich ersten Reflexion zu synthetischen Urteilen a priori hieß: „Solche Satze werden also die Bedingung der Moglichkeit nicht der Dinge, sondern der Erfahrung enthalten" (*Refl* 4634 [1772–1775] 17: 618). Diese Synthesis-Leistung beschreibt Kant bereits hier sowohl als *Regel* als auch als *Handlung:*

> Wenn wir im Raum und in der Zeit etwas setzen, so handeln wir; wenn wir es neben und nach einander setzen, so verknüpfen wir. Diese handlungen sind nur Mittel, iene stelle zu stande zu bringen; aber man kann sie besonders nehmen; wenn wir einerley etliche mal oder in der einen Handlung zugleich die andre setzen, so ist dieses eine Art von Handlungen, wodurch wir etwas der Regel der Erscheinungen gemäß setzen, wobey dieses setzen eine besondere Regeln haben muß [...]. (*Refl* 4634 [1772–1775] 17: 619)

Da sich Kant gegen eine konstruktive Auffassung wehrt,[18] bereitet ihm die Rechtfertigung der objektiven Gültigkeit der subjektiven Bedingungen des Denkens große Schwierigkeiten, die eine konstruktive Auffassung nicht hätte.

> Either way, isn't it remarkable to think that any of the categories might be, or license, constructive procedures? (Laywine 2010: 129)

Gegen diese Vermutung lässt sich zwar festhalten, dass es Kant nicht möglich ist, die Kategorien als konstruktive Akte – im Sinne der Mathematik – aufzufassen, denn ansonsten wäre der schmale Grat, auf dem er zum subjektiven Idealismus/Solipsismus wandelt, überschritten. Die Vermeidung dieses Eindrucks war es, die Kants Überarbeitung der Kategoriendeduktion in der B-Auflage der *Kritik* zugrunde lag und zur Folge hatte, dass Anklänge an die kognitive Psychologie vermieden wurden, zugunsten einer strengeren Grundlegung auf die Erkenntnislogik. Kants Verwendung mathematischer Beispiele in beiden Deduktionen und damit sein Rückgriff auf mathematische Postulate haben den Zweck, die Handlungen des Verstandes besonders deutlich hervortreten zu lassen und qua Rückgriff auf die Konstruktion in reiner Sinnlichkeit dem Eindruck kognitiver Psychologie entgegenzuwirken. Den Kategorien kann ein konstruktiver Aspekt nicht abgesprochen werden, da es die Aufgabe der gesamten Transzendentalen Analytik sowie speziell der Kategoriendeduktion ist, die *konstruktive Kooperation* von Sinnlichkeit und Verstand zu demonstrieren und die beiden elementaren Erkenntnisvermögen zusammenzuführen – und diese *konstruktive Kooperation* kann nicht dem passiven Vermögen der Sinnlichkeit, sondern muss dem aktiven Vermögen des Verstandes/Denkens obliegen (vgl. Zöller, Abschnitt 3, in diesem Band).

Laywines Insistieren auf einem Einfluss der Postulatenlehre auf den Weg der Lösung des Deduktionsproblems ist also plausibel. Die Postulate geben ein Modell dafür an, wie sich die objektive Realität subjektiver Gedankenformen überhaupt für den endlichen menschlichen Verstand rechtfertigen lassen könnte.

Noch in der kritischen Philosophie Kants werden die Kategorien als Regeln der Zusammensetzung und zugleich als elementare Denkhandlungen verstanden. Diese handlungstheoretische Dimension ist ein Erbe, das Kant vor dem Hintergrund von Lamberts Postulatenlehre antritt.

---

[18] „Die reale *synthesis* ist uns nicht blos in der Empfindung gegeben, kann auch nicht construirt werden" (*Refl* 4674 [1773–1775] 17: 646,17–19). Bereits im Brief an Herz vom 21. Februar 1772 schließt Kant für die Deduktionsfrage die konstruktive Gegenstandskonstitution aus (vgl. *Briefe* 10: 130).

Lamberts Einfluss ist kaum zu unterschätzen, weil Kant in das Zentrum seiner Reform der Metaphysik die Bedingungen der Möglichkeit von Erfahrung stellt, die durch die Form- oder Funktionsbestimmungen als Regeln des reinen Verstandes allgemeine, unbedingte Möglichkeiten – d. h. ganz unabhängig von spezifischen Bestimmungen/Beschaffenheiten zu bestimmender Objekte – ausweisen. Es ist klar, dass die Kategorien allgemein sind, dass aber deren Allgemeinheit keine Abstraktionsallgemeinheit ist, sondern eher der von Lambert eingeführten Möglichkeitsallgemeinheit (siehe 3) entspricht. Die Postulate als Regeln der Zusammensetzung a priori bieten eine Grundlage, von der aus sich eine solche Theorie entwickeln lässt; eine Theorie, der allein ein strenger Status von Apriorität zukommen kann (siehe 4).

Schulthess gab bereits in seiner Interpretation der Reflexion 4634 ([1772–1775], 17: 616–619) einen etwas kryptischen Hinweis auf die Verbindung der synthetischen Urteile a priori und der Postulatenlehre Lamberts als entscheidenden Impuls für Kants Entwicklung synthetischer Urteile a priori:

> Kant stellt hier u. W. zum ersten Mal explizite das *Programm der synthetischen Urteile a priori* auf, und zwar im Zusammenhang mit der brennenden Frage nach der Realität (bzw. objektiven Gültigkeit) der Relationen. Ein Indiz mehr also, daß die transzendentale Frage als Frage nach der Realität der Relation zu verstehen ist. Erwähnt sei noch, daß auch *Lambert* synthetische und analytische Urteile in seiner Grundlehre forderte: die sogenannten Postulate, die, im Gegensatz zu den analytischen Grundsätzen, eine ‚synthetische Theorie der Dinge' konstituieren (Architektonik § 524). (Schulthess 1981: 257, Anm. 91)

Diese Vermutung, dass Lamberts Postulatenlehre für Kants Entwicklung der synthetischen Urteile a priori entscheidend ist und damit den Weg zur Lösung des Problems der Kategoriendeduktion ebnete oder zumindest einen Impuls gab, in welche Richtung dieser Weg zu beschreiten sein musste, konnte durch die Quellenuntersuchung plausibilisiert werden. In der Reflexion 4634, auf die sich Schulthess bezieht, findet sich als Beispiel für synthetische Urteile a priori der Grundsatz (bzw. das Axiom) „zwischen zwey Punkten kann nur eine gerade Linie seyn" (*Refl* 4634 17: 617). Solche „axiomaten" sind Beispiele für

> urtheile *a priori*, die doch synthetisch seyn und darum von keiner Erfahrung abgeleitet werden können, weil sie so wohl eine wahre allgemeinheit, mithin nothwendigkeit enthalten, als auch lauter Begriffe in sich fassen, welche aus der Erfahrung nicht haben geschopft werden können (*Refl* 4634 17: 617).

Solche synthetischen Urteile a priori sind *a priori* im Sinne von *erfahrungsunabhängig* und zugleich kommt ihnen eine „*wahre allgemeinheit*"[19] zu. Da dies anscheinend die erste Erwähnung synthetischer Urteile a priori ist und diese Erwähnung nach meiner Ansicht – in Übereinstimmung mit Schulthess – mit Lamberts Postulatenlehre in Verbindung steht, müssen diese beiden Begriffe im Folgenden noch enger mit Lamberts Postulatenlehre in Verbindung gebracht werden. Zum einen wurde noch nicht erörtert, aber bereits darauf hingewiesen, dass es sich bei Postulaten um allgemeine uneingeschränkte Möglichkeiten handelt (3). Zum anderen entwickelt Lambert kritisch einen innovativen Begriff der Apriorität, der für Kant wegweisend war (4).

3 Begründung einer neuen Allgemeinheit

Viele Autoren weisen darauf hin, dass Kants Kategorienlehre als eine Lehre der Elementarbegriffe stark von Lamberts neuer – an Leibniz anschließender und durch Lockes Anatomie des Verstandes vermittelter – Grundlegung der Erkenntnistheorie und Metaphysik durch seine Theorie einfacher Begriffe a priori (und ihrer Kombination im Sinne einer mathematischen *ars combinatoria* und *ars inveniendi*) inspiriert werden konnte, da ihre Funktion als Grundbegriffe a priori der Funktion der Kategorien bei Kant stark ähnelt (König 1884: 312; Riehl 1876: 183 f.; Schulthess 1981: 109; 155; 295, Anm. 10; vgl. *Architectonic* I, 1771: 57, §74; Sturm 2018: 133; Pelletier 2018: 55–76).[20]

---

[19] Schulthess bemerkt, dass Lambert der Erkenntnis a posteriori die Möglichkeit der *wahren Allgemeinheit* abspricht (*Dian.*, Organon 1764: 421 f., §656) und in Abgrenzung dazu einen strengen Begriff von Apriorität entwickelt. Als „[e]in weiteres Requisit der wahren Allgemeinheit formuliert er [=Lambert; M. H.] in der Architektonik, seiner Grundlehre, die im eigentlichsten Sinne eine Kategorientheorie ist: die wahre Allgemeinheit soll alle Varietäten und Spezialfälle enthalten (Architektonik §. 193)" (Schulthess 1981: 257, Anm. 90). Dieses zweite Merkmal erlaubt es Schulthess, in Lamberts Terminus wahrer Allgemeinheit einen zentralen Aspekt des Funktionsbegriffs, der das Hauptinteresse von Schulthess bildet, zu erkennen.

[20] Anders sieht es Psilojannopoulos, der Baumgartens *praedicata entis generalia* als historische Quelle für die Idee der Grundbegriffe anführt, obschon er bemerkt, dass „Lambert einen Schritt weiter geht, wenn er [...] die materialen Grundlagen der Begrifflichkeit erforschen will" – womit der Gegenstandsbezug in den Blick genommen wird (2013: 362). Psilojannopoulos zufolge ist es der bereits angesprochene Realismus Lamberts, der Lambert gänzlich von einem kritischen Projekt im Sinne Kants entfernt: „Die Außenwelt bietet uns nicht nur ‚Stoff und Gehalt des Vorstellens', wie A. Riehl schreibt, die metaphysische Wahrheit erscheint als eine schon konstruierte, und das Begriffliche sieht in ihr mit dem Dinglichen verschmolzen aus. Die unreflektierte Annahme der Außenwelt bleibt bei Lambert, wie bei den übrigen Vertretern der Aufklärung, *das Faktum*, das die Entwicklung einer ‚logisch-metaphysischen Aufgabe', wie es die Kategorienlehre

Die Methode, das Einfache in der Erkenntniss zu bestimmen, zielte auf eine Kategorienlehre. Denn die Aufgabe einer solchen Lehre ist, die Elemente des Bewusstseins und damit die Elemente der Auffassung und Erscheinung zu finden. Kategorien sind die einfachen, letzten Prädicate von den Dingen, die allgemeinen Principien ihrer Beurtheilung. Daher ist eine Kategorienlehre niemals reine Sache der Logik, sondern immer zugleich, ja vorwiegend eine Angelegenheit der Metaphysik, sie ist eine logisch-metaphysische Aufgabe. (Riehl 1876: 183 f.)

Die Kategorie gründet auf Funktionen. Sie ist der durch die Funktion selbst in gewisser Weise bestimmte Argumentbereich der Funktion, der als solcher die Bestimmungen des *Denkens eines Gegenstandes* überhaupt ausmacht, der also reine Form des Denkens eines Gegenstandes ist. [...] Damit verbindet Kant seine Kategorienlehre mit dem *zweiten Traditionsstrang*, den Leibniz inaugurierte und Lambert fortsetzte, wonach nämlich Kategorien die *einfachen Grundbegriffe* sind. Sie sind hier nicht extensional verstandene oberste Genera, sondern intensional verstandene erste Inhaltselemente. (Schulthess 1981: 295)

Lambert gelangt zu diesen inhaltlichen Grundbegriffen durch eine Methode der Auflösung (Analysis). Die analytische Methode der Begriffszergliederung erfreute sich im 18. Jahrhundert allgemeiner Beliebtheit. Sie kann als die Methode der Definition verstanden werden (Heimsoeth 1913: 20; Lenders 1971: 37) und diente dazu, einen Begriff klar und deutlich zu machen. Diese Methode ergibt sich aus der damals vorherrschenden Begriffstheorie in Verbindung mit der von Descartes eingeführten und von Leibniz konkretisierten Unterscheidung zwischen *notio clara et distincta*, die Leibniz in seinen *Meditationes de cognitione, veritate et ideis* (1684) weiterentwickelte (vgl. Martin 1967: 213; Lenders 1971: 34–36). Da die Klärung eines Begriffs durch die Zerlegung in Teilbegriffe in der *definitio* erfolgte, lag es nahe, dass eine solche Zerlegung letztlich bis auf unauflösliche Grundbegriffe führen könnte (vgl. Leibniz 1880 [1684]: 423). Weder Leibniz noch Wolff sind von der Möglichkeit überzeugt, letztlich auf solche einfachen, unauflösbaren Grundbegriffe gelangen zu können (vgl. Martin 1967: 213). Wolff gab diese Idee von unauflösbaren Grundbegriffen sogar ganz auf.[21]

---

im Sinne Kants war, verhinderte, und deswegen kann sie als Zeichen ‚unkritischen Denkens' betrachtet werden." (Psilojannopoulos 2013: 391 f.)

21 Unter einfachen Begriffen verstand Wolff „nur solche, denen keine fremde und veränderlichen Merkmale eingemischt sind, die folglich bloß aus dem wesentlichen bestehen", was nach Lambert genauer als „ideam incomplexam" hätte bezeichnet werden sollen (*Aleth.*, Organon 1764: 478, §38, vgl. Lenders 1971: 95). Bezüglich der Bedeutung der *notio simplex* bei Wolff stellt Lenders in Übereinstimmung mit Martin fest, „daß man sich gar nicht weiter vom Leibnizschen Begriff der *notio simplex* entfernen kann, als *Wolff* es getan hat" (Lenders 1971: 95, vgl. Martin 1967: 215). Diese Bestimmung der Abweichung Wolffs von Leibniz stimmt völlig mit Lamberts Kritik an Wolffs *notio simplex* überein.

Lambert zufolge folge Wolff zwar „Leibnizens Analyse der Begriffe" (*Architectonic* I, 1771: 8, §11), aber wird durch dessen „Bestimmen [...] der Begriff nicht analysirt" (*Architectonic* I, 1771: 6, §7). Lamberts umfassende Kritik am Stellenwert, aber auch an der Methode der Definition bei Wolff und seinen Anhängern lässt nicht zu, dass man sich unter der Auflösung, die zu den einfachen Grundbegriffen führen soll, eine Zergliederung eines Begriffs in seine Teilbegriffe vorstellt. Das Hauptproblem des Definierens lag darin, dass äußere Merkmale und Verhältnisbegriffe (vgl. *Architectonic* I, 1771: 11 f., §13) in die Definitionen einbezogen wurden, die weder klar von einfachen Begriffen noch von inneren Merkmalen unterschieden wurden.[22] Aus diesem Grund waren logische Zirkel im Beweisen und Definieren unvermeidbar (*Architectonic* I, 1771: 38, §42; 163, §200; 8, §11; vgl. *Aleth.*, Organon 1764: 519, §125) und es musste „immer das Ansehen habe[n], als wenn des Definirens und Beweisens kein Ende wäre" (*Architectonic* I, 1771: 19, §22).

Für Lambert war das Grundproblem der bisherigen Metaphysik, dass man meinte, die Grundlehre

> müsse mit einem Register von Definitionen anfangen, und man dörfe kein Wort gebrauchen, welches nicht in diesen Definitionen vorkäme. Daher scheint es auch gekommen zu seyn, daß man in der Ontologie auch die allerklärsten Wörter zu definiren, und die Definitionen so unter einander zu ordnen suchte, daß keine logischen Circel darinn vorkämen, die aber nach der Art, wie man dabey verfahren, nicht wohl zu vermeiden waren, (§. 22. 27.). Die Frage, wo man damit anfangen, und wie man fortsetzen solle, war immer die schwerste, und kam nothwendig vor, so lange man dem Definiren weder ein Ziel setzte, noch dasselbe kannte (vgl. *Architectonic* I, 1771: 32, §36).

Entscheidend ist, dass aufgrund des weder gesetzten noch bekannten Ziels des Definierens solche Metaphysik insgesamt an Unordnung und Scheinsystematik krankte, da sich auf diese Art unmöglich ein Anfang finden lässt. Als höchst problematisch wird die (subjektive) Präformation der Definition angesehen, d. h.,

> daß Wolf die Zweifel und Schwierigkeiten, die man vorhin in der Metaphysic gefunden, ohne es zu wissen, und unvermerkt in die Definitionen geschoben, oder die Begriffe dergestalt definirt habe, daß sich gewisse Sätze, die er für wahr hielte, und die eben dadurch bey ihm

---

[22] Lambert hebt kritisch gegen Wolff hervor, dass es bei der Analysetechnik von Leibniz nicht um äußere Merkmale, die immer Verhältnisbegriffe sind, geht, sondern um innere Merkmale. Diese Einsicht übernimmt Kant bei der Bestimmung der Realdefinition, die immer auf innere Merkmale abziele (vgl. etwa *Log-Wien* 24/2: 919).

den Begriff so und nicht anders bildeten, daraus herleiten ließen (*Architectonic* I, 1771: 9, §11).²³

Lambert verstand die methodische Auflösung, die für ihn mit dem Definieren nicht zusammenhing, völlig anders als seine Zeitgenossen. Diese methodische Grundlage der Grundwissenschaft Metaphysik bei Wolff und Baumgarten kritisierte er aufs Schärfste durch die Feststellung, dass deren Begriffsanalyse ins Bodenlose ging und die Reinheit des Verstandes nie erreichte (*Architektonik* II, 1771: 309, §685, vgl. Pelletier 2018: 57f.). Die Analyse lässt für die Zwecke der Grundlehre keine Hoffnung zu.²⁴ Aber ebenso scheitert, wie ich im Folgenden kurz darstelle, für Lambert auch das Abstraktionsverfahren.²⁵

Begriffe der Metaphysik, die „überhaupt nur in das Reich der Wahrheiten gehören sollen", wobei wir „auf die Möglichkeit und Gedenkbarkeit" (*Architectonic* II, 1771: 131, §511) allein achten, müssen formal widerspruchsfrei (symbolisch möglich), darüber hinaus auch wirklich sowie erfahrungsunabhängig (a priori) sein. Lambert bemerkt, dass sich das Abstraktionsverfahren für den Zweck, Begriffe zu bilden, die in das Reich der Wahrheit gehören, nicht eignet, denn jeder qua Abstraktion gewonnene Begriff bleibt an die Erfahrung rückgebunden, an der

---

23 Im Brief an Kant von 1766 betont Lambert diese Schwäche Wolffs erneut: „3. Ist es in der That noch so unausgemacht, was man bey der Materie eigentlich zum Grunde legen sollte. Wolf nahme Nominaldefinitionen gleichsam gratis an, und schob oder versteckte, ohne es zu bemerken, alle Schwürigkeiten in dieselben." (*Briefe* 10: 64) Dieser Vorwurf bestätigt sich in Lamberts konkreten Analyse der Bestimmung der Parallellinien durch Wolff, dem er den Fehler der Erschleichung (*vitium subreptionis*) nachweist (vgl. Lambert 1786: 142–145).
24 „Autrement dit, la profondeur [Tiefsinngkeit] de l'analyse des concepts n'atteint jamais le fond de l'entendement pur ni les concepts véritablement fondamentaux – précisément parce qu'elle les considère de manière isolée pour en donner des définitions, au lieu de les comprendre au sein de ‚locutions complètes', à savoir au sein des axiomes et des postulats. La pureté ne s'obtient pas par analyse." (Pelletier 2018: 58) Gerade deshalb ist Schulthess gegen Psilojannopoulos zuzustimmen (siehe Anm. 20), da erst Lambert Kant auf die Idee einfacher Grundbegriffe als Basis der Metaphysik bringen konnte, während Baumgartens *praedicata entis generalia* ungeeignet waren, den Boden der Reinheit zu erreichen.
25 Wolff machte keinen Hehl daraus, dass für ihn weder die Methode der Abstraktion noch die der Analyse zur Reinheit führen könne: „Weil nun unser Verstand niemahls ganz rein ist (§. 285), so kan er auch den höchsten Grad der Scharfsinnigkeit nicht erreichen. Und daher können wir nicht alles, was in denen Dingen ist, ergründen: denn wir sagen, daß wir etwas *ergründen*, wenn wir alles deutlich begreifen, was in ihm anzutreffen ist." (Wolff, *Deutsche Metaphysik*, 1733: 528, §852) Lambert bestimmt die Reinheit des Verstandes anders als Wolff, nämlich als „Wegseyn fremder Bilder und des sinnlichen Scheines" (*Architectonic* II, 1771: 309, §685). Lambert fasst gegen Baumgarten Reinheit als Einheit auf, die keine Gradation zulässt. Lamberts Theorie der Reinheit findet sich in der Phänomenologie (*Phaen.*, Organon 1764: 294–298, §§119–125).

er sich zu bewähren hat, sei er auch noch so abstrakt. Dies wird durch Lamberts klare Auffassung der Lösung des Universalienstreits deutlich – bei der Wolffs Empiriorationalismus kein geringer Verdienst zukam[26] (vgl. Lenders 1971: 77).

> Der Streit hörete endlich so auf, daß man anfieng in der Ontologie so ziemlich einmüthig, und in Form einer definitiven Sentenz, zu sprechen: daß die allgemeinen Dinge schlechthin nur in den ihnen untergeordneten einzeln Dingen existiren. Dadurch wurde aber das ontologische Hauptstück vom Allgemeinen und Besondern sehr entblößt, weil außer dieser Sentenz und der Erklärung der Wörter, allgemein, besonder, einzeln, Gattung, Art etc. nicht viel anderes darinn vorkommen konnte. Ja da diese Erklärungen eigentlich zur Form der Erkenntniß gehören, und daher bereits in der Vernunftlehre vorkommen mußten, so blieb außer der erst angeführten Sentenz weiter nichts mehr zu sagen. (*Architectonic* I, 1771: 121, §161)

Das Abstrahieren, als Verfahren des Weglassens von spezielleren Bestimmungen, verändere außerdem die Begriffe (vgl. *Architectonic* II, 1771: 134, §516). Bezüglich dieses Vorgehens verkneift sich Lambert eine gewisse Polemik nicht. Dabei

> stellt man sich die Dinge der wirklichen Welt in einer solchen Reihe oder Kette vor, die stufenweise vom Staube bis zum ersten der Erzengel geht, und setzet, daß in dieser Reihe die Glieder vollzählig, und die Rangordnung nach jeden Stufen da sey (*Architectonic* II, 1771: 132, §513).

Aufgrund der Ungeeignetheit der Abstraktion für den Gewinn von Begriffen, die „in das Reich der Wahrheit gehören", bestand ein Kardinalfehler der bisherigen Metaphysik für Lambert darin, dass man das Einfache „in der Metaphysic durch das Abstrahiren zu finden, oder wenigstens demselben näher kommen zu können geglaubet" (*Architectonic* II, 1771: 133, §515) hat. Lambert bemerkt ironisch, dass die qua Abstraktion gewonnenen Begriffe intensional gesehen einfacher sind, da sie weniger Merkmale enthalten. Aber das sei eben nicht mit dem gesuchten Einfachen gemeint. Ein wesentliches Problem des Abstraktionsverfahrens ist, dass dabei Verwirrung entsteht, weil auf die verschiedenen Absichten, in denen die Abstraktion geschehen kann, nicht geachtet wird. Außerdem wird bei der Abstraktion neben speziellen Bestimmungen der Begriffe häufig auch viel Allgemeines weggelassen. Der eigentliche Zweck der Abstraktion ist allerdings auch gar nicht das Einfache zu erhalten, sondern das Allgemeine der spezielleren Begriffe – die so gewonnene Allgemeinheit ist also eine des Umfangs, Extensionsallgemeinheit (vgl. *Architectonic* II, 1771: 133f., §515f.).

---

26 „*Genera & species non existunt, nisi in individuis.*" (Wolff, *Lateinische Logik*, 1728: 138, §56)

Der „Begriff eines Dinges überhaupt, oder in der Allgemeinheit, wie derselbe in der Metaphysic genommen wird, [ist; M. H.] im geringsten nicht einfach" (*Architectonic* II, 1771: 139, §521), „sondern gleichsam ein Sceleton, allgemeines Bild, Abdruck, Schattenriß von den Individuis ist" (*Architectonic* II, 1771: 140, §522). Das liegt daran, dass „man alle Fundamenta divisionis, und mit diesen auch die Fundamenta subdivisionum mit in seinen Umfang nehmen soll [d. i. nach §517‚die Möglichkeit, das eine oder andere zu seyn'; M. H.], wie es die vollständige Sacherklärung erfordert" (*Architectonic* II, 1771: 140, §521). So gesehen ist ein durch Abstraktion gewonnener allgemeiner Begriff gar nicht einfach, sondern äußerst zusammengesetzt (vgl. *Architectonic* II, 1771: 142, §523). Lambert weist darauf hin, dass die Möglichkeit eines höheren Begriffs, in die unter ihm befindlichen niederen Begriffe eingeteilt zu werden, als Möglichkeit in diesem höheren Begriff enthalten bleiben muss – was von den meisten Philosophen vergessen wurde. Was ebenfalls häufig vergessen wurde: Diese Einteilung kann nach ganz unterschiedlichen Hinsichten (Absichten, d. s. Grundlagen der Einteilung) geschehen, die allesamt ebenfalls im jeweils höheren Begriff als Möglichkeiten mitgenommen werden müssen, eine Erinnerung, durch die ein so hoher bzw. abstrakter Begriff wie das Ding überhaupt als ein unendlich komplex zusammengesetzter Begriff allererst bewusst wird. Durch diese kritische Diagnose der komplementären Verfahren von Analyse und Abstraktion entwickelt Lambert die Kritik an einer – in der Metaphysik geforderten – von der Worterklärung (Nominaldefinition) unterschiedenen Sacherklärung (Realdefinition), bei der, will sie diesen Schattenriss gleichsam wieder real machen, „des Analysirens und Definirens (§. 7. 27.) kein Ende sey" (*Architectonic* II, 1771: 141, §522).[27]

Wie Lambert aufzeigt, sind beide Verfahren für die Metaphysik ungeeignet, weil so eine Systematik bloß im Sinne einer „locale[n] Ordnung" möglich ist, die „Ordnung nur Stückweise, im Ganzen aber schlechthin eine absolute Unord-

---

[27] Diese Feststellung ähnelt Kants Ablehnung (in den Logik-Vorlesungen ab 1780) eines niedrigsten Artbegriffs (ab 1780 *repraesentatio singularis* oder *cognitio infima*) und damit einhergehend seiner Ablehnung einfacher Begriffe (Begriffe, die nicht allgemein wären, deren Extension genau ein Ding umfassen würde und deren Intension demnach als unendlich anzunehmen wäre, im Sinne des Prinzips der durchgängigen Bestimmung; vgl. hierzu Hammer 2018). „Der conceptus infimus läßt sich nicht bestimmen, denn so bald ich einen Begrif habe, den ich auf individua anwende; so wäre es doch möglich, daß unter den indiuiduis (ob ich gleich keinen Unterschied mehr mache) doch noch kleinere Unterschiede statt finden. Die niedrigste Erkenntnis ist die Anschauung, weil sie nur auf was einzelnes geht" (*Log-Hechsel* Unveröffentlichte Nachschriften II: 399). Lamberts Einsicht in die Unmöglichkeit von Sacherklärungen empirischer Dinge (von Individuen) ist außerdem Kants Kritik der Vollständigkeit von Definitionen vergleichbar: „Die *completudo* der *analysis* ist niemals gewiß (die eines empirischen Begriffs unmöglich)" (*Refl* 2951 [1778–1781] 16: 585, vgl. *Refl* 2961 16: 587, *Refl* 2983 16: 600).

nung" erreicht wird, jedoch nicht die eigentlich erforderliche „gesetzliche [Ordnung, die; M. H.] bey den einfachen und unbedingten Möglichkeiten anfängt, und eben dadurch einen ganz andern Weg geht" (*Architectonic* II, 1771: 142f., §523).

Lambert gewinnt die Elementarbegriffe, Postulate und Grundsätze nicht durch Abstraktion, sondern durch das direkte Gegenteil, das er als Auflösung oder Zergliederung (Analysis) bezeichnet, dem er aber ein klares Ziel setzt, das mit dem Definieren nichts zu tun hat. Eben dies macht für ihn die spezifische Differenz, „den Unterschied der bisherigen Ontologien und ihrer Ordnung von der gegenwärtigen" aus (*Architectonic* II, 1771: 136, §518).

> Wird hingegen ein Begriff in jede seine einfachen Merkmale und Theile aufgelöset, damit man den wahren Umfang[28] desselben bestimmen oder finden könne, was er alles in sich enthält, so ist dieses Verfahren von dem erst gemeldeten Abstrahiren verschieden, weil man hier den Begriff an sich betrachtet, und denselben läßt, wie er ist, bey dem Abstrahiren aber das allgemeinere besonders nimmt, und den Begriff eben dadurch mit andern vergleicht, (§. 178.). (*Architectonic* II, 1771: 134, §516)

Es geht Lambert nicht darum, das Ähnliche von unterschiedlichen Begriffen aufzusuchen und durch Abstraktion zusammenzunehmen – wobei die Unterschiede und Eigenheiten weggelassen werden –, sondern sein Ziel ist es, das Einfache, das Elementare, den „Grund von der Möglichkeit der Dinge" (*Architectonic II*, 1771: 142, §523) zu gewinnen. Denn nur „nach eben dieser Art zu verfahren [lässt sich; M. H.] zu einem wissenschaftlichen Systeme von wesentlichen Eintheilungen gelangen, wobey alles genau abgezählt werden könne" (*Architectonic* II, 1771: 144, §524).

Während beim Abstrahieren „das Allgemeine nach den Aehnlichkeiten (§. 178)" gewonnen wird, so erhält man „bey dem Auflösen aber das Einfache" (*Architectonic II*, 1771: 134, §517). Beim Abstraktionsverfahren „abstrahirt man [...] von dem, was man bey dem vollständigen Auflösen eines Begriffes in seine einfachen Merkmale eigentlich suchet" (*Architectonic* II, 1771: 134f., §517). Diese *ganz andere Art*, dieses Auflösen, hat einen entscheidenden systematischen Vorteil, denn es „findet sich allerdings hiebey ein Anfang" für die Metaphysik als (gesetzlich geordnete) Wissenschaft (*Architectonic* II, 1771: 142, §523). Hierbei wird gewusst, was man suchen soll und finden will, wie dies anzustellen ist und welcher systematische Ort dem derart Gesuchten und Gefundenen zukommt: der Anfang. Das nun in Abgrenzung zur Abstraktion beschriebene Auflösen ist aber gar kein Zergliedern von Begriffen in ihre Teilbegriffe, wie sich vermuten ließe. Es ist vielmehr die

---

[28] Umfang meint bei Lambert Begriffsintension; Extension wird Ausdehnung genannt.

Bestimmung „allgemeine[r] und unbedingte[r] Möglichkeiten", wie §523 deutlich macht:

> Man muß nämlich *statt allgemeiner Aehnlichkeiten* (§. 178.), wodurch die Dinge stufenweise in Arten und höhere Gattungen unterschieden und eingetheilet werden, *allgemeine und unbedingte Möglichkeiten* und deren eigentliche Subjecte (§. 13. 14. 514.) aufsuchen.
> Diese letztere Allgemeinheit ist nun von der erstern merklich verschieden, weil man *erstere* so nimmt, daß sie *auf alle Dinge gehe*, hingegen hat *letztere ihr eigen Subject*, und bey diesem ist sie *uneingeschränkt*. (*Architectonic* II, 1771: 141, §523; Hervorhebung M. H.)

Lambert unterscheidet hier also zwei Arten von Allgemeinheit: Allgemeinheit im Sinne der Abstraktion ist die extensionale Allgemeinheit von Begriffen qua Ähnlichkeit, die „auf alle Dinge gehe[n]". Dagegen führt nun Lambert eine ganz andere Art von Allgemeinheit ein, die er als „allgemeine und unbedingte Möglichkeiten" beschreibt, die „uneingeschränkt" bei ihrem „eigen Subject" sind. Ein Beispiel soll den Unterschied dieser beiden Allgemeinheiten verdeutlichen:

> Z. E. daß ein in Bewegung gesetzter Körper eine Direction und Geschwindigkeit habe, ist ein Satz, welcher in der erstern Absicht allgemein ist, weil darinn *alle bewegte Körper einander ähnlich* sind. Hingegen daß ein Körper nach jeder Richtung und mit jeder Geschwindigkeit in Bewegung gesetzet werden könne, ist eine Allgemeinheit von der andern Art, oder eine *uneingeschränkte Möglichkeit*.
> Die erstere Art von Allgemeinheit geht auf das Subject, so daß man saget: Alle *A* sind *B*.
> Die andere aber auf das Prädicat, so daß man saget: *A* kann, nach jeden Modificationen des *B*, *B* seyn. (*Architectonic* II, 1771: 142 f., §523)

Im ersten Beispiel für die Abstraktionsallgemeinheit wird als gemeinsames Merkmal *aller* bewegten Körper Direktion und Geschwindigkeit angeführt:

> Alle AB (bewegten Körper) sind a (haben Direktion und Geschwindigkeit).

Diese Allgemeinheit betrifft die Subjektstelle des Urteils. Direktion und Geschwindigkeit sind schon analytisch im Begriff der Bewegung enthalten. Im zweiten Beispiel hingegen, das die Prädikatstelle des Urteils betrifft, wird umgekehrt die *uneingeschränkte Möglichkeit* vom Körper *praktisch* (Möglichkeit ist hier nicht modal zu verstehen, sondern im Sinne von Postulaten, also als Tunlichkeit, Machbarkeit oder Fähigkeit) ausgesagt:

> B (Körper) kann A (bewegt) sein, gleichgültig (bzw. unabhängig davon) welche Modifikationen a (der Direktion und Geschwindigkeit) ihm auch zukommen.

Das Beispiel verdeutlicht, dass die uneingeschränkte Möglichkeit eine völlig andere Art von Allgemeinheit als die Abstraktionsallgemeinheit ist. Während im ersten Beispiel der Abstraktionsallgemeinheit *alle* bewegten Körper sich darin ähnlich sind, dass ihnen Direktion und Geschwindigkeit zukommt, so ist die uneingeschränkte Möglichkeitsallgemeinheit, dass ein Körper nach *jeder* Richtung und nach *jeder* Geschwindigkeit in Bewegung gesetzt werden kann. Hier wird nicht das qua Definition Gegebene, sondern die Machbarkeit und Fähigkeit betont. Die Auflösung ist also dasjenige Verfahren zur Gewinnung der Elementarbegriffe und Postulate, denn wie bereits gezeigt wurde, sind dies eben die uneingeschränkten, unbedingten Möglichkeiten. Es ist wichtig zu bemerken, dass Lamberts Reform der Metaphysik einen anderen Begriff der Allgemeinheit, Tunlichkeits- bzw. Möglichkeitsallgemeinheit, zu etablieren unternimmt, um eine strenge Apriorität der Grundlehre zu gewährleisten (siehe 4).

Die Auflösung ist ein Verfahren, bei dem nicht wie beim Abstrahieren die Merkmale, die mehreren Dingen oder Begriffen gemeinsam sind, herausgenommen werden, bei dem also auf die Gleichartigkeit geachtet wird, sondern

> bey dem Auflösen eines Begriffes in seine Merkmale bleibt man bey dem Begriffe selbst, und sucht darinn, nicht das Gleichartige oder Aehnliche mit andern Begriffen, sondern das Ungleichartige in dem Begriffe selbst und die Möglichkeit auf, wie dasselbe beysammen seyn kann, und damit geht man schlechthin nur so weit, bis man auf einfache Ungleichartigkeiten kömmt (*Architectonic* II, 1771: 144 f., §525).

Lamberts Bestimmung der Auflösung zeigt, dass einfache Begriffe und Postulate als unbedingte Möglichkeiten, also im Sinne der von der Abstraktionsallgemeinheit unterschiedenen Möglichkeitsallgemeinheit zu interpretieren sind (vgl. *Architectonic* II, 1771: 133, §514).[29] Dabei wird dies als „einfache Ungleichartigkeiten" (=Grundbegriffe) sowie deren Möglichkeit „beysammen [zu]seyn" (=Postulate) verstanden. Das Auflösen zielt also gar nicht auf das Auseinanderlegen eines Begriffs in seine Teilbegriffe bzw. Merkmale, sondern es sucht ganz bestimmte grundlegende Elemente und ihre Verbindung. Durch die Auflösung wird das Ungleichartige in dem Begriff selbst erfasst. Die Grundlegung der Metaphysik auf die qua Auflösungsmethode gewonnenen einfachen Begriffe bedeutet demnach, dass die Metaphysik nicht mehr allgemeinste Begriffe, sondern unbedingte Möglichkeiten herausarbeiten muss. Das sind nicht weiter reduzierbare und voneinander wesentlich unterschiedene Elemente und die allgemeinen Möglichkeiten ihrer Verbindung bzw. Zusammensetzung.[30]

---

[29] „Die *Postulata* im Reiche der Wahrheit enthalten allgemeine und unbedingte Möglichkeiten." (*Aleth.*, Organon 1764: 579, §246)

[30] Dass Kant genau in diese Richtung eine Doppeldeutigkeit des Begriffs von Allgemeinheit reflektiert, zeigt sich auch in der Bestimmung der transzendentalen Bedeutung der Allgemeinheit eines Begriffs im Sinne des Erkenntnisgrundes bzw. der Anwendung. „Die allgemeinheit beruht

Dies ist eben der Weg, den Kant – durch die kopernikanische Wende merklich modifiziert – einschlagen wird und wodurch die Funktions- und Formbestimmungen für die kopernikanisch gewendete Grundlegung der Metaphysik entscheidend werden, der es um die Bestimmung der *Bedingungen der Möglichkeit* von Erfahrung geht.

Kant griff tatsächlich zur Gewinnung der elementaren Funktionen des Denkens in Urteilen nicht auf das Abstraktionsverfahren, sondern auf dasjenige der Auflösung zurück.

Schon in der bereits oben erwähnten Reflexion, die vermutlich die erste Erwähnung der Synthesis a priori enthält, beschreibt Kant das Verfahren, um die Begriffe zu erkennen, die die „Bedingung der Moglichkeit nicht der Dinge, sondern der Erfahrung enthalten":

> Um nun auszumachen, was das vor Begriffe seyn, die nothwendig vor aller Erfahrung vorhergehen müssen und durch welche diese nur moglich ist, die also a priori gegeben sind und auch den Grund zu den urtheilen a priori enthalten, müssen wir eine Erfahrung überhaupt zergliedern [...] Nehmen wir das, wodurch er [ein Gegenstand; M. H.] allein gedacht werden kann, so kann man auch von allen möglichen Gegenständen etwas *a priori* erkennen. [...] Aber die Erscheinungen haben auch eine Form, einen in unserm Subiekt liegenden Grund, wodurch wir entweder die Eindrücke selbst, oder das, was ihnen correspondirt, ordnen und iedem theile derselben seine stelle geben. Dieses kann nichts anderes als eine Thätigkeit seyn, die zwar natürlich durch die Eindrücke erregt wird, aber doch vor sich selbst erkannt werden kan. (*Refl* 4634 17: 618)

Dieses Zergliedern einer Erfahrung überhaupt – Analysis – führt, wenn man die Seite des Verstandes betrachtet, auf bestimmte allgemeine Denkfunktionen, die Stellen (logische Orte) anweisen, d. h. auf *Tätigkeiten a priori*. Die Allgemeinheit, die Kant hier sucht, ist keine Abstraktionsallgemeinheit, die allen Gegenständen der Extension dieses Begriffs zukommt, wie der Begriff *Sein überhaupt* allem Seienden zukommt. Es ist vielmehr die Allgemeinheit einer Tätigkeit, die das Denken aller Gegenstände regelt. Dasjenige, das Kant hier von „allen möglichen Gegenständen [...] *a priori* erkennen" will, sind die Funktionen des Denkens dieser Gegenstände, die elementaren Denkhandlungen. Dass Kant hier auf solch eine Allgemeinheit abzielt, lässt sich auch aus der Reflexion 4642 – zwischen 1772 und 1776 – herauslesen:

---

nicht darauf, daß der Begrif ein theilbegrif, sondern ein Erkenntnisgrund ist – daran werde ich Dich erkennen." (vgl. *Refl* 2881 [1776–1781] 16: 558; Schulthess 1981: 117)

> Die Verstandesbegriffe drücken alle *actus* der Gemüthskräfte aus, insofern nach ihren Allgemeinen Gesetzen vorstellungen möglich sind, und zwar diese ihre Moglichkeit *a priori*. (*Refl* 4642 17: 622)

Die Kategorien als Denkhandlungen sind allgemein durch ihren Gesetzescharakter, als Ermöglichungsbedingungen, also als allgemeine Möglichkeiten von Vorstellungen. Sowohl Lambert als auch Kant suchen folglich keine Abstraktionsallgemeinheiten, sondern Möglichkeitsallgemeinheiten. Sie suchen auch keine Definitionen. Sie suchen Erkenntnisgründe, erste Elemente, nicht Teilbegriffe. Kants Fokus ist dabei wesentlich präziser auf die erkenntnistheoretische Sphäre ausgerichtet, insofern er explizit nach den allgemeinen Gesetzen von Vorstellungen sucht. Auch der Gesetzesbegriff ist bei Kant wesentlich präsenter, den Postulaten Lamberts aber insofern eingeschrieben, als es sich dabei auch um Regeln handelt.

Natürlich ist es für die Philosophie des 17. und 18. Jahrhunderts gewöhnlich gewesen, Analysis und Synthesis als Gegensätze aufzufassen; erstere als Auflösung, letztere als Verbindung. Das Neue ist, dass Lambert hier die Auflösung nicht als Definitionsverfahren verstehen will, als Zerlegung eines Begriffs in seine Teilbegriffe, sondern als Verfahren zur Gewinnung von Elementarbegriffen. Noch in der B-Deduktion (*KrV* B 130, §15) verwendet Kant „Auflösung (*Analysis*)" im Zusammenhang mit dem passenden und klassischen terminologischen Gegensatz zur Handlung der Verbindung (Synthesis). Am Ende der Transzendentalen Dialektik bestimmt Kant rückblickend die Leistung der Transzendentalen Analytik als „Auflösung aller unserer transscendenten Erkenntniß in ihre Elemente" (*KrV* A703/B731) – womit er auf die Bedeutung des Terminus Auflösung rekurriert, die Lambert wiederzugewinnen unternahm.

Kants Bemerkung der „*noch wenig versuchte[n]* Zergliederung des Verstandesvermögens selbst" (*KrV* A65/B90) legt nahe, dass es Versuche gegeben hat, die ihm bekannt waren. Oft zitiert wird Kants Notiz: „Lambert analysirte die Vernunft, aber die Critik fehlt noch." (*Refl* 4866 [1778], 18: 14) Im Zuge dieses Zitats wird meist der negative Aspekt – dass die Kritik fehlt – hervorgehoben und dabei übersehen, dass eben diese Analyse des Verstandes eine große Leistung gewesen ist.[31] Worin die Leistung der Analyse des Verstandes durch Lambert für Kant ge-

---

31 Vielleicht mag auch diese Leistung Kant dazu bewogen haben, die *Kritik der reinen Vernunft* Lambert widmen zu wollen. Daneben war ebenso Lamberts architektonisch-systematische Leistung für Kant von Bedeutung: „Lambert ein Analyst und architectonisch" (*Refl* 4893 [ca. 1778] 18: 21; vgl. Waibel 2001, 2007; Blomme 2015; siehe außerdem Wellmann 2018). Eine positive Deutung der Leistung Lamberts als „Analyst" findet sich bei Martin (1972: 80 f.).

nau bestanden hat, das erfordert eine eigene Untersuchung. Gute Kandidaten dieser Leistung sind:
1) das Verfahren einer solchen Analyse, das sich durch das bei der Analyse Gesuchte auszeichnet, das für Lambert nicht Definitionen sondern Elementarbegriffe und unbedingte Möglichkeiten bzw. Postulate sind,
2) die Phänomenologie,
3) die gesamte Anlage zur Architectonic und
4) letztlich auch Lamberts innovative Logik, die er in der Dianoiologie als eine streng formale Logik[32] abhandelt.

Zum letzten Punkt ist kurz das Folgende zu bemerken: Lambert weist Kant explizit darauf hin, dass die Frage „ob oder wieferne die Kenntnis der Form zur Kenntnis der Materie unseres Wißens führe?" gerade auch deshalb erheblich ist, weil „1. [...] unsere Erkentnis von der Form, so wie sie in der Logic vorkömmt, so unbestritten und richtig als immer die Geometrie [ist]" (*Briefe* 10: 64).[33]

Die ganze Transzendentale Analytik zehrt von Lamberts Analytik des Verstandes und insbesondere von der dabei angewandten Methode, die nicht – wie beim Abstraktionsverfahren – auf die Identität von Unterschiedenem abzielt, sondern durch die Zergliederung bis zu letzten an sich unterschiedenen Elementen als unbedingte Möglichkeiten fortschreitet und auf eine Theorie der Zusammensetzung dieser Elemente abzielt. Auch Kant geht es in der Transzendentalen Analytik um „die Zergliederung unseres gesamten Erkenntnisses a priori in die Elemente der reinen Verstandeserkenntnis" (*KrV* A64/B89) und eine Theorie der Zusammensetzung; dementsprechend teilt er die Transzendentale Analytik in die Analytik der Begriffe und die Analytik der Grundsätze ein (*KrV* A65/B90).

Zur Gewinnung der Elementarbegriffe durchmusterte Kant nicht, wie Lambert es vorgeschlagen hatte (*Briefe* 10: 65), alle Begriffe, sondern er sucht „die Gesamtheit der menschlichen Begriffe an ihrem Ursprungsort auf" (Martin 1972: 82), in den elementaren Handlungen des Denkens, die Kant in den Urteilsfunktionen

---

32 Eine strenge Formalität wurde in der Logik des 18. Jahrhunderts ausdrücklich von Lambert geleistet (*Aleth.*, Organon 1764: 453, §1) und war vor Kant noch eine radikale Ausnahme – nicht zuletzt, weil vor Lambert zwischen Form und Materie nicht adäquat unterschieden wurde. Die Behauptung, die Logik von Port-Royal wäre bereits streng formal, lässt sich anhand der dort gebrauchten Beispiele leicht widerlegen. Dasselbe gilt für die anderen Vernunftlehren vor Lambert.

33 Dieser Hinweis ist nicht unerheblich. Denn Lambert sieht in der Logik eine strenge Wissenschaft a priori (*Dian.*, Organon 1764: 426, §662) und die „Frage, ob es in unserer Erkenntniss etwas gebe, was in diesem Sinne a priori ist, hält Lambert mit Recht zum Theile für unnöthig, es genügt dafür auf die Logik zu verweisen" (Riehl 1876: 185, vgl. *Dian.*, Organon 1764: 414, §639).

erkennt. Diese konnte er in der Urteilslogik Lamberts (vgl. Tonelli 1966: 150 f., 154, 156 f.; Schulthess 1981: 278 f.; Brandt 1991: 99; Motta 2012: 152) abgezählt vorfinden.[34]

Kants Funktionsbegriff als „Einheit der Handlung, verschiedene Vorstellungen unter einer gemeinschaftlichen zu ordnen" (*KrV* A68/B93) betont den Handlungscharakter – der auch den einfachen Begriffen und Postulaten Lamberts als unbedingten Möglichkeiten eignet.[35] Auch Kants Kategorien ist der Handlungscharakter eingeschrieben. Sie sind zwar allgemein, aber keineswegs im Sinne von begrifflicher Extensionsallgemeinheit.

Während Lambert aber elementare Begriffe und allgemeine, unbedingte Möglichkeiten durch eine Musterung und Analyse der Begriffe zu finden gedenkt, womit sein Ergebnis rhapsodisch bleiben musste,[36] so suchte und fand Kant die elementaren Funktionen des Denkens durch eine Analyse der „Funktionen der Einheit in den Urteilen" (*KrV* A69/B94).

Ein wesentlicher Unterschied zu Lambert ist daher nicht zu übersehen: Kant identifiziert die elementaren reinen Verstandesbegriffe mit der Urteilsfunktion, insofern es jeweils dieselben „Handlungen des Verstandes" (*KrV* A69/B94) sind. Dies ermöglicht es, die Grundlegung der Metaphysik ganz anders als Lambert zu gestalten, der eben nicht die dem Denken allein zugehörigen Funktionen der Einheit in den Urteilen zum Ausgangspunkt seiner Theorie einfacher Begriffe macht, sondern diese vielmehr als zugleich subjektive und objektive Elemente

---

34 Es ist nicht ganz unerheblich, dass Lambert die einfachen Begriffe ebenso wie Kant die elementaren Denkhandlungen in Urteilen und die Kategorien des Verstandes in Tafeln präsentiert – mit dem Unterschied, dass Kants Tafeln auf einer Ecke stehen und daher einen visuellen Aspekt enthalten, der vielleicht auf eine Kugelform hindeuten könnte (siehe zu dieser visuellen Besonderheit in Verbindung mit Kants Systembegriff: Ishikawa 1994). Tafeln waren sowohl in der Astronomie als auch in der Mathematik – insb. in der sphärischen Trigonometrie – von großem Nutzen.

35 Es war Adorno, der Kants Betonung des Handlungscharakters, wenn auch mit marxistischen Anklängen, als *Produkt von Arbeit* extrem hervorgehoben hat: In Kants Philosophie werde „eigentlich die Welt, die gesamte Realität zu einem […] Produkt von Arbeit, von Anstrengung. Das Denken als Spontaneität: das ist ja das, was wir tun; ist eigentlich gar nichts anderes als Arbeit. Es unterscheidet sich Denken von Rezeptivität, von Sinnlichkeit eben gerade dadurch, dass wie dabei etwas tun, dass wir dabei etwas machen" (Adorno 1995: 175). Hier ist kritisch anzumerken, dass der Begriff der Arbeit, insofern hierbei eine Idee vorausgesetzt wird, die es anschließend im Material zu realisieren gilt, schon mehr als bloße Handlung ist.

36 Die Vollständigkeit der einfachen Begriffe ist für Lambert auch deshalb unmöglich, weil wir Menschen nicht zu allen einfachen Begriffen die Gelegenheit der Erfahrung erlangen, da wir nicht über alle möglichen Sinne verfügen, aber für das Bewusstsein einfacher Begriffe a priori ein Anlass aus der Erfahrung erforderlich ist (vgl. *Aleth.*, Organon 1764: 488–489, §§55, 56, 495–497, §§65, 66).

konzipiert. Dahinter steht Lamberts Grundposition des Realismus. Während Lamberts Basis die Begriffsstruktur bleibt, so wendet Kant die Theorie der Elementarbegriffe grundsätzlich auf die Grundlage der Urteilsfunktion und damit auf die Handlungsstruktur des Denkens selbst. Dies ist ein entscheidender Unterschied, denn hierbei untersucht die Vernunft sich selbst – wie es die doppelte Lesart des Titels *Kritik der reinen Vernunft* besagt:

> Wie könnte auch nach der Kantischen Wendung die Vernunft, die das System der reinen Grundbegriffe in sich selbst findet, gegen sich selbst blind sein. (Martin 1972: 89)

Weil Lambert „auf gut anatomische Art" verfährt, indem er rät, man solle „die Begriffe sämtlich vornehmen, jeden durch die Musterung gehen lassen, um zu sehen, ob sich mit Weglassung aller Verhältnisse in dem Begriff selbst mehrere andere finden oder ob er durchaus einförmig ist" (*Briefe* 10: 65), so kann seine Liste einfacher Begriffe bloß „vom Belieben, oder vom Zufall abhängen" (*KrV* A67/B92). Kant weiß hingegen genau, was er sucht – ein System von Elementarhandlungen des Denkens –, wo er dieses finden kann – an der Quelle dieser Handlungen, dem Verstand oder Denkvermögen selbst – und wie er es finden kann – nach einem Prinzip:

> Die Transzendentalphilosophie hat den Vorteil, aber auch die Verbindlichkeit, ihre Begriffe nach einem Prinzip aufzusuchen; weil sie aus dem Verstande, als absoluter Einheit, rein und unvermischt entspringen, und daher selbst nach einem Begriffe, oder Idee, unter sich zusammenhängen müssen. (*KrV* A67/B92)

4 Lamberts neues Apriori

Der Status der Apriorität ist für die gesamte Kritische Philosophie Kants von Bedeutung, denn allein von diesem Status hängt der Anspruch auf Allgemeinheit und Notwendigkeit und damit letztlich der Anspruch von Philosophie als Wissenschaft auftreten zu können ab. In der A-Auflage der *Kritik* macht Kant die Apriorität der Kategorien zum Ausgangspunkt der Kategoriendeduktion. Davon zeugen sowohl die Überschrift „Von den Gründen a priori zur Möglichkeit der Erfahrung" (*KrV* A95) als auch die ersten Absätze (vgl. *KrV* A95f.), die die Frage diskutieren, wie „ein Begriff völlig a priori erzeugt werden, und sich auf einen Gegenstand beziehen solle" (*KrV* A95), wie „reine Begriffe a priori […] nichts Empirisches enthalten […] aber gleichwohl lauter Bedingungen a priori zu einer möglichen Erfahrung sein" (*KrV* A95) können. Oberhausen insistierte darauf, dass die Theorie des Apriorischen als „Zentrum der kritischen Philosophie" (Oberhausen 1997: 6) zu begreifen ist.

> Entwicklungsgeschichtlich gesehen liegt die Lehre von der ursprünglichen Erwerbung apriorischer Begriffe [...] dem so genannten Deduktionsproblem zugrunde und ist der Schlüssel für die erkenntnistheoretische Wende Kants von 1772. (Oberhausen 1997: 6)

Diese These, insofern ihr ein Wahrheitsgehalt zukommt, macht die Untersuchung von Lambert als Quelle der Neubestimmung des Apriori – und damit seine Reform der Philosophie als Wegbereiterin der „erkenntnistheoretische[n] Wende Kants von 1772" – bedeutsam. *Dass* Lambert die Quelle für Kants Konzeption des Apriorischen ist, wird – wo immer entwicklungsgeschichtlich diese Frage auftrat – weitgehend bestätigt (siehe Zimmermann 1879; Lepsius 1881; Riehl 1876: 185 f., Schulthess 1981: 257, Anm. 90; Psilojannopoulos 2013: 369–377, Watkins 2018: 186–188). Im Folgenden soll gezeigt werden, *inwiefern* Lamberts Begriff der Apriorität eine gänzliche Neubestimmung darstellt.

In der Philosophie der Aufklärung wurde der Status von Allgemeinheit und Notwendigkeit menschlicher Erkenntnis in Abhängigkeit zu der Frage nach der Apriorität gesehen. Dabei galten die Begriffe „angeboren" und „a priori" im Kontext des Innatismus als fast identisch (vgl. Brands 1977: 61 f.).[37] Der Unterschied von a priori und a posteriori wurde in der aristotelischen Tradition so gedeutet, dass a priori die Erkenntnis der Dinge aus ihren *Ursachen*, a posteriori hingegen die Erkenntnis der Dinge aus ihren *Wirkungen* (vgl. Aicher 1907: 101 f.) bedeute. Dieser Deutung entspricht auch Watkins' Referat mit Bezug auf Leibniz:

> Leibniz understood the distinction between *a priori* and *a posteriori* in such a way that to prove, or to have cognition of something *a priori*, was to prove or cognize it from its causes (broadly understood), whereas to prove or cognize it *a posteriori* was to prove or cognize it from its effects or consequences. (Watkins 2018: 186)

Watkins betont zurecht, dass Lambert diese Verbindung der Bedeutungen von *a priori* und *a posteriori* mit *Ursache* und *Wirkung* endgültig überwindet. Was er dabei jedoch übersieht ist Meiers Vermittlerposition, der – in seiner Weiteführung von Baumgartens Einsichten in die Bedeutung der Ästhetik – mit einem Fuß noch in dieser Tradition steht und zugleich schon einen Übergang zu dem mit Lambert

---

[37] Enger an Aristoteles wäre eine Deutung des a priori als „früher der Natur nach", im Sinne von „*früher schlechthin* sind die Universalien" und des a posteriori als „früher unserer Erkenntnis nach", das „sind die individuellen Einzelwesen [...] die auch unseren Sinnen näher stehen, d. h. die Wahrgenommenen" (Psilojannopoulos 2013: 88 f.). Bemerkt werden kann, dass bei Aristoteles eine Identifizierung von a priori und angeboren nicht stattfindet, weshalb dessen Erkenntnislehre mit dem Innatismus unverträglich ist (vgl. Psilojannopoulos 2013: 89).

einsetzenden und bei Kant fortgesetzten Verständnisses des Apriorischen bietet.[38] Dies soll im Folgenden etwas genauer untersucht werden, wodurch die feinen Unterschiede ans Licht kommen.

Lambert gewinnt die Unterscheidung von *a priori* und *a posteriori* durch die Kritik der geläufigen Ansichten über diese Begriffe zu seiner Zeit. Diese Kritik lässt sich so zusammenfassen, dass Lambert grundsätzlich erweist, dass auf den begangenen Wegen die Bedeutung der Apriorität als Erfahrungsunabhängigkeit keinen Sinn hat, da sich jede Erkenntnis an der Erfahrung zu bewähren habe und die Vordersätze und deshalb auch die Schlusssätze der Syllogismen zumindest mittelbar erfahrungsabhängig sind.

Zum Ausgangspunkt nimmt Lambert die Bestimmung von a posteriori und a priori bei Meier als Erfahrungserkenntnis bzw. „die Erkenntniss von hinten her (cognitio a posteriore)" und „vernünftige Erkenntniss […], die Erkenntniss von vorne her (cognitio a priore)" (Meier 1752: 58, §205).

> Sofern sich nun aus dem, was man bereits weis, Sätze, Eigenschaften, Verhältnisse, Begriffe etc. finden lassen, ohne daß man erst nöthig habe, diese unmittelbar aus der Erfahrung zu nehmen; sofern sagen wir, daß wir solche Sätze, Eigenschaften etc. *a priori*, oder von fornen her, finden. Müssen wir aber die unmittelbare Erfahrung gebrauchen, um einen Satz, Eigenschaft etc. zu wissen, so finden wir es *a posteriori*, oder von hinten her. Was dieser Unterschied, dessen bey unsrer Erkenntniß sehr oft erwähnt wird, sagen will, müssen wir etwas genauer entwickeln, und hiezu theils die Wörter, theils die Sache selbst zu Hülfe nehmen. (*Dian.*, Organon, 1764: 411 f., §634)

Diese anfängliche Worterklärung gebietet eine weitergehende Untersuchung, knüpft aber zunächst an Meiers Unterscheidung von *Erfahrungserkenntnis* (von hinten her) und *Vernunfterkenntnis* (von vorne her) an. Letztere sei ein Wissen unabhängig von der Erfahrung, erstere ein Wissen, das von der Erfahrung ab-

---

[38] Watkins meint, dass die Engführung von a priori und einer Erkenntnis aus Ursachen bzw. a posteriori und einer Erkenntnis aus Wirkungen „standard at the time [of Lambert and Kant; M. H.]" (Watkins 2018: 187) war und sieht daher den Fortschritt Lamberts darin, dass dieser die Bedeutung der Erfahrungsunabhängigkeit mit dem Begriff des Apriorischen verbindet. Jedoch ist das implizit schon Meiers Position, für den a posteriori eine Erkenntnis aus Erfahrung und a priori eine Erkenntnis aus Vernunft – ohne Erfahrung – bedeutete. Dies lässt sich freilich nicht absolut auf die Position, die Watkins von Leibniz her bestimmt, reduzieren, ist ihr aber sehr ähnlich. Lamberts argumentative Aufgabe besteht darin, zu zeigen, dass eine sogenannte Vernunfterkenntnis bzw. eine demonstrative Erkenntnis aus Gründen gar nicht erfahrungsunabhängig ist, wie z. B. Meier behauptet: „Wenn wir eine Wahrheit aus andern Beweisthümern, welche keine Erfahrung sind, beweisen; so führen wir einen Beweis aus der Vernunft (probatio ex ratione). In einem solchen Beweise 1) muss kein Beweisthum vorkommen, welcher eine Erfahrung ist, und 2) alle Beweisthümer desselben müssen ohne Erfahrung ausführlich gewiss sein, wenn er eine Demonstration sein soll (§. 193.)" (Meier 1752: 58, §204).

hängig ist. Lambert kritisiert diesen Unterschied tiefgreifend durch die Feststellung, dass das meiste Wissen – selbst das syllogistisch erschlossene – mehr oder weniger erfahrungsabhängig ist (vgl. *Dian.*, Organon 1764: 413, §636):

> [W]ollte man schließen, daß nicht nur die unmittelbaren Erfahrungen, sondern auch alles, was wir daraus finden können, *a posteriori* seyn: so würde sich der Begriff *a priori* bey wenigen von denen Fällen gebrauchen lassen, wo wir etwas durch Schlüsse voraus bestimmen können, weil wir in solchen Fällen keine von den Vordersätzen der Erfahrung müßten zu danken haben. Und so wäre in unsrer ganzen Erkenntniß so viel als gar nichts *a priori*. (*Dian.*, Organon 1764: 413f., §637)

Die Absurdität der klassischen Unterscheidung von a posteriori und a priori ist dadurch erwiesen, dass es gar keinen oder zumindest kaum einen Ober- bzw. Untersatz geben könnte, der völlig a priori gewiss ist, wenn die Apriorität sowohl unmittelbare als auch mittelbare Erfahrungen ausschließen soll. Das ist auch für die aller abstraktesten Erkenntnisse durch die Lösung des Universalienstreits für Lambert erwiesen, denn auch die abstraktesten Begriffe haben sich an der Erfahrung zu bewähren (siehe 3), weshalb nichts übrig bleibt, das der Erfahrung gar nichts zu danken hat.

Lambert fordert, dass die Begriffe so zu bestimmen seien, dass sie „absolute und im strengsten Verstande" unterschieden sind, sodass hier „nur das a priori heißen könne, wobey wir der Erfahrung vollends nichts zu danken haben" (*Dian.*, Organon 1764: 414, §639). Diesen strengen Begriff unterscheidet Lambert von einem Begriff „im weitläufigsten Verstande", bei dem wir „alles das *a priori* nennen können, was wir können voraus wissen, ohne es erst auf die Erfahrung ankommen zu lassen" (*Dian.*, Organon 1764: 414, §639). Diese weitläufigere, weniger strenge Bedeutung entspricht also den Vernunftschlüssen und involviert in der Regel Erfahrungssätze, ist also zwar (qua Syllogismus) erschlossene, erfahrungsabhängige Erkenntnis, aber prognostizierend.

Diese zwei Bedeutungen sind die „beiden äußersten Bedeutungen" des Apriori-Begriffs (*Dian.*, Organon 1764: 414, §639). Zwischen ihnen sind Grade möglich, sodass

> etwas mehr oder minder *a priori* sey, je nachdem wir es aus entferntern Erfahrungen herleiten können, und daß hingegen etwas vollends nicht a priori, und folglich unmittelbar a posteriori sey, wenn wir es, um es zu wissen, unmittelbar erfahren müssen (*Dian.*, Organon 1764: 414f., §640).

Watkins weist darauf hin, dass diese Gradation, dass etwas mehr oder weniger a priori sein kann, mit Kants Begriff von nicht-reinen synthetischen Urteilen a priori (vgl. Cramer 1985) gewisse Ähnlichkeiten aufweist, weil diese ebenfalls empirische Begriffe enthalten (Watkins 2018: 187). Wichtiger ist jedoch zu sehen, dass Lambert hier seine ganze Anstrengung darauf verwendet, einen anderen (strengen) Begriff des Apriori zu etablieren. Eben dies hat auch Wolters übersehen. Während ich Lambert so interpretiere, dass dieser versucht einen strengen, erfahrungsunabhängigen Begriff von Apriorität zu gewinnen und eben das Fehlen dieser Strenge, mithin die eigentlich auszuschließende empirische Abhängigkeit, kritisiert – weil dann „so viel als gar nichts *a priori*" wäre, meint Wolters – ohne adäquat zu begründen – Lambert wäre dieses erfahrungsunabhängige Verständnis von *a priori* bloß „zu eng" (Wolters 1981: 79). Wolters denkt, Lambert strebe einen Mittelweg an, weshalb er zu der völlig verkehrten Aussage kommt: „Zum andern wird ‚a priori' nicht, wie seit Kant vielfach üblich, durch die kontradiktorische Gegenüberstellung zu ‚empirisch' definiert" (Wolters 1981: 79).[39] Gerade aber die Erfahrungsunabhängigkeit ist es, die Lambert erweisen will und als „ein Requisitum der Erkenntniß a priori im strengsten Verstande" (*Dian.*, Organon 1764: 422, §656) findet. Wolters deutet Apriorität bei Lambert eher im Sinne von analytischen Urteilen, als etwas „‚aus dem Begriff der Sache' Herleitbaren" (Wolters 1981: 80). Für Wolters spricht, dass er „[s]eine etwas gewaltsame Interpretation" selbst bemerkt (Wolters 1981: 80).

Wolters Interpretation beruft sich auf folgende weitere Ausführung der Entwicklung des Apriori-Begriffs: Nachdem Lambert den Aposteriori-Begriff als Grenzüberschreitung des Spektrums der beiden Bedeutungen des Apriori-Begriffs bestimmt hat, macht er einen weiteren Einwurf gegen die klassische Bestimmung durch einen Rekurs auf den Begriff des Apriorischen im Sinne eines analytischen Urteils. So gesehen wäre a priori das, „was aus dem Begriff der Sache kann hergeleitet werden" und a posteriori das, „wo man den Begriff der Sache entweder nicht dazu gebrauchen kann, oder wo man zu dem, was er uns angiebt, noch einige Sätze aus der Erfahrung mitnehmen muß" (*Dian.*, Organon, 1764: 415, §641). Dieser Begriff von a priori im Sinne der analytischen Begriffsintension kommt dem geläufigen Verständnis von analytischen Urteilen a priori sehr nahe. Siebel führt in diesem Sinne etwa die populären Beispiele Junggeselle und Erpel an:

‚Alle Junggesellen sind ledig' oder ‚Alle Erpel sind männlich' (Siebel 2014: 197).

Diese gebräuchlichen Beispiele analytischer Urteile a priori basieren auf der Begriffsintension und es leuchtet ein, dass in Folge der Definition des Junggesellen

---

[39] Dagegen stellte schon Schulthess richtig fest: „Lamberts Kriterium für die wahre Allgemeinheit ist genau wie bei Kant die Apriorität als Unabhängigkeit von der Erfahrung" (Schulthess 1981: 257, Anm. 90).

das Merkmal *ledig* bzw. *unverheiratet* oder in Folge der Definition des Erpels das Merkmal *männlich* analytisch enthalten ist. Lambert kritisiert einen solchen (definitorischen) Begriff des analytischen Enthaltenseins als a posteriori, denn hier sind Erfahrungen involviert. In Kants Worten: Solche analytischen Urteile a priori setzen doch synthetische Urteile a posteriori voraus.

Lambert sucht einen strengen Begriff des Apriorischen. Sowohl die historischen als auch die wissenschaftlichen Erkenntnisse sind seinen Kriterien zufolge a posteriori, weil in ihnen Erfahrungssätze involviert sind. Daher sind auch wissenschaftliche, qua Experiment gewonnene Erkenntnisse für ihn Erkenntnisse a posteriori. Natürlich ist für Lambert auch der Begriff *Junggeselle* ein Erfahrungsbegriff. Sein Ziel ist es, einen ganz anderen Begriff des Apriorischen zu erlangen, der es erlaubt, wissenschaftliche Erkenntnis vor der Historischen- bzw. Erfahrungserkenntnis auszuzeichnen (vgl. *Dian.*, Organon 1764: 416, §644).

Eine Antwort darauf, wie ein solcher Begriff des Apriorischen zu gewinnen sei, erwartet Lambert durch den Unterschied „wie wir zu den Begriffen gelangen oder gelangen können. Denn es ist klar, daß je mehr wir selbst Begriffe ohne Rücksicht auf die Erfahrung haben können, um desto mehr unsre Erkenntniß *a priori* werde" (*Dian.*, Organon 1764: 416, §645). Haben wir also Begriffe, die völlig unabhängig von der Erfahrung sind, so ließe sich Erkenntnis a priori begründen. Auf die Frage nach der Apriorität durch die Fragestellung, „wie wir zu den Begriffen gelangen", eine Antwort zu erwarten, bahnt durchaus genau den Weg, den Kant schließlich einschlägt, einerseits, wenn er die Urteilsfunktionen zum Ausgangspunkt der Transzendentalen Analytik bestimmt (denn Urteile sind für Kant den Begriffen logisch vorgeordnet, da sie Begriffe erzeugen bzw. Begriffe Resultate von Urteilen sind) und andererseits, wenn er in der A-Deduktion rechtfertigt, inwiefern eine dreifache Synthesis (von Apprehension, Reproduktion und Rekognition) die Bedingung der Möglichkeit von Erfahrung überhaupt darstellt (vgl. Hoeppner in diesem Band).

Lambert rekapituliert die Begriffsbildung und sieht dabei zwei Möglichkeiten, die sich jedoch beide als erfahrungsabhängig erweisen:

Zunächst sind die gemeinen Erkenntnisse Erfahrungsbegriffe, die individual und „an sich mögliche Begriffe [sind], und zwar solche, die wir der unmittelbaren Empfindung zu danken haben" (*Dian.*, Organon 1764: 416, §646). Daraus werden dann qua Vergleichung abstrakte Begriffe als Klassen gebildet, denen einzelne Erfahrungen subsumiert werden können (vgl. *Dian.*, Organon 1764: 417 f., §647). Doch solch gemeine Erkenntnis lässt den Umfang der abstrakten Begriffe meist unbestimmt, was „genaueres Beobachten und Auseinandersetzen (§. 611. 617.) erfordert" (*Dian.*, Organon 1764: 418, §648). Solche abstrakten Begriffe sind offensichtlich erfahrungsabhängig.

Die geforderte genaue Umfangsbestimmung kann auch durch die zweite, konstruktive Möglichkeit, die Zusammensetzung einzelner Merkmale zu einem Begriff, geschehen. Diese Begriffsbildung ist jedoch willkürlich. Die Möglichkeit eines so gebildeten Begriffs muss erst noch erwiesen werden (*Dian.*, Organon 1764: 419, §650 u. §65ff.) – ein so gebildeter Begriff bleibt bis zu seinem Möglichkeitserweis hypothetisch. Erfolgt dieser Nachweis, so wird aus einem hypothetischen Begriff jedoch auch bloß ein Erfahrungsbegriff (siehe *Dian.*, Organon 1764: 419, §651).

Selbst Lehrbegriffe, deren Möglichkeit aus Gründen erwiesen wird, „ohne daß man es müsse auf die Erfahrung ankommen lassen" (*Dian.*, Organon 1764: 419, §652), sind erfahrungsabhängig, weil „Lehrbegriffe und Erfahrungsbegriffe in einander verwandelt werden können, wenn man nämlich zu den letzten den Beweis findet, erstere aber durch die Erfahrung gleichsam auf die Probe setzt" (*Dian.*, Organon 1764: 420, §652). Für Lambert bleiben also auch Lehrbegriffe und ebenso erschlossene Erkenntnisse erfahrungsabhängig.

Durch Lamberts Kritik erscheint die bisherige Philosophie, die angenommen hatte, dass eine strenge Grundlegung der Wissenschaft a priori durch ein deduktives Verfahren zu erreichen sei, als verfehlt, denn erstens finden sich in Schlüssen eigentlich gar keine völlig erfahrungsunabhängigen Vordersätze und zweitens müssen die Schlussfolgerungen immer durch die Erfahrung auf die Probe gestellt werden können.

Die Erfahrungsunabhängigkeit und damit einhergehend die strenge Apriorität im Sinne Lamberts muss also durch einen anderen Weg als den der Erfahrung (Meiers a posteriori) oder den des Schließens (Meiers a priori) gerechtfertigt werden können. Ganz ähnlich zu Kants „Versuch [...] der Metaphysik [...] den sicheren Gang einer Wissenschaft" (*KrV* Bxviii) zu ermöglichen, gewinnt auch Lambert diese Möglichkeit durch den kritischen Nachweis, dass auf den bisher begangenen Wegen ein strenges Apriori gar nicht erreichbar ist.

Lamberts Zweck bei der Bestimmung dessen, was a priori im strengen Sinne sein kann, ist, eine wissenschaftliche Form zustande zu bringen durch *erste Gründe* – „die ersten Gründe des Wahren" (Alethiologie) bzw. „unseres Wissens und Thuns" (*Architectonic* I, 1771: 60, §76). Lamberts Theorie der ersten Gründe (des Wahren, des Wissens, des Tuns) geht völlig vom Standpunkt der Subjektivität aus: Der *Grundbegriff des Bewusstseins* kommt bei allen anderen einfachen Begriffen vor (vgl. *Architectonic* I, 1771: 45, §52). Dennoch zielt diese Theorie auf Objektivität. Der Kern dieses neuen Apriori wird durch Lamberts Theorie der einfachen Begriffe sowie durch die Lehre der Grundsätze und Postulate entwickelt. Dabei ist die Allgemeinheit wichtig: Postulate sollen allgemeine Möglichkeiten angeben, die Allgemeinheit der Grundsätze soll ihre Anwendung zuverlässig machen (siehe 3).

Mit den einfachen Begriffen, die er auch Grundbegriffe nennt, hat Lambert einen Weg gefunden, die wissenschaftliche Erkenntnis a priori im absoluten und strengsten Verstande (siehe *Dian.*, Organon 1764: 414, §639) zu begründen, vorausgesetzt, dass

> wir die Grundbegriffe sämmtlich kenneten und mit Worten ausgedrückt hätten, und die erste Grundlage zu der Möglichkeit ihrer Zusammensetzung wüßten. Denn da sich die Möglichkeit eines Grundbegriffes zugleich mit der Vorstellung aufdringt, (§. 654.) so wird er von der Erfahrung dadurch ganz unabhängig, so, daß, wenn wir ihn auch schon der Erfahrung zu danken haben, diese uns gleichsam nur den Anlaß zu dem Bewußtseyn desselben giebt. Sind wir uns aber einmal desselben bewußt, so haben wir nicht nöthig, den Grund seiner Möglichkeit von der Erfahrung herzuholen, weil die Möglichkeit mit der bloßen Vorstellung schon da ist. Demnach wird sie von der Erfahrung unabhängig. Und dieses ist ein Requisitum der Erkenntniß *a priori* im strengsten Verstande (*Dian.*, Organon 1764: 421f., §656).

Lamberts Verständnis von *a priori* basiert also nicht, wie bei Meier, auf der Erkenntnis aus Vernunftschlüssen, sondern vielmehr auf Lamberts (kombinatorischer) Theorie von einfachen Elementarbegriffen, Grundsätzen und Postulaten.

Die eigentliche Bestimmung einer Erkenntnis als *a priori* ist bei Lambert deren Unabhängigkeit von der Erfahrung, welche bei den einfachen Grundbegriffen möglich ist. Ihre Gedenkbarkeit ist Möglichkeitserweis genug (vgl. *Aleth.*, Organon 1764: 457, §10). Gedenkbarkeit verlangt sonst Widerspruchsfreiheit, die aber bei einfachen Begriffen, weil sie einfach sind, immer gegeben ist – denn zum Widerspruch gehören mindestens zwei Merkmale. Einfache Begriffe sind sich selbst ihr eigenes Merkmal[40] und einförmig, d. h. es ist unmöglich, verschiedenes darin zu finden (vgl. *Aleth.*, Organon 1764: 457, §9; 474, §31). Sie müssen nicht – und können auch nicht zirkelfrei – definiert werden, weil sie unmittelbar empfunden werden. Einfache Begriffe sind Elemente, d. h. sie teilen keine gemeinsamen Merkmale. Alles, was über die einfachen Begriffe gesagt werden kann, ergibt sich aus idealen Verhältnissen der einfachen Begriffe zueinander (vgl. *Aleth.*, Organon 1764: 459, §13; 457f., §10). Bei einfachen Begriffen ist auch die Gedenkbarkeit ein idealer Verhältnisbegriff, denn „in den einfachen Begriffen selbst" lässt sich „nichts mannichfaltiges oder verschiedenes finden", weil sie einfach sind (vgl.

---

[40] Bei der Bestimmung einfacher Begriffe zeigt sich, dass Lambert hier Leibnizens Idee der *conceptus primitivus* bzw. der *notio irresolubilis* weiterdenkt, wobei er zu ganz ähnlichen Bestimmungen kommt, insofern auch für Leibniz ein einfacher, nicht weiter auflösbarer Begriff „keine Merkmale (notas) hat, sondern ein *Index seiner selbst (index sui)* ist" (Lenders 1971: 144 mit Bezug auf Leibniz, *Inédits*, 513). Leibnizens *Inédits*, auf die sich Lenders bezieht, waren dem 18. Jahrhundert nicht bekannt, jedoch lag in den *Meditationes* dessen Begriffstheorie weitgehend vor (vgl. Martin 1967: 212).

Aleth., Organon 1764: 457f., §10). Sie sind für sich möglich und ihre bloße Vorstellung versichert uns ihrer Möglichkeit (vgl. *Aleth.*, Organon 1764: 457, §8).

Die Unabhängigkeit von der Erfahrung garantiert die „wahre Allgemeinheit" (*Dian.*, Organon 1764: 425, §661; vgl. *KrV* A1; *Refl* 4473 [1772] 17: 565). Lambert erkennt sie gerade bei solchen Begriffen,

> deren Vorstellung immer mit der Erkenntnis zu Paaren geht, und dieses sind die, die von dem *Sensu interno* herrühren, wenn wir nämlich an unsre Gedanken denken. [...] Man kann hierinn den Grund finden, warum unter den philosophischen Wissenschaften die Vernunftlehre, welche uns dieses Zurückdenken auf unsre Begriffe, Sätze, Schlüsse, etc. angiebt, der geometrischen Gewißheit nichts nachgibt. Denn wenn ja zu beyden sollten Erfahrungen erfordert werden, so würden die für die Vernunftlehre noch viel unmittelbarer seyn, als die für die Geometrie (*Dian.*, Organon 1764: 426, §662).

Die Unmittelbarkeit der Erfahrung in der Geometrie ist der direkte Möglichkeitserweis durch die Konstruktion in Gedanken im idealen Raum (vgl. *Architectonic* I, 1771: 62, §80). Für Lambert ist der Raum ein einfacher Begriff. Die „Gesetze des Denkens", die für Lambert der Gegenstand der Vernunftlehre sind, setzen „nur ein denkendes Wesen voraus" (*Dian.*, Organon 1764: 426, §662) und weil für Lambert das Bewusstsein der grundlegendste einfache Begriff ist, der bei allen anderen einfachen Begriffen vorkommt, ist die Vernunftlehre als strenge Wissenschaft a priori möglich, die „noch viel unmittelbarer" Erfahrungen involviert und gerade deshalb unabhängig von aller empirischen Erfahrung behandelt werden kann. Mit anderen Worten: Das Denken des Denkens zu denken ist sich selbst genügsam und als ein rein immanentes Geschäft möglich.

Der Gefahr des Innatismus ist sich Lambert bewusst, er umschifft sie jedoch geflissentlich, indem er sich einer Antwort enthält.

> Wollte man mit den heutigen Weltweisen setzen, alle mögliche einfache Begriffe liegen schon in der Seele, und bleiben nur deswegen dunkel, weil sie durch keine stärkere oder überwiegende Empfindung veranlaßt werden, so entsteht die Frage, ob nicht alle noch dunkle Begriffe, denen zum klar werden nur der Anlaß fehlt, ungefähr so auf den Willen wirken, wie das Wasser, auch wenn es in Ruhe ist, auf die Seiten oder den Boden des Gefäßes drückt, und dieser Druck, auch wenn es durch einige Öffnungen auslaufen kann, dadurch nicht unmittelbar und mit einem male vernichtet wird. (*Aleth.*, Organon 1764: 495, §64)

Mit der Metapher der Seele als Gefäß, das einem Druck durch die einfachen Begriffe ausgesetzt ist, zeigt Lambert an, dass er den Ort der einfachen Begriffe im Subjekt annimmt, obwohl er durch den Konjunktiv sprachlich im Bereich des

Möglichen bleibt (*„Wollte* man mit den heutigen Weltweisen setzen [...]").[41] In der Tat sind für Lambert die einfachen Begriffe als die ersten Gründe (des Wahren, des Tuns) solche des erkennenden Subjekts selbst.

Lambert ist nicht gleichgültig gegen den Streit, ob wir angeborene Ideen haben oder das Bewusstsein einer Tabula rasa gleicht, sodass alle Begriffe ihren Ursprung in der Erfahrung haben müssen. Vielmehr schlägt er einen Mittelweg mit rationalistischer Tendenz vor: Das *Bewusstsein* aller Begriffe hat seinen Ursprung in der Erfahrung, selbst das der einfachen Begriffe, die die ersten Gründe der Erfahrung abgeben. Dieser relative Mittelweg ähnelt Kants Begriff der ursprünglichen Erwerbung und zeigt, dass Lambert die empiristische Kritik an angeborenen Ideen ernst nimmt und gleichwohl daran festhält, dass es Begriffe a priori für die allgemeine und notwendige Geltung wissenschaftlicher Erkenntnis geben muss. Entscheidend für Lamberts neuen Begriff des Apriorischen ist, dass die einfachen Begriffe als solche zwar innere Vorstellungen sind, die ihren Ort im Subjekt haben, die aber erst aus Anlass der Erfahrung bewusst werden. Erst wenn ihre Möglichkeit unabhängig von der Erfahrung als für sich subsistierend erwiesen werden kann, gelten sie als a priori. Für Lambert gilt – ähnlich wie für Kant: Alle Erkenntnis hebt von der Erfahrung an, aber nicht jede Erkenntnis ist Erfahrungserkenntnis (vgl. *KrV* B1 f.).

Auch Kants neuer Begriff des Apriori bezeichnet eine dritte Möglichkeit zwischen *angeboren* und *erworben* und ist deshalb nicht den Angriffen gegen den Innatismus, wie sie etwa von Locke („Nihil est in intellectu quod nun fuit antea in sensu", *Met-Volckmann* 28: 372) vorgebracht wurden, in gleicher Weise ausgesetzt. Die dritte von Kant – in Anlehnung an Lambert – etablierte Bedeutung des Apriorischen, die sich jenseits des Streits zwischen angeboren und erworben ansiedelt, erhält erst in den 1790er Jahren ihre Bestimmung als „ursprüngliche Erwerbung" (*Entdeckung* 8: 221), um eine mögliche Verwechslung mit dem Status *angeboren* zu verhindern. Yamane erkennt, dass Kant die Bedeutung von *angeborenen* oder *eingepflanzten* Begriffen im sogenannten stillen Jahrzehnt überwindet, indem Kant den Begriff a priori in dem ihm eigentümlichen transzendentalphilosophischen Sinne von „unabhängig von aller Erfahrung" (*Refl* 4473 [1772] 17: 564) bzw. „Bedingung der Möglichkeit [...] der Erfahrung" (*Refl* 4634 [1772–1775] 17: 618) prägt (vgl. Yamane 2001: 694). Nicht nur hat Lambert genau

---

41 Es ist nicht ganz von der Hand zu weisen, dass Lamberts Apriorität der Innatismus-Problematik ausweicht, weil er über keine Theorie der Spontaneität verfügt und sich eben deshalb der rationalistischen Auffassung angeborener Ideen annähert. Erinnert sei an Leibniz, der in den *Noveaux Essais* „die *ideae innatae* [als] nur latent in den Seelen vorhanden [angibt]; um sie bewußt zu machen, bedarf es [...] der reflexiven Aufmerksamkeit oder der Kommunikation" (Lenders 1971: 31, vgl. 28 f.).

aufgrund der Erfahrungsabhängigkeit das bisherige a priori als a posteriori entlarvt, sondern durch seine Kritik einen neuen Begriff des strengen a priori als unabhängig von aller Erfahrung eingeführt. Dieser neue Begriff des strengen *a priori* wurde von Lambert als dasjenige etabliert, was die *ersten Gründe* ausmacht – dies ist nah an Kants Bestimmung der Bedingung der Möglichkeit von Erfahrung.[42]

Besonders interessant ist eine Reflexion, die nach Adickes Datierung um 1776 entstanden ist, bei der Kant „a posteriori acquisitae" den Ausdruck „acquisitae a priori" entgegensetzt (*Refl* 4851 [1776–1777] 18: 8). Eine solche Bestimmung von *Erwerbung* a priori ist eng mit Kants Entwicklung synthetischer Urteile a priori verbunden. Wie besonders Ishikawa betont hat, beruft sich Kant hierbei auf den Terminus „Entdeckung" (*KrV* A66/B91, vgl. Yamane 2001: 695). Auch bei Lambert werden die Begriffe a priori *entdeckt*.

Die scheinbare Verwirrung des kantischen Begriffs von a priori – als ursprünglich erworben (*Entdeckung* 8: 221), dessen Grund nichtsdestotrotz zugleich als angeboren (*Entdeckung* 8: 222 f.) bestimmt wird, lässt sich erklären: Angeboren bedeutet im Kontext der kritischen Philosophie Kants, wie Yamane (2001: 696) klarstellt, „einen Zustand *von selbst* anzufangen" (*KrV* A533/B561).[43] Die Apriorität im Sinne Lamberts basiert nicht auf der Spontaneität, die die Wesensbestimmung des Verstandes bei Kant ausmacht – obschon der Handlungsbegriff eine tragende Rolle spielt. Mit der Spontaneität in Kants Verständnis ist ein Unterschied zu der Bedeutung des Apriorischen bei Lambert etabliert.

Das A priori Kants, als dritter Weg zwischen erworben und angeboren, bedarf aber – genau wie bei Lambert – der „Gelegenheit der Erfahrung":

> Wir werden also die reinen Begriffe bis zu ihren ersten Keimen und Anlagen im menschlichen Versstande verfolgen, in denen sie vorbereitet liegen, bis sie endlich bei Gelegenheit der Erfahrung entwickelt und durch eben denselben Verstand, von den ihnen anhängenden empirischen Bedingungen befreiet, in ihrer Lauterkeit dargestellt werden. (*KrV* A66/B91)
>
> Indessen kann man von diesen Begriffen, wie von allem Erkenntniß wo nicht das Principium ihrer Möglichkeit, doch die *Gelegenheitsursache ihrer Erzeugung in der Erfahrung* aufsuchen; wo alsdenn die Eindrücke der Sinne *den ersten Anlaß* geben, die ganze Erkenntnißkraft in Ansehung ihrer zu eröffnen und Erfahrung zu Stande zu bringen, die zwar sehr ungleichartige Elemente enthält, nämlich eine Materie zur Erkenntniß aus den Sinnen

---

[42] Es ließe sich mit Bezug auf Lamberts Suche nach Erfahrungsunabhängigem eine Art Merksatz formulieren: Es gibt nichts, was der Erfahrung nichts zu danken hat – außer das, was die Erfahrung zu danken hat. Das ist, was sie allererst ermöglicht.

[43] Der aus dem Naturrecht entlehnte Begriff *ursprünglicher Erwerbung* hat den originären Sinn „ohne es von dem Seinen irgend eines Andren abzuleiten" (AA 6: 258) und lässt sich daher mit dieser reflexiven Struktur des Von-Selbst-Anfangens gut vereinbaren (vgl. Yamane 2001: 698, Anm. 14).

> und eine gewisse Form, sie zu ordnen, aus dem innern Quell des reinen Anschauens und Denkens, die bei *Gelegenheit der ersteren zuerst in Ausübung gebracht werden* und *Begriffe hervorbringen.* (KrV A86/B118, Hervorhebung M. H.)
>
> Wir mögen die Begriffe dazu der Erfahrung zu danken haben, so ist es nur als ein Anlaß, weil wir nachgehends davon ganz abstrahiren. (*Dian.*, Organon 1764: 422f., §657; vgl. 422, §656; *Aleth.*, 461, §16; 466, §21; 572, §234a)

Bei Kant hat wie bei Lambert die Erfahrung die Funktion des Anlasses zur Entdeckung des Apriorischen. Die ursprüngliche Erwerbung wird bei der Entstehung der Erkenntnis „durch sinnliche Eindrücke bloß veranlaßt" (*KrV* B1; vgl. *Entdeckung* 8: 222), da es sich bei den Elementen a priori für Kant um Bedingungen möglicher Erfahrung überhaupt handelt, was den Unterschied zur bloßen Erwerbung aus Erfahrung und daher den von a priori und a posteriori ausmacht (vgl. Yamane 2001: 698).

Exakt diesen *neuen* Begriff des a priori konnte Kant durch das Studium von Lamberts *Novum Organon* auffinden. Lamberts Begriff des a priori vereint die völlige Unabhängigkeit von aller Erfahrung mit der Entdeckung bei Gelegenheit der Erfahrung, wobei der Status des Apriorischen ersten Gründen und unbedingten Möglichkeiten (zur Möglichkeitsallgemeinheit siehe 3) zukommt. Der Unterschied indessen ist: Kant geht es um die Bedingungen der Möglichkeit von Erfahrung überhaupt, die er durch die Bestimmung elementarer Einheitsfunktionen des Denkens in ihrer Verbindung mit den reinen Formen der Sinnlichkeit ausmacht, deren Status a priori ist – im Sinne von vor aller Erfahrung, nämlich als Bedingung der Möglichkeit von Erfahrung. Lambert ging hingegen weiter, indem er auch die Kriterien wirklicher Erfahrung untersuchte (vgl. Riehl 1876: 178). Für Kants Philosophie ist der kopernikanische Standpunkt entscheidend, dass „die Bedingungen a priori einer möglichen Erfahrung überhaupt […] zugleich die Bedingungen der Möglichkeit der Gegenstände der Erfahrung [sind]" (*KrV* A111).

Lambert fehlt diese gänzlich auf das Subjekt gestellte Grundlegung der Philosophie, obschon sich Ansätze dazu finden. Die Menschen schreiben der Natur tatsächlich ihre Gesetze vor? Diese Radikalität des Denkens wagt Lambert nicht. Für Lambert soll Erfahrungserkenntnis im Beobachten und Experimentieren zunächst einmal die Natur befragen und ihr zuhören (vgl. *Dian.*, Organon 1764: 367, §576; 384, §596). Wissenschaftliche Erkenntnis zeichnet sich in erster Linie durch die Systematizität aus – die „Abhängiglichkeit einer Erkenntniß von der andern" (*Dian.*, Organon 1764: 389, §605). Bereits dies ermögliche die Grenzen der Sinnlichkeit zu überwinden. Zwar ist historische Erkenntnis der wissenschaftlichen entgegengesetzt und die erstere besteht im passiven Verhalten gegen die Natur, im Ablauschen ihrer Gesetze, allenfalls in Befragung, doch geht Lambert nicht soweit, das menschliche Erkenntnisvermögen ausdrücklich als Grund der Natur(gesetze) zu bestimmen – vielmehr scheint seine realistische Grundposition hier eine Art Entsprechungsverhältnis zu intendieren. Obwohl es sich bei den einfachen Begriffen, Postulaten und Grundsätzen um erste Gründe handelt, die als erste Gründe des Wahren und des Tuns fungieren und die wissenschaftliche Erkenntnis a priori konstituieren und trotz seines subjektiven Standpunktes geht Lambert also nicht so weit wie Kant.

Ungeachtet dessen ließ sich zeigen, dass Kant bei Lambert einen Begriff von Apriorität finden konnte, der sich wesentlich von den Bestimmungen der Zeitgenossen unterschied und dessen Unterschied durch systematische Kritik gerechtfertigt war. Lamberts Bemühung, die Erfahrungsunabhängigkeit zu erweisen und die Erfahrung zugleich als Anlass für das Bewusstsein der Grundbegriffe a priori zu nehmen, wirkten vermutlich vorbildlich.

Watkins bemerkte also zu Recht, dass Lambert die Verbindung der Bedeutungen von *a priori* und *a posteriori* mit *Ursache* und *Wirkung* endgültig überwunden hatte. Darüber hinaus überwindet Lambert auch die Verbindung von analytischen Urteilen sowie von syllogistischer Erkenntnis mit einem strengen Apriori und lässt letzteres nur für das zu, was er als *erste Gründe* bestimmt, die eine ganz besondere Art von Allgemeinheit etablieren: Möglichkeitsallgemeinheit.[44]

5 Schlussbetrachtung

Bezüglich der Elementarlehre von Kant und Lambert lassen sich einige Unterschiede benennen:
- die Vollständigkeit, auf die Lambert nur hoffen durfte, da er der Vernunft äußerliche Begriffe zum Ausgang der als Musterung und Analysis angelegten Untersuchung zur Auffindung einfacher Begriffe nahm;
- damit zusammenhängend, die elementaren Denkhandlungen, die Kant in den Urteilsfunktionen findet, während Lambert von der Begriffslehre ausgeht;

---

[44] Unbedingte Möglichkeiten als erste Gründe der Erkenntnis sind im Sinne von Kant unkritisch. Wenn es Kant um die Bedingungen der Möglichkeit von Erkenntnis geht, ist es ratsam, eine Doppeldeutigkeit der deutschen Sprache, die im Kontext der Logik des 18. Jahrhunderts Evidenz erhält, zu bemerken: Der Terminus *Bedingungen* ist nicht nur im Sinne von Ermöglichungsgründen zu verstehen. Zugleich hat er eine fast diametral entgegengesetzte Bedeutung, nämlich als Einschränkung. Das wird Kant bewusst gewesen sein, dem es mit der *Kritik der reinen Vernunft* um beides zugleich ging: Indem er die Grundlagen der menschlichen Erkenntnis bestimmt, bestimmt er zugleich deren Grenzen. Auch diese Idee lässt sich – kritisch – aus Lamberts Diskussion der Apriorität entwickeln (vgl. *Aleth.*, Organon 1764: 580, §248).

– letztlich auch die Zwei-Stämme-Lehre, die bei Lambert fehlte und die Kant ein ganz anderes Verständnis des Begriffs der Synthesis ermöglichte.

Der Gesetzes- und Regelbegriff ist bei Lambert zwar präsent, aber weit weniger fundamental ausgeprägt als bei Kant. Damit zusammenhängend ist auch die Funktion der Einheit weniger bedeutsam. Von den Resultaten beider Philosophien her betrachtet lassen sich noch eine große Menge weiterer fundamentaler Unterschiede entwickeln. Der Hauptunterschied zwischen beiden Autoren liegt sicherlich im Realismus Lamberts begründet, der eine radikal-subjektive, erkenntniskritische Perspektivierung seiner Philosophie, die derjenigen Kants zum Ausgangspunkt dient, nicht zulässt. Daher fehlen erkenntniskritische Reflexionen weitestgehend. Stattdessen ist in Lamberts Philosophie ein Erkenntnisoptimismus am Werk, der sich sicherlich durch dessen zahlreiche Erfolge in der wissenschaftlichen Forschung erklären lässt. Aller Unterschiede zum Trotz, die ich hier nur angedeutet und nicht entwickelt habe, ging die Quellenforschung den umgekehrten Weg: Aufzuzeigen, was Kant bei Lambert vorfinden und was ihn für den Fortschritt seines eigenen Projekts inspirieren konnte.

Lamberts neuartige Philosophie wurde in den 1770er Jahren von denjenigen Philosophen dankbar aufgenommen, die einen Ausweg aus der Sackgasse suchten, in der sich die Philosophie, dahin durch Wolff und seine Anhänger manövriert, befand. So ist der Einfluss von Lambert sowohl auf Feder als auch auf Tetens in den 1770er Jahren deutlich. In dieser Zeit entwickelte Kant die *Kritik*. Auch für ihn stellten die grundlegenden Gedanken ebenso wie Details der philosophischen Werke Lamberts eine Basis bereit, von der ausgehend sich ein Weg abzeichnete, auf dem ein wahrer Fortschritt der Philosophie zu bewerkstelligen sein könnte.

Bemerkenswert ist, dass die meisten in diesem Aufsatz zitierten Reflexionen, bei denen sich ein Bezug auf Gedankengänge Lamberts plausibilisieren ließ, von Adickes zwischen 1772 und 1776 datiert wurden. Entwicklungsgeschichtlich liegt es also nahe, anzunehmen, dass Lamberts Philosophie einen wichtigen Beitrag insbesondere bei den ersten Schritten leistete, die Kant auf seinem schwierigen Weg zur völligen Entwicklung der Kritischen Denkungsart zurücklegte. Daraus lässt sich erkennen, dass Lambert ein Verdienst dabei zukam, Kant auf den Weg hinzuweisen, der bis zur Kritischen Philosophie dennoch steinig blieb, ein Weg, den Lambert zumindest ein Stück weit ebnen konnte. Lambert gab Impulse für Kants Philosophie, die innovativ waren und aufzeigen konnten, in welche Schwierigkeiten sich die Philosophie des 18. Jahrhunderts gebracht hatte und wie diese zu überwinden waren.

So ist die Postulatenlehre nicht nur Lamberts kritische Antwort auf die Definiersucht seiner Zeitgenossen und deren unordentliche Scheinsystematik, eine exakte Bestimmung des Missverständnisses der mathematischen Methode, sondern bietet ebenso eine Grundlage für eine Theorie der Synthesis, die vermittels des Begriffs der *Thunlichkeit* den Handlungscharakter direkt involviert, ohne psychologisch zu sein. Kant verwendet nicht nur den Begriff des Postulats in der von Lambert etablierten Bedeutung, sondern machte sich den Handlungscharakter, der dabei im Vordergrund steht, für die Entwicklung seines Synthesis-Begriffs zunutze. Davon zeugen noch die mathematischen Beispiele in den Kategoriendeduktionen, die sich als Postulate bei Lambert erweisen ließen. Bereits die vermutlich erste Reflexion Kants über die Synthesis enthielt Hinweise auf Lamberts Postulate. In der *Kritik* konkretisiert Kant die reine Synthesis anhand eines Beispiels, das für Lambert ein Postulat der Arithmetik ist (2.1). Dieses Postulat konnte für Kant bereits 1772 einen Weg für den endlichen menschlichen Verstand aufzeigen, der a priori qua Subjektivität die Bestimmung objektiver Realität erlaubte (2.2). Lamberts elementare Grundbegriffe als erste Gründe des Wissens und Handelns des Bewusstseins konnten somit als ein wichtiger Impuls für Kants Kategorienlehre und Kategoriendeduktion sowie die für Transzendentale Analytik überhaupt verstanden werden. Die Postulate als Quelle der Synthesis unterstützen nicht eine primär psychologische, sondern eine erkenntnislogische Lesart der Transzendentalen Analytik und der dort aufzufindenden Synthesis-Leistungen des Denkens.

Der von Lambert entwickelte andere Begriff von Allgemeinheit als Möglichkeitsallgemeinheit konkretisiert, was Postulate leisten sollten. Sie allererst erlauben es, die vom Subjekt aus gedachte Metaphysik wissenschaftlich abzuhandeln. Die Auflösung war das Mittel, diese zu erreichen – zielte aber keineswegs auf Definitionen, ebenso wenig wie Kants Transzendentale Analytik, die ebenfalls qua Auflösung bzw. Zergliederung zu ihren Begriffen und Grundsätzen gelangte – aber nicht als Zergliederung von Begriffen, sondern als Zergliederung des Erkenntnisvermögens selbst. Dieses Vorgehen, bei dem entscheidend ist, *was* gesucht wird, nämlich erste Gründe (im Sinne von Fähigkeiten) der Erkenntnis, machte bereits für Lambert den fundamentalen Unterschied zur bisherigen Metaphysik aus und begründete ein neues Fundament: die *andere Allgemeinheit* der Grundbegriffe und Postulate als Möglichkeiten bzw. Tunlichkeiten. Auch Kants Kategorien sind ja allgemein, was aber keineswegs im Sinne von begrifflicher Extensionsallgemeinheit aufzufassen ist (3).

Für Lambert sind es die Grundbegriffe und Postulate, auf die seine Entwicklung eines strengen und neuartigen Begriffs von Apriorität abzielt. Diese Entwicklung findet im Übergang von der Dianoiologie zur Alethiologie, in der die Lehre von den Grundbegriffen und Postulaten verortet ist, statt. Bei der Rekonstruktion von Lamberts Kritik des geläufigen Verständnisses von Apriorität ließ sich erkennen, dass Lamberts Aprioritätsverständnis neu war und durch die radikale Abgrenzung von jeglicher Erfahrungsabhängigkeit erreicht wurde, eine Abhängigkeit, die er sogar dem Rationalismus in der Tradition Wolff nachwies. Es kann bemerkt werden, dass dieses Vorgehen Kants Überlegungen bezüglich der sogenannten kopernikanischen Wende nahe steht, denn hierbei versucht Kant argumentativ seine kritische Position, durch die „man a priori [...] etwas wissen könne" (*KrV* Bxvii), dadurch zu etablieren, dass er aufzeigt, dass von Apriorität dann nicht gesprochen werden kann, wenn sich die Erkenntnis „nach der Beschaffenheit der Gegenstände richte[t]" (*KrV* Bxvii). Die Ablehnung jeglicher Erfahrungsabhängigkeit war der Weg, auf dem Lambert seinen Begriff eines strengen Apriori gewinnen konnte. Lamberts Zweck dabei war es, der Metaphysik einen wissenschaftlichen Gang zu ermöglichen (vgl. *KrV* Bxviii). Sein Aprioritätsverständnis stimmt mit Kants ursprünglicher Erwerbung darin überein, dass die Entdeckung des Apriorischen aus Anlass der Erfahrung stattfindet und dennoch unabhängig von der Erfahrung gilt. Kants Auffassung der Apriorität schließt sich daher mit Sicherheit an Lambert an, obwohl für Lambert die „widersinnische" Annahme des „Verstand[es als] [...] Quell der Gesetze der Natur" (*KrV* A127) sicherlich zu radikal gewesen wäre (4).

Ungeachtet der perspektivischen, systematischen und methodischen Unterschiede – die sich bis zur völligen Differenz beider Autoren auslegen lassen – ließen sich Lamberts Postulate als eine vielschichtige Quelle der Inspiration für Kants Herausbildung seiner Kritischen Philosophie erweisen und insbesondere als *die* Quelle der Synthesis plausibilisieren.

Bibliographie

Adorno, Theodor Wiesengrund, 1995, „Kants ‚Kritik der reinen Vernunft' (1959)", in: Theodor Wiesengrund Adorno, *Nachgelassene Schriften* (Abteilung IV: *Vorlesungen*, Band 4) Rolf Tiedemann und Theodor W. Adorno Archiv (Hrsg.), Frankfurt a. M.: Suhrkamp.
Aicher, Severin, 1907, *Kants Begriff der Erkenntnis verglichen mit dem des Aristoteles*, Berlin: Reuther und Reichard.
Allison, Henry E., 2015, *Kant's Transcendental Deduction. An Analytical-Historical Commentary*, Oxford: Oxford University Press.
Arndt, Hans Werner, 1965, „Einleitung", in: Johann Heinrich Lambert: *Philosophische Schriften I. Neues Organon*. Hildesheim: Olms, v–xxxi.
Arndt, Hans Werner, 1982, „Claude Debru: Analyse et Représentation: De la méthodology à la théorie de l'espace: Kant et Lambert. Paris 1977, 204 S.", *Kant-Studien*, 73, 476–478.
Baensch, Otto, 1902, *Johann Heinrich Lamberts Philosophie und seine Stellung zu Kant*, Dissertation, Straßburg 1901, Tübingen/Leipzig: J. C. B. Mohr (Paul Siebeck).
Beck, Lewis White, 1969a, *Early German Philosophy. Kant and his Predecessors*, Cambridge, MA: Harvard University Press.

Beck, Lewis White, 1969b, „Lambert und Hume in Kants Entwicklung von 1769–1772",
   Kant-Studien, 60, 123–130.
Bierbach, Pier, 2001, *Wissensrepräsentation – Gegenstände und Begriffe. Bedingungen des
   Antinomieproblems bei Frege und Chancen des Begriffssystems bei Lambert*, Dissertation,
   Halle. Online abrufbar unter https://digital.bibliothek.uni-halle.de/ulbhalssun/content/
   titleinfo/2589289, zuletzt abgerufen am 22.12.2021.
Blomme, Henny, 2015, „La notion de ‚système' chez Wolff, Lambert et Kant", *Estudios
   Kantianos*, 3(1), 105–126.
Brands, Hartmut, 1977, *Untersuchungen zur Lehre von den angeborenen Ideen*, Meisenheim
   am Glan: Anton Hain.
Brandt, Reinhard, 1991, *Die Urteilstafel*, Hamburg: Meiner.
Cramer, Konrad, 1985, *Nicht-reine synthetische Urteile a priori: Ein Problem der
   Transzendentalphilosophie Kants*, Heidelberg: Winter.
De Vleeschauwer, Herman Jan, 1934, „L'année 1771 dans l'histoire de la pensée de Kant",
   Revue belge de philologie et d'historie, 3(3–4), 713–732.
Dessoir, Max, 1902, *Geschichte der neueren deutschen Psychologie*, Berlin: Duncker.
Dunlop, Katharine, 2009, „Why Euclid's Geometry Brooked No Doubt: J. H. Lambert on
   Certainty and the Existence of Models", *Synthesis*, 167(1), 33–65.
Eisenring, Max E., 1942, *Johann Heinrich Lambert und die wissenschaftliche Philosophie der
   Gegenwart*, Dissertation, ETH Zürich.
Engel, Friedrich und Stäckel, Paul, 1895, *Theorie der Parallellinien von Euklid bis auf Gauss.
   Eine Urkundensammlung zur Vorgeschichte der nichteuklidischen Geometrie*, Leipzig:
   B. G. Teubner.
Euklid, 1743, *Elementorum Euclidis libri XV ad Graeci contextus fidem recensiti et ad usum
   tironum accommodati*, hrsg. von G. F. Baermann, Leipzig: Gliditsch.
Euklid, 1805, *Elemente. Das erste bis zum vierten Buch*. Aufs Neue aus dem Griechischen
   übersetzt von Johann Karl Friedrich Hauff, Wien: Trattnern.
Fichant, Michel, 2018, „Johann Heinrich Lambert, l'idée de l'architectonique comme
   philosophie première (*Grundlehre*)", in: *Les Cahiers philosophiques de Strasbourg*, 44
   (*Johann Heinrich Lambert: philosophie*, hrsg. von Frédéric de Buzon), 11–34.
Griffing, Harold, 1893, „J. H. Lambert: A Study in the Development of the Critical Philosophy",
   The Philosophical Review, 2(1), 54–62.
Hammer, Martin, 2018, „Lambert als Quelle Kants: Einzelne Urteile und die metaphysische
   Deduktion der Allheit", in: Violetta L. Waibel et al. (Hrsg.), *Natur und Freiheit. Akten des
   XII. Internationalen Kant-Kongresses*, Berlin/Boston: De Gruyter, 3187–3195.
Harms, Friedrich, 1878, *Die Philosophie in ihrer Geschichte. I. Psychologie*. Berlin: Theobald
   Grieben.
Heimsoeth, Heinz, 1913, *Leibniz' Methode der formalen Begründung*, Habilitation, Marburg,
   Weimar: Hof-Buchdruckerei.
Ishikawa, Fumiyasu, 1990, „Zur Entstehung von Kants kopernikanischer Wende – Kant und
   Lambert", in: Gerhard Funke (Hrsg.), *Akten des Siebten Internationalen Kant-Kongresses.
   Kurfürstliches Schloß zu Mainz*, Band II.2, Bonn: Bouvier, 535–545.
Ishikawa, Fumiyasu, 1994, „Vernunft und System in Kants Entwicklung", *Revue Roumaine de
   Philosophie*, 39(1–2), 137–142.
Kant, Immanuel, 1998, „Logik Hechsel", in: Tillmann Pinder (Hrsg.), *Logik-Vorlesungen,
   Unveröffentlichte Nachschriften*, Band 2, Hamburg: Meiner.

Klemme, Heiner, 1996, *Kants Philosophie des Subjekts: Systematische und entwicklungsgeschichtliche Untersuchung zum Verhältnis von Selbstbewußtsein und Selbsterkenntnis*, Hamburg: Meiner.

König, Edmund, 1884, „Über den Begriff der Objektivität bei Wolff und Lambert mit Beziehung auf Kant", *Zeitschrift für Philosophie und philosophische Kritik*, 84, 292–313.

Kuliniak, Radosław, 2004, „Lamberts Einfluss auf Kants Transzendentalphilosophie", in: Andreas Lorenz (Hrsg.), *Transzendentalphilosophie heute. Breslauer Kant-Symposion*, Würzburg: Königshausen & Neumann, 153–162.

Lambert, Johann Heinrich, 1764, *Neues Organon oder Gedanken über die Erforschung und Bezeichnung des Wahren und dessen Unterscheidung vom Irrthum und Schein*, Band 1 und 2, Leipzig: Johann Wendler.

Lambert, Johann Heinrich, 1771, *Anlage zur Architectonic, oder Theorie des Einfachen und des Ersten in der philosophischen und mathematischen Erkenntniß*, Band 1 und 2, Riga: Johann Friedrich Hartknoch.

Lambert, Johann Heinrich, 1786, „Theorie der Parallellinien" (Erster Teil), in: Johann Bernoulli und Carl Friedrich Hindenburg (Hrsg.), *Leipziger Magazin für reine und angewandte Mathematik*, Zweites Stück, 137–164.

Laywine, Alison, 2001, „Kant's Reply to Lambert on the Ancestry of Metaphysical Concepts", *Kantian-Review*, 5, 1–48.

Laywine, Alison, 2010, „Kant and Lambert on Geometrical Postulates in the Reform of Metaphysics", in: Mary Domski und Michael Dickson (Hrsg.), *Discourse on a New Method. Reinvigorating the Marriage of History and Philosophy of Science*. Chicago/La Salle: Open Court Publishing, 113–134.

Leduc, Christian, 2018, „Harmonie et dissonance. Lambert et le système de vérités", in: *Les Cahiers philosophiques de Strasbourg*, 44 (*Johann Heinrich Lambert: philosophie*, hrsg. Von Frédéric de Buzon), 77–102.

Leibniz, Gottfried Wilhelm, 1880 [1684], *Meditationes de cognitione, veritate et ideis*, in: Gottfried Wilhelm Leibniz, *Die philosophischen Schriften*, Band 4, Carl Immanuel Gerhardt (Hrsg.), Berlin: Weidmannsche Buchhandlung, 422–426.

Lenders, Winfried, 1971, *Die analytische Begriffs- und Urteilstheorie von G. W. Leibniz und Chr. Wolff*, Hildesheim/New York: Olms.

Lepsius, Johannes, 1881, *Quellenmässige Darstellung der philosophischen und kosmologischen Leistungen Johann Heinrich Lamberts im Verhältnis zu seinen Vorgängern und zu Kant*. Inaugural-Dissertation, München: Ackermann.

Martin, Gottfried, 1967, *Leibniz: Logik und Metaphysik*, Zweite, durchgesehene und vermehrte Auflage, Berlin: De Gruyter.

Martin, Gottfried, 1972, *Arithmetik und Kombinatorik bei Kant*, Berlin/New York: De Gruyter.

Meier, Georg Friedrich, 1752, *Auszug aus der Vernunftlehre*, Halle: Johann Justinus Gebauer.

Mendelssohn, Moses, 1766, „Rezension Lambert, J. H.: Neues Organon, Band 1, Leipzig 1764", *Allgemeine Deutsche Bibliothek*, 3. Band, 1. Stück, Berlin/Stettin: Friedrich Nicolai, 1–23. Online abrufbar unter: http://ds.ub.uni-bielefeld.de/viewer/image/2002572_005/13/LOG_0008/, zuletzt abgerufen am 22.12.2021.

Mendelssohn, Moses, 1767, „Rezension Lambert, J. H.: Neues Organon, Band 2, Leipzig 1764", *Allgemeine Deutsche Bibliothek*, 4. Band, 2. Stück, Berlin/Stettin: Friedrich Nicolai, 1–30. Online abrufbar unter: http://ds.ub.uni-bielefeld.de/viewer/image/2002572_008/17/LOG_0007/, zuletzt abgerufen am 22.12.2021.

Motta, Giuseppe, 2012, *Die Postulate des empirischen Denkens überhaupt. KrV A 218–235 / B 265–287. Ein kritischer Kommentar*, Berlin/Boston: De Gruyter.

Oberhausen, Michael, 1997, *Das neue Apriori. Kants Lehre von einer „ursprünglichen Erwerbung" apriorischer Vorstellungen*, Stuttgart-Bad Cannstatt: frommann-holzboog.

Pelletier, Arnauld, 2018, „La profondeur et le fond: des concepts simples chez Lambert", in: *Les Cahiers philosophiques de Strasbourg*, 44 (*Johann Heinrich Lambert: philosophie*, hrsg. Von Frédéric de Buzon), 55–76.

Perin, Adriano, 2016, „Lambert's Influence on Kant's Theoretical Philosophy", *Contextos Kantianos*, 3, 44–54.

Peters, Wilhelm S., 1968, „Kants Verhältnis zu Lambert", *Kant-Studien*, 59, 448–453.

Psilojannopoulos, Anastassios, 2013, *Von Thomasius zu Tetens. Eine Untersuchung der philosophiegeschichtlichen Voraussetzungen der theoretischen Philosophie Kants in repräsentativen Texten der Deutschen Aufklärung*. Dissertation, Berlin.

Riehl, Alois, 1876, *Der philosophische Kriticismus und seine Bedeutung für die positive Wissenschaft*, Erster Band: *Geschichte und Methode des philosophischen Kriticismus*, Leipzig: Wilhelm Engelmann.

Rivero, Gabriel, 2014, *Zur Bedeutung des Begriffes Ontologie bei Kant. Eine entwicklungsgeschichtliche Untersuchung*, Berlin/Boston: De Gruyter.

Schulthess, Peter, 1981, *Relation und Funktion. Eine systematische und entwicklungsgeschichtliche Untersuchung zur theoretischen Philosophie Kants*, Berlin/New York: De Gruyter.

Schütz, Werner, 1972, *Geschichte der christlichen Predigt*, Berlin/New York: De Gruyter.

Siebel, Mark, 2014, „Ayers Kritik an Kants Definition analytischer Urteile", *Kant-Studien*, 105, 196–220.

Sturm, Thomas, 2018, „Lambert and Kant on Truth", in: Corey W. Dyck und Falk Wunderlich (Hrsg.), *Kant and his German Contemporaries*, Band 1: *Logic, Mind, Epistemology, Science and Ethics*, Cambridge: Cambridge University Press, 113–133.

Tonelli, Giorgio, 1966, „Die Voraussetzungen zur Kantischen Urteilstafel in der Logik des 18. Jahrhunderts", in: Friedrich Kaulbach und Joachim Ritter (Hrsg.), *Kritik und Metaphysik. Heinz Heimsoeth zum 80. Geburtstag*, Berlin/New York: De Gruyter, 134–158.

Vaihinger, Hans, 1922, *Kommentar zu Kants Kritik der reinen Vernunft*, 2. Aufl., Stuttgart/Berlin/Leipzig: Union Deutsche Verlagsgesellschaft.

Waibel, Violetta L., 2001, „Natur als ‚Aggregat' und als ‚System'. Kants implizite Auseinandersetzung mit Wolff und Lambert in der ‚Ersten Einleitung in die Kritik der Urteilskraft'", in: Volker Gerhardt, Rolf-Peter Horstmann und Ralph Schumacher (Hrsg.), *Kant und die Berliner Aufklärung. Akten des IX. Internationalen Kant-Kongresses*. Berlin/Boston: De Gruyter, 667–675.

Waibel, Violetta L., 2007, „Die Systemkonzeption bei Wolff und Lambert", in: Jürgen Stolzenberg und Oliver-Pierre Rudolph (Hrsg.), *Christian Wolff und die Europäische Aufklärung. Akten des 1. Internationalen Christian-Wolff-Kongresses*, Hildesheim: Olms, 51–70.

Watkins, Eric, 2018, „Lambert and Kant on Cognition (*Erkenntnis*) and Science (*Wissenschaft*)", in: Corey W. Dyck und Falk Wunderlich (Hrsg.), *Kant and His German Contemporaries*, Band 1: *Logic, Mind, Epistemology, Science and Ethics*, Cambridge: Cambridge University Press, 175–191.

Wellmann, Gesa, 2017, „Towards a New Conception of Metaphysics: Lambert's Criticism on Wolff's Mathematical Method", *Estudios Kantianos*, 2(2), 135–148.

Wellmann, Gesa, 2018, *The Idea of a Metaphysical System in Lambert, Kant, Reinhold, and Fichte*, Dissertation (erscheint demnächst), Leuven.

Wolff, Christian, 1728, *Philosophia Rationalis Sive Logica, Methodo Scientifica Pertractata Et Ad Usum Scientiarum Atque Vitae Aptata [Lateinische Logik]*, Frankfurt/Leipzig: Officina Libraria Rengeriana.

Wolff, Christian, 1733, *Vernünfftige Gedancken von Gott, der Welt und der Seele des Menschen, Auch allen Dingen überhaupt [Deutsche Metaphysik]*, 5. Aufl., Frankfurt/Leipzig: Rengerische Buchhandlung.

Wolters, Gereon, 1980, *Basis und Deduktion*, Berlin/New York: De Gruyter.

Yamane, Yûichirô, 2001, „Von der ‚Erwerbung' zur ‚ursprünglichen Erwerbung'. Ein Querschnitt durch die Entstehungsgeschichte der kritischen Metaphysik", in: Volker Gerhardt, Rolf-Peter Horstmann und Ralph Schumacher (Hrsg.), *Kant und die Berliner Aufklärung. Akten des IX. Internationalen Kant-Kongresses*. Berlin/Boston: De Gruyter, 691–702.

Zeller, Eduard, 1875, *Geschichte der deutschen Philosophie seit Leibniz*, München: Oldenbourg.

Zimmermann, Robert, 1879, *Lambert, der Vorgänger Kants. Ein Beitrag zur Vorgeschichte der Kritik der reinen Vernunft*, Wien: K. Gerold's Sohn.

Henny Blomme
J. B. Merians Auffassung der Apperzeption. Eine Quelle für Kant?

Abstract: In a pioneering text, Udo Thiel has claimed that, among the conceptions of apperception that were held by Kant's contemporaries, it is Johann Bernhard Merian's which comes closest to Kant's own theory of apperception (Thiel 1996). I argue that Thiel's claim must be strongly nuanced because of two important differences between Merian's and Kant's conception of apperception. First, Merian's dismissal of obscure representations against Kant's explicit recognition of them as a fundamental part of his doctrine; Second, I show that the Kantian distinction between apprehensive and reflexive apperception must be understood as a further development of Leibniz' distinction between perception and apperception. As a consequence, for Kant the awareness of one's existence that Merian claims to be clearly implied in both the apperception of oneself and of other things can be no more than an undetermined, and therefore necessarily obscure, perception.

1 Einleitung

Wer nach Quellen des kantischen Apperzeptionsbegriffs sucht, will nicht lediglich wissen, wie der Begriff ‚Apperzeption' entstanden ist. Ziel dieses Suchens ist also nicht so sehr die Entstehungs- und Entwicklungsgeschichte des Begriffs selbst, sondern eine Antwort auf die Frage, welche Aspekte des spezifisch kantischen Verständnisses dieses Begriffs auch bei früheren oder zeitgenössischen Denkern anzutreffen sind. Dabei sollte man vorab keineswegs ausschließen, dass es solche Denker gar nicht gegeben hat. So hat Wolfgang Carl (1992: 61), der das Spezifische des kantischen Apperzeptionsverständnisses darin sieht, dass die Apperzeption sich (auch) auf das Subjekt selbst bezieht, behauptet, dass eine solche Subjektbeziehung bei vorkantischen Denkern nicht anzutreffen sei: Bei ihnen sei Apperzeption stets nur in Beziehung zu bestimmten mentalen Akten (und ihren Inhalten) gesetzt und verstanden worden. Aber schon bei dem Erfinder dieses Begriffs, Gottfried Wilhelm Leibniz, hat die Apperzeption Anlass zu schwierigen Interpretationsfragen gegeben. Wenn man, anders als Carl, zum Beispiel die These verteidigt, dass der Begriff ‚apperception' bei Leibniz schon sowohl ‚Selbstbewusstsein' und ‚Ich' als auch ‚Person' bezeichnet (Janke 1971: 449), dann wird die Auffassung darüber, was in Kants Gebrauch des Terminus spezifisch kantisch sei, davon nicht unberührt bleiben. Deswegen ist es, trotz der im Folgenden ausgeführten Besprechung einer möglichen spezifischen Quelle für den *kantischen* Apperzeptionsbegriff, nützlich, auch kurz einige Stadien der Geschichte des Begriffs ‚Apperzeption' zu beleuchten. Das geschieht im zweiten Teil dieses Aufsatzes. Im dritten Teil gebe ich einige Auskünfte über Person und Werk von Merian. Der vierte Teil bietet eine Synopsis von zwei kurzen Schriften, die Johann Bernhard Merian über die Apperzeption verfasst hat. Im fünften Teil werde ich dann die Frage behandeln, ob Merian als eine mögliche Quelle für Kants Gebrauch des Begriffs ‚Apperzeption' zu betrachten ist – eine These, die Udo Thiel verteidigt hat (Thiel 1996 und 2011). Wie sich herausstellen wird, hat Thiel meines Erachtens sowohl einige schwerwiegende Unterschiede zwischen Merian und Kant als auch einige wichtige Kontinuitäten zwischen Kant und der leibnizschen Tradition, unterbeleuchtet gelassen. Das wird uns zwingen, Thiels These einer auffallenden Nähe zwischen Merians und Kants Auffassung der Apperzeption stark zu nuancieren.

2 Leibniz' Philosophie als Quelle des Begriffs ‚Apperzeption'

Die Geschichte des Begriffs ‚Apperzeption' ist schon mehrfach geschildert worden:[1] es war Leibniz, der den Begriff ‚apperception'[2] in die philosophische Sprache eingeführt hat. Wie nun aber dieser Begriff im Rahmen von Leibnizens Philosophie zu verstehen ist, ist nicht ganz einfach zu entscheiden. In seinen *Principes de la nature et de la grâce fondés en raison* (1714) unterscheidet Leibniz zwischen Wahrnehmung und Apperzeption. Wird unter *Wahrnehmung* der innere Zustand der (die äußeren Dingen vorstellenden) Monade verstanden, so ist die *Apperzeption* „das Bewusstsein oder die reflexive Erkenntnis dieses inneren Zustandes".[3] Gerade weil ihnen diese Unterscheidung zwischen Wahrnehmung (‚perception') und Bewusstsein (‚apperception') fehlte, hatten es die Cartesianer

---

[1] Siehe z. B. Erdmann 1886, Lange 1879, Lüdtke 1911, Ulich 1967, Janke 1971 und vor allem Thiel 2011.

[2] ‚Apperception': so noch bei Leibniz. Heute wird dieser Terminus auf Französisch nur mit einem p geschrieben: ‚l'aperception'.

[3] Leibniz, *Principes nature et grâce*, (4) (Leibniz 1986: 34–37): „[...] il est bon de faire distinction entre la *perception*, qui est l'etat interieur de la Monade representant les choses externes; et *l'apperception*, qui est la *conscience* ou la connaissance reflexive de cet état intérieur [...]." Man bemerke, dass für Leibniz sowohl Wahrnehmung als auch Bewusstsein exklusiv auf den inneren Zustand bezogen sind. Äußere Dinge sind nur über innere Zustände zugänglich.

nach Leibniz nicht für möglich gehalten, dass wir Wahrnehmungen haben, deren wir uns nicht bewusst sind. Wo Leibniz von den Tieren behaupten konnte, dass sie zwar wahrnehmen, aber kein reflexives Bewusstsein haben, waren die Cartesianer demzufolge gezwungen, den Tieren jeglichen inneren Zustand und jegliche Seele abzusprechen.[4]

Diese Sachlage wird komplexer, wenn man sie mit der Tatsache konfrontiert, dass nach Leibniz die Deutlichkeit der Wahrnehmungen graduell zu bestimmen ist, wobei diese Wahrnehmungen ab einem bestimmten Grad selbst bei Tieren ein gewisses Selbstgefühl ermöglichen, das Leibniz in den *Nouveaux Essais* ein ‚apercevoir' nennt. Dieses ‚apercevoir' unterstellt aber kein Verstandesvermögen und sollte also nicht als derjenige Akt verstanden werden, der in der Apperzeption resultiert.[5] Vielmehr müssen ‚apercevoir' und ‚s'apercevoir' übersetzt werden als ‚wahrnehmen' und ‚bemerken', also als Akte, die in einer gewissen Art der ‚perception' resultieren.[6] Schematisch dargestellt:

(A)   (s')apercevoir → perception → Wahrnehmung

(B)   apperception → (reflexives) Bewusstsein

Dass Tiere nach Leibniz über die Möglichkeit verfügen, ‚de s'apercevoir de quelque chose', bedeutet dann auch keineswegs, dass er meint, es wäre angebracht, auch bei ihnen von ‚apperception' zu reden. In der neueren Literatur ist das vielfach missverstanden worden. In ihr wird aufgrund der bekannten Passage in den *Nouveaux Essais*, worin Leibniz schreibt, dass Tiere über die Möglichkeit verfügen, „de s'apercevoir des impressions plus remarquables et plus distinguées" peremptoir, geschlossen, dass ‚apperception' auch bei Tieren stattfindet.[7]

---

4 Leibniz, *Principes nature et grâce*, (4) (Leibniz 1986: 36–37): „Et c'est faute de cette distinction que les Cartésiens ont manqué, en comptant pour rien les perceptions dont on ne s'apperçoit pas; comme le peuple compte pour rien les corps insensibles. C'est aussi ce qui a fait croire aux mêmes Cartésiens que les seuls esprits sont des Monades, qu'il n'y a point d'Ames des Bêtes, et encore moins d'autres *principes de vie*."

5 Leibniz, *Nouveaux Essais*, Buch 2, Kapitel XX: „les bêtes n'ont point d'entendement, [...], quoiqu'elles aient la faculté de s'apercevoir des impressions plus remarquables et plus distinguées."

6 Im Rahmen dieses Aufsatzes gehe ich nicht weiter ein auf den für unser Thema weniger wichtigen Unterschied zwischen ‚ap(p)ercevoir' und ‚s'ap(p)ercevoir'. Siehe aber Pelletier (2017).

7 Siehe z. B. Janke 1971: 449; Kulstad 1981: 28–29; Kulstad 1991: 24; Schüßler 1992: 106); Kulstad und Carlin 2013, Gennaro 1999: 361, Perler 2009: 87–88 und 94–95, Barth 2011: 216: „Leibniz clearly attributes apperception to animals". Die Ansicht, dass Leibniz die Apperzeption nur den rationalen Wesen (und also nicht den Tieren) zugesteht, wird geteilt von Gurwitsch 1974: 123; McRae 1976: 30; Rescher 1979 und Pelletier 2017. McRae sieht aber einen Widerspruch in Leibniz' Gebrauch des Terminus ‚Reflexion' (den er als ko-extensiv zu Apperzeption betrachtet), weil Tiere

Das Haben von Wahrnehmungen, und das Selbstgefühl, das damit zusammengehen oder daraus entspringen kann, impliziert aber für Leibniz keineswegs, dass auch schon ein denkendes Reflektieren möglich oder sogar vorhanden ist.

Wie man nun nach Leibniz von der unreflektierten Aufmerksamkeit, die mit den Wahrnehmungen einhergeht, zu der nur bei rationalen Wesen anzutreffenden Apperzeption fortschreitet, ist umstritten. Dabei hängt die Interpretationsstrategie wenigstens zum Teil davon ab, wie man das ‚oder' liest, das man in der oben zitierten Erklärung, welche Leibniz dem Begriff ‚apperception' beilegt, antrifft.[8]

(1) Liest man es als ein explanatives ‚oder', dann versteht man: Apperzeption = Bewusstsein = reflexive Erkenntnis des inneren Zustandes. Die aus dieser Lesart entspringende These könnte man die der Ko-extensivität von Apperzeption und Reflexion nennen.[9]

(2) Liest man es als ein disjunktives ‚oder', dann muss man zwischen dem einfachen graduellen Wahrnehmungsbewusstsein und dem Selbstbewusstsein unterscheiden. Beide könnte man dann mit Leibniz' neuem Terminus ‚apperception' bezeichnen, wobei es doch um unterschiedliche mentale Prozesse ginge: Das Wahrnehmungsbewusstsein setzte dann nicht voraus, dass derjenige der es hat, sich selbst als sich zu der Außenwelt verhaltendes Subjekt zum Thema machen kann, und eventuell imstande ist, zu sich ‚Ich' zu sagen. Dagegen sei das Selbstbewusstsein im strikten Sinne gerade ein solches Bewusstsein, dass ko-extensiv mit einem im Denken vollzogenen Verhältnis zu sich selbst besteht.[10]

Empfindungen haben und diese in McRaes Interpretation von Leibniz auch Reflexion voraussetzen.

8 Schematisch dargestellt lautet diese Erklärung: Apperzeption = das Bewusstsein *oder* die reflexive Erkenntnis der Wahrnehmung. Wie ist das ‚oder' aufzufassen? Vgl. Thiel 2011: 299

9 Robert McRae hat diese Lesart verteidigt: „the terms apperception, consciousness, and reflective knowledge, are, in all instances of their use, equivalent" (McRae 1976: 33).

10 Kulstad 1991 argumentiert in diese Richtung, wenn er im Rahmen seiner Interpretation der Begriffe ‚Apperzeption', ‚Bewusstsein' und ‚Reflexion' in Leibniz' Schriften den Unterschied zwischen ‚simple reflection' und ‚focused reflection' einführt und schreibt, nur letztere „involves a focusing of the mind's attention on what may properly said to be in us, that is the self and its operations" (Kulstad 1991: 24). Nach Kulstad hat Leibniz verstanden, dass man auch dann von Bewusstsein oder Apperzeption sprechen kann, wenn von solcher ‚focused reflection' nicht die Rede ist. Thiel (1994) hat Kulstads Vorschlag kritisch besprochen, und weist darauf hin, dass, (1) Leibniz' Begriff ‚apperception' in der Tat nicht ko-extensiv mit dem Begriff ‚reflexion' sei, weil letztere mehr unterstellt als Bewusstsein; (2) dennoch die textuelle Grundlage für Kulstads Unterschied zwischen ‚simple reflection' und ‚focused reflection' fehlt.

(3) Es gibt noch eine dritte Lesart dieses ‚oder', die ich als die ‚progressive' bezeichnen möchte. Dabei ist der Anknüpfungspunkt nicht der Unterschied zwischen Wahrnehmungs- und Selbstbewusstsein, sondern der vermeintlich von Leibniz angesprochene Unterschied zwischen Bewusstsein einer Wahrnehmung und reflexiver Erkenntnis einer Wahrnehmung. Nur die reflexive Erkenntnis der Wahrnehmung wäre dann bedingt durch Selbstbewusstsein. Und dieses setzt die Fähigkeit, zwischen Subjekt und Objekt zu unterscheiden, voraus. Apperzeption und Reflexion gäbe es dann in beiden Fällen, und der Unterschied zu Option 2 bestünde darin, dass der Übergang von Wahrnehmungsbewusstsein zu reflexiver Erkenntnis als kontinuierlich gedacht würde, und vom Grad der Klarheit der Vorstellungen abhängt.[11]

So sehr auch die Unterscheidung zwischen unreflektiertem Wahrnehmungsbewusstsein und reflektierendem Bewusstsein mit einer gegenwärtigeren Bewusstseinstheorie übereinstimmen mag:[12] Die textuelle Grundlage gibt keinen Anlass, zu denken, dass Leibniz einen Begriff wie ‚Wahrnehmungsbewusstsein' geprägt hätte. Allerdings kann man bei ihm drei Stadien in der ‚Bewusstmachung' von Vorstellungen unterscheiden.

A. Die *petites perceptions* werden lediglich unbewusst wahrgenommen, weil ihr Grad der Klarheit nicht ausreicht, um von anderen Vorstellungen unterschieden zu werden – deshalb werden sie auch dunkle Vorstellungen genannt;[13]

B. Ab einem bestimmten Grad der Klarheit werden Vorstellungen als solche wahrgenommen („perceptions qui sont aperçues"), was hier nur heißt, dass das Subjekt auf sie aufmerksam gemacht wird.[14] Diese Aufmerksamkeit ist es, die man heute als Wahrnehmungsbewusstsein interpretieren könnte. Es ist wichtig, zu bemerken, dass hier keine Thematisierung oder Objektivierung der Wahrnehmungsinhalte stattfindet;

---

11 Larry M. Jorgensen scheint in diese Richtung zu argumentieren. Allerdings verneint Jorgensen sowohl die Ko-Extensivität von Reflexion und Apperzeption als auch die Ko-Extensivität von Apperzeption und Bewusstsein (Jorgensen 2011: 193, Anm. 41). Auch Rocco Gennaro verneint, dass Leibniz Apperzeption und Bewusstsein als ko-extensiv betrachtet hat (Gennaro 1999: 354).
12 Wie z. B. mit der Unterscheidung zwischen ‚conscience préréflexive' und ‚conscience réflexive' bei Sartre.
13 Siehe vor allem Leibniz' *Meditationes de Cognitione, Veritate et Ideis* (Leibniz 1740) und die Einleitung und das zweite Buch seiner *Nouveaux Essais*.
14 Im Rahmen von Leibniz' Theorie kann man in der Tat von Vorstellungen sprechen, die sich sozusagen kenntlich machen. Das wahrnehmende Subjekt wird gerade auf diejenigen Vorstellungen aufmerksam gemacht, die in Vergleich zu den anderen Vorstellungen etwas Besonderes oder Verschiedenes vorzustellen haben.

C. Eine solche Thematisierung (die nur bei mit Verstand begabten Wesen vorkommen kann) findet erst dann statt, wenn Wahrnehmungsinhalte reflektiert werden, und dies ist, was Leibniz ihre Apperzeption (als thematisierendes Bewusstsein) nennt. Letzteres ist die Bedingung für Erkenntnis im eigentlichen Sinne, da erst das Thematisieren von (relativ) klaren Vorstellungen zur Deutlichkeit dieser Vorstellungen hinführen kann.

Die Apperzeptionstheorie von Leibniz kann also in Bezug auf die gegenwärtige Bewusstseinsforschung als eine sogenannte „Höhere-Ordnung-Theorie"[15] verstanden werden, wobei die Apperzeption zugleich die Voraussetzung alles propositionalen Wissens des Menschen ist.

3 Wer war Merian?

Johann Bernhard Merian wurde 1723 in Liestal in der Schweiz geboren und studierte Philologie und Philosophie an der Universität Basel, wo er 1740 promovierte. Da er in Basel nach vier Versuchen, bei denen er jedes Mal eine neue Abhandlung vorlegte, noch immer keine Lehrstelle erhielt, wandte sich Merian zunächst der Theologie zu, in welcher er jedoch keine Befriedigung fand. Danach zog er eine Zeit zu Verwandten in Lausanne und war als Hofmeister in Amsterdam tätig, wo er sich mit Johann Bernoulli befreundete. 1749 wurde er schließlich von Maupertuis, auf Empfehlung von Bernoulli, in die Preußische Akademie der Wissenschaften nach Berlin berufen, wo er Mitglied der Klasse der spekulativen Philosophie wurde. Die ersten Schriften, die er als Mitglied der Akademie veröffentlichte, sind die zu besprechenden *Mémoires sur l'apperception* (Merian 1749a und 1749b). Ab 1757 war Merian auch Bibliothekar der Akademie und wurde 1771 Direktor ihrer Abteilung für die schönen Wissenschaften (*Classe des Belles Lettres*). Zwischen 1770 und 1780 hielt er eine bedeutende Vorlesungsreihe über das Molyneux-Problem, die er in einflussreichen Abhandlungen festlegte.[16] Ab 1770 trat er auch in näheren Verkehr mit Friedrich II., welcher ihn fortan in wissenschaftlichen und Personal-Fragen zu Rate zog. Nach dem Tod von Johann Hein-

---

15 Siehe zum Beispiel Gennaro 2004.
16 Siehe Markovits 1984. Es geht beim sogenannten Problem von Molyneux um die Frage, ob ein Blindgeborener, wenn er später die Sehkraft erlangt, durch bloßen Gesichtssinn ohne Beziehung des Tastsinnes einen Würfel von einer Kugel unterscheiden könne. Nach erfolgloser Prüfung aller verschiedenen Ansichten schließt Merian seine Aufsatzreihe über das Problem mit dem Vorschlag, eine Anzahl Waisenkinder mehrere Jahre in einem absolut finsteren Raum nach Art der Blinden zu pflegen und dann in das Licht zu entlassen, um zu erfahren, was sie vom Würfel sagen.

rich Samuel Formey wurde Merian ab 1797 bis zu seinem eigenen Tod 1807 ständiger Sekretär der Akademie.[17]

Merian war Eklektiker und schrieb nicht nur über Philosophie, sondern auch über Sprache, Literatur und Poesie.[18] Was die Philosophie angeht, agiert er gegen Leibniz und Wolff und lobt die empirische Methode. So schreibt er im zweiten *Mémoire sur l'apperception:* „Renonçons à tout ce qui s'appelle Système, & contentons nous de ce peu de vérités auxquelles l'expérience nous conduit" (Merian 1749b: 444). Wie wir im Folgenden noch sehen werden, gelingt es Merian selbst aber nicht immer, im Rahmen seiner eigenen Untersuchungen innerhalb der durch diese Methode vorgeschriebenen Grenzen zu bleiben. Neben den zwei Schriften zur Apperzeption hat Merian unter anderem Aufsätze zum Freiheitsproblem,[19] gegen Leibniz' *principium identitatis indiscernibilium*,[20] über das Verlangen,[21] über den Selbstmord,[22] und über die Dauer und Intensität des Vergnügens und des Schmerzes geschrieben.[23] Er bearbeitete die kosmologischen Briefe von Lambert unter dem Titel „Système du monde" (1770) und verfasste kritische Studien zu Hume[24] und zu der damaligen Philosophie.[25] Auch als Übersetzer war er tätig: Für Maupertuis verfertigte er eine Übersetzung der philosophischen Schriften von David Hume, welche Formey mit einer Vorrede und Anmerkungen begleitete (1751f.).

4 Merians Schriften zur Apperzeption

Fangen wir nun mit der Analyse von Merians *Mémoires* über die Apperzeption an und versuchen, seine „Apperzeptionslehre" so gut wie möglich zu verstehen.[26]

---

[17] Siehe auch von Prantl 1885: 428–430.
[18] Siehe z. B. „Sur l'universalité de la langue française" (1785), „Si Homère a écrit ses poèmes" (1788f.), und „Comment les sciences influent-elles sur la poësie?" (1774–77).
[19] „L'action, la puissance et la liberté" (1750).
[20] „Reflexions philosophiques sur la ressemblance" (1751), „Le principe des indiscernables" (1754), und „Sur l'identité numerique" (1755).
[21] „Le désir" (1760).
[22] „Le suicide" (1763).
[23] „La durée et l'intensité du plaisir et de la peine" (1766).
[24] „Sur le phénoménisme de D. Hume" (1793).
[25] „Parallèle historique de nos philosophies nationales" (1797).
[26] Andere sind mir darin vorgegangen – siehe vor allem Baertschi 1996, Thiel 1996 und Frank 2002: 146–175. Da ich den dort gegebenen Analysen größtenteils zustimme wird es im Folgenden notwendigerweise einige Überschneidungen geben. Auch mit Bezug auf die Philosophiegeschichte könnte man es aber durchaus positiv beurteilen, wenn Forschungsergebnisse reprodu-

Zunächst aber wollen wir fragen, wie sich die beiden Schriften zueinander verhalten. Den Schlüssel dafür liefert Merians Auffassung, dass die Apperzeption stets Apperzeption von etwas sei. Dieses Etwas kann nun nach Merian entweder (1) wir selbst oder unsere eigene Existenz, oder (2) eine unserer Ideen, oder (3) eine unserer Handlungen sein. Im ersten Aufsatz, *Mémoire sur l'apperception de sa propre existence* (Merian 1749a), untersucht Merian demnach die Apperzeption, insofern sie sich auf die eigene Existenz bezieht. Im zweiten Aufsatz, *Mémoire sur l'apperception considérée relativement aux idées, ou, sur l'existence des idées dans l'âme* (Merian 1749b), geht es um die Apperzeption, insofern sie den Inhalt des inneren Sinnes zum Objekt hat, d. h. unsere Ideen oder Wahrnehmungen (Merian 1749a: 419). Einen Aufsatz zur Apperzeption in Bezug zu unseren Handlungen hat Merian nicht verfasst. Beide *Mémoires* wurden von Michael Hissmann 1778 ins Deutsche übertragen.[27]

Die Leserinnen und Lesern von Merians erstem Aufsatz zur Apperzeption, *Memoire sur l'apperception de sa propre existence*, befinden sich sofort *in media res*. Die Verstandesvermögen kann man nach Merian nur *a posteriori* kennen, also nachdem sie sich während ihres Gebrauchs entfaltet haben. Man kann sie nicht im Gebrauch selbst erfassen, was für eine Untersuchung über die Apperzeption bedeutet, dass man nicht die Apperzeption apperzipieren kann. Die Aussage: „ich apperzipiere mich als apperzipierend",[28] ist also kontradiktorisch. Man könnte natürlich versuchen, die Apperzeption zu apperzipieren, aber dann würde nach Merian nur Folgendes geschehen:
(1) Man wird ein gewisses Objekt apperzipieren.
(2) Man wird sich daran erinnern, dass man das Objekt apperzipiert hat.
(3) Man wird über den Akt reflektieren, mittels dessen man das Objekt apperzipiert hat.

Was ist nun aber Apperzeption? Merian spricht von ihr als vom „ersten Akt des intelligenten Wesens" (1749a: 417); zugleich zögert er, sie näher zu definieren: Intellektuelle Fähigkeiten definieren sich durch und während ihres Gebrauchs, und intellektuelle Bestimmungen würden uns nur verwirren. Kurz gesagt: Ap-

---

zierbar sind. Es wäre eine genuin philosophische Frage, wie uns eine verallgemeinerte Obsession, stets zu anderen Ergebnissen als Andere kommen zu wollen, im Bereich der Geschichte der Philosophie weiterbringen möge.

27 Siehe: „Ueber die Apperzeption seiner eigenen Existenz" (Merian 1778a) und „Ueber die Apperzeption in Rücksicht auf die Ideen, oder auf die Existenz der Ideen in der Seele" (Merian 1778b).

28 „Je m'apperçois appercevoir" (Merian 1749a: 417).

perzipiert zu haben ist die notwendige und hinreichende Bedingung für alle Erkenntnis der Apperzeption.

4.1 Merian und das cartesische *Cogito*

Trotzdem bleiben einige Fragen auf räsonierende Art zu beantworten. Z. B.: Ist die Apperzeption ein mittelbarer oder ein unmittelbarer Akt? Fangen wir mit der Apperzeption unseres eigenen Daseins an, die Merian auch Selbstbewusstsein (*conscium sui*) nennt. Kenne ich meine eigene Existenz mittelbar oder unmittelbar? Wenn man auf die Philosophen hört, die das Gefühl des eigenen Daseins als intim und unmittelbar bezeichnen, scheint die Sache klar zu sein: Die Seele verfährt ganz direkt, wenn sie denkt: „Ich bin". Dennoch gibt es Philosophen, die diese Wahrheit deduzieren wollen. Merian verweist hier auf Descartes' „Je pense donc je suis". Dieser bekannte Satz erzeugt wegen des Implikationswörtchen *donc* den Eindruck, dass ein Schluss vollzogen wird. Schließen wir also auf unsere Existenz mittels eines demonstrativen Beweises, d. h. mittels untenstehendes Syllogismus?

Major: Alles Denkende existiert

Minor: Ich denke

Konklusion: Ich existiere

Merian glaubt nicht daran, weil uns die Erfahrung der Apperzeption keine solche Schlussfolgerung zeigt. Der Satz „Ich existiere" ist nach ihm eine intuitive Wahrheit („vérité intuitive" – Merian 1749a: 420). Im oben dargestellten Syllogismus enthält der Minor („Ich denke") schon die Konklusion („Ich existiere"), weil denken eine Art des Existierens ist. Der Minor kann also auch auf folgende Art formuliert werden: „Ich bin denkend"/„Ich existiere als denkend". Wer Descartes' „Je pense; donc je suis" als einen Syllogismus ansieht, begeht nach Merian eine *petitio principii*.

Hierzu sollte man bemerken, dass Merians Kritik an der syllogistischen Interpretation eigentlich eine Kritik an Wolffs Darstellung des cartesischen *Cogito* ist. Descartes meinte nämlich selbst nicht, dass das „ego cogito ergo sum" als Syllogismus zu betrachten sei.[29] In seiner Antwort auf die zweite Reihe von Einwänden gegen seinen *Meditationen* argumentiert er, dass, wenn jemand sagt, „Ich

---

[29] Ob Merian wirklich glaubte, dass Descartes genauso wie Wolff das *Cogito* als Syllogismus aufgefasst hat, wissen wir nicht.

denke, und daher bin ich oder existiere ich", diese Person nicht die Existenz vom Denken mittels eines Syllogismus deduziert, sondern diese Existenz erkennt als etwas Selbstevidentes in Folge einer einfachen Anschauung des Verstandes.³⁰

Nach Descartes müssen wir zwar die These „um zu denken, ist es notwendig zu existieren"³¹ anerkennen, aber er betont, dass dies nicht dasjenige ist, was die Wahrheit des *Cogito* garantiert. Welche Art von Inferenz ist dann für Descartes das *Cogito*? Ist es eine analytische Inferenz? Nein. Wie bekannt, schreibt Descartes in seiner Antwort auf die Einwände Gassendis zur zweiten Meditation, dass man die Schlussfolgerung „Ich spaziere, also bin ich" nur ziehen kann, insofern auch „das Spazieren mit Aufmerksamkeit zu begleiten, denken ist".³² „Ich spaziere, also bin ich" ist also nur gültig wegen des Denkens daran, dass man spaziert. Sowie die Existenz nicht aus der Analyse des Spazierens folgt, folgt sie aber auch nicht aus einer Analyse des Denkens. Wichtig ist der Akt des Denkens und nicht irgendwelche Definitionen davon, was denken ist, aus denen dann analytisch auf die Existenz des Denkenden geschlossen werden kann. Es geht dabei übrigens (noch) nicht um eine körperliche oder andersartig substanzielle Existenz, wie die Formulierung in den *metaphysischen Meditationen* zeigt: „Ich bin, ich existiere – das ist sicher. Aber wie lange? So lange ich denke."³³

Ob Merian die *responsiones* gelesen oder anderweitig gekannt hat, wissen wir nicht. Seine Analysen des *Cogito* und der *doute hyperbolique* schließen sich aber Descartes' eigener Auslegungen an. Merian behauptet, dass Descartes nie an seiner eigenen Existenz gezweifelt hat, und dass er mit der zweiten metaphysischen Meditation nur die Unmöglichkeit, an der eigenen Existenz zu zweifeln, ausdrücken wollte. Nach Merian wollte Descartes also eigentlich nur Folgendes

---

30 Descartes, *Meditationes – Secundae Responsiones* (AT VIII: 40–141): „Cum autem advertimus nos esse res cogitantes, prima quaedam notio est, qua ex nullo syllogismo concluditur ; neque etim cum qui dicit, ego cogito, ergo sum, sive existo, existentiam ex cogitatione per syllogismum deducit, sed tanquam rem per se notam simplici mentis intuitu agnoscit, ut patet ex eo quod, si eam per syllogismum deduceret, novisse prius debuisset istam majorem, illud omne, quod cogitat, est sive existit ; atqui prosecto ipsam potius discit, ex eo quod apud se experiatur, sieri non posse ut cogitet, nisi existat. Ea enim est natura nostrae mentis, ut generales propositiones ex particularium cognitione efformet."

31 Descartes, *Principes* I.10 (AT IX: 29): „pour penser il faut estre". Vgl. *Principia* I.X (AT VIII: 8): „quod fieri non possit, ut id quod cogitet non existat."

32 Descartes, *Meditationes – Quinte Responsiones* (AT VII: 352): „Nec licet inferre, exempli causa: ego ambulo, ergo sum, nisi quatenus ambulandi conscientia cogitatio est, de quâ folâ haec illatio est certa, non de motu corporis, qui aliquando nullus est in somnis, hoc quod putem me ambulare, optime inferam existentiam mentis quae hoc putat, non autem corporis quod ambulet."

33 Descartes, *Meditationes – Secunda* (AT VII: 27): „Ego sum, ego existo; certum est. Quandiu autem? Nempe quandiu cogito."

lehren: „‚Ich existiere' ist eine intuitive, selbstverständliche Wahrheit. Sie kann nicht problematisiert und nicht demonstriert werden (braucht aber auch keine Demonstration)" (Merian 1749a: 430). Wenn ein Mensch nur einen Augenblick an seiner Existenz zweifeln könnte, würde er sich auf immer im universellen Zweifel befinden. (Merian 1749a: 431)

Man stellt fest, dass Merians Analyse des cartesischen Cogito auf unzeitgemäße Art der bekannten Analyse von Jaakko Hintikka sehr nah kommt.[34] Nach Hintikka beweist Descartes die Unabweisbarkeit des Satzes „Ich bin" nicht dadurch, dass er aus „Ich denke" „Ich bin" ableitet, sondern indem er bei der Ausführung des Aktes, „Ich bin" zu sagen, erkennt, dass es unmöglich ist, das Gegenteil zu denken. Das *Cogito ergo sum* weist mit anderen Worten auf den geistigen Akt des Denkens der eigenen Existenz hin. Das *Cogito* verdichtet einen Augenblick der Selbstwahrnehmung und nicht einen logischen Schritt von einer Prämisse zu einer Schlussfolgerung. Die Tatsache des Denkens selbst gibt mir einen privilegierten Zugang zur Unbezweifelbarkeit meines Seins.

Merian ist aber mit einem wichtigen Aspekt der Auffassung von Descartes nicht einverstanden. Für Descartes schließt das Denken das unmittelbare Bewusstsein des Aktes des Denkens ein. Merian verneint nicht, dass wir uns den Akt des Denkens (die Denkhandlung) bewusst machen können, aber poniert gegen Descartes, dass diese Bewusstmachung nicht *während des Denkens* geschehen kann. Nach Merian kann man nicht etwas denken und sich zur gleichen Zeit dessen bewusst sein, dass man dieses Etwas denkt. Nein: Dasjenige, dessen man sich bewusst ist, wenn man sagt, „Ich denke", ist, dass man am Denken war. Das heißt: Damit ich sagen kann, dass ich denke, muss ich schon etwas gedacht haben: „Denken ohne etwas zu denken wäre denken und nicht denken zugleich" (Merian 1749a: 421). Eine Folge davon ist, dass, wenn ich sage, „Ich denke", diese Äußerung nicht die ursprüngliche Apperzeption erfassen kann. Wenn ich sage, „Ich denke", meine ich damit nicht, „Ich denke, dass ich etwas denke" (was absurd wäre). Zum Zeitpunkt, zu dem ich sage: „Ich denke", bin ich also nicht engagiert in dem Denken, über das ich berichte. In *senso strictu* sollte man demnach nie sagen, „Ich denke", sondern nur: „Ich war am Denken" oder „Ich habe gedacht". Das bedeutet aber auch, dass, insofern mein Aussprechen des Satzes „Ich denke" mich etwas über meine Existenz lehren sollte, ich aufgrund dessen nur schließen kann: „Ich habe existiert" (Merian 1749a: 422).

---

[34] Hintikka 1962. Siehe auch die Diskussion über Hintikkas Analyse in Carney 1962 und Weinberg 1962 und Hintikkas Erwiederung darauf (Hintikka 1963).

4.2 Merian über das *conscium sui* und seine Kritik an Wolff

Merian betont, dass das Bewusstsein meiner eigenen Existenz kein deduziertes Bewusstsein ist (Merian 1749a: 432). Falls das Bewusstsein des eigenen Daseins auf irgendwelche Überlegung gegründet wäre, dann müsste man „zurückgehen" zu dem, was in der Seele vorgeht. Es gibt dann aber zwei Möglichkeiten: Entweder lehrt die Überlegung mittelbar meine Existenz, oder sie lehrt sie unmittelbar. Merian prüft beide Optionen, um deren Unhaltbarkeit festzustellen.

(1) Die Überlegung lehrt unmittelbar meine Existenz. In diesem Fall würde die Wahrnehmung, zu der unsere Überlegung „zurückgehen" muss, das *conscium sui* selbst sein. Aber dann wäre die Erkenntnis unserer eigenen Existenz die Folge der „primitiven Apperzeption", und nicht der Überlegung. Diese primitive Apperzeption kann dadurch ausgedrückt werden, dass man sagt: „Ich apperzipiere A", und dann würde die unmittelbare Überlegung nur zu „Ich habe A apperzipiert" führen. Nun, wenn wir im Stande wären, einen Gedanken ‚A' zu haben, der nicht vom *conscium sui* begleitet wäre, was würde dann durch Überlegung generiert werden? Solche Überlegung könnte dann nach Merian nur die Erinnerung an diesen Gedanken A erzeugen, aber nicht das Bewusstsein meines Daseins.

(2) Die Überlegung lehrt mittelbar meine Existenz. Auch das ist unmöglich, weil das Faktum, dass ich es bin, der einen Gedanken A hat, nicht vom Gedacht-Haben von A losgelöst werden kann. Die einzige Möglichkeit, zu denken, dass die Qualität „gehört zu mir" von einem gewissen Gedanken A losgelöst werden könnte, besteht darin, dass wir durch Abstraktion zum *conscium sui* gelangen würden. In diesem Fall würde die Überlegung das Selbstbewusstsein als abstrakten Begriff produzieren. Dazu fragt Merian aber: wäre es keine lächerliche Behauptung, zu sagen, dass wir uns selbst als Abstraktion bewusst sind? (Merian 1749a: 433)[35]

Was würde es bedeuten, von einem abstrakten *conscium sui* zu reden? Anscheinend würde es bedeuten, dass wir vermittelst Reflexion bei einem *conscium sui* anlangen, das von allem Konkreten losgelöst ist. Merian gibt zu, dass wir mittels Überlegung Begriffe von bestimmten Vermögen bilden können (einschließlich des Begriffs Apperzeption), aber behauptet, dass diese Begriffe aus der Kombination des *conscium sui* mit anderen Gedanken resultieren. Wenn nun diese anderen Gedanken existieren würden ohne von der Apperzeption meiner selbst begleitet

---

[35] „se peut-il rien de plus ridicule, que de soutenir, que nous connoissions nos propres individus comme des abstractions?"

zu sein, dann würde ich nie diese Begriffe besitzen. Ich würde dann in alle Ewigkeit nicht wissen können, dass Ich etwas sehe, höre, mich erinnere, und, dass ich es bin, der denkt. Das *conscium sui* muss also von jeder anderen Erkenntnis vorausgesetzt werden und kann nicht in Bezug auf einen vorhergehenden Gedanken als sekundär betrachtet werden (Merian 1749a: 434).

Wie wir oben schon angaben, hat Merian Leibniz und Wolff oft zu seinen Gegnern erklärt. Auch in Sachen Apperzeption übt er strenge Kritik an Wolff. Dieser hatte in seiner sogenannten *Deutschen Metaphysik* (§§729–733) ausgeführt, dass das Vermögen, ein Objekt zu apperzipieren, impliziert, dass man es von anderen Objekten unterscheiden kann: „Wenn wir den Unterschied der Dinge nicht bemercken, die uns zugegen sind; so sind wir uns dessen nicht bewust, was in unsere Sinnen fället." (§729) In Bezug auf das *conscium sui* bedeutet dies, dass auch die Apperzeption seiner selbst darin besteht, dass man sich selbst von etwas Anderem unterscheidet:

> Wir sind uns unser bewust, wenn wir den Unterschied unserer und der anderen Dinge bemercken, deren wir uns bewust sind. Dieser Unterschied aber zeiget sich so gleich, so bald wir uns der anderen Dinge bewust sind. Denn sollen wir uns dessen, was wir durch unsere Sinnen erkennen, bewustseyn; so müssen wir den Unterschied desjenigen, was wir in ihm wahrnehmen, bemercken, ja auch die Sache, die wir dadurch erkennen, von andern Dingen zugleich unterscheiden. Allein sowohl die Vorstellung der Dinge, als auch (welches noch klärer zu seyn scheinet) dieses Unterscheiden ist eine Würckung der Seele, und wir erkennen demnach dadurch den Unterschied der Seele von denen Dingen, die sie sich vorstellet, und die sie unterscheidet. Und dem nach sind wir uns auch unserer bewust. (Wolff, *Deutsche Metaphysik*, §730)

Das Vermögen des Unterscheidens beruht nun bei Wolff aber selbst wieder auf den Fähigkeiten der Komparation („Sachen gegen einander halten" – §733) und der Reflexion („das Überdenken" – §733): Ohne Komparation gibt es keine Reflexion, und ohne Reflexion kann das Vermögen, zu unterscheiden sich nicht entfalten.

Merian fasst seine Kritik an dieser Auffassung in drei Punkten zusammen (1749a: 437–438):

(1) Merian gibt zu, dass wir Objekte von anderen Objekten unterscheiden, und dass das auch beim Objekt der Apperzeption normalerweise der Fall ist. Daraus folgt nach Merian jedoch nicht, dass die Apperzeption vom Unterscheiden-Können abhängt. Es könnte sich um eine zufällige Korrelation handeln, wie zum Beispiel zwischen dem Auftreten der Bewegung der Planeten und dem Augenblick, an dem ich diese Überlegungen zu Papier bringe. Merian sieht keinen Grund, zwischen der Apperzeption und dem Unterscheiden von Objekten eine kausale Verbindung anzunehmen.

(2) Merian berichtet, dass seine Erfahrung ihn etwas anders lehrt als die wolffsche Theorie (worüber Wolff übrigens auch sagt, sie sei auf Erfahrung gebaut). Bei mir, sagt Merian, kommt immer erst die Apperzeption, sowohl nach der Ordnung der Natur („dans l'ordre de la nature") als auch – meistens – nach der Ordnung der Zeit. Wenn jemand einen Gegenstand A gesehen hat, sich umdreht, und nun den Gegenstand B sieht, dann werden nach Merian das Unterscheiden und die Apperzeption niemals perfekt gleichzeitig auftreten, obwohl wir aufgrund der extremen Geschwindigkeit, mit der wir Menschen unterscheiden können, geneigt sind, die zwei Akte als im selben Augenblick auftretend aufzufassen.
(3) Wolff verteidigt, dass die Apperzeption aus dem Unterscheiden folgt. Merian aber wirft ihm vor, dass derjenige, der unterscheidet, in dem Fall nicht auf die Frage „Was unterscheiden Sie?" antworten könnte. Nach Merian setzt das Unterscheiden von Gegenständen dagegen das Apperzipieren schon voraus. Unterscheiden, dass A nicht B ist, heißt: apperzipieren, dass A nicht B ist.

Von diesen Kritiken an Wolff muss man wenigstens zugeben, dass sie eine gewisse Scharfsinnigkeit zeigen. Vor allem die dritte Kritik ist schwer zu umgehen.

4.3 Merians Widerlegung der Annahme von dunklen Vorstellungen

Der zweite Aufsatz, „Über die Apperzeption in Rücksicht auf die Ideen, oder auf die Existenz der Ideen in der Seele" (Merian 1749b), ist vor allem der Frage nach der Existenz der sogenannten dunklen Vorstellungen – in Merians Terminologie: „Ideen die man nicht apperzipiert" (Merian 1749b: 444) – gewidmet. Der Aufsatz fängt mit einigen Fragen zur philosophischen Methode an. Merian poniert den Unterschied zwischen einer idealen Wissenschaft, die synthetisch verfährt, und einer reellen Wissenschaft, die mit den Erfahrungen anfängt und analytisch vorgeht. Bemerkenswert sind hier vor allem die negativen Konnotationen, die Merian mit der idealen Wissenschaft verbindet: Sie ist ebenso arbiträr wie die Definitionen, auf welchen sie sich gründet, obwohl sie Anlass zu Systemen geben kann, die wegen ihrer Neuigkeit und Ordnung viele Leute verführen mögen. Da Merian kein Verführer sein will, richtet er sich nach der Erfahrung, auf die er sich stützt, um das Problem der dunklen Vorstellungen zu besprechen. Die bloße Empirie lehrt ihn zunächst folgende Erfahrungstheoreme:
(1) Meine Ideen oder Vorstellungen sind etwas Anderes als mein Selbstgefühl;
(2) Bei allen Wahrnehmungen bleibt meine Seele passiv;

(3) Es gibt Unterschiede zwischen meinen Wahrnehmungen, und diese berühren die Seele auf unterschiedliche Art;
(4) Meine Vorstellungen bestehen gemeinsam im selben Subjekt (Merian 1749b: 445).

In Bezug auf die erste Feststellung verweist Merian auf den ersten Text, worin er erklärt hat, dass sich selbst apperzipieren etwas anderes ist, als Wahrnehmungen von dem, was ich nicht bin, zu haben. Zugleich aber führt er hier zwei neue Begriffe ein, um anzugeben, dass die Apperzeption der eigenen Existenz nie aufhört: Alles was man apperzipiert, wird ständig begleitet von der *Adapperzeption* oder *Coapperzeption* der eigenen Existenz.

Als Beweis für die zweite Feststellung verweist Merian auf die Tatsache, dass der Wille nicht imstande ist, Wahrnehmungen zu produzieren. Wir „fühlen" (*nous sentons*), dass die Ursache der Produktion der Wahrnehmungen etwas ganz anderes ist als wir selbst: Beim Sich-Zuwenden zu einem Gegenstand bin nicht ich es, der die Vorstellung dieses Gegenstandes innerhalb meiner Seele produziert. Vielmehr bestimme ich mich selbst im Einklang mit der Aktion, die die fremde Ursache auf mich ausübt. Merian gibt zu, dass wir diese Ursache steuern können, indem wir genau diejenigen Wahrnehmungen aufsuchen, die wir verlangen. Heute denke man z. B. daran, dass wir gerade diejenige Musik spielen lassen, die wir hören wollen. Aber selbst dann können wir in unseren Erwartungen getäuscht werden: Statt uns das verlangte Vergnügen zu bereiten, werden Gefühle hervorgerufen, die wir nicht haben wollten. Und auch im Fall des Musikhörens ist es natürlich klar, dass die Ursache der Wahrnehmungen nicht in mir zu finden sei.

Was das dritte Erfahrungstheorem angeht – die Seele wird von den verschiedenen Wahrnehmungen unterschiedlich affiziert –, behauptet Merian, dass wir deswegen unsere Vorstellungen nach Gattungen und Arten ordnen. Solche Ordnungsbegriffe sind jedoch abstrakt und auch in hohem Maß arbiträr. So werden normalerweise Wahrnehmungen und Vorstellungen der Einbildungskraft in unterschiedlichen Gattungen untergebracht, obwohl der wahrgenommene Baum sich eigentlich weniger vom eingebildeten Baum unterscheidet als zum Beispiel von den wahrgenommenen Tönen eines Musikinstruments. Ich werde wohl nie den Trommelschlag sehen, sowie ich auch nie das Bild des Baumes hören werde (Merian 1749b: 447). Später fügt Merian hinzu, dass jede Vorstellung sich von jeder anderen Vorstellung unterscheidet: Sogar, wenn sie sich auf denselben Gegenstand beziehen, sind zwei Vorstellungen nie gleich. Gegen Leibniz' Prinzip der Gleichheit von Ununterscheidbarem führt Merian an, dass zwei Vorstellungen, auch wenn sie sich ganz ähnlich sind, immerhin eine numerische Verschiedenheit aufzeigen. (Merian 1749b: 475).

Das vierte Erfahrungstheorem lautet, wie oben angegeben, dass alle meine Vorstellungen gemeinsam in einem Subjekt bestehen. Alle meine Vorstellungen kommen mit anderen Worten darin überein, dass sie im selben Geist dargestellt werden. Und gerade in dieser Darstellung besteht ihre Apperzeption. Nun ist unsere Apperzeption in zwei Hinsichten unmittelbar. Erstens ist sie unmittelbar, weil die Apperzeption eines Gegenstandes unabhängig von jeglicher vorhergehenden Apperzeption geschieht. Zweitens ist die Apperzeption auch unmittelbar „anwesend in der Seele" (*présent dans l'âme*) (Merian 1749a: 418). Es ist diese unmittelbare Anwesenheit in der Seele, die allen Vorstellungen eigen ist, wodurch wir sagen können, dass die Apperzeption ohne Ausnahme bei allen unseren Vorstellungen stattfindet (Merian 1749b: 448). Merians Kommentar zu diesem vierten Theorem geht über in eine Diskussion der sogenannten dunklen Vorstellungen oder Ideen, wie sie von Leibniz – und nach ihm auch von Wolff, Meier und Baumgarten – poniert wurden. Es ist aber klar, dass diese Diskussion bei Merian im durch das vierte Theorem eröffneten Rahmen stattfindet. Dabei geht es vor allem um die Behauptung, es gäbe in der Seele bestimmte Ideen. die nicht apperzipiert werden. Eine solche Behauptung kann nun nicht mehr verstanden werden, da gerade die Anwesenheit in der Seele von Ideen auch ihre Apperzeption impliziert.

5 Leibniz, Merian und Kant

Wir sind nun imstande, Merians Verständnis der Apperzeption mit Kants Benutzung dieses Begriffs zu vergleichen. Wie schon angegeben, ist Udo Thiel mir darin vorangegangen. Thiel will nicht so sehr behaupten, dass Merian Kants Theorie der Apperzeption antizipiert hat, sondern vielmehr, dass Merians Auslegung der Apperzeption Kants späterem Verständnis davon nähersteht als zum Beispiel die Apperzeptionstheorie von Wolff oder Tetens (Thiel 1996: 229). Ich möchte diese Behauptung einer auffallenden Proximität zwischen Merian und Kant in Sachen Apperzeptionstheorie nuancieren, und dagegen die Parallelen zwischen Kants und Leibnizens Model der Apperzeption betonen, die meines Erachtens inhaltlich stärker sind.

Zuerst aber will ich Thiels Fazit rekapitulieren: Anders als Kant bekennt Merian sich explizit zu einer empirischen Methode in der Philosophie, unterscheidet nicht zwischen einer empirischen und einer transzendentalen Apperzeption, und entwickelt seine Ausführungen zur Apperzeption nicht im Rahmen einer Deduktion der reinen Verstandesbegriffe. Aber, so Thiel, *erstens* erkennt Merian so wie Kant, dass die Apperzeption nicht nur Vorstellungen und mentale Akte betrifft, sondern auch das Selbst des Subjektes. Das Bewusstsein, das unsere

Vorstellungen begleiten muss, damit diese Vorstellungen bewusste Vorstellungen sind, ist nach Merian dadurch bedingt, dass das Subjekt, das diese Vorstellungen hat, sich selbst apperzipiert. Diese Selbstapperzeption liefert keine Erkenntnis darüber, wie ich existiere, sondern nur darüber, dass ich existiere. *Zweitens* ist nach Thiel die Selbstapperzeption bei Merian genauso wie bei Kant ein erstrangiger und selbstständiger Akt: Das Selbstbewusstsein „pre-existiert" als Bedingung aller anderen Gedanken und Erkenntnisse. In diesem Rahmen spricht Merian übrigens wie Kant von einer „ursprünglichen Apperzeption" (Thiel 1996: 229–231).

Dass auch bei Merian von einer ursprünglichen Apperzeption die Rede ist, muss aber selbst als nicht-ursprüngliche literarische Tatsache gedeutet werden: Der von Merian benutzte Terminus ist „apperception primitive", welchen Hissmann in der Tat durch „ursprüngliche Apperzeption" übersetzt hat.[36] Es geht hier spezifischer um die Apperzeption der eigenen Existenz, die Merian auch *conscium sui* (Selbstbewusstsein) nennt. Dieses primitive Bewusstsein der eigenen Existenz gehört nach Merian „notwendig und wesentlich" zu intelligenten Kreaturen. Das geht daraus hervor, dass man sich wohl eine Intelligenz vorstellen kann, die nur aus Selbstbewusstsein besteht, wogegen man sich keine Intelligenz vorstellen kann, die zum Beispiel die Sonne apperzipieren würde, ohne Begleitung vom *conscium sui*. Wenn ich „mit dem *conscium sui* anfange", so Merian, „dann bringe ich in einem Atem sowohl meine ganze Intelligenz als meine ganze Persönlichkeit" auf die Bühne (Merian 1749a: 434–435).[37] Dieses wesentliche Selbstbewusstsein nennt Merian nun auch eine Erkenntnis des eigenen Daseins („la connoissance de notre être") (Merian 1749a: 433). Für Merian gilt, dass das Selbstbewusstsein der erste und wesentliche Akt des intelligenten Wesens ist, und im Vollzug dieses Aktes erkennt dieses Wesen, dass es existiert. Ähnlich behauptet Kant, dass das „Ich denke" den Satz „Ich existiere" in sich enthält (*KrV* B 422 Fn.).

Auch auf Merians Behauptung, dass wir uns selbst auf anschauliche Art apperzipieren („nous nous appercevons immédiatement, & intuitivement") (Merian 1749a: 434), findet man sozusagen ein Echo bei Kant: Der Satz „Ich denke" drückt nach Kant „eine unbestimmte empirische Anschauung aus" (*KrV* B 422 Fn.). Aber der Akt des Selbstbezugs (also diese unbestimmte Wahrnehmung der eigenen Existenz) ist bei Kant gar wohl bedingt von irgendeiner Empfindung,

---

36 Ich will damit nicht (gegen Thiel 1996: 228–229) behaupten, dass Kant unmöglich Hissmans Übersetzung gelesen haben kann. Es geht mir um die Bedeutung dieser Ursprünglichkeit, wenn man bedenkt, dass sie die Übersetzung von ‚primitivité' sein soll.

37 In seiner Schrift *Sur l'identité numérique* (Merian 1757) behauptet Merian mehrmals, dass das Selbst eine mentale Substanz oder Seele ist.

ohne welche er nicht auftreten kann. Ohne einen mittels der Empfindung gelieferten „Stoff zum Denken" wäre kein Selbstbewusstsein vorhanden. Wenn Kant also in der *Metaphysik Dohna* schreibt: „Das erste ist das Bewußtseyn meiner Selbst, das Ich, es ist der erste actus der Psyche" (*Met-Dohna* 28/2.1: 670), dann meint er damit nicht, dass dieses Bewusstsein als rein intellektuelle Tat ohne alle Körperlichkeit stattfinden könnte. Das ist bei Merian anders: Als wesentliches Merkmal aller Intelligenz kann das *conscium sui* im Prinzip in aller Reinheit vollzogen werden. Während bei Kant sogar der Akt des „Ich denke" sowohl Spontaneität als auch Rezeptivität als notwendige Bedingungen seines Auftretens unterstellt, hält Merian, trotz seiner bekundeten Sympathie für die Empiristen, am traditionellen rationalistischen Modell des Selbstbewusstseins als restlos Intelligenz-immanenter Tat fest. ‚Ursprünglichkeit' ist also bei Kant, wenn von der „ursprünglichen Einheit der Apperzeption" die Rede ist, nicht gleichzusetzen mit ‚Voraussetzungslosigkeit'. Dagegen nennt Merian die Apperzeption der eigenen Existenz genau deswegen „primitive", weil sie nichts voraussetzt: „l'apperception de soi-même est le premier acte [...] toutes les connaissances le présuposent, pendant que lui seul ne présuppose rien" (Merian 1749a: 434).

Zudem, wenn Thiel konstatiert, dass, wie bei Merian, das kantische „Ich denke" das „Ich existiere" einschließt (*KrV* B 422 Fn.), muss man bemerken, dass das vom „Ich denke" Begleitet-Werden meiner Vorstellungen nach Kant nur eine notwendige Möglichkeit darstellt. In der Tat besteht ein von Thiel nicht thematisierter, jedoch sehr auffallender Unterschied zwischen den Bewusstseinstheorien von Merian und Kant darin, dass Kant in Sachen dunkler oder unbewusster Vorstellungen im Großen und Ganzen Leibnizianer geblieben ist, wogegen Merian hier als Nachfolger von Locke anzusehen ist, und die Rede von unbewussten Vorstellungen zu einer Absurdität deklariert. Ganz anders als Merian behauptet Kant also in der *Anthropologie*, dass „das Feld dunkler Vorstellungen das größte im Menschen" (*Anth* 7: 136) ist und pariert die lockesche These der Widersprüchlichkeit von so etwas wie einer unbewussten Vorstellung[38] dadurch, dass er solchen Vorstellungen ein mittelbares Bewusstsein zuschreibt. Ich möchte im Folgenden behaupten, dass (1) die traditionelle Annahme von dunklen Vorstellungen, wie man sie bei Descartes, Leibniz und Wolff findet, auch noch, und zwar wesentlich, zu Kants Theorie des Bewusstseins gehört, und dass (2) Merians Zurückweisung solcher Vorstellungen macht, dass seine Apperzeptionstheorie schon grundsätzlich nicht als kantisch gelten kann.

Von diesen, im Folgenden von mir stark zu machenden Behauptungen ist vor allem die erste in gewisser Weise paradox: Wie kann die Annahme von Unbe-

---

38 Siehe: Locke (1975: II 27, §11).

wusstem doch wesentlich zu einer Theorie des Bewusstseins gehören? In der *Jäsche Logik* lesen wir, dass das Bewusstsein nach Kant „die allgemeine Bedingung alles Erkenntnisses überhaupt" ist, wobei das Bewusstsein eigentlich „eine Vorstellung [ist], daß eine andre Vorstellung in mir ist" (*Logik* 9: 33). Und es ist die Tatsache des vorhanden Seins oder nicht vorhanden Seins eines solchen Bewusstseins, die darüber entscheidet, ob eine Vorstellung klar oder dunkel ist: „Bin ich mir ich der Vorstellung bewußt: so ist sie klar; bin ich mir derselben nicht bewußt, dunkel" (*Logik* 9: 33). Nun soll aber die Logik nach Kant nicht von unbewussten oder dunklen Vorstellungen handeln, da sie sich nur „mit den Regeln des Denkens bei Begriffen, Urteilen und Schlüssen, als wodurch alles Denken geschieht" (*Logik* 9: 33), beschäftigt. Was dem Denken vorangeht, ist also kein Thema der Logik, sondern der Metaphysik (*Logik* 9: 34). „Was ist eine Vorstellung?", „Wie entsteht eine Vorstellung?", „Wie ist eine Vorstellung möglich?" – das sind alles metaphysische Fragen, auch wenn man spezifischer nach der *dunklen* Vorstellung fragt („Was ist eine *dunkle* Vorstellung?", etc.). Warum aber sind diese metaphysischen Fragen dennoch wichtig für Kants Apperzeptionstheorie?

In der *Kritik der reinen Vernunft* liest man bekanntlich den folgenden Satz:

> Das: *Ich denke* muß alle meine Vorstellungen begleiten *können*; denn sonst würde etwas in mir vorgestellt werden, was gar nicht gedacht werden könnte, welches eben so viel heißt, als die Vorstellung würde entweder unmöglich, oder wenigstens für mich nichts sein. (*KrV* B131–132)

Das „Können" ist für unser Thema höchst relevant, denn warum soll eine Vorstellung nicht erst als „meine" gelten, insofern sie tatsächlich vom Selbstbewusstsein – dem Bewusstsein, dass ich es bin, der die Vorstellung hat – begleitet wird? Anscheinend, weil es Vorstellungen gibt, die man als „meine" bezeichnen kann, obwohl ich eine solche Zuweisung nicht bewusst durchführe. Und solche Vorstellungen sind nach Kant viel üblicher als Vorstellungen, die vom Selbstbewusstsein begleitet werden:

> Das Feld unserer Sinnenanschauungen und Empfindungen, deren wir uns nicht bewußt sind, ob wir gleich unbezweifelt schließen können, daß wir sie haben, d. i. *dunkler* Vorstellungen im Menschen (und so auch in Tieren) [ist] unermeßlich. (*Anth* 7: 135)

Ich bin mir also nicht darüber bewusst, dass solche Vorstellungen meine Vorstellungen sind, aber, dass sie trotzdem „meine" Vorstellungen sein sollen heißt, dass ich ihrer als meine Vorstellungen bewusst werden können muss. Die bei allen meinen Vorstellungen vorhandene *notwendige Möglichkeit* – und nicht einfach Tatsächlichkeit – des Begleitet-Werdens vom „Ich denke" deutet also darauf, dass ich mir einigen meiner Vorstellungen nicht bewusst bin. Wenn aber bei solchen Vorstellungen die Möglichkeit nicht bestünde, mir ihrer bewusst zu werden, dann könnten sie von mir gar nicht gedacht werden und es gäbe keinen Grund, sie als meine Vorstellungen zu bezeichnen. Sie könnten von mir nicht gedacht werden, entweder weil es um widersprüchliche Begriffe ginge, oder weil es um Anschauungen ginge, die weder zeitlich, noch räumlich, noch raumzeitlich wären. Anders als Merian behauptet Kant also nicht, dass wir bei jeder unserer Vorstellungen die Identität unseres Selbst vor Augen haben und uns sozusagen während des Aktes des Vorstellens immer auch der Zugehörigkeit der Vorstellung zu unserem Selbst versichern.

Von dem bei Kant sehr wichtigen Unterschied zwischen Apperzeption der Reflexion und Apperzeption der Apprehension ist bei Merian keine Spur anzutreffen. Das ist, wie oben schon erwähnt, natürlich auch Thiel nicht entgangen (1996: 226), und müsste uns auch nicht weiter wundern, da es eine Eigenentwicklung Kants betrifft. Wenn man also nach der sozusagen ‚am meisten kantisch anmutenden' zeitgenössischen Apperzeptionstheorie sucht, kann man von ihr nicht verlangen, dass sie diesen Unterschied eingeführt hätte. Trotzdem möchte ich anführen, dass Kants innovativer Unterschied zwischen empirischer und reiner Apperzeption als eine Weiterentwicklung von – und also in historischer Kontinuität mit – Leibniz' Apperzeptionslehre angesehen werden muss. Es ist daher nützlich, nochmal an die im ersten Teil dieser Arbeit dargestellte leibnizsche Theorie zu erinnern. Dort hatten wir drei qua Bewusstsein hierarchische Stufen in Leibniz' Vorstellungs- und Erkenntnislehre unterschieden: Auf der niedrigsten Stufe stehen die dunklen Vorstellungen, die *petites perceptions*, die nicht bewusst wahrgenommen werden. Auf der mittleren Stufe stehen die Wahrnehmungen. Wie wir behauptet haben, werden sie perzipiert oder apperzipiert, ohne dass hierbei im eigentlichen Sinn von Apperzeption die Rede ist. Auf der höchsten Stufe stehen die bewusst reflektierten Wahrnehmungen, d. h. die Wahrnehmungen, die von der Apperzeption begleitet und als dem Subjekt eigene Vorstellungen thematisiert werden. Auf diese Weise aber ist das Selbstbewusstsein bei Leibniz vom Reflektieren der jeweils wahrgenommenen Vorstellungen abhängig.[39]

Es ist nun zwar richtig, wie Thiel in einem anderen Text (2001: 476) bemerkt, dass sowohl Merian als auch Kant eine solche Abhängigkeit der Apperzeption von den apperzipierten Vorstellungen verwerfen – sie tun das jedoch aus unterschiedlichen Gründen. Merian verwirft diese Konzeption (die man noch ausgezeichnet bei Wolff findet), da nur die Apperzeption der eigenen Existenz die ur-

---

39 Siehe für eine ähnliche Erklärung Wunderlich 2005: 164.

sprüngliche und wesentliche Qualität der intelligiblen Seelensubstanz ist.[40] Kant hat aber im Laufe der siebziger Jahre die These der Substanzialität der Seele abgelegt und kann die Apperzeption nicht als Eigenschaft einer solchen geistigen Substanz deuten. Der von ihm eingeführte Unterschied zwischen transzendentaler und empirischer Apperzeption heftet sich an die kantische Trennung zwischen etwas denken und etwas wahrnehmen. In beiden Fällen ist das Selbstbewusstsein notwendig möglich, wenn tatsächlich etwas gedacht oder wahrgenommen wird. Im ersten Fall aber ist die Apperzeption binär zu bestimmen: Entweder bin ich mir darüber bewusst, dass ich es bin, der als identisches Subjekt meine Vorstellungen zu meinen Vorstellungen bestimmt, oder ich bin mir dessen nicht bewusst. Dieses Bewusstsein seiner selbst ist das der Reflexion. Es ist unterschieden von dem der Apprehension. Letzteres ist das Wahrnehmungsbewusstsein. Kant nennt das Selbstbewusstsein der Reflexion die reine Apperzeption, wogegen er das Selbstbewusstsein der Apprehension die empirische Apperzeption nennt (*Anth* 7: 134 Fn.). Diese empirische Apperzeption ist nun nicht binär, sondern graduell zu bestimmen, und hängt mit der subjektiven Intensität der Erscheinung zusammen. Anders gesagt: Erscheinungen müssen nach Kant eine bestimmte Intensitätsschwelle erreicht haben, bevor sie als bewusste Vorstellungen (Wahrnehmungen) gelten können. Empfindungen, die unter dieser Schwelle bleiben, werden als eine Art von unbewussten Vorstellungen aufgefasst. So ungefähr aber spricht Leibniz auch von den *petites perceptions*. Diese dunklen Vorstellungen unterscheiden sich nicht ausreichend voneinander, um bemerkt oder erinnert zu werden, obwohl wir anhand ihrer Folgen erkennen, dass sie existieren müssen.[41] So ist das Geräusch der Meereswelle aus sehr vielen Teilklängen zusammengesetzt, deren Intensität jedoch nicht ausreicht, um individuell wahrgenommen zu werden. Auch bei Kant bezieht sich die Apperzeption der Apprehension auf das Bemerken, Durchlaufen und Zusammennehmen des Mannigfaltigen der Anschauung, wobei graduell mehr Klarheit über die Zusammensetzung dieses Mannigfaltigen verschafft wird.

In der *Anthropologie* verweist Kant als Beispiel auf die Wahrnehmung eines Menschen in der Ferne. Weit von mir auf einer Wiese sehe ich einen Menschen, aber er ist zu weit entfernt, um seine Augen, seine Nase, seinen Mund usw. zu sehen. Ich bin mir dann nur mittelbar darüber bewusst, dass ich einen Menschen

---

40 Siehe auch Wunderlich 2005: 104–105, der Thiels These (1996: 231) verwirft, dass Merians Erklärung der Apperzeption der eigenen Existenz in keiner Weise abhängig sei von seiner Auffassung der Seele als einer mentalen Substanz.
41 Leibniz, *Nouveaux Essais*, Buch 2, Kapitel I, §10: Die *petites perceptions* sind „perceptions relevées [...] qui ne se distinguent pas assés, pour qu'on s'en apperçoive ou s'en souvienne, mais elles se font connoistre par des consequences certaines".

sehe, weil ich im Grunde nur über die Anschauung einer Menschensilhouette – also über die Anschauung der Form eines Menschen, ohne weitere sichtbare Merkmale – verfüge. Aufgrund dieser beobachteten (und sich eventuell bewegenden) Form schließe ich dann, dass es sich um einen Menschen handelt. Deswegen ist das Bewusstsein davon, dass es um einen Menschen geht, ein mittelbares Bewusstsein. Die Vorstellungen der Augen, der Nase, des Mundes usw. werden nun darum dunkel genannt, weil von ihnen angenommen werden muss, dass sie Teil des anschaulich gegebenen Mannigfaltigen sind, obwohl sie mangels zureichender Auflösung des wahrgenommenen Bildes nicht bewusst gesehen werden können. Dass wir uns ihrer nur mittelbar bewusst sind, heißt hier also, wie schon bei Descartes und Leibniz, dass die Vorstellungen keine klaren Vorstellungen sind. Kant schreibt darüber Folgendes:

> Dergleichen Vorstellungen [von denen wir ein nur mittelbares Bewusstsein haben – HB] heißen [...] dunkele; die übrigen sind klar und, wenn ihre Klarheit sich auch auf die Theilvorstellungen eines Ganzen derselben und ihre Verbindung erstreckt, deutliche Vorstellungen. (*Anth* 7: 135.9–13)

Nun werden in Kants Beispiel von einer Menschensilhouette in der Ferne auf der Wiese die Vorstellungen der Nase, des Mundes und der Augen explizit als Teilvorstellungen gedeutet. Man kann also annehmen, dass wenigstens diese Teilvorstellungen dunkle Vorstellungen sind, da man sich ihrer im Sehen der Silhouette nicht bewusst ist. Aus Kants Erläuterung des Beispiels geht aber zunächst nicht eindeutig hervor, ob die Vorstellung des Menschen nun selbst dunkel oder klar ist. Denn, wenn Kant sagt, dass wir eigentlich, weil Augen, Nase und Mund nicht bewusst gesehen werden, nur *schließen*, dass das gesehene Ding ein Mensch ist, dann scheint er damit doch zu sagen, dass wir uns der Vorstellung ‚Mensch' nur mittelbar bewusst sind – dass sie also dunkel ist. Im selben Sinne hatte zum Beispiel schon Wolff im §193 der *Deutschen Metaphysik* geschrieben: „woferne ein mehreres in uns anzutreffen ist, als wir uns bewußt sind; so werden wir es durch Schlüsse heraus bringen müssen, und zwar aus demjenigen, dessen wir uns bewußt sind." Im Lichte der dem Beispiel vorhergehenden Erklärung von dunklen und klaren Vorstellungen aber, liegt es nahe, das Beispiel so zu interpretieren, dass die Vorstellung des Menschen zwar klar, aber nicht deutlich ist, weil die Teilvorstellungen keine klaren Vorstellungen sind. Am Anfang des Beispiels sagt Kant nämlich auch explizit: Ich bin mir des Sehens dieses Menschen *bewusst*. Die Vorstellungen die wir haben ohne uns ihrer bewusst zu sein sind an erster Stelle wohl die Vorstellungen ‚Augen', ‚Nase' und ‚Mund'. Nun, schreibt Kant:

wollte ich darum, weil ich mir nicht bewusst bin, diese Theile des Kopfs [...] wahrzunehmen, die Vorstellung derselben in meiner Anschauung gar nicht zu haben behaupten, so würde ich auch nicht sagen können, daß ich einen Menschen sehe; denn aus diesen Theilvorstellungen ist die ganze [...] zusammengesetzt. (*Anth* 7: 135.17–22)

Wenn nun dennoch ein wichtiger Unterschied zwischen der kantischen und der leibnizschen Auffassung von dunklen Vorstellungen bleibt, dann wohl in der Weise, wie diese Teilvorstellungen gedacht werden. Bei Leibniz sind sie Basiselemente in der Komposition der Totalität, wogegen sie bei Kant erst dann als Teilvorstellungen existieren können, wenn sie im Laufe der Apprehension als Teile vom Ganzen isoliert wurden.[42] Die Menschensilhouette ist bei Kant nicht aus wohldefinierten Teilvorstellungen zusammengesetzt, sondern ich sondere in meiner Analyse des Gesamtbildes bestimmte Teilvorstellungen ab, und komme so zu einer klareren Vorstellung des Ganzen. Das Ganze der raumzeitlichen Mannigfaltigkeit ist aber nicht aus irgendwelchen ersten Teilvorstellungen aufgebaut. In diesem Sinne ist der letzte Satz aus obigem Zitat aus der *Anthropologie* missverständlich: Dass die ganze Vorstellung zusammengesetzt aus Teilvorstellungen ist, heißt bei Kant nicht, dass sie aus diesen Teilvorstellungen als atomaren Bausteinen aufgebaut ist. Vielmehr gehört es zu meinem klaren Begriff vom Menschen, dass er auch Augen, Nase, Mund usw. hat. Insofern ich also behaupte, einen Menschen wahrzunehmen, bin ich mir auch mittelbar dieser Teilvorstellungen bewusst. Dieses Wahrnehmungsbewusstsein kann ich im Fall des wahrgenommenen Menschen nun selbst steigern, indem ich nähertrete und mir durch Apprehension immer mehr Details des partikulären Menschen bewusst mache.

Auch wenn Kants Unterschied zwischen der empirischen Apperzeption der Apprehension und der transzendentalen Apperzeption der Reflexion, wie schon oben bemerkt wurde, eine echte Innovation darstellt, könnte man als Quellenforscher geneigt sein, ihn auf Merians Unterschied zwischen Apperzeption der Vorstellungen und Apperzeption der eigenen Existenz zu projizieren. Was zunächst plausibel scheint, zeigt sich aber bald als unmöglich: Erstens werden bei Kant, anders als bei Merian, nicht alle meine Vorstellungen apperzipiert; zweitens kann bei Kant auch nicht von einer Co-Apperzeption (die die Apperzeption aller meiner Vorstellungen begleitet) die Rede sein. Diese Grundverschiedenheit scheint mir so gravierend, dass alle weitere Ähnlichkeiten zwischen Kants und

---

[42] Gurwitsch 1990, der vielleicht am meisten das Weiterwirken der leibnizschen Tradition in Kant betont hat, – auch gerade, wenn es um die Apperzeption geht – und durchaus interessante Analysen und weiterführende Durchblicke bietet, scheint diesen Unterschied nicht bemerkt zu haben.

Merians Apperzeptionstheorie am Ende nur als Zufälligkeiten gedeutet werden können. Wer Merians *Mémoires sur l'apperception* als mögliche Quelle für Kants Apperzeptionstheorie deutet, muss dann wenigstens erklären, warum diese prinzipiellen Unterschiede unwichtig sind.

Bibliographie

Baertschi, Bernard L., 1996, „La conception de la conscience développée par Mérian", in: Martin Fontius und Helmut Holzhey (Hrsg.), Schweizer im Berlin des 18. Jahrhunderts, Berlin: Akademie Verlag, 231–248.

Barth, Christian, 2011, „Leibnizian Conscientia and its Cartesian Roots", Studia Leibnitiana 43(2), 216–236.

Carney, James D., 1962, „Cogito, Ergo Sum and Sum Res Cogitans", *Philosophical Review*, 71, 492–496.

Descartes, René, 1996, *Oeuvres Complètes*, Charles Adam und Paul Tannery (Hrsg.), Paris: Vrin.

Erdmann, Benno, 1886, „Zur Theorie der Apperzeption", *Vierteljahrsschrift für wissenschaftliche Philosophie*, 10, 307–345.

Frank, Manfred, 2002, *Selbstgefühl. Eine historisch-systematische Erkundung*, Frankfurt am Main: Suhrkamp.

Gennaro, Rocco J., 1999, „Leibniz on Consciousness and Self-Consciousness", in: Rocco J. Gennaro und Charles Huenemann (Hrsg.), *New Essays on the Rationalists*, Oxford: Oxford University Press, 353–371.

Gennaro, Rocco J., 2004, *Higher-Order Theories of Consciousness*, Philadelphia: John Benjamins.

Gurwitsch, Aron, 1974, *Leibniz. Philosophie des Panlogismus*, Berlin/New York: De Gruyter.

Gurwitsch, Aron, 1990, *Kants Theorie des Verstandes*, Dordrecht: Kluwer, 1990.

Hintikka, Jaakko, 1962, „Cogito, Ergo Sum: Inference or Performance?", *The Philosophical Review*, 71, 3–32.

Hintikka, Jaakko, 1963, „Cogito, Ergo Sum as an Inference and a Performance", *The Philosophical Review*, 72(4), 487–496.

Janke, Wolfgang, 1971, „Apperzeption", in: Joachim Ritter (Hrsg.), *Historisches Wörterbuch der Philosophie*, Band 1: A–C, Basel: Schwabe, 448–450.

Jorgensen, Larry M., 2011, „Mind the Gap: Reflection and Consciousness in Leibniz", *Studia Leibnitiana*, 43(2), 180–195.

Kulstad, Mark, 1981, „Leibniz, Animals, and Apperception", *Studia Leibnitiana*, 13(2), 25–60.

Kulstad, Mark, 1991, *Leibniz on Apperception, Consciousness and Reflection*, München: Philosophia.

Kulstad, Mark und Carlin, Laurence, 2013, „Leibniz's Philosophy of Mind", in: Edward N. Zalta (Hrsg.), *The Stanford Encyclopedia of Philosophy*, https://plato.stanford.edu/entries/leibniz-mind/, abgerufen am 9. Dezember 2019.

Lange, Karl, 1879, *Über Apperzeption. Eine Psychologisch-Pädagogische Monographie*, Plauen: Neupert.

Leibniz, Gottfried Wilhelm, 1986 [1714], *Principes de la nature et de la grâce fondés en raison*, in: Gottfried Wilhelm Leibniz, *Principes de la nature et de la grâce fondés en raison. Principes de la philosophie ou Monadologie*, hrsg. von André Robinet, Paris: PUF, 26–65.

Leibniz, Gottfried Wilhelm, 1740, *Meditationes de Cognitione, Veritate et Ideis*, Marggrafianis.

Leibniz, Gottfried Wilhelm, 1990 [1765], *Nouveaux Essais sur l'entendement humain*, Jacques Brunschwig (Hrsg.), Paris: Garnier Flammarion.

Locke, John, 1975 [1689], *An Essay Concerning Human Understanding*, Peter H. Nidditch (Hrsg.), Oxford: Oxford University Press.

Lüdtke, Franz, 1911, „Kritische Geschichte der Apperzeptionsbegriffe", *Zeitschrift für Philosophie und philosophische Kritik*, 141, 41–135.

Markovits, Francine (Hrsg.), 1984, *Jean-Bernard Mérian: Sur le problème de Molyneux*, Paris: Flammarion.

McRae, Robert, 1976, *Leibniz: Perception, Apperception, and Thought*, Toronto: University of Toronto Press.

Merian, Johann Bernhard, 1749a, „Mémoire sur l'apperception de sa propre existence", *Histoire de l'Académie Royale des Sciences et Belles Lettres. Année 1749*, Berlin: Haude et Spener, 416–441.

Merian, Johann Bernhard, 1749b, „Mémoire sur l'apperception considérée relativement aux idées, ou, sur l'existence des idées dans l'âme", *Histoire de l'Académie Royale des Sciences et Belles Lettres. Année 1749*, Berlin: Haude et Spener, 442–477.

Merian, Johann Bernhard, 1757, „Sur l'identité numérique", in: *Histoire de l'academie royale des sciences et belles-lettres, Année 1755*, 461–475.

Merian, Johann Bernhard, 1778a, „Ueber die Apperzeption seiner eigenen Existenz", in: Michael Hissmann (Hrsg.), *Magazin für die Philosophie und ihre Geschichte. Aus den Jahrbüchern der Akademien angelegt*, Band 1, Göttingen/Lemgo: Verlag der Meyerischen Buchhandlung, 89–132.

Merian, Johann Bernhard, 1778b, „Ueber die Apperzeption in Rücksicht auf die Ideen, oder auf die Existenz der Ideen in der Seele" in: Michael Hissmann (Hrsg.), *Magazin für die Philosophie und ihre Geschichte. Aus den Jahrbüchern der Akademien angelegt*, Band 1, Göttingen/Lemgo: Verlag der Meyerischen Buchhandlung, 133–194.

Pelletier, Arnaud, 2017, „Attention et aperception selon Leibniz: aspects cognitifs et éthiques", *Les études philosophiques*, 171, 103–118.

Perler, Dominik, 2009, „Graduelle oder Kategorische Unterschiede? Leibniz über das Verhältnis von Tieren und Menschen", in: Erich Barke, Rolf Wernstedt und Herbert Breger (Hrsg.), *Leibniz neu denken*. Studia Leibnitiana Sonderhefte 38, Stuttgart: Franz Steiner, 76–95.

Prantl, Carl von, 1885, „Merian, Jean Bernard", *Allgemeine Deutsche Biographie*, 21, 428–430.

Rescher, Nicolas, 1979, *Leibniz: An Introduction to His Philosophy*, Totowa, NJ: Rowman & Littlefield.

Schüßler, Werner, 1992, *Leibniz' Auffassung des menschlichen Verstandes (intellectus): eine Untersuchung zum Standpunktwechsel zwischen „système commun" und „système nouveau" und dem Versuch ihrer Vermittlung*, Berlin/New York: De Gruyter.

Thiel, Udo, 1994, „Leibniz and the Concept of Apperception", *Archiv für Geschichte der Philosophie*, 76, 195–209.

Thiel, Udo, 1996, „Between Wolff and Kant: Merian's Theory of Apperception", *Journal of the History of Philosophy*, 34(2), 213–232.

Thiel, Udo, 2001, „Kant's Notion of Self-Consciousness in Context", in: Volker Gerhard et al. (Hrsg.), *Kant und die Berliner Aufklärung*, Berlin/New York: De Gruyter, 468–476.

Thiel, Udo, 2011, *The Early Modern Subject. Self-Consciousness and Personal Identity from Descartes to Hume*, Oxford/New York: Oxford University Press.

Ulich, Robert, 1967, „Apperception", in: Paul Edwards (Hrsg.), *Encyclopedia of Philosophy*, Band 1, 233–235.

Weinberg, Julius R., 1962, „Cogito, Ergo Sum: Some Reflections on Mr. Hintikka's Article", *Philosophical Review*, 71, 483–491.

Wolff, Christian, 1747, *Vernünfftige Gedancken von Gott, der Welt und der Seele des Menschen, auch allen Dingen überhaupt. Den Liebhabern der Wahrheit mitgetheilet* [*Deutsche Metaphysik*], Halle: in der Rengerischen Buchhandlung.

Wunderlich, Falk, 2005, *Kant und die Bewusstseinstheorien des 18. Jahrhunderts*, Berlin/New York: De Gruyter.

Apaar Kumar
Gefühl in Kant's *Gefühl eines Daseins:* Clues from Tetens and Feder

Abstract: Kant claims that the transcendental self can be represented as a "feeling of existence" (Gefühl eines Daseins). Some interpreters take this claim to be inconsistent with Kant's larger theory of self-consciousness. I consider the extent to which two eighteenth-century philosophy texts that Kant knew well – Tetens' *Philosophische Versuche über die menschliche Natur und ihre Entwickelung* and Feder's *Logik und Metaphysik* – can contribute to our understanding of Gefühl eines Daseins. I point to some continuities between Kant's characterization of "Gefühl" in Gefühl eines Daseins, and Tetens' and Feder's conceptualizations of Selbstgefühl. I show that Gefühl eines Daseins is prima facie consistent with Feder's clear "I" (or Selbstgefühl) and Tetens' clear Selbstgefühl; and both Gefühl eines Daseins and clear Selbstgefühl relate to higher cognition. Finally, I discuss whether the notion of Selbstgefühl is compatible with key aspects of Kant's conceptualization of the self – the transcendental-empirical distinction, and the atemporality of the self.

1 Introduction

Kant says that the transcendental self can be represented as a "feeling of existence" (Gefühl eines Daseins) (*Prol* 4: 334n).[1] Some Kant interpreters take such a description of the transcendental self to be in conflict with Kant's overall theory of self (Sturma 1985: 116–117). In this essay, I contribute to this larger question of whether the notion of Gefühl eines Daseins can indeed form part of Kant's account of the transcendental self.[2] Specifically, I inquire into the extent to which we can make better sense of Gefühl eines Daseins if we draw on two eighteenth-century philosophy texts that Kant knew well – J. N. Tetens' *Philosophische Ver-*

---

[1] All translations from the German are my own. I have used neither italics nor quote marks in the case of German words that I have used often in this essay – Gefühl eines Daseins, Gefühl, Selbstgefühl, Empfindung, Selbstthätigkeit, and Kraft.
[2] As the title suggests, I am concerned here only with the Gefühl and not the "Dasein" part of the formulation Gefühl eines Daseins. For the sake of brevity, however, I will use "Gefühl eines Daseins" rather than "Gefühl in Gefühl eines Daseins" throughout this essay.

https://doi.org/10.1515/9783110732603-009

suche über die menschliche Natur und ihre Entwickelung, and J. G. H. Feder's *Logik und Metaphysik*.[3]

Prima facie, there are good reasons to adopt such a strategy. First, both Tetens and Feder employ the notion of Selbstgefühl (feeling of self) in a way that appears to be in accordance with Kant's statement that the transcendental self can be represented as Gefühl eines Daseins. Feder characterizes Selbstgefühl as the immediate perception of one's existence ("unmittelbare Gewahrnehmung seiner Existenz", *LM* 1778: 33; *LM* 1771: 32).[4] Tetens says that Selbstgefühl is the feeling of one's own activities like the imagination and power of thinking, etc. ("innere Selbstgefühl, das Gefuehl eigener Thätigkeiten, der Phantasie, der Denkkraft, des Herzens u. s. f. [...]", *PV* I: 232). Second, Kant knew the texts in which Feder and Tetens speak of the notion of Selbstgefühl. Kant arguably used Feder's *Logik und Metaphysik* for his course "Vorlesungen über Philosophische Enzyklopädie" (Zammito 2002: 286–287).[5] In Tetens' case, apart from the fact that Kant himself refers to Tetens (e. g. in *Refl* 4901 18: 23), we have Hamann's testimony that Kant had Tetens' *Philosophische Versuche* lying open on his desk while he was writing the *Critique of Pure Reason* (Hamann's letter to Herder, 17 May 1779; see Kuehn 1987: 143). Therefore, it is safe to assume that Kant was familiar with the concept of Selbstgefühl.

Yet it is also true that Kant does not employ the term Selbstgefühl in his own writings. Furthermore, he does not cite either Tetens or Feder in connection with Gefühl eines Daseins, or discuss these philosophers while presenting his general theory of self. Consequently, there is no direct evidence that the discussion of Selbstgefühl in Tetens and Feder had any impact on Kant. For this reason, it would be foolhardy to claim in any straightforward way that Tetens and Feder were in fact sources for Kant's concept of Gefühl eines Daseins. Nevertheless, I argue that there are conceptual and argumentative continuities between Kant's

---

[3] References to Feder's and Tetens' writings are made with the following abbreviations: *LM*: Feder, *Logik und Metaphysik*; *PV* I: Tetens, *Philosophische Versuche über die menschliche Natur und ihre Entwickelung*, vol. 1; *PV* II: Tetens, *Philosophische Versuche über die menschliche Natur und ihre Entwickelung*, vol. 2; *SP*: Tetens, *Über die allgemeine speculativische Philosophie*.
[4] Feder revised *Logik und Metaphysik* several times. I cite two different editions of Feder's text – the third edition (1771), and the fifth edition (1778). Since I am concerned with the concept of Gefühl eines Daseins which Kant introduces only in the *Prolegomena* (1783), I cite the 1771 and 1778 editions on the basis of the assumption that if Kant would have wanted to refer to *LM* in the 1780s, he would probably have used one of the later editions. According to Motta (2018: 106), Kant possessed a copy of the 1778 edition.
[5] Kant first offered this course in 1767–68, and continued to teach the course until 1781–82 (Zammito 2002: 286). Thiel (2014: 90–91) suggests that the 1769 edition of Feder's *Logik und Metaphysik* led to the popularity of the concept of Selbstgefühl.

concept of Gefühl eines Daseins and the notion of Selbstgefühl in Tetens and Feder. To begin, some aspects of the concepts of Gefühl eines Daseins and Selbstgefühl can be shown to overlap. Further, Kant, Tetens, and Feder all hold the view that something can be both an active power (Kraft) and a feeling (Gefühl). Finally, the role which Tetens and Feder assign to Selbstgefühl in the cognitive process is similar to the part that the transcendental self – and therefore Gefühl eines Daseins – plays in Kantian cognition. The presence of these continuities serves to establish the relevance of Tetens' and Feder's discussions of Selbstgefühl for understanding Kant's Gefühl eines Daseins. This in turn engenders, as I will show, new interpretative questions, and therefore new ways of exploring what Gefühl eines Daseins might mean for Kant, and whether it can be consistently accommodated in Kant's theory of self.

In what follows, in §2, I make explicit why Kant's assertion that the transcendental self can be represented as Gefühl eines Daseins might be considered problematic. In §§3–4, I delineate the views of Feder and Tetens on the concept of Selbstgefühl. In these sections, I will show how their views are similar to that of Kant, and the extent to which their writings might help make sense of Gefühl eines Daseins. Finally, drawing on the conclusions of sections 3 and 4, I raise a set of questions in §5 that can help us interpret Kant on Gefühl eines Daseins.

2 Gefühl eines Daseins: A Problem for Kant?

In §2.1, I delineate and analyze the passages in which Kant speaks of Gefühl eines Daseins. Subsequently, in §2.2, I show why this notion might be considered problematic in the context of Kant's system.

2.1

Kant describes the representation of the transcendental "I" as Gefühl eines Daseins only once in his published writings, and in a text meant to popularize the *Critique of Pure Reason*. He says:

> Wäre die Vorstellung der Apperception, das Ich, ein Begriff, wodurch irgend etwas gedacht würde, so würde es auch als Prädicat von andern Dingen gebraucht werden können, oder solche Prädicate in sich enthalten. Nun ist es nichts mehr als Gefühl eines Daseins ohne

den mindesten Begriff und nur Vorstellung desjenigen, worauf alles Denken in Beziehung (*relatione accidentis*) steht. (*Prol* 4: 334n)[6]

Bracketing the denial that the "I" or apperception can be a concept, Kant makes two claims here:
(a) The representation of the "I" or transcendental apperception can be described as a "feeling of existence" (call this the "feeling claim").
(b) The transcendental "I" is a representation in relation to which all thinking stands (henceforth the "relationality claim").

2.2

The fact that Kant combines the transcendental "I" and feeling is puzzling in light of his distinction between inner sense (or empirical apperception) and pure apperception. On the standard interpretation, inner sense accompanies (begleitet) our representations to the extent we are conscious of them (*KrV* B133/A107). Or, as Allison (2004: 277) puts it, inner sense is a "sensory self-awareness, through which the mind intuits itself and its states". Inner sense however remains scattered (zerstreut), because it does not relate to the identity of the subject, which Kant associates with pure apperception (*KrV* B133/A107). As opposed to inner sense, pure apperception, or the representation "I think", should be able to accompany all my representations ("alle meine Vorstellungen begleiten können", *KrV* B131–132). It is an act of spontaneity ("Actus der Spontaneität") that is prior to all thinking, can never belong to sensibility, and must remain one and the same in all conscious representations (*KrV* B132). Allison (2004: 277), citing from Kant's anthropology lectures, concludes that pure apperception is an "'intellectual consciousness' of the act of thinking (a consciousness of spontaneity)", and is to be distinguished from inner sense which is the "sensory consciousness of the contents of thought".

Given this standard interpretation of Kant's theory of self, the notion of Gefühl eines Daseins seems problematic or puzzling for the following reasons.

First, Kant's description of the representation of the transcendental self as a feeling seems to violate his own distinction between the transcendental and the empirical. The main feature of transcendental philosophy, Kant says, is that it

---

[6] Kant does not employ the terms transcendental apperception or pure "I" in this passage. However, it is fairly clear that the "Vorstellung der Apperception" refers to the transcendental self. This is because Kant says here that all thinking stands under the "I", which he also says elsewhere with regard to the transcendental self (e. g. *KrV* B135/A110).

excludes all empirical concepts, and includes only pure concepts (*KrV* B28). A concept is empirical when it contains a sensation (Empfindung) which presupposes the actual presence of an object, while a pure concept is a representation unmixed with Empfindung (*KrV* A50/B74). All concepts of pleasure and displeasure, desire, and inclination, etc. have an empirical origin (*KrV* B28–29). On this basis, Kant concludes that transcendental philosophy relates to pure speculative reason, while everything practical insofar as it contains an incentive (Triebfeder) relates to feelings which belong to empirical sources of cognition ("Gefühle, welche zu empirischen Erkenntnisquellen gehören", *KrV* B29). Thus, feelings are supposed to be empirical, and transcendental (or pure) representations must exclude feelings.

If feelings are empirical while the transcendental self is non-empirical or pure, then feelings should be associated with inner sense, and Kant should have never insisted on describing the representation of the transcendental self as a feeling. However, the fact that Kant does describe it in this manner, even if fleetingly, opens up the question of how this claim might be accommodated in Kant's theory of self.

Second, Kant describes the transcendental self as both feeling and activity (Actus, Kraft).[7] This is a puzzling claim. The fact that there is an immediacy to feeling something appears to make feeling more like inner sense rather than pure apperception. Inner sense, as I have indicated, is the immediate sensory consciousness accompanying all our conscious representations, while pure intellectual consciousness (or pure apperception) is active in that it is the "consciousness of what a human being does [thut]" (*Anth* 7: 161). Therefore, Kant's characterization of pure apperception as both a feeling and an activity requires further justification.

Third, for Kant, we are able to cognize objects when our understanding combines with pure apperception to give form to the material which we have gained through our senses.[8] If the representation of pure apperception is a feeling of existence, and since pure apperception must be involved in cognition for Kant, then any interpretation of Gefühl eines Daseins would require explicating the sort of role that the representation of the "I" as Gefühl eines Daseins might play in the cognitive process. Kant of course does not provide such an account.

---

7 For Kant, the terms "Handlung", "Kraft", and "Actus" are interchangeable. In a Reflexion, Kant says that the "Kraft handelt" (*Refl* 3584 17: 72, late 1770s/early 1780s), and he employs "Actus" and "Handlung" interchangeably (*KrV* A102–103).

8 Kant explicates his theory of cognition in *KrV*. For a brief summary, see *Fortschritte* 20: 276.

2.3

In sum, I have argued that Kant characterizes the representation of the transcendental self as a feeling of existence (= feeling claim), which must relate to all thinking (= relationality claim). This characterization of the transcendental self seems to be at odds with Kant's own distinction between pure apperception and inner sense. It also leaves unexplained how the transcendental self can be both a feeling and an activity, and what role it might play in the process of cognition. In the following sections, §§3–4, I explore the extent to which Tetens' *Philosophische Versuche* and Feder's *Logik und Metaphysik* can help address these questions.

3 Feder

I discuss a set of similarities between some key aspects of Feder's conceptualization of Selbstgefühl and elements of Kant's theory of the transcendental self. In §3.1, I provide a reading of Feder on the concepts of Selbstgefühl and inner sense, and the role these concepts play in his theory of cognition. Subsequently, in §3.2, I show how his view compares with that of Kant.

3.1

Feder provides a somewhat condensed treatment of the concept of Selbstgefühl and related concepts in four key passages, which I will now discuss [(a)–(d)].

(a) Feder first introduces the concept of Selbstgefühl in the context of characterizing the notion of inner sense. He says:

> Was unter dem innern Sinn und den innern Empfindungen zu verstehen sei; kann man theils daraus abnehmen, daß diese Erkenntnisart sowohl der äussern Empfindung, als auch der sogenannten höhern, auf Räsonnement und allgemeine Begriffe sich gründenden, Erkenntniß, und der ihr eigenen Deutlichkeit, entgegengesetzt wird; theils aus den besondern Arten der innern Empfindung, und der darauf sich beziehenden Fähigkeiten des innern Sinns. Dieses sind nemlich, ausser dem Selbstgefühle, das Gefühl des Wahren, des Schönen und des Moralischguten. (*LM* 1778: 32–33; *LM* 1771: 31)

Feder makes two points here. First, inner sense differs from both sensations that we receive from objects outside us, and the process of higher-order cognition that requires reasoning and the formation of general concepts. Second, an understanding of inner sense requires grasping "particular sorts of inner sensation" (besonderen Arten der innern Empfindung), and the abilities of inner sense relating to these. Selbstgefühl is one of these particular sorts of inner sensation (Empfindung). In other words, inner sense consists in a set of abilities, and these abilities are said to relate to Selbstgefühl as a particular sort of inner sensation (Empfindung). While the nature of these abilities and how they might relate to Selbstgefühl remains vague, it can be said that inner sense and Selbstgefühl are conceptually different. If a set of abilities of inner sense must somehow relate to Selbstgefühl, then it is unlikely that Feder would consider the concepts of inner sense and Selbstgefühl as co-extensive (also see §3.1[c]).

This interpretation departs from Manfred Frank's contention that Feder equates Selbstgefühl with inner sense ("setzt ‚inneren Sinn' dann mit ‚Selbstgefühl' gleich"). Frank (2002: 110n) justifies this claim by juxtaposing two of Feder's claims – that Selbstgefühl is the immediate perception of one's existence and states (§3.1[b]), and the claim that inner sense is the ability of the soul to cognize indistinctly both its states and the relationships of its representations (*LM* 1778: 333). However, this view does not take into account the fact that inner sense must relate to Selbstgefühl, as I have pointed out, and therefore must be conceptually distinct from it. Thiel (2014: 91) remarks that, for Feder, Selbstgefühl is not identical with inner sense, but is a particular sort of inner sense. Thiel's non-identity claim is more in line with my interpretation here.

In sum, inner sense differs from outer sensation and higher reasoning. Since inner sense somehow relates to Selbstgefühl, these concepts cannot be considered identical.

(b) Following upon this passage on inner sense, Feder then delineates the concept of Selbstgefühl.

> Unter dem Selbstgefühl versteht man die unmittelbare Gewahrnehmung seiner Existenz, seiner innersten Zustände und Eigenschaften. Vermöge dieses Selbstgefühls liegt in jedweder Empfindung oder Vorstellung, die wir bekommen, zugleich das Bewußtsein, daß wir diese Empfindung oder Vorstellung haben. Aus demselben entsteht der durch die Absonderung deutlich gewordene Gedanke von unserer Person (unserm Ich). (*LM* 1778: 33; *LM* 1771: 32)

In this passage, Selbstgefühl is characterized as the immediate perception of one's existence, and one's innermost states and characteristics. This Selbstgefühl enables us to be conscious of our sensations or representations. The clear thought of our "I" is isolated (Absonderung) from out of Selbstgefühl.

(c) Selbstgefühl plays a role in the cognitive process for Feder. In a section devoted to a *more exact* (genauere) comparison of the lower with the higher cognitive ability (Erkenntnisvermögen), Feder says:

> [D]ie Frucht der höhern Erkenntnißkräfte sind die durch Zeichen deutlich abgesonderten Begriffe und genauern Bemerkungen, und die daraus entstehende Aufklärung und mannichfaltige Bearbeitung des durch die Empfindung in uns kommenden Vorrathes von Erkenntniß. [...] Bey dieser Erkenntniß ist ein weit stärkeres Bewußtsein seiner selbst, als des leidenden und wirkenden Subjectes; in dem die Vorstellung von seinem Ich dem Menschen schon zum eigenen unterschiedenen Gedanken geworden ist. (*LM* 1778: 44; *LM* 1771: 43)[9]

The higher cognitive abilities process (bearbeiten) whatever the subject receives in the form of sensations (Empfindung). This is accomplished through the employment of signs, leading to the separation of concepts from one another and exactitude in assertion. As compared to the passive (leidend) and acting (wirkend) subject, a far stronger (stärkeres) consciousness of the self is associated with higher cognition. This stronger self-consciousness consists in the representation of the "I" as thought (Gedanke) in its own right (eigen), and differentiated from other thoughts.

In contrast to the higher cognitive ability, the lower cognitive ability, which is presumably associated with the passive subject, relates to inner sense (innern Sinn), which Feder takes to be an ability lacking in reflection and distinct consciousness. He says:

> [B]ey der niedrigern Erkenntniß, vermöge der Wirkungen der Einbildungskraft [...] und des innern Sinnes, eben solche Folgen und Verbindungen der Vorstellungen, wie bey dem Gebrauche der Vernunft. Darauf bezieht sich denn auch der Name der vernünftähnlichen Fähigkeit (Analogon rationis) worunter man das Vermögen versteht, ohne Ueberlegung und deutliches Bewußtsein, durch die Verknüpfung einer gegenwärtigen Vorstellung mit ehemaligen, auf eine Empfindung zu kommen, aus welcher handlungen entstehen, die den vernünftigen handlungen ähnlich sind. (*LM* 1778: 44–45; *LM* 1771: 43–44)

In this passage, speaking of lower cognition (niedrigen Erkenntnis) which requires the activities of the imagination and inner sense, Feder says that representations can be combined in a way that is similar to the way reason – which is a higher cognitive ability – combines them. Yet these lower cognitive combinations lack reflection and distinct consciousness ("ohne Ueberlegung und deutliches Bewußtsein").

---

9 Feder uses "mannichfaltige" in *LM* 1778, but "ergiebige" in *LM* 1771.

Hence, the "I" is represented as a thought in its own right in the higher-order rational processing of sensations. On the other hand, cognition at the lower level includes the activities of inner sense lacking in reflection and distinct consciousness, and presumably relates to the passive subject.

(d) In the section "Von der Kraft. Aufklärung des Begriffes", Feder says: "Nach der gewöhnlichen Worterklärung heißt Kraft so viel, als, Vermögen zu wirken; and wirken so viel, als, etwas hervorbringen, oder den Grund in sich enthalten davon, daß etwas anders ist [...]" (*LM* 1778: 274; *LM* 1771: 273–274). Here, Kraft is characterized as the "Vermögen zu wirken", or the ability to make an effect such that it contains the ground of the change that it produces in another thing.

In addition, Feder provides the following account of how our concept of Kraft originates (Ursprung) (*LM* 1778: 274 ff.; *LM* 1771: 274 ff.). When we sense (empfinden) something (etwas) in ourselves, and if this something must express itself (äußern sich) in the form of a desire in us to effect a happening, then this is our Kraft. We must also passively (leiden) suffer the powers of things outside of us (Kräfte anderer Dinge). On the basis of these observations (Beobachtungen), we arrive at our concept of Kraft. The original constitution of this concept includes in part the feeling of something in us, and in part the experience of the constant conjunction of effects with other things and circumstances ("der vollständige Begriff von der Kraft; dessen ursprüngliche Bestandtheile also theils das Gefühl von einem Etwas in uns, theils die Erfahrung von der beständigen Verknüpfung der Erfolge mit gewissen andern Dingen und Umständen sind", *LM* 1778: 275; *LM* 1771: 275).

Thus, in Feder's view, feeling forms, at least in part, a constitutive aspect of our active power (Kraft).

(e) From (a)–(d): Selbstgefühl is not co-extensive with inner sense (§3.1[a]); and it enables the immediate consciousness or perception of our sensations and representations, including that of our own existence (§3.1[b]). The clear or distinctive thought of the "I" emerges out of this Selbstgefühl (§3.1[b]). This "I" goes together with higher-order reasoning and concept-formation (§3.1[c]). Lower cognition, in contrast, relates to inner sense which lacks reflection and distinct consciousness (§3.1[a]; §3.1[c]), and does not relate to the clear "I" (§3.1[c]). Finally, feeling can form a constitutive part of an active power (Kraft) (§3.1 [d]).

3.2

I point to those aspects of Feder's conceptualization of Selbstgefühl that seem consistent with the feeling and relationality claims at *Prol* 4: 334n, bracketing for the moment the fact that Feder does not distinguish between the transcendental and the empirical like Kant does. In (a), I discuss the feeling claim, and then the relationality claim in (b).

(a) Kant's feeling claim is that the transcendental "I" can be represented as a "feeling of existence" (§2.1). In my view, we can argue that Feder makes a similar claim albeit not explicitly ([i]–[iv]).

(i) Feder says that inner sense belongs to lower cognition, while the clear thought (Gedanke) of the "I" goes together with higher cognition (§3.1). This seems analogous to Kant's distinction between empirical consciousness and the "thought" (Gedanke) of the "I" or self-consciousness (Selbstbewußtsein) (*KrV* B133–134). Empirical consciousness *accompanies* (begleitet) various representations, but is "in itself scattered and without relation to the identity of the subject" ("an sich zerstreut und ohne Beziehung auf die Identität des Subjekts", *KrV* B133). Kant also calls this state "inner sense or empirical apperception" (*KrV* A107). To this Kant opposes the "thought" (Gedanke) that the representations of empirical consciousness "belong to me" (gehören mir insgesamt zu), i. e., I unite them into one self-consciousness ("ich vereinige sie in einem Selbstbewußtsein", *KrV* B133–134). This is the representation "I think" that Kant famously says must be able to accompany all my possible representations (*KrV* B131–132). Since this representation "I think" involves conscious unification, it must be a clear representation of the "I", and therefore comparable, at least broadly, to Feder's clear thought of the "I".[10] Further, like Feder, Kant associates the "I think" with higher cognition. He says that the transcendental unity of apperception unites the mani-

---

[10] In the A-deduction, Kant says that the consciousness that I have united the manifold can often be weak ("oft nur schwach sein"), but there must always be such a consciousness even if it lacks in "noticeable clarity" (hervorstechende Klarheit) (*KrV* A103–104). This assertion makes it seem that the transcendental "I" is not clearly conscious, as I have claimed here, and therefore not comparable to Feder's clear "I". But this is not the case. Kant says that some consciousness of the "I", however weak, must always accompany the unification of the manifold. This sort of weak clarity is consistent with Feder's notion of the clear "I", because for Feder clarity of the "I" merely means that the "I" is distinguishable vis-à-vis other thoughts. Thus, as in Kant's case, Feder's clear "I" can be considered weakly clear without possessing "noticeable clarity". Of course, similar to Kant, Feder's "I" can also gain noticeable clarity.

fold of intuitions into the concept of an object, and therefore differs from the subjective unity of consciousness which relates to the manifold of intuitions in empirical consciousness (*KrV* B139).

(ii) Feder never explicitly employs the term Selbstgefühl to describe the clear thought of the "I" which is related to higher cognition. However, one can argue that Feder would not have been averse to doing this for the following reason. The clear or distinctive thought of the "I" is supposed to be isolated (absondern) from out of Selbstgefühl construed as the immediate conscious perception of our existence and our representational states (§3.1[b]). If the clear "I" emerges out of Selbstgefühl, and Selbstgefühl means, however minimally, feeling of self or the "I",[11] then it is plausible to claim that it is the same "I" that goes from being a Selbstgefühl at the lower level of cognition to the clear "I" at the level of higher cognition. This is because, for Feder, something is clear when it can be distinguished from other things (*LM* 1778: 56; *LM* 1771: 56).[12] In essence, moving from lower to higher cognition, the Selbstgefühl, or feeling of self, becomes clearer in that it is differentiated from other representations. Since the clear "I" emerges out of non-clear Selbstgefühl, this implies that the clear "I" at the higher level of cognition can also be taken as Selbstgefühl.

(iii) Feder's distinction between Selbstgefühl and the clear thought of the I structurally mirrors the distinction between empirical consciousness and the representation "I think" that belongs to the transcendental unity of apperception (= [i]). Feder's clear thought of the "I" can also be viewed as Selbstgefühl (= [ii]). Therefore, from (i) and (ii), one can argue that, at the very least, it is possible that following Feder (and, as I will argue in §4, Tetens), Kant may have found it natural to speak of the transcendental self as both the thought "I think" and the feeling of existence. This is because, according to Feder, Selbstgefühl can be said to be the immediate conscious perception of one's existence (and one's representational states) on both the higher and lower levels of cognition. So if Kant was indeed influenced by Feder on these issues, he would think it acceptable to speak of the representation of the "I" at the higher cognitional level (= the transcendental self) as a feeling of existence.

---

[11] "Selbstgefühl [ist] [...] unmittelbare Gewahrnehmung seiner Existenz", *LM* 1778: 33; *LM* 1771: 32.
[12] Feder of course makes this point while speaking of the clarity of concepts. He says that clear concepts allow us sufficiently (hinlänglich) to differentiate objects from one another. Here I am drawing upon the idea that clarity implies differentiation for Feder.

This argument is further bolstered by the claim that Feder takes feeling (Gefühl) to be a constitutive part of Kraft (§3.1[d]). Kant characterizes the representation of the transcendental unity of apperception, the "I think", as an act of spontaneity (*KrV* B132). Actus and Kraft are interchangeable for Kant (§2.2). Therefore, if Kant were influenced by Feder, then it would not have seemed unnatural to him to describe the representation of the transcendental self as both Kraft and Gefühl eines Daseins. Here it could be objected that this argument does not work, because Feder speaks of Kraft in the context of desires and the empirical experience of objects outside us (§3.1[d]). Kant, in contrast, characterizes the Kraft related to the "I think" as an active power that is arguably not limited either by the objects outside the subject or the emotions and desires of the subject (*KrV* B129–130). However, this objection misses the point. In showing that for Feder something can be both Kraft and Gefühl, I have merely indicated that the philosophical tradition to which Kant belonged makes it possible for something to be both Kraft and Gefühl. This then opens up the possibility that Kant, perhaps due to his acquaintance with Feder's *Logik und Metaphysik*, may have incorporated this claim in his theory of self-consciousness.

(iv) From (i)–(iii): I have suggested that the feeling claim in Kant need not seem entirely unprecedented if we take account of the similarities between Feder's notion of Selbstgefühl and Kant's Gefühl eines Daseins.

(b) The relationality claim states that the transcendental "I" is a representation in relation to which all thinking stands (§2.1). This claim can be seen to be consistent with Feder's less than systematic account of Selbstgefühl, because Feder's notion of Selbstgefühl seems closer to the relational aspect of Kant's transcendental "I" rather than Kantian inner sense.

Feder says that it is owing to Selbstgefühl that we are conscious that we are receiving a particular sensation or representation (§3.1[b]). In other words, Selbstgefühl allows us to be conscious of our representations, including our own existence. At first sight, this characterization of Selbstgefühl seems similar to Kant's characterization of inner sense. Inner sense for Kant is the sensory consciousness by means of which we are conscious of ourselves, but this consciousness is scattered because it does not relate to the unity of the self (§2.2). However, as I now argue, it is not obvious that Feder's notion of Selbstgefühl should be identified with Kant's concept of inner sense. First, Selbstgefühl is not co-extensive with inner sense in Feder's philosophy (§3.1[a]). Therefore, at the very least, we cannot presume that Selbstgefühl in Feder is conceptually speaking the same as Kant's notion of inner sense. Second, one could in fact make the case that Kantian inner sense differs from Feder's notion of Selbstgefühl, at least in one aspect. Selbstgefühl entails feeling of the "I", which Feder glosses as the immediate perception of one's own existence ("die unmittelbare Gewahrnehmung seiner Existenz" §3.1[b]). For Kant, while inner sense is indeed empirical apperception (or the empirical "I"), it does not relate to the unity of the "I" (§2.2). Kant also does not employ the term Selbstgefühl in relation to inner sense. Taken together, these claims suggest that although the "I" is somehow involved in Kantian inner sense, it is unclear whether Kant would connect the notion of Selbstgefühl (feeling of the "I") with inner sense. Feder, on the other hand, employs the notion of Selbstgefühl, and says that Selbstgefühl relates in some way to the abilities of inner sense (§3.1[a]). Thus, it can be argued that both Kantian inner sense and Feder's Selbstgefühl make our representations conscious to ourselves. However, in Feder's case, this consciousness relates to the feeling of the "I" construed as the immediate perception of one's existence and to the clear "I" (Selbstgefühl) to the extent it is related to higher cognition (§3.2[a]), while it remains uncertain if Selbstgefühl can be considered part of the concept of inner sense for Kant.

If Feder's Selbstgefühl cannot be considered the same as Kantian inner sense, then this would clear the way for interpreting Feder's characterization of Selbstgefühl as similar to Kant's relationality claim. Feder says that Selbstgefühl makes possible the consciousness of all our representations including that of our own existence (§3.1[b]). If Feder's Selbstgefühl is the condition for the possibility of the consciousness of our representations, i. e., the feeling of the self must relate to all possible representations – including that of ourselves – if these representations are to be representations for us, then Feder's characterization of Selbstgefühl seems to be consistent with Kant's relationality claim, at least in broad outline. This is because, on the relationality claim, the transcendental "I" too must relate to all possible thinking. A closer comparison between Kant and Feder on this issue would naturally reveal differences – for instance, the transcendental-empirical distinction, and the question of whether the "thinking" in the relationality claim could be viewed as similar to the term "representing" in Feder's assertion that Selbstgefühl is required for consciousness of all representations. Yet, it can be said that, at least in broad structure, Feder's characterization of Selbstgefühl need not be inconsistent with Kant's relationality claim.

(c) On the basis of (a)–(b), I have argued that Kant and Feder can be seen to converge to some extent on the feeling and relationality claims. This does not obviously mean that their theories are identical. It merely allows us to employ Feder's *Logik und Metaphysik* as a lens through which we can re-examine Kant's theory of self (see §5).

4 Tetens

I argue that some elements in Tetens' *Philosophische Versuche* resonate with the feeling and relationality claims. I begin with Tetens and the feeling claim (§4.1). I show that Tetens' theory of cognition is structurally similar to that of Kant. Unlike Kant, however, Selbstgefühl plays a role in Tetens' theory of cognition. On this basis, I argue that if the notion of Selbstgefühl can be woven into the Tetensian theory of cognition, which is similar to Kant's theory of cognition, and given that Kant says that the transcendental I can be represented as a feeling of existence, then this opens up new avenues for exploring the possibility of reconciling the feeling claim vis-à-vis Kant's concept of the self as it is located in his overall theory of cognition. In §4.2, I suggest that Tetens' notion of Selbstthätigkeit can be said to contain the relationality claim in rudimentary form.

4.1

(a) Tetens connects the notion of Selbstgefühl to both perception (Gewahrnehmen) construed as the lower part of thinking, and the higher cognitive process. (b) Tetens' metaphysics includes the claim that something can be both a Kraft and a Gefühl (feeling). (c) On the basis of (a)–(b), one can argue that Tetens' notion of Selbstgefühl and its relationship to cognition is similar to the way Kant relates the transcendental "I" and cognition. This similarity can be considered sufficient to warrant an attempt to interpret Kant's feeling of existence in light of aspects drawn from Tetens' concept of Selbstgefühl. I now discuss each of these points.

(a) According to Tetens, the essence of thinking (Wesen des Denkens) consists in relation (Beziehen), and in perception (Gewahrnehmen). Perception combines with apperception (apperzipieren), reflection (Reflexion) and Selbstgefühl. Obscure Selbstgefühl is associated with the lower level of cognition, while clear Selbstgefühl and a "fine and sharp" Selbstgefühl are related to higher levels of cognition. In the following, I further delineate these claims.

The nature of thinking (Wesen des Denkens) consists in relation (Beziehen) and perception (Gewahrnehmen) (*PV* I: 346). Tetens characterizes perception as follows:

> Gewahrnehmen ist eine eigene Thätigkeit unsrer Seele und ihrer Gewahrnehmungskraft, welche alsdenn gleichsam auf uns selbst zurückgebogen wird, und in ein Selbstgefühl übergehet. Es ist anders, die Vorstellung einer Sache in sich aufnehmen, die Sache nach-

> bilden, die Nachbildung in sich aufbehalten, sie wieder hervorziehen; und ein anders, die Vorstellung und diese Thätigkeiten und deren Wirkungen in sich fühlen, und beobachten. (*PV* I: 22)

Tetens says here that perception is a distinct activity (Thätigkeit) of the soul. It involves our being bent back upon ourselves, and it goes over into Selbstgefühl. It is one thing to take up the representation of a thing into ourselves, but another thing to perceive it, i. e., to feel and observe this representation. In this passage, while it is unclear how perception "goes over into" (übergeht in) Selbstgefühl, it can be said that perception is a second-order activity in that it involves feeling and observing a representation, and that it relates to Selbstgefühl in some fashion.

Perception consists in two acts – separation (absondern) of representations from other representations, and cognition (Erkennen). Cognition makes the relations between thoughts (Verhältnißgedanken) possible, but it presupposes the separation (absondern) of representations, and the relationship between these representations (*PV* I: 346–347).[13] Tetens, as I now show, characterizes this act of separating and relating (beziehen) representations as "simple perception" and as "Gewahrwerden" and he takes the act of cognition to be "Gewahrnehmen". He says:

> Wir nehmen es, wie wir sagen, gewahr, wenn sich der gesuchte Gegenstand und das Verhältniß der Ideen, das wir erkennen wollen, uns darstellt. Wir werden gewahr da, wo uns etwas auffällt, das wir nicht gesucht haben, wie etwann ein Freund, der unvermuthet uns vor den Augen tritt. (*PV* I: 279)

Here, Tetens says that if we wish to know and differentiate a thing assiduously, i. e., if we seek to cognize the relationship of the thing to our ideas via comparison and reflection, then our perception is Gewahrnehmen. We "gewahrwerden" when something strikes us without our having sought it out – for instance, a friend unexpectedly steps in front of our eyes. Tetens exemplifies this distinction as follows. In the case of Gewahrnehmen, the insight emerges gradually. One surmises something about an object that one is seeing obscurely, and perception as Gewahrnehmen is complete when one "senses" (wittern) the object as that object

---

13 "Also bestehet das Wesen des Denkens in dem Beziehen und in dem Gewahrnehmen. Zu dem Gewahrnehmen gehören aber auch zwei Aktus, das Absondern nemlich und das eigentliche Erkennen. Das letztere bringet den Verhältnißgedanken hervor. Und eben dieser Aktus ist es, was Denken zum Denken macht, das geistige Ingredienz des Gedankens; aber das Absondern der Vorstellungen, und das Beziehen derselben auf einander muß vorhergehen, und ist in so weit das zweyte wesentliche Stück zum Denken." (*PV* I: 347)

(*PV* I: 280). On the other hand, in the case of Gewahrwerden, it costs us no effort to observe objects – we only have to turn our eyes to observe, say, a horse. Here things simply fall into our senses, like the sound of the drum that strikes our ears (*PV* I: 280).[14] The difference can be attributed to attention, as Tetens points out elsewhere in the text. Gewahrnehmen requires attention in a way that Gewahrwerden does not. Gewahrnehmen costs effort. Tetens says: "Aufmerken ist thätig seyn; und ohne einen Grad von Aufmerksamkeit nimmt man nichts gewahr" (*PV* I: 170 – 171). To attend to something is to be active (thätig); there can be no Gewahrnehmen without a degree of attention.

In another passage, Tetens makes the same distinction between Gewahrwerden and Gewahrnehmen. Here he glosses the expression "simple perception" (simpeln Gewahrnehmen) in the same way as Gewahrwerden although he also uses Gewahrwerden ("Ich werde einen Thurm gewahr...", *PV* I: 344). In having a simple perception, I perceive a tower as different from say another tower in its vicinity. This difference simply strikes my senses. On the other hand, if I had to differentiate these two towers, i. e., if I were to say that one is not the other, then I must cognize and perceive the relationship between the towers. I must be able to say that I differentiate it. This is Gewahrnehmen (*PV* I: 344). Further, in a simple perception (or Gewahrwerden) of a tower, one separates out representations (Sonderung der Vorstellung) – e. g. the differentiation between the two towers. But in the case of Gewahrnehmen, or stating that I differentiate between the two towers, the two towers construed as separated representations are posited in relation to each other in thought (Gedanken) (*PV* I: 345).[15]

Next, Tetens takes it that perception goes together with apperception, reflection, and Selbstgefühl. To begin with, obscure (dunkles) Selbstgefühl is to be distinguished from clear (klares) Selbstgefühl. Tetens says that it is "highly probable" (große Wahrscheinlichkeit) that an obscure Selbstgefühl accompanies all passive states (Zustand), qualities (Bechaffenheiten), and alterations (Veränderungen) of the soul (*PV* I: 253 – 254). The obscurity lies in the fact that a stronger

---

14 "Diese Einsicht entstehet oft nur nach und nach. Man muthmaßet sie vorher, siehet sie in der Ferne noch dunkel, wittert sie, so zu sagen, ehe das Gewahrnehmen vollständig wird. Dagagen kostet es nichts als eine Wendung der Augen, um einen Marktschreyer zu bemerken, der sich zu Pferde sehen und hören läßt. Wir müssen Sache gewahrwerden, die uns in die Sinne fallen, wie den Ton der Trummel, die vor unsern Ohren geschlagen wird." (*PV* I: 280)

15 "Vergleichen wir also das simple Gewahrnehmen eines Thurms mit dem Gedanken, 'daß dieser Thurm von einem andern unterschieden sey', so findet man 1) sie darinn verschieden, daß in dem simpeln Gewahrnehmen einer Sache eine Sonderung der Vorstellung erfordert wird; bey dem Unterscheiden aber werden die schon gesonderten Vorstellungen der Sache gegeneinander gestellet, es wird von dem einen zum andern übergegangen." (*PV* I: 345)

(stärkeres) feeling suppresses (unterdrückt) it (*PV* I: 254). For instance, Tetens says that one can get into (hineingehen) outer representations in such a lively manner that the feeling of our self is obscured ("Man kann so weit und so lebhaft in die Vorstellungen äußerer Objekte hineingehen [...], daß das Gefühl unserer Selbst unter dem Grad verdunkelt wird, der zum klaren Bewußtseyn erfordert wird", *PV* I: 406–407).

Clear Selbstgefühl is associated with the higher faculties. All impressions (Eindrücke) cease to be mere impressions if they are taken up (aufgenommen) and differentiated (unterschieden). This requires that the impressions must be processed (bearbeiten) by all the three fundamental capacities (Grundvermögen) of the soul – Gefühl, Vorstellungskraft and Denkkraft (in order from the lower to the higher faculties). This processing helps transmute impressions into "perceived and differentiated impressions" (gewahrgenommene unterschiedene Eindrücke) (*PV* I: 290). In this context, Tetens says:

> Es sind alsdenn klare Empfindungen und klare Empfindungsideen, Wirkungen aus Perception, Gefühl und Apperception zusammengesetzt, so wie das vorzüglich starke Gefühl unserer Selbst nicht mehr ein bloßes Gefühl, sondern ein klares Gefühl unserer Selbst, eine Empfindung, ein Bewußtseyn unsers Selbst ist. Denn es vereiniget sich mit dem Gefühl das Unterscheiden der gefühlten Modifikation und des fühlenden Subjekts, und die Beziehung jener Modifikation auf das Subjekt, worinn sie ist. (*PV* I: 290–291)

In perceived and differentiated impressions, clear sensations and clear ideas of sensations, effects out of perception, feeling and apperception all go together. If this occurs, then the feeling of our self is not merely a feeling, but a "clear feeling of our self, a sensation [Empfindung], a consciousness of our self". This is because the clear Selbstgefühl unites the differentiating aspect (Unterscheiden) of the felt modification and the feeling subject, and the relation of this modification to the subject in which it is present.

Further, in the passage under consideration, clear Selbstgefühl goes together with apperception. Apperception, Tetens says, comes with reflection. If the parts of a representation are not apperceived (appercipirt), this implies that these parts are not connected to the act of reflection (Aktus der Reflexion) (*PV* I: 98).[16] In addition, apperception relates both to representations (Vorstellungen) and ideas (Idee). If a representation lacks the necessary clarity, then the idea must also lack this clarity. The clarity of representation requires apperceptibility (Apperceptibilität), i. e., a cognizability, while the clarity of the idea is the "actual

---

16 "So ferne die Vorstellung und ihre Züge nicht appercipirt werden, in so ferne ist mit ihnen kein Aktus der Reflexion verbunden [...]." (*PV* I: 98)

apperception" (wirkliche Apperception) (*PV* I: 96).[17] Perception requires apperception or the thought (Gedanke) that this object is something different, that it is a particular modification, a particular object ("Die Perception ist es, zu der sich die Apperception, das Unterscheiden, oder der Gedanke: dieß ist etwas unterschiedenes; es ist eine besondere Modifikation; es ist ein besonderes Objekt, hinzugesellet", *PV* I: 162). Thus, perception requires apperception if objects are to be cognized as particular objects different from other objects. Clear Selbstgefühl belongs to this constitutive structure.

Finally, on Tetens' view, perception is the lower part of the ability to think (Denkkraft) (*PV* I: 338). The higher part of Denkkraft relates to the understanding, judgment and higher reasoning. If one compares sensible thinking (sinnlichen Denkkraft) and higher reasoning, one finds that there is a higher degree of effect (Wirksamkeit) associated with higher reasoning, and also a "finer feeling" (feineres Gefühl) (*PV* I: 586).[18] Although Tetens does not mention Selbstgefühl in this passage, he does employ this term soon after. He says: "Ein feines und schärferes Selbstgefühl bey den Vorstellungen, ist ein wesentliches Erforderniß zur Scharfsinnigkeit des Verstandes" (*PV* I: 587). In other words, a fine and sharp Selbstgefühl in representations is a requirement for the acuteness of the understanding.

Hence, obscure Selbstgefühl relates to the passive states of the soul. In contrast, clear Selbstgefühl forms part of the process of consciously perceiving objects, or differentiating them as particular objects as opposed to other objects. This process involves apperception and reflection. Finally, a fine and sharp Selbstgefühl is part of the process of higher level thinking which includes the understanding, judgment and inferential reasoning.

(b) Tetens' metaphysics allows for something to be both a Kraft and a Gefühl at the same time. This can be seen in general in a passage in which Tetens says that, even though we do not know the most basic power of the soul (Grundkraft der Seele), the operations associated with this Grundkraft contain, in a constitutive sense, feeling (Gefühl) in kernel ("Grundkraft den Keim des Fühlens doch in sich enthalte", *PV* I: 723–724). Further, on the basis of the following passages,

---

[17] "Wo es an der nöthigen Helligkeit in der Vorstellung fehlet, da muß es auch in der Idee daran fehlen. Die Klarheit in jener erfordert eine Apperceptibilität, eine Erkennbarkeit; es muß die Vorstellung zur Idee gemacht werden können. Die letztere Klarheit der Idee ist die wirkliche Apperception." (*PV* I: 96)

[18] "Wenn die höhere Vernunft mit der sinnlichen Denkkraft verglichen wird, so findet man bey jener, als einer höhern Wirksamkeit der Denkkraft, zugleich auch ein feineres Gefühl der allgemeinen Vorstellungen [...]." (*PV* I: 586)

one can infer that Tetens appears to view Selbstgefühl as both Kraft and feeling. First, Tetens remarks that the feeling related to the "I", to the extent it can be known, is the "feeling of a simple nature" ("[U]nser Gefühl, das, was mein Ich äußert, insofern ichs kenne, ist das Gefühl eines einfachen Wesens", *PV* II: 209). Second, in a passage devoted to the nature of Selbstgefühl, Tetens speaks of the "I" as an action (Aktion) of a simple nature ("Aktion des Ichs, das ist, eines einfachen Wesens", *PV* II: 212). Together these passages suggest that the "I" as Selbstgefühl can be both feeling and action for Tetens.

Thus, Tetens like Feder permits something to be both Kraft and Gefühl. As with Feder, this does not mean that Kant is necessarily borrowing this claim from Tetens. It does, however, make it possible to ask if Kant might be drawing on Tetens and Feder in characterizing the transcendental "I" as both Actus/Kraft and Gefühl.

(c) Tetens' conceptualization of Selbstgefühl and its place in the cognitive process [(a)–(b)] seems similar enough to Kant's statements regarding the self and cognition. This in turn warrants the view that Kant may have had in mind some aspects of Tetensian Selbstgefühl in making the feeling claim – that the transcendental "I" can be represented as the feeling of existence.

First of all, Kant and Tetens have broadly similar theories of cognition. In both instances, lower cognitive ability relates to external data, while the higher cognitive abilities, which ultimately includes inferential reasoning, is responsible for differentiating between objects, and relating them to each other (§4.1[a]; §2.2).

Second, Tetens' notion of clear Selbstgefühl, or the consciousness of the self (*PV* I: 290–291), must be attendant upon the apperceptive "I differentiate it" (§4.1[a]), which seems minimally continuous with Kant's claim that the subject must necessarily be aware of itself (= the "I") in combining representations in the process of higher level cognition – the awareness or thought that I have combined the representations ("nach und nach zu einander von mir hinzugetan worden sind", *KrV* A103ff.). Similarly, in the B-deduction, Kant speaks of the "thought" (Gedanke) that representations in an intuition together belong to me (*KrV* B134). Additionally, the way Tetens relates clear Selbstgefühl and cognition is structurally similar to the relationship between the transcendental "I" and higher cognition in Kant's system (§4.1[a]; §2.2). This minimal convergence can underwrite a more detailed investigation into whether Tetens' concept of Selbstgefühl, taken in all its aspects, can help further illuminate the concept of Gefühl eines Daseins which Kant mentions merely in passing. The viability of such an endeavor is further bolstered by the fact that Tetens also relates Kraft and Gefühl in a way that, at least prima facie, Kant can be seen to presuppose in the first *Critique* (§2.2).

4.2

Having shown that aspects of Tetens' theory of Selbstgefühl can help illuminate the feeling claim, I turn to the relationality claim. I argue that while Tetens does not hold the Kantian view that the identity of the "I" (or self-consciousness) is the necessary condition for the possibility of unified cognition, his notion of Selbstthätigkeit could be seen to be consistent with the relationality claim [(a)–(c)].

(a) In Tetens' view, Selbstthätigkeit is a particular way of fastening upon and grasping something. Selbstthätigkeit of the human sort distinguishes humans from all other beings. A dog, Tetens says, cannot take up (aufnehmen) impressions like human beings. This is because all impressions (Eindrücke) relating to the human soul are "impressions on a perfectible self-active power [selbstthätige Kraft]" ("So verhält es sich auch bey der menschlichen Seele. Jeder Eindruck auf sie ist eine Impreßion auf eine perfectible selbstthätige Kraft", *PV* I: 159). Starting with the first modifications of the human soul, this Kraft is already "selbstthätig" in the sense of being equipped (Anlage) for the human sort of taking up of impressions. Or, as Tetens puts it, it is "mitthätig", which means that it fastens upon (fassen) and grasps (ergreifen) instead of merely letting something occur in itself (*PV* I: 160). Thus, for Tetens, a perfectible and self-employed activity demarcates the range and sort of impressions that are permitted to human beings as opposed to other animals.

(b) Selbstthätigkeit, for Tetens, is a continuum, as is evident from the following passage:

> Fühlen, Vorstellungen haben und denken, sind Fähigkeiten Eines und desselbigen Grundvermögens, und nur von einander darinn unterschieden, daß das nämliche Princip in verschiedenen Richtungen auf verschiedene Gegenstände, und mit größerer oder geringerer Selbstthätigkeit wirket, wenn es bald wie ein fühlendes, bald wie ein vorstellendes, und bald mehr als ein denkendes Wesen sich offenbart. (*PV* I: 603)

Feeling, having representations, and thinking are abilities of one and the same basic faculty (Grundvermögen). These abilities differ from one another in relating differently to different objects, and in terms of the degree of Selbstthätigkeit they might possess. Moving from feeling to representing to thinking is also a move from a lower to a higher degree of Selbstthätigkeit – a claim which Tetens elaborates in several different passages, as I indicate next.

Tetens describes human nature (Wesen) as first having a body which outer things can alter, and as capable of feeling. At the same time, it "self-actively" (selbstthätig) brings forth something in itself and out of itself, the traces of which it keeps for itself, and which it can pull out and process (*PV* I: 716).[19] This characterization of human nature makes it more than merely a body. A body may passively receive, and take up impressions; it is modified, moves, and reacts. However, it lacks any trace of feeling, apperception, pleasure and displeasure, desire, and self-determination.[20] Human beings are constituted of a body that can be modified to a high degree ("hohen Grade modifikables Wesen", *PV* I: 717). They also possess Selbstthätigkeit which makes them feeling and representing souls. Finally, an addition of more intensity (Stärke) and fineness (Feinheit) to this sort of soul enables human beings to have a thinking soul ("als ein mit der vor erwähnten Selbstthätigkeit versehenes Wesen ist sie eine fühlende vorstellende Seele, und bey noch etwas mehrerer Stärke und Feinheit in diesem Vermögen ist sie eine denkende Seele", *PV* I: 717). This passage already shows that Selbstthätigkeit is a continuum: more abilities are acquired in going from a lower degree of Selbstthätigkeit to a higher degree of intensity and fineness. Tetens makes this point even more explicitly in another passage. He says that a nature (Wesen) capable of feeling can acquire the abilities of representation and thinking only if a natural receptivity in its "innerer Selbstthätigkeit" can expand (Vergrösserung) to a level at which it can represent or think ("Ein Wesen blos zum Fühlen aufgeleget, würde auch der Vorstellungen und Gedanken fähig werden, woferne seine natürliche Receptivität an innerer Selbstthätigkeit eine Vergrößerung bis zu einer gewissen Stufe annehmen könnte", *PV* I: 721).[21] So, for instance, rational thinking emerges out of a higher degree of inner modificability and Selbstthätigkeit, and this feature of Selbstthätigkeit belongs to the basic features of humanity (*PV* I: 738).[22]

(c) From (a)–(b): It appears that Selbstthätigkeit for Tetens characterizes the limits of the abilities of a nature (Wesen), whether it is able merely to feel, or also to represent and to think. As a concept, Selbstthätigkeit is conceived of as a contin-

---

19 Tetens characterizes what he calls the "Entelechia des Menschen" as a "Wesen, welches mittelst gewisser Werkzeuge in dem Körper von andern Dingen verändert wird, fühlt, dann selbstthätig etwas in sich und außer sich hervorbringet, und von dem, was sie leidet und thut, Spuren in sich aufbehält, die sie hervorziehet, und bearbeitet" (*PV* I: 716).
20 "Der Körper leidet, nimmt auf, wird modificirt, bewegt und wirkt zurück; aber keine Spur vom Gefühl, von Apperception, Vergnügen und Verdruß, vom Wollen, vom Selbstbestimmen liegt in allen Eindrücken, die wir von ihm erhalten." (*PV* II: 178)
21 Also see *PV* I: 742 (Selbstmacht) and *PV* I: 745 (Perfectibility and Selbstthätigkeit).
22 "Das vernünftige Denken entspringt aus einem höhern Grade der innern Modifikabilität und der Selbstthätigkeit." (*PV* I: 738)

uum. Irrespective of how Kant may have thought of Tetens' continuum theory of Selbstthätigkeit, Kant's employment of the term Selbstthätigkeit in the *Critique of Pure Reason* seems to resonate, to some extent, with Tetens' claim that higher reasoning and thinking is to be associated with a particular sort of Selbstthätigkeit (§4.2[b]).

Kant says that the combination of representations cannot be found in the object of cognition, but in the subject and its "act of Selbstthätigkeit" (Actus seiner Selbstthätigkeit) (*KrV* B132). In another passage, he speaks of our existence (Dasein) as a "selbstthätiges Wesen" (*KrV* B158n). In these passages, Kant seems to use the term "Selbstthätigkeit" as signaling a particular sort of active employment – which does not seem inconsistent with Tetens' use of Selbstthätigkeit. In addition, at *KrV* B131–132, Kant says that the "I think must be able to accompany all my representations", and if this is not the case, then the representation is either "impossible, or at least nothing for me" ("die Vorstellung würde entweder unmöglich, oder wenigstens für mich nichts sein"). If we combine this claim with Kant's description of the "I think" as the "Actus der Selbstthätigkeit" (*KrV* B132), then, at least at the higher level of thinking/cognizing, Kant could be said to employ the term "Selbstthätigkeit" as demarcating the horizon of cognitive synthesis in a discursive intellect. This entails that all cognitive synthesis requires the Selbstthätigkeit of the "I think", and nothing can be part of the cognitive synthesis without this sort of Selbstthätigkeit. This is Kant's relationality claim, now articulated in terms of the notion of Selbstthätigkeit. More importantly, the way Kant seems to employ the term Selbstthätigkeit here is similar to Tetens' characterization of Selbstthätigkeit (§4.2 [a]–[b]).

Further, this similarity between Kant and Tetens makes it plausible to claim that Kant could be drawing on Tetens' notion of Selbstthätigkeit. Of course, in the passages cited here, Kant employs the term Selbstthätigkeit in relation to self-consciousness and the role it plays in cognition. How this compares with Tetens who, as I have indicated in §4.2(b), takes Selbstthätigkeit to be a continuum needs further investigation.

4.3

In §§4.1–4.2, I have argued that aspects of Tetens' concepts of Selbstgefühl and Selbstthätigkeit are analogous to Kant's feeling and relationality claims respectively. The existence of these similarities make these Tetensian concepts relevant for interpreting Kant on Gefühl eines Daseins.

Contra this view, it might be objected that even if Kant's feeling and relationality claims can be found in Tetens' *Philosophische Versuche*, this does not establish the relevance of Tetens' work for Kant interpretation. This is because Tetensian Selbstgefühl is at best comparable to empirical apperception in Kant's system. Consequently, Tetens' notion of Selbstgefühl cannot help explicate why Kant describes the representation of the transcendental self as Gefühl eines Daseins.

Such an objection may be unwarranted in the present context. First, in this essay, I am not committed to the view that Tetens' theory of Selbstgefühl can necessarily help explain why Kant thinks that the transcendental self can be represented as Gefühl eines Daseins. I have merely suggested that similarities between Tetens' characterization of Selbstgefühl and Kant's feeling claim legitimize an inquiry into the extent to which Kant might have modeled – or, given the contours of his system, could consistently model – the notion of Gefühl eines Daseins on Tetensian Selbstgefühl.

Second, while it could be the case that Tetens' conceptualization of Selbstgefühl is akin to Kantian empirical apperception, this proposition might not be as straightforward as Frank (2002: 219) suggests. There are of course good reasons to support Frank's view. Tetens' philosophical system seems to fall squarely on the empirical side of Kant's transcendental-empirical divide.[23] This is because, in Tetens' view, the "I" or Selbstgefühl is felt by human beings (*PV* II: 173), while Kant's transcendental self relates to all rational beings. Further, Kant remarks on how his method differs from that of Tetens. In a Reflexion, he says: "Tetens investigates the concepts of pure reason merely subjectively (human nature), I objectively. The former is empirical, the latter is transcendental" (*Refl* 4901 18: 23, 1780s; also see *Refl* 4900 18: 23, 1780s). Tetens himself says that he is following the Lockean method of observation (*PV* I: III–IV, Preface), while Kant famously distinguished his transcendental method from Locke's empiricism. Finally, it is obviously true that Tetens does not share Kant's presupposition that the subject constitutes the object.

Yet an easy identification of Kantian empirical apperception and Tetensian Selbstgefühl may not be warranted. Kant characterizes empirical apperception as the "consciousness of our self in accordance with the determination of our state in inner perception ... [and therefore as] forever changeable" ("Das Bewußtsein seiner selbst, nach den Bestimmungen unseres Zustandes, bei der innern Wahrnehmung ist bloß empirisch, jederzeit wandelbar [...]", *KrV* A107). In contrast, he says that the "that I am" (daß ich bin) relating to the transcendental

---

[23] Thiel (2014) challenges this view.

self is empty (*KrV* B157–158). It contains no manifold (*KrV* B138); and as a numerical identity, it cannot be thought (gedacht) by means of empirical data (*KrV* A107). If we take these passages from Kant into consideration, Tetens' notion of Selbstgefühl seems more like Kant's transcendental self rather than his empirical self. This is because, for Tetens, Selbstgefühl is also empty of empirical content, and therefore seemingly similar to Kant's transcendental self in this respect. Tetens says: If the soul feels its striving (Bestreben) without the effect of the representation, then this feeling is united with the inner Selbstgefühl ("Fühlt die Seele ihr Bestreben, ohne die Wirkung desselben, nemlich die abgesondert dastehende Vorstellung, so ist dieß Gefühl mit dem innern Selbstgefühl vereiniget", *PV* I: 99). In this passage, Tetens does not directly say that Selbstgefühl is empty, but he does speak of it as empty of any other representation – so empirical representation in Kant's terms – except the feeling of striving.[24]

5 Kant on Gefühl eines Daseins: Interpretative Directions

I have argued, in §§1–4, that the feeling and relationality claims at *Prol* 4: 334n can be detected in Tetens' *Philosophische Versuche* and Feder's *Logik und Metaphysik*. The feeling claim resonates, at least in some aspects, with the notion of Selbstgefühl in Feder and Tetens. Kant's concept of Gefühl eines Daseins is similar to Feder's clear "I" (or Selbstgefühl), and Tetens' clear Selbstgefühl. Selbstgefühl in both Tetens and Feder and Kant's Gefühl eines Daseins all relate to higher level cognition, and each of these philosophers conceives of higher level cognition in broadly similar vein. Kant's implicit presupposition in describing the self as both Kraft and Gefühl can be found more explicitly in Tetens and Feder. Finally, the relationality claim accords, to some degree, with Feder's notion of Selbstgefühl and Tetens' concept of Selbstthätigkeit.

Such an argument does not entail that the concept of Selbstgefühl in Tetens and Feder can be employed in any direct manner to interpret the significance of Gefühl eines Daseins in Kant's theory of self. Yet it can serve to raise new questions that can aid in this task of interpretation. I now delineate, from (a)–(d), some of these questions.

---

[24] In this context, one must explore the relationship between Kant's notion of the transcendental and Tetens' concept of transcendent philosophy. See §5(d).

(a) Kant says that the transcendental self must be construed as atemporal. If the transcendental self can be represented as Gefühl eines Daseins (§2), then Gefühl eines Daseins must also be atemporal. Since neither Tetens nor Feder explicitly takes Selbstgefühl to be atemporal, it could be said that Selbstgefühl is not a good model for understanding Gefühl eines Daseins. However, there is at least one passage in *Philosophische Versuche* that might help with this issue. Tetens says: "Das innere Selbstgefühl, das Gefühl eigener Thätigkeiten, der Phantasie, der Denkkraft, des Herzens u. s. f. entwickelt sich zwar zwischendurch mit den äußern Sinnen, aber es ist doch immer, so zu sagen, um einen Schritt zurück" (*PV* I: 232). In other words, Selbstgefühl, as it relates to any ability of the soul, requires representations from outside itself, but always remains "one step back" from these representations. It is not entirely clear what "one step back" means, and whether it can establish the atemporality of Selbstgefühl. Nevertheless, the fact that the inner Selbstgefühl is, as it were, never in the moment, does seem relevant for unpacking the relationship between Selbstgefühl and temporality in Tetens.[25]

(b) In Tetens' view, the Selbstthätigkeit that defines human beings can be explicated in the form of a continuum. In moving from lower to higher Selbstthätigkeit, one acquires more abilities. Abilities, like the representational ability, can be gained only if there is a "natural receptivity" to them in the inner Selbstthätigkeit of a nature (Wesen) (§4.2[b]). In addition, in §§3–4, I argued that Tetens and Feder connect Selbstgefühl with both the lower and higher faculties. In Feder's case, Selbstgefühl at the lower cognitive level is analogous to Kantian inner sense, while at the higher cognitive level, Selbstgefühl involves a clear and stronger (stärke) representation of the "I" (§3.2). For Tetens, too, in comparison with the lower cognitive level, Selbstgefühl at the higher cognitive level becomes "finer and sharper" in that the thinking soul acquires more intensity (Stärke) and fineness (§4.1). Taken together, these propositions generate new questions that can potentially aid in interpreting Gefühl eines Daseins, and its place in Kant's theoretical philosophy.

First, while it is clear that Kant does not explicitly speak of a Tetens-like continuum, it might help to ask if he implicitly presumes it. Such an inquiry would determine whether Kant distinguishes between lower and higher feeling in tandem with Tetens' continuum theory. This then promises to reveal the extent to which Kant's system can accommodate the claim – which both Tetens and

---

[25] Kumar (2016: 105 ff.) offers an interpretation of "one step back" in relation to the Kantian self, though without reference to Tetens.

Feder make – that Selbstgefühl is to be associated with both the lower and the higher levels of cognition. Further, if it could be shown that Kant implicitly presupposes the connection between Selbstgefühl and higher cognition, then this would help explain why Kant introduces the concept of Gefühl eines Daseins and relates it to higher cognition.

Second, could Tetens' notion of "Stärke" be reconciled with Kant's philosophical system? Stärke means intensity, as Frank (2002: 221) interprets it. But what does intensity mean? On Tetens' view, intensity could be interpreted as the degree of mental modification. For instance, Tetens says that representation entails greater modification of the soul than mere feeling, pure reasoning is more differentiated than mere sense since it costs more effort, etc. (§4; also see *PV* I: 167). If intensity means extent of mental modification, then would it be possible to interpret Gefühl eines Daseins as Tetensian finer and sharper feeling? If we could answer this question in the affirmative – and this is plausible because Kant takes the transcendental self/Gefühl eines Daseins to relate to pure reasoning, and in Tetens' framework pure reasoning is supposed to possess high intensity (Stärke) – then the notion of Gefühl eines Daseins could be given some more content.

(c) The basic conceptual framework supporting the philosophical systems of Tetens and Feder seems to be at odds with Kant's classification of the foundational concepts of his system (Kant calls this his "Stufenleiter", *KrV* A320/B376). On Kant's *Stufenleiter*, the most basic concept is "representation in general" (Vorstellung überhaupt [repraesentatio]), followed by representations with consciousness (perceptio) which can be either an Empfindung relating solely to the subject as the modification of its state, or an objective perception (Perzeption) which is "Erkenntnis (cognitio)". *Erkentnnis* (cognition) is then divided into concepts and intuitions, and concepts include ideas of reason (*KrV* A320/B376).

In contrast to Kant who considers representations to be primary and distinguishes between *Empfindung* and *Erkenntnis*, Feder takes Empfindung to be the "first and foremost [zuförderst]" type of cognition (Erkenntnis) (*LM* 1778: 32; *LM* 1771: 31). Next, for Tetens, Empfindung or the felt impression of a thing (gefühlter Eindruck der Sache) comes first, followed by representation (Vorstellen), feeling of relation (Gefühle der Verhältnisse), relations (Beziehung) between representations and the perception of this relation, and finally judgment (Urtheil) characterized as the cognition of the relationship (Verhältniß) between representations (*PV* I: 461). With regard to Tetens' classification, Empfindung comes first which goes against Kant's *Stufenleiter*; and it remains unclear how for instance Kant would classify (if at all) the Tetensian notions of felt impression, and the feeling of relation.

So the question arises: Does the fact that Kant, Tetens and Feder employ divergent basic conceptual frameworks make the concept of Selbstgefühl irrelevant for interpreting Kant's Gefühl eines Daseins? Or is it possible to reconcile these frameworks with each other?

(d) Kant distinguishes between the transcendental and the empirical (§2). Neither Tetens nor Feder makes this distinction. Therefore, despite the continuities between the concepts of Selbstgefühl and Gefühl eines Daseins, it could still be argued that Kant's introduction of the transcendental-empirical distinction makes the notion of Selbstgefühl irrelevant for interpreting Gefühl eines Daseins, apart from perhaps making the very idea of Gefühl eines Daseins inconsistent with Kant's philosophy. This claim may well be true, but it would still have to be shown what exactly in Kant's transcendental framework makes it impossible for the transcendental self to be represented as Gefühl eines Daseins. Providing such an account is especially important because there are some similarities between Kant, Tetens and Feder on what they take to be the task of philosophy. In what follows, (i)–(ii), I briefly delineate some of these similarities, but also some important divergences.

(i) Kant says that cognition is transcendental if it is occupied with our a priori cognition of objects rather than with the objects themselves (*KrV* A13/B27). Transcendental philosophy relates "merely [to] pure speculative reason" (*KrV* A15/B29). Critique differs from transcendental philosophy. As the "system of all principles of pure reason", critique is the complete idea of transcendental philosophy (*KrV* B27). But it is not itself transcendental philosophy which must also include an exhaustive analysis of all human cognition a priori (*KrV* B27).

(ii) At the broadest level, the idea of systematic completeness inherent in Kant's concepts of critique and transcendental philosophy is consistent with Feder's characterization of the task of philosophy in *Logik und Metaphysik*. Philosophy, says Feder in the third edition of *LM*, must aim to make a whole out of the stuff of human knowledge (Kenntniß) in which there is light and order (*LM* 1771: 16). Further, the sciences (Wissenschaft) must be restricted to certain rules, and their fundamental grounds must be examined by philosophy (*LM* 1771: 16).[26] Here, the elements of systematic ordering of the whole of human knowledge, the demarcation of the limits of the sciences, and the examination of their foundations all bring Feder close to Kant. Moreover, like Kant, Feder denies that we can

---

26 These particular passages are absent from the fifth edition.

ever know the thing in itself. Distinguishing between absolute nature (Wesen) and hypothetical nature, Feder asserts that the absolute nature of a thing, which entails that a thing must have a particular feature as long as it exists, cannot be known (*LM* 1778: 268; *LM* 1771: 267–268). In addition, some of Feder's conclusions regarding the self are continuous with Kant's view. Feder says that we cannot prove the simplicity of thinking substance, because our concepts are obscure in this context (*LM* 1778: 353; *LM* 1771: 352) – which anticipates Kant in the paralogisms section of the first *Critique* (*KrV* A351/B408). Despite these similarities between the philosophical approaches of Kant and Feder, Feder's subjectivism – the view that truth is what all humans cannot think in another way (*LM* 1778: 158; *LM* 1771: 155) – remains at odds with Kant's apriorism.[27]

(iii) Like Kant, Tetens also seeks to work out a "Grundwissenschaft" (*SP*: 13). This Grundwissenschaft, which Tetens calls "transcendent philosophy" (transcendente Philosophie) resembles Kant's transcendental philosophy in at least two respects. First, transcendent philosophy is concerned not with real (wirklich) and present objects, but only those objects that are either possible or necessary with regard to things in general (Dinge überhaupt) (*SP*: 18). Similarly, Kant takes the object in general as the focal point of transcendental philosophy. In the B-deduction, he speaks of how the categories and apperception together enable us to think of objects in general ("Das Bewußtsein seiner selbst ist also noch lange nicht ein Erkenntnis seiner selbst, unearchtet aller Kategorien, welche das Denken eines Objekts überhaupt durch Verbindung des Mannigfaltigen in einer Apperzeption ausmachen", *KrV* B158).

Second, according to Tetens, transcendent philosophy deals with the form or mode of combination that is either expressed in first order propositions, or

---

27 Several scholars have pointed to the overlaps between Kant and Feder. Motta (2018: 110–114) argues that the division of metaphysics is similar in Feder and Kant; the basic themes of the *Körperlehre* and cosmology are antinomial for both Kant and Feder; the difference between analytical and synthetic proof on the one hand, and between a priori and a posteriori on the other in the 1770 edition of *Logik und Metaphysik* is consistent with Kant's view; and both Feder and Kant are concerned with the limits of the understanding. Motta (2018: 121), however, also says that Feder's empiricism is incompatible with Kant's apriorism. Thiel (2018: 83) states that, in the early editions of *LM*, Feder like Kant conceives of metaphysics as the "Grundbegriffe" and "Grundsätze" of human thinking. Thiel (2018: 85) also says that Feder is neither rationalist nor empiricist, because he gives metaphysics an important function and use while pointing out its limits. Finally, Klemme and Kuehn (2010: 310) say that Feder aimed to determine the most rational thought on traditional metaphysical issues, and took metaphysics to be of "critical and skeptical import".

lies in them as their ground (*SP*: 34). It is a "Grundwissenschaft" consisting of general principles (Grundsätze) on the basis of which we judge and infer all things in general (*SP*: 39). This sounds like Kant's notion of critique as the "system of all principles of pure reason" (*KrV* B27). However, unlike Kant, this *Grundwissenschaft* is part of an observational philosophy of the human understanding. This observational philosophy provides the concepts of the human understanding and the mode of their origin, and thus contributes to the formation of a general science of reason (Vernunftwissenschaft) regarding objects outside the understanding (*SP*: 56–57). Despite the empiricist nature of this claim, Tetens also says that we must go beyond Locke and Hume, and that the ground of general philosophy (allgemeine Philosophie) must be "purified" (gereinigt), and should consist in "firm foundational concepts" (festen Grundbegriff) (*SP*: 60). This claim seems minimally consistent with Kant's idea of pure philosophy. Finally, seemingly like Kant, Tetens says that the thinkability of a thing is related to the understanding of a cognizing nature ("Die Gedenkbarkeit der Dinge ist eine Beziehung auf den Verstand eines erkennenden Wesens", *PV* I: 326). He further says that our search for all the relations that we can think vis-à-vis a thing forms the extent and limit of the human understanding ("diese Aufsuchung aller von uns gedenkbaren Verhältnisse und Beziehungen der Dinge den Umfang und die Grenzen des menschlichen Verstandes…", ibid.).

Thus, on the whole, the extent to which Tetens departs from Kant's philosophical method remains uncertain. Tetens conceives of philosophy as *Grundwissenschaft*; speaks of purifying philosophy for the sake of gaining firm foundational concepts; and specifies the limits of the understanding. All of these features seem comparable to Kant's view. On the other hand, Tetens locates *Grundwissenschaft* in an observational philosophy. He believes, unlike Kant, that one must undertake a "physics of the human understanding" which requires collecting, in tandem with the analytical method of Locke, Hume and Condillac, the real (reelle) concepts and principles of human understanding by means of observation (*SP*: 66–67). Any speculation on general grounds can be ventured only after this observational philosophy has been accomplished (*SP*: 66–67).[28]

(iv) Tetens takes the psychological "I", or the "I" of human beings, as his object of inquiry. For Kant, it would seem that the psychological "I" is merely the empirical "I", and the aim is to understand the nature of the transcendental "I". Does this divergence of views between Tetens and Kant entail that Tetens' con-

---

28 Thiel (2014: 102) says that it remains unclear how Tetens wishes to put together the observational empiricist method and speculation, and this applies also to the notion of Selbstgefühl.

cept of Selbstgefühl is irrelevant for understanding Gefühl eines Daseins? Answering this question requires further investigation. But, as I now indicate, it is not obvious that this question must be answered in the affirmative.

Tetens says that the soul is united to the body, but that the soul in the psychological sense, or the "I", is a distinct persisting thing or substance ("ein Wesen, das [...] für sich ein eigenes bestehendes Ding oder eine Substanz ist, die wir die Seele in psychologischer Bedeutung oder unser Ich nennen", *PV* II: 158). He also says that it is not unreasonable to think of the soul as a non-bodily nature (unkörperliches Wesen) that either alone or for the most part constitutes the sensing and thinking part in human beings ("empfindende, denkende and thätige Seelenwesen", *PV* II: 158). Further, Tetens presupposes the soul to be immaterial, but adds that Selbstgefühl cannot give us an image (Bild) of the immaterial soul (*PV* II: 190). The Selbstgefühl of the soul, or the way the soul feels and senses (empfindet) itself, is the same as the way in which the eye sees itself in a mirror (*PV* II: 158).[29] While some of these claims are not inconsistent with Kant's conclusions in the paralogisms (the assumptions of immateriality and identity),[30] it might be said that Tetens is concerned with the "I" in a psychological sense, while Kant is not. This view is strengthened by Tetens' attempts to provide a causal account of the relationship between the soul and the brain – e.g., that the alterations of the soul and the alterations of the brain are reciprocally related (*PV* II: 159 ff.); – which Kant would reject.

Yet, in my view, more needs to be said about what Tetens means by "psychological" before a radical disanalogy between Kant and Tetens on Selbstgefühl can be posited. First of all, Tetens says that the soul, or the "I", in the psychological sense is a persisting substance independent of the body (*PV* II: 158). This conception of the psychological "I" is unlike the Kantian empirical self, which is the bodily self. But it is perhaps to some degree comparable to the Kantian "I" of the discursive intellect, which is the notion of the "I" at issue in the Deduction of the first *Critique*. The human intellect is a type of discursive intellect because it combines passive sensibility and active rationality. Second, it could be said that, at *PV* II: 158, Tetens employs the term "psychological" to distinguish two sorts of inquiry: investigating the "I" of human beings is psychological in the true sense, as opposed to the general metaphysical speculation about

---

29 "Von der Natur des Selbstgefühls der Seele. Sie fühlte und empfindet sich auf eine ähnliche Weise, wie das Auge sich im Spiegel siehet." (*PV* II: 158)
30 Tetens' position on the simplicity of the soul is also like Kant's. Thiel (2014: 98) says that in the eighteenth century, the view was that an ostensibly simple soul substance might be an immediate Gefühl. But Tetens is careful with this view, and remains metaphysically neutral regarding this issue.

the detachment of the soul from the body.³¹ Here the term "psychological" refers to the human in general, and not to the individual psychologies of particular human beings. Further, there may be two kinds of psychological analysis in Tetens' writings: one providing a mechanical-causal account of the mind (*PV* II: 159 ff.), and the other investigating the psychological "I" as it relates to the discursive (human) intellect composed of both sensibility and rationality.

Hence, positing a radical break between Tetens' psychological "I" and Kant's transcendental "I" requires further unpacking Tetens' notion of the psychological, and exploring the extent to which Kant's transcendental "I" might be continuous with Tetens' psychological "I" of the human being in general.³²

Bibliography

Allison, Henry, 2004, *Kant's Transcendental Idealism. An Interpretation and Defense*, revised and enlarged edition, New Haven: Yale University Press.
Feder, Johann Georg Heinrich, 1771, *Logik und Metaphysik*, third expanded edition, Göttingen/Gotha: Johann Christian Dieterich.
Feder, Johann Georg Heinrich, 1778 [1769], *Logik und Metaphysik*, fifth expanded edition, Göttingen: Johann Christian Dietrich.
Frank, Manfred, 2002, *Selbstgefühl*, Frankfurt a. M.: Suhrkamp.
Klemme, Heiner and Kuehn, Manfred (eds), 2010, *The Dictionary of Eighteenth-Century German Philosophers*, vol. 1, New York: Continuum.
Kuehn, Manfred, 1987, *Scottish Common Sense in Germany, 1768–1800*, Kingston/Montreal: McGill-Queen's University Press.
Kumar, Apaar, 2016, "Transcendental Self and the Feeling of Existence", *Con-textos Kantianos*, 3, 90–121.
Motta, Giuseppe, 2018, "Elemente des Kritizismus in Feders *Logik und Metaphysik*", in: Hans-Peter Nowitzki, Udo Roth and Gideon Stiening (eds), *Johann Georg Feder (1740–1821). Empirismus und Popularphilosophie zwischen Wolff und Kant*, Berlin/Boston: De Gruyter, 105–122.
Sturma, Dieter, 1985, *Kant über Selbstbewusstsein. Zum Zusammenhang von Erkenntniskritik und Theorie des Selbstbewusstseins*, Olms: Hildesheim.
Tetens, Johann Nicolas, 1777, *Philosophische Versuche über die menschliche Natur und ihre Entwickelung*, vol. 2, Berlin: Weidmanns Erben und Reich.

---

31 Thiel (2014: 99) says that Tetens goes beyond the empiricist method to argue for the metaphysical unity of the soul through pure argumentation. This substantial unity of the soul (Seele) cannot be immediately given in Selbstgefühl.
32 If such a continuity thesis could be defended, it would be in line with Thiel's conclusion that "Kant's account is continuous with the debate [on the unity of the self] among empiricist thinkers and is not to be understood as simply a break with that tradition" (2015: 163).

Tetens, Johann Nicolas, 1913, *Philosophische Versuche über die menschliche Natur und ihre Entwickelung*, vol. 1, in: Kantgesellschaft (ed.), *Neudruck seltener philosophischer Werke*, vol. 4, Berlin: Reuther & Reichard.

Tetens, Johann Nicolas, 1913, *Über die allgemeine speculativische Philosophie*, in: Kantgesellschaft (ed.), *Neudruck seltener philosophischer Werke*, vol. 4, Berlin: Reuther & Reichard.

Thiel, Udo, 2014, "Zwischen Empirische Psychologie und Rationaler Seelenlehre. Tetens über das Selbstgefühl", in: Udo Thiel and Gideon Stiening (eds), *Johann Nikolaus Tetens (1736–1807). Philosophie in der Tradition des europäischen Empirismus*, Berlin/Boston: De Gruyter, 89–102.

Thiel, Udo, 2015, "Unities of the Self: From Kant to Locke", *Kant Yearbook*, 7, 2015, 139–165.

Thiel, Udo, 2018, "Feder und der innere Sinn", in: Hans-Peter Nowitzki, Udo Roth and Gideon Stiening (eds), *Johann Georg Feder (1740–1821). Empirismus und Popularphilosophie zwischen Wolff und Kant*, Berlin/Boston: De Gruyter, 55–86.

Zammito, John, 2002, *Kant, Herder and the Birth of Anthropology*, Chicago: University of Chicago Press.

Developments in Kant's Thought

Udo Thiel
Consciousness, Inner Sense and Self-Consciousness in the 1760s

Abstract: Developmental analyses of Kant's conception of subjectivity typically take the 1770s as their starting point. And indeed, what has been called Kant's "turn to the I" or subject belongs to this period. This essay argues, however, that there is an important link regarding the issue of subjectivity between the period prior to Kant's "turn to the I" and his development post-1770. The essay examines Kant's pre-1770 comments on ideas such as consciousness, inner sense and self-consciousness and considers them in their immediate contexts by taking into account relevant ideas in thinkers as diverse as Georg Friedrich Meier, Christian August Crusius, Christian Ernst Simonetti, and Jean Jacques Rousseau. Post-1770 Kant does not simply abandon his earlier ideas. Rather, he takes them up and modifies them, if in different systematic contexts and with different argumentative purposes.

1 Introduction

As Kant does not begin to ascribe central importance to the self or subject until the time after his dissertation of 1770, developmental analyses of Kant's conception of subjectivity typically take the 1770s as their starting point.[1] What has been called Kant's "turn to the I" or subject belongs to this period.[2] Indeed, relevant notions such as consciousness and inner sense occur only occasionally in Kant's writings and notes prior to that period, and no special importance is assigned to them there.[3]

As regards terminology, Kant did not use 'apperception', so central to his later critical philosophy, until the 1770s, and the term does not at all occur in any of his pre-critical published writings.[4] The term, coined by Leibniz, had of

---
[1] Klemme 1996: 56–75.
[2] For the notion of Kant's "turn to the I" or subject after 1770, see in particular the detailed analysis in Klemme 1999, and Klemme 1996: 38–138. – Klemme touches only briefly on the relevant notions prior to 1770 (Klemme 1996: 34).
[3] On this point, see also Schulting 2015: 94–95.
[4] Kant first discusses the notion of apperception in the so-called *Duisburg'scher Nachlass* from the mid-1770s. See, for example, the following note: "Apperception is the perception of oneself

https://doi.org/10.1515/9783110732603-010

course been a familiar one well before the 1760s and was used with various meanings by philosophers as diverse as Christian Wolff and Jean Bernard Mérian, to name only two of the most important thinkers on this topic. Similarly, 'inner sense', too, very rarely makes an appearance in Kant's notes and publications pre-1770 – especially if we do not consider *Dreams of a Spirit-Seer* (1766) where the expression is used several times, but mostly in describing Swedenborg's teachings which can hardly be used for an account of Kant's understanding of that notion.

This essay argues, however, that there is an important link regarding the issue of subjectivity between the period prior to Kant's "turn to the I" and his development post-1770. Kant's occasional pre-1770s appeals to notions such as consciousness and inner sense are important in this regard. His later concepts of apperception and self-consciousness originate in a complex way in those early pre-1770s comments. Kant does not simply abandon the earlier notions and terms. Rather, he takes them up and modifies them, if in different systematic contexts and with different argumentative purposes.

Notions such as consciousness and inner sense have of course a long and complex history that goes back much further than the 1760s. This larger context cannot be rehearsed here.[5] Nor shall we deal in any detail with the development of these notions in Kant post-1770. Rather, we shall consider only some of the more or less immediate contexts of Kant's writings of the 1760s.

Kant indicates in several of his published writings of that time that he is still in search for a philosophical position, rather than firmly committed to a particular system, such as 'empiricism' or 'eclecticism' for example.[6] Thus, Kant says in *Dreams of a Spirit-Seer* that his aim is to set the limits of human reason but that he has not yet determined them (*TG* 2: 368). In his *Prize Essay*, writing about the principle of morality, he says that the latter has not yet been determined (*PE* 2: 298–300). And in *The False Subtlety of the Four Syllogistic Figures*, in a passage to which we will return below, Kant speaks of his "present opinion" as a position to which he does not yet wish to commit himself (*FS* 2: 60). In my view, the same applies to Kant's notions of consciousness, self-consciousness and inner sense of this time. He appeals to these notions in various contexts but is aware that they do not yet have a stable content or systematic function or place in his thought. Still, they form part of the basis of his later thought.

---

as a thinking subject in general" (*Refl* 4674, 17: 647; transl. U. Thiel). – All translations of Kant's texts are from the editions listed in the bibliography below unless stated otherwise.
5 Some of that context is discussed in Thiel ²2014.
6 Manfred Kuehn argues, convincingly in my view, that it is problematic to ascribe to Kant a firm commitment to some such position at this time (Kuehn 2001: 175–187).

2 Consciousness as Inner Sense

Let us begin with an early *Reflexion*, apparently from the (late) 1750s, in Kant's interleaved copy of Georg Friedrich Meier's *Auszug aus der Vernunftlehre* of 1752 which Kant used in his lectures. Here he likens consciousness to inner sense.

> Das Bewust seyn ist sensus internus (*Refl* 1680, 16: 80).

It is worth noting that Meier in §13 of his *Auszug* to which Kant's note seems to refer does not even mention inner sense. Kant's identification of consciousness with inner sense relates, rather, to §535 of Alexander Baumgarten's *Metaphysica*, also used by Kant for his lectures, where Baumgarten equates consciousness with inner sense. It seems that Kant simply takes over Baumgarten's position here. This is hinted at also in another passage from this period, in Kant's *Universal Natural History and Theory of the Heavens* of 1755. Here, Kant comments that right now we may have little insight into the cosmic structure but in future we may be able to improve in this regard. He adds that at present we do not even know what the human being is, "although consciousness and the senses should instruct us here".[7] Here, consciousness is as a matter of course contrasted with the outer senses as one of two potential sources of knowledge of what the human being "really is". This suggests that Kant uses 'consciousness' synonymously with 'inner sense'.

What is Kant's account, however, of consciousness or inner sense? Let us look at how Meier accounts for consciousness in the *Auszug:*

> We are conscious (conscium esse, adpercipere) of our representations and of our cognitions in so far as we distinguish them and their object from other representations and things. Consciousness is a twofold representation: a representation of the object, and a representation of its difference from other objects.[8]

Meier, then, accounts for consciousness in terms of the capacity to distinguish between different representations and between their respective objects. Else-

---

[7] "Es ist uns nicht einmal recht bekannt, was der Mensch anjetzt wirklich ist, ob uns gleich das Bewußtsein und die Sinne hievon belehren sollten" (*TH* 1: 366; transl. U. Thiel).
[8] "Wir sind uns unserer Vorstellungen und unserer Erkenntniß bewußt (conscium esse, adpercipere) in so ferne wir sie und ihren Gegenstand von andern Vorstellungen und Sachen unterscheiden. Das Bewußtseyn ist eine doppelte Vorstellung: eine Vorstellung des Gegenstandes, und eine Vorstellung seines Unterschiedes von andern" (Meier 1752: 4 (§13)). – All translations, other than those of Kant's writings, are my own unless stated otherwise.

where, Meier makes use of 'apperception', equates the latter with consciousness and accounts for it, again, in terms of the capacity to distinguish.

> Consciousness (*apperceptio, conscium esse*) consists in distinguishing the representations and the objects of these from one another; or in representing not merely a thing but also that by which it differs from other things. A thought, then, does not consist of a mere representation of the object, the thing that is thought of; rather the representation of the difference of this object [from other things] must be added.[9]

In his early *Reflexionen* Kant seems to accept this account of consciousness in terms of the capacity to differentiate (without, however making use of the terminology of 'apperception').

> To be conscious of a representation is: knowing that one has this representation; that is: distinguishing this representation from others.[10]

Elsewhere, when discussing "obscure ideas", Kant comments: "An obscure idea is one of which we are not conscious, or, one that we distinguish neither from ourselves nor from other things. We do not even know then that we have this idea".[11] This emphasis on the capacity to distinguish between ideas and between the objects of ideas is an old one. In the early modern period, however, it is most prominent in Christian Wolff.

Wolff introduces this account of consciousness in his *German Metaphysics*:

> We are conscious of things when we distinguish them from one another […]. If we do not notice the difference between things that are present to us, then we are not conscious of that which is presented to our senses.[12]

---

9 "Das Bewustseyn (apperceptio, conscium esse) besteht darin, wenn man die Vorstellungen und die Gegenstände derselben von einander unterscheidet; oder wenn man nicht nur die Sache sich vorstellt, sondern auch dasjenige, wodurch sie von andern Sachen verschieden ist. Ein Gedancke muß demnach nicht aus einer blossen Vorstellung des Gegenstandes, der Sache an welche man denckt, bestehen; sondern die Vorstellung des Unterschiedes dieses Gegenstandes muß noch hinzukommen" (Meier ²1751: 74–75).
10 "Sich einer Vorstellung bewust seyn, ist: wißen, daß man diese Vorstellung hat; das heißt: diese Vorstellung von den andern unterscheiden" (*Refl* 1679, 16: 80; transl. U. Thiel).
11 "Eine obscure idee ist, deren Wir uns nicht bewust seyn, oder die wir weder von uns noch andern Dingen unterscheiden. Wir wißen also nicht einmal, daß wir sie haben" (*Refl* 1681, 16: 80; transl. U. Thiel).
12 "Wir […][sind] uns alsdenn der Dinge bewust […], wenn wir sie von einander unterscheiden […]. Wenn wir den Unterschied der Dinge nicht bemercken, die uns zugegen sind; so sind wir uns dessen nicht bewust, was in unsere Sinne fället" (Wolff ¹¹1751: §729). For Wolff on consciousness and self-consciousness, see Thiel ²2014: 304–311. For Wolff on consciousness and personhood, see Thiel 2019: 201–210.

Wolff's account of consciousness in terms of the capacity to differentiate was subjected to criticism as early as the 1720s by Andreas Rüdiger, and later, following Rüdiger's lead, by Christian August Crusius.¹³ Crusius argues that consciousness is "in the order of nature" prior to distinguishing between representations or between the objects of representations. "We are not conscious of things", writes Crusius,

> because we distinguish between them, rather we are able to distinguish between them in the first place because we are conscious. Consciousness is in the order of nature prior to differentiating, and is one of the efficient causes of differentiating. [...] Therefore, differentiating becomes possible in the first place through the power of abstraction and the power of consciousness.¹⁴

Crusius's attempt at disconnecting the capacity to differentiate from the essential characteristics of consciousness seems to become relevant to Kant in the 1760s. Kant was of course familiar at that time with some of Crusius's writings, and he cites them several times in his publications from that period.¹⁵

---

13 "Zum Unterscheiden ... [wird] zuvor schon Bewustseyn erfordert". "Hingegen ist man sich vieler Dinge bewust, dabey man nichts unterscheidet" (Rüdiger 1727: 4–5). For more on Rüdiger's and Crusius's critique of Wolff, see Thiel ²2014: 343–349. In a recent essay, Sonja Schierbaum accounts for the differences and similarities between Wolff and Crusius on (self-) consciousness in terms of the distinction between first-order and higher-order accounts of consciousness. Schierbaum argues that "Crusius conceives of consciousness as a higher-order cognition of one's mental acts, whereas for Wolff, thinking in general implies consciousness". Regarding *self*-consciousness, however, Schierbaum holds that both "Crusius and Wolff can be ascribed higher-order accounts" (Schierbaum 2021: 65).
14 "Wir sind uns der Dinge nicht darum bewust, weil wir sie unterscheiden, sondern darum können wir sie allererst unterscheiden, weil wir uns bewust sind. Das Bewustseyn ist der Natur nach eher als das Unterscheiden, und ist eine von den wirckenden Ursachen des Unterscheidens. [...] Daher das Unterscheiden allererst durch die Abstractions-Kraft, und die Kraft des Bewustseyns, möglich wird" (Crusius 1745: 864).
15 See, for example, *PE* 2: 295, and *TG* 2: 342. See also Kant's letter to Borowski of 6 June 1760 (*Briefe* 10: 32). According to Warda 1922: 47, Kant owned a copy of the second edition of Crusius's *Entwurf der nothwendigen Vernunftwahrheiten* of 1753.

3 Consciousness as Opposed to Inner Sense, and the Search for 'Fundamental Faculties': Crusius and Kant

Apart from criticizing Wolff, Crusius's comments touch on a theme that Kant is concerned with in the early 1760s, i. e. the question of how to account for our cognitive powers. And the capacity to differentiate plays an important role in Kant's 1760s comments on that topic. Like Crusius, however, Kant no longer links this capacity directly to the notion of consciousness. Moreover, Kant focuses not on differentiating in general but on a specific kind of differentiating.

Thus, in an important "Concluding Reflection" in his short piece on *The False Subtlety of the Four Syllogistic Figures* of 1762, Kant emphasizes that there are two kinds of differentiating, arguing that "it is one thing *to differentiate* things from each other, and quite another thing *to recognise* the difference between them".[16] Kant elaborates on this in terms of a distinction between a "logical" and "physical" kind of differentiating:

> *Differentiating logically* means recognising that a thing A is not B; it is always a negative judgement. *Physically differentiating* means being driven to different actions by different representations. The dog differentiates the roast from the loaf, and it does so because the way in which it is affected by the roast is different from the way it is affected by the loaf [...], and the sensations caused by the roast are a ground of desire in the dog which differs from the desire caused by the loaf, according to the natural connection which exists between its drives and its representations.[17]

As differentiating logically involves (re-)cognition, it presupposes the capacity to combine representations in a judgment. Kant argues that differentiating logically means to cognize that A is not B, i. e. that it involves "always a negative judgement".[18] Therefore, Kant holds, differentiating logically "is only possible by

---

[16] "Es ist ganz was anders Dinge von einander *unterscheiden* und den Unterschied der Dinge *erkennen*" (*FS* 2: 59).
[17] "*Logisch unterscheiden*, heißt erkennen, daß ein Ding A nicht B sei, und ist jederzeit ein verneinendes Urtheil, *physisch unterscheiden*, heißt, durch verschiedene Vorstellungen zu verschiedenen Handlungen getrieben werden. Der Hund unterscheidet den Braten vom Brote, weil er anders vom Braten als vom Brote gerührt wird [...], und die Empfindungen vom erstern ist ein Grund einer andern Begierde in ihm als die vom letztern, nach der natürlichen Verknüpfung seiner Triebe mit seinen Vorstellungen" (*FS* 2: 60).
[18] *FS* 2: 60. For the two kinds of differentiating, see also Kant's *Prize Essay*, published in 1764 (*PE* 2: 285).

means of judgements" (*FS* 2: 59). The capacity to form judgments is, in turn, a capacity to combine representations, and as such, this capacity constitutes the "higher faculty of cognition" which includes both understanding and reason.

> It is [...] obvious that *understanding* and *reason*, that is to say, the faculty of cognising distinctly and the faculty of syllogistic reasoning, are not different *fundamental faculties* [*Grundfähigkeiten*]. Both consist in the capacity to judge.[19]

Kant continues that

> accordingly, if a being can judge, then it possesses the higher faculty of cognition. If one has cause to deny of this being that it possesses this faculty, then that being is incapable of judgement. The failure to reflect on these matters has induced a man of renown and learning to attribute distinct concepts to animals.[20]

For Kant, differentiating logically cannot "occur in the case of animals, who are not endowed with reason" (*FS* 2: 59). As Wolff denies distinct sensations to animals, he is unlikely to be Kant's target here.[21] It seems, rather, that Meier is the "man of renown and learning" to whom Kant refers in that passage.[22]

---

19 "Eben so leicht fällt es auch in die Augen, daß *Verstand* und *Vernunft*, d. i. das Vermögen, deutlich zu erkennen und dasjenige, Vernunftschlüsse zu machen, keine verschiedene *Grundfähigkeiten* seien. Beide bestehen im Vermögen zu urtheilen" (*FS* 2: 59).
20 [Hieraus ist] "auch abzunehmen, daß die obere Erkenntnißkraft schlechterdings nur auf dem Vermögen zu urtheilen beruhe. Demnach wenn ein Wesen urtheilen kann, so hat es die obere Erkenntnißfähigkeit. Findet man Ursache, ihm diese letztere abzusprechen, so vermag es auch nicht zu urtheilen. Die Verabsäumung solcher Betrachtungen hat einen berühmten Gelehrten veranlaßt, den Thieren deutliche Begriffe zuzustehn" (*FS* 2: 59).
21 Although Wolff's official view is that animals lack distinct sensations (Wolff [11]1751: §§893– 895), there are passages in which he links consciousness of sensations to both clarity and distinctness and ascribes distinct sensations to animals: "Since the clarity and distinctness of sensations are the causes for us being conscious of ourselves and of what we sense, one can also understand that animals must be conscious of themselves and what they sense, for an animal knows that it sees, hears, or feels [...] Therefore, their sensations too must have clarity and distinctness". ("Da die Klarheit und Deutlichkeit der Empfindungen verursachet daß wir uns unserer und dessen, was wir empfinden, bewust sind: so kan man auch begreifen, daß die Thiere sich ihrer und dessen, was sie empfinden, müssen bewust seyn, das ist, ein Thier weiß es, daß es siehet, oder höret, oder fühlet [...] so muß auch in ihren Empfindungen Klarheit und Deutlichkeit seyn" (Wolff [11]1751: §794)). See also Schierbaum 2021: 73.
22 See Meier 1749: 71. According to the editors of Kant's piece, Kant is "stating views similar" to those of Reimarus 1762: §22 (Walford and Meerbote 2002: 427). However that may be, it seems that Kant's argument takes up comments that are present in Crusius (see quotations below).

Prior to Kant's 1762 argument, Crusius had argued similarly against the kind of view that Kant rejects. Crusius holds that animals are determined in their behavior by different ideas as "physical causes" for corresponding actions. It does not follow from this, he continues, that they are conscious of themselves or of the differences between their ideas.[23] As noted above, Crusius aims at detaching consciousness from the capacity to differentiate. He links consciousness to inner sensation ("innerliche Empfindung"). Some passages might suggest that for Crusius consciousness is *brought about* by inner sensations.[24] For the most part, however, Crusius seems simply to equate inner sensation with consciousness. Thus, he identifies inner sensation with the "power" of consciousness itself: it is defined as the *Kraft des Bewußtseyns*.[25]

Independently of the details of how Crusius's comments on this point are to be understood, Kant, too, apparently no longer views consciousness as being grounded in the capacity to differentiate. He links the latter capacity, as we saw, to cognition and the capacity to judge. Consciousness, by contrast, is now understood by Kant as an immediate intuition.[26] It is not clear, however, how exactly this latter notion is to be understood,[27] and there are passages in

---

[23] "Die Bestien haben unterschiedene Ideen, daher werden sie dadurch zu unterschiedenen Handlungen determiniret, so wie es der physicalische Unterschied der Ideen, von welchen also auch unterschiedene Wirckungen abhangen, mit sich bringet. Man kan aber daraus eben so wenig folgern, daß sie sich ihrer selbst oder des Unterschiedes ihrer Ideen bewust sind, als iemand vorgeben wird, daß wir uns unserer gleich in unserer ersten Kindheit bewust gewesen sind, da wir doch ebenfals schon nach Ideen gehandelt haben. Die unterschiedenen Ideen wircken in ihnen als unterschiedene physicalische Ursachen" (Crusius 1745: 865). Compare Kant's comment in *FS:* "Es ist in der That von der äußersten Erheblichkeit, bei der Untersuchung der thierischen Natur hierauf acht zu haben. Wir werden an ihnen lediglich äußere Handlungen gewahr, deren Verschiedenheit unterschiedliche Bestimmungen ihrer Begierde anzeigt. Ob in ihrem Innern diejenige Handlung der Erkenntnißkraft vorgeht, da sie sich der Übereinstimmung oder des Widerstreits desjenigen, was in einer Empfindung ist, mit dem, was in einer andern befindlich ist, bewußt sind und also urtheilen, das folgt gar nicht daraus" (*FS* 2: 60).

[24] "Durch dieselben [i. e. innerliche Empfindungen] sind wir uns unserer selbst, unserer Gedanken, und unseres Gemüths-Zustandes, bewust" (Crusius 1745: 825).

[25] "Die *innerliche Empfindung* ist, wodurch wir etwas empfinden, welches wir uns als in unserer Seele vorstellen. Sie ist also die *Kraft des Bewußtseyns*" (Crusius 1747: 113).

[26] In the *Prize Essay* Kant several times links consciousness to the notion of immediacy (*PE* 2: 284, 286). Kant also comments on the capacity to differentiate here (*PE* 2: 285) but does not account for consciousness in terms of this capacity.

[27] What exactly does Kant mean, when he says in this context that metaphysics should be based on "certain inner experience" or "an immediate and self-evident inner consciousness" ("unmittelbares augenscheinliches Bewußtsein", *PE* 2: 286)? Henry Allison holds that "this inner experience should not be equated with introspection" and that Kant has in mind an "immediate insight into essential properties and relations, much like an Husserlian '*Wesensschau*'"

which Kant still seems to link consciousness to the capacity to differentiate. For example, he connects consciousness to clarity and thus, at least implicitly, to the capacity to differentiate (*PE* 2: 289–290). Still, his account of the difference between logically and physically differentiating indicates that he tends towards separating consciousness as an immediate inner intuition from the capacity to differentiate that, in contrast to immediate consciousness, presupposes the capacity to judge.

Moreover, Kant's 1760s argument about the capacity to differentiate leads him to disconnect consciousness from inner sense. Again, Crusius leads the way. How so? Crusius argues that consciousness adds something new and important to the act by which we represent an object, something that is not part of the representation (*Vorstellung*) of an object: through consciousness we are able to have representations of our own thoughts. For Crusius it follows from this that consciousness requires a distinct mental capacity or power ("eine besondere Grund-Kraft") that makes consciousness possible.[28] In places, he speaks of more than one *Grundkraft* that is required by consciousness. Moreover, he claims that because consciousness presupposes several special fundamental powers ("besondere Grund-Kräfte") animals do not have consciousness.[29] Crusius does not seem to explain, however, what these special *Grundkräfte* are that consciousness presupposes.[30]

In our context, it is the basic idea of consciousness requiring a fundamental power that is of importance. The idea of such a fundamental cognitive power reappears in Kant's writings of the 1760s. It relates, however, to the capacity to dif-

---

(Allison 2015: 12–13; see also Friedman 1992: 24, fn. 39). Courtney Fugate, however, has argued in considerable detail that Kant's data of metaphysics here do not involve "some kind of purely intellectual examination" or an "intellectual vision" and may well include those of "simple introspection" (Fugate 2021: 244; see also 241, 247). The important point in our context is that Kant does not seem to connect consciousness with an act of distinguishing or with the capacity to differentiate.

28 "Ferner verdienet insonderheit das Bewustseyn viel Aufmercksamkeit. Denn dadurch kömmt zu der Action, wodurch ein Object vorgestellet wird, etwas hinzu, welches in der Vorstellung des Objects gar nicht enthalten ist. Durch das Bewußtseyn haben wir von unsern Gedanken selbst eine Vorstellung. […] Man wird dahero zugeben müssen, daß das Bewußt seyn eine besondere Grund-Kraft erfordere, wodurch es möglich ist" (Crusius 1745: 862–863).
29 "Wenn recht erwogen würde, daß das Bewustseyn besondere Grund-Kräfte voraus setze, man nicht so freygebig seyn würde, auch denen Bestien ein Bewustseyn zuzuschreiben, welches man doch zur Möglichkeit ihrer Handlungen gar nicht brauchet" (Crusius 1745: 865).
30 On the issue of Crusius's appeal to unidentified powers here, see also Indregard 2018: 178. For a general discussion of Crusius's account of fundamental powers, see Hahmann 2021.

ferentiate, rather than to consciousness. Kant's account of this fundamental power explains why he can no longer identify consciousness with inner sense.

The crucial passage is in Kant's above cited "Concluding Reflection" in his piece on *The False Subtlety of the Four Syllogistic Figures*. Having been led from the capacity to differentiate to the capacity to judge, Kant pushes his investigation further, asking what the fundamental "secret power is" that in turn "makes judging possible", i. e. that allows us to combine representations in judgments in the first place. He does not claim to have a definite answer at this point, he speaks of his "present opinion", but suggests that this searched-for power is "nothing other than *the faculty of inner sense*, that is to say the faculty of making one's own representations the objects of one's thought". As "this faculty cannot be derived from some other faculty", he notes, "it is in the strict sense of the term, *a fundamental faculty*" which "can only belong to rational beings". The "entire higher faculty of cognition", Kant concludes, "is based" on this fundamental faculty of inner sense.[31]

Thus, the question of what makes the combining of representations in a judgment possible leads Kant to the idea of a "fundamental faculty", and he identifies inner sense as that fundamental cognitive faculty. Without "making one's own representations the objects of one's thought", one could not combine them in judgments. In that sense, inner sense makes it possible to form judgments, and the capacity to judge is in turn the basis for the higher faculty of cognition, as Kant had pointed out. In the last analysis, then, according Kant in 1762, inner sense is that *Grundkraft* or "secret power" that we need to assume as the basis for "the entire higher faculty of cognition", i. e. for both understanding and reason.[32]

---

31 *FS* 2: 60; *emphases* U. Thiel. ("Wenn man einzusehen vermag, was denn dasjenige für eine geheime Kraft sei, wodurch das Urtheilen möglich wird, so wird man den Knoten auflösen. Meine jetzige Meinung geht dahin, daß diese Kraft oder Fähigkeit nichts anders sei als das Vermögen des innern Sinnes, d. i. seine eigene Vorstellungen zum Objecte seiner Gedanken zu machen. Dieses Vermögen ist nicht aus einem andern abzuleiten, es ist ein Grundvermögen im eigentlichen Verstande und kann, wie ich dafür halte, blos vernünftigen Wesen eigen sein. Auf demselben aber beruht die ganze obere Erkenntnißkraft"). – The Cambridge Edition translates Kant's "geheime Kraft" as "mysterious power", suggesting that the power Kant searches for is something enigmatic or inexplicable in itself (Kant 2002b: 104). In fact, Kant's expression has more in common with Hume's talk of "the secret springs and principles, by which the human mind is actuated in its operations" (Hume 1999 [1748]: 93). Of course, Kant's "secret power" is very different from what Hume appeals to when he writes of "secret springs and principles".
32 Kant's notion of inner sense here has been read differently, however. Thus, Michael Friedman holds that Kant defines the *faculty of judgment* as the faculty of inner sense (Friedman 1992: 24, fn., 39). This seems implausible however, as the "capacity to judge" is what under-

Other sources from this period, too, indicate that Kant regarded inner sense as a fundamental faculty that functions as the basis of any judgment and, hence, of "the entire higher faculty of cognition". For example, in early lecture notes Kant is recorded as having stated that "the higher faculty of cognition would not be a fundamental faculty if it did not relate to the fundamental power (*Grundkraft*) of inner sense".[33]

As inner sense is a fundamental power or faculty, making "judging possible", which is in turn involved in differentiating, it is plain that Kant can no longer identify consciousness, understood as an immediate intuition, with inner sense. Rather, Kant rehearses ideas here that he develops later, in different systematic contexts, of a fundamental faculty as the "highest point to which one must affix all use of the understanding" (*KrV* B134), to be distinguished from (empirical) consciousness as inner sensation.[34]

4 The Notion of a 'Basic Consciousness' as Self-Consciousness: Crusius and Simonetti

Like Kant in the 1760s, Crusius does not say much about the consciousness of one's own self. There are some remarks in Crusius, however, that concern the issue of self-consciousness. He comments, for example, on Descartes's *cogito*-argument for the knowledge we have of our own existence. He suggests that the

---

standing and reason "consist in", and not an unknown "secret" or "mysterious power". Inner sense is not the capacity to judge but Kant's suggestion about a power "which makes judging possible" (*PE* 2: 59–60). According to Henry Allison, Kant's notion of inner sense in the *False Subtlety* piece "is equivalent to the 'inner experience'" Kant speaks of in the *Prize Essay* (Allison 2015: 13). However, as remarked in footnotes 26 and 27 above, in the *Prize Essay* Kant accounts for inner experience in terms of an immediate consciousness, rather than a "faculty of making one's own representations the objects of one's thought" which is how Kant defines inner sense in the *False Subtlety* piece (*FS* 2: 60).

33 "Dies Vermögen [i. e. das obere Erkenntnisvermögen] wäre nicht ein Grundvermögen, wenn es sich nicht auf die Grundkraft des innern Sines bezöge (*MH* 28: 869; transl. U. Thiel). And again, inner sense is said to be the basis ("das fundamentum") of distinct concepts and of the understanding and of complete concepts and of reason ("Der innere Sin ist also das fundamentum der deutlichen Begriffe und des Verstandes der vollständigen Begriffe und der Vernunft"; *MH* 28: 869).

34 Jonas Indregard has shown that the critical Kant accounts for empirical consciousness in terms of inner sensation. Indregard argues against a Wolffian reading of Kant and for the view that Kant's position "specifically resembles and builds on Crusius's in this respect" (Indregard 2018: 178).

argument should read, "I am conscious that I think, therefore I am" (and not simply "I think, therefore I am"). In order to be able to infer my own existence from the existence of my thoughts, Crusius argues, I have to presuppose the existence of my thoughts; and this I can do because I know them through consciousness. For Crusius, then, there is no immediate or 'original' consciousness of one's own self; the latter consciousness is to be derived from the consciousness we have of our own ideas. Consciousness relates directly only to thoughts and ideas, not to the self.[35]

Crusius does not explicitly relate consciousness and self-consciousness to one another, however. From what he does say about both forms of consciousness it is clear that to him the consciousness of thoughts has priority over the consciousness one has of one's own self, as the subject of those thoughts. He certainly does not identify self-consciousness as one of the *Grundkräfte* that are presupposed by consciousness.

One of Crusius's critics, however, Christian Ernst Simonetti, does attempt to account for self-consciousness as a basic or fundamental power and as having priority over other forms of consciousness.[36] Although Kant is unlikely to have been familiar with Simonetti's analysis, the latter does relate to Kantian thought about consciousness.

The context of Simonetti's account of consciousness is the debate about the state of the soul after death. In *Gedanken über die Lehren von der Unsterblichkeit und dem Schlafe der Seele*, first published in 1747, Simonetti criticizes Georg Friedrich Meier's *Gedancken von dem Zustande der Seele nach dem Tode* of 1746.[37] In particular, Simonetti argues against the idea that after death the soul will be in a state of unconscious 'sleep'.[38] He argues, defending a Cartesian position, that the soul, throughout its existence, is active and always conscious in some basic sense and that it will remain so after death. In terms of the various positions on the issue of the immortality of the soul, Simonetti distinguishes between "dogmatists", skeptics (or "doubters") and deniers.[39] The dogmatists are

---

35 "Durch die *innerliche Empfindung* aber werden wir uns desjenigen bewust, was in unserer Seele vorgehet. Wenn die Frage ist, woher wir wissen, daß wir sind: So antwortet zwar Cartesius darauf, *ich denke, darum bin ich*. Es sollte aber heissen: *ich bin mir bewust, daß ich denke; darum bin ich*. Wenn man also unsere Existenz aus der Existenz unserer Gedanken schlüssen will: So muß man erst die Existenz unserer Gedanken selbst aus einer Empfindung, nehmlich aus der innerlichen Empfindung oder dem Bewustseyn derselben voraus setzen" (Crusius 1745: 29).
36 I thank Corey W. Dyck for drawing my attention to Simonetti. For a discussion of Simonetti's views and arguments about the immortality of the soul, see Dyck 2018: 32–37, and 47–49.
37 Simonetti's piece is quoted from the second edition: Simonetti ²1751.
38 For an account of earlier debates about the view that Simonetti rejects here, see Ball 2008.
39 Simonetti ²1751, Preface, not paginated.

of the view that reason is able to instruct us about the eternal duration of the soul. Meier, according to Simonetti, is a skeptic or doubter. Simonetti classes himself with the dogmatists, but there are three kinds of dogmatists: First, there are those, like Reinbeck, Canz and Simonetti himself, who derive immortality from the spiritual nature of the soul. Second, there are those who derive the immortality of the soul from the will of god. According to Simonetti, this is Crusius's position. And third, there are those who appeal to both the spiritual nature of the soul and the will of god. Thus, on this topic, Simonetti distinguishes himself from both Meier and Crusius. In the process of defending his own position on this issue he comments on the nature of consciousness, and his account of consciousness, too, differs from the accounts in both Meier and Crusius.

According to Simonetti, the soul is a simple, thinking substance. The power of thought is essential to the soul. Further, the power of thought is not possible without actual thoughts, therefore, he says, actual thoughts are essential to the soul. In short, the human soul's essence consists in thinking (and not just in the faculty of thought).[40] Next, Simonetti argues that thoughts "presuppose" consciousness, for a thought is nothing but a representation with consciousness. In this way, he argues, consciousness, too, is essential to the soul.[41] This idea in turn leads him to an examination of consciousness. What is consciousness? Consciousness in general ("Bewustseyn überhaupt"), Simonetti says, is nothing but cognizing that a thing is this thing and not some other thing,[42] and so involves an act of differentiating. He holds, however, that there is "more than one consciousness" in the soul.[43] Indeed he thinks that consciousness is "threefold".[44] Consciousness in general takes different forms in relation to the soul itself, to its concepts, and to external things.[45] Accordingly, Simonetti distinguishes between (1) sensitive consciousness ("sinnliches Bewusstsein") of external things, (2) rational consciousness ("vernünftiges Bewusstsein"), and

---

40 "Die menschliche Sele ist also nicht anders möglich, als mit einer denkenden Kraft. Die Kraft ist demnach der menschlichen Seele wesentlich [...] Eine denkende Kraft ist nicht anders, als mit Gedanken möglich, folglich sind ihr die Gedanken wesentlich. Die menschliche Seele denket wesentlich" (Simonetti ²1751: 25).
41 "Der Gedanke setzet das Bewustseyn zum voraus. Denn eine Vorstellung mit dem Bewustseyn ist der Gedanke. Die Seele ist sich demnach ihrem Wesen nach, ihrer bewust, und das Bewustseyn ist in ihr wesentlich" (Simonetti ²1751: 25).
42 "Das Bewustseyn überhaupt heist nichts anders, als die Erkenntniß eines Dinges durch Merkmahle, daß es das, und nicht das andre ist" (Simonetti ²1751: 41).
43 Simonetti ²1751: 26
44 Die Seele "besitzet also ein dreifaches Bewustseyn" (Simonetti ²1751: 45).
45 "Dieses Bewustseyn besitzet die Seele, aber ganz anders, in Betracht ihrer selbst, ihrer Begriffe, und der Dinge ausser ihr" (Simonetti ²1751: 41–42).

(3) a basic or fundamental consciousness ("Grundbewustseyn") which is essentially a kind of self-consciousness.

Re (1): Here, Simonetti appeals to Leibniz's notion of apperception. He does not link apperception to self-consciousness, as is often and with good reason done, but to mere sensitive consciousness, indicating that he thinks that this was what Leibniz had in mind when he coined the term 'apperception'.[46]

Re (2): Rational consciousness occurs, Simonetti says, "when the soul thinks distinctly" and becomes "conscious of its concepts". Here, the soul "differentiates the sequence of its concepts from one another by the distinguishing marks of the concepts, and it therefore knows that it thinks them as distinct from one another, by distinctly representing the distinguishing marks, which differentiate them from one another".[47]

As indicated, Simonetti accounts (3) for his new notion of *Grundbewustseyn* in terms of a basic kind of self-consciousness. Indeed, *Grundbewustseyn* is the only kind of consciousness that is essential to the soul.

> The soul is conscious in itself of itself, in so far as it understands distinctly of itself that it is that thing that now thinks. The soul distinguishes itself through this consciousness, as the real, thinking thing, from the application of its power, or from the various concepts it has produced. Therefore, even when the soul thinks obscurely, it still knows that it has thought obscurely; for the soul recognizes itself as that thinking thing that has left the concept as it was produced, without making it more noticeable. I cannot say, therefore, that the soul is not conscious of itself when it thinks obscurely. Consciousness is essential to the soul and cannot be separated from it. I call this the *basic consciousness (Grundbewustseyn) of the soul*.[48]

---

[46] "Auf die Art ist *das Bewustseyn der Dinge, ausser ihr, oder das sinnliche Bewustseyn*, davon sie das Bild in sich wahrnimmt. Dieses ist eigentlich des Hrn. von Leibnitz Apperceptio" (Simonetti ²1751: 43).

[47] The relevant passage reads in full: "Wenn die Seele deutlich, ausführlich und vollständig denkt, so ist sie sich ihrer Begriffe bewust. Dieses ist das *Bewustseyn in der Folge; oder das vernünftige Bewustseyn.* Weil sie hier die Folge ihrer Begriffe von einander durch die Merklichkeit der Begriffe unterscheidet, und folglich weis, daß diese von einander in ihr darum verschiedentlich gedacht werden, indem sie sich die Merkzeichen deutlich vorstellt, die sie von einander unterscheiden" (Simonetti ²1751: 42).

[48] "Die Seele ist sich ihrer in sich selbst bewust, in so fern sie von sich selbst deutlich begreiffet, sie sey das Ding, das da denket. In diesem Bewustseyn unterscheidet sich die Seele, als das wirklich denkende Ding, von der Anwendung ihrer Kraft, oder von den verschiedenen hervor gebrachten Begriffen. Sie weis dahero auch, wenn sie dunkel denkt, daß sie dunkel gedacht hat; denn sie erkennt sich, als das denkende Ding, das den Begriff so gelassen, wie sie selbigen hervor gebracht, ohne sich denselben merklicher zu machen. Ich kann also nicht sagen, die Seele sey sich bei dem dunkeln Denken ihrer nicht bewust. Das Bewustseyn ist ihr wesentlich, und

According to Simonetti, the soul always makes use of its basic consciousness when it is sensitively conscious (i. e. when it apperceives) or is rationally conscious. Sensitive consciousness and rational consciousness are nothing but "applications" of the self-consciousness that is involved in *Grundbewustseyn*. To Simonetti, this means that *Grundbewustseyn* remains even when there is no sensitive or rational consciousness. It would be a mistake, he says, to infer from the lack of sensitive consciousness and rational consciousness that there is no self-consciousness or *Grundbewustseyn*. The latter belongs to the soul due to its power of thought and is not dependent on other kinds of consciousness.[49]

Simonetti emphasizes the basic or fundamental nature of *Grundbewustseyn*, when he argues that the other kinds of consciousness could not be had at all without self-consciousness. He holds, for example, that it is because the soul is conscious of itself that it can become conscious of other things and their representations in the soul. Without self-consciousness or *Grundbewustseyn* there could be no consciousness of things or sensitive consciousness. "If the soul did not have a constant, continuous and uninterrupted consciousness, the consciousness of other things external to it could not be generated".[50]

Thus, Simonetti's labels for the three forms of consciousness point to the nature of their relationship to one another. The soul may lack sensitive or rational consciousness, but it never lacks *Grundbewustseyn* or self-consciousness. *Grundbewustseyn*, understood as the constant presence of self-consciousness, is essential to the soul and the basis of both sensitive and rational consciousness and thereby of cognition in general.

---

kann von ihr nicht genommen werden. Dieses nenne ich das *Grundbewustseyn der Seele*" (Simonetti ²1751: 42).

49 "Bei dem vernünftigen und bei dem sinnlichen *Bewustseyn*, macht sie [die Seele] allezeit eine Anwendung ihres *Grundbewustseyns* [...]. Es kann aber geschehen, daß sie diese Anwendung weg läßt; alsdenn ist in ihr das *vernünftige* oder *sinnliche Bewustseyn*, oder die Apperceptio weg; aber es bleibet doch ihr *Grundbewustseyn*. Man fehlet demnach im Schliessen, wenn man von dem Mangel der beiden letztern Arten des Bewustseyns auf das Wegseyn des gänzlichen Bewustseyns folgert. Die beiden letztern sind nur Anwendungen des erstern. Das erste ist in ihr wegen ihrer denkenden Kraft und ist in ihr unter der Bedingung ihrer Wirklichkeit nothwendig" (Simonetti ²1751: 43–44).

50 "Wenn [...] nicht in der Seele ein beständiges, fortdauerendes, und unabläßiges Bewustseyn wäre, so könnte kein Bewustseyn der andern Dinge ausser ihr entstehen" (Simonetti ²1751: 26).

5 Consciousness and Self-Consciousness: Kant in the 1760s and Beyond

As indicated above, it is unlikely that Kant was familiar with Simonetti's account of *Grundbewustseyn*. Certainly, there seems to be no evidence that he knew Simonetti's work. As we saw, in the 1760s Kant works with a notion of inner sense as a fundamental cognitive faculty, rather than with a notion of self-consciousness. Can the notion of inner sense as employed by Kant in the 1760s be read in terms of a kind of self-consciousness, however? Again, there is no evidence that Kant himself saw inner sense in that way. One could argue, however, that at least by implication Kant's 1760s notion of inner sense involves a kind self-consciousness. We saw that Kant says that inner sense is "the faculty of making one's own representations the objects of one's thought" (*FS* 2: 60). This seems to suggest that some basic consciousness of one's own self is involved here. For, in order to make "one's own representations the objects of one's thought" one would need to be aware that these representations are "one's own" representations, i. e. belong to one's own self. Even if we accept, however, that the notion of a basic self-consciousness is implied by Kant's understanding of inner sense, Kant himself did not draw out this implication in the 1760s. And there is no evidence that in the context of his 1760s comments on the "secret power" that "makes judging possible" Kant assigned any role at all to self-consciousness. His focus was on the representations, not on the self that has the representations.

This is not to say that in the 1760s Kant was not at least aware of the central importance of self-consciousness. This is evident from Kant's notes in his interleaved copy of his own *Observations on the Feeling of the Beautiful and Sublime* of 1764. These notes are not for the most part comments on the topic of the *Observations*, but reflections on various issues. They are said to belong to the period of 1764–65, and many of them seem to be inspired by Kant's reading of Rousseau, for example on the notion of freedom.[51] It is in this context that Kant writes:

---

[51] AA 20: 1–192. A more recent, critical edition and commentary is Marie Rischmüller's *Bemerkungen*. For the dates of these notes, see Rischmüller's comments in *Bemerkungen* XVI–XVII.

> An animal is not yet a complete being because it is not conscious of its self, and whether its drives and inclinations be resisted by another or not, it certainly feels its ills, but these are forgotten in a moment, and it knows nothing of its own existence.[52]

In terms of Simonetti's account, Kant says here that an animal does not have any *Grundbewustseyn* or consciousness of itself when it "feels its ills". Only human beings know their "own existence". According to Simonetti, however, if 'feeling one's ills' is to count as consciousness, it would have to involve *Grundbewustseyn* or self-consciousness. Kant's idea here that there is a kind of consciousness that does not involve self-consciousness is a scenario Simonetti does not seem to allow.

Kant's comment seems to relate to ideas in Rousseau, rather than Simonetti. Thus, in *Emile* (1762) Rousseau, when talking about a new-born child (rather than non-human animals) points out that it is not yet complete as it does not yet have a consciousness of its own existence. He states that at the beginning of our existence we have no inner-directed sensibility, no sentiment of our own existence, suggesting that such sentiment belongs to a later development. "We are born capable of learning but able to do nothing, knowing nothing. The soul, enchained in imperfect and half-formed organs, does not even have the sentiment of its own existence".[53]

The idea suggested by Kant's note that a "complete being" would not only "feel its ills", but also retain a recollection and memory of them and thus be able to link its present to the past, is also present in Rousseau. Rousseau distinguishes between the *sentiment de l'existence* as a relating to one's own present

---

[52] "Ein Thier ist noch nicht ein completes Wesen weil es sich seiner Selbst nicht bewust ist und seinem Triebe und Neigungen mag nun durch einen anderen wiederstanden werden oder nicht so empfindet es wohl sein Übel aber es ist jeden Augenblick vor ihn verschwunden und es weiß nicht von seinem eigenen Dasein" (*Bemerkungen* 72; AA 20: 93). For comments on how Kant's reflections on freedom here relate to Rousseau, see Rischmüller's comments in *Bemerkungen* 225–227. Rischmüller does not comment on the issue of self-consciousness in this context. Henry Allison comments on the idea of "the inseparability of free will and self-consciousness" that is present in this passage and has "a basis in Rousseau" (Allison 2020: 152).
[53] "Nous naissons capables d'apprendre, mais ne sachant rien, ne connoissant rien. L'ame, enchaînée dans des organes imparfaits et demi-formés, n'a pas même le sentiment de sa propre existence" (Rousseau 1969 [1762]: 279–280). English translations are from Rousseau 1979, here: 61. For a more detailed account of Rousseau's account of the self, especially in relation to Condillac and Locke, see Thiel 2015: 272–278. For Rousseau and Kant, see Brandt 1994. Brandt does not comment on the above quoted passage in *Emile*, nor on Kant's note from the 1760s in *Bemerkungen*.

existence and a consciousness of self which involves a relating to the past.⁵⁴ Like Locke before him, Rousseau suggests that this consciousness of one's own self across time is essential to the self as a moral being:

> It is at this second stage that, strictly speaking, the life of the individual begins. It is then that he gains consciousness of himself. Memory extends the sentiment of identity to all the moments of his existence; he becomes truly one, the same, and consequently already capable of happiness or unhappiness. It is important, therefore, to begin to consider him here as a moral being.⁵⁵

It seems, then, that Kant's note was at least inspired by Rousseau.⁵⁶ The note certainly provides evidence that in the mid-1760s Kant was very much aware of the idea that a special form of consciousness, namely a consciousness of self, as distinct from both the consciousness of representations and inner sense, plays a crucial role in our understanding of ourselves as human beings. To be sure, the notion of self-consciousness hinted at here is not the notion of apperception that Kant develops post-1770 and that becomes central in his critical philosophy. Possibly, Kant adopted 'apperception' for this new concept of self-consciousness in order to distinguish it from the kind of empirical relating to the self he hints at in his comment in *Bemerkungen*. Even his early uses of 'apperception' indicate the difference between what that term denotes and the idea hinted at in *Bemerkungen*. For apperception, according to post-1770 notes, does not describe the nature of the human being but is, rather, "the perception of oneself as a thinking subject *in general*".⁵⁷ The note in *Bemerkungen* comes close, instead, to the idea that Kant expresses at the beginning of his *Anthropology from a Pragmatic Point*

---

54 Here, in turn, Buffon seems to be a likely source for Rousseau, as there are significant similarities. For Rousseau and Buffon, see, for example, Starobinski 1988: 323–333. Buffon's main interest is of course in the workings of physical nature, but he also reflects on how human subjects relate to their own selves. Buffon speaks of a "sensation of existence" in both animals and human beings. This "sensation" is a relating to one's own present existence. Only human beings, however, are capable of a "consciousness of existence" that involves a relating to the past, animals do not have that capacity. "Les animaux [...] ont aussi la conscience de leur existence actuelle, mais ils n'ont pas celle de leur existence passée" (Buffon 1954: 331).
55 Rousseau 1979: 78 ("C'est à ce second degré que commence proprement la vie de l'individu, c'est alors qu'il prend la conscience de lui-même. La mémoire étend le sentiment de l'identité sur tous les momens de son existence; il devient véritablement un, le même, et par conséquent déjà capable de bonheur ou de misère. Il importe donc de commencer à le considérer ici comme un être moral", Rousseau 1969 [1762]: 301).
56 A German translation of Rousseau's *Emile* appeared in the same year as the original: Rousseau 1762.
57 *Refl* 4674, 17: 647; transl. and emphasis U. Thiel.

of View (1798). Here, in the first paragraph, titled "On Consciousness of oneself", Kant says that "the fact that the human being can have the 'I' in his representations raises him infinitely above all other creatures on earth".[58]

However, it is plain that when Kant works towards what later becomes known as his critical philosophy, he takes up and modifies ideas of consciousness, inner sense, and self-consciousness that are present in his pre-1770 thoughts. When Kant turns to the I, post 1770, there are concepts in place that he can return to and develop for new purposes and in different systematic contexts.

Post 1770 Kant develops the notion of a fundamental faculty that he had identified as 'inner sense' into the notion of pure and, indeed, transcendental apperception or self-consciousness. Pure apperception is now considered the "highest point to which one must affix all use of the understanding" (*KrV* B134) and a "pure intellectual faculty" (*KrV* B423). It is a kind of *Grundbewustseyn*, although the notion differs significantly of course from Simonetti's account. In the first edition of the *Critique of Pure Reason*, Kant even describes pure apperception as "the radical faculty of all our cognition" (*KrV* A114), an expression that seems to relate to that of a "fundamental faculty" used in the 1760s but does not denote a kind of sense. In his critical writings, Kant can no longer consider inner sense a fundamental faculty, as the latter is now characterized by mere receptivity. As such it cannot be said to make "judging possible" and ground higher cognition. In *Anthropology* Kant refers to inner sense as the mere awareness "of what he [the human being] *undergoes*, in so far as he is affected by the play of his own thoughts".[59]

Nevertheless, the elements of Kant's post-1770 development, distinguishing between inner sense as mere receptivity and apperception as a fundamental faculty, were available to Kant in the 1760s and he was able to draw on this material as his philosophy surged beyond thinkers such as Crusius and Simonetti towards a transcendental account of cognition.

---

58 *Anth* 7: 127.
59 *Anth* 7: 161. See also *Anth* 7: 134: "Consciousness of oneself (*apperception*) can be divided into [...] a consciousness of understanding, *pure* apperception [...] [and] a consciousness of inner sense, *empirical* apperception. In this case the former is falsely named *inner* sense". Compare also *KrV* B153–154.

Bibliography

Allison, Henry E., 2015, *Kant's Transcendental Deduction. An Analytical-Historical Commentary*, Oxford: Oxford University Press.
Allison, Henry E., 2020, *Kant's Conception of Freedom. A Developmental and Critical Analysis*, Cambridge: Cambridge University Press.
Ball, B. W., 2008, *The Soul-Sleepers*, Cambridge: James Clarke.
Baumgarten, Alexander Gottlieb, 2011 [1739], *Metaphysica*, ed. Günter Gawlick and Lothar Kreimendahl, Stuttgart-Bad Cannstatt: Frommann-Holzboog.
Brandt, Reinhard, 1994, "Rousseau und Kants 'Ich denke'", *Kant-Forschungen*, 5, 1–18.
Buffon, Georges-Louis Leclerc, 1954, *Oeuvres philosophiques*, ed. Jean Piveteau, Paris: Presses Universitaires de France.
Crusius, Christian August, 1745, *Entwurf der nothwendigen Vernunft-Wahrheiten*, Leipzig. Second edition: 1753.
Crusius, Christian August, 1747, *Weg zur Gewißheit und Zuverlässigkeit der menschlichen Erkenntnis*, Leipzig.
Dyck, Corey W., 2018, "Introductory Essay", in: Corey W. Dyck (ed.), *Georg Friedrich Meier, Über die Unsterblichkeit der Seele*, in: *Christian Wolff. Gesammelte Werke*, part 3, vol. 155.1, Hildesheim: Olms, 5–56.
Friedman, Michael, 1992, *Kant and the Exact Sciences*, Cambridge, MA/London: Harvard University Press.
Fugate, Courtney D., 2021, "The Role of Experience in Kant's *Prize Essay*", in: Karin de Boer and Tinca Prunea-Bretonnet (eds), *The Experiential Turn in Eighteenth-Century German Philosophy*, New York/London: Routledge, 231–253.
Hahmann, Andree, 2021, "Crusius on the Fundamental Powers of the Soul", in: Frank Grunert, Andree Hahmann and Gideon Stiening (eds), *Christian August Crusius (1715–1775). Philosophy between Reason and Revelation*, Berlin/Boston: De Gruyter, 89–113.
Hume, David, 1999 [1748], *An Enquiry concerning Human Understanding*, ed. Tom L. Beauchamp, Oxford: Oxford University Press.
Indregard, Jonas Jervell, 2018, "Consciousness as Inner Sensation: Crusius and Kant", *Ergo. An Open Access Journal of Philosophy*, 5(7), 173–201.
Kant, Immanuel (1991), *Bemerkungen in den "Beobachtungen über das Gefühl des Schönen und Erhabenen"* (Kant-Forschungen 3), ed. Marie Rischmüller, Hamburg: Meiner.
Kant, Immanuel (1997), *Critique of Pure Reason*, ed. and transl. Paul Guyer and Allen W. Wood, Cambridge: Cambridge University Press.
Kant, Immanuel (2002a), "Inquiry Concerning the Distinctness of the Principles of Natural Theology and Morality" (1764), in: Immanuel Kant, *Theoretical Philosophy, 1755–1770*, ed. and transl. David Walford and Ralf Meerbote, Cambridge: Cambridge University Press, 243–275.
Kant, Immanuel (2002b), "The False Subtlety of the Four Syllogistic Figures" (1762), in: Immanuel Kant, *Theoretical Philosophy, 1755–1770*, ed. and transl. David Walford and Ralf Meerbote, Cambridge: Cambridge University Press, 85–105.
Kant, Immanuel (2005), *Notes and Fragments*, ed. Paul Guyer, transl. Curtis Bowman, Paul Guyer and Frederick Rauscher, Cambridge: Cambridge University Press.

Kant, Immanuel (2006), *Anthropology from a Pragmatic Point of View* (1798), ed. and transl. Robert B. Louden, Cambridge: Cambridge University Press.

Klemme, Heiner F., 1996, *Kants Philosophie des Subjekts*, Hamburg: Meiner.

Klemme, Heiner F., 1999, "Kants Wende zum Ich", *Zeitschrift für Philosophische Forschung*, 53(4), 507–529.

Kuehn, Manfred, 2001, *Kant. A Biography*, Cambridge: Cambridge University Press.

Meier, Georg Friedrich, 1749, *Versuch eines neuen Lehrgebäudes von den Seelen der Thiere*, Halle.

Meier, Georg Friedrich, ²1751, *Beweis: Daß keine Materie denken könne*, Halle.

Meier, Georg Friedrich, 1752, *Auszug aus der Vernunftlehre*, Halle.

Reimarus, Hermann Samuel, 1762, *Allgemeine Betrachtungen über die Triebe der Thiere*, Hamburg.

Rousseau, Jean Jacques, 1762, *Aemil, oder von der Erziehung*, Berlin.

Rousseau, Jean Jacques, 1969 [1762], *Emile*, in: *Oeuvres complètes*, ed. Bernard Gagnebin and Marcel Raymond, vol. 4, Paris: Gallimard.

Rousseau, Jean Jacques, 1979, *Emile or On Education*, transl. Allan Bloom. Harmondsworth: Penguin.

Rüdiger, Andreas, 1727, *Herrn Christian Wolffens Meinung von dem Wesen der Seele und eines Geistes überhaupt; und D. Andreas Rüdigers Gegen-Meinung*, Leipzig.

Schierbaum, Sonja, 2021, "Crusius and Wolff on Mind and (Self-)Consciousness", in: Frank Grunert, Andree Hahmann and Gideon Stiening (eds), *Christian August Crusius (1715–1775). Philosophy between Reason and Revelation*, Berlin/Boston: De Gruyter, 65–88.

Schulting, Dennis, 2015, "Transcendental Apperception and Consciousness in Kant's Lectures on Metaphysics", in: Robert R. Clewis (ed.), *Reading Kant's Lectures*, Berlin/Boston: De Gruyter, 89–113.

Simonetti, Christian Ernst, ²1751, *Gedanken über die Lehren von der Unsterblichkeit und dem Schlafe der Seele. Erster und Zweiter Theil*, Frankfurt/Oder (first edition: Berlin/Göttingen, 1747).

Starobinski, Jean, 1988, *Jean-Jacques Rousseau. Transparency and Obstruction*, transl. Arthur Goldhammer. Chicago/London: University of Chicago Press.

Thiel, Udo, ²2014, *The Early Modern Subject. Self-Consciousness and Personal Identity from Descartes to Hume*, Oxford: Oxford University Press.

Thiel, Udo, 2015, "Self and Sensibility: From Locke to Condillac and Rousseau", *Intellectual History Review*, 25, 257–278.

Thiel, Udo, 2019, "The Concept of a Person in Eighteenth-Century German Philosophy. Leibniz – Wolff – Kant", in: Antonia Lolordo (ed.), *Persons. A History*, Oxford: Oxford University Press, 187–231.

Walford, David and Meerbote, Ralf, 2002. "Factual Notes", in: Immanuel Kant, *Theoretical Philosophy, 1755–1770*, ed. and transl. David Walford and Ralf Meerbote, Cambridge: Cambridge University Press, 417–466.

Warda, Arthur, 1922, *Immanuel Kants Bücher*, Berlin: Martin Breslauer.

Wolff, Christian, ¹¹1751, *Vernünfftige Gedancken von Gott, der Welt und der Seele des Menschen, auch allen Dingen überhaupt*, Halle: Renger (first edition: 1719). Reprinted in: Christian Wolff, *Gesammelte Werke*, part 1. vol. 2.1, ed. Charles A. Corr, Hildesheim: Olms, 1983.

Rudolf Meer
Von den *Grentzen der Sinnlichkeit und der Vernunft* zur Idee der *Critick der reinen Vernunft*. Lamberts Einfluss auf Kants Denken zwischen 1770 und 1772

Abstract: The correspondence between J. H. Lambert and I. Kant shows that their discussion about the *Dissertatio* led Kant to restructure his philosophical project although Lambert's philosophy proposes a completely different theory of consciousness, or apperception, as well as a differently structured theory of objectivity. In his letter from October 1770, Lambert develops three fundamental objections to the way Kant attempts the project of the *Limits of Sensibility and of Reason* in the context of the *Dissertatio*. These objections concern (1) whether the distinction between understanding and sensibility can be demonstrated, (2) whether concepts are necessary for the empirical sciences, and (3) the status of space and time. Even though Kant left Lambert's letter from 1770 unanswered, his theory of apperception, which was still only rudimentarily developed at the beginning of the 1770s, could be reconstructed as a reply to all three objections.

Im Brief an M. Herz vom 21. Februar 1772 formuliert Kant, dass er in der am 21. August 1770 verteidigten *Dissertatio* mit dem Titel *De mundi sensibilis atque intelligibilis forma et principiis* ein wesentliches *Erklärungsdefizit* erkannt hat: Er habe lediglich die Grenzen der Sinnlichkeit festgelegt und jene des Verstandes stillschweigend übergangen. Daher müsse er das Projekt der „Grenzen der Sinnlichkeit und der Vernunft" (*Briefe* 10: 129) durch eine „Critick der reinen Vernunft" (*Briefe* 10: 132) ablösen.

Auch wenn der Begriff der *Apperzeption* in den vorkritischen Schriften Kants noch fehlt und erst im Rahmen der Reflexionen Mitte der 70er Jahre auftritt, gewinnt Kant in den zwei Jahren nach der *Dissertatio* zentrale Einsichten, die seinen kritischen Subjektbegriff auf den Weg bringen und zur Voraussetzung seiner Apperzeptionstheorie werden. Aus diesem Grund wird im Folgenden ausgehend von einer systematischen Bestandsaufnahme der Einsicht in die Notwendigkeit einer solchen Transformation des philosophischen Projekts (zwischen 1770 und 1772) die daraus entstehende Möglichkeit einer neuen Subjekttheorie entwickelt. Dabei, so die These dieses Beitrags, ist der Einfluss J. H. Lamberts maßgeblich: Obwohl dessen Philosophie eine völlig andere Bewusstseins- bzw. Apperzeptionstheorie und eine anders strukturierte Objektivitätstheorie aufweist, kann gezeigt werden, dass die Auseinandersetzung über die *Dissertatio* in der Korrespondenz beider Denker Anlass zur Neustrukturierung des philosophischen Projekts war.[1] Kant hat dabei die Einwände Lamberts sehr ernst genommen und in Form eines kritischen Weiterdenkens zum Ausgangspunkt seiner neuen Philosophie gemacht.[2] Die folgende Untersuchung versteht sich demnach als eine Analyse der internen Gründe der Entstehung der kantischen Apperzeptionstheorie am Beginn der 70er Jahre.

1 Kants Abkehr vom Projekt der „Grentzen der Sinnlichkeit und der Vernunft"

Im Brief vom 21. Februar 1772 rekonstruiert Kant seine Theorieentwicklung seit Herz' „Abreise von Königsb[erg]" (*Briefe* 10: 129).[3] Dieser hatte am 21. August 1770 als Respondent Kants bei der Verteidigung der Inauguraldissertation agiert.[4] Im Brief an Herz hebt Kant hervor, dass er den Plan der *gemeinsamen Betrachtungen* neu *durchdacht* (*Briefe* 10: 129 f.) habe, „um ihn an die gesammte Philosophie und übrige Erkenntnis zu passen und dessen Ausdehnung und Schranken zu begreifen" (*Briefe* 10: 129). Eine solche Anpassung im Anschluss an die *Dissertatio* stellt dabei keine Ungewöhnlichkeit dar, da Kant die Inauguraldissertation lediglich als eine *Probe* für ein Werk verstand, „welches etwa den Titel haben könnte: Die Grentzen der Sinnlichkeit und der Vernunft" (*Briefe* 10: 129). Die *Dissertatio* soll demnach diese Grenzen als Vorübung für die Metaphysik unter-

---

[1] In diesem Sinne unterschätzen den Einfluss Lamberts auf Kant Klemme (1996: 75), Allison (2015: 87 f.), Baensch (1978: 80–103) und Sturm (2018: 113–133). Überschätzt wird der Einfluss hingegen von Kuliniak (2004: 153), Zimmermann (1879: 67) und Riehl (1908: 178).

[2] Entgegen Beck (1989: 22), Laywine (2001) und Allison (2015: 99) wird daher – u. a. im Anschluss an Cramer (1915: 217), Carl (1989a: 17–28) und Brandt (1981: 52) – ausgehend vom Brief an Herz die Entwicklung hin zur *Kritik der reinen Vernunft* thematisiert, d. h. der Brief wird mehr als Entwurf neuer Ideen und weniger als eine Bilanz des bisher Erreichten verstanden. Dabei ist der Brief allerdings nicht isoliert von den Reflexionen, sondern als Bericht der dadurch gewonnenen Einsichten und in Abgrenzung zur *Dissertatio* zu verstehen. Den Entwurfscharakter des Briefes hebt Kant selbst an anderer Stelle explizit hervor (*Briefe* 10: 266).

[3] Zur Stellung dieses in der Kant-Forschung viel diskutierten Briefs siehe: Mensch 2007: 109–127; Beiser 1992: 26–61; Theis 1982: 209–239; Vleeschauwer 1934: 225.

[4] Herz ist daher mit den Inhalten der *Dissertatio* Kants sehr gut vertraut, wie auch die 1771 herausgegebenen *Betrachtungen aus der spekulativen Weltweisheit* zeigen, die sich als *deutschsprachige Paraphrase* (Conrad, Delfosse und Nehren 1990: XXVI) zu Kants *De mundi* verstehen – wenn auch unter dem Einfluss von M. Mendelssohn mit „einige[n] Digreßionen" (*Briefe* 10: 125).

suchen: „Philosophia autem prima continens principia usus intellectus puri est METAPHYSICA. Scientia vero illi propaedeutica est, quae discrimen docet sensitivae cognitionis ab intellectuali; cuius in hac nostra dissertatione specimen exhibemus"[5] (*De mundi* 2: 395). Dabei ist bereits in den *Träumen eines Geistersehers* (1766) dieser zentrale Nutzen der Metaphysik als „Wissenschaft von den Grenzen der menschlichen Vernunft" (*TG* 2: 368) vorweggenommen[6] und noch im Brief vom 7. Juni 1771 an Herz hält Kant uneingeschränkt an seinem Projekt, aus dem ein Werk mit dem Titel „Die Grentzen der Sinnlichkeit und der Vernunft" (*Briefe* 10: 123) entstehen soll, fest.

In den Überlegungen, die Kant in der Zeit zwischen 1770/71 und 1772 zum „theoretischen Teil" (*Briefe* 10: 129) dieses geplanten Projekts anstellt, bemerkt er allerdings, „daß mir noch etwas wesentliches mangele, welches ich bey meinen langen metaphysischen Untersuchungen, sowie andre, aus der Acht gelassen hatte" (*Briefe* 10: 130). Kant erkennt folglich in der Zeit zwischen der *Dissertatio* und dem Brief an Herz in seinem eigenen Projekt als auch bei *anderen* ein zentrales Erklärungsdefizit, das er bis dato *stillschweigend* übergangen habe.

Diese Einsicht beruht dabei auf zwei eng miteinander verbundenen Aspekten: Einerseits, und dies belegen die Reflexionen im Anschluss an die *Dissertatio*, denkt Kant die Probleme von 1770 in einer kritischen Prüfung konsequent weiter. Andererseits bietet ihm die abgeschlossene Qualifikationsschrift die Möglichkeit, in konkreteren Austausch zu treten. Kant gibt 1770 Herz auf seinem Weg von Königsberg nach Berlin neben einem Empfehlungsschreiben für Mendelssohn auch einen Brief für Lambert und einen für Sulzer, beide auf den 2. September 1770 datiert, sowie drei Exemplare der *Dissertatio*, die für die drei Berliner Philosophen bestimmt waren, mit. Alle drei antworten Kant noch im selben Jahr: Lambert schreibt Kant am 13. Oktober, Sulzer am 8. Dezember und Mendelssohn am 25. Dezember 1770. Obwohl Kant keinen der drei Briefe direkt beantworten

---

5 „Die Philosophie nun, welche die ersten Grundsätze des Gebrauchs des reinen Verstandes enthält, ist die METAPHYSIK. Die Wissenschaft, jedoch, die ihr zur Vorübung dient, ist die, welche den Unterschied der sinnlichen von der Verstandeserkenntnis lehrt; wovon wir in unser Abhandlung eine Probe liefern" (Kant 1983: 37).

6 In einem Brief vom 8. April 1766 an Mendelssohn formuliert Kant mit Blick auf die *Träume eines Geistersehers* den Status dieser Schrift spezifizierend wie folgt: „Was aber den Vorrath vom Wissen betrifft der in dieser Art öffentlich feil steht so ist es kein leichtsinniger Unbestand sondern die Wirkung einer langen Untersuchung daß ich in Ansehung desselben nichts rathsamer finde als ihm das dogmatische Kleid abzuziehen und die vorgegebene Einsichten sceptisch zu behandeln wovon der Nutze freylich nur negativ ist (stultitia caruisse) aber zum positiven vorbereitet; denn die Einfalt eines gesunden aber ununterwiesenen Verstandes bedarf um zur Einsicht zu gelangen nur ein organon; die Scheineinsicht aber eines verderbten Kopfs zuerst ein catarcticon" (*Briefe* 10: 71).

wird, haben diese doch einen wesentlichen Einfluss auf seine Entwicklung im Anschluss an die *Dissertatio* und die Transformation des Projekts der *Grentzen der Sinnlichkeit und der Vernunft* zu einer *Critick der reinen Vernunft*.

In der Forschung zur Genese der *Kritik der reinen Vernunft* wurde sehr häufig die wichtige Rolle, die Mendelssohn und Herz für Kants Entwicklung – insbesondere am Beginn der 70er Jahre – eingenommen haben, betont (Klemme 1996: 64–73; Brandt 1981: 37–68). Durch diese Hervorhebung geriet allerdings die Antwort Lamberts auf Kants *Dissertatio* zunehmend aus dem Blickfeld: In diesem Sinne argumentiert etwa H. Klemme, dass der Briefwechsel mit Lambert keine zentrale Rolle für die Entwicklung Kants zwischen der *Dissertatio* und dem Brief an Herz vom 21. Februar 1772 gespielt habe: „Es gibt also keinen Beleg für die These, daß Kant unabhängig von den Herz-Mendelssohnschen-Einwänden eine kritische Haltung gegenüber [...] seiner Schrift von 1770 eingenommen hätte" (Klemme 1996: 75).[7] Klemme weist dabei auf die Änderungsvorschläge hin, die Kant im Begleitschreiben an Lambert formuliert:

> Die erste u. vierte section können als unerheblich übergangen werden, aber in der zweyten dritten und fünften, ob ich solche zwar wegen meiner Unpäslichkeit gar nicht zu meiner Befriedigung ausgearbeitet habe, scheint mir eine Materie zu liegen welche wohl einer sorgfältigern und weitläuftigeren Ausführung würdig wäre. (*Briefe* 10: 98)

Kant hat mit der Bitte auf ein „einsehendes Urtheil über einige Hauptpunkte meiner dissertation" (*Briefe* 10: 98) im Begleitschreiben auf einige Schwachstellen der Arbeit hingewiesen, die er auf die *Eilfertigkeit der Anfertigung* des Werkes zurückführt und die seiner Auffassung nach als unerheblich übergangen werden könnten (*Briefe* 10: 98). Klemme zieht aus dieser Intention Kants, die Sektionen zwei, drei und fünf der *Dissertatio* unverändert zu lassen, den Schluss, dass Kant in der Auseinandersetzung mit Lambert auf keine substanziellen Änderungen in der Arbeit gestoßen sei, da in diesen Passagen die Unterscheidung zwischen Sinnlichkeit und Verstand, der Status von Raum und Zeit sowie die Subreption der Begriffe besprochen werde (Klemme 1996: 75).

Klemmes Marginalisierung des Einflusses von Lambert basiert dabei allerdings auf einem einfachen chronologischen Lapsus: Im Begleitschreiben zur

---

[7] Zu dem gleichen Ergebnis kommt auch O. Baensch: „Die Gestalt Lamberts läßt sich aus der Geschichte der kritischen Philosophie wegdenken; sie bildet keinen Einwand gegen den Ausspruch Wilhelms von Humboldt: ‚Aus dem Zustand, in welchem Kant die Philosophie, eklektisch herumirrend, vor sich fand, vermochte er keinen anregenden Funken zu ziehen'" (Baensch 1902: 103). Entgegen einer solche Marginalisierung argumentieren u. a.: Beck 1969a: 123–130; Kuliniak 2007: 153–162; Laywine 2001: 1–48; Rivero 2014: 148–152.

Übermittlung der *Dissertatio* von September 1770 kann Kant nicht auf die Einwände Lamberts eingehen. Das von Lambert erst im Oktober formulierte und mit dem 13. datierte Schreiben wird von Klemme dabei allerdings zu wenig bzw. nicht berücksichtigt. Da der Briefwechsel zwischen Kant und Lambert, der 1765 begonnen hatte und drei Briefe von Lambert und zwei von Kant umfasst, mit dem Brief von Lambert 1770 abbricht, stellt dies aber, wie Klemme richtig bemerkt, eine interpretatorische Schwierigkeit dar, den tatsächlichen Einfluss zu *belegen*. Dieser kann aber indirekt über mehrere andere Korrespondenzen sowie Reflexionen Kants aufgewiesen werden, in denen er die Bedeutung Lamberts für seine Philosophie hervorhebt:[8] So betont Kant im Brief an Herz vom 7. Juli 1771, d. i. ein gutes halbes Jahr nach Erhalt der Briefe Lamberts und Mendelssohns vom Herbst bzw. Winter 1770, expressis verbis die Bedeutung dieser Briefe für sein Nachdenken, wenn es heißt:

> Solche Briefe als dieienige sind mit denen ich von diesen beyden Gelehrten [Mendelssohn und Lambert; R. M.] bin beehret worden flechten mich in eine lange Reihe von Untersuchungen ein. Daß vernünftige Einwürfe von mir nicht blos von der Seite angesehen werden wie sie zu wiederlegen seyn könten sondern daß ich sie iederzeit beym Nachdenken unter meine Urtheile webe und ihnen das Recht lasse alle vorgefaßte Meinungen die ich sonst beliebt hatte über den Haufen zu werfen, das wissen sie. Ich hoffe immer dadurch daß ich meine Urtheile aus dem Standpunkte anderer unpartheyisch ansehe etwas drittes herauszubekommen was besser ist als mein vorigtes. Uberdem ist sogar der bloße Mangel der Überzeugung bey Männern von solcher Einsicht mir iederzeit ein Beweis daß es meinen Theorien wenigstens an Deutlichkeit evidenz oder gar an etwas wesentlichern fehlen müsse. (*Briefe* 10: 122)

Darüber hinaus formuliert Kant im Brief vom 21. Februar 1772 mit Blick auf die Rezensionen der *Betrachtungen* und wieder mit Bezug auf die Einwände Mendelssohns und Lamberts wie folgt: „Ein Brief von Mendelssohn oder Lambert verschlägt mehr, den Verfasser auf die Prüfung seiner Lehren zurükzuführen, als zehn solche Beurtheilungen mit leichter Feder" (*Briefe* 10: 133). Zehn Jahre nach Erhalt des Briefes von Lambert weist Kant zudem in einer Korrespondenz mit J. Bernoulli vom 16. November 1781 auf die Einwände Lamberts von 1770 hin, die er in der *Kritik der reinen Vernunft* beantwortet habe: „Der vortrefliche Mann hatte mir einen Einwurf wieder meine damals geäußerte Begriffe von Raum und Zeit gemacht, den ich in der Critik der reinen Vernunft Seite 36 – 38 beantwortet habe" (*Briefe* 10: 277). An besagter Stelle der *Kritik der reinen Vernunft* heißt es u. a.:

---

8 Die Bedeutung des Briefes von Lambert haben insbesondere Beck 1969b: 463 ff. und Laywine 2001: 1–48 sowie Allison (2015: 87 ff.) hervorgehoben.

> Wider diese Theorie, welche der Zeit empirische Realität zugesteht, aber die absolute und transcendentale bestreitet, habe ich von einsehenden Männern einen Einwurf so einstimmig vernommen, daß ich daraus abnehme, er müsse sich natürlicherweise bei jedem Leser, dem diese Betrachtungen ungewohnt sind, vorfinden. (*KrV* A36/B53)

Zudem liegt mit Reflexion 5024 (*Refl* 5024 18: 64), die auf das Jahr 1776 zu datieren ist, ein Entwurf einer Dedikation der *Kritik der reinen Vernunft* vor, die Lambert gegolten hat und dessen Einfluss besonders würdigt, allerdings aufgrund seines Todes 1776 keine Verwendung fand:

> (zur dedication.) sie haben mich mit ihren Zuschriften beehrt. Die Bemühung, auf Ihr Verlangen einen Begrif von der Methode der reinen Philosophie zu geben, hat eine reihe von betrachtungen veranlaßt, den in mir noch dunkel liegenden Begrif zu entwikeln, und, indem die Aussichten sich mit dem Fortschritt erweiterten, die Antworten einem unaufhorlichen Aufschub ausgesetzt. Diese Schrift kann statt einer Antwort dienen, was den speculativen Theil betrift. Da sie ihren Aufforderungen und Winken zuzuschreiben ist, so wünschete ich, daß sie Ihnen ganz angehörete durch die Bemühung, sie in Ihre Bearbeitung zu nehmen. Academien der Wissenschaften sollen mehr den Zustand der Wissenschaften Ihres Zeitalters überhaupt in Betracht ziehen, als einzelne Ausarbeitungen. Ihre ist die einzige – – (*Refl* 5024 18: 64).

Lamberts Einwände im Brief von 1770 haben Kant – so die Eigenperspektive des Königsberger Philosophen – zur erneuten „Prüfung seiner Lehren" (*Briefe* 10: 133) zurückgeführt.

2 Lamberts Einfluss auf Kants Suche nach der Transzendentalphilosophie

Die über die Briefkonventionen des 18. Jahrhunderts hinausgehende Würdigung Lamberts wirft demnach die Frage auf, worin dieser Einfluss im Übergang zum Projekt der *Critick der reinen Vernunft* tatsächlich bestanden haben mag und inwiefern er für die Entstehung der Apperzeptionstheorie der *Kritik der reinen Vernunft* relevant ist. Um diese darzustellen, werden die Einwände Lamberts zu drei verschiedenen Kritikpunkten gebündelt, um darauf aufbauend drei Antworten Kants herauszuarbeiten, die allesamt prototypische Argumente für seine Apperzeptionstheorie der *Kritik der reinen Vernunft* bilden.

2.1 Lamberts Einwände im Brief vom 13. Oktober 1770

Die von Kant mit einem Begleitschreiben vom 2. September an Lambert gesendete *Dissertatio* „gereicht" (*Briefe* 10: 103) diesem, wie er in der Antwort vom 13. Oktober formuliert, „zu nicht geringem Vergnügen" (*Briefe* 10: 103). Dabei versteht Lambert sein Antwortschreiben zum einen als den Versuch, einige Sätze, die der Schrift Kants „zum Grunde" (*Briefe* 10: 105) liegen, zu rekonstruieren, und er formuliert zum anderen zumindest drei verschiedene Einwände: Erstens weist er auf die Schwierigkeit eines apriorischen Beweises für die Trennung zwischen Sinnlichkeit und Verstand hin. Zweitens richtet er sich gegen die von Kant in den Paragraphen 26 und 28 bzw. 29 explizierten zweiten und dritten „axiomata subreptica" (*De mundi* 2: 417)[9] und argumentiert für die Notwendigkeit metaphysischer Begriffe im Rahmen empirischer Wissenschaften und *symbolischer Erkenntnis*. Der dritte Einwand richtet sich gegen den in Paragraph 14 formulierten fünften Grundsatz zur *Vorstellung der Zeit* und argumentiert für deren *Objektivität* und *Realität*. Damit greift Lambert sowohl die Beweisbarkeit der Trennung beider Erkenntnisquellen als auch beide darauf beruhenden Seiten kritisch an,[10] wie es im Folgenden *en détail* zu zeigen gilt.

2.1.1 Die Beweisbarkeit der Trennung von Verstand und Sinnlichkeit

Dem ersten Kritikpunkt geht eine Rekonstruktion des von Lambert sogenannten „erste[n] Hauptsatze[s]" (*Briefe* 10: 105) der Schrift voraus. Werde diesem Hauptsatze gefolgt, entspringe die menschliche Erkenntnis aus „zwo ganz verschiedenen und so zu sagen heterogenen Quellen" (*Briefe* 10: 105). Die Erkenntnis zerfalle demnach in ein *Phänomenon* und ein *Noumenon*, „so daß was aus der eine[n] Quelle kömmt niemals aus der andern hergeleitet werden kann. Die von den Sinnen herrührende Erkenntnis ist und bleibt also sinnlich, so wie die vom Verstande herrührende demselben eigen bleibt" (*Briefe* 10: 105). Lambert paraphrasiert damit einerseits §3 der *Dissertatio*[11] und greift andererseits eine Differen-

---

9 „erschlichenen Axiome" (Kant 1983: 101).
10 Alle drei Kritikpunkte sind deshalb auch systematisch eng miteinander verflochten.
11 „Sensualitas est receptivitas subiecti, per quam possibile est, ut status ipsius repraesentativus obiecti alicuius praesentia certo modo afficiatur. Intelligentia (rationalitas) est facultas subiecti, per quam, quae in sensus ipsius per qualitatem suam incurrere non possunt, repraesentare valet. Obiectum sensualitatis est sensibile; quod autem nihil continet, nisi per intelligentiam cognoscendum, est intelligibile. Prius scholis veterum phaenomenon, posterius noumenon audiebat. Cognitio, quatenus subiecta est legibus sensualitatis, est sensitiva, intelligentiae, est intellec-

zierung auf, die auch für seine eigenes System von zentraler Bedeutung ist, wie er mit einem Verweis auf die Paragraphen 81 bzw. 87 der *Alethiologie* hervorhebt. Dort heißt es: „Es gibt daher Wahrheiten, die an den Ort dergestalt gebunden sind [...], ungeachtet es gar wohl außer demselben, oder an einem anderen Ort sein könnte" (Lambert, *Aleth.*, Organon 1764: 503, §87).

Trotz der grundsätzlichen Übereinstimmung in der Differenzierung hebt Lambert hervor, dass ein Beweis der *Allgemeinheit* dieser Unterscheidung nur schwer zu führen sei. Inwiefern „beyde[] Erkenntnisarten so durchaus Separirt sind, daß sie nirgends zusammentreffen" (*Briefe* 10: 105), d. h., inwiefern beide voneinander getrennt sind, sei nur schwer *a priori* zu beweisen: Der „Grund, warum Wahrheiten, so und nicht anders an Zeit und Ort gebunden sind, ist nicht so leicht herauszubringen, so wichtig er an sich auch seyn mag" (*Briefe* 10: 106). Der Beweis der Bifurkation von Sinnlichkeit und Verstand könne demnach nur schwer aus „der Natur der Sinne[] und des Verstandes geschehen" (*Briefe* 10: 105), da diese nur durch die Erfahrung bekannt seien, weshalb es „auf die Classification und Vorzählung der Obiecte ankomme[]" (*Briefe* 10: 105). Der apriorische Beweis aus dem Wesen der Erkenntnisvermögen wird zugunsten eines aposteriorischen Beweises, der sich auf die Objekte selbst bezieht, zurückgewiesen (Rivero 2014: 148). Die Differenzierung zwischen dem Sinnlichen und dem Intellektuellen müsse daher mit Blick auf die Objekte, d. i. in der Trennung von vergänglichen und unvergänglichen Objekten, geschehen. Entgegen der strikten, aber bloß postulierten Trennung von Sinnenwelt und Gedankenwelt räumt Lambert, basierend auf der Trennung beider Erkenntnisvermögen, die Annahme einer möglichen Beziehung zwischen Körper- und Intellektualwelt (Schiewer 1996: 88) in der Natur des Objektes ein.[12]

---

tualis s. rationalis" (*De mundi* 2: 392). „Sinnlichkeit ist die Empfänglichkeit eines Subjekts, durch die es möglich ist, daß sein Vorstellungszustand von der Gegenwart irgendeines Objekts auf bestimmte Weise affiziert wird. Verstandesausstattung (Vernunftausstattung) ist das Vermögen eines Subjekts, durch das es vorzustellen vermag, was, aufgrund seiner Beschaffenheit, nicht in seine Sinne eindringen kann. Der Gegenstand der Sinnlichkeit ist sensibel; was aber nichts enthält, als was man durch die Verstandesausstattung erkennen kann, ist intelligibel. Das erste hieß in den Schulen der Alten Phaenomenon, das letztere Noumenon. Die Erkenntnis, sofern sie den Gesetzen der Sinnlichkeit unterworfen ist, ist sinnlich, sofern der Verstandesausstattung, intellektuell oder rational" (Kant 1983: 29).

12 Zeichen stellen dabei eine Verbindung her, die eine Nachbildung der wirklichen Zeit und des wirklichen Raums in der Gedankenwelt ermögliche. Vorausgesetzt ist dabei die „Ähnlichkeit des Eindruckes, den die Empfindungen äußerlicher Dinge und die Vorstellung abstrakter und unsichtbarer Dinge in uns machen" (Lambert, *Aleth.*, Organon, 1764: 483, §46). Nur unter der Annahme dieser Ähnlichkeit bestehe die Möglichkeit von symbolischer Erkenntnis überhaupt, d. i. Erkenntnis anhand sprachlicher und anderer Zeichen (Schiewer 1996: 89; Dyck 2014: 55 f.). Aus

2.1.2 Die Notwendigkeit von Begriffen in den Erfahrungswissenschaften

Basierend auf den aufgewiesenen Schwierigkeiten eines apriorischen Beweises der Differenzierung der beiden Erkenntnisquellen kritisiert Lambert expressis verbis zwei der drei in Paragraph 26 formulierten *axiomata subreptica*. Diese entspringen nach Kant aus dem Blendwerke (*praestigiae*) sinnlicher Erkenntnis unter dem Schein von intellektueller und lassen sich auf drei Arten zurückführen:

> 1. Eadem condicio sensitiva, sub qua sola intuitus obiecti est possibilis, est condicio ipsius possibilitatis obiecti.
> 2. Eadem condicio sensitiva, sub qua sola data sibi conferri ad formandum conceptum obiecti intellectualem, est etiam condicio ipsius possibilitatis obiecti.
> 3. Eadem condicio sensitiva, sub qua subsumptio obiecti alicuius obvii sub dato conceptu intellectuali solum possibilis est, est etiam condicio possibilitatis ipsius obiecti. (*De mundi* 2: 413)[13]

Lambert wendet sich zuerst gegen das dritte und dann gegen das zweite von Kant exponierte Axiom. Dabei argumentiert er zuerst für die Notwendigkeit metaphysischer Begriffe im Rahmen empirischer Wissenschaften und wendet sich gegen Kants Klassifizierung des dritten Axioms, um danach für die Möglichkeit *symbolischer Erkenntnis* zu argumentieren und damit gegen die Klassifizierung im zweiten Axiom vorzugehen.

Im Aufweis der Notwendigkeit metaphysischer Begriffe in der Naturwissenschaft nimmt Lambert in seiner Stellungnahme allerdings nicht explizit Bezug auf die Paragraphen 26 bzw. die genauere Exploration in Paragraph 29, sondern formuliert vielmehr an einem Beispiel aus der Astronomie einen Problemzusammenhang, mit dem er die von Kant als *Blendwerke* klassifizierte Erkenntnis kritisiert.

> Denn so fängt auch der Astronome beym *Phaenomeno* an, leitet die Theorie des Weltbaues daraus her, und wendet sie in seinen *Ephemeriden* wieder auf die *Phaenomena* und deren

---

diesem Grund heißte es in §70 der Alethiologie: „Das Bewußtsein oder das Denken können wir unter die Postulata setzen, weil bei denkenden Wesen ohne dasselbe keine klare Empfindung, Vorstellung, Begriff etc. möglich ist" (Lambert, *Aleth.*, Organon 1764: 498, §70).

13 „1. Dieselbe sinnliche Bedingung, unter der allein die Anschauung eines Gegenstandes möglich ist, ist die Bedingung der Möglichkeit des Gegenstands selbst. 2. Dieselbe sinnliche Bedingung, unter der allein das Gegebene miteinander verglichen werden kann, um einen Verstandesbegriff von einem Gegenstande zu bilden, ist auch die Bedingung der Möglichkeit des Gegenstandes selbst. 3. Dieselbe sinnliche Bedingung, unter der die Subsumtion irgendeines vorkommenden Gegenstandes unter einen gegebenen Verstandesbegriff allein möglich ist, ist auch die Bedingung der Möglichkeit des Gegenstandes selbst" (Kant 1983: 89–91).

Vorherverkündigung an. In der metaphysic, wo die Schwürigkeit vom Schein so viel Wesens macht, wird die Methode des Astronommen wohl die sicherste seyn. (*Briefe* 10: 108)

Lambert stellt mit diesem Beispiel die Metaphysik expressis verbis in ein Verhältnis zur Astronomie und hebt damit hervor, dass die Erkenntnis von Phänomenen nicht ohne den Gebrauch intellektueller Begriffe möglich sei (Volk 1980: 237–250).

Kant hingegen hat in der *Dissertatio* Physik und empirische Psychologie als empirische Wissenschaften von den Phänomenen bezeichnet: „Phaenomena recensentur et exponuntur, primo sensus externi in PHYSICA, deinde sensus interni in PSYCHOLOGIA empirica" (*De mundi* 2: 397).[14] Geometrie, reine Mechanik und Arithmetik wiederum werden als nicht-empirische Wissenschaften unserer Anschauungsformen klassifiziert: „Hinc MATHESIS PURA spatium considerat in GEOMETRIA, tempus in MECHANICA pura" (*De mundi* 2: 397).[15] Die genannten Wissenschaften basieren nach Kants Auffassung von 1770 ausschließlich auf der Sinnlichkeit. Er thematisiert deshalb auch nicht das Problem, dass diese so klassifizierten Wissenschaften jene Begriffe, die „in der Natur selbst des reinen Verstandes" (Kant 1983: 39) ihren Ursprung haben – d. h. *Möglichkeit, Dasein, Notwendigkeit, Substanz, Ursache usw.* –, auch in der Physik, empirischen Psychologie, Geometrie, Mechanik und Arithmetik voraussetzen.[16]

Wenn Lambert demnach formuliert, dass es in der *Ontologie* nützlich ist „auch die vom Schein geborgte[n] Begriffe vorzunehmen, weil ihre Theorie zuletzt doch wider bey *Phaenomenis* angewandt werden muß" (*Briefe* 10: 108), wendet er sich nicht gegen die Trennung der beiden Erkenntnisquellen selbst, sondern vielmehr gegen eine fehlende Vermittlung. Diese fehle bei Kant aufgrund der als Vorurteile bzw. Blendwerke disqualifizierten Fehlschüsse in Axiom drei: Das erschlichene Axiom der dritten Art erwächst, nach Kant, nämlich aus „condicionibus subiecto propriis, a quibus in obiecta temere transferuntur" (*De mundi* 2: 417).[17] Diese Art von Blendwerk entstehe, weil der Verstandesbegriff nur *durch den gemeinen Verstand*[18] „ad datum per experientiam casum" (*De mundi* 2: 417)[19]

---

14 „Die Phaenomena prüft und erörtert man, erstlich, sofern sie dem äußeren Sinn zugehören, in der PHYSIK, sofern dem innenen Sinn, in der empirischen PSYCHOLOGIE" (Kant 1983: 43).
15 „Daher betrachtet die REINE MATHEMATIK den Raum in der GEOMETRIE, die Zeit in der reinen MECHANIK" (Kant 1983: 45).
16 Siehe dazu auch Herz' Ausführungen zu den Wissenschaften der Phänomene (Herz, *Betrachtungen*, 90).
17 „den dem Subjekt eignen Bedingungen von denen sie aufs Geratewohl auf die Objekte übertragen werden" (Kant 1983: 101).
18 Korrektur Tieftrunk (Kant 1983: 101).

angewandt werde, d. h. nur durch den *gemeinen Verstand* erkannt werde, „utrum aliquid sub certo conceptu intellectuali contineatur, necne" (*De mundi* 2: 417).[20]

Lambert hingegen argumentiert, dass es legitim und sogar notwendig ist, auf Erfahrungserkenntnisse Bezug zu nehmen. Das zentrale Argument dabei ist, dass die ontologische Theorie selbst wieder auf die Phänomene angewandt werden müsse. Sollen Begriffe wie in der Astronomie auf Gegenstände angewandt werden, sei es notwendig, in die Ontologie auch empirische Begriffe und damit *vom Schein geborgte Begriffe* aufzugreifen. Oder mit anderen Worten:

> Eine Erörterung der intellektuellen Begriffe, die auf Erscheinungen anzuwenden sind, gehört deshalb zu den Aufgaben der Metaphysik oder Ontologie, weil diese Begriffe auch auf Erscheinungen angewandt werden *müssen*, wie Lambert sagt, und nicht nur, wie Kant gelehrt hatte [*Dissertatio*], *können*. (Carl 1989a: 23)

Parallel zu diesem Argument wendet sich Lambert gegen die von Kant kritisierten *Vorurteile* der zweiten Art, wie sie im Anschluss an Paragraph 26 (*De mundi* 2: 413) in Paragraph 28 exploriert sind: In diesen wird der Verstand hintergangen, indem auf die sinnliche Bedingung hingewiesen wird, an welche die Erkenntniskraft gebunden ist, wenn sie einen Begriff bilden will.[21] Lambert versichert Kant dabei seine volle Zustimmung darin, dass das mathematisch Unendliche durch metaphysische Definitionen verdorben wird (*Briefe* 10: 109), weist aber gleichzeitig auf ein „Mittelding" (*Briefe* 10: 109) hin, das zwischen dem Empfinden und dem reinen Denken liege (*Briefe* 10: 109): „Wir haben an der Symbolischen Kenntnis noch ein Mittelding zwischen dem empfinden und wirklichen reinen Denken" (*Briefe* 10: 109). Als Beispiel führt Lambert dabei die Glieder einer unendlichen Reihe an, die zwar nicht „deutlich vorgestellt" (*Briefe* 10: 109) werden können, mit deren Vorstellung sich aber doch rechnen lässt:

> Wenn wir bey Bezeichnung des einfachen und der Zusammensetzungsart richtig verfahren, so erhalten wir dadurch sichere Regeln, Zeichen von so sehr zusammengesetzten Dingen heraus zu bringen, daß wir sie nicht mehr überdenken können, und doch versichert sind, daß die Beziehung Wahrheit vorstellt. (*Briefe* 10: 109)

---

19 „auf einen durch Erfahrung gegebenen Fall" (Kant 1983: 101).
20 „ob etwas unter einem bestimmten Verstandesbegriff enthalten ist oder nicht" (Kant 1983: 101).
21 Kant unterscheidet zwei Fälle, jenen der Erkenntnis der Größe und jenen der Erkenntnis der Beschaffenheit allgemein. In beiden Fällen scheint man nur durch die sinnliche Bedingung der Zeit die Verstandesbegriffe des Subjekts bilden zu können (*De mundi* 2: 415).

Das Rechnen mit solchen Reihen reicht demnach weit über die „Grenzen unseres wirklichen Denkens hinaus" (*Briefe* 10: 110) und „geschieht vermöge der Gesetze der Symbolischen Erkenntnis" (*Briefe* 10: 110).²² Mit Verweis auf die Paragraphen 119 und 122 der *Phänomenologie*²³ lässt sich folglich feststellen:

> Was man gewöhnlich als Proben des reinen Verstandes ansieht, wird meistens nur als Proben der symbolischen Erkenntnis anzusehen seyn. (*Briefe* 10: 110)

2.1.3 Der Status von Raum und Zeit

Lambert wirft in einem dritten Einwand die Frage nach dem Status von Raum und Zeit auf. Dabei scheinen ihm bezüglich der Zeit die vier ersten von Kant in Paragraph 14 der *Dissertatio* angeführten *Sätze* ganz richtig zu sein. Kant formuliert in diesen wie folgt:

1. Idea temporis non oritur, sed supponitur a sensibus. (*De mundi* 2: 398)²⁴
2. Idea temporis est singularis, non generalis. (*De mundi* 2: 399)²⁵
3. Idea itaque temporis est intuitus, et quoniam ante omnem sensationem concipitur, tanquam condicio respectuum in sensibilibus obviorum, est intuitus non sensualis, sed purus. (*De mundi* 2: 399)²⁶
4. Tempus est quantum continuum et legum continui in mutationibus universi principium. (*De mundi* 2: 399)²⁷

Die „Schwürigkeit" (*Briefe* 10: 106) zeigt sich – so Lambert – vielmehr im fünften Satz dieses *Paragraphen*, der wie folgt lautet:

---

22 Genau im selben Sinne stelle auch das Zeichen $\sqrt{-1}$ „ein nicht gedenkbares Unding vor" (*Briefe* 10: 110), das aber doch zur Auffindung von *Lehrsätzen* gut gebraucht werden könne.

23 „In dieser Absicht können wir sagen, daß wir, vermittelst der Sprache und anderer Zeichen, unsere Erkenntnis über die Bilder und Grenzen der Einbildungskraft hinaus schwingen" (Lambert, *Phaen.*, Organon 1764: 297, §123).

24 „1. Die Vorstellung der Zeit entspringt nicht aus den Sinnen, sondern wird von ihnen vorausgesetzt" (Kant 1983: 47).

25 „2. Die Vorstellung der Zeit ist eine einzelne, keine allgemeine" (Kant 1983: 48).

26 „3. Die Vorstellung der Zeit ist demnach Anschauung, und weil sie vor aller Empfindung, als Bedingung der am Sensiblen vorkommenden Beziehungen, vorgestellt wird, ist sie nicht Sinnes-, sondern reine Anschauung" (Kant 1983: 49).

27 „4. Die Zeit ist eine stetige Größe und der Grund der Gesetze des Stetigen in den Veränderungen des Alls" (Kant 1983: 49).

> 5. Tempus non est obiectivum aliquid et reale, nec substantia, nec accidens, nec relatio, sed subiectiva condicio per naturam mentis humanae necessaria, quaelibet sensibilia certe lege sibi coordinandi, et intuitus purus. (*De mundi* 2: 400)[28]

Darauf bezugnehmend kritisiert Lambert in seinem Brief zweierlei: Erstens wendet er sich gegen die Subjektivierung der Zeit und argumentiert für ihre Objektivität bzw. Realität. Zweitens sieht er in Kants Bestimmung ein Zuviel an Definition eines an sich vagen Begriffs. Beide Aspekte werden in der Folge näher erläutert:

Lambert argumentiert: „Alle Veränderungen sind an die Zeit gebunden und lassen sich ohne Zeit nicht denken. Sind die Veränderungen real so ist die Zeit real, was sie auch immer seyn mag" (*Briefe* 10: 107).[29] Dieser Beweis lässt sich anhand der folgenden schlusslogischen Struktur skizzieren:

OS:	A ist B.	Alle Veränderungen sind an die Zeit gebunden.
US:	A ist C.	<u>Veränderungen sind real.</u>
Concl.:	B ist C.	Die Zeit ist real.

Der Obersatz dieses Schlusses basiert auf einer Feststellung, die „selbst ein Idealiste" (*Briefe* 10: 107) zugeben müsse: Wenigstens in seiner Vorstellung wird auch er „Veränderungen, wie Anfangen und Aufhören" (*Briefe* 10: 107), der Vorstellungen eingestehen. Weil aber Veränderung Zeit bedingt und deren Realität nicht bestritten werden kann, kann auch die „Zeit nicht als etwas nicht reales angesehen werden" (*Briefe* 10: 107). Wenn auch, wie Kant richtigerweise hervorgehoben habe, die Zeit weder als Substanz noch als Akzidenz etc. bestimmbar sei, so sei sie doch, wie der Beweis zeige, „endliche Bestimmung der Dauer, und mit der Dauer hat sie etwas reales" (*Briefe* 10: 107).[30] In diesem Sinne heißt es auch in §81 der *Alethiologie* des *Neuen Organons* wie folgt:

---

[28] „5. Die Zeit ist nicht etwas Objektives und Reales, weder eine Substanz, noch ein Akzidenz, noch ein Verhältnis, sondern eine, durch die Natur der menschlichen Erkenntniskraft notwendige, subjektive Bedingung, alles beliebige Sensible durch ein bestimmtes Gesetz einander beizuordnen und eine reine Anschauung" (Kant 1983: 53).
[29] Lambert wiederholt 1773 diesen Einwand in seiner Rezension der *Betrachtungen aus der spekulativen Weltweisheit*, in denen Herz das kantische Argument der *Dissertatio* übernimmt (Lambert, *Rezension*, 228).
[30] Eine ähnliche Kritik formuliert auch Mendelssohn in seinem Brief vom 25. Dezember: „Daß die Zeit etwas bloß Subjektives seyn sollte, kann ich mich aus mehreren Gründen nicht bereden. Die Succeßion ist doch wenigstens eine notwendige Bedingung der Vorstellungen endlicher Geister. Nun sind die endlichen Geister nicht nur Subjekte, sondern auch Objekte der Vorstellungen, so wohl Gottes, als ihrer Mitgeister. Mithin ist die Folge auf einander, auch als etwas objektives anzusehen" (*Briefe* 10: 110).

> Da die Theile der Dauer nicht zugleich sind (§78), so machen sie eine gewisse Bestimmung aus, die von jeden Möglichkeiten nur eine Reihe wirklich seyn lässt. Und es gibt daher Wahrheiten, die an die Zeit dergestalt gebunden sind, daß etwas weder früher noch später ist, als es ist. Auf diese Art sagen wir: Was erst künftig seyn wird, ist itzt noch nicht, ungeachtet es seyn könnte. (Lambert, *Aleth.*, Organon 1764: 502, §81)

Dieselbe Argumentationsstruktur lässt sich, so Lambert, auf den Raum anwenden, denn dieser steht zum Ort analog der Zeit zur Dauer: „Euer HochEdelgeb. werden leicht vermuthen, wie ich nun in Ansehung des Orts und des Raumes denke. Ich setze die Analogie Zeit: Dauer – Ort: Raum" (*Briefe* 10: 108).

Die Zeit und der Raum sind daher nicht „nur ein Hülfsmittel zum Behuf der menschlichen Vorstellungen" (*Briefe* 10: 107), sondern existieren real, wie Lambert in der *Phänomenologie* des *Neuen Organons* betont: „Wenn in dem Schein eine Änderung vorgeht, so geht auch in der Tat eine Änderung vor" (Lambert, *Phaen.*, Organon 1764: 248, §54).

Neben der Argumentation für den realen Status von Raum und Zeit hebt Lambert positiv hervor, dass Kant die Bestimmung der Zeit als subjektive Bedingung – „Tempus est subiectiva conditio" (*Briefe* 10: 106) – nicht als Definition angegeben habe, kritisiert aber, dass dieser doch versuche, damit „etwas der Zeit eigenes und wesentliches an[zu]zeigen" (*Briefe* 10: 106). Lambert weist Kant deshalb darauf hin, dass alle Definitionen bzw. wesentliche Bestimmungen der Zeit „auf eine sehr mißliche Art" (*Briefe* 10: 106) das Problem aufweisen, dass man sie „durch ihre Verhältnisse zu den Dingen, die in der Zeit sind, definir[t], und damit [in] einen logischen Circulus" (*Briefe* 10: 106) verfällt. Aus diesem Grund formuliert Lambert: „Das reale der Zeit und des Raumes scheint so was einfaches und in Absicht auf alles übrige *heretogenes* [sic] zu haben, daß man es nur denken aber nicht definiren kann" (*Briefe* 10: 107). Und mit Blick auf sein eigenes System heißt es: „Der ganze Erfolg bey mir ist, daß ich verschiedenes lieber unbestimmt laße, was nicht klar gemacht werden kann" (*Briefe* 10: 108).

Diese Vagheit im Begriff führt aus der Perspektive Lamberts dazu, dass es keine Schwierigkeiten bereitet, wenn „Zeit und Raum als bloße Bilder und Erscheinungen" (*Briefe* 10: 108) angesehen werden. Denn auch „beständiger Schein" (*Briefe* 10: 108) sei „für uns Wahrheit" (*Briefe* 10: 108): „Die Sprache des Scheins wird also eben so genau statt der unbekannten wahren Sprache dienen" (*Briefe* 10: 111).

Beide Kritikpunkte, d. i. sowohl an der Subjektivierung von Raum und Zeit als auch an ihrer Überbestimmung, zusammenfassend, schließt Lambert seine Ausführungen wie folgt: „Können Euer HochEdelgeb. mich hierinn [dem Status von Zeit und Raum; R. M.] eines andern belehren, so glaube ich nicht viel zu verliehren" (*Briefe* 10: 110).

2.2 Kants Lösungsansätze

Lambert entwickelt mit den drei obig skizzierten Einwänden Problemstellungen, die Kant zu einer Revision des Projekts der *Grentzen der Sinnlichkeit und der Vernunft* führen. D. h., mit Lamberts Brief könnte Kant bereits 1770 erstens auf die Schwierigkeit der Differenzierung von Sinnlichkeit und Verstand und damit auf den *Schlüssel zum Ganzen Geheimnis* der Metaphysik hingewiesen sein.[31] Basierend auf dieser Fragestellung formuliert Kant bereits im Brief an Herz und vor dem Hintergrund der in dieser Zeitspanne entwickelten Reflexionen eine, wenn auch noch rudimentäre Subjekttheorie, die er als Antwort auf dieses Problem versteht. Insbesondere die obig dargestellten Einwände zwei und drei haben dabei das systematische Potenzial, Initialzündung für Kants Theorie des Subjekts zu sein: Kant expliziert nämlich als Antwort auf Lambert in seinem Schreiben vom 21. Februar 1772 (an Herz) die Frage nach dem Subjekt einerseits über die Quellen der intellektuellen Begriffe und schließt dabei auf die *Einheit des Verstandes*, andererseits argumentiert er über den Status der Zeit für den *Gedanken der Existenz meiner Selbst* im *inneren Sinn*.

2.2.1 Schlüssel zum ganzen Geheimnis

Lamberts Einwand, dass ein apriorischer Beweis für die Allgemeinheit der Differenzierung zweier heterogener Quellen in Phänomena und Noumena nur schwer zu führen ist, weist auf den zentralen Mangel des Projekts der *Grentzen der Sinnlichkeit und der Vernunft* hin.

Kant unterscheidet in der *Dissertatio*, in Abgrenzung zur Philosophie Wolffs und Baumgartens,[32] strikt zwischen der Sinnenerkenntnis und dem Intellektuellen des Verstandes (u. a. *De mundi* 2: 393). Die Sinnlichkeit umfasst dabei Anschauungen einzelner Gegenstände in Raum und Zeit und nicht allgemeine Begriffe. Diesen Vorstellungen kommt dabei sowohl ein Stoff als auch eine Form zu.

---

[31] Beck interpretiert in seiner Rekonstruktion die Rolle Lamberts für die Entdeckung von 1772 noch einen Schritt weitergehend, wenn er betont, dass darin „vielleicht auch die Unmöglichkeit einer nichtphänomenalen Objektivität ontologischer Begriffe" (Beck 1969a: 126) zu erkennen sei.
[32] „Ex hisce videre est, sensitivum male exponi per confusius cognitum, intellectuale per id, cuius est cognitio distincta" (*De mundi* 2: 394). „Hieraus ist zu ersehen: das Sinnliche werde schlecht erklärt durch das verworren Erkennte, das Intellektuelle durch dasjenige, dem die deutliche Erkenntnis zugehört" (Kant 1983: 29).

> Repraesentationi autem sensus primo inest quiddam, quod diceres materiam, nempe sensatio, praeterea autem aliquid, quod vocari potest forma, nempe sensibilium species, quae prodit, quatenus varia, quae sensus afficiunt, naturali quadam animi lege coordinantur. (*De mundi* 2: 392)[33]

Neben der Empfindung ist die Sinnlichkeit demnach durch eine Form, d. i. Raum und Zeit, geprägt, die eine Beiordnung bzw. Koordination (*De mundi* 2: 390) herstellt. Zeit und Raum bezeichnen ein Gesetz des Gemüts (*animus*), Vorstellungen, die uns aufgrund einer Affektion gegeben sind, zu koordinieren (Klemme 1996: 58). Kant entwickelt mit Raum und Zeit eine Verknüpfung der Empfindung, die nicht auf den Verstand zurückzuführen ist (Schulthess 1991: 191).

Beim oberen Seelenvermögen, d. i. dem Verstand, wird wiederum der Gebrauch zweifach unterschieden:

> [Q]uorum priori dantur conceptus ipsi vel rerum vel respectuum, qui est USUS REALIS; posteriori autem undecunque dati sibi tantum subordinantur, inferiores nempe superioribus (notis communibus) et conferuntur inter se secundum princ. contrad., qui USUS dicitur LOGICUS. (*De mundi* 2: 393)[34]

Kant unterscheidet zwischen einem logischen Gebrauch des Verstandes und einem realen. Der logische Gebrauch erkennt dabei lediglich logische Beziehungen zwischen Begriffen. Der reale wiederum stellt apriorische Begriffe und Erkenntnisse von Substanzen bereit. Diese erscheinen als Gegenstände in Raum und Zeit und sind damit vom Geist unabhängig. Beide Formen stellen ein Vermögen der Subordination dar, wobei beim realen Gebrauch die Begriffe selbst, der Dinge wie der Beziehungen, gegeben und beim logischen diese lediglich einander untergeordnet werden.

Auf der Basis dieser unterschiedlichen Charakterisierung zieht Kant in der *Dissertatio* deren jeweilige Grenzen und versucht damit, die Differenzierung zwischen Sinnlichkeit und Verstand zu begründen. Dabei habe er die „Natur der Intellektual-Vorstellungen bloß negativ ausgedrückt" (*Briefe* 10: 130). In Opposi-

---

[33] „In der Vorstellung des Sinnes aber findet sich erstlich etwas, was man den Stoff nennen könnte, nämlich die Empfindung, außerdem aber etwas, was die Form heißen kann, nämlich die Gestalt des Sensiblen, die hervortritt, sofern das Mannigfaltige, das die Sinne affiziert, durch eine Art von natürlichem Gesetz des Gemüts einander beigeordnet wird" (Kant 1983: 29 f.).

[34] „Durch deren ersteren werden die Begriffe selbst der Dinge wie der Beziehungen gegeben, und dies ist der REALE GEBRAUCH; durch den letzteren aber werden sie woher auch immer gegeben, nur einander untergeordnet, nämlich die niederen den höheren (gemeinsamen Merkmalen), und unter sich dem Satz des Widerspruchs gemäß verglichen, und diesen GEBRAUCH nennt man den LOGISCHEN" (Kant 1983: 31).

tion zur Sinnlichkeit bilde die Verstandeserkenntnis keine „modificationen der Seele durch den Gegenstand" (*Briefe* 10: 130). „Ich hatte gesagt" (*Briefe* 10: 131) – so Kant u. a. mit Bezug auf Paragraph 6 der *Dissertatio* (*De mundi* 2: 394) –, „die sinnliche Vorstellungen stellen die Dinge vor, wie sie erscheinen, die intellectuale wie sie sind" (*Briefe* 10: 131).

Daraus lässt sich im Rahmen der *Dissertatio* die Grenze der Sinnlichkeit leicht bestimmen: Jede Vorstellung hat notwendigerweise in Raum und Zeit eine Form und sinnliche Vorstellungen müssen daher unter diesen Bedingungen stehen, um überhaupt vorgestellt werden zu können. Die Formen dieser Vorstellungen, d. i. Raum und Zeit, geben daher Bedingungen an, unter denen etwas überhaupt Inhalt werden kann. Unter der kantischen Annahme, dass nicht alle Dinge in Raum und Zeit sind, ist damit zugleich die Grenze der Sinnlichkeit exponiert (Carl 1989a: 21). Aus der Bestimmung des oberen Seelenvermögens wird allerdings die Grenze des Verstandes weit weniger einsichtig: Sind intellektuelle Vorstellungen solche von „rerum [...] sicuti sunt" (*De mundi* 2: 392),[35] dann sind sie unabhängig vom Vorstellungszustand eines Subjekts. Diese Vorstellungen gelten von Dingen überhaupt und damit ohne jegliche Einschränkung auch von Dingen als Erscheinung.[36] Fallen die Grenzen der intellektuellen Vorstellungen mit den Grenzen der Vorstellungen überhaupt zusammen, lässt sich aber nicht in adäquater Weise von *Begrenzung* sprechen. Erscheinungen sind demnach Dinge, die durch die subjektiven Bedingungen unseres Erkenntnisvermögens charakterisiert sind, intellektuelle Begriffe wiederum lassen sich von diesen Dingen aussagen, sind aber als Vorstellungen von Dingen, wie sie sind, nicht auf diese begrenzt.

Kant konnte folglich in *De mundi* „die Sinnlichkeit unseres Erkenntnisses durch bestimmte Grenzzeichen ganz wohl vom Intellectuellen unterscheiden" (*Briefe* 10: 277) und damit ein zentrales metaphysisches Anliegen der ausgehenden 60er Jahre – die Vermeidung der *Sensifizierung der Vernunft* (der Fehler Lockes), aber insbesondere die *Intellektualisierung der Sinne* (der Fehler Leibniz') – einlösen (Carl 1989a: 24; Tonelli 1963: 375).[37]

> Omnis metaphysicae circa sensitiva atque intellectualia methodus ad hoc potissimum praeceptum redit: sollicite cavendum esse, ne principia sensitivae cognitionis domestica terminos suos migrent ac intellectualia afficiant. (*De mundi* 2: 411)[38]

---

35 „Dinge [...], wie sie sind" (Kant 1983: 29).
36 Zum Verhältnis zwischen Dingen, wie sie sind, und Dingen, wie sie erscheinen, siehe Riehl 1908: 349 ff.; Carl, 1989a: 22.
37 Zur Bedeutung dieses Aspektes siehe auch die *KrV* A271/B327.
38 „Alle Methode der Metaphysik in Bezug auf das Sinnliche und das Intellektuelle geht vorzüglich auf diese Vorschrift zurück: man müsse sich ängstlich hüten, daß die einheimischen

Was ihm dabei allerdings nicht gelingt und von Lambert mit dem Hinweis auf das Problem eines Beweises der Allgemeinheit dieser Unterscheidung eingeklagt wird, ist eine positive Bestimmung der Vernunft und damit eine Konkretisierung ihres Gegenstandsbezugs.

Aufgrund dieser fehlenden positiven Bestimmung der Grenzen der Vernunft erfüllt die *Dissertatio* für Kant 1772 nicht die eigenen Erwartungen und Lamberts Einwand fällt daher durchaus auf fruchtbaren Boden. Die Erkenntnis dieses Mangel ist es, die in Form kritischer Selbsthinterfragung – „Ich frug mich nämlich selbst" (*Briefe* 10: 130) – den „Schlüssel zu dem gantzen Geheimnisse, der bis dahin sich selbst noch verborgengen Metaphys:, ausmacht" (*Briefe* 10: 130). Der von Kant angesprochene Schlüssel zu der verborgenen Metaphysik besteht dabei in der Erkenntnis der Notwendigkeit einer Erklärung dafür, dass bzw. wie die Begriffe des Verstandes sich überhaupt auf Gegenstände und insbesondere Erscheinungen beziehen.[39] Die langen *metaphysischen Untersuchungen* bekommen damit spätestens 1772 folgende Struktur: „[A]uf welchem Grunde beruhet die Beziehung desienigen, was man in uns Vorstellung nennt, auf den Gegenstand?" (*Brief* 10: 130).[40] Kants Problemstellung liegt demnach nicht mehr nur in einer Prüfung der Anwendung intellektueller Begriffe, es geht ihm vielmehr darum, ob

---

Grundsätze der sinnlichen Erkenntnis nicht ihre Grenzen überschreiten und das Intellektuelle affizieren" (Kant 1983: 85).

39 Dabei ist es eine offene Frage, auf welche Art von Objekten die Vorstellungen bezogen werden sollen – wird die Beziehung auf empirische oder intellektuelle Gegenstände für Kant fraglich. Die erste Option wird neben einer Vielzahl von Interpreten und Interpretinnen insbesondere von Carl (1989b: 6; 1989a: 17) vertreten. Beck (1978: 22) hingegen kritisiert Carls Position, da der Brief selbst keine klare Evidenz dafür gebe. Beide Interpretationen können sich dabei auf Textevidenzen berufen: Wird der Brief und das darin gestellte Problem als die Frage nach dem Verhältnis von Verstandesbegriffen und empirischer Erfahrung gelesen, ist dies u. a. mit der Reflexion 4623, die im Zeitraum von 1772 bis 1775 entstanden ist, belegbar (*Refl* 4623 17: 617 f.). Reflexion 4154 hingegen spricht eher dafür, dass Kant das Verhältnis zu intellektuellen Gegenständen problematisiert. Rivero (2014: 163) hat darauf hingewiesen, dass vieles dafür spricht, dass Kant im Brief an Herz sowohl das Verhältnis auf Gegenstände der Sinne als auch auf intellektuelle Gegenstände thematisiere. Unter der Voraussetzung, dass Kant von Lamberts Einwänden aus dem Brief vom 13. Oktober 1770 tatsächlich so stark beeinflusst ist, wie er dies selbst kundtut, spricht viel für die erste Lesart, nach der die Notwendigkeit, metaphysische Begriffe auf die Erfahrung anzuwenden, erkannt wird.

40 In Reflexion 4473 heißt es: „Es ist die Frage, wie wir Dinge vollig *a priori*, d. i. unabhängig von aller Erfahrung (auch *implicite*) uns vorstellen können und wie wir Grundsatze, die aus keiner Erfahrung entlehnt sind, folglich *a priori*, fassen können; wie es zugehe, daß demjenigen, was blos ein Produkt unseres sich isolierenden Gemüths ist, Gegenstände correspondiren und diese Gegenstände denen Gesetzen unterworfen sind, die wir ihnen Vorschreiben" (*Refl* 17: 564; siehe auch *Refl* 4633 17: 615 f.).

intellektuelle Vorstellungen überhaupt einen Anwendungsbereich aufweisen – eine Frage, die im Rahmen des Projekts der *Grentzen der Sinnlichkeit und der Vernunft* nicht beantwortbar ist.⁴¹

Eine solche Fragestellung weist damit die unzureichende Bestimmung der Vorstellungen als *intellectus archetypus* wie auch als *intellectus ectypus* zurück. D. h., die Vorstellungen enthalten weder „die Art, wie das subiect von dem Gegenstande afficiert wird" (*Briefe* 10: 130), noch ist die Vorstellung „in Ansehung des obiects activ" (*Briefe* 10: 130), sodass „dadurch selbst der Gegenstand hervorgebracht würde" (*Briefe* 10: 130). Der Verstand sei nicht als *intellectus archetypus* zu begreifen, „auf dessen Anschauung die Sachen selbst sich gründen" (*Briefe* 10: 130), und auch kein *intellectus ectypus*, „der die data seiner logischen Behandlung aus der sinnlichen Anschauung der Sachen schöpft" (*Briefe* 10: 130).⁴²

Es sind genau diese mit der Fragestellung von 1772 gewonnenen mangelhaften Oppositionen, die Kant auch in der *Kritik der reinen Vernunft* bzw. in den *Prolegomena* als Schablone für die Hauptfrage der transzendentalen Deduktion – „wie nämlich subjektive Bedingungen des Denkens sollen objektive Gültigkeit haben" (*KrV* A89/B122) – dienen. Dabei sind für Kant 1781/87 drei Wege denkbar: Entweder liege der Grund der Übereinstimmung im Objekt oder in der Vorstellung des Objekts oder in einem Dritten, das beide aufeinander abstimme (Baum 1986: 66).⁴³ Kant weist alle drei Wege zurück, da es ihm nicht um eine äußere Über-

---

41 Der *Dissertatio* folgend zeigen die sinnlichen Begriffe, wie die Dinge durch die raumzeitliche Koordination subjektiv erscheinen; die intellektuellen Begriffe zeigen, in welchen realen Verhältnissen, der Gemeinschaft, der Subordination und der Einheit, die Dinge objektiv zueinanderstehen. Die reinen, intellektuellen Verstandesbegriffe sollen dabei zur Vermittlung dienen, es bleibt aber in der *Dissertatio* offen, wie diese Vermittlung auszusehen hat (Rivero 2014: 147).
42 Kant verwendet den Kontrast zwischen *intellectus archetypus* und *intellectus ectypus* im Brief vom 21. Februar 1772 demnach in einer anderen Hinsicht als in der *Kritik der reinen Vernunft* bzw. der *Kritik der Urteilskraft*. 1781/87 wendet Kant diesen Kontrast an, um zwischen einem anschauenden göttlichen Verstand und einem diskursiven menschlichen Verstand zu unterscheiden (*KrV* A252; B307). In der *Kritik der Urteilskraft* von 1789 wiederum nimmt Kant auf diesen Kontrast Bezug, wenn er den anschauenden Verstand im Gegensatz zu einem diskursiven Verstand nicht als vom Allgemeinen zum Besonderen und so zum Einzelnen, sondern vom Synthetisch-Allgemeinen zum Besonderen und damit vom Ganzen zu den Teilen beschreibt (*KU* 5: 406 ff.).
43 Kant distanziert sich im Brief an Herz – wenn auch in aller Kürze – von den Konzepten Platons, Malebranches und Crusius'. Weder „ein geistiges ehemaliges Anschauen der Gottheit" (*Briefe* 10: 131) noch ein „noch dauerndes immerwährendes Anschauen dieses Urwesens" (*Briefe* 10: 131) und auch nicht eine von Gott „in die menschliche Seele" (*Briefe* 10: 131) eingepflanzte Regel könnten als *Urquelle* der reinen Verstandesbegriffe und Grundsätze fungieren. In der *Kritik der reinen Vernunft* (*KrV* B167) wie auch in den *Prolegomena* (*Prol* 4: 319) ist es vor allem der sogenannte „Mittelweg" (*KrV* B167) des Crusius', den Kant genauer diskutiert.

einstimmung, sondern um ein *Sich-aufeinander-Beziehen* geht. Neben der sogenannten objektiven Deduktion der Verstandesbegriffe, die darauf beruht, dass die Kategorien Begriffe bilden, die empirische Anschauung überhaupt erst als Gegenstände zu denken erlaubten (*KrV* A93/B126), ist es Kants Apperzeptionstheorie – auf die alle Ordnungsleistungen zwischen Vorstellungen zurückgehen und damit die allgemeine subjektive Möglichkeit dieser Beziehung aufweist –, welche die Frage klärt, wie die Kategorien aus einer bloßen Wahrnehmung empirische Erkenntnis konstituieren (Baum 1986: 70).

Hat im *Projekt der Grentzen der Sinnlichkeit und der Vernunft* die *Phänomenologie* die Aufgabe, die Unterscheidung von Schein und Wahrheit zu treffen, kommt dies nun einer *Critick der reinen Vernunft* (*Briefe* 10: 130) zu. Diese bildet wie jene eine negative Disziplin, allerdings ist die Unterscheidung nicht mehr bloß durch eine Differenzierung zwischen Sinnlichem und Intellektuellem zu gewinnen, sondern liegt in der Klärung der Frage nach dem Verhältnis beider. In diesem Sinne können Lamberts Hinweise auf die Schwierigkeiten in der apriorischen Beweisbarkeit der Differenzierung als eine Initialzündung gelten, beide Seiten der Erkenntnis in ihrem apriorischen Verhältnis zueinander zu begründen.

2.2.2 Einheit des Verstandes

Basierend auf der Fragestellung der transzendentalen Deduktion evoziert Lambert mit dem konkreten Beispiel der Astronomie und der dabei aufgewiesenen Notwendigkeit metaphysischer Begriffe in empirischen Wissenschaften sowie dem Aufweis der Möglichkeit einer *symbolischen Erkenntnis* Kants Frage nach den „Quellen der Intellectualen Erkenntnis" (*Briefe* 10: 131), um daraus „alle Begriffe der gäntzlich reinen Vernunft, in eine gewisse Zahl von categorien zu bringen" (*Briefe* 10: 132).[44]

Kant stellt demnach die Frage nach dem *Grund* der Beziehung von Vorstellung und Gegenstand in Form der Entwicklung der Quellen der Verstandesbegriffe und rollt die Frage der Rechtfertigung – in einer terminologischen Entlehnung von 1787 (*KrV* B159) – als metaphysische Deduktion auf.[45]

---

44 In Reflexion 4276 (um 1770 bzw. 1771) heißt es: „Die Handlungen des Verstandes sind entweder in Ansehung der Begriffe, woher sie auch gegeben werden, in Verhaltnis auf einander durch den Verstand, wenn gleich die Begriffe und der Grund ihrer Vergleichung durch Sinne gegeben ist; oder in Ansehung der Sache, da sich der Verstand einen Gegenstand überhaupt gedenkt und die Art, etwas überhaupt und dessen Verhaltnisse zu setzen" (*Refl* 18: 493).
45 Entgegen der Position L. W. Becks und der Beck folgenden Argumentation von Allison (2015: 98) wendet sich Kant damit aber nicht „einem neuen Thema zu" (Beck 1969a: 128), sondern

Bereits in der *Dissertatio* von 1770 hatte Kant eine Liste von Begriffen – „possibilitas, exsistentia, necessitas, substantia, causa etc." (*De mundi* 2: 395)[46] –, die allerdings noch nicht als Kategorien bezeichnet werden.[47] Zudem geht Kant in *De mundi* davon aus, dass die Verstandesbegriffe „in ipsa natura intellectus puri" (*De mundi* 2: 395)[48] ihren Ursprung haben. Er versteht sie aber als Begriffe, „e legibus menti insitis (attendendo ad eius actiones occasione experientiae) abstracti, adeoque acquisiti" (*De mundi* 2: 395).[49] Im Brief an Herz von 1772 hingegen sollen die Kategorien – sind sie auch noch nicht im Einzelnen genannt – entwickelt werden, und zwar „so wie sie sich selbst durch einige wenige Grundgesetze des Verstandes von selbst in classen eintheilen" (*Briefe* 10: 132) und nicht „aufs bloße Ungefehr" (*Briefe* 10: 132). Das *et cetera* der Aufzählung von 1770 soll durch eine systematische Ordnungsstruktur, die in der Einheit des Verstandes liegt, ausgemerzt werden.

Der entscheidende Unterschied der Reflexionen zwischen 1771/2 sowie dem Herz-Brief gegenüber der *Dissertatio* liegt darin, dass Kant nun beabsichtigt, die reinen Verstandesbegriffe aus der analytischen Einheit des urteilenden Verstandes abzuleiten.[50] In diesem Sinne formuliert er in Reflexion 4493, dass dreierlei

---

entwickelt den Grund der Beziehung über die Frage nach der Quelle der Kategorien. Demnach hat Allison recht, wenn er in der Reflexion 4634 (von 1772 oder 1773) und der darin thematisierten Unterscheidung von analytisch/synthetisch eine neue bzw. erweiterte Problemstellung sieht, allerdings bedeutet diese nicht, dass „Kant appears to have broken decisively with his position in the letter to Herz, where he held that the key to understanding how pure concepts relate to objects lay in understanding how they are grounded in the nature of the intellect" (Allison 2015: 104).

In diesem Sinne leistet bereits die von Beck sogenannte metaphysische Deduktion eine Antwort auf die im Brief von 1772 aufgeworfene Frage nach dem Grund. Dies hat insbesondre Carl (1989a: 17 ff.) hervorgehoben. Noch im Brief an Bernoulli von 1781 betont Kant in Bezug auf Lambert, dass um 1771 die Bestimmung des Intellektuellen zum wichtigsten Problem wird: „Aber nunmehr machte mir der Ursprung des Intellektuellen von unserem Erkenntnis neue und unvorhergesehene Schwierigkeit" (*Briefe* 10: 278).

46 „Möglichkeit, Dasein, Notwendigkeit, Substanz, Ursache etc." (Kant 1983: 39).
47 Der früheste Beleg für den Begriff Kategorien findet sich in der Reflexion 4276, die Adickes auf 1770/71 datiert (Schulthesss 1981: 241; Klemme 1996: 59).
48 „in der Natur selbst des reinen Verstandes" (Kant 1983: 37 ff.).
49 „die aus den der Erkenntniskraft eingepflanzten Gesetzen (dadurch, daß man auf ihre Handlungen bei Gelegenheit der Erfahrung achtet) abgezogen und folglich erworben sind" (Kant 1983: 39).
50 G. Sala (1978: 1–16) hingegen argumentiert, dass Kant bereits in der *Dissertatio* die Lehre der Apperzeption und ihren spontanen Charakter antizipiert habe, da die Begriffe des Verstandes als erworben anstatt als angeboren konzipiert seien und damit der scheinbar dogmatische Charakter des *usus realis* unterlaufen werde. Ähnlich argumentiert Kreimendahl (1990: 222f.) mit Bezug auf §30 der *Dissertatio*, wenn er Prinzipien der intellektuellen Erkenntnis als subjektiv deklariert. Zu

„resepctus reales" (*Refl* 4493 17: 571) in Bezug auf ein substanziell gedachtes *Ich* denkbar sind:

1. der Folge zum Grunde, dependentiae ab una et causalitatis ab altera parte;
2. des Theils zum Gantzen.
3. des accidens zur substantz.
In (allen) dreyen entspringt Einheit: der subordination, der coordination und der inhaerentz (Vieler accidentien in einem subiect. Ich ist die Anschauung einer substantz.). (*Refl* 4493 17: 571 f.)⁵¹

Kant identifiziert in dieser 1772 entstandenen Reflexion das *Ich* mit den Relationskategorien und nimmt damit einen zentralen Gedanken der Reflexionen des *Duisburger Nachlasses* (*Refl* 4674 17: 647) vorweg. Die Differenzierung von Koordination und Subordination als Ordnungsstrukturen von Sinnlichkeit und Verstand, die in der *Dissertatio* ganz zentral war, wird dabei als „untauglich für die Gliederung der Kategorientafel" (Schulthess 1981: 209) erkannt. Zentrale Voraussetzung dafür sind zwei Transformationen: Erstens wird die Zeit „nicht mehr Actus coordinationis, sondern bloße Bedingung der Koordination" (Schulthess 1981: 241) genannt. Zweitens reduziert Kant den Verstandesgebrauch auf den logischen und weist damit den realen zurück, denkt ersteren allerdings in Bezug auf die Sinnlichkeit. In der Reflexion 4373, die Adickes auf 1771 datiert, heißt es dazu: „Unabhängig von aller Erfahrung giebt es keine Gegenstände und auch keine gesetze des Verstandes" (*Refl* 4373 17: 534; siehe auch die auf 1772 datierte *Refl* 4445 17: 552 f.).

Erst mit diesen beiden Transformationen kann das *Ich* nach 1770 als epistemischer Grund gleichermaßen von Subordination und Koordination inauguriert werden (Klemme 1996: 59). D. h., erst die Ablösung der Untersuchung der „Grentzen der Sinnlichkeit und der Vernunft" (*Briefe* 10: 129) durch eine „Critick der reinen Vernunft" (*Brief* 10: 132) macht die Einheit des Verstandes zur „Grundlage der Gewinnung derjenigen Funktionen, die auf Sinnlichkeit bezogen Kategorien ergeben" (Klemme 1996: 71). Alle Ordnungsstrukturen auf die Ordnungsfunktionen des Verstandes zurückzuführen, heißt demnach nichts anderes, als von einem einheitlichen Subjekt auszugehen. Ganz in diesem Sinne formuliert Kant in der Reflexion 4381 – die von Adickes nicht eindeutig zugeordnet wird, nach Klemme (1996: 71) aber wahrscheinlich aus dem Jahr 1771 stammt – seine neue Theorie wie folgt:

Recht weist G. Rivero (2014: 143) Salas Position mit dem Verweis darauf zurück, dass Kant 1770 noch keine Lehre der Psychologie und des Ich entwickelt habe.
51 Siehe auch Reflexion 3946: „[D]ie Metaphysik zeigt die allgemeinen Begriffe, die aus der Natur der menschlichen Vernunft fließen und deren besondere Gesetze" (*Refl* 3946 17: 360).

Die Seele ist einfach, ist transscendent, und ich muß entweder sagen: Ich, der ich die Seele denke, bin etwas einfaches, oder: die Seele ist etwas, was physisch nicht trennbar ist. Kurz: einem Gegenstande als *phaenomeno* kan ein intellectuelles praedicat nur Zukommen, in so fern es sinnlich bestimbar ist. (*Refl* 4381 17: 527; siehe auch: *Refl* 4493 und *Refl* 4495 17: 573, die beide von Adickes ins Jahr 1772 datiert werden)

Der im Brief an Herz gesuchte Grund für die Erklärung der Beziehung der Vorstellungen auf den Gegenstand wird damit in einer *einfachen, transzendenten Seele* erkannt, durch welche die Kategorien als reale „Ordnungselemente zwischen den allererst durch sie bestimmten Relata" (Klemme 1996: 59) legitimiert sind.

Kant formuliert mit dieser Theorie des Ich, aus der die verschiedenen gegenstandsbestimmenden Begriffe abgeleitet werden, eine *analytische Einheit des Bewusstseins* (*KrV* B133). Dabei handelt es sich um eine Vorwegnahme des ersten Argumentationsschritts des §16 der zweiten Auflage der *Kritik der reinen Vernunft*, nach dem ein „Ich denke [...] alle meine Vorstellungen begleiten können" (*KrV* B131) muss. Dass ein Ich alle meine Vorstellungen begleiten können muss bzw. „in meinem Erkenntnisse alles Bewußtsein zu einem Bewußtsein (meiner selbst) gehöre" (*KrV* A117), wie es in der ersten Auflage heißt, ist für Kant ein analytischer Satz, da nur dadurch die Vorstellungen als meine Vorstellungen identifiziert werden können. Kant argumentiert hier also für eine „ursprüngliche Verbindung" (*KrV* B132) zwischen Ich und Vorstellung, d. i. zwischen dem Angehören einer Vorstellung zu dem aktiven Vorstellungsvermögen (Baum 1986: 95). Der Satz *Ich denke* begleitet demnach „alle Kategorien als ihr Vehikel" (*KrV* A348/B406) und macht die kollektive Einheit aller meiner Vorstellungen möglich. Kant expliziert mit der spätestens 1772 entdeckten Idee einer analytischen Einheit des urteilenden Verstandes den „obersten Grundsatz" (*KrV* B136) aller Anschauungen „in Beziehung auf den Verstand" (*KrV* B136).

Es ist diese einheitsstiftende Funktion des Ich bzw. Verstandes, die es Kant bereits 1772 erlaubt, auf den von Lambert formulierten Einwand der Notwendigkeit der Verstandesbegriffe im Rahmen empirischer Wissenschaften zu reagieren. Die Astronomie wird Kant dabei zum paradigmatischen Beispiel einer sogenannten *rationalen* und *eigentlichen Wissenschaft* (*MAN* 4: 469), die neben einer angewandten Vernunfterkenntnis auch einen „reinen Teil, auf dem sich die apodiktische Gewißheit" (*MAN* 4: 469) aller übrigen Naturerklärungen gründet, aufweist. In §38 der *Prolegomena* weist Kant diesen reinen Teil der Astronomie, der sie über die *uneigentliche Naturwissenschaft* als *eigentliche* etabliert, explizit auf, wenn er den Zusammenhang zwischen der Konstruktion von Kreisen, Ellipsen, Parabeln sowie Hyperbeln und der physischen Astronomie aufdeckt. Ohne *Begriffe vom Schein zu borgen*, weist Kant damit – im Sinne Lamberts, aber unter gänzlich anderen Mitteln – die Notwendigkeit metaphysischer Begriffe in der Erfahrungswissenschaft auf. Zudem wird Kant 1783 in der *analytisch-regressiven Methode* der *Prolegomena* (*Prol* 4: 274) im Unterschied zur *Kritik der reinen Vernunft* die Funktionen des Verstandes ausgehend vom *Faktum* der Physik darstellen.

Kant hält damit im Sinne der *Zwei-Stämme-Lehre* (*KrV* A15/B29) an der strikten Differenzierung zwischen Sinnlichkeit und Verstand fest. Es gibt demnach keine *symbolische Erkenntnis* im Sinne Lamberts, da dies eine strukturelle Ähnlichkeit beider Seiten voraussetzt. Die 1772 entdeckte Einheit der Verstandesbegriffe in einer Theorie des Ich erlaubt es aber, einen ersten Beweis des *Sich-Beziehens* beider Seiten zu führen.

2.2.3 Der innere Sinn

Mit Lamberts Argumenten für die Realität der Zeit und des Raumes hat Kant noch mehr konkrete inhaltliche Anhaltspunkte als in den Argumenten zur Notwendigkeit metaphysischer Begriffe in empirischen Wissenschaften und symbolischer Erkenntnis, um seine eigene neu entwickelte Theorie des *Ich* zu schärfen. Er akzeptiert den von Lambert schlusslogisch argumentierten Beweis, wenn er auch andere Konsequenzen daraus zieht.

Die kantische Replik auf Lamberts Einwände, wie sie sich im Brief an Herz findet, lässt sich dabei in drei Teile gliedern: In einem ersten Schritt nimmt Kant direkt auf Lamberts Zeit-Argument Bezug und akzeptiert dieses, greift aber zweitens die Analogie von Dauer-Zeit und Ort-Raum an, um drittens davon ausgehend, aber in Differenz zu Lamberts Konklusionen eine Theorie des Ich als Gegenstand des inneren Sinns zu antizipieren.

Kant fasst Lamberts Argumentation 1772, d. i. fast eineinhalb Jahre nach Erhalt des Briefes, wie folgt zusammen: „Veränderungen sind etwas wirkliches, (laut dem Zeugnis des innern Sinnes) nun sind sie nur unter Voraussetzung der Zeit möglich; also ist die Zeit etwas wirkliches, was den Bestimmungen der Dinge an sich selbst anhängt" (*Briefe* 10: 134). Dabei ist hervorzuheben, dass Kant sich keineswegs an dem Beweis selbst stößt, sondern vielmehr an der Analogie von Dauer-Zeit zu Ort-Raum. Kant nimmt damit einen Aspekt in Betracht, der in Lamberts Beweisführung ohne wesentliche Argumente impliziert war (*Briefe* 10: 108). Der Auffassung Kants nach liegt zwischen diesen Verhältnissen jedoch eine grundlegende Disparallelität, deren Ursache in der unterschiedlichen Struktur von äußerem und innerem Sinn zu sehen ist: In „Ansehung äußerer Dinge" (*Briefe* 10: 134) kann man nicht „aus der Wirklichkeit der Vorstellungen auf die der Gegenstände" (*Briefe* 10: 134) selbst schließen. In Ansehung des „innern Sinns aber ist das Dencken oder das existiren des Gedanckens meiner Selbst einerley" (*Briefe* 10: 134). Von den Vorstellungen des äußeren Sinnes kann also nicht auf die Wirklichkeit von Gegenständen außer mir geschlossen werden, hingegen ist ausgehend vom inneren Sinn *das Denken* bzw. die *Existenz eines Gedankens* notwendigerweise mit einem Selbst verbunden.

Kant stimmt demnach dem Zeit-Argument Lamberts zu, differenziert allerdings die daraus gewonnenen Konsequenzen, wenn er den „Schüssel" (*Briefe* 10: 134) zu der von Lambert aufgeworfenen Schwierigkeit vorzustellen beabsichtigt: Es sei nicht möglich, seinen eigenen Zustand unter der Form der Zeit zu denken, da im inneren Sinn nicht die Veränderung, sondern nur die jeweiligen Erscheinungen und die jeweilige Vorstellung meiner Selbst wiedergegeben werden. Aus diesem Grund lasse sich davon ausgehend nicht auf ein konstantes, substanzielles Ich schließen, sondern nur auf die jede Erscheinung aufs Neue begleitenden *Vorstellungen meiner Selbst*.

Das von Kant aus dem Schluss gewonnene notwendige *Selbst* ist nur unter der Voraussetzung einer gegebenen Vorstellung bewusst und nicht über die Vorstellung hinausgehend konstant.[52] Aus diesem Grund lässt sich auch nicht sagen, „die innere Erscheinung verändere sich, denn wodurch wolte ich diese Veränderung beobachten wenn sie meinem innern Sinne nicht erschiene" (*Briefe* 10: 134).[53]

Ein *Selbst* im inneren Sinn findet in Kants Interpretation des lambertschen Schlusses nur unter der Voraussetzung statt, dass dem Subjekt eine Erscheinung gegeben ist, weshalb die Veränderungen, die dem Subjekt über die singulären Erscheinungen hinaus nicht gegeben sind, selbst nicht bewusst werden können. Wir können uns selbst nur unter der Bedingung erkennen, dass wir wahrnehmen. In Reflexion 3827 (die zwischen 1764 und 1772 entstanden ist) heißt es in einem radikal anti-cartesianischen Sinne diesbezüglich: „Gott erkennt alles, indem er sich selbst erkennt. Der Mensch erkennt sich selbst, indem er andere Dinge erkennt" (*Refl* 3827 17: 304). Ausgehend von dem *Gedanken der Existenz meiner Selbst* kann weder darauf geschlossen werden, dass „die Dinge der Welt" (*Briefe* 10: 134) objektiv sind und über verschiedene Zeiten hinweg konstant, noch, dass sich deren Zustand verändere (Falkenstein 1991: 227–251).

Kant reagiert folglich in zweierlei Hinsicht auf die Kritik Lamberts an der Zeit- und Raumtheorie der *Dissertatio*: Erstens lehnt er die Analogie zwischen den Zeit- und den Raumargumenten ab. Zweitens integriert er auf der Basis von Lamberts

---

[52] Brandt (1981: 44–49; 54) sieht hier eine wesentliche Beeinflussung durch Locke.
[53] „All we have is appearances of change. There is no change of appearances, no succession of appearance" (Bader 2010: 6; Van Cleve 1999: 54f.).

Einwand den *Gedanken der Existenz meiner Selbst* in seine Theorie der Zeit, wenn auch in Opposition zu den rationalistischen Einwänden aller drei Berliner Philosophen.

Bei dieser Replik handelt es sich um eine Überlegung, die zum Teil wortwörtlich in §7 der *Transzendentalen Ästhetik* der *Kritik der reinen Vernunft*[54] aufgenommen wird. Kant gibt darin Lamberts Einwand wie folgt wieder:

> Er lautet also: Veränderungen sind wirklich (dies beweiset der Wechsel unserer eigenen Vorstellungen, wenn man gleich alle äußere Erscheinungen samt deren Veränderungen leugnen wollte). Nun sind Veränderungen nur in der Zeit möglich, folglich ist die Zeit etwas Wirkliches. (*KrV* A36 f./B53)

Kant deklariert diesen Einwand 1781 als ein Argument, das „einstimmig gemacht" (*KrV* A38/B54) und sogar von Denkern – gemeint sind über Lambert hinaus Mendelssohn und Schultz – vorgetragen werde, die prinzipiell nichts *Einleuchtendes* gegen die Idealität des Raumes einzuwenden hätten.[55] Wie in der Replik auf diesen Einwand im Brief an Herz begegnet Kant diesem Argument auch in der *Kritik der reinen Vernunft* mit einer prinzipiellen Zustimmung: „Ich gebe das ganze Argument zu" (*KrV* A37/B53). Die Zeit ist der *Transzendentalen Ästhetik* folgend tatsächlich etwas Wirkliches, die wirkliche Form der inneren Anschauung:

> Die Zeit ist allerdings etwas Wirkliches, nämlich die wirkliche Form der innern Anschauung. Sie hat also subjective Realität in Ansehung der innern Erfahrung, d. i. ich habe wirklich die Vorstellung von der Zeit und meinen Bestimmungen in ihr. Sie ist also wirklich, nicht als Object, sondern als die Vorstellungsart meiner selbst als Objects anzusehen. (*KrV* A37/B53 f.)

Der Zeit komme demnach eine „empirische Realität als Bedingung aller unsrer Erfahrungen" (*KrV* A37/B54) zu, aber keine „absolute Realität" (*KrV* A37/B53). Sie sei nichts „als die Form unsrer inneren Anschauung" (*KrV* A37/B54), d. h., werden die besonderen Bedingungen unserer Sinnlichkeit weggenommen, so verschwindet auch ihr Begriff. Das Ich als Gegenstand des inneren Sinns verflüchtigt sich, sobald die Aufmerksamkeit auf es und seine Vorstellungen gerichtet wird. Die Zeit hängt daher „nicht an den Gegenständen selbst, sondern bloß am *Sub-*

---

54 §7 der *Transzendentalen Ästhetik* bildet einen vieldiskutierten Forschungsgegenstand der kantischen Philosophie (Düsing 1980: 1–34; Michel 2004: 245–271; Kümmel 1972: 21–28; Mohr 1991; Baum 2002: 107–123).

55 Die Gegenstände „unserer inneren Sinne[] (meiner selbst und meines Zustandes)" (*KrV* A38/B55) sollen, den Berliner Philosophen folgend, „unmittelbar durchs Bewußtsein klar" (*KrV* A38/B55) sein: „Jene [des äußeren Sinnes] konnten ein bloßer Schein sein, dieser aber ist ihrer Meinung nach unleugbar etwas Wirkliches" (*KrV* A38/B54).

jecte, welches sie anschaue" (*KrV* A37 f./B54; Hervorhebung R. M.).[56] Durch die innere Anschauung seiner selbst als Dasein in der Zeit ist dem Menschen ein empirisch rezeptives Verständnis zu sich selbst gegeben, das notwendig mit der äußeren Erfahrung verbunden ist (Kümmel 1972: 21).[57] Im Gegensatz zu Lambert – der von der Zeitlichkeit der Selbstwahrnehmung im Wechsel der Vorstellungen auf die Notwendigkeit des Gegenstands der Selbstwahrnehmung, d. h. ein wahrgenommenes Subjekt, schließt – argumentiert Kant von der Zeitlichkeit der Selbstwahrnehmung im Wechsel der Vorstellungen für die Notwendigkeit eines vorstellenden Subjekts (Mohr 1998: 119).[58]

Kant akzentuiert auf der Basis von Lamberts Einwand und mit Blick auf die Deduktion der *Transzendentalen Analytik* eine „subjektive Einheit des Bewusstseins [...], die eine Bestimmung des inneren Sinnes ist" (*KrV* B139). Durch diese Einheit werde das Mannigfaltige der Anschauung empirisch gegeben. Der innere Sinn und die dadurch in eine Einheit gebrachten Vorstellungen sind Voraussetzung dafür, gegebene Vorstellungen zu Erkenntnis von Objekten zu verbinden (Carl 1998: 198).

Kant hat 1772 bzw. daran anschließend 1781/87 eine Replik auf Lamberts Beweisführung gegen die Subjektivität der Zeit formuliert und in kritischer Weiterentwicklung des Einwands den *Gedanken der Existenz meiner Selbst* in seine Zeittheorie integriert. Die dabei gewonnene Theorie des Ich stellt damit eine wesentliche Weiterentwicklung gegenüber der Zeittheorie der *Dissertatio* dar und ist als striktes Gegenmodell zu den substanztheoretisch fundierten rationalistischen Auffassungen des Ich konzipiert.

---

56 Werden aber Raum und Zeit als zur Erscheinung gehörig betrachtet, ohne damit ihre Wirklichkeit als Vorstellungen zu leugnen, wie Kant dies, seinem eigenen Anspruch folgend, in der *Transzendentalen Ästhetik* nachgewiesen hat, dann besteht durchaus eine Analogie zwischen beiden. Kant argumentiert in diesem Sinn nun für beide, den inneren als auch den äußeren Sinn, in gleicher Weise und führt erneut eine Analogie ein, nachdem er im Brief an Herz Lamberts Analogie zurückgewiesen hat. Zur Analogie von Raum und Zeit in der *Dissertatio* und der *Kritik der reinen Vernunft* siehe Mohr 1998: 120 f.; Bader 2017: 124–137.
57 „[S]o ist die Realität des äußeren Sinnes mit der des innern zur Möglichkeit einer Erfahrung überhaupt nothwendig verbunden: d. i. ich bin mir eben so sicher bewußt, daß es Dinge außer mir gebe, die sich auf meinen Sinn beziehen, als ich mir bewußt bin, daß ich selbst in der Zeit bestimmt existire" (*KrV* BXLI).
58 Das Ich des inneren Sinns wird von Kant auch als „das Ich der Apprehension" (*Anth* 7: 141) bezeichnet, das eine „empirische Apperception enthält" (*Anth* 7: 141 f.).

3 Kants Theorie der Apperzeption in der *Kritik der reinen Vernunft*

In der *Kritik der reinen Vernunft* entwickelt Kant die *Deduktion der reinen Verstandesbegriffe* als eine „Erklärung der Art, wie sich Begriffe a priori auf Gegenstände beziehen können" (*KrV* A85/B117). Eine transzendentale Deduktion sei geleistet, wenn ein Beweis der „Rechtmäßigkeit" (*KrV* A85/B117) der Kategorien „zum reinen Gebrauch a priori" (*KrV* A85/B117) geführt ist. Demnach setzt die *Quid-juris-Frage* die Differenzierung zwischen innerem Sinn und Apperzeption als zwei Erkenntnisstämme (Spontanität und Rezeptivität) voraus. Zudem weist Kant kritisch darauf hin, dass man „den inneren Sinn mit dem Vermögen der Apperzeption [...] in den Systemen der Psychologie für einerlei auszugeben pflegt" (*KrV* B153), beide aber „sorgfältig unterschieden" (*KrV* B153) werden müssen. Und tatsächlich geht nicht nur der historischen Entwicklung des kantischen Denkens, sondern der transzendentalen Deduktion selbst diese Trennung voraus, wenn es in §15 heißt:

> Das Mannigfaltige der Vorstellungen kann in einer Anschauung gegeben werden, die bloß sinnlich, d. i. nichts als Empfänglichkeit ist, und die Form dieser Anschauung kann a priori in unserem Vorstellungsvermögen liegen [...]. Allein Verbindung (*conjunctio*) eines Mannigfaltigen überhaupt, kann niemals durch Sinne in uns kommen, und kann also auch nicht in der reinen Form der sinnlichen Anschauung zugleich mit enthalten sein; denn sie ist ein Actus der Spontaneität der Vorstellungskraft, und, da man diese, zum Unterschiede von der Sinnlichkeit, Verstand nennen muß, so ist alle Verbindung [...] Verstandeshandlung. (*KrV* B129 f.)

Aber auch in der A-Auflage ist diese Unterscheidung konstitutiv, wenn es heißt: „[A]lles Bewußtsein gehört ebensowohl zu einer allbefassenden reinen Apperzeption, wie alle sinnliche Anschauung als Vorstellung zu einer reinen inneren Anschauung, nämlich der Zeit" (*KrV* A123 f.).

Der innere Sinn enthält dabei „die bloße Form der Anschauung, aber ohne Verbindung des Mannigfaltigen in derselben, mithin noch gar keine bestimmte Anschauung" (*KrV* B154). Die Apperzeption wird dagegen als der „Quell aller Verbindungen" (*KrV* B154), als eine „auf das Mannigfaltige der Anschauungen überhaupt unter dem Namen der Kategorien" (*KrV* B154) bezogene Funktion bestimmt.

Auf der Basis der Differenzierung zwischen *in einer Form gegeben* und *in eine Verbindung gebracht* bildet die *transzendentale* oder „ursprüngliche[] Apperception" (*KrV* A122) bzw. „urspüngliche[] synthetische[] Einheit der Apperception" (*KrV* B169) in beiden Auflagen der Deduktion den zentralen Beweisgrund des

Arguments.[59] Diese stellt eine Voraussetzung dar, die sowohl dem Denken als auch der Anschauung zugrunde liegt, ohne die grundsätzliche Verschiedenheit beider Repräsentationsformen aufzuheben (Kümmel 1972: 23). Sie ist demnach der Vorstellung des *Ich denke* vorausgesetzt und zugleich den Synthesen der Einbildungskraft und der Anschauung zugrunde gelegt. Damit bildet sie den Grund der Beziehung der Vorstellungen auf den Gegenstand. Mit der ursprünglich-synthetischen Einheit der Apperzeption ist ein Spezifikum der kantischen Philosophie bezeichnet, das in dieser Weise keinen historischen Vorgänger kennt, deren Konzept aber über die Auseinandersetzung mit anderen Theorien des Ich entstanden ist. Dabei sind es die 1772 erkannten Formen der Einheit – einerseits des *Ich des inneren Sinns* und andererseits des *Ich als Einheit des urteilenden Verstandes* –, die eine Lücke eröffnen, die im Zuge der Reflexionen der 70er Jahre anhand des Konzepts der ursprünglich-synthetischen Einheit der Apperzeption geschlossen werden wird. D. h., bereits in den Reflexionen auf die Einwände Lamberts entwickelt Kant beide Seiten des zu rechtfertigenden Verhältnisses in der für das Argument notwendigen Struktur. Kant kennt aufgrund seiner kritischen Auseinandersetzung mit der empirischen sowie rationalen Psychologie beide Formen der Einheit, d. h. die Einheit des Verstandes und der Sinnlichkeit, es fehlt allerdings noch die für die *Kritik der reinen Vernunft* charakteristische Argumentationsstruktur ihrer Vermittlung (*KrV* A108; *KrV* A111f.; *KrV* B136; *KrV* B139f.; *KrV* B150).[60]

Kant hat demnach 1772 in einer Replik auf Lamberts Einwände gegen die *Dissertatio* sowohl die Frage nach dem Grund der Beziehung von Vorstellung und Gegenstand als auch das Konzept eines inneren Sinns und der Einheit der Verstandesbegriffe entwickelt. Die *schwierigen metaphysischen Überlegungen*, die die Veröffentlichung der *Kritik der reinen Vernunft* noch fast zehn Jahre aufschieben, haben folglich die beiden Formen der Einheit begrifflich auszuarbeiten, zu etablieren und in Form der ursprünglich-synthetischen Einheit der Apperzeption grundzulegen.

---

[59] Die ursprünglich-synthetische Einheit der Apperzeption bilde einerseits den „höchsten Punkt" (*KrV* B134) allen Verstandesgebrauchs unter Einschluss der Logik und der Transzendentalphilosophie und andererseits bestimme sie im Nachweisen der „Anwendung der Kategorien auf Gegenstände der Sinne überhaupt" (*KrV* B150) und damit auf Gegenstände in Raum und Zeit von innen her (*KrV* B153) den inneren Sinn und sein Anschauungsmannigfaltiges zur gegenständlichen Einheit.

[60] Zur Entstehung dieses Verhältnisses siehe die Reflexionen des *Duisburger Nachlasses*, in denen Kant zum ersten Mal den Begriff *ursprünglich* verwendet, um die Apperzeption bzw. das Subjekt als unhintergehbaren Grund aller Objektkonstitution zu spezifizieren. Zur Diskussion, wie Kant diesen Apperzeptionsbegriff 1775 interpretiert, siehe Klemme 1996: 128; Carl 1989a: 92.

4 Resümee

Im Brief an Herz vom 2. Februar 1772 formuliert Kant, dass er in der Frage nach dem Grund der Beziehung von Vorstellung und Gegenstand den *Schlüssel zum Geheimnis* der bis dato *verborgenen Metaphysik* gefunden hat. Dabei sind die gegenüber Herz argumentierten Einsichten einerseits als konsequentes kritisches Weiterdenken des Projekts der *Grentzen der Sinnlichkeit und der Vernunft*, von dem die *Dissertatio* 1770 eine Probe geben sollte, und andererseits durch die auf die Schrift *De mundi sensibilis atque intelligibilis forma et principiis* folgenden Einwände der Berliner Philosophen Mendelssohn, Sulzer und Lambert zu verstehen. Aufgrund des sehr sporadischen Briefwechsels zwischen Lambert und Kant wurde in der Forschung die Rolle Lamberts für Kants Theorie der Apperzeption teilweise unterschätzt. Die vorliegende Untersuchung konnte zeigen, dass Lambert in seinem Brief vom Oktober 1770 drei fundamentale Einwände gegen Kants Erprobung des Projekts der *Grentzen der Sinnlickeit und der Vernunft* im Rahmen der *Dissertatio* entwickelt, die Kants Transformation des eigenen Vorhabens maßgeblich geprägt haben, wie Belege verstreut über die ganzen 70er Jahre hinweg nachweisen. Auch wenn Kant Lambert auf seinen Brief von 1770 eine Antwort schuldig bleibt, konnte seine am Beginn der 70er Jahre sich im Entstehen befindliche, aber noch rudimentär entwickelte Apperzeptionstheorie als eine Replik auf alle drei Einwände rekonstruiert werden.

Kant hat folglich sowohl die kritische Fragestellung von 1772 als auch zentrale Lösungsansätze ausgehend von Lamberts Einwänden gewonnen. Wesentlich ist dabei, dass er die Einwände Lamberts nicht bloß als Kritik, sondern vielmehr als produktive Basis für seine neustrukturierte Subjekttheorie heranzieht.

Zusammenfassend lässt sich mit Blick auf Kants eigene Einschätzung der Rolle Lamberts in der Dedikation von 1776 festhalten, dass dieser das Projekt der *Critick der reinen Vernunft* „veranlasst" (*Refl* 5024 18: 64) habe und die dabei entstandene Apperzeptionstheorie wesentlich auf seine „Aufforderung und Wink[e]" (*Refl* 5024 18: 64) zurückgeführt werden kann.

Bibliographie

Bader, Ralf M., 2010, „Self-Knowledge in §7 of the Transcendental Aesthetic", in: Claudio la Rocca, Alfredo Ferrarin und Stefano Bacin (Hrsg.), *Akten des 11. Internationalen Kant-Kongresses*, Berlin/New York: De Gruyter, 532–540.

Baensch, Otto, 1978, *Johann Heinrich Lamberts Philosophie und seine Stellung zu Kant*, Hildesheim: Gerstenberg.

Baum, Manfred, 2002, „Logisches und personales Ich bei Kant", in: Dietmar Heidemann (Hrsg.), *Probleme der Subjektivität in Geschichte und Gegenwart*, Stuttgart-Bad Cannstatt: frommann-holzboog, 107–123.

Beck, Lewis White, 1969a, „Lambert und Hume in Kants Entwicklung von 1769–1772", *Kant-Studien*, 60(2), 123–130.

Beck, Lewis White, 1969b, *Early German Philosophy. Kant and His Predecessors*, Cambridge, MA: Harvard University Press.

Beck, Lewis White, 1989, „Two Ways of Reading Kant's Letter to Herz: Comments on Carl", in: Eckart Förster (Hrsg.), *Kant's Transcendental Deduction. The Three Critiques and the Opus postumum*, Stanford: Stanford University Press, 21–26.

Beiser, Frederick C., 1992, „Kant's Intellectual Development: 1746–1781", in: Paul Guyer (Hrsg.), *The Cambridge Companion to Kant*, Cambridge: Cambridge University Press, 26–61.

Brandt, Reinhard, 1981, „Materialien zur Entstehung der Kritik der reinen Vernunft (John Locke und Johann Schultz)", in: Ingeborg Heidemann und Wolfgang Ritzel (Hrsg.), *Beiträge zur Kritik der reinen Vernunft 1781–1981*, Berlin/New York: De Gruyter, 37–68.

Carl, Wolfgang, 1989a, *Der schweigende Kant*, Göttingen: Vandenhoeck und Ruprecht.

Carl, Wolfgang, 1989b, „Kant's First Drafts of the Deduction of the Categories", in: Eckart Förster (Hrsg.), *Kant's Transcendental Deduction. The Three Critiques and the Opus postumum*, Stanford: Stanford University Press, 3–20.

Conrad, Elfriede, Delfosse, Heinrich P. and Nehren, Birgit, 1990, „Einleitung", in: Elfriede Conrad, Heinrich P. Delfosse und Birgit Nehren (Hrsg.), *Markus Herz: Betrachtungen aus der spekulativen Weltweisheit*, Hamburg: Meiner, VII–XL.

Cramer, Luise, 1915, „Kants rationale Psychologie und ihre Vorgänger", *Vierteljahresschrift für wissenschaftliche Philosophie und Soziologie*, 39, 1–37.

Düsing, Klaus, 1980, „Objektive und subjektive Zeit. Untersuchungen zu Kants Zeittheorie und zu ihrer modernen kritischen Rezeption", *Kant-Studien*, 71, 1–34.

Dyck, Corey W., 2014, *Kant and Rational Psychology*, Oxford: Oxford University Press.

Falkenstein, Lorne, 1991, „Kant, Mendelssohn, Lambert, and the Subjectivity of Time", *Journal of the History of Philosophy*, 29(2), 227–251.

Herz, Markus, 1990, *Betrachtungen aus der spekulativen Weltweisheit*, Hamburg: Meiner.

Kant, Immanuel, 1983, *Schriften zur Metaphysik und Logik 1*, in: Immanuel Kant, *Werke*, Band 5, hrsg. von Wilhelm Weischedel, mit einer Übersetzung von Norbert Hinske, Darmstadt: Wissenschaftliche Buchgesellschaft Darmstadt.

Kreimendahl, Lothar, 1990, *Kant. Der Durchbruch von 1769*, Köln: Dinter.

Kuliniak, Radosław, 2004, „Lamberts Einfluss auf Kants Transzendentalphilosophie", in: Andreas Lorenz (Hrsg.), *Transzendentalphilosophie heute. Breslauer Kant-Symposion*, Würzburg: Königshausen und Neumann, 153–162.

Kümmel, Friedrich, 1972, „Das Zeitbewußtsein als Einheit von Spontaneität und Rezeptivität. Zur Begründung der Objektivität der Erkenntnis in der Kritik der reinen Vernunft", *Zeitschrift für philosophische Forschung*, 26(1), 21–28.

Lambert, Johann Heinrich, 1764, *Neues Organon oder Gedanken über die Erforschung und Bezeichnung des Wahren und dessen Unterscheidung vom Irrthum und Schein*, Band 1 und 2, Leipzig: Johann Wendler.

Lambert, Johann Heinrich, 1773, „Rezension von Herz' Betrachtungen", *Allgemeine Deutsche Bibliothek*, 20, 228.

Laywine, Alison, 2001, „Kant's Reply to Lambert on the Ancestry of Metaphysical Concepts", *Kantian Review*, 5, 1–48.

Mensch, Jennifer, 2007, „The Key to All Metaphysics. Kant's Letter to Herz, 1772", *Kantian Review*, 12, 109–127.

Michel, Karin, 2004, „Zeit und Subjektivität bei Kant", *Aufklärung durch Kritik*, 11, 245–271.

Mohr, Georg, 1991, *Das sinnliche Ich. Innerer Sinn und Bewußtsein bei Kant*. Würzburg: Königshausen und Neumann.

Riehl, Alois, 1908, *Der philosophische Kritizismus*, Band 1, Leipzig: Rimscha.

Rivero, Gabriel, 2014, *Zur Bedeutung des Begriffes Ontologie bei Kant. Eine entwicklungsgeschichtliche Untersuchung*, Berlin/Boston: De Gruyter.

Sala, Giovanni B., 1978, „Der reale Verstandesgebrauch in der Inauguraldissertation Kants von 1770", *Kant-Studien*, 69, 1–16.

Schiewer, Gesine Lenore, 1996, *Cognitio symbolica. Lamberts semiotische Wissenschaft und ihre Diskussion bei Herder, Jean-Paul und Novalis*, Tübingen: Max Niemeyer.

Schulthess, Peter, 1981, *Relation und Funktion. Eine systematische und entwicklungsgeschichtliche Untersuchung zur theoretischen Philosophie Kants*, Berlin/New York: De Gruyter.

Sturm, Thomas, 2018, „Lambert and Kant on Truth", in: Corey W. Dyck und Falk Wunderlich (Hrsg.), *Kant and His German Contemporaries*, Cambridge: Cambridge University Press, 113–133.

Theis, Robert, 1982, „Le silence de Kant. Etude sur l'évolution de la pensée kantienne entre 1770 et 1781", *Revue de Métaphysique et de Moral*, 87(2), 209–239.

Tonelli, Giorgio, 1963, „Die Umwälzung von 1769 bei Kant", *Kant-Studien*, 54, 369–375.

Vleeschauwer, Herman de, 1934, *La déduction transcendentale dans l'œuvre de Kant*, Paris: Édouard Champion.

Van Cleve, James, 1999, *Problems from Kant*, Oxford: Oxford University Press.

Volk, Otto, 1980, „Johann Heinrich Lambert and the determination of orbits for planets and comets", *Celestial Mechanics*, 21, 237–250.

Zimmermann, Robert, 1879, *Lambert, der Vorgänger Kants. Ein Beitrag zur Vorgeschichte der Kritik der reinen Vernunft*, Wien: K. Gerold's Sohn.

Fernando Moledo
The Transcendental Deduction of the Categories in the Reflections of the *Duisburg Nachlass* (ca. 1775)

Abstract: In the letter sent to Herz on 21 February 1772 Kant states for the first time the problem he will later address in the Deduction: the need to explain the foundation of the objective validity of the categories. From then on, Kant will not publish another work on the problem until 1781, the year in which the *Critique* appears with the solution. How did Kant's thinking on the problem of the Deduction evolve between 1772 and 1781? In this essay, I will try to answer this question by analysing the Reflections of the *Duisburg Nachlass* dated around the year 1775.

1 Introduction

In the preface to the first edition of the *Critique of Pure Reason*, Kant refers to the Transcendental Deduction of the categories as the most important section of the book and notes that this section had cost him the most effort (*KrV* Axvi).[1] It is easy to understand why Kant thinks so. The purpose of the *Critique* is to assess the possibility of metaphysics as a science (*KrV* Axii), and the Deduction must make comprehensible the objective validity of the pure concepts of an object in general – the categories – that provide the most essential metaphysical knowledge. Kant's reference to the amount of effort this section had cost him becomes comprehensible when one considers the time he devoted to its elaboration. The starting point of the work that leads to the Deduction can be found almost a decade before the publication of the *Critique*, in the well-known letter that Kant sent to Herz on 21 February 1772. There Kant states for the first time the problem he will later address in the Deduction: the need to explain the foundation of the objective validity of the categories. From then on, Kant will not publish another work on metaphysics until 1781, the year in which the *Critique* appears with the solution to the problem: the categories are conditions of the possibility of ex-

---

[1] I follow the Cambridge edition of the following of Kant's works: *Notes and Fragments* (Kant 2005); *Correspondence* (Kant 1999); *Lectures on Metaphysics* (Kant 1997); *Lectures on Anthropology* (Kant 2012).

perience and are therefore valid for every possible object of experience. How did Kant's thinking on the problem of the Deduction evolve between 1772 and 1781, the years known as "the silent decade"? One of the most valuable sources for answering this question is the group of Reflections dated around 1775, known as the *Duisburg Nachlass*.

Even though the consensus is that the *Duisburg Nachlass* contains sketches of an argument used to answer the question of the future Deduction, there is no agreement about the argument itself and its implications for the development of the *Critique* during the silent decade. In this essay I will address this question.[2] My claim will be that around the year 1775 Kant has already developed the core of the argument of the Deduction, although he did not yet fully reach the point of view of the *Critique*, since he still considers the thinking subject to be a substance.[3]

2 The Objective Validity of the Categories in 1772

Let us take as a starting point the conception of empirical knowledge, i. e. of experience, that Kant presents in the *Inaugural Dissertation* of 1770. Kant explains in this brief work that experience is the result of the joint work of sensibility and the understanding (*De mundi* 2: 394). On the one hand, sensibility provides the object that is empirically known. It does so through an intuition that contains a multiplicity of sensations coordinated according to the pure intuitions of space and time as forms of sensibility. The object thus given is a *phenomenon* and not the thing in itself, that is, the thing as it exists independently of the subject to whom it sensibly appears (*De mundi* 2: 392). On the other hand, the understanding provides the concepts that allow us to think that which is given in sensation. We do so through the use of the understanding that Kant calls "logical". This use consists of subordinating particular representations to more general

---

[2] Since this volume is dedicated to the study of the Transcendental Deduction, it is worth emphasizing that in this paper I address only the genesis of the Deduction and not the systematic problems that it presents in the *Critique of Pure Reason*. For the current investigations on the Deduction, besides this same volume dedicated to the Deduction, see the recently published article by Schulting (2018: 69–88). For the interpretation of the Deduction, I follow Caimi (2014).
[3] Parts of this essay have already been published: Moledo (2013: 273–282); Moledo (2014: 99–119); Moledo (2015: 163–185).

ones, based on their common elements, i. e. abstracting the general from the particular (*De mundi* 2: 393).

However, the logical use of the understanding applied to the material provided by sensibility always results in more and more sensible knowledge. No matter how universal the concepts obtained through the logical operations of the understanding, Kant says, what we know through them this way is always the phenomenal world, i. e. things as they appear to us through the senses and not as they are in themselves. But still, Kant adds, the understanding possesses, besides its logical use, a "real use" (*De mundi* 2: 393). Through this other use, the understanding provides "pure ideas" of things in themselves (*De mundi* 2: 394), with absolute independence from the way in which these things are given to us sensibly. These ideas or pure concepts of "things or of their relations" (*De mundi* 2: 393) pertain to the intelligible world of which the sensible world is the appearance. Kant enumerates, among these concepts of things in themselves, the three categories that later in the *Critique* will be included under the rubric of modality and two of the three that will be listed under the rubric of relation: "possibility, existence, necessity, substance, cause, etc." (*De mundi* 2: 395). Yet, the point of view that Kant presents in the *Dissertatio* is very problematic. If the pure concepts have their origin in the understanding and are absolutely independent from sensibility, through which objects are given, it is not clear why pure concepts are not entirely void.[4] Kant addresses this problem in his letter to Herz of 21 February 1772. There he asserts that "the key to the whole secret of metaphysics" (*Briefe* 10: 130) lies in the question: "What is the ground of the relation of that in us which we call 'representation' to the object?" (*Briefe* 10: 130). Since empirical concepts are taken from sensation it is not difficult to understand how they can refer to their objects. Pure concepts by contrast have their origin a priori. Therefore, it is not clear at all how these concepts can relate to objects, that is to say, how they can possess objective validity.

The letter to Herz not only lays out for the first time the problem of the objective validity of the categories. It also suggests that Kant already had a solution to that problem, for in the same letter he also states that he is preparing a "Critique of pure reason" whose first part "will deal with the sources of metaphysics, its method and limits" (*Briefe* 10: 132). This first part, Kant adds, will be ready in "three months" (*Briefe* 10: 132). It is difficult to think that Kant could have made

---

[4] A solution would be to claim that God guarantees the relation between pure concepts and the things in themselves. However, as Kant claims in the letter to Herz of 1772, a solution like this is impossible. It would imply a metaphysical claim about God in order to establish the validity of pure concepts and, therefore, the very possibility of metaphysics itself, which entails "a circle in the argumentation" (*Briefe* 10: 131).

such a statement if he had not had some kind of solution to the problem discussed in the letter. The Reflections from this period confirm this hypothesis. The most important of these Reflections is number 4634.

In this Reflection Kant argues that experience contains a synthesis of representations. This synthesis presupposes something i.e. an object in general to which empirical representations are referred and which is thought of as the foundation of the synthesis of these representations. The pure concepts of the understanding are the representations of the object in general which makes the empirical synthesis possible. Although they do not represent anything that exists by itself, independently of the subject, they are conditions of the possibility of experience and therefore have validity with respect to every possible object of experience. In this sense, Kant states in the Reflection that

> if certain concepts in us do not contain anything other than that by means of which all experiences are possible on our part, then they can be asserted a priori prior to experience and yet with complete validity for everything that may ever come before us. In that case, to be sure, they are not valid of things in general, but yet of everything that can ever be given to us through experience, because they contain conditions by means of which these experiences are possible. (*Refl* 4634 17: 618)

Still, if Kant had a solution to the problem discussed in the letter, why did he not publish in 1772 the work he announces in it? The answer is that the solution of 1772 must have posed a new problem. That new problem is the one that Kant addresses in the Reflections of the *Duisburg Nachlass* by resorting to the concept of apperception.

3 The Introduction of the Concept of Apperception in the Argument of the Deduction around 1775

Kant must have realized that the explanation of 1772 regarding the objective validity of the categories is not sufficient. So far he has argued that the categories are objectively valid because they represent the object in general that is presupposed by the synthesis of representations contained in experience. But what is the unity that grounds this synthesis? It is clear that until this question has been answered it is not possible to consider the question of the objective validity of the categories to be satisfactorily dealt with. This is the question that must have presented itself to Kant after he found the solution of 1772 to the problem posed in the letter to Herz. And indeed this is the question that the *Duisburg Nachlass* addresses.

More than a clear argument, however, the *Duisburg Nachlass* seems to offer different argumentative sketches. The key to all of them is nevertheless the same: the concept of apperception that suddenly bursts into the genesis of the Deduction. In fact, the concept of apperception barely appears in the Kantian corpus before 1775. But in the *Duisburg Nachlass* it is used on a massive scale.[5] Its meaning here is broadly the same as it will have in the *Critique*, although not identical.

As in the *Critique*, apperception here designates self-consciousness, i. e. the representation *I* as the thinking subject to which all our representations refer. However, unlike later in the *Critique*, apperception is here presented as an intuitive consciousness, not entirely different from inner sense, i. e. as an inner intuition or a self-perception. In this sense, we can read in Reflection 4674 of the *Duisburg Nachlass*: "Apperception is the perception of oneself as a thinking subject in general" (*Refl* 4674 17: 647). Similarly, Kant writes in Reflection 4675 of the *Duisburg Nachlass*: "Intuition is either of the object (*apprehensio*) or of our self; the latter (*apperceptio*) pertains to all cognitions, even those of the understanding and reason" (*Refl* 4675 17: 651). In Reflection 4675 Kant also indicates the function that apperception has in the explanation of the origin of the unity of representations, and, thus, of the objective validity of the categories: "The condition of all apperception is the unity of the thinking subject. From this flows the connection of the manifold in accordance with a rule [i.e. with a pure concept of an object in general (FM)] and in a whole" (*Refl* 4675 17: 651). The interpretation of this passage is crucial for understanding the argument of the *Duisburg Nachlass* and the genesis of the Deduction. In the next section, I will discuss two main interpretations of it.

---

[5] Before the period 1773 to 1775, to which the Reflections that make up the *Duisburg Nachlass* belong, the term "apperception" is untraceable either in Kant's published work or in his correspondence. It is not even mentioned in the lectures. In the Reflections, it only appears before the period of the *Nachlass* in Reflection 411, that Adickes ascribes in the first place to a later period (1776–1778) and only in a second instance to the period 1770 to 1771; and in Reflection 4562, dated at some point between 1772 and 1775/1776. Strikingly, in the period 1773 to 1775, to which the Reflections of the *Duisburg Nachlass* belong, the term "apperception" suddenly appears 18 times, 14 of them in the Reflections that make up the *Duisburg Nachlass*.

4 The Substantial Nature of the Thinking Self

When Haering edited the Reflections of the *Duisburg Nachlass* in 1910, he saw in the quoted passage of the Reflection 4675 ("The condition of all apperception is the unity of the thinking subject. From this flows the connection of the manifold in accordance with a rule and in a whole") the early expression of the fundamental idea of the future Deduction: all the representations one may have bear a necessary relation to self-consciousness, i. e. to apperception. But apperception is the consciousness of a numerically identical subject, i. e. of a unity. From this condition follows the necessary unity of all representations referred to that singular subject. This unity implies a synthesis and the latter implies rules that make it possible: the categories. In this sense, Haering claims that the *Duisburg Nachlass* shows that by 1775 Kant had already reached the essence of the Deduction and, with it, of the *Critique*.[6] Over time Haering's interpretation became the standard reading of the *Duisburg Nachlass*.[7] But in 1989 Carl called it into question.[8]

Carl's proposal can be divided into the following two theses: (1) by 1775, Kant understands the subject as a substance and (2) in 1775 Kant establishes the objective validity of the categories on the basis of the substantial nature of the subject. There is abundant textual evidence to support the first of these theses. A great part of the evidence is to be found in the lectures on anthropology that

---

6 Rudolf Reicke (1889: 2) already noted in his edition of the Reflections that make up the *Duisburg Nachlass* (although not yet with that name) that it is possible to recognize in them preparatory drafts of the *Critique*, written at an uncertain point during the 1770s. Adickes (1897: 244), more precisely, points out the possibility of finding in the Reflections preparatory works for the Transcendental Deduction of the categories. However, it is Theodor Haering (1910: 151) who establishes in his edition of the material the first clearly determined position about the *Duisburg Nachlass*. According to his interpretation, the testimony offered by the *Duisburg Nachlass* would indicate that by the middle of the "silent decade" Kant had already reached the essential ideas of the *Critique*. The only missing thing with respect to the point of view of 1781 would be the systematic determination of the table of 12 categories.

7 The first scholar to pick up Haering's interpretation is Alois Monzel (1920: 428), who only three years after Haering's publication refers to its proposal and entirely subscribes to it. The same interpretation was adopted shortly after by Ernst Cassirer (1922: 642ff. and 1977: 147). Some decades later, the interpretation is also endorsed by Hermann Jean de Vleeschauwer (1934: 175ff. and 257ff.). This interpretation has worked since as a (more or less) standard point of view in the context of Kantian studies. See, for example, Werkmeister (1979: 120ff.), Theis (1982), Beiser (1992: 56).

8 Carl (1989a: 74–102; 1989b: 3–20). For alternative reconstructions of the argument of the Reflections of the year 1775, see Guyer (1987: 25–70) and Stepanenko (2013: 53–94).

Kant begins to teach in the winter semester of 1772/1773. Kant follows there the chapter on empirical psychology of Baumgarten's *Metaphysics* and starts with a brief discussion in which he considers the knowledge one may have of oneself through self-consciousness. Among the firsts knowledges that can be obtained this way is that of our substantial nature.

That which, like the self of the self-consciousness, must always be a subject and can therefore never be predicated of another thing, argues Kant in the lecture, is what is called substance. Thus, self-consciousness is a means to know our substantial nature. By means of it we know also "the substantiality of the soul, i. e. that the I is not a predicate of any other thing, even though many predicates can be ascribed to it as the subject" (*V-Anth/Parow* 25: 245). According to the notes of Collins, Kant says in the same lecture that the I "expresses my substantiality, for I distinguish the I, as an ultimate subject that cannot be further predicated of any thing, and that is itself the subject of all predicates" (*V-Anth/Collins* 25: 10). In a similar way, Kant asserts in the lecture on anthropology of the winter semester of 1775/76 (that is, the period of time to which the Reflections of the *Duisburg Nachlass* belong) that through the representation of the self, as the thinking subject, we can know the "substantiality" of the thinking subject, since "it is a subject which is not a predicate of something else" (*V-Anth/Friedländer* 25: 473).[9] This same explanation can be found finally in Kant's introductory commentary to the chapter of Baumgarten's *Metaphysics* devoted to psychology in the lecture on metaphysics known as *Metaphysics L1* and dated between 1775 and 1778:[10]

> [The] concept of the I expresses: 1. Substantiality. Substance is the first subject of all inhering accidents. But this I is an absolute subject, to which all accidents and predicates can belong, and which cannot at all be a predicate of another thing. Thus the I expresses the substantial; for that substrate in which all accidents inhere is the substantial. This is the only case where we can immediately intuit the substance. Of no thing can we intuit the substrate and the first subject; but in myself I intuit the substance immediately. (*Met-L1* 28: 225 f.)

The mere fact that, as we already saw and also Carl points out, by 1775 Kant understands the subject as a substance makes it impossible to assert, as Haering did, that the point of view of the *Duisburg Nachlass* contains already the essence of the *Critique:* the paralogisms, according to which it is not possible to have any

---

9 For the discussion of the doctrine about the substantiality of the subject in the lectures on anthropology see: Klemme (1996: 76 ff.).
10 For the dating of the lecture on metaphysics known as *Metaphysics L1*, cf. Heinze (1894: 516) and Naragon (2000: 194 ff. and 199 ff.).

knowledge about the thinking subject, such as its substantial nature, had clearly not yet been developed. However, as we have already said, Carl not only asserts that by 1775 Kant understands the subject as a substance, but also that in addition to that he tries to explain the objective validity of the categories by means of the substantial nature of the subject.

The starting point of Carl's argument is the identification of an ambiguity in the passage of the *Duisburg Nachlass* that we have already commented upon, and in which Haering thought he had seen the expression of the essence of the future Deduction. As said, the passage in Reflection 4675 reads: "The condition of all apperception is the unity of the thinking subject. From this flows the connection of the manifold in accordance with a rule and in a whole". Carl points out that the expression "from this" contained in this passage is ambiguous and can be understood in two different ways. On the one hand, it can be read as if it referred to all the aforesaid (as Haering does). Seen in this way, what Kant asserts here is that the unity of the representations according to a rule results from apperception being understood as the consciousness of a numerically identical subject. But on the other hand it can also be understood that "from this" refers only to "the unity of the thinking subject". In this way, the phrase would have a totally different meaning from the one that would allow to relate it to the Deduction of the *Critique*. On this reading, the unity of representations according to a rule i.e. to a category, and therefore the validity of the categories, would be based on the mere unity of the subject. Carl claims that the latter interpretation is correct and that the unity of the subject in question is the substantial unity of the subject.

The key to Carl's argument is found in his interpretation of the following passage of Reflection 4676 contained also in the *Duisburg Nachlass:* "If something is apprehended, it is taken up in the function of apperception. I am, I think, thoughts are in me" (*Refl* 4676 17: 656). Carl argues that the mysterious enumeration contained here, "I am, I think, thoughts are in me", for which Kant does not give any explanation, would specify three different functions of apperception. These functions would be three different ways in which the apprehended representations are connected. This connection takes place in turn according to the three different relations in which the subject finds itself in general with respect to its representations and which corresponds to the relations thought of in the categories of relation. According to Carl that is what the mysterious enumeration in the passage quoted above means: "I am" expresses the relation of inherence of the thoughts in the subject, i. e. the relation between substance and accident; "I think" expresses the relation of causality, because it would refer to the fact that the subject is cause of its own thoughts; and "thoughts are in me" expresses the relation of reciprocal action in which thoughts are implied due to the fact of being in the subject. If all this is correct, Carl argues, then Kant's argument to explain the validity of the categories in the *Duisburg Nachlass* (in this case, the categories of relation) must have been that representations are connected between them by virtue of the categories of relation because the subject which refers to its representations according to those relations is itself a unity i. e. a substantial unity.[11]

5 The Objective Validity of the Categories in the *Duisburg Nachlass*

Carl himself acknowledges that his interpretation is problematic: the argument attributed to Kant could work only for the categories of relation and in fact it doesn't even work in this case. For even if the substantial subject relates to its representations in some ways, it does not follow that its representations must be connected to each other according to these particular ways.[12] Certainly, this does not mean that Kant, after all, could not have advanced this argument. Nevertheless, there is textual evidence that makes it necessary to reconsider it.

The key of Carl's argument is his interpretation of the mysterious enumeration "I am, I think, thoughts are in me" as a reference to the three relations in which the subject stands towards its representations and according to which the representations would therefore be connected to each other. But the lectures on anthropology and metaphysics that we have already commented upon suggest another interpretation. As we have said, Kant states there that by means of self-consciousness it is possible to know the substantial nature of the subject. In this sense, Kant says in the lecture on anthropology of the winter semester of 1772/73 that the self expresses:

> the substantiality of the soul, i. e. that the I is not a predicate of any other thing, even though many predicates can be ascribed to it as the subject. For, e. g. when I say 'I will this, I think this', then I separate all these predicates off from the I, and consider myself as the subject as of which all this is predicated (*V-Anth/Parow* 25: 244–245).

---

[11] Carl (1989a: 90 ff.; 1989b: 13 ff.). Several aspects of Carl's interpretation were picked up (with discrepancies) by other interpreters. See: Brandt (1991: 107 ff.); Klemme (1996: 126–138); Laywine (2005: 1–29; 2006: 79–113; 2007: 63–78).
[12] For an early criticism of Carl's account, see Serck-Hanssen (2001: 59–68). For recent, new critical analysis of Carl's proposal, see Allison (2015: 108–142).

Likewise, in the discussion of rational psychology, in the lecture on metaphysics *L1*, we can read the following:

> I am a substance. The I means the subject, so far as it is no predicate of another thing. What is no predicate of another thing is a substance. The I is the general subject of all predicates, of all thinking, of all actions, of all possible judgments that we can pass of ourselves as a thinking being. I can only say: I am, I think, I act. Thus it is not at all feasible that the I would be a predicate of something else. I cannot be a predicate of another being; predicates do belong to me; but I cannot predicate the I of another, I cannot say: another being is the I. Consequently the I, or the soul through which the I is expressed, is a substance. (*Met-L1* 28: 266)

The enumeration of the first passage cited here, "I will this, I think this", that Kant uses in his lecture on anthropology to show his students that the self is always subject, becomes, in the passage of the lecture on metaphysics, "I am, I think, I act". This last enumeration is practically identical to that of the *Duisburg Nachlass* "I am, I think, thoughts are in me" to which Carl refers to establish his interpretation. If now we interpret the enumeration of the *Duisburg Nachlass* in the light of the one we can find in the discussed lectures, its meaning changes radically with respect to the one Carl gives it. The enumeration of the *Duisburg Nachlass* can be read now in parallel to those in the lectures as having the purpose of pointing out that the self is always subject and can never be a predicate. This possibility is also perfectly coherent with the fact that in the *Duisburg Nachlass* the enumeration in question ("I am, I think, thoughts are in me") follows the term "apperception", i. e. self-consciousness. According to this reading, there would be no reason to interpret the ambiguous passage in Reflection 4675 highlighted by Carl in the way he suggests and it would be then possible to return to the original interpretation of the Reflection 4675 of the *Duisburg Nachlass*. According to this interpretation the unity of the representations by means of the categories is based on the fact that the apperception to which those representations refer is the consciousness of a numerically identical subject. But does this mean a return to Haering's original interpretation? As I will argue by way of conclusion, the answer is no.

6 Conclusion

According to what we have seen, by 1775 Kant still considered the subject to be a substance. But we also saw, against Carl's interpretation, that the substantial nature of the subject plays no role at all in the argumentation that must explain the objective validity of the categories. As will be the case later in the *Critique*, in

1775 Kant's argument is based merely on self-consciousness being necessarily the consciousness of a numerically identical subject, because from this conditioning follows the necessary unity of all representations that can refer to the subject. Whether the subject is a substance or not plays no role in this argument at all. However, against Haering's proposal, Kant's conception of the substantial nature of the self makes it certainly impossible to identify his point of view of 1775 with that of the *Critique*. The *Duisburg Nachlass* shows, in this sense, a particular moment of the genesis of the Deduction. Although by that time Kant has already developed the fundamental idea of the deduction, this idea coexists with the conception of the subject as a substance, which is incompatible with the point of view of the *Critique*.

Bibliography

Adickes, Erich, 1897, "Lose Blätter aus Kants Nachlass", *Kant-Studien*, 1, 232–263.
Allison, Henry E., 2015, *Kant's Transcendental Deduction. An Analytical-Historical Commentary*, Oxford: Oxford University Press.
Beiser, Frederick C., 1992, "Kant's Intellectual Development: 1746–1781", in: Paul Guyer (ed.), *The Cambridge Companion to Kant*, Cambridge: Cambridge University Press, 26–61.
Brandt, Reinhard, 1991, *Die Urteilstafel. Kritik der reinen Vernunft A 67–76; B 92–101*, Hamburg: Meiner.
Caimi, Mario, 2014, *Kant's B Deduction*. Newcastle: Cambridge Scholars Publishing.
Carl, Wolfgang, 1989a, *Der Schweigende Kant. Die Entwürfe zu einer Deduktion der Kategorien vor 1781*, Göttingen: Vandenhoeck & Ruprecht.
Carl, Wolfgang, 1989b, "Kant's First Drafts of the Deduction of the Categories", in: Eckart Förster (ed.), *Kant's Transcendental Deductions. The Three Critiques and the Opus postumum*, Stanford: Stanford University Press, 3–20.
Cassirer, Ernst, 1922, *Das Erkenntnisproblem in der Philosophie und Wissenschaft der neueren Zeit*, vol. 2, Berlin: Bruno Cassirer.
Cassirer, Ernst, 1977, *Kants Leben und Lehre*, Darmstadt: Wissenschaftliche Buchgesellschaft.
De Vleeschauwer, Hermann Jean, 1934, *La Déduction Transcendantale dans L'Œuvre de Kant. Tome Premier. La Déduction Transcendantale avant la Critique de la raison Pure*, Paris: Librairie Ancienne Honoré Champion.
Guyer, Paul, 1987, *Kant and the Claims of Knowledge*, Cambridge: Cambridge University Press.
Haering, Theodor, 1910, *Der duisburg'sche Nachlass und Kants Kritizismus um 1775*, Tübingen: J. C. B. Mohr.
Heinze, Max, 1894, *Vorlesungen Kants über Metaphysik aus drei Semestern*, Leipzig: Abhandlungen der philosophisch-historischen Classe der Königl. Sächsischen Gesellschaft der Wissenschaften.
Kant, Immanuel (1997), *Lectures on Metaphysics*, transl. and ed. Karl Ameriks and Steve Naragon, Cambridge: Cambridge University Press.

Kant, Immanuel (1999), *Correspondence*, transl. and ed. Arnulf Zweig, Cambridge: Cambridge University Press.
Kant, Immanuel (2005), *Notes and Fragments*, ed. Paul Guyer, transl. Curtis Bowman, Paul Guyer and Frederick Rauscher, Cambridge: Cambridge University Press.
Kant, Immanuel (2012), *Lectures on Anthropology*, ed. Allen Wood and Robert Louden, Cambridge: Cambridge University Press.
Klemme, Heiner F., 1996, *Kants Philosophie des Subjekts. Systematische und entwicklungsgeschichtliche Untersuchungen zum Verhältnis von Selbstbewußtsein und Selbsterkenntnis*, Hamburg: Meiner.
Laywine, Alison, 2005, "Kant on the Self as Model of Experience", *Kantian Review*, 9, 1–29.
Laywine, Alison, 2006, "Kant's Metaphysical Reflections in the Duisburg Nachlaß", *Kant-Studien*, 97, 79–113.
Laywine, Alison, 2007, "Kant's Laboratory of Ideas in the 1770s", in: Graham Bird (ed.), *A Companion to Kant*, Malden/Oxford/Victoria: Blackwell, 63–78.
Moledo, Fernando, 2013, "Bemerkungen hinsichtlich des Arguments über die objektive Gültigkeit der Relationskategorien im Duisburgischen Nachlass von Immanuel Kant", in: Stefano Bacin, Alfredo Ferrarin, Claudio La Rocca and Margit Ruffing (eds), *Kant und die Philosophie in Weltbürgerlicher Absicht, Akten des 11. internationalen Kant-Kongresses*, vol. 2, Berlin/New York: De Gruyter, 273–282.
Moledo, Fernando, 2014, *Los años silenciosos de Kant. Aspectos de la génesis de la Deducción trascendental en la década de 1770*, Buenos Aires: Prometeo.
Moledo, Fernando, 2015, "Sustancialidad del alma y validez objetiva de las categorías: la Lógica trascendental de Kant a mediados de la década silenciosa (ca. 1775)", *Agora. Papeles de Filosofía*, 34, 163–185.
Monzel, Alois, 1920, "Kants Lehre von dem inneren Sinn und der Zeitbegriff im Duisburg'schen Nachlaß", *Kant-Studien*, 25, 427–435.
Naragon, Steve, 2000, "The Metaphysics Lectures in the Academy Edition of Kant's Gesammelte Schriften", *Kant-Studien*, 91, 189–215.
Reicke, Rudolf, 1889, *Lose Blätter aus Kants Nachlass. Mitgeteilt von Rudolf Reicke. Erstes Heft*, Königsberg: Verlag von Fred Beyers Buchhandlung.
Schulting, Dennis, 2018, "The Current Status of Research on Kant's Transcendental Deduction", *Revista de Estudios Kantianos*, 3, 69–88.
Serck-Hanssen, Camilla, 2001, "Apperception and Deduction in the *Duisburgischer Nachlass*", in: Volker Gerhardt, Rolf-Peter Hortsmann and Ralph Schumacher (eds), *Kant und die Berliner Aufklärung*, Akten des IX. internationalen Kant-Kongresses, vol. 2, Berlin/New York: De Gruyter, 59–68.
Stepanenko Gutiérrez, Pedro, 2013, *Categorías y autoconciencia en Kant. Antecedentes y objetivos de la deducción trascendental de las categorías*, Mexico: Universidad Nacional de México.
Theis, Robert, 1982, "Le silence de Kant. Etude sur l'évolution de la pensée kantienne entre 1770 et 1781", *Revue de Métaphysique et de Morale*, 87, 209–239.
Werkmeister, William Henry, 1979, *Kant's Silent Decade. A Decade of Philosophical Development*, Tallahassee: University Press of Florida.

The A and B Deductions

Manfred Baum
Apperzeption und Natur. Zur transzendentalen Deduktion der Kategorien bei Kant

Abstract: In Kant's first *Critique*, the transcendental deduction of the categories plays a key role in establishing a new foundation for metaphysics. The subjective deduction begins with an account of the „original synthetic unity of apperception" and its function in establishing *a priori* the possibility of cognition of objects of sensible intuition. This essay analyzes this function and the conditions for this unity of self-consciousness, which is fundamental for grounding the objective validity of the categories in the deduction. Decisive is the introduction of the „objective" synthetic unity of apperception as that which underlies the form of all judgments and thus also establishes the possibility of empirical judgments. „Nature in general", i. e., the lawfully ordered unity of all appearances in space and time, is the object of this possible experience. The objectivity of „experience in general" is thereby grounded *a priori* in the unity of apperception.

Apperzeption und Natur sind Grundbegriffe der transzendentalen Deduktion der Kategorien in der zweiten Auflage der *Kritik der reinen Vernunft* (1787). Sie bezeichnen bei Kant das Subjekt und das Objekt der Erkenntnis, sofern diese Erkenntnis a priori möglich sein soll. Eine nicht-mathematische, aber synthetische Erkenntnis a priori von Gegenständen ist das, was Kant Metaphysik nennt, und die Untersuchung der Möglichkeit metaphysischer Erkenntnis ist das Hauptziel der *Kritik der reinen Vernunft*. Eine solche Untersuchung wird von Kant „transzendental" genannt, und die transzendentale Deduktion der Kategorien ist eine Voraussetzung für das System der synthetischen Erkenntnisse a priori, die Kant Grundsätze des reinen Verstandes nennt. In ihnen werden gewisse Gegenstände (Erscheinungen) unter Kategorien subsumiert, die Kant als reine Verstandesbegriffe versteht, d. h. als solche Begriffe, die diesem reinen Verstand selbst entspringen und die als Begriffe von einem Gegenstand überhaupt dazu dienen, gewisse Gegenstände der Sinne a priori *als* Gegenstände zu erkennen. Eine solche transzendentale Erkenntnis von Gegenständen hat nach Kants neuem Begriff von Erkenntnis und gemäß seiner neuen Bestimmung der Metaphysik als eines Systems synthetischer Erkenntnis a priori von Gegenständen ihrerseits zwei Voraussetzungen: (1) Die zu erkennenden Gegenstände müssen a priori angeschaut werden können. Diese Möglichkeit hat die transzendentale Ästhetik erwiesen, deren Lehre von Raum und Zeit zur Folge hat, dass die Gegenstände der reinen und empirischen Anschauung bloße Erscheinungen sind (und keine Dinge an sich), die qua Gegenstände einer sinnlich bedingten Erkenntnis nach Kant nur als Gegenstände möglicher Erfahrung gedacht werden können. (2) Diese Gegenstände möglicher Erfahrung müssen zugleich als Gegenstände einer synthetischen Erkenntnis a priori durch Kategorien gedacht werden, d. h. die Erscheinungen müssen über ihren Status als unbestimmte Gegenstände der durch die reine Form der sinnlichen Anschauung bedingten empirischen Anschauung hinaus *als* Gegenstände durch die reinen Verstandesbegriffe gedacht werden können, wodurch sie zu „Phänomenen" werden. Legt man die Kategorientafel als System reiner und ursprünglicher Verstandesbegriffe zu Grunde, so müssen die Gegenstände möglicher Erfahrung (a) ihrer Ausdehnung in Raum und Zeit nach als extensive Größen, (b) ihrer Realität in Raum und Zeit nach als intensive Größen, (c) als Substanzen, die auf andere Substanzen einwirken und ihrerseits durch alle anderen Substanzen in Raum und Zeit qualitativ und quantitativ bestimmt sind, durch den reinen Verstand gedacht werden, das heißt sie machen zusammen eine Natur aus. Da diese Grundbestimmungen den Gegenständen möglicher Erfahrung *als* Gegenständen zukommen, müssen die Kategorien als transzendentale Prädikate a priori von ihnen gelten, wenn Erkenntnis von ihnen möglich sein soll. Denn die Möglichkeit der Erfahrung kann nicht selbst von Erfahrungserkenntnissen abhängig sein, wenn man den Skeptizismus vermeiden will, und muss deshalb a priori gesichert werden können.

Der Grundgedanke der sogenannten objektiven Deduktion der Kategorien lautet deshalb: Wenn Erfahrungserkenntnis von Gegenständen möglich sein soll, so müssen die Kategorien diejenigen Begriffe sein, durch die die Gegenständlichkeit von in der empirischen Anschauung gegebenen Erscheinungen gedacht wird. Kategorien haben also a priori Gültigkeit von Erfahrungsgegenständen, wenn die Möglichkeit der Erfahrung, sofern sie auf Begriffen des Verstandes beruht, von ihnen abhängt. Dabei wird die Möglichkeit der Erfahrung vorausgesetzt und auf deren apriorische Bedingungen zurückgeschlossen. Das geschieht, ebenfalls unter Voraussetzung der Möglichkeit der Erfahrung, auch in den Grundsatzbeweisen bezüglich der einzelnen Kategorien. Aber damit ist wenig gewonnen. Denn der Skeptizismus kann einwenden, dass die Möglichkeit der Erfahrung, wenn sie auf solchen massiven Voraussetzungen beruht, die Kant selber „metaphysische" nennt, keineswegs als gesichert angesehen werden kann. Aber ein noch gewichtigerer Einwand lautet: Da Kant die Erkenntnis von Gegenständen von Anschauungen und Begriffen abhängig macht, die völlig heterogen sind und einen völlig verschiedenen Ursprung haben, so müsste er selbst dann, wenn man ihm einräumt, dass es so etwas wie reine sinnliche Anschauungen und reine Verstandesbegriffe gibt, erst zeigen, nicht nur dass ihre Vereinigung, in dem was er Erkenntnis nennt, dennoch möglich ist, sondern dass und wie sie a priori zusammenstimmen und sozusagen kooperativ eine Erkenntnis a priori von Gegenständen möglicher Erfahrung begründen können. Diesen Nachweis führt Kant in der subjektiven Deduktion der Kategorien (Paragraphen 15 – 27 der zweiten Auflage), die einen Beweis aus Gründen a priori für die Möglichkeit der Erfahrung enthält.

Diese subjektive Deduktion der Kategorien, in der die Möglichkeit des Verstandes (B131) in seinem logischen und reinen Gebrauch untersucht wird, ist auch der Kontext, innerhalb dessen Kant von der reinen oder ursprünglichen Apperzeption und ihrer transzendentalen, analytischen und synthetischen Einheit spricht; ebenso handelt er hier von der Natur als „*Natur überhaupt*, als Gesetzmäßigkeit der Erscheinungen in Raum und Zeit" (B165; Hervorhebung M. B.), der unser Verstand durch seine Kategorien „Gesetze a priori vorschreibt" (B163) und sie sogar allererst möglich macht. Diese Behauptung, zusammen mit der Behauptung, dass die „logische Form aller Urteile" „in der objektiven Einheit der Apperzeption der darin enthaltenen Begriffe" (B140) besteht, gehört zu der „gänzlichen Revolution" (BXXII), die Kant mit dem „bisherigen Verfahren der Metaphysik" (BXXII) vorzunehmen versucht. Es versteht sich von selbst, dass ich in einem kurzen Vortrag nur selektiv mit diesem schwierigen Text umgehen kann.

Der Paragraph 16 hat die Überschrift: „Von der ursprünglich-synthetischen Einheit der Apperzeption". Von ihr handelt der Paragraph als einer Grundlage für den Nachweis der notwendigen und darum objektiven Gültigkeit der Kategorien. Zu ihr und ihrer Rolle bei der Begründung der Erkenntnis a priori werden wir durch Kant schrittweise hingeführt. Er beginnt mit einem Postulat: „Das: *Ich denke*, muß alle meine Vorstellungen begleiten *können*" (B131). Dieser Satz sieht zunächst wie ein analytischer Satz aus, der besagt, dass im Begriff „meine Vorstellungen" eine Beziehung auf den, der sie hat, also ein Ich, das wir von seiner wichtigsten Tätigkeit, dem Denken, her kennen, schon faktisch enthalten ist. Aber gegen eine solche Lesart sprechen viele Gründe. Zunächst der, dass dieser Satz nach einem Semikolon begründet wird, und aus dieser Begründung folgt, wie wir noch sehen werden, dass hier keine analytische Begriffsimplikation vorliegt. Ferner behauptet dieser Satz die notwendige Möglichkeit, alle meine Vorstellungen mit dem „Ich denke" zu begleiten, er postuliert also die Möglichkeit einer Tätigkeit, durch die meinen Vorstellungen etwas hinzugesetzt wird. Wie aus Kants folgenden Ausführungen hervorgeht (B132), können Vorstellungen meine Vorstellungen sein, ohne dass ich mir ihrer *als* meiner Vorstellungen bewusst bin. Also sagt der Satz jedenfalls auch, dass ich sie mir *als* Vorstellungen meines denkenden Ich notwendig bewusst machen kann, indem ich sie mit dem Ich denke begleite. Auch dadurch wird die Analytizität des Satzes ausgeschlossen.

Ferner wird bei dieser Lesart nicht die eigenartige Ausdrucksweise Kants berücksichtigt. „Das: *Ich denke*" ist offenbar ein Ausdruck für das Selbstbewusstsein eines denkenden Wesens, das sich erstens seiner selbst als eines Objekts bewusst ist, welches es zweitens, weil es zugleich als dasjenige, das dieses Bewusstsein hat, das Subjekt seines Bewusstseins ist, „Ich" nennen kann. Aber drittens ist dieses seiner selbst bewusste Subjekt seiner als eines *denkenden* Ichs bewusst. Wie der Fortgang des Textes zeigt, ist der Unterschied von bloßem Vorstellen und Denken für das Verständnis des Satzes von Bedeutung. Nur wenn der Eingangssatz des Paragraphen 16 gelautet hätte: „das Ich begleitet alle meine Vorstellungen" wäre er als analytischer Satz lesbar, der auf das Enthaltensein des Begriffs „Ich" im Begriff „meine Vorstellung" verwiese. Ich schlage deshalb vor, den Ausdruck „das: Ich denke", den Kant auch den „Begriff, oder, wenn man lieber will, das Urteil: *Ich denke*" (A341/B399) oder „die Vorstellung *Ich denke*" (B132) nennen kann, zu zerlegen. „Das: *Ich denke*" bezeichnet (1) das selbstbewusste Subjekt des Vorstellens und Denkens, das Ich, das (2) sich seiner selbst als eines denkenden Subjekts, das heißt als eines tätigen Wesens bewusst ist, was zusammen bedeutet, dass es sich seiner Denkhandlungen als seiner eigenen bewusst ist oder doch sein kann. Dieses denkende und seiner selbst bewusste Ich muss nun seine Vorstellungen als seine Vorstellungen sich bewusst machen können, indem es durch sie etwas denkt.

Damit kommen wir zu Kants Begründung des Eingangssatzes: „denn sonst würde etwas in mir vorgestellt werden, was gar nicht gedacht werden könnte", was im Folgenden ad absurdum geführt wird. Es geht also, wie aus diesen Worten zu entnehmen ist, im ersten Satz nicht primär um meine Vorstellungen, deren ich mir bewusst sein kann oder nicht, und um das Vermögen des denkenden Ich, sie sich bewusst zu machen, sondern um den Gegenstandsbezug meiner Vorstellungen, mögen sie nun Anschauungen oder Begriffe sein. Denn das „etwas", dessen Vorstellungen in mir als Subjekt sind, das Vorgestellte, das zu jeder Vorstellung als solcher gehört, können wir das intentionale Objekt meiner Vorstellungen nennen. Auch Anschauungen und Begriffe sind immer schon Anschauungen und Begriffe eines angeschauten oder gedachten Objekts. Dieses Objekt könnte dann zwar vorgestellt, aber nicht von mir gedacht werden, wenn „das: Ich denke" nicht alle meine Vorstellungen begleiten könnte. Hier wird ersichtlich, dass die notwendige Möglichkeit, alle meine Vorstellungen mit dem Ich denke zu begleiten, keine unbedingte und keine subjektive Notwendigkeit ist. Diese Notwendigkeit besteht nur deshalb, weil und insofern aus meinen Vorstellungen Erkenntnisse von Objekten werden sollen. Kant ist also auf dem Wege, seine sich selbst gestellte Frage (aus dem Brief an Herz vom 21. Februar 1772) zu beantworten: „Ich frug mich nämlich selbst: auf welchem Grunde beruhet die Beziehung desjenigen, was man in uns Vorstellung nennt, auf den Gegenstand?" (*Briefe*

10: 130) Also sind mit „alle meine Vorstellungen" aus dem ersten Satz nicht schlechthin alle Vorstellungen gemeint, sondern nur solche, aus denen Gegenstandserkenntnis werden soll. Für sie ist es notwendig, dass der durch sie vorgestellte Gegenstand auch gedacht werden kann. Das also heißt es, wenn von ihnen gesagt wird: sie müssen mit dem Ich denke, das heißt mit meinem selbstbewussten Denken begleitet werden können, wenn nämlich aus ihnen Gegenstandserkenntnis werden soll.

Nun ist, wie es im Folgenden bei Kant heißt, „diejenige Vorstellung, die vor allem Denken gegeben sein kann, [...] Anschauung" (B132), während Begriffe, ihrer Form nach, ohnehin allesamt Produkte des seiner selbst bewussten Verstandes und seiner Denktätigkeit sind. Bekanntlich lassen sich Denken und Anschauen bei Kant nicht unabhängig voneinander als Erkenntnisfaktoren bestimmen. Deshalb kann Kant das Denken wie folgt definieren: „das Denken ist die Handlung, gegebene Anschauung auf einen Gegenstand zu beziehen" (A247/ B304). Diejenige Vorstellung also, die ich zugleich mit der in ihr enthaltenen Anschauung aktiv auf einen Gegenstand beziehen kann, ist der Begriff, der aber für sich genommen nur der leere Gedanke eines Gegenstandes überhaupt ist.

Das erklärt auch, warum Kant das Nichtgedachtwerdenkönnen eines Gegenstandes der Vorstellung auf zweifache Weise ad absurdum führt. Es würde nämlich entweder bedeuten, dass die Vorstellung selbst „unmöglich" (B132), das heißt ein seiner Form nach widersprüchlicher Begriff wäre, also sein Gegenstand ein *nihil negativum*, ein absolutes Nichts, das von keinem möglichen Verstande gedacht werden könnte, oder „wenigstens für mich nichts" wäre (B132). Dieser Fall träte ein, wenn der in der Vorstellung enthaltene Anschauungsinhalt des Begriffes nicht durch die Begleitung mit dem Ich denke als meine Vorstellung mir bewusst gemacht werden könnte. Dieses zweifache Wegfallen der Möglichkeit des Gedachtwerdens des Gegenstandes durch meine Vorstellungen liefert also durch seine Unvereinbarkeit mit der Möglichkeit der Objekterkenntnis die apagogische Begründung für den Satz „Das: *Ich denke* muß alle meine Vorstellungen begleiten können." Und diejenigen Vorstellungen des Subjekts, die ihm ohne sein Zutun gegeben sein können, sind Anschauungen (B132).

Kant formuliert das Ergebnis seiner bisherigen Überlegungen so: „Also hat alles Mannigfaltige der Anschauung eine notwendige Beziehung auf das: *Ich denke*, in demselben Subjekt, darin dieses Mannigfaltige angetroffen wird." (B132) Diese notwendige Beziehung ist also das, was zuvor als das notwendig mögliche Begleitetwerden aller meiner Vorstellungen durch das Ich denke bezeichnet wurde, jetzt angewandt auf die vom Denken unabhängigen Anschauungen, wobei das Ich denke als eine Vorstellung im auch anschauenden Subjekt angesehen wird. Von dieser Vorstellung heißt es nun, dass sie nicht als zur „Sinnlichkeit gehörig" (B132) angesehen werden könne, also nicht dem inneren Sinne verdankt wird, wie jenes gefühlte Ich bei Malebranche und seinen Nachfolgern. Die Vorstellung Ich denke ist nach Kant vielmehr „ein Aktus der Spontaneität" (B132), das heißt sie entspringt dem Denken seiner selbst als eines denkenden Subjekts; dieses Selbstbewusstsein ist also ein spontan jederzeit erzeugbares, aber es ist kein Akteur, der etwas bewirken könnte, sondern ein Vorstellungszustand des denkenden Subjekts. Eben diese Vorstellung wird nun die „reine Apperzeption" (B132) genannt, im Gegensatz zur empirischen Apperzeption als dem jeweiligen Bewusstsein seiner selbst als eines dieses oder jenes denkenden, bei dem die Denkinhalte nicht aus dem Ich oder seinen Denkakten stammen, sondern aus der inneren Anschauung der im Subjekt gegebenen Vorstellungen.

„Ursprüngliche Apperzeption" (B132) wird dieses Selbstbewusstsein genannt, weil es dem bloßen Denken seiner selbst als eines denkenden Ich entspringt. Indem ich also „Ich denke" denke, bringe ich selbst die „Vorstellung Ich denke" (B132) hervor und bin darin unabhängig von allen Vorstellungen, die mir gegeben sein mögen. Deshalb wird diese Vorstellung auch der „Begriff [...] Ich denke" genannt, der zwar „das Vehikel aller Begriffe überhaupt" genannt wird, und nur dazu dient, „alles Denken, als zum Bewusstsein gehörig, aufzuführen" (A341/B399 f.), selbst aber keinen anderen Inhalt hat, als den der eigenen Denktätigkeit. Das Bewusstsein, von dem an dieser Stelle die Rede ist, ist also nichts als das reine Selbstbewusstsein oder die ursprüngliche Apperzeption. Kant kann in seinen Texten vielfach vom Bewusstsein statt von der Apperzeption sprechen, weil bei ihm ein jedes Bewusstsein einer Vorstellung oder eines Gegenstandes der Vorstellungen das reine Ich denke als ursprüngliche Apperzeption enthält, während bei Wolff und Baumgarten das Bewusstsein des denkenden Subjekts nur ein besonderes Bewusstsein neben dem Bewusstsein anderer Gegenstände ist, das als Folge der deutlichen Vorstellung des Unterschiedes dieser Gegenstände bzw. Vorstellungen von dem sie vorstellenden Subjekt von dieser abhängig ist.

Im Paragraphen 16 der Deduktion wird, wie wir gesehen haben, das Ich denke, obwohl es durch Denken erzeugt wird, nicht Begriff, sondern – allgemeiner – Vorstellung genannt, die ihrerseits alle anderen Vorstellungen „muß begleiten können" (B132). Es hat also dieselbe Vehikelfunktion wie der Begriff Ich denke in der Kritik der rationalen Psychologie. Die ursprüngliche Apperzeption ist in der *Deduktion* „dasjenige Selbstbewusstsein", welches „die Vorstellung Ich denke hervorbringt" und „in allem Bewusstsein [von Vorstellungen; M. B.] ein und dasselbe [Selbstbewusstsein; M. B.] ist", weil das Bewusstsein von Vorstellungen im Bewusstsein ihres Begleitetwerdens vom Ich denke besteht, also das Selbstbewusstsein enthält. Kant denkt dieses Begleiten offenbar nicht als ein wechselseitiges Verhältnis zweier Vorstellungen, sondern als transitives Verb bezeichnet es eine Tätigkeit, die einseitig dem Ich denke zugeschrieben wird. Wenn das Ich denke also eine Vorstellung „begleitet", so besagt das, dass das denkende Ich sich seiner Vorstellung *als* einer zu ihm selbst gehörigen bewusst ist, so dass dieses Begleiten den Akt der Bewusstmachung einer Vorstellung bedeutet. Da aber das Selbstbewusstsein „Ich denke" in allem Bewusstsein von Vorstellungen „ein und dasselbe" ist (B132), so kann es selbst in seiner Reinheit, weil es alles dieses Bewusstsein erst ermöglicht, seinerseits nicht von diesen bewussten Vorstellungen „weiter begleitet werden", d. h. zum Selbstbewusstsein (in progressiver Iteration) gemacht werden, wie es bei dem deutlichen Bewusstsein der Vorstellungen in der Wolff-Schule der Fall war. Dass aber das Selbstbewusstsein in allem Bewusstsein von Vorstellungen „ein und dasselbe" ist, kann nach dem Bisherigen nur bedeuten, dass das Ich denke ein Begriff ist, der in allem Vorstellungsbewusstsein als gemeinsames und identisches Merkmal enthalten ist. Das aber führt zu der Frage, welche Art von Einheit der Vorstellung Ich denke zukommt.

Kant spricht zunächst über die „transzendentale Einheit des Selbstbewusstseins", womit er allerdings nur „die Möglichkeit der Erkenntnis a priori", die aus der Einheit der Vorstellung Ich denke folgen soll, vorläufig „bezeichnen" will (B132). Wie diese Folge, das heißt die Begründung der Möglichkeit von Erkenntnis a priori in dieser Einheit der Vorstellung Ich denke als Einheit des Selbstbewusstseins verstanden werden soll, wird von Kant zunächst nur angedeutet. Er rekurriert auf das Ergebnis seiner bisherigen Überlegungen: „alles Mannigfaltige der Anschauung [hat; M. B.] eine notwendige Beziehung auf das: *Ich denke*" (B132). Daraus schließt Kant nun auf eine gewisse, noch ungenannte Bedingung dieser allen Anschauungen, bloß als meinen Vorstellungen, gemeinsamen Beziehung auf das Selbstbewusstsein, das in allem Bewusstsein ein und dasselbe ist.

> Denn die mannigfaltigen Vorstellungen, die in einer gewissen Anschauung gegeben werden, würden nicht insgesamt *meine* Vorstellungen sein, wenn sie nicht insgesamt zu einem Selbstbewusstsein gehörten, d. i. als meine Vorstellungen (ob ich [mir; M. B.] ihrer gleich nicht als solcher bewusst bin) müssen sie doch der Bedingung notwendig gemäß sein, unter der sie allein in einem allgemeinen Selbstbewusstsein zusammen stehen *können*, weil sie sonst nicht durchgängig mir angehören würden. (B132)

Hier wird nur das, was bisher distributiv von allen Anschauungen bloß als meinen Vorstellungen gesagt wurde, dass nämlich ihr notwendig mögliches Bewusstsein von meinem Selbstbewusstsein abhängt, zweifach erweitert: (1) ist jetzt von meinen Vorstellungen „insgesamt" die Rede, und (2) wird das eine Selbstbewusstsein nun auf kollektiv alle diese meine Vorstellungen als ein „allgemeines Selbstbewusstsein" bezogen. Allerdings wird auch auf eine notwendige Bedingung vorausgedeutet, die erfüllt sein muss, damit dieses „Zusammenstehen" „in einem allgemeinen Selbstbewusstsein" möglich ist. Diese Bedingung soll offenbar zu dem „vielen" (B133) gehören, was sich „aus dieser ursprünglichen Verbindung" (B133) von Ich denke und der Gesamtheit meiner Vorstellungen, die bisher als Begleitenkönnen nur distributiv gedacht war, „folgern" lassen soll.

Bevor ich mich im Dschungel der Textexegese verlaufe, gehe ich zur Einführung der beiden wichtigsten Begriffe in unserem Zusammenhang über, der analytischen und der synthetischen Einheit der Apperzeption. Vorbereitet ist dieser Übergang bei Kant durch die Erwähnung der folgenreichen „transzendentalen Einheit des Selbstbewusstseins", deren Art von Einheit jetzt zum Thema wird. Während bisher, wie ich gezeigt habe, das durch das Ich denke bezeichnete Selbstbewusstsein in allem möglichen Bewusstsein seiner Vorstellungen je für sich, also distributiv genommen, zwar als „ein und dasselbe" (B132) enthalten war, so wie im Bewusstsein „Ich denke A", „Ich denke B" etc. das Ich denke dieselbe Teilvorstellung oder die begriffliche bzw. eidetische Einheit dieses mehrfachen Bewusstseins ist, wird nun diese Einheit als numerische, das heißt als Identität des Selbstbewusstseins gegenüber der Gesamtheit seiner Vorstellungen und deren möglichem Bewusstsein gedacht. „Diese durchgängige Identität der Apperzeption eines in der Anschauung gegebenen Mannigfaltigen" als eines kollektiven Ganzen möglicher Anschauungen ist das, was es jetzt zu erklären gilt. Sie, so heißt es jetzt, „enthält eine Synthesis der Vorstellungen, und ist nur durch das Bewusstsein dieser Synthesis möglich" (B133). Diese Synthesis ist die vorangekündigte „Bedingung" (B132), unter der allein die Gesamtheit meiner Vorstellungen „in einem allgemeinen Selbstbewusstsein zusammen stehen" kann. Natürlich „enthält" die „durchgängige Identität der Apperzeption" diese Bedingung nicht als einen Teil, sondern sie ist es, die als durch die Synthesis bedingte das Resultat der Erfüllung dieser Bedingung selbst ist. Auch ist diese „Synthesis der Vorstellungen" nur eine mögliche Synthesis möglicher Vorstellungen, die notwendig ist, wenn die „durchgängige Identität der Apperzeption" ihrerseits möglich sein soll. Kant beschreibt damit nicht einen wirklich im selbstbewussten Subjekt stattfindenden Vorgang, und ebenso wenig ist „das Bewusstsein dieser Synthesis" (B133) eine Tatsache, von der berichtet werden kann. Es handelt sich nur um notwendige Bedingungen der Möglichkeit der „durchgängigen Identität der Apperzeption", die ihrerseits nur notwendig ist, wenn durch gegebene Anschauungen ein Gegenstand dieser Anschauungen durch ein seiner selbst bewusstes Subjekt gedacht und in der Folge erkannt werden soll.

Warum ist aber diese Synthesis der Vorstellungen und also auch der Anschauungen zur Möglichkeit der „durchgängigen Identität der Apperzeption" notwendig? Weil „das empirische Bewusstsein, welches verschiedene Vorstellungen begleitet, [...] an sich zerstreut [ist; M. B.] und ohne Beziehung auf die Identität des Subjekts" (B133). Ohne Beziehung meiner Vorstellungen auf ein identisches Ich „würde ich ein so vielfarbiges verschiedenes Selbst haben, als ich Vorstellungen habe, deren ich mir bewußt bin" (B134). Das „empirische Bewusstsein" ist nicht notwendig das Bewusstsein empirischer Anschauungen, sondern das jeweilige einzelne Bewusstsein irgendwelcher *gegebener* Vorstellungen, die meine sind, also in „dem selben Subjekt [...] angetroffen" (B132) werden. Und die „Identität des Subjekts" ist nicht die Identität einer Person, die unvermittelt eingeführt würde, sondern nur diejenige des logischen Ich, dessen ich mir im „Ich denke" *als* des Subjekts all meines Denkens bewusst sein kann, indem ich das „Ich denke" denke. Kant fährt fort: „Diese Beziehung [verschiedener Vorstellungen auf die Identität des Subjekts; M. B.] geschieht also dadurch noch nicht, daß ich jede Vorstellung mit Bewusstsein begleite, sondern [dadurch; M. B.] daß ich eine zu der andern *hinzusetze* und mir der Synthesis derselben bewusst bin." (B133) Auch hier sind die Synthesis der Vorstellungen und deren Bewusstsein keine psychologischen Tatsachen, sondern notwendig zu erfüllende Bedingungen der Beziehung meiner Vorstellungen auf das gemeinschaftliche „Ich denke" *als eines identischen* Selbstbewusstseins des denkenden Subjekts. Um mir also der numerischen Identität desjenigen Subjekts bewusst zu werden, dessen ich mir im Ich denke bewusst sein kann, muss ich im Falle von mir gegebenen und nicht von mir erzeugten Vorstellungen einen Akt der Synthesis dieser meiner Vorstellungen vollziehen und mir dieses Aktes als des meinigen bewusst sein können.

Kant fasst diese Überlegungen so zusammen: „Also nur dadurch, dass ich ein Mannigfaltiges gegebener Vorstellungen *in einem Bewusstsein* verbinden kann, ist es möglich, dass ich mir die *Identität des Bewusstseins in diesen Vorstellungen* selbst vorstelle." (B133) Hier kommt erstmals das Ergebnis der Synthesis meiner je für sich bewussten Vorstellungen zur Sprache. Es ist das eine Bewusstsein, dass die mannigfaltigen gegebenen Vorstellungen als von mir bewirkbare synthetische Einheit insgesamt meine Vorstellungen sind. Die „Identität des Bewusstseins", von der Kant spricht, ist die Vorstellung der Identität des im Ich denke gedachten Subjekts, und diese Vorstellung ist ihrerseits nur möglich durch das Selbstbewusstsein der Identität des gegebene Vorstellungen durch sein Denken verbindenkönnenden Subjekts. Die Vorstellung der „Identität des Bewusstseins in diesen Vorstellungen" ist die Vorstellung der numerischen Einheit des Ich denke in dem möglichen Bewusstsein aller meiner gegebenen Vorstellungen insgesamt *als* meiner Vorstellungen. Sie wird jetzt „analytische Einheit der Apperzeption" genannt. Und das aus dem Bewusstsein, ein Mannigfaltiges gegebener Vorstellungen zu einem jeweiligen Ganzen verbinden zu können, entspringende Bewusstsein meiner selbst als des allen meinen Vorstellungen gemeinschaftlichen Prinzips dieser Synthesis heißt nun „synthetische Einheit der Apperzeption". Das Verhältnis dieser beiden formuliert Kant nun als das der Abhängigkeit der analytischen Einheit der Apperzeption von der synthetischen Einheit eben dieser Apperzeption: „d. i. die *analytische* Einheit der Apperzeption ist nur unter Voraussetzung irgendeiner *synthetischen* möglich" (B133).

Damit haben wir alle für die Begründung der Möglichkeit von Erkenntnissen a priori der Gegenstände möglicher Erfahrung relevanten Arten der Apperzeption hinreichend erläutert. Kant selbst hat dem Verhältnis der analytischen und synthetischen Einheit noch weitere Erörterungen gewidmet, die ich hier übergehe und deren Zusammenfassung so lautet: „Ich bin mir also des identischen Selbst bewusst, in Ansehung des Mannigfaltigen der mir in der Anschauung gegebenen Vorstellungen, weil ich sie insgesamt *meine* Vorstellungen nenne, die *eine* ausmachen. Das ist aber so viel, als, dass ich mir einer notwendigen Synthesis derselben a priori bewusst bin, welche die ursprüngliche synthetische Einheit der Apperzeption heißt, unter der alle mir gegebenen Vorstellungen stehen, aber unter die sie auch durch eine Synthesis gebracht werden müssen" (B135f.). Sie müssen darunter gebracht werden, wenn ich mir *der Identität* meines denkenden Ich bewusst werden können soll. Neu an dieser abschließenden Formulierung ist allerdings, dass die synthetische Einheit der Apperzeption jetzt eine „ursprüngliche synthetische Einheit" genannt wird und dass sie kurzerhand identifiziert wird mit einer „notwendigen Synthesis" meiner Vorstellungen, deren ich mir „a priori bewusst bin". Das Letztere heißt aber nur, dass ich mir dieser Synthesis als einer notwendig möglichen bewusst sein muss, auch wenn ich mir ihrer nicht faktisch bewusst bin. Und die „synthetische Einheit" wird nun „ursprünglich" genannt, weil sie nicht als solche vorgefunden, sondern durch den möglichen Akt dieser Synthesis erst erzeugt wird, also nichts als das Bewusstsein dieses der resultierenden synthetischen Einheit zu Grunde liegenden Aktes als eines von mir selbst zu vollziehenden Synthetisierens ist, durch das es mir erst möglich wird, mir meiner selbst *als* eines identischen Selbst bewusst zu werden.

Allerdings hat Kant bei seiner ersten Behauptung dieser Abhängigkeit der analytischen Einheit der Apperzeption von der synthetischen, wie oben zitiert, von „*irgendeiner* synthetischen" Einheit der Apperzeption gesprochen und dieser Hinweis wird häufig übersehen. Es handelt sich um einen Vorverweis auf verschiedene Arten der Synthesis von Vorstellungen. Denn eine Synthesis der Vorstellungen, deren ich mir als einer von mir vollzogenen oder vollziehbaren bewusst werden kann, kann ihrerseits die Synthesis von Anschauungen, von Vorstellungen, die zusammen einen Begriffsinhalt bilden, von Begriffen in einem Urteil überhaupt, einem Wahrnehmungs- oder in einem Erfahrungsurteil sein. Allen diesen Synthesen liegt dieselbe ursprünglich-synthetische Einheit der Apperzeption zu Grunde, weshalb sie auch von Kant als „der höchste Punkt, an dem man allen Verstandes-Gebrauch, selbst die ganze Logik, und, nach ihr, die Transzendental-Philosophie heften muss, ja dieses Vermögen ist der Verstand selbst" (B134 Anm.) bezeichnet wird. Ich kann diesen allbekannten Satz hier nicht erläutern und verweise nur darauf, dass vom Verstand auf der nächsten Seite gesagt wird, er sei „selbst nichts weiter [...], als das Vermögen, a priori zu verbinden, und das Mannigfaltige gegebener Vorstellungen unter Einheit der Apperzeption zu bringen" (B135), was, wie wir gesehen haben, nur durch eine Synthesis möglich ist.

Um also zur *objektiven* synthetischen Einheit der Apperzeption zu gelangen, die nach Kant die logische Form aller Urteile ist, müssen wir zwei Arten von nur subjektiv gültiger Vorstellungsverbindung eliminieren, die ebenso von der ursprünglich-synthetischen Einheit der Apperzeption abhängen, wie die objektive. „*Objekt*", sagt Kant, „ist das, in dessen Begriff das Mannigfaltige einer gegebenen Anschauung *vereinigt* ist" (B137). Ein Objekt kann also in einer reinen oder empirischen Anschauung gegeben sein, aber nicht *als* Objekt, denn das erfordert einen Begriff, durch den das Mannigfaltige einer gegebenen Anschauung insgesamt als das Mannigfaltige eines Objekts gedacht wird. Objekte können also *als* Objekte nicht angeschaut, sondern nur gedacht werden, auch dann, wenn sie in der Anschauung gegeben sind. Der den Bezug auf das Objekt als solches ermöglichende Begriff des denkenden Verstandes muss also das gegebene Anschauungsmaterial als Begriffsinhalt vereinigt enthalten, um ihn als Bestimmung eines durch ihn gedachten Objekts auf dieses beziehen zu können.

> Nun erfordert aber die Vereinigung der Vorstellungen Einheit des Bewusstseins in der Synthesis derselben. Folglich ist die Einheit des Bewusstseins dasjenige, was allein die Beziehung der Vorstellungen auf einen Gegenstand, mithin ihre objektive Gültigkeit, folglich, daß sie Erkenntnisse werden, ausmacht [...]. (B137)

Deshalb kann der Verstand auch als Erkenntnisvermögen bezeichnet werden, sofern ihm nämlich vorher Gegenstände in der Anschauung gegeben sind. Für sich genommen ist der Verstand nur ein Vermögen zu denken, und der Gegenstand dieses Denkens ist nur das gänzlich unbestimmte Objekt überhaupt. Die zur Vereinigung der Anschauungsvorstellungen im Begriff eines gegebenen Objekts erforderliche „Einheit des Bewusstseins in der Synthesis derselben" ist also nichts anderes als ein besonderer Fall einer synthetischen Einheit der Apperzeption, aus der die allgemeine analytische Einheit der Apperzeption entspringen kann. Damit ist die je besondere „Einheit des Bewusstseins" im Begriff eines anschaulich gegebenen Gegenstandes eine notwendige Bedingung der Möglichkeit, den Vorstellungen im Subjekt einen Gegenstandsbezug durch das Denken dieses Objekts zu verschaffen, sofern sie nämlich in einem Begriffe vereinigt sind. Aber von objektiver Gültigkeit meiner Vorstellungen und von Erkenntnis kann hier nur gesprochen werden, wenn der Gegenstand zuvor in der Anschauung gegeben ist, bevor er gedacht wird. Obwohl also Begriffe als solche immer Begriffe von Objekten sind, kann durch sie allein kein Objekt bestimmt, also erkannt werden. Daraus folgt im Falle empirischer Begriffe, dass sie zur Erkenntnis von Gegenständen nur dann dienen können, wenn ihnen ein korrespondierendes Anschauungsobjekt untergelegt werden kann, das die im Begriff gedachten Gegenstandsmerkmale neben anderen enthält. In diesem Fall ist die Einheit des Bewusstseins im empirischen Begriff nur eine Folge der „empirischen Einheit der Apperzeption" (B140). Ich bin mir dabei bewusst, dass ich eine gewisse synthetische Einheit empirischer Anschauungen als Bestimmungen eines Objekts denke. Da aber empirische Erkenntnis nur durch Subsumtion eines in der Anschauung gegebenen Objekts unter einen Begriff, über den der Verstand schon verfügt, möglich ist, und dieser Begriff durch diesen korrespondierenden Gegenstand seinem Inhalt nach fortbestimmt werden kann, worin der Prozess empirischer Erkenntnis besteht, so haben empirische Begriffe, für sich genommen, nur „subjektive Gültigkeit" (B140); als subjektiven synthetischen Einheiten des Bewusstseins fehlt ihnen das, was Kant die „objektive Einheit des Selbstbewusstseins" nennt, die „allein [und ursprünglich; M. B.] objektiv gültig ist", weil sie „die notwendige Beziehung des Mannigfaltigen der Anschauung zum Einen: Ich denke" enthält, die nicht durch eine empirische, sondern nur durch die „reine Synthesis des Verstandes" (B140) möglich ist und in der Kategorie gedacht wird, die ein von jedem Objekt a priori gültiger Begriff ist.

Kant erläutert die Subjektivität empirischer Begriffe, indem er sich auf die ihnen entsprechenden Begriffsworte (Termini) bezieht:

> Einer verbindet die Vorstellung eines gewissen Wortes [d. h. die mit diesem Wort verbundenen Begriffsinhalte; M. B.] mit einer Sache, der andere, mit einer anderen Sache; und die Einheit des Bewusstseins, in dem, was empirisch ist, ist in Ansehung dessen, was gegeben ist, nicht notwendig und allgemein geltend. (B140)

Die Unbestimmtheit der Begriffe als solcher, die die notwendige Folge dessen ist, dass sie nur Teilvorstellungen von in der Anschauung gebbaren Gegenständen sind, macht es möglich, dass einer unter einem „Tisch" einen runden, der andere einen rechteckigen Tisch versteht. Deshalb ist der empirische Begriff in Ansehung dessen, was ihm als korrespondierende Sache in der Anschauung gegeben sein kann, nicht in notwendiger und für jeden anderen, der über denselben Begriff verfügt, allgemeingültiger Übereinstimmung. Also sind empirische Begriffe, obwohl sie immer Begriffe von Objekten sind und gegebenenfalls die gegebene Anschauungsvorstellung erst auf das Objekt dieser Anschauung als ein so und so bestimmtes beziehbar machen, von nur privater Gültigkeit. In ihnen wird kein für jeden Denkenden identisches Objekt gedacht, obwohl das durch die Identität des von vielen verwendeten Wortes vorgetäuscht wird. Das ist der Grund, aus dem Platon seine Ideen erfand.

Die andere Art von nur subjektiv gültiger Verbindung je für sich bewusster Vorstellungen wird von Kant im Paragraphen 19 zum Zwecke der Abgrenzung vom Urteil kurz erörtert. Er verwendet hier nicht den missverständlichen Begriff des Wahrnehmungsurteils, wie in den *Prolegomena*. Dort sind Wahrnehmungsurteile nicht etwa Urteile, die Wahrnehmungen sind oder von Wahrnehmungen handeln, sondern Urteile über empirische Gegenstände, deren Grund die bloße Wahrnehmung des Verbunden- oder Assoziiertseins von reflektierten Wahrnehmungen, also von empirischen Begriffen ist. Solche Wahrnehmungsurteile sind nach Kant nur von subjektiver Gültigkeit, was dem Begriff des Urteils im Paragraphen 19 der *Kritik* widerspricht. Denn hier wird ein Urteil als „ein Verhältnis" von Begriffen definiert, „das *objektiv gültig* ist" (B142). Dasjenige Verhältnis von Vorstellungen, das auf psychologischen, das heißt empirischen Gesetzen der Assoziation beruht, ist demnach kein Urteil, weil es von „bloß subjektiver Gültigkeit" ist, also nur Privatgültigkeit hat.

> Nach den [Gesetzen der Assoziation von Vorstellungen; M. B.] würde ich nur sagen können: wenn ich einen Körper trage, so fühle ich einen Druck der Schwere; aber *nicht:* er, der Körper *ist* schwer; welches so viel sagen will, als, diese beiden Vorstellungen sind im Objekt, das ist ohne Unterschied des Zustandes des Subjekts, verbunden, und nicht bloß in der Wahrnehmung (so oft sie auch wiederholt sein mag) beisammen. (B142; Hervorhebung M. B.)

Die Subjektivität solcher Vorstellungs- oder Begriffsverbindungen beruht darauf, dass die sogenannten Assoziationsgesetze nur faktische Regelmäßigkeiten aussagen, die, wie alle Fakten, zufällig sind und auch anders sein könnten. Außerdem sind sie nur auf Induktion beruhende, psychologische Kausalgesetze, in denen die Ursache der Assoziation der Vorstellungen als Wirkung nicht als etwas Bestimmtes, das notwendig eine bestimmte Wirkung hat, angegeben werden kann. Eine im strengen Sinne gesetzliche Verknüpfung von Begriffen muss also eine notwendige und nur darum objektive Verknüpfung sein, die für jeden Denkenden und unabhängig von dem jeweiligen Wahrnehmungszustand jedes einzelnen Denkenden gültig ist, und nur deshalb etwas über das Verbundensein von vorgestellten Bestimmungen des Objekts in diesem Objekt selbst aussagen kann. Da aber, wie wir gesehen haben, ein durch empirische Begriffe vorgestellter Gegenstand kein für jeden Denkenden identisches Objekt sein kann, so wird dieses Objekt nicht nur dasjenige sein können, „in dessen Begriff das Mannigfaltige einer gegebenen Anschauung *vereinigt* ist" (B137), was nur für Objekte gilt, von denen wir außer ihrem Begriff schon eine Anschauung haben, sondern das Objekt wird allgemein dasjenige sein, durch das eine zunächst nur gedachte Verbindung der Vorstellungen von ihm wahr oder falsch gemacht wird. Solch eine Vorstellungsverbindung ist seit Platon und Aristoteles das Urteil, und das Objekt des Urteils ist dasjenige, was über seine Wahrheit und Falschheit als Übereinstimmung und Nichtübereinstimmung mit ihm entscheidet.

Damit sind wir bei der synthetischen und zugleich objektiven Einheit der Apperzeption der Begriffe angelangt, die nach Kant die gemeinsame logische Form aller Urteile ist (B140). Das kategorische Urteil, das auch in hypothetischen und disjunktiven Urteilen als Element enthalten ist, ist nach Meier die „Vorstellung eines Verhältnisses zwischen zwei Begriffen", und Kant tadelt an dieser „Erklärung" zunächst nur, „daß, worin dieses *Verhältnis* bestehe, hier nicht bestimmt ist" (B141). Wenig später bestimmt Kant dieses Verhältnis zweier Begriffe als eines, „das objektiv gültig" (B142) sein kann. Das Verhältnis zweier Begriffe im kategorischen Urteil wird sodann auf eine Synthesishandlung des vorstellenden Subjekts, ausgeübt an diesen Begriffen, zurückgeführt: „ein Urteil [ist] nichts anderes [...], als die Art, gegebene Erkenntnisse zur objektiven Einheit der Apperzeption zu bringen" (B141). Diese Formulierung ist nicht besonders glücklich. Denn die zu verbindenden Begriffe sind zunächst nur Vorstellungen, aus denen erst Erkenntnisse von Objekten werden sollen. Auch hier ist das Bewusstsein einer durch mich vollziehbaren spezifischen Vorstellungsverbindung etwas, durch das ich mir meiner selbst als des sie Verbindenden bewusst werden kann. Kant erläutert im Folgenden, was er unter *objektiver* Einheit der Apperzeption, dieses Mal als die des Urteils, verstanden wissen will. Auf sie „zielt", nach Kant, „das Verhältniswörtchen *ist*" im kategorischen Urteil, „um die objektive Einheit gegebener Vorstellungen von der subjektiven zu unterscheiden" (B142). Wenn der Begriff A mit dem Begriff B durch das „ist" verbunden ist, so bedeutet das, dass das in ihnen Gedachte im Objekt verbunden ist, und nicht in mir als irgendwie assoziiert vorgefunden wird. Die Objektivität der Begriffsverbindung beruht also gerade nicht auf dem durch das Urteil gedachte Objekt, sondern auf einer bewussten Verbindungshandlung des denkenden Subjekts. Das „ist" im Urteil „bezeichnet die Beziehung [der Vorstellungen; M. B.] auf die ursprüngliche Apperzeption und die notwendige Einheit derselben, wenngleich das Urteil selbst empirisch, mithin zufällig ist, z. B. [Der Körper ist schwer; M. B.]" (B142). Diese Beziehung beruht, wie wir gesehen haben, nur auf dem Bewusstsein einer durch mich möglichen Synthesis der Vorstellungen, durch die ich mir der Identität meiner selbst, des verbindenden Ich, als einer für das Bewusstsein aller meiner Vorstellungen notwendigen Einheit bewusst werden kann. Auch hier tritt die *transzendentale* Einheit der Apperzeption als ursprünglich synthetische auf, die um der analytischen Einheit der Apperzeption, das heißt um des Selbstbewusstseins als eines Identitätsbewusstseins willen, notwendig ist. Diese Notwendigkeit ist natürlich nicht in den empirischen Begriffen „Körper" und „schwer" begründet, ebenso wenig wie in ihrer faktischen Verbundenheit in mir, sondern, wenn ich „Körper" und

„schwer" als im Objekt verbunden denke und diesen Gedanken im Urteil „der Körper ist schwer" aussage, so bedeutet das, dass ich das Objekt, das ich als Körper denke, auch als schwer denken *muss*, wenn mein Urteil mit seinem Objekt übereinstimmen, also wahr sein soll. Daraus folgt zugleich, dass jeder andere Denkende über dieses Objekt dasselbe Urteil fällen muss, wenn er seinerseits etwas Wahres darüber sagen will und über dieselben empirischen Begriffe verfügt. Die Übereinstimmung des Urteils mit seinem Objekt ist also, anders als die des empirischen Begriffes mit dem seinen, etwas nicht Privates, nur für das jeweilige Subjekt Gültiges, sondern für jeden Urteilenden eine Norm seines Urteilens. Das meint man seit Platon und Aristoteles mit dem Satz, dass nicht Begriffe, wohl aber Urteile und nur Urteile wahr oder falsch sein können.

Die Beziehung der bewussten Synthesis je für sich bewusster Vorstellungen (Begriffe) auf die ursprünglich synthetische Einheit der Apperzeption und die dadurch ermöglichte analytische Einheit der Apperzeption begründet also den Gedanken, dass ich nur dann in meinen empirischen Vorstellungsverbindungen in Übereinstimmung mit einem Objekt sein kann, wenn dieses Objekt zuvor durch Begriffe gedacht wird, die für jeden denkenden Verstand notwendig sind, um sich überhaupt vermittelst möglicher gegebener Anschauungen auf ein gedachtes Objekt beziehen zu können. D. h. in diesen Begriffen müsste die Verbindung der durch die Anschauung gegebenen Bestimmungen im Objekt als derjenigen Form der Verbindung von Vorstellungen im Urteil gemäß gedacht werden, durch die allein ich mich denkend auf ein Objekt überhaupt beziehen kann, und die deshalb auch für jeden Verstand, dessen Vorstellungsverbindungen objektive Gültigkeit haben können sollen, obligatorisch sind. Das expliziert Kant an seinem Beispiel „Der Körper ist schwer".

> Damit ich zwar nicht sagen will, diese Vorstellungen gehören in der empirischen Anschauung *notwendig zu einander*, sondern sie gehören vermöge der notwendigen Einheit der Apperzeption in der Synthesis der Anschauungen zu einander, das ist nach Prinzipien der objektiven Bestimmung aller Vorstellungen, sofern daraus Erkenntnis werden kann. (B142)

Wer also behauptet, „der Körper ist schwer", der will nach Kant sagen, dass die empirischen Vorstellungen „Körper" und „schwer" sich auf angeschaute Bestimmungen beziehen, die im Objekt der Vorstellungen verbunden sind, „vermöge der notwendigen Einheit der Apperzeption in der Synthesis der Anschauungen". Dieser kryptische Ausdruck ist die Umschreibung der Kategorien als derjenigen Begriffe vom Objekt, durch die die empirische oder reine Anschauung dieses Objekts, der synthetischen Einheit der Apperzeption gemäß, zuerst auf ein Objekt überhaupt von Anschauungen überhaupt bezogen wird. Kategorien sind also Begriffe vom Objekt sinnlicher Anschauung überhaupt, sofern deren Mannigfaltiges als der transzendentalen Einheit der Apperzeption gemäß zu einer notwendigen synthetischen Einheit vereinigt gedacht wird, wodurch es erst für mich zum Objekt wird (vgl. B138). Aber inwiefern ist die in den Kategorien gedachte synthetische Einheit von Anschauungen eine notwendige? Diese Frage beantwortet vorläufig der folgende Satzteil, der ebenso kryptisch ist: „d. i. nach Prinzipien der objektiven Bestimmung aller Vorstellungen, sofern daraus Erkenntnis werden kann" (B142) gehören Vorstellungen (wie Körper und schwer) notwendig zueinander, nämlich wie Subjekt und Prädikat, die ihrerseits notwendig verbundene Korrelate sind, nämlich die von Bedingung und Bedingtem. Diese Prinzipien der objektiven Bestimmung aller Vorstellungen, sofern diese Vorstellungen Erkenntnisse von Objekten werden können, sind die logischen Formen bzw. Funktionen der Urteile. Denn nur in diesen Formen der Urteile und nicht beliebig verbunden können Vorstellungen so auf Objekte bezogen werden, dass sie mit ihnen übereinstimmen oder nicht. Das ist, wie wir gesehen haben, bei empirischen Begriffen gerade nicht der Fall. Kant definiert das Urteil als diejenige „Handlung, durch die gegebene Vorstellungen *zuerst* Erkenntnisse eines Objekts werden" (AA 4: 475, m. H. MB). Da aber diese Funktionen der Urteile (z. B. das S als P zu denken) für jeden möglichen Verstand gelten, der durch seine Vorstellungen Objekte soll erkennen können, so ist die durch sie ermöglichte korrespondierende Anschauungssynthese, d. h. die Kategorie (z. B. die Inhärenz der Akzidenzen in ihrer Substanz), (1) ursprünglich objektiv, d. h. erst durch sie kann ein Anschauungsmannigfaltiges für mich zum Objekt werden, und (2) notwendig allgemein gültig, d. h. entprivatisiert, da es für keinen möglichen diskursiven Verstand eine Alternative zu ihnen gibt.

Damit haben wir aber immer noch nicht die Frage endgültig beantwortet, woher die in den Urteilsfunktionen enthaltene synthetische Einheit der Begriffe, die in den Kategorien als synthetische Einheiten von sinnlichen Anschauungen überhaupt gedacht wird, ihrerseits ihre Notwendigkeit erhält. Die Antwort darauf gibt der letzte kryptische Satzteil: „welche Prinzipien alle aus dem Grundsatze der transzendentalen Einheit der Apperzeption abgeleitet sind" (B142). Das ist in der ganzen *Kritik* der einzige Satz, in dem die Ableitbarkeit der Urteilsfunktionen und -formen aus der Einheit der Apperzeption auf eine, wenn auch schwer verständliche, Weise behauptet wird. Aber in unserem Zusammenhang bedeutet dieser Satz, dass die logischen Funktionen der objektiven Einheit der Begriffe im Urteil ihrerseits durch die transzendentale Einheit der Apperzeption als einer notwendig möglichen ihre Notwendigkeit erhalten. Nur in Urteilen, ihrer logischen Form nach, werden Vorstellungen als notwendig im Objekt verbunden gedacht und diese Notwendigkeit beruht darauf, dass es für den diskursiven Verstand notwendig ist, seine Vorstellungen zu verbinden und zwar (1) auf eine Art und Weise, durch die der verbindende Verstand sich seiner als einer für alle gegebenen

Vorstellungen numerischen Einheit bewusst werden kann (z. B. „Ich denke A+B +C..."). Aber (2) sind diese Urteilsfunktionen diejenigen Funktionen der Verbindung bewusster Vorstellungen (Begriffe), die nicht, wie die Verbindungen von Vorstellungen in der Einbildungskraft oder als empirische Begriffsinhalte oder aufgrund von Assoziationen im privaten Belieben oder Vermögen des jeweiligen Verbindenden stehen, sondern solche Verbindungsfunktionen (z. B. die Verknüpfung von S und P), durch die allein wahrheits- und falschheitsfähige Vorstellungsverbindungen, nämlich Urteile als präsumtive Gegenstandserkenntnisse (z. B. „ Ich denke S ist P") zustande kommen können, und die deshalb für jeden über Gegenstände urteilenden Verstand, d. h. a priori intersubjektiv, als dieselben gelten müssen. Daher heißt es in den *Prolegomena:* „Es sind [...] objektive Gültigkeit und notwendige Allgemeingültigkeit (für jedermann) Wechselbegriffe" (AA 4: 298). Das gilt auch für die Urteilsfunktionen.Sie allein machen also diejenige objektive synthetische Einheit einer *Apperzeption überhaupt* möglich, die nicht bloß die eines privaten Vorstellungsverbinders ist.

Damit kommen wir schließlich zu dem anderen Grundbegriff der Kategoriendeduktion, der in ihrem zweiten Teil eine wichtige Rolle spielt, zusammen mit dem einer Erfahrung überhaupt. Ich meine den der Natur als einer Natur überhaupt, als des Kollektivobjekts des reinen Verstandes.Kant bestimmt die Aufgabe dieses zweiten Teils der Deduktion so: „Jetzt soll die Möglichkeit, durch Kategorien die Gegenstände, die nur immer unseren Sinnen vorkommen mögen [...] den Gesetzen ihrer Verbindung nach, a priori zu erkennen, also der Natur gleichsam das Gesetz vorzuschreiben und sie sogar möglich zu machen, erklärt werden" (B159). Die Gesetze der Verbindung der Erscheinungen in der Natur sind die Prinzipien ihrer Zusammensetzung (*compositio*) und ihrer Verknüpfung (*nexus*) (B201 Anm.) in Raum und Zeit. Hier kommentiert Kant auch rückblickend die Aufgabe des ersten Teils der Deduktion als Darstellung der Kategorien „als Erkenntnisse a priori von Gegenständen einer Anschauung überhaupt" (B159). Fragt man danach, was den Übergang von „Gegenständen" zur „Natur" ermöglicht, so lautet die Antwort wohl: Es ist die Einführung von Raum und Zeit, die an die Stelle der „Anschauung überhaupt" treten. Von Raum und Zeit als formalen Anschauungen und d. h. als Einheiten von in ihnen enthaltenem Mannigfaltigen, also als etwas, das „Einheit der Synthesis" und somit auch „Verbindung" als deren Resultat enthält, wird dann gesagt, dass diese „mit (nicht in)" diesen formalen Anschauungen „a priori [...] gegebene" „Verbindung" „Bedingung der Synthesis aller Apprehension" sei (B161). Da aber Apprehension notwendige Bedingung der Wahrnehmung und damit auch der Erfahrung von Gegenständen in Raum und Zeit ist, so ist die mit Raum und Zeit a priori *gegebene* Verbindung zugleich Bedingung der Möglichkeit der Erfahrung und also auch der Gegenstände der Erfahrung. Die *mit* den formalen Anschauungen Raum und Zeit gegebene Verbindung oder synthetische Einheit der Räume und Zeiten in ihnen, „der alles [d. h. alle Erscheinungen], was im Raume oder der Zeit [als] bestimmt [d. h. als Gegenstand in seiner bestimmten inneren und äußeren Relation zu Erscheinungen] vorgestellt werden soll, gemäß sein muß", soll nun dieselbe sein, wie „die Verbindung des Mannigfaltigen einer gegebenen *Anschauung überhaupt* in einem ursprünglichen Bewusstsein den Kategorien gemäß, nur auf unsere *sinnliche Anschauung* angewandt" (B160). Das zeigt erstens, dass die transzendentale Einheit des ursprünglichen Bewusstseins, also die Apperzeption, auch den Beweisgrund für den zweiten Teil der Deduktion liefert. Und zweitens, dass die Beweisführung auf dem Gedanken beruht, dass die mit den formalen Anschauungen gegebene synthetische Einheit nur *dieselbe* ist, *wie* die in den Kategorien gedachte synthetische Einheit von Anschauungen überhaupt (Kant sagt nur: „sie kann keine andere sein"; B161), aber das heißt nur, dass sie den Kategorien als Begriffen von Gegenständen einer sinnlichen Anschauung überhaupt *gemäß* ist (ihnen entspricht), und nicht, dass die synthetische Einheit von Raum und Zeit durch Kategorien bewirkt wird (wie die der Schemata als der transzendentalen Zeitbestimmungen der Erscheinungen) oder dass Raum und Zeit als Formen der menschlichen Sinnlichkeit (wie die von ihnen bedingten Erscheinungen)unter die Kategorien (als Begriffen der Einheit des Mannigfaltigen der sinnlicher Anschauung überhaupt) einfach subsumierbar sind.

Gleichwohl heißt es an späterer Stelle, dass die empirische Synthesis der Apprehension, die nur unter der Bedingung von Raum und Zeit stattfinden kann, somit mittelbar „von der transzendentalen [Synthesis; M. B.], mithin den Kategorien abhängt" (B164). Aber natürlich hängen nicht Raum und Zeit, sondern die synthetische Einheit von Raum und Zeit als formalen Anschauungen, d. h. als notwendige Substrate der Erscheinungen und als homogene und unendliche Ganze, von denen deren metaphysische Erörterung in der transzendentalen Ästhetik handelt, von den Kategorien ab, insofern Kategorien als Begriffe von einem Gegenstand der sinnlichen Anschauung überhaupt die notwendigen Bedingungen des *Denkens* von Raum und Zeit *als Gegenständen* sind. Als *entia imaginaria originaria* sind Raum und Zeit Quasi-Gegenstände, d. h. Produkte der transzendentalen Synthesis ihres bloßen Mannigfaltigen durch die Einbildungskraft, deren nur denkbare Gegenständlichkeit den Kategorien als transzendentalen Gegenstandsbegriffen verdankt wird. Deshalb sind Raum und Zeit den Kategorien notwendig nur *gemäß*, ohne durch Kategorien oder überhaupt durch Begriffe bestimmt zu sein. Denn bekanntlich behauptet Kant, dass die ursprüngliche Vorstellung von Raum und Zeit eine reine Anschauung ist und kein Begriff sein kann. Aber die Gegenstände dieser reinen Anschauung durch die Einbildungskraft sind ihrer Modalität nach als notwendig, ihrer Relation nach als Substrate, die alle Erscheinungen enthalten, ihrer Qualität nach als homogene Ganze, die ihre Teile ermöglichen, und ihrer Quantität nach als aktual unendliche Größen (Quanta) zu denken. Insofern ist die Synthesis der reinen Einbildungskraft, durch die Raum und Zeit *als Gegenstände* anschaulich vorstellbar werden, der intellektuellen Synthesis des Verstandes und seiner vorgängigen und notwendig möglichen Einheit der Apperzeption gemäß. Was Kant von der empirischen Synthesis der Apprehension sagt, gilt auch (mutatis mutandis) von der reinen Synthesis der Einbildungskraft: „Nun ist das, was das Mannigfaltige der sinnlichen Anschauung verknüpft, Einbildungskraft, die vom Verstande der Einheit [seiner; M. B.] intellektuellen Synthesis, und von der Sinnlichkeit der Mannigfaltigkeit [...] nach abhängt" (B164).

Kants Ergebnis der subjektiven Deduktion der Kategorien lautet bezüglich der den Raum und die Zeit erfüllenden „Natur, als dem Inbegriffe aller Erscheinungen (natura materialiter spectata)" (B163):

> So müssen [...] alle Erscheinungen der Natur, ihrer Verbindung [d. h. ihrer Zusammensetzung und ihrer Verknüpfung in Raum und Zeit] nach, unter den Kategorien stehen, von welchen die Natur (bloß als Natur überhaupt betrachtet), als dem ursprünglichen Grunde ihrer notwendigen Gesetzmäßigkeit (als natura formaliter spectata), abhängt. (B165)

Aber die so ihrer Möglichkeit nach durch den Verstand begründete Natur ist nur die „*Natur überhaupt*, als Gesetzmäßigkeit der Erscheinungen in Raum und Zeit" (B165; Hervorhebung M. B.). Dieser Natur überhaupt entspricht auf Seiten des erkennenden Subjekts die „Erfahrung überhaupt", d. h. nicht meine oder deine Erfahrung, sondern die eines diskursiv Denkenden überhaupt. Denn diese, d. h. die Möglichkeit von Erfahrung überhaupt, beruht auf den reinen oder formalen Anschauungen von Raum und Zeit und der Subsumtion der Gegenstände in ihnen unter die Kategorien des reinen Verstandes, die die Grundsätze des reinen Verstandes als transzendentale Naturgesetze ermöglicht. Oder, wie Kant sagt, „von Erfahrung [...] überhaupt, und dem, was als ein Gegenstand derselben [in Urteilen M. B.] erkannt werden kann, geben allein jene Gesetze a priori die Belehrung" (B165). Aber dieses Ergebnis der Deduktion der Kategorien, das einen Vorblick auf das Grundsatzkapitel enthält, erlaubt auch einen Rückblick: Die „Möglichkeit der Erfahrung", sagt Kant im Grundsatzkapitel, „besteht [...] ihrer wesentlichen Form [nach; M. B.] in der synthetischen Einheit der Apperzeption aller Erscheinungen" (A217/B264). Also wird die Möglichkeit der Erfahrung in der subjektiven Deduktion der Kategorien a priori erwiesen und nicht mehr nur, wie in der objektiven, vorausgesetzt.

Huaping Lu-Adler
The Subjective Deduction and Kant's Methodological Skepticism

Abstract: The deduction of categories in the 1781 edition of the *Critique of the Pure Reason* (A Deduction) has "two sides"—the "objective deduction" and the "subjective deduction". Kant seems ambivalent about the latter deduction. I treat it as a significant episode of Kant's thinking about categories that extended from the early 1770s to around 1790. It contains his most detailed answer to the question about the origin of categories that he formulated in the 1772 letter to Marcus Herz. The answer is that categories are generated *a priori* through a kind of intellectual "epigenesis". This account leaves unexplained why precisely such and such categories should be generated. While this observation caused Kant to worry about the hypothetical status of the subjective deduction in 1781, he would come to acquiesce in the recognition that the ground of the possibility of categories is itself inscrutable. I call this his "methodological skepticism".

1 Introduction

In the preface to the 1781 edition of the *Critique of the Pure Reason* (A Preface), Kant distinguishes "two sides" of the deduction of the pure concepts of the understanding or categories.[1] One, the objective deduction, demonstrates their objective validity a priori by considering "the objects of the pure understanding". The other, the subjective deduction, "deals with the pure understanding itself, concerning its possibility and the powers of cognition on which it itself rests". Kant states that, while the first side "belongs essentially" to his end, the second does not. The latter pertains to the question "How is the *faculty of thinking* itself possible?" and is "something like the search for the cause [*Ursache*] of a given effect [*Wirkung*]". Kant grants that this deduction is "of great importance" with respect to his "chief end", namely "getting to the bottom [*Ergründen*] of that faculty we call the understanding" and simultaneously (*zugleich*) determin-

---

[1] I treat "pure concepts of the understanding" and "categories" as interchangeable, while recognizing that Kant does not always view them as equivalent (e. g. *Met-Vigil* 29: 984).

https://doi.org/10.1515/9783110732603-014

ing "the rules and boundaries of its use". But he insists that whether his version thereof is convincing will not affect the objective deduction (Axvi–xvii).[2]

This account of the deduction leaves much to be clarified, especially concerning the subjective side.[3] Kant does not specify where to find it in the A Deduction, and interested commentators have never been able to reach a consensus about its precise location. On a broadly granted reading, the subjective and objective deductions correspond to sections 2 (A95–114) and 3 (A115–127) of the A Deduction, respectively. As Nathan Bauer has noted, however, this reading became "standard" not so much on the strength of textual evidence as thanks to "the authority of tradition" (Bauer 2010: 436–444). Meanwhile, Bauer's proposal to reverse the order and locate the subjective deduction in section 3 (Bauer 2010: 448–450) has itself been called into question.[4]

The difficulty of locating the subjective deduction has fundamentally to do with the fact that we cannot be sure about its exact task, since Kant never explains what it takes to account for the possibility of the pure understanding or the faculty of thinking in relation to other faculties. On one reading, the subjective deduction "investigates the '*transcendental* constitution of the subjective sources' [A97] that underlie the exercise of this faculty and function as a priori conditions of the possibility of experience" (Allison 2015: 201, my italicization to reflect Allison's emphasis that the subjective constitution under investigation is transcendental *rather than empirical*). On an opposite reading, it is "an undertaking in [empirical] psychology" intended to establish, against the then-popular Wolffian view, "the independence of the cooperating faculties with regard to their respective, necessary contributions to cognition" (Dyck 2008: 53, 161). Both parties have enough resources to make sense of Kant's assertion that the subjective sources in question – sense, imagination, and apperception – "make possible even the understanding" (A97, see A115).[5] It is not obvious which, if either, party is right.[6]

---

[2] For the English translations of Kant's works quoted in this chapter, I use the Cambridge editions listed in the Bibliography.
[3] For helpful overviews of what is at stake, see Carl (1992: 42–54); Allison (2015: 197–202).
[4] Schulting (2012: 279n.15); Kemp (2018).
[5] Allison (2015: 202–204); Dyck (2008: 162–175).
[6] Bauer observes, disapprovingly, that "a concern with the psychological character of the subjective deduction" – be the relevant psychology transcendental or empirical – is a major feature of the standard reading (Bauer 2010: 437). On Bauer's own reading, the subjective deduction concerns the "mysterious fit" between the understanding and sensibility, explaining "how our seemingly independent capacities for thinking and being given objects can be coordinated" (Bauer 2010: 444, 450). For criticism, see Kemp (2018).

In this chapter, I argue for a literal reading of Kant's account of the subjective and objective deductions as "two sides [*Seiten*]" of a transcendental deduction of the categories, which are intermingled throughout the A Deduction without being confined to a particular section thereof. They share the same ultimate goal, namely to establish the objective validity of the categories. What separates the subjective side from the objective one is the route by which it approaches that goal. It does so by probing the faculty of the understanding, investigating the conditions under which it can cognize something a priori. The categories being part of such conditions, the central task of the subjective deduction is to explain their possibility in a way that also indicates their relation to the objects a priori.[7]

In arguing for this interpretation, I treat the subjective deduction as a significant episode of Kant's Critical thinking about the categories that extended from the early 1770s to around 1790. It contains Kant's most detailed answer to the question about the possible origin of the categories that he formulated in the 1772 letter to Marcus Herz (section 2). The answer is roughly as follows: the categories, as representations, are neither innate nor empirically derived, but *acquired a priori* on the occasion of experience and by the same understanding that contains their germs (section 3). In other words, the categories are generated through a kind of intellectual "epigenesis", as Kant initially put it in the early 1770s and then again in the B Deduction. This account leaves unexplained, however, why precisely such and such pure concepts of the understanding should be generated for the sake of experience. While this observation caused Kant to worry about the hypothetical status of the subjective deduction in 1781, he would, I argue, come to acquiesce in the recognition that the ground of the possibility of the categories is itself inscrutable (section 4).

2 Kant on the Pure Concepts of the Understanding circa 1772

In his 1772 letter to Herz, Kant asks about the possibility of the pure concepts of the understanding as "intellectual representations", i. e. as what "must have their origin in the nature of the soul" and yet "*represent* something, that is, have an object". His initial question asks "how a representation that refers [*be-*

---

[7] Dennis Schulting suggests a similar interpretation: the subjective deduction addresses the question of *"how* the categories are acquired", by deriving them from the faculty of thinking itself (Schulting 2012: 2).

zieht] to an object without being in any way affected by it can be possible". He then asks: "if such intellectual representations depend on our inner activity [*Thätigkeit*], whence comes the agreement that they are supposed to have with objects – objects that are nevertheless not possibly produced thereby?" (*Briefe* 10: 130 f.). This question is in turn followed by another:

> as to how my understanding may, completely *a priori*, form [*bilden*] itself concepts of things [*Dingen*] with which the things [*Sachen*] should necessarily agree, and as to how my understanding may draw up [*entwerfen*] real principles [*Grundsätze*] concerning their possibility, with which experience must be in exact agreement and which nevertheless are independent of experience – this question, of how our faculty of the understanding achieves this agreement with the things themselves is still left in obscurity. (*Briefe* 10: 131, modified translation)

In raising these questions, Kant takes himself to be getting at something that "constitutes the key to the whole secret of metaphysics, hitherto still hidden from itself" (*Briefe* 10: 130). But it is not obvious how the questions relate to one another. It seems that we can tease apart two issues about the pure concepts. One concerns the possibility of their *origination* a priori. The other is about their *objectivity* or reference to the objects. We shall see that the two are intricately connected, however, when we examine Kant's remarks, inserted amidst the afore-mentioned questions, about his previous treatment of the same concepts in the Inaugural Dissertation (1770).

In the Dissertation, Kant reports, he was "content to explain the nature of intellectual representations in a merely negative way, namely, to state that they were not modifications of the soul brought about by the object" (*Briefe* 10: 130). To be clear, he did make a positive claim about the source of "the concepts met with in metaphysics" such as possibility, substance, and cause: they are "sought […] in the very nature of the pure understanding […] as concepts abstracted from the laws inherent in the mind [*legibus menti insitis*] (by attending to its actions on the occasion of an experience)" (*De mundi* 2: 395). More specifically, provided metaphysics comprises certain intellectual concepts, there is a question as to how they are possible in the first place. Kant saw three alternatives: such concepts are either innate, or abstracted from experience, or acquired a priori. He argued for the third account. This, as he put it in a related note, is an explanation "on the basis of epigenesis from the use of the natural laws of reason", which markedly differs from Christian A. Crusius's "on the basis of the *systemate praeformationis* (from subjective *principiis*)" (*Refl* 4275 [1770 – 1771] 17: 492); see *Refl* 4446 [1772? (1769 – 1770?)] 17: 554).

The oversight of the Dissertation was not that Kant offered no positive explanation of the possibility of the intellectual concepts at all, but that he failed to treat this issue in a way that takes their representational character into account. Accordingly, his move in the letter to Herz is not simply to add a new question about the objectivity of those concepts to a previously introduced one about their possible origin. Rather, in raising the concern about objectivity, Kant has effectively transformed the origination question into one about whence we could obtain the intellectual concepts *so that they would necessarily agree with the objects*.[8] In this way, the objectivity issue is folded into the origination question, wherefore an adequate theory of how the intellectual concepts can arise a priori must also indicate the possibility and nature of their reference to the objects.

With this analysis, it is not surprising that, having formulated various questions in the letter, Kant apparently boils them down to a single one (as is suggested by the phrase "this question") and takes himself to be "searching [...] for the sources of intellectual knowledge [*Erkentnis*], without which one cannot determine the nature and limits [*Grentzen*] of metaphysics" (*Briefe* 10: 131 f.). Having already ruled out experience as a source of intellectual cognitions, he proceeds to reject two accounts of their non-empirical origin. One is the Hyperphysical Influx Theory attributed to Plato and Nicolas Malebranche, which posits some sort of "intuition of divinity as the primary source of the pure concepts of the understanding". The other is Crusius's "Pre-established Intellectual Harmony Theory", according to which there are "concepts that God implanted in the human soul just as they had to be in order to harmonize with things" (*Briefe* 10: 131). By Kant's analysis, both theories amount to invoking *deus ex machina*, which is "the greatest absurdity one could hit upon in the determination of the origin and validity of our cognitions" (*Briefe* 10: 131). But he gives no detail about the true alternative.

For clues to how Kant would tackle the newly formulated origination question after the 1772 letter to Herz, we may consider two notes from 1772–1773. In *Refl* 4633, Kant revisits the question:

> How can cognitions be generated [*erzeugt*] in us the objects of which have not yet been exhibited [*dargestellt*] to us[?] [...] It is therefore the possibility of every *a priori* cognition which is constant for itself without having been created by the objects themselves that constitutes our first and most important question. (*Refl* 4633 17: 615 f.)

In *Refl* 4634, Kant casts about for an answer. The following passage captures his main strategy.

---

[8] Commentators disagree about whether the "objects" here are objects of experience. For a helpful overview of different interpretations, see Allison (2015: 98–100).

> If certain concepts in us do not contain anything other than that by means of which all experiences are possible on our part, then they can be asserted *a priori* prior to experience and yet with complete validity for everything that may ever come before us. In that case, to be sure, they are not valid of things in general, but yet of everything that can ever be given to us through experience, because they contain conditions by means of which these experiences are possible. (*Refl* 4634 17: 618)

Kant's design, in brief, is to account for the possibility of the pure concepts by limiting them to what *merely* contains certain conditions of all possible experiences. This strategy will also prove pivotal to Kant's subjective (as well as objective) deduction of the categories in the *Critique*.

3 The Subjective Deduction as an Answer to the Origination Question

On my reading, the subjective side of the A Deduction is centrally concerned with explaining how the categories may be generated a priori, in a way that at the same time indicates the possibility and nature of its relation to the objects. Thus, it answers the origination question formulated in Kant's 1772 letter to Herz. This picture will manifest itself when we consider what it means for Kant to investigate the grounds that "make possible" the faculty of the (pure) understanding in the larger context of the "Analytic of Concepts", where the deduction is situated.

To begin, note that Kant characterizes the Analytic as an *"analysis of the faculty of understanding,* in order to research the possibility of *a priori* concepts by seeking them only in the understanding as their birthplace and analyzing its pure use in general" (A65f./B90). In a manner that resonates with his previous account of the possibility of the intellectual concepts in biological terms (recall that, in the early 1770s, Kant characterized his own position in terms of "epigenesis"), he continues:

> We will therefore pursue the pure concepts into their first germs [*Keime*] and predispositions [*Anlagen*] in the human understanding, where they lie ready, until on the occasion of experience they are finally developed [*entwickelt*] and, by the very same understanding, [...] exhibited [*dargestellt*] in their clarity. (A66/B91, modified translation)

In Kant's theory of biology, *Keime* and *Anlagen* make up the preformed ground that determines the possibility for an organic being to develop in a certain way under particular material conditions.⁹ In that connection, his claim at A66/B91 seems to be that certain germs and predispositions in the human understanding – something akin to "the laws inherent in the mind" (*De mundi* 2: 395) that he invoked in the Dissertation – constitute the preformed ground that determines the possibility for the pure concepts to be generated a priori on the occasion of experience.

The human understanding at issue here is a spontaneous and discursive faculty of thinking or judging, which is an "action [*Handlung*]" of unifying a multitude of given representations by means of concepts (A68f./B93f.). Now, to Kant, all concepts are acquired. Some, the categories, are acquired originally and a priori (more on this claim in section 4). The understanding is a "pure understanding" precisely because it "contains in itself *a priori*" such concepts, by which alone can it "think an object" for a given manifold of intuition so as to produce a proper cognition (A80/B106). The understanding does not contain them qua innate representations, though. Rather, it contains the innate ground – in the form of "germs" and "predispositions" – that makes it possible for them to be *generated* as representations on the occasion of experience. If categories, like all other concepts, are "grounded on the spontaneity of thinking" (A68/B93), it is because, when a manifold of intuition is given, "[o]nly the spontaneity of our thought requires that this manifold first be [synthesized, namely, be] gone through, taken up, and combined in a certain way in order for a cognition to be made out of it" (A77/B102). More specifically, the pure concepts first "arise [*entspringen*]" as the "actions [*Handlungen*]" by which the understanding brings synthetic unity into a given manifold of intuition so as to give it a "transcendental content [*Inhalt*]", i. e. to think an object for it in abstraction from the manner in which it may be given (A79/B105).¹⁰

---

9 *VvRM*, 2: 434–436; *BM* 8: 96–99, 101–103.
10 The A79/B105 passage is notoriously obscure. Three points are key to my reading. First, it is not unusual for Kant to treat the pure concepts as *Handlungen* (*Refl* 4276 [1770–1771] 17: 492; *MAN* 4: 475; A57/B81). Second, *Inhalt* in the present context means a relation (*Beziehung*) to the object (A55/B79). Third, Kant qualifies the *Inhalt* here as "transcendental", which pertains to intuition *überhaupt* (A79/B105), presumably because he is considering the intuition *in abstraction* from the manner of its givenness. Kant says something to this effect later in the *Critique:* "Thinking is the action of relating given intuitions to an object. If the manner of this intuition is not given in any way, then the object is merely transcendental." In that case, the concept whereby the understanding brings about the relation is only a "pure category", through which "only the thought of an object in general is expressed in accordance with different *modi*" (A247/B304).

Inquiring about the possibility of the pure understanding, then, partly comes down to investigating the possibility of the concepts that allow it to "understand something", completely a priori, in a given manifold of intuition (A80/B106).[11] In the A Deduction, this investigation is intertwined with the task of establishing the objective validity of such concepts. What grounds the possibility of the categories – insofar as they, as representations, are to originate a priori from within the understanding – and what explains their objective validity come down to the same principle, namely that they contain nothing other than the "*a priori* conditions of a possible experience*" (A 96). Otherwise, "not only would nothing at all be thought through them, but also they themselves would, without data [*Data*, i. e. what is given through sensibility], not even be able to develop [*entstehen*] in thinking at all" (A96, modified translation). This remark echoes Kant's proposition at A66/B91, quoted above, that the pure concepts are first developed and clearly exhibited on the occasion of experience and by the same understanding that contains the relevant "germs" and "predispositions". It is also telling that, in the summary at the end of the A Deduction, Kant returns to the question "whence should we obtain [the categories]?" (A128). These concepts, he concludes, are "*a priori* possible, indeed necessary in relation [*Beziehung*] to experience, only because our cognition has to do with nothing but appearances [as opposed to things in themselves]" (A130, modified translation).

If Kant has thus concluded the A Deduction by bringing together the possibility of the categories and their objective validity or necessary relation to experience, he already made this connection in section 2. There, after expounding the threefold synthesis involving sense, imagination, and apperception (A98–110), Kant ends with a segment titled "Provisional explanation of the possibility of the categories as *a priori* cognitions" (A110–114). Here, he asserts: "the *categories* that have just been adduced [*angeführten*] are nothing other than the *conditions of thinking in a possible experience*"; to that extent, they are "fundamental concepts for thinking objects in general for the appearances, and they therefore have *a priori* objective validity" (A111). He then adds: "the possibility, indeed even the necessity of these categories rests on the relation that the entire sensibility, and with it also all possible appearances, have to the original [transcendental] apperception." It would be "entirely vain and futile", he contends, to "derive these pure concepts of the understanding from experience and to ascribe to them a merely empirical origin". For they can have objective validity only insofar

---

11 To Kant, thinking, in which consists the "entire capacity" of the understanding, is "the action of bringing the synthesis of the manifold that is given to it in intuition from elsewhere to the unity of apperception". The categories serve as the rules for this action (B145).

as they are generated as the concepts in accordance with which alone can we encounter a "thoroughgoing and universal, hence necessary unity of consciousness [...] in the manifold perceptions" and thereby refer the manifold to an object (A111–112).

By this analysis, the subjective side of the A Deduction addresses the origination question that Kant formulated circa 1772: it investigates the possibility for the understanding to generate certain concepts entirely a priori, in a way that also indicates the possibility and nature of their relation to the objects. This generation depends on two grounds. One is the *innate ground* that the understanding contains in itself, now characterized in terms of "germs" and "predispositions". The other is the trio of "subjective sources of cognition" (sense, imagination, and apperception) that work together, through the threefold synthesis, to occasion the development of those germs and predispositions into *a priori representations*. In this way, the three subjective sources may be said to "make possible even the understanding" (A97). For the understanding would not be able to discharge its essential function of discursive thinking without first being confronted with a manifold of sensible data for which it, being a faculty of spontaneity, would then seek to think an object – by going through, taking up and combining the given manifold, and bringing a necessary unity into the combination by means of concepts.[12]

This analysis also bears on Kant's concern that the subjective deduction, being "something like the search for the cause of a given effect", may seem like a "hypothesis", whereby he is merely "expressing an *opinion*". He promises to show "elsewhere" that "this is not in fact how matters stand" (Axvii). We cannot tell whether, or where, he would make an explicit effort to deliver this promise. But this much is clear: insofar as Kant accounts for the possibility of the categories by presupposing certain "germs" and "predispositions" in the human understanding to be developed into exactly those concepts on the occasion of experience, one cannot help but wonder as to whether or how he may *ascertain* such a presupposition so that it is not a mere hypothesis.

To get some perspective on how Kant might address this concern about the hypothetical appearance of the subjective deduction and how this could be a highly significant matter to him, it will be instructive to examine some of his writings about the deduction of the categories after 1781.

---

[12] For a detailed analysis of this process, see Allison (2015: 204–242).

4 An Inscrutability Thesis and Kant's "Methodological Skepticism" toward the Subjective Deduction

There is no explicit reference in the 1787 *Critique* to the distinction between subjective and objective deductions of the categories. Does this mean that the subjective deduction simply disappeared after 1781? My analysis below will suggest otherwise. If anything, the most significant new development is that, thanks to what Dieter Henrich calls a "methodological skepticism toward the subjective deduction" (Henrich 1994: 39), Kant would no longer be unsettled by its hypothetical status as he seemed to be in 1781.

To begin, consider Kant's famous footnote about the categories in the *Metaphysical Foundations of Natural Science* (1786). The note is attached to the proposition "the schema for completeness of a metaphysical system [...] is the table of categories". It addresses "doubts, which are not directed against this table of pure concepts, but rather against the inferences drawn therefrom to the determination of the limits of the entire faculty of pure reason, and thus all metaphysics". Kant's basic response is that, given a few "granted propositions", it "follows" that the use of pure reason can never extend beyond the objects of possible experience, an inference that alone suffices for the determination of the limits of pure reason (*MAN* 4: 474f.). The first of the granted propositions is

> that the table of categories contains all pure concepts of the understanding, just as it contains all formal actions of the understanding in judging, from which they differ only in that, through the concepts of the understanding, an object is thought as *determined* with respect to one or another function of judgment. (*MAN* 4: 475)

In other words, the logical functions of judging "become *pure concepts of the understanding*" when we seek to determine the objects so as to cognize them. Kant takes it to be "incontrovertibly certain *that* [experience] is possible solely through these concepts, and, conversely, that these concepts are capable of meaning and use in no other relation than to objects of experience". Meanwhile, he believes that he should say more to forestall any need for invoking "a preestablished harmony to explain the surprising agreement of appearances with the laws of the understanding". No such invocation could, Kant contends, establish "the *objective necessity* that characterizes the pure concepts of the understanding", a necessity that can come only from "the principles lying *a priori* at the basis of the possibility of *thinking itself*, through which alone the cognition of objects whose appearance is given to us [...] becomes possible" (*MAN* 4: 475f.).

This last remark, which connects the objective necessity of the categories with the possibility of thinking itself, resonates with my analysis of the subjective deduction in section 3. We can detect a similar connection in §27 of the B Deduction, entitled "Result of this deduction of the concepts of the understanding". Here, Kant talks about the objective validity of the categories in connection with the question of what "makes these concepts possible" and, much as he did in the early 1770s, employs biological analogies. To be specific, he compares three ways of conceiving the possibility of the categories to make sense of their necessary agreement with experience. The first option is that "experience makes these concepts possible". That is, they have an "empirical origin". Given the a priori character of the categories, Kant rejects this theory as "a sort of *generatio aequivoca*", the generation of one thing from another of an essentially different kind. The second, Kant's own account, is that the categories are "self-thought" a priori concepts of the understanding – through "as it were a system of the *epigenesis* of pure reason" – as what contain none other than the intellectual grounds of all possible experience. Yet another alternative is "a kind of *preformation-system* of pure reason", which treats the categories as "subjective predispositions for thinking, implanted in us along with our existence by our author in such a way that their use would agree exactly with the laws of nature along which experience runs". This is basically what Kant, in the 1772 letter to Herz, referred to as Crusius's Pre-established Intellectual Harmony Theory. Its main problem, Kant argues, is that one cannot account for the necessity – ergo, the universality or objectivity – that is essential to the categories by appealing to how the thinking subject happens to be "constituted" (B167 f.; see *Prol* 4: 319).[13]

It is not immediately clear how forceful this argument is against the preformation theory in favor of the epigenetic account. After all, in the previously cited passage from A66/B91, Kant himself uses the language of preformation – "germs" and "predispositions" – to describe the yet undeveloped manner in which the categories are rooted in the human understanding. He thereby seems to be echoing his claim in the Dissertation that the intellectual concepts are derived from certain laws inherent in the human mind. In the *Critique*, these laws presumably take the form of the logical functions presented in the Table of Judgments (A70/B95). In the B Deduction, Kant asserts that he has established the "origin of the *a priori* categories in general" through their "coincidence [*Zusammentreffung*]" with those logical functions (B159). But he also admits to have no reason (*Grund*) for "why we have precisely these and no other functions for

---

[13] I explicate Kant's epigenetic account of the categories in Lu-Adler (2018).

judgment" and, ergo, no reason for why our understanding can bring synthetic unity to a given manifold of intuition "through precisely this kind and number" of categories (B145 f.). Does Kant take it as a brute fact, then, that our understanding is by its nature just so constituted – preformed with certain germs and predispositions – that it operates precisely in accordance with such and such logical functions or categories? In that case, how is he to ascertain all this about the human understanding? And in what sense would his presupposition of the said constitution introduce any less contingency than Crusius's account allegedly did into the agreement between the categories and experience?

Kant would be directly confronted with such questions, as posed by Salomon Maimon. In a letter to Herz in 1789, Kant summarizes Maimon's challenge as follows.

> How do I explain the possibility of agreement between a priori intuitions and my a priori concepts, if each has its specifically different origin [...]. And vice versa, how can I prescribe, for example, the law of causality to nature, that is, to objects themselves, by means of my category (*whose possibility in itself is only problematic*). Finally, how can I even prove the necessity of these functions of the understanding *whose existence is again merely a fact*, since that necessity has to be presupposed if we are to subject things, however conceived, to those functions. (*Briefe* 11: 50, my italicizations; see 11: 15–17)

Kant's response is two-fold. Stressing the distinction between things in themselves and appearances, he repeats that the specific a priori intuitions and concepts are necessary and must agree with each other insofar as we are to have empirical cognitions of the objects (*Briefe* 11: 51). Meanwhile, he submits an *inscrutability thesis* as to why our sensibility and understanding have exactly such and such forms and why the two agree in the making of experience.

> But it is utterly impossible for us to explain further how such a sensible intuition (as space and time), the form of our sensibility, or such functions of the understanding as what logic develops [*entwickelt*] from it are themselves possible, or how it happens that one form harmonizes with the other into a possible one [*zu einem möglichen*]. (*Briefe* 11: 51, modified translation)

Lacking the said explanations does not seem to trouble Kant. He finds it "entirely unnecessary" to offer them in the first place. For his purpose, he insists, it suffices to demonstrate that experience is possible for us only under the sensible and intellectual conditions as he has presented them in the *Critique*. If we do want to investigate the "origin" of our sensibility and understanding as two faculties that "harmonize to form empirical cognition", Kant suggests that we should be content with what he takes to be the gist of Leibniz's theory of pre-established harmony between sense and intellect. That is, due to the limits of human reason, we can name no "further ground [*Grund*] than our divine creator" for the possibility of those faculties. Nevertheless, "once they are given", we can fully explain their objective validity (*Briefe* 11: 51f., modified translation).

Kant makes similar claims in *On a Discovery Whereby Any New Critique of Pure Reason Is to Be Made Superfluous by an Older One* (1790). Here, he clarifies his account of the possibility of the categories while responding to Johann A. Eberhard's remarks about pure intuitions. According to Eberhard, Kant's account of the latter is either absurd or unoriginal: he either treats space and time "as themselves original, not created in their founding [*Gründung*]", in which case he "conceives a *qualitas occulta*", or sees them as implanted, a view already "wholly or partially contained in the Leibnizian theory" (*Entdeckung* 8: 221, modified translation). Kant replies:

> The *Critique* admits absolutely no implanted or inborn *representations*. One and all, whether they belong to intuition or to concepts of the understanding, it considers them as *acquired*. But there is also an original acquisition [...] and thus of that which previously did not yet exist at all, and so did not belong to anything prior to this act [*Handlung*]. [...] [O]ur cognitive faculty [does not get the pure intuitions or pure concepts] from objects as given therein in-themselves, rather it brings them about, *a priori*, out of itself. There must indeed be a ground for it in the subject, [...] and this ground at least is *innate* [*angeboren*]. (*Entdeckung* 8: 221f.)

Kant specifies what he means by "the ground of the possibility of a pure sensory intuition" as follows. The original acquisition of the pure intuition of space, for instance, depends on two conditions. First, there must be an innate ground in us, namely the "mere receptivity" of our sensibility. Second, "impressions would always be required in order to determine the cognitive faculty to the representation of an object (which is always a specific act) in the first place. Thus arises the formal *intuition* called space". As for the pure concepts of the understanding, "their *acquisitio* [...] is no less *originaria* and presupposes nothing innate save the subjective conditions of the spontaneity of thought" (*Entdeckung* 8: 222f.). This remark echoes my analysis in section 3, according to which the possibility of the pure concepts, insofar as they are to arise as representations a priori, presupposes a certain innate ground in the human understanding. In fact, this ground not only "makes it possible that these representations can arise in this and no other manner", but also makes it intelligible that they "be related to objects which are not yet given" (*Entdeckung* 8: 221).

Kant again acknowledges that we can have no insight into the supposed ground itself or, for that matter, the ground of the harmony between sensibility and the understanding that makes experience possible.

> But we could still provide no reason [*Grund*] why we have precisely such a mode of sensibility and an understanding of such a nature, that by their combination experience becomes possible; nor yet, why, as otherwise fully heterogeneous sources of cognition, they always conform so well to the possibility of empirical cognition in general[.] (*Entdeckung* 8: 249f.)

If "Leibniz termed the ground [*Grund*] of this agreement [...] a *pre-established harmony*", Kant adds, he thereby neither explained nor intended to explain the agreement in question (*Entdeckung* 8: 250).

> [Leibniz] was merely indicating that we would have to suppose thereby a certain purposiveness in the arrangement of the supreme cause, of ourselves as well as of all things outside us; and this indeed as *something already lodged in creation* (predetermined), albeit a predetermination [...] only of the mental powers in us, sensibility and understanding, each in its own way for the other. (*Entdeckung* 8: 250, my italicization)

In this way, the agreement between our sensibility and understanding – as well as the specific constitution of each faculty – "for us at least is contingent, and comprehensible only through an intelligent world-cause" (*Entdeckung* 8: 250). The appeal to pre-established harmony affords us with no insight into what makes that agreement possible. Nor, again, does Kant find it necessary for us to obtain any such insight. As he puts it in the *Critique of the Power of Judgment* (1790), if the accord between our sensibility and understanding is "inexplicable for us insofar as it is precisely thus and not otherwise" and yet we are so curious as to suspect that there is something supersensible in which its "ultimate ground" might be encountered, it is neither possible nor necessary for us to know this ground if the said accord is "merely a matter of the formal purposiveness of our *a priori* representations" (*KU* 5: 365; see 363f., on the relevant sense of purposiveness).

With this overview of some of Kant's post-1781 remarks about the possibility of the categories, we can now return to the subjective side of the A Deduction. As I explained in section 3, it determines the possibility of pure understanding by investigating how the categories may *arise as representations* a priori through the threefold synthesis. This corresponds to the epigenetic account of the possibility of the categories in the B Deduction. The intellectual epigenesis at issue, much like its biological counterpart, presupposes a kind of preformation in the human understanding. The relevant preformation, which Kant figuratively describes in terms of *Keime* and *Anlagen* in both editions of the Analytic of Concepts, refers to the logical functions of thinking represented by the Table of Judgments. This preformation seems to be what Kant has in mind while invoking an innate ground in the controversy with Eberhard to account for the possibility of the categories as originally acquired representations that can nevertheless be related to the objects.

There are two takeaways from this reading. First, the subjective deduction did not entirely disappear after 1781, even though Kant would no longer refer to it as such. In particular, Kant would continue to hold the following position: provided the categories first arise through a kind of intellectual epigenesis, as none other than the self-thought conditions of all possible experience on the part of the understanding, it follows that they are valid for and only for the objects of experience. Indeed, from Kant's perspective, no alternative account of the possibility of such concepts could make intelligible their necessary agreement with the objects. This connection between the original acquisition of the categories and their objective validity was already manifest in how Kant, in his 1772 letter to Herz, framed the questions that supposedly held the key to the whole secret of metaphysics, and it continued to figure in his subsequent deductions of the categories. At one point in both editions of the *Critique*, Kant captures the connection with this statement:

> the peculiar thing about transcendental philosophy is this: that in addition to the rule [...] given in the pure concept of the understanding, it can at the same time [*zugleich*] indicate [*anzeigen*] *a priori* the case to which the rules ought to be applied. [...] [I]t deals with concepts that are to be related to their objects *a priori*. (A135/B174 f.)

It makes sense, then, that Kant should characterize the subjective and objective deductions as two "sides" of the A Deduction. They are two ways of approaching the same end-goal of the deduction of the categories, namely establishing their objective validity. The difference is that, while the objective deduction seeks to reach the goal from the side of the object, the subjective one does so by probing the faculty of pure understanding, a probe that centers on a query about the possibility of the categories. The latter deduction, in showing how these concepts may arise entirely a priori, as rules of synthesis, from within the understanding in consortium with some other subjective conditions, *at the same time indicates* what relation they can have to the objects. As Kant reportedly puts it in the *Metaphysik L₂* (c.1790 – 1791),

> The explanation of the possibility of pure concepts of the understanding we call *deduction*. The deduction is actually the answer to the question, what is right <*quid juris*>? The deduction of the pure concepts of the understanding is a proof of the validity of the pure concepts of the understanding. (*Met-L2* 28: 548)

If the first sentence of this passage roughly corresponds to what I have interpreted as the central task of the subjective deduction, then Kant's suggestion is that this deduction, while showing how the categories may be generated a priori on the occasion of experience, thereby also points to their objective validity.

The second takeaway from my reading concerns Kant's methodology. Recall that, in the A Preface, Kant raised the concern that the subjective deduction, being like an investigation of the cause for a given effect, may seem to give us no more than a "hypothesis". He promised to show that such was not in fact how the matter stood. It was not clear before, nor is it definitively certain now, whether he ever managed to deliver this promise or what it would mean for him to do so. My analysis has nonetheless indicated a way to make sense of Kant's initial concern and how he might have come to acquiesce in it, so to speak, out of what Henrich calls his "methodological skepticism".

To elaborate, here is one way to characterize the "effect" that Kant sought to explain through the subjective deduction, which resembles how, back in the early 1770s, he framed the questions key to his Critical take on metaphysics: that there are such and such concepts by which the understanding can cognize the objects a priori and in virtue of which the understanding is a faculty of pure thinking. On Kant's account (as I explicated it in section 3), the cause or reason (*Ursache*) for this effect has two components. One is an innate, preformed ground in the human understanding, which corresponds to the logical functions presented in the Table of Judgments. The other is the trio of subjective sources – sense, imagination, and apperception – making it possible for the same understanding, as a faculty of spontaneity, to develop those functions into pure representations for the first time.

If, in the *Metaphysical Foundations*, Kant suggested that this a priori generation of the categories could be somehow "granted" without ruling out that what was granted might in turn require an explanation, in subsequent writings he would explicitly reject both the possibility and the need to provide any such explanation due to the limits of human reason. Were one to press Kant for further reasons as to why the understanding has precisely such pure concepts as corresponding to the logical functions of judgment or why these concepts necessarily harmonize with our senses to make experience possible, he might say something along the lines of his comments about the "common but to us unknown root" from which sensibility and the understanding, as two "comparatively fundamental powers" of human cognition, "may perhaps arise". Even if one must seek the absolutely fundamental power that unifies the two faculties in a single radical "for the benefit of reason", that is, in order to "bring systematic unity into cognition", one cannot assert that this power is to be actually found. Rather, the unity of reason signified by the idea of such a power is "merely hypothetical" (A15/B29; A649f./B677f.). This "renunciation of an answer" to the question of what fundamentally unifies sensibility and the understanding, as Henrich puts it, marks a crucial methodological move on Kant's part. For, unless we acknowledge that what is declared unknown is also *unknowable* or "entirely closed to us", reason would never be brought into harmony with itself but would always be tempted to venture into a realm that is "in principle inaccessible", agitating to gain insights that it can never have (Henrich 1994: 32f.).

In similar terms, if Kant's subjective deduction concerns not just "the structure of subjectivity" – namely that the understanding is in possession of certain concepts by means of which it can cognize objects a priori – but "the conditions of the possibility of such a structure" (Henrich 1994: 32), there is indeed something hypothetical about it. After all, we cannot penetrate the deepest underpinnings of our cognitive faculties so as to verify or, for that matter, falsify Kant's claim about the preformation of human understanding that, together with some other subjective sources, makes it possible for the same understanding to bring about those concepts on the occasion of experience. If Kant was somewhat concerned about this situation in his initial description of the subjective deduction, he would come to see it as an opportunity to bring home the *inscrutability thesis* that I mentioned earlier or, in Henrich's terms, a *methodological skepticism* about our ability to probe any further, in search of deeper insights about our cognitive faculties, than the subjective deduction has already done.

5 Conclusion

As it is rightly emphasized in Kemp (2018), a positive reading of the subjective deduction must satisfy three desiderata from the A Preface: it (1) plausibly locates this deduction in the text, (2) explains why Kant finds it important and yet dispensable, and (3) makes sense of his worry about its hypothetical appearance. To meet these conditions, I add, the reading must (4) begin with a reasonable interpretation of the chief task of the subjective deduction, in a way that takes seriously Kant's viewing it as one of the two sides of a transcendental deduction of the categories. My analysis in this chapter focuses on (1), (3), and (4). Let me summarize my findings, before ending with a brief note about (2).

The subjective deduction investigates the possibility of pure thinking through explaining *how the understanding may obtain the categories, originally and a priori* albeit only on the occasion of experience, by developing them from the "germs" and "predispositions" that it contains within itself. Kant carries out this task by showing how the categories may take shape through a threefold synthesis that involves three subjective sources of cognition, namely sense, imagination, and apperception, which sources therefore "make possible even the understanding". This task is not restricted to a single section of the text.

Rather, the two sides of the A Deduction seem to intertwine. Most likely, this arrangement is not accidental, but due to the fact that Kant considers the possibility of the categories only *with a view to establishing their objective validity*, a goal common to both sides of the A Deduction.

This approach is not unique to the A Deduction. It was already reflected in how Kant, in the early 1770s, introduced the questions that represented the Critical turn of his approach to metaphysics. Especially in his 1772 letter to Herz, as I observed in section 2, Kant framed the question about the possibility or *origination* of the intellectual concepts in view of their being *a priori representations of the objects*, wherefore he could not address the former without at the same time indicating how to account for the latter. We can detect a similar approach, as I argued in section 4, in Kant's post-1781 accounts of the categories, most notably in §27 of the B Deduction.

Given how, in most of the texts studied here, Kant positions his own account of the a priori origination of the categories vis-à-vis the empiricist alternative and such problematic versions of innatism as Crusius's, it makes sense that he, as I quoted him in section 1, takes the subjective deduction to be "of great importance" for his overall project of gauging the faculty of the understanding. But how can Kant be so sure that, were the subjective deduction not entirely convincing, the objective deduction could still obtain "full strength" (Axvii, referring to A92f. as "sufficient by itself" in this regard)? It may even seem that my reading, by making such a close connection between the a priori origination of the categories and their objective validity, has only made it harder to substantiate that claim. To respond, let me close with the following remarks.

Recall that, on my reading, the subjective and objective deductions are two *sides* of the A Deduction. This deduction, qua "transcendental", is a deduction of the categories regarding "their entitlement" and an explanation of how they "can relate to objects *a priori*" (A85/B117).[14] So, the final goal of both sides thereof should be the same, namely to establish the objective validity of the categories. The subjective and objective deductions are only two distinct approaches to this goal. The subjective deduction begins by probing the understanding with respect to its capacity for pure thinking, the objective one by considering how the *object* of experience is possible. In the first case, the objective validity of the categories supposedly follows from how they can possibly arise a priori in the first place: insofar as the understanding must originally bring them about as none

---

14 At the end of section 3 of the A Deduction, Kant states that the task of the entire transcendental deduction involves determining the "origin" as well as the "truth", i.e. the objective reference, of the categories (A128).

other than the self-thought a priori conditions for determining a given manifold of intuition in order to produce experience, those concepts can relate to the objects of possible experience and to them alone. This suggests that Kant's account of the possibility of the categories, *if correct, suffices* to indicate their relation to objects a priori. The latter may nevertheless be established without the former. To the contrary, Kant can carry out the objective deduction regardless of whether he has convincingly explained the a priori origination of the categories. For the sole task of the objective deduction is to show that "nothing is possible as *object of experience*" without the presupposition of such concepts, wherefore they are objectively valid (A93/B126).

Bibliography

Allison, Henry, 2015, *Kant's Transcendental Deduction*, Oxford: Oxford University Press.
Bauer, Nathan, 2010, "Kant's Subjective Deduction", *British Journal for the History of Philosophy*, 18, 433–460.
Carl, Wolfgang, 1992, *Die transzendentale Deduktion der Kategorien in der ersten Auflage der Kritik der reinen Vernunft. Ein Kommentar*, Frankfurt a. M.: Klostermann.
Dyck, Corey, 2008, "The Subjective Deduction and the Search for a Fundamental Force", *Kant-Studien*, 99, 152–179.
Henrich, Dieter, 1994, "On the Unity of Subjectivity", in: Dieter Henrich, *The Unity of Reason. Essays on Kant's Philosophy*, ed. by Richard Velkley, Cambridge, MA: Harvard University Press, 17–54.
Kant, Immanuel. 1992. *Theoretical Philosophy 1755–1770*. Translated and edited by David Walford in collaboration with Ralf Meerbote. Cambridge: Cambridge University Press.
Kant, Immanuel. 1997. *Lectures on Metaphysics*. Translated and edited by Karl Ameriks and Steve Naragon. Cambridge: Cambridge University Press.
Kant, Immanuel. 1998. *Critique of Pure Reason*. Translated by Paul Guyer and Allen Wood. Cambridge: Cambridge University Press.
Kant, Immanuel. 1999. *Correspondence*. Translated and edited by Arnulf Zweig. Cambridge: Cambridge University Press.
Kant, Immanuel. 2000. *Critique of the Power of Judgment*. Edited by Paul Guyer and translated by Paul Guyer and Eric Matthews. Cambridge: Cambridge University Press.
Kant, Immanuel. 2002. *Theoretical Philosophy after 1781*. Edited by Henry Allison and Peter Heath, and translated by Gary Hatfield, Michael Friedman, Henry Allison, and Peter Heath. Cambridge: Cambridge University Press.
Kant, Immanuel. 2005. *Notes and Fragments*. Edited by Paul Guyer, and translated by Curtis Bowman, Paul Guyer, and Frederick Rauscher. Cambridge: Cambridge University Press.
Kemp, Ryan, 2018, "Kant's Subjective Deduction: A Reappraisal", *European Journal of Philosophy*, 26(3), 945–957.
Lu-Adler, Huaping, 2018, "Epigenesis of Pure Reason and the Source of Pure Cognitions", in: Pablo Muchnik and Oliver Thorndike (eds), *Rethinking Kant*, vol. 5, Newcastle upon Tyne: Cambridge Scholars Publishing, 35–70.

Schulting, Dennis, 2012, *Kant's Deduction and Apperception: Explaining the Categories.* New York: Palgrave Macmillan.

Günter Zöller
Zwischen Sinnlichkeit und Verstand. Kants Kategoriendeduktion und die Funktionen der Einbildungskraft

Abstract: The article examines the status and function of the power of the imagination in the Transcendental Deduction of the Pure Concepts of the Understanding in Kant's *Critique of Pure Reason*. The focus of the investigation is on the intermediate position of the imagination in the latter's transcendental function, in which the imagination mediates between sensible intuition and discursive thinking in order to yield objectively valid cognition. The first section features Kant's critical distinction between sensibility and the understanding. The second section elucidates the fundamental opposition between genesis (*Genesis*) and validity (*Geltung*) in Kant. The third section examines the Kantian juxtaposition of the reproductive and the productive power of the imagination. Rather than proceeding by means of argumentative analysis and textual exegesis, the article, in terms of focus and procedure, explores the architectonic of Kant's system and the strategy of its methodology.

> Daß die Einbildungskraft ein notwendiges Ingredienz der Wahrnehmung selbst sei, daran hat wohl noch kein Psychologe gedacht. (*KrV* A120 Anm.)

Der Beitrag untersucht Status und Funktion der Einbildungskraft in der Transzendentalen Deduktion der reinen Verstandesbegriffe von Kants *Kritik der reinen Vernunft*. Im Mittelpunkt der Untersuchung steht die Zwischenstellung der Einbildungskraft in ihrer transzendentalen Funktion, die sinnliche Anschauung und diskursives Denken zum Zweck gegenständlich gültiger Erkenntnis miteinander vermittelt. Der erste Abschnitt behandelt Kants kritische Unterscheidung von Sinnlichkeit und Verstand. Der zweite Abschnitt erörtert den grundsätzlichen Gegensatz von Genesis und Geltung bei Kant. Der dritte Abschnitt behandelt die kantische Gegenüberstellung von reproduktiver und produktiver Einbildungskraft. Statt argument-analytisch und text-exegetisch zu verfahren, ist der Beitrag nach Fokus und Verfahrensweise architektonisch-systematisch und methodisch-strategisch angelegt.

1 Sinnlichkeit und Verstand

Die *Kritik der reinen Vernunft*, die Kant erstmals 1781 und dann in einer, was die erste Hälfte des Werkes angeht, überarbeiteten Form 1787 der Öffentlichkeit vorlegt, ist das fixierte Resultat eines langwierigen und wandlungsreichen Reifungsprozesses, der – sozusagen phylogenetisch – den Entwicklungsgang der Philosophie der frühen Neuzeit wie auch – ontogenetisch – den seines eigenen Philosophierens über zwei Jahrzehnte hinweg widerspiegelt. Die Sedimentierung dieser vielförmigen Bildungsvorgänge findet ihren Abschluss in einem Werk, das, bei aller sorgfältig hergestellten Einheit in Konzeption und Ausführung, nachhaltige und deutliche Spuren seiner komplexen Genese aufweist. Dies gilt auf doktrinaler Ebene für die Verbindung von empiristisch und rationalistisch orientierten Ansätzen in der Erkenntnislehre sowie in methodischer Hinsicht für die Vereinbarung von skeptisch und dogmatisch geprägten Zugangsweisen. Es gilt aber auch für die metaphilosophische Dimension der *Kritik*, die ebenso von der Logik, genauer: der Erkenntnis- oder Wissenschaftslogik, wie von der Psychologie, speziell der empirischen Psychologie, inspiriert ist.

Die Spuren ihrer heterogenen Genese machen aus der *Kritik der reinen Vernunft* aber deshalb nicht etwa ein Flickwerk (*patchwork*), auf das frühere Interpreten (N. K. Smith) die Vielschichtigkeit des Werkes glaubten zurückführen zu können. Vielmehr dokumentiert der polymorphe Charakter der *Kritik* deren umfassende Ambition, scheinbar zueinander alternative, wenn nicht gar einander entgegengesetzte Positionen, Doktrinen und Methodologien komplementär und konstruktiv zusammenzuführen, im Hinblick auf ein seine Voraussetzungen und Vorgänger ebenso transformierendes wie integrierendes Schlüsselwerk an der Schnittstelle zwischen systematisch rekonstruierter Philosophiegeschichte, die retrospektiv nur Ruinen und Bausünden liefert, und der nunmehr erstmals möglichen Systemphilosophie, die in der *Kritik*, wo nicht geliefert, so doch grundgelegt werden soll.

Der gleichermaßen rückblickende und vorausschauende Charakter der *Kritik* manifestiert sich auch in deren Kernstück, der Deduktion der reinen Verstandesbegriffe (Kategorien), speziell in deren zweitem Teil, der Transzendentalen (im Unterschied zur Metaphysischen) Deduktion (*KrV* B159). Systematisch gesehen ist die Textpartie der Frage gewidmet, unter welchen denknotwendigen Voraussetzungen („Bedingungen der Möglichkeit") sich rein-intellektuelle Begriffe kognitiv auf Gegenstände beziehen können. Historisch geht die Fragestellung nach dem möglichen Gegenstandsbezug reiner Verstandesbegriffe auf Kants berühmten Brief an Marcus Herz vom 21. Februar 1772 (*Briefe* 10:130) zurück, in dem das nach der Inaugural-Dissertation von 1770 mit ihrer kritischen Theorie der Sinnlichkeit noch ausstehende Vorhaben einer adäquaten Prinzipientheorie des Verstandes namhaft gemacht wird. In der Architektonik der *Kritik der reinen Vernunft* entspricht diesem fälligen Fortschritt der Übergang von der Transzendentalen Ästhetik mit ihrer Lehre von den apriorischen Formen gegenständlicher Anschauung zur Transzendentalen Logik mit ihrem Programm einer analogen Vermessung der Formen des gegenständlichen Denkens in der logischen Trias von Begriff, Urteil und Schluss.

Der spezifisch logische Fokus der *Kritik der reinen Vernunft* in all dessen auf die Transzendentale Ästhetik folgenden Teilen, unter Einschluss der Transzendentalen Methodenlehre, erschöpft sich aber nicht in der gezielten Übernahme der Disposition der traditionellen Logik. Vielmehr erweitert die *Kritik* das logische Repertoire um einen neuen Typus von Denkformenlehre, der mit der Klassifikation und Taxonomie der bisherigen Logiken bricht. Die von Kant mit der *Kritik* initiierte Logik („transzendentale Logik") ist nämlich weder eine allgemeine und formale Logik, die dem Regelwerk richtigen Denkens unangesehen seiner Gegenstände gilt, noch eine besondere und materiale Logik, die das Normen- und Methodengefüge eines spezifischen Gegenstandsbereichs betrifft. Vielmehr ist die Transzendentale Logik eine allgemeine Denkformenlehre, die den Gegenstandsbezug des Denkens als solchen und in seiner Universalität und Formalität betrifft – gemäß der Neudefinition des Transzendentalen als exklusiv befasst mit den Bedingungen der Möglichkeit apriorischer kognitiver Gegenstandsbeziehung (*KrV* A11 f./B25).[1] Der sprachliche Indikator der für die Transzendentale Logik und darüber hinaus für die Transzendentalphilosophie insgesamt definitorischen Konzeption apriorischer kognitiver Objektreferenz ist der Zusatz „überhaupt", mit dem Kant einzelne Termini, aber auch ganze Wendungen versieht, um anzuzeigen, dass es jeweils nicht um individuelle Instanzen geht, sondern um die diesen, sie ermöglichend, zugrunde liegenden strukturellen Bedingungen und funktionalen Voraussetzungen streng allgemeiner Art.

Allerdings findet die weitreichende Logifizierung genereller kognitiver Verhältnisse und speziell des kognitiven Grundverhältnisses zum Gegenstand als solchem in der *Kritik der reinen Vernunft* ihre grundsätzliche Grenze an den vor- und außerlogischen Formalbedingungen, die ebenso zum Inbegriff transzendentaler Prinzipien gegenständlicher Erkenntnis gehören. Damit tritt beim kritischen Kant neben den Verstand die Sinnlichkeit als eigene epistemische Ressource, so wie neben den Begriff die Anschauung, genauer: die sinnliche Anschauung. Anders als die frühere Philosophie und speziell die für Kant maßgebliche deutsche Schulphilosophie des 18. Jahrhunderts subsumiert Kant die

---

[1] Zu Kants Konzeption einer Transzendentalen Logik siehe Zöller 2017a und Zöller 2017b.

durch die Sinne gestiftete Gewärtigung von Gegenständen in Gestalt von deren unmittelbar-direkter Erfassung (anschauen, *intueri*) nicht dem Verstand (*intellectus*) als eine defiziente Vorform genuin begrifflicher Erkenntnis. Vielmehr hält er die Differenz von Sinnlichkeit und Verstand sowie die korrelierte Unterscheidung von (sinnlicher) Anschauung und (diskursivem) Begriff für generisch. Ein Erkenntniselement ist bei Kant, seinem Grundcharakter („Ursprung"; *KrV* A2) nach, entweder der Sinnlichkeit oder dem Verstand (in dessen weiterer Bedeutung, unter Einschluss der Vernunft) zuzuordnen und dem entsprechend entweder von anschaulicher oder von begrifflicher Art.

Das Hauptmerkmal der generischen Differenz von Sinnlichkeit und Verstand ist deren spezifisch verschiedene kognitive Modalität im Verhältnis zu Gegenständen möglicher Erkenntnis. Nach Kants Einschätzung werden durch die Sinnlichkeit dem Subjekt des Erkennens Gegenstände passivisch zugeführt („gegeben"), während durch den Verstand Gegenstände aktivisch sondiert werden („gedacht"; *KrV* A19/B33). Die Alternativität von passiver Sinnlichkeit („Rezeptivität"; *KrV* A19/B33) und aktivem Verstand („Spontaneität"; *KrV* A50/B74) wird in der *Kritik der reinen Vernunft* aber sogleich zu deren Komplementarität erweitert. Die Sinnlichkeit, mittels der Anschauungen, liefert das kognitive Material für den Verstand mit seinen Begriffen. Den Modifikationen der Sinnlichkeit („Affektionen") korrespondieren so passgenau die Leistungen des Verstandes („Funktionen"; *KrV* A68/B93).

Das von Kant entwickelte hylemorphische Erkenntnismodell für die Zugehörigkeit zueinander der generisch getrennten Erkenntnismodalitäten von (sinnlichen) Anschauungen und (diskursiven) Begriffen umfasst des Weiteren deren essentielle Angewiesenheit aufeinander. Für sich betrachtet sind Anschauung und Begriff, Kant zufolge, nämlich nicht voll funktionsfähige Erkenntnisarten, sondern nur erst Bestandteile einer aus beiden noch zu komponierenden genuin gegenständlichen Erkenntnis. Zum einen ist der Gegenstandsbezug der Anschauung als solcher minimal und eher virtuell. Der bloß sinnlich gegebene Gegenstand der Anschauung – das Angeschaute der Anschauung – ist als solcher noch gänzlich frei von gegenständlichen Bestimmungen („unbestimmt"; *KrV* A20/B34) und insofern ohne kognitive Referenz auf einen von der Anschauung als solcher unterschiedenen Gegenstand („blind"; *KrV* A51/B75). Semantisch gesprochen, besteht die objektive Referenz der Anschauung nur erst *de re*, aber noch nicht *de dicto*. Zum anderen ist der Gegenstand des Begriffs bloß als solcher nur erst die Form für die eventuelle verstandesartige Bezugnahme auf Gegenstände und deshalb ohne vorgegebene Materie anschaulicher Art unerfüllt („leer"; *KrV* A51/B75). Dem zufolge sind die von Kant in traditioneller Terminologie als „Erkenntnis" (schulphilosophisch lateinisch *cognitio*) apostrophierten alternativ-komplementären Erkenntnisvehikel von Anschauung und Begriff nicht als separat vorliegende, sozusagen phänomenologisch präsente Kognitionstypen anzusehen, sondern als künstlich isolierte und präparierte Faktoren eines kompletten Erkenntniskonzepts, das die ursprünglich differenten Erkenntniselemente immer schon integriert und fusioniert enthält.

Der analytisch rekonstruierte Hylemorphismus von Anschauungsmaterial und Begriffsform, der dem Erkenntnismodell der *Kritik der reinen Vernunft* zugrunde liegt, weist eine weitere folgenreiche Komplexität auf. Das Anschauungsmaterial verfügt nämlich noch ganz unabhängig von sachlich späteren, spezifisch begrifflichen Formgebungen über eine eigene, spezifisch sinnliche Formverfassung, die auf Raum und Zeit als den beiden prinzipiellen Forminbegriffen der Sinnlichkeit zurückgeht. Das anschaulich gegebene Material ist durchgängig zeitlich-räumlich vorgeprägt und dies noch ganz unabhängig von der kontingenten Füllung der beiden Formen der Anschauung durch einen sinnlich gegebenen Stoff („Empfindung"; *KrV* A20/B34). Das rein a priori vorliegende („gegebene") eigenförmige Leermaterial in Gestalt eines raum-zeitlich Anschaubaren oder Anschaulichen bezeichnet Kant mit dem Kunstausdruck „das Mannigfaltige[]" (*KrV* A20/B34), der in eins Pluralität, Purität und Potenzialität anzeigt. Das raumzeitliche Mannigfaltige ist divers prästrukturiert, dabei aber inhaltlich völlig leer und begrifflich gänzlich unbestimmt.

Mit der Verfügbarkeit eines apriorischen („reinen") sinnlich-anschaulichen Formmaterials und seiner puren Materialform entfernt sich Kants kognitiver Hylemorphismus von der gängigen Gegenüberstellung eines amorphen Sinnenmaterials (*sensations*, *impressions*, *sense data*, *sensa*) und dessen nachträglicher und zusätzlicher Überformung durch mentale Funktionsmechanismen. Das sinnliche Material ist bei Kant formverfasst und überdies gänzlich unabhängig von den Eindrücken der Sinne gegeben. Damit liegt das rein-anschauliche Mannigfaltige von Raum und Zeit a priori vor, bereit für seine weitere Verwendung außerhalb des exklusiv ästhetischen Horizonts. Der Verstand ist deshalb für den Einsatz seiner eigenen Formprinzipien im Hinblick auf das anschaulich (Vor-)Gegebene auch nicht darauf angewiesen, das zufällige Eintreten sinnlicher Gegebenheiten abzuwarten. Vielmehr kann der Verstand, als seinerseits rein formal fungierender Spontaneitäts- und Synthesisleister, allem einzelnen sinnlich Gegebenen voraus, ganz allgemein und insofern unabhängig von Erfahrung (a priori) auf ein mit anschaulicher Vorformung versehenes und für begriffliche Überformung vorgesehenes Quasi-Material („reines Mannigfaltiges") zurückgreifen.

Die für die *Kritik der reinen Vernunft* insgesamt kennzeichnende Verlagerung des „Erkenntnisproblems" (E. Cassirer) von der empirisch-materialen auf die apriorisch-formale Ebene bestimmt ganz wesentlich Art und Aufgabe der Transzendentalen Ästhetik wie der Transzendentalen Logik. Statt eine Hyletik von bloßen Empfindungen und von deren Aufnahme in die Anschauung („empirische

Anschauung"; *KrV* A20/B34) zu liefern, handelt die Transzendentale Ästhetik von den prinzipiellen Formen der Anschauung (Raum und Zeit), die sich dabei als ihrerseits anschaulich beschaffen („reine Anschauung"; *KrV* A20/B34 f.) erweisen. Statt ein Formmonopol auf alles irgend Gegebene auszuüben, hat es der Verstand mit einem vorgeformten oder doch virtuell präformierten Diversen zu tun, um es der Fortformung zu unterziehen.

Die beiden miteinander zusammenhängenden Modifikationen des hylemorphischen Erkenntnismodells – der Vorformcharakter der reinen Sinnlichkeit und die Fortformfunktion des reinen Verstandes – bringen für den systematischen Aufbau und den argumentativen Verlauf der *Kritik der reinen Vernunft* besondere Anforderungen mit sich. Zum einen sind die generischen Unterschiede in Funktionalität und Operationalität zwischen Sinnlichkeit und Verstand sowie zwischen Anschauung und Begriff durchweg zu wahren. Zum anderen gilt es, der innigen, apriorischen Zusammengehörigkeit der sinnlichen und intellektuellen Formfaktoren gegenständlicher Erkenntnis gerecht zu werden. Für die Transzendentale Ästhetik bringt dies die Erstellung eines Formbegriffs mit sich, der dem passivischen Charakter der Sinnlichkeit entspricht, ohne die Anschauungsform deshalb als gegeben nach Art des Anschauungsinhalts („Empfindung") zu behandeln. Dass die sinnliche Form nicht dem Gegebenen als solchem zugehört und erst recht nicht dessen unerforschlichem Ursprung („Dingen an sich selbst", „Gegenständen an sich selbst"; *KrV* A28/B44; *KrV* A36/B52), sondern Zugabe der Sinnlichkeit ist, bringt Kant mit der paarigen Kennzeichnung des Raumes wie der Zeit als zwar von „empirischer Realität", aber von „transzendentaler Idealität" zum Ausdruck (*KrV* A28/B44; *KrV* A35 f./B52). Die Formen der Anschauung sind universelle Erkenntnisbedingungen (für sinnlich begabte intelligente Wesen), aber null und nichtig im Hinblick auf die Dinge an ihnen selbst.

Die spezielle Herausforderung, die der Vorformcharakter der sinnlichen Anschauung zusammen mit dem vorformatierten Charakter des sinnlich Angeschauten für den fort- und überformenden Verstand darstellt, liegt im Verhältnis der beiden Formgebungsarten zueinander sowie im Verhältnis der Verstandesformen zu dem von den Sinnlichkeitsformen vorgeprägten Anschauungsmaterial. Die genaue Passung von Form und Inhalt folgt im Fall der Sinnlichkeit dem hylemorphen Bedingungsverhältnis von gegebenem Material und beigetragener Form, demzufolge die Materie der Anschauung erst, nur und schon durch die sinnliche Rezeption als solche den Formen von Raum und Zeit unterliegt. Dagegen haben die (Über-)Formen des Verstandes kein vergleichbares eigenes, rein intellektuelles Material zur Verfügung für ihre begriffsbasierte Formgebung. Vielmehr ist der Verstand samt seinen Denkformen auf die Bereitstellung solchen Materials seitens der Sinnlichkeit und nach Maßgabe von deren Formen angewiesen.

Die andere Art der Formung, durch spontan-aktive Verstandesformen statt durch rezeptiv-passive Sinnlichkeitsformen, erörtert Kant in der sogenannten Metaphysischen Deduktion, in der die elementaren Denkformen gegenständlicher Erkenntnis (Kategorien) auf die allgemeinen Formen urteilenden Denkens (Urteilsformen) zurückgeführt und damit, umgekehrt betrachtet, von diesen hergeleitet werden („Leitfaden"; *KrV* A66/B91). Die gestufte Folge von sinnlich-anschaulich vorgeformtem reinen Anschauungsmaterial und dessen begrifflicher Überformung behandelt Kant anschließend in der Transzendentalen Deduktion, in deren Mittelpunkt die prinzipielle Kompatibilität von Kategorien und Anschauungen und deren gezielte Kooperation zum Zweck der apriorischen Gegenstandserkenntnis steht. Gemeinsam ist beiden Formen und Phasen der Kategoriendeduktion die Begründung der Eignung wie des Erfordernisses der reinen Verstandesbegriffe für die gegenständliche Erkenntnis. Der doppelte Nachweis erfolgt im Fall der Metaphysischen Deduktion im Rückgriff auf die Identität der logischen Einheitsfunktionen des Verstandes bei der Urteilsbildung und bei der begrifflichen Artikulation der gegenständlichen Bedeutung gegebener Anschauung (*KrV* A79/B104f.). Im Fall der Transzendentalen Deduktion erfolgt er unter Rekurs auf die Identität der Bedingungen möglicher Gegenstandserkenntnis mit denen möglichen Selbstbewusstseins (*KrV* A123/B139).

Damit bildet die generelle Rückbindung der Verstandesformen an das Anschauungsmannigfaltige in dessen doppelter Gestalt von rein-sinnlichen Formen (Raum, Zeit) und dem darin erfahrungsfrei-rein Gegebenen (Mannigfaltiges in Raum und Zeit) eine Grundvoraussetzung der Kategoriendeduktion. Die intrinsische Angewiesenheit des Verstandes auf die Sinnlichkeit und der Verstandesbegriffe auf die Sinnesanschauungen steht in der *Kritik der reinen Vernunft* in dem Moment fest, in dem die beiden Erkenntnisarten alternativ und komplementär zueinander konzipiert werden. Dagegen ist auf dieser Grundlage zweierlei noch offen und bildet damit den eigentlichen Untersuchungsgegenstand der Deduktion und speziell der Transzendentalen Deduktion.

Zum einen ist zu ermitteln, ob die der anderweitig vorliegenden sinnlichen Anschauung beigebrachte begriffliche Bearbeitung durch den Verstand überhaupt zu einer genuinen gegenständlichen Erkenntnis hinlangt, die Gegenstände in Raum und Zeit nach gesetzlich geregelten Bestimmungen zu erfassen vermag und so strenges Wissen, speziell: Naturwissenschaft, ermöglicht. Für den Fall des Ausbleibens solcher strikten, nomologischen Objektivität imaginiert die *Kritik* eine kunterbunte Welt von irregulär verfassten und verfahrenden Dingen und Ereignissen nach Maßgabe von Raum und Zeit, aber ohne kategoriale Ordnung (*KrV* A90f./B122f.). Allerdings handelt es sich dabei eher um eine kontrafaktische Phantasie zum Zweck konzeptueller Klärung, als um das realistische Szenario einer alternativen, zutiefst unordentlichen Welt. Im Hinblick auf die drohende

Diskrepanz von sinnlich gegebenen Anschauungen und vom Verstand gedachten Begriffen ist das erste Beweisziel der Transzendentalen Deduktion deshalb der Nachweis, dass überhaupt und wie genau reine Verstandesbegriffe (Kategorien) apriorische objektive Ordnung in das Mannigfaltige der sinnlichen Anschauung bringen können.

Das zweite, in der Sache subsidiäre Beweisziel der Transzendentalen Deduktion ist sodann die Frage, ob und, wenn ja, wie die ursprünglich zum Zweck gegenständlicher Erkenntnis auf sinnliche Anschauungen angewiesenen Verstandesbegriffe zusätzlich und über solche anschauungsbasierte Gegenstandserkenntnis hinaus noch andere Arten der Gegenstandserkenntnis und andere Formen von Erkenntnisgegenständen erlauben und ermöglichen. Die Frage nach der möglichen Erweiterung gegenständlicher Erkenntnis über Gegenstände möglicher Anschauung („Erscheinungen"; *KrV* A20/B34) hinaus entspringt dem Kernanliegen der *Kritik der reinen Vernunft*, ganz generell Art und Ausmaß der gegenständlichen Erkenntnis durch die reine, erfahrungsfreie Vernunft zu bestimmen.

Nach dem prinzipiellen Scheitern der Selbsterweiterung der Vernunft in Gestalt des kategorialen Verstandes, das zu Ende der Transzendentalen Analytik zu verzeichnen ist, wird Kant mit der Transzendentalen Dialektik der *Kritik der reinen Vernunft*, einen weiteren Versuch zur Ermöglichung gegenständlicher Erkenntnis jenseits möglicher Erfahrung unternehmen, diesmal im Rückgriff auf die Vernunft im engeren Sinne als Schlussvermögen im syllogistisch orchestrierten Überschritt vom Empirisch-Bedingten zu dem diesem gegenüber Transzendent-Unbedingten (Seele, Welt, Gott), um allerdings auch in dieser Hinsicht zu scheitern. Im Rahmen der Transzendentalen Deduktion involviert das generelle Abzielen der *Kritik* auf die „Grenzbestimmung der reinen Vernunft" (*KrV* A758/B786; *Prol* 4: 350) die gründliche Erkundung der Art und Weise, in der Sinnlichkeit und Verstand in der Regel bei der Gegenstandserkenntnis zusammenwirken. Nur so kann nämlich abgeschätzt werden, ob die einmal für die Gegenstandserkenntnis im Rückgriff auf (mögliche) Anschauung eingesetzten reinen Verstandesbegriffe zu Weiterem taugen, „als bloß Erscheinungen nach synthetischer Einheit [zu] buchstabieren, um sie als Erfahrung lösen zu können" (*KrV* A314/B370 f.).

2 Genesis und Geltung

Das zugleich alternative und komplementäre Verhältnis zwischen Sinnlichkeit und Verstand prägt auch die systematische Integration von Transzendentaler Ästhetik und Transzendentaler Logik in der *Kritik der reinen Vernunft*. So behandelt die Transzendentale Ästhetik den kognitiven Beitrag der Sinnlichkeit nicht in dessen vollständigem Umfang, sondern künstlich reduziert auf die rein-anschaulichen Erkenntniselemente und noch ganz unabhängig von deren sachlichem Zusammenhang mit den begrifflichen Leistungen des Verstandes. Umgekehrt ist die Transzendentale Logik aber nicht beschränkt auf die kognitiven Leistungen des Verstandes und seiner reinen Begriffe, sondern berücksichtigt von Anfang an und durchweg deren materiale Basis in den Anschauungen der Sinnlichkeit. Frühe wie spätere Interpreten, von J. S. Beck über Fichte und Hegel sowie die Marburger Neukantianer bis hin zu J. McDowell, haben die innige Verschränkung von Sinnlichkeit und Verstand und speziell die weitgehende Integration der transzendentalen Theorie der Anschauung in die transzendentale Theorie von Begriff, Urteil und Schluss dazu veranlasst, in ihrer Rekonstruktion und Revision der *Kritik der reinen Vernunft* auf eine separate Transzendentale Ästhetik und eine von der Transzendentalen Begriffslehre isolierte Anschauungslehre gänzlich zu verzichten.

Doch übersieht die Reduktion der *Kritik* auf eine „Logik der reinen Erkenntnis" (H. Cohen) die strategische Bedeutung und die systematische Absicht hinter Kants dualistischer Behandlung von Anschauung und Begriff. Nur wenn die in der Transzendentalen Logik ermittelte Beschränkung der kategorialen Gegenstandserkenntnis auf sinnliche gegebene Gegenstände („mögliche Erfahrung"; *KrV* A94/B126) nicht dem Verstand geschuldet ist, sondern diesem anderweitig, sozusagen von außen, zustößt, bleibt der Verstand als solcher – und mit ihm die Vernunft als um die Erkenntnisbemühung im Hinblick auf Übersinnliches und Unbedingtes erweiterter Verstand – verfügbar für einen zur Gegenstandserkenntnis alternativen, spezifisch praktischen Einsatz unter Voraussetzung von Freiheit und im Hinblick auf Moralität („Sittlichkeit"; *KrV* BXXIX).

Die finale Perspektive auf moralische Freiheit motiviert bei Kant die doppelte Grenzbestimmung der Sinne wie des Verstandes in der *Kritik der reinen Vernunft*, in deren Rahmen die Sinnlichkeit den Verstand, was die gegenständliche Erkenntnis angeht, auf Erscheinungen beschränkt und der Verstand die Sinnlichkeit, was deren Prinzipien betrifft, auf Erscheinungen begrenzt. Dadurch wird zum einen die rationalistische Reduktion von Sinnenerkenntnis auf Verstandeserkenntnis und zum anderen die empiristische Elimination aller übersinnlichen Gegenstände vermieden. Allerdings greift die strategische Planung der *Kritik der reinen Vernunft* nicht direkt oder gar manipulativ in die Argumentation des Werkes ein. Vielmehr dokumentiert für Kant die sich über der systematischen Durchführung einer Kritik der „reinen bloß spekulativen Vernunft" (*KrV* A15/B29) einstellende Balance von Vernunftbegrenzung in theoretischer Hinsicht und Vernunfterweiterung in praktischer Perspektive die einheitlich-zweckmäßige Grundverfassung der Vernunft selbst und als solcher.

Die doppelte Präsenz der Sinnlichkeit samt ihren Anschauungsformen und ihrem Anschauungsmaterial in der Transzendentalen Ästhetik wie in der Transzendentalen Logik hat aber auch Gründe, die der *Kritik der reinen Vernunft* mit ihrem Kernprojekt der Begründung und Begrenzung allgemein-notwendiger Gegenstandserkenntnis („synthetische Urteile a priori"; *KrV* B19) immanent sind. Solange die anschaulichen Erkenntniselemente bloß im Horizont der Transzendentalen Ästhetik erwogen werden, handelt es sich bei der so künstlich präparierten Anschauung, ihrer Form wie ihrer Materie nach, bloß um eine passive Zulieferung seitens der Sinnlichkeit, die von einem nicht weiter erforschlichen Wirkmechanismus herrührt und in daraus resultierenden Zuständen sinnlichen Bestimmtwerdens besteht („Affektion der Sinnlichkeit"; *KrV* A253/B309). Erst die Aufnahme der Anschauung in das gedanklich geprägte Bewusstsein von sich selbst wie von anderem als sich selbst unter der formalen Grundgestalt „ich denke ..." – eines Selbstbewusstseins, das in eins Gegenstandsbewusstsein und eines Gegenstandsbewusstseins, das in eins Selbstbewusstsein ist – macht aus dem sinnlichen gewirkten Anschauungsmaterial logisch geprägte gedankliche Leistungen (*KrV* B131 f.).

So sind es im Rahmen der Transzendentalen Logik zwar immer noch Anschauungen, die den Begriffen „Bedeutung und Sinn" (*KrV* A155/B194) verschaffen. Doch handelt es sich bei den von der Transzendentalen Ästhetik in die Transzendentale Logik und speziell in die transzendentale Kategoriendeduktion überführten Anschauungen nicht mehr bloß um sinnlich gewirkte „Vorstellungen in uns" (*KrV* A372), sondern um logisch qualifizierte Erkenntnismodalitäten mit kognitiver Funktion im Hinblick auf vom Subjekt verschiedene Gegenstände in Raum und Zeit. Die Grenze zwischen Faktizität und Geltung – zwischen dem „Raum der Ursachen" und dem „Raum der Gründe" (W. Sellars) – verläuft so bei Kant nicht zwischen Anschauung und Begriff als solchen, sondern zwischen der Anschauung im künstlich knapp konzipierten Horizont bloßer Sinnlichkeit (Transzendentale Ästhetik) und der Anschauung im Umkreis des umfassend konzipierten Verstandes (Transzendentale Logik), der auch die gedankliche, begriffsförmige Fortbestimmung der Anschauung umfasst. Damit ist bei Kant, entgegen den gängigen konzeptualistischen Deutungen der *Kritik* in der Nachfolge von Hegel (und J. McDowell), nicht schon die Anschauung ganz generell und im Horizont der Transzendentalen Ästhetik begrifflich verfasst, sondern erst und nur die begrifflich fortbestimmte und in die Denkform des Selbst- und Gegenstandsbewusstseins aufgenommene Anschauung im Umkreis der Transzendentalen Logik.[2]

---

2 Siehe dazu Zöller 2010.

Die systemarchitektonische Zweiteilung der kritischen Transzendentalphilosophie in eine Ästhetik und eine Logik beinhaltet aber nicht nur die kombinierte Auslagerung der Prinzipientheorie einer ganz auf Rezeptivität reduzierten Sinnlichkeit in eine vor- und außerlogische Sphäre und die Integration der um aktivische Aspekte erweiterten Anschauung in die Prinzipientheorie des Verstandes. Die doppelte Verortung der Anschauung, zunächst in der Transzendentalen Ästhetik und sodann in der Transzendentalen Logik, überträgt auch den Prinzipiendualismus von Sinnlichkeit und Verstand – einschließlich von dessen Folgeproblem der nachtäglichen Verbindung von ursprünglich Getrenntem – in die transzendentale Theorie des anschauungsgestützten Verstandes. Der systematische Ort der nunmehr innerhalb der Transzendentalen Logik fälligen Vermittlung ist die transzendentale Kategoriendeduktion. Äußeres Merkmal von deren prinzipieller Vermittlungs- und Verbindungsaufgabe sind die methodisch-doktrinalen Distinktionen und Divisionen der Deduktion nach Verlaufsrichtung (von oben her, „von unten auf"; *KrV* A155/B194), nach Fragestellung („dass", „wie"; KrV B145; siehe auch *MAN* 4: 474 Anm.), nach Leistungsart („quid iuris", „quid facti"; *KrV* A84/B116) und nach Leistungsumfang („subjektive Gültigkeit", „objektive Gültigkeit"; *KrV* B140, B137).

Die teils überlappenden, teils parallel verlaufenden Differenzierungen dienen auf je verschiedene Weise dazu, das Kernanliegen der Deduktion – den Erweis der Tauglichkeit wie der Unverzichtbarkeit der anschauungsangereicherten Kategorien für gegenständliche Erkenntnis – kontrastiv und komparativ abzusetzen von alternativen, aber affinen Vorhaben und Verfahren. Im Zentrum der einschlägigen Bemühungen Kants steht dabei der gezielt ausgeführte und explizit artikulierte Übergang oder Wechsel von vorbereitenden, begleitenden oder konkurrierenden Ansätzen zur eigentlichen Aufgabenstellung der Deduktion. Im Einzelnen umfasst dies den Aufstieg von der empirischen zur apriorischen Ebene, den Übergang von der sinnlichen zur intellektuellen Sphäre, den Wechsel von der psychologischen zur logischen Betrachtungsart, den Austausch der faktisch-genetischen gegen die logisch-geltungstheoretische Perspektive und den Fortschritt vom Fokus auf bloß subjektiver Gültigkeit zu dem auf durchaus objektiver Gültigkeit.

Bei der radikalen Integration von Sinnlichkeit und Verstand sowie von Anschauung und Begriff, die sich in der transzendentalen Deduktion vollzieht, wächst den ästhetischen Erkenntniselementen erstmals gegenständliche Bedeutung zu. So wird aus dem Raum, der zunächst – im Rahmen der Transzendentalen Ästhetik – als bereitliegende Form für äußeres Anschauen figuriert, der gegenständlich bestimmte, wenn auch inhaltlich noch leere, „reine" Raum als selber anschaulich verfasst nach Art einer „formale[n] Anschauung" (*KrV* B160 f. Anm.). Den je eigenen Beitrag der begrifflich bereicherten, formal bestimmten Anschauung und des anschaulich artikulierten, formiert verfahrenden Begriffs zur Gegenstandserkenntnis fasst die transzendentale Deduktion durch die Kombination zweier Formen von Validierung, die Kant auch terminologisch differenziert. So verschaffen reine sinnliche Anschauungen den reinen Verstandesbegriffen „objektive Realität" (*KrV* B150 f.), während reine Verstandesbegriffe den reinen Anschauungen „objektive Gültigkeit" verleihen (*KrV* B168).[3] Ersteres beinhaltet die inhaltliche Füllung der Kategorien als bloßer Denkformen mit logisch raffiniertem anschaulichen Material, letzteres das (Hinzu-)Denken eines von den anschaulichen Vorstellungen verschiedenen Gegenstandes, vom dem die Anschauungen Anschauungen sind.

Die in der transzendentalen Deduktion vorgenommene Konzeptualisierung der Anschauungen, die in eins eine Veranschaulichung der Begriffe darstellt, manifestiert sich auch auf doktrinaler Ebene. Im Mittelpunkt der Transzendentalen Ästhetik steht der Status von sinnlichen Anschauungen samt des so Angeschauten als „Erscheinungen, d. i. bloße Vorstellungen" (*KrV* A490/B 518). Für die Klassifikation dieser reduktiven Sicht der Dinge greift Kant, an späterer Stelle, auf die Doktrin („Lehrbegriff"; *KrV* A491/B519) des transzendentalen Idealismus zurück, die alle (theoretisch) erkennbaren Gegenstände als bloße Erscheinungen einschätzt und sie so unterscheidet von den Dingen, wie sie unabhängig von den sinnlichen Anschauungsformen bestehen mögen („Dinge an sich"). Dagegen fehlt in der transzendentalen Deduktion wie auch in den übrigen Kapiteln und Abschnitten der Transzendentalen Analytik der Verweis auf den transzendentalen Idealismus völlig. Zwar dürfte darin keine Zurücknahme der früheren Einschätzung der Dinge aus der Transzendentalen Ästhetik liegen. Doch bekundet Kants konsistenter Verzicht auf die transzendental-idealistische Konzeptualität die Absicht der Deduktion und darüber hinaus der gesamten Transzendentalen Analytik, der ästhetisch begründeten Reduktion von Dingen (an sich) auf Erscheinungen (in uns) eine logisch begründete Auffassung genuiner Gegenständlichkeit gegenüberzustellen.

In der Deduktion treten so an die Stelle von präkognitiven Zuständen räumlich-zeitlicher Beschaffenheit Gegenstände in Raum und Zeit, die objektive Eigenschaften kategorialer Art aufweisen. Damit erweitert sich das Repertoire an Gegenstandsarten in der *Kritik*. Außer dem zwar starken, aber bloß illusorischen transzendenzmetaphysischen Gegenstandsbegriff von Dingen an sich und dem allzu schwachen, obwohl gut begründeten transzendentalästhetischen Gegenstandsbegriff von bloßen Erscheinungen kennt Kant noch einen robusten transzendentallogischen Gegenstandsbegriff, bei dem es sich im Kern um den durch

---

3 Siehe dazu Zöller 1984.

Anschauungen zusammen mit Begriffen zu bestimmenden Begriff von einem „Gegenstand [...] als etwas überhaupt = X" (*KrV* A104) handelt, der den Typus aller empirischen Gegenstände abgibt. Wenn Kant gelegentlich, schon in der Deduktion und dann auch in späteren Partien der *Kritik*, weiterhin empirische Gegenstände als bloße Vorstellungen oder Erscheinungen ausgibt, sollte solche reduktive Redeweise auf den künstlich isolierten Anteil der Sinnlichkeit und ihrer passiv-rezeptiven Affektionen bezogen werden und nicht auf deren logisch-epistemologische Überschreitung durch die Konzeption eines von seinen möglichen Anschauungen numerisch unterschiedenen und insofern „transzendentalen" Gegenstandes.

3 Produktion und Reproduktion

Die in der Transzendentalen Analytik im Allgemeinen und in der transzendentalen Deduktion im Besonderen zu demonstrierende konstruktive Kooperation von Sinnlichkeit und Verstand muss die beiden elementaren Erkenntnismodi zusammenführen, ohne ihre Eigenständigkeit aufzuheben. Dazu dient Kant die methodologische Unterscheidung von Ursprung und Gebrauch. Anders als beim Rationalismus betrifft die in der *Kritik* reklamierte Sensualisierung der Begriffe, allem voran die der reinen Verstandesbegriffe (Kategorien), nicht deren Ursprung, der rein intellektuell bleibt, sondern die allgemein-notwendigen Bedingungen ihres Gebrauchs zum Zweck gegenständlicher Erkenntnis, der nur im Rückgriff auf pure Zulieferungen der Sinnlichkeit („Mannigfaltiges der reinen Anschauung a priori"; *KrV* A77/B102) erfolgen kann. Analoges gilt für die fällige Intellektualisierung der reinen Anschauungen, die nicht, wie im Empirismus, deren Ursprung betrifft, der vielmehr sinnlich bleibt, sondern deren Gebrauch zur begrifflich gesteuerten Gegenstandserkenntnis.

In modaler Hinsicht stehen sich mit den Dimensionen von (heterogenem) Ursprung und (koordiniertem) Gebrauch die bloße Potenzialität oder Virtualität und die eigentliche Aktualität und Realität von Erkenntniselementen gegenüber. Sinnlichkeit und Verstand, samt deren Erkenntnisvehikeln (Anschauung und Begriff) sind, als solche und getrennt voneinander erwogen, nicht eigentlich eigene Erkenntnisse, sondern künstlich präparierte Formfaktoren, die erst im Verbund miteinander und beim koordinierten Einsatz zum Zweck der Gegenstandserkenntnis zur Verwirklichung kommen. Allerdings erfolgt die in der *Kritik der reinen Vernunft* erforschte Aktualisierung der prinzipiellen Erkenntnispotenzialitäten nicht partikular und a posteriori, sondern prinzipiell und a priori in Gestalt der allgemeinen Vorwegnahme der Formen und Strukturen gegenständlicher Erkenntnis.

Ein zentraler Bestandteil der dynamischen Beziehung zwischen kognitiven Potenzialen („Vermögen", „Fähigkeit") und kognitiven Leistungen („Gebrauch", „Anwendung") speziell in der Deduktion ist die Erkenntnisfunktion der Einbildung, die in beiden Auflagen der *Kritik*, wenn auch in abweichender Form, prominent figuriert. Die Einführung der Einbildung als dynamischem Faktor eigener Art legt es nahe, die Einbildungskraft als elementare, dritte Kapazität neben Sinnlichkeit und Verstand aufzufassen. Kant selbst suggeriert eine solche Klassifikation, wenn er Sinn, Einbildungskraft und Verstand („Apperzeption") als die drei Quellen der Erkenntnis aufführt (*KrV* A115). Die von Kant gewählte Reihung der drei Kapazitäten lässt überdies auf die Zwischenstellung der Einbildungskraft im Verhältnis zu Sinn und Verstand schließen.

Die Deutung der Einbildungskraft als eines vermittelnden Dritten sollte aber nicht als äußerliche Addition eines Zwischengliedes aufgefasst werden. Denn der bloße Einschub eines Mittelteils zwischen voneinander unterschiedenen oder sogar einander entgegensetzten Enden führt bloß zur Verlagerung und Vermehrung des Vermittlungsproblems, das dann zwischen dem neu eingeführten und jedem der beiden ursprünglichen Enden zurückkehrt. Eher schon wäre die Einbildungskraft in der *Kritik* als das Medium – im Doppelsinn von Mitte und Mittel – anzusehen, in dem die entgegengesetzten Einflüsse von Sinnlichkeit und Verstand aufeinandertreffen und sich sogar verbinden. Kant selbst legt diese Deutung nahe, wenn er der Einbildung ganz generell den operativen Titel einer „Kraft" zuspricht, im Gegensatz zum Ausweis der Sinnlichkeit als (passivischer) „Fähigkeit" (*KrV* A19/B33) und dem des (aktivischen) Verstandes als „Vermögen" (*KrV* A65/B90). Nur gelegentlich und zur Kennzeichnung einer spezifischen Funktionsweise bezeichnet Kant auch die Einbildungskraft als ein „Vermögen" („Vermögen der Anschauung a priori"; KU 5: 190).

Die genaue Art der Interaktion von Sinnlichkeit und Verstand im Medium der Einbildungskraft ist vor dem Hintergrund der von Kant verwendeten konzeptuellen Metaphorik von Verbindung als chemischem Prozess zu sehen, bei dem zunächst getrennt vorliegende Elemente so vereinigt werden, dass sie sich nicht nur (physikalisch) mischen, sondern (chemisch) innigst durchdringen zur Herstellung einer neuartigen Verbindung (*Anth* 7: 177; *KrV* BXIIf.). Weitere Spezifika der Einsatz- und Arbeitsweise der Einbildungskraft entlehnt Kant der traditionellen und zeitgenössischen Erkenntnispsychologie, die er in seinen Anthropologievorlesungen seit Anfang der 1770er Jahre bearbeitet. Umgekehrt enthält allerdings auch Kants Anthropologie, wie sie in der von ihm selbst publizierten Endfassung aus dem Jahr 1798 vorliegt (*Anthropologie in pragmatischer Hinsicht*), distinkte Reflexe der transzendentalen Erkenntnislehre der *Kritik der reinen Vernunft* (*Anth* 7: 167).

Im Mittelpunkt von Kants reifer Erkenntnisanthropologie wie seiner kritischen Transzendentalphilosophie steht die Doppelfunktion der Einbildungskraft als produktiv („dichtend") und reproduktiv („blos zurückrufend"; *Anth* 7: 167). In ihrer reproduktiven Funktion dient die Einbildungskraft dem Vergegenwärtigen von Vergangenem, das entweder „unwillkürlich" erfolgt, wie beim Traum, oder absichtlich („willkürlich") durch das Gedächtnis (*Anth* 7: 189, 182). In produktiver Funktion dient die Einbildungskraft in der Regel der Rekonfiguration von zuvor Gegebenem zu Gebilden, die so vorher nie vorlagen. Im Rückgriff auf den aristotelischen Begriff der Herstellung (*poiesis*) bezeichnet Kant die produktive Einbildungskraft auch als „Dichtungsvermögen" (*Anth* 7: 174). Gemeinsam ist den beiden Grundfunktionen der Einbildungskraft bei Kant die Fähigkeit zur sinnlich-konkreten, anschaulichen Vergegenwärtigung eines Abwesenden, das entweder nicht mehr vorliegt (Reproduktion) oder so, wie es eingebildet wird, vorher nie vorlag (Produktion).[4]

Für die Übertragung der Einbildungskraft aus dem erkenntnisanthropologischen in den transzendentalphilosophischen Kontext ist die weitere Ausdifferenzierung der produktiven Einbildungskraft zu drei Formen des Dichtungsvermögens maßgeblich. Dessen Fingieren verfährt, der *Anthropologie* zufolge, zum einen plastisch-bildend in der räumlichen Zusammenfügung von Teilen zu einem Ganzen („Bildung"; *Anth* 7: 174), sodann assoziativ-verbindend in der Zusammenstellung von zeitlich aufeinander Folgendem („Beigesellung"; *Anth* 7: 176) und schließlich das miteinander Verwandte zusammenbringend („Verwandtschaft"; *Anth* 7: 176) („*imaginatio plastica*", „*imaginatio associans*" und „*affinitas*"; *Anth* 7: 174).

In der Deduktion, genauer: in der Fassung aus der ersten Auflage der *Kritik*, werden aus den alternativen erkenntnisanthropologischen Fiktionsfunktionen die gestaffelt angelegten Synthesisarten von Apprehension, Assoziation und Affinität, durch die das gegebene Mannigfaltige der Anschauung schrittweise in gegenständlich gültige Erkenntnis überführt wird. Im Einzelnen ordnet Kant die Aufnahme ins Bewusstsein der „Synthesis der Apprehension in der Anschauung" (*KrV* A98) zu, das erinnernde Festhalten des Wahrgenommenen der „Synthesis der Reproduktion in der Einbildung" (*KrV* A100) und die begriffliche Vereinheitlichung des festgehaltenen Wahrgenommenen der „Synthesis der Rekognition im Begriffe" (*KrV* A103).

Die analog zu den Funktionsweisen des Dichtungsvermögens entwickelten Synthesisarten von Apprehension, Reproduktion und Rekognition müssen in der Deduktion überdies von ihrem regulären empirischen Gebrauch bei der Bear-

---

4 Siehe dazu Zöller 2019.

beitung von a posteriori gegebenen Anschauungen losgelöst und als reine Synthesisformen, die am a priori gegebenen Mannigfaltigen der reinen Anschauung zur Ausübung kommen, dargestellt und erörtert werden. Der so anvisierte erfahrungsfrei-reine Gebrauch ist kein zusätzlicher, außerordentlicher Verwendungsmodus der dreifachen Synthesis über deren gewöhnlichen, empirischen Einsatz hinaus. Vielmehr bilden die ins Reine gebrachten Synthesisformen das apriorische Bedingungsgefüge für alle a posteriori erfüllten Synthesen, die dann im Rahmen empirischer Gegenstandserkenntnis zustande kommen.

Doch verändert die für die Deduktion fällige und vorgenommene Apriorisierung der Synthesisarten auch die Einsatzweise der Einbildungskraft. An die Stelle der bloß reproduktiven Synthesis der Einbildungskraft, die auf zuvor empirisch gegebene Wahrnehmungen erinnernd zurückgreift, tritt die produktive Funktion der Einbildungskraft, die im Rückgriff auf das reine Anschauungsmannigfaltige anschauliche Konfigurationen („Bilder"; *KrV* A120 Anm.) allererst erstellt. Auch ist für Kant der Einsatz der produktiven Einbildungskraft nicht auf die reine Synthesis des Mannigfaltigen der Anschauung beschränkt. Transzendental betrachtet geht aller Reproduktion eine Produktion voraus. Schon die scheinbar einfache (empirische) Wahrnehmung ist mehr als bloß passive Datenaufnahme und umfasst bereits eine Synthesis seitens der Einbildungskraft, die das *seriatim* Gegebene allererst zusammenfasst und so in ein Bild bringt (*KrV* A120 Anm.).

Mit ihrem methodischen wie doktrinalen Parallelismus von Erkenntnisanthropologie und Transzendentaler Logik, ihren zweimal drei Synthesisarten und ihrem extensiven Rekurs auf die reproduktive wie die produktive Einbildungskraft trägt die Deduktion der Kategorien aus der ersten Auflage der *Kritik* noch starke Spuren der empirischen Psychologie, an der sie sich formal wie inhaltlich orientiert. Dadurch unterliegt sie der Gefahr eines höheren, transzendentalen Psychologismus, der empirisch manifeste Vermögen und ihre Leistungen zwar generalisiert und formalisiert nach Art einer transzendentalen Psychologie, dabei aber nicht voll und ganz dem transzendentallogischen, speziell geltungstheoretischen Charakter der Deduktion als Möglichkeitsbegründung gegenständlichgültiger Erkenntnis gerecht zu werden riskiert. Vor allem aber wird in der Erstversion der *Kritik* nicht immer hinreichend deutlich, wie die Einbildungskraft, in ihrer transzendental-produktiven Funktion als generelle Gewährleisterin von ursprünglicher Synthesis unter Anschauungen, ihrerseits einzuordnen und einzuschätzen ist im Verhältnis zu den präliminar etablierten Enden des epistemologischen Spektrums, Sinnlichkeit und Verstand.

Die komplett revidierte Darstellung der Deduktion in der zweiten Auflage der *Kritik der reinen Vernunft* steht im Einklang mit den übrigen Änderungen der Neufassung des Werkes, die darauf abzielen, dem falschen Eindruck von subjektivem Idealismus und empirischer Subjektivität entgegenzuwirken und zu diesem Zweck gegenüber der kognitiven Psychologie die Erkenntnislogik in den Vordergrund zu stellen. Die alternative Strategie, die nach Kants eigener Einschätzung nicht die Doktrin selbst, sondern nur deren verbesserte Darstellung betrifft (*KrV* BXXXVIIf.), delegiert die Diskussion der Einbildungskraft in den zweiten der beiden nunmehr unterschiedenen Teile der Deduktion („Anfang", „Folge"; *KrV* B 144). So kann der eigentliche Erweis der generellen Geltung der Kategorien von Gegenständen der Anschauung („überhaupt") unabhängig vom Rekurs auf erkenntnisanthropologische Spezifika, insbesondere den Funktionen der Einbildungskraft, geführt werden.

Statt wie die Erstfassung der Deduktion im doppelten Modus des Aufstiegs vom Empirischen zum Transzendentalen und des anschließenden Abstiegs in umgekehrter Richtung die empirischen und die reinen Gebrauchsmodi der Erkenntniskräfte in ihrer engen Bindung aneinander vorzuführen, operiert die Zweitfassung mit dem Darstellungsmittel von deren schroffer Entgegensetzung (Apperzeption vs. innerer Sinn, empirische vs. transzendentale Einheit der Apperzeption). Dabei wird weder für die generelle intellektuelle Einheitsbildung im Medium der Anschauung („Anschauung überhaupt"; *KrV* B145) noch für die generelle Gewährleistung der kategorialen Bezugnahme auf Gegenstände („Gegenstand überhaupt"; *KrV* B146) auf die Einbildungskraft zurückgegriffen, die vielmehr erst in der zweiten Hälfte der Deduktion ins Spiel kommt, bei der Erörterung des Mechanismus, mittels dessen der Verstand die Anschauung im Einzelnen zum Zweck der Gegenstandserkenntnis zu bestimmen vermag („innerlich affiziert werden", „von uns selbst affiziert"; *KrV* B153, B156 Anm.).[5]

Die Einbildungskraft ist so in der Zweitfassung der Deduktion streng auf ihre produktive Funktion eingeschränkt, die Kant überdies, im Rückgriff auf zeitgenössische naturgeschichtliche Konzeptualität („bringt [...] hervor", „Epigenesis"; *KrV* B 155, B167),[6] als ein aktivierend-aktualisierendes Hervorbringen von Anschauungskonfigurationen („*synthesis speciosa*", „figürliche Synthesis"; *KrV* B151, B154) aus einem zuvor nur virtuell differenzierten, bestimmbaren Material der Sinne darstellt.[7] Damit wird der Einbildungskraft in ihrer ursprünglichen, „transzendentalen" Produktivität jene Funktionalität zugesprochen, die der (unverändert in die zweite Auflage der *Kritik* übernommene) Schematismus der reinen Verstandesbegriffe am Grunde des gesamten Kognitionsapparates lokalisiert – eine Psychopoiesis unterhalb der Bewusstseinsschwelle („verborgene Kunst in

---

5 Zur Selbstaffektion bei Kant siehe Birrer 2017: 100 ff.
6 Zu Kants organologischer begrifflicher Metaphorik siehe Mensch 2013.
7 Zum Verhältnis von intellektueller und figürlicher Synthesis bei Kant siehe Longuenesse 1998: 211 ff.

den Tiefen der menschlichen Seele"; *KrV* A141/B 180 f.; siehe auch *KrV* A78/B103), durch die gegenständliche Anschauung allererst möglich wird. Im Lichte der Klärungen in der neugefassten Deduktion beinhaltet diese primordiale Poiesis aber keinen klandestinen Monismus der zeitigenden Einbildungskraft.[8] Vielmehr unterstellt Kant in der zweiten Auflage der *Kritik* die Einbildungskraft speziell in ihrer transzendental-produktiven Funktion und im Hinblick auf die von ihr ausgeübte ursprüngliche Synthesis explizit dem Verstand (*KrV* B153 f.). Er geht dabei sogar so weit, den Unterschied von (transzendentalem) Verstand und (transzendentaler) Einbildungskraft für eine Differenz bloß in der „Benennung" zu erklären (*KrV* B153). So bleibt es am Ende bei dem prinzipientheoretischen Dualismus von Sinn und Verstand, in dessen Rahmen die Einbildungskraft als Allonym für den sich der Sinnlichkeit ursprünglich zuwendenden Verstand („erste Anwendung"; *KrV* B152) fungiert.

Bibliographie

Birrer, Matthias, 2017, *Kant und die Heterogenität der Erkenntnisquellen*, Berlin/Boston: De Gruyter.
Heidegger, Martin, 1991, *Kant und das Problem der Metaphysik*, Gesamtausgabe, Abteilung I, Band 3, Frankfurt a. M.: Klostermann.
Henrich, Dieter, 1955, „Über die Einheit der Subjektivität", *Philosophische Rundschau*, 3, 28–69.
Longuenesse, Béatrice, 1998, *Kant and the Capacity to Judge. Sensibility and Discursivity in the Transcendental Analytic of the „Critique of Pure Reason"*, Princeton/London: Princeton University Press.
Mensch, Jennifer, 2013, *Kant's Organicism. Epigenesis and the Development of Critical Philosophy*, Chicago/London: University of Chicago Press.
Mörchen, Hermann, 1970, *Die Einbildungskraft bei Kant*, 2. unveränderte Aufl., Tübingen: Niemeyer.
Zöller, Günter, 1984, *Theoretische Gegenstandsbeziehung bei Kant. Zur systematischen Bedeutung der Termini „objektive Realität" und „objektive Gültigkeit" in der „Kritik der reinen Vernunft"*, Berlin/New York: De Gruyter.
Zöller, Günter, 2010, „Of Empty Thoughts and Blind Intuitions. Kant's Answer to McDowell", *Trans/Form/Ação. Revista de Filosofía da Universidade Estadual Paulista*, 33, 65–96.
Zöller, Günter, 2017a, „Conditions of Objectivity. Kant's Critical Conception of Transcendental Logic", *Yearbook of German Idealism / Jahrbuch des deutschen* Idealismus, 12, 3–28.
Zöller, Günter, 2017b, „Possibiliser l'expérience. Kant sur la relation entre le transcendantal et l'empirique", in: Antoine Grandjean (Hrsg.), *Kant et les empirismes*, Paris: Garnier Classiques, 99–112.

---

[8] Zu dieser extremen Lesart siehe Heidegger 1991 und Mörchen 1970; kritisch dazu Henrich 1955.

Zöller, Günter, 2019, „'The Faculty of Intuitions A Priori'. Kant on the Productive Power of the Imagination", in: Gerad Gentry und Konstantin Pollok (Hrsg.), *The Imagination in German Idealism and Romanticism*, Cambridge: Cambridge University Press, 66–85.

Corey W. Dyck
The Proof-Structure of Kant's A-Edition Objective Deduction

Abstract: In this chapter I provide an account of the arguments from above and below that interprets them as offering different, albeit importantly inter-related, proofs. In particular, I contend that each argument can be understood to address a distinct *specter*, with the argument from above addressing an internal concern generated by Kant's own transcendental idealism, and the argument from below seeking to dispel a more traditional, broadly Humean challenge to the understanding's role in experience. These distinct concerns also imply that these arguments yield distinct conclusions, but I will show that these are in fact complementary and, though less surprising, that the joint conclusion of the objective deduction proves to be of vital importance for Kant's broader aims in the Transcendental Analytic.

Kant's A-edition objective deduction, which begins at A116 and ends, for all intents and purposes, with the paragraph beginning at A123, is naturally (and has traditionally been) divided into two arguments. The first argument, which has been dubbed the "argument from above", commences with Kant's pronouncement that "we must begin with pure apperception" in order to discern how representations obtain that unity which makes them suited to a possible experience, and proceeds through the pure synthesis of the imagination to the dependence of the manifold of representations upon the unity of apperception and ultimately the categories. The second argument, by contrast, proceeds *"von unten auf"* in that it begins with appearance as given to perception and, in the course of documenting the empirical syntheses through which it is integrated into an experience, reveals its reliance upon the understanding.

Such a division of the argumentative labor of the objective deduction strikes me as both well-founded and useful for understanding Kant's argument, which likewise explains its widespread acceptance. However, a number of commentators take a further step, in claiming that there is no essential difference between the arguments, that they represent "progressive" and "regressive" presentations of the same argument,[1] or that they have "*dasselbe Beweisziel*"[2] but simply pro-

---
[1] See Paton (1936: I 457 ff.).

ceed in "opposite directions".³ This would seem to offer a picture of Kant's procedure in the objective deduction as first descending and ascending the same ladder, the better, perhaps, to test its durability or to thoroughly convince the reader of its soundness. There are obvious obstacles to such a reading, however; for instance, in the argument from above, Kant does not mention perception nor any empirical synthesis, and the argument from below makes no explicit mention of the categories – even in the concluding paragraph, they are only implicitly referred to as "*a priori* rules" that ground the synthesis of the imagination (A123). Indeed, both arguments seem to concern different levels or layers of cognition, with the first focusing on the inter-connection of the transcendental functions of the mind, and the second on the co-operation of its empirical functions.

In this chapter I will argue that the arguments from above and below constitute different, albeit importantly inter-related, proofs. Rather than drawing on the differences in their premises, however, I will highlight what I take to be the different concerns addressed and, correspondingly, the distinct conclusions reached by each. In particular, I will show that both arguments can be understood to address distinct *specters*, with the argument from above addressing an internal concern generated by Kant's own transcendental idealism, and the argument from below seeking to dispel a more traditional, broadly Humean challenge to the understanding's role in experience. These distinct concerns also imply that these arguments yield distinct conclusions, though I will show that they are in fact complementary and (though this is less surprising) that the joint conclusion of the objective deduction proves to be of vital importance for Kant's broader aims in the Transcendental Analytic. To this end, I will begin with an elaboration of the specter at issue in the argument from above, where I will show that Kant's primary concern regarding the categories is one largely internal to his idealistic project, namely, defending the coherence of the very notion of objectivity given the results of the Transcendental Aesthetic. In the second section I will turn to a presentation of the principal moves made in the argument from above that are made in order to address this concern. In the third section, I will turn to the argument from below, and show what motivates the distinct specter that still looms even if the first argument goes through, and then briefly outline how Kant addresses it.

---

2 Klemme (1996: 156). Compare also Erdmann, who claims that "Der Beweisgang der Deduction bildet nämlich keine fortlaufende Reihe, sondern eine viermalige Wiederholung einer und derselben Argumentation" (Erdmann 1878: 25).
3 This is Allison's claim (2015: 253).

1 The First Specter of the Objective Deduction

In an oft-cited article on Henrich's seminal discussion of the two-steps-in-one proof structure of the B-edition deduction, Joseph Claude Evans introduces the notion of a 'specter' by way of elucidating the task of a transcendental deduction. According to Evans, the specter is a device intended to represent a "threatening possibility" structurally comparable to the "Evil Genius" invoked at the outset of Descartes' *Meditations* and through the refutation of which he will ground the complete certainty of our knowledge (Evans 1990: 560). Similarly, the work of the deduction cannot be understood to be complete until the specter it confronts is completely dispelled. Indeed, that Kant conceived of his task in the Deduction along these lines is not unlikely, as is suggested in an apparent reference just before the objective deduction proper to the Cartesian skeptical scenario that our experience cannot be distinguished from dream. There, he characterizes the possibility that the categories do not bear application to appearances as follows:

> [...] without that sort of unity, which has its rule *a priori*, and which subjects the appearances to itself, thoroughgoing and universal, hence necessary unity of consciousness would not be encountered in the manifold perceptions. But these would then belong to no experience, and would consequently be without an object, and would be nothing but a blind play of representations, i. e., less than a dream. (A112)[4]

We will return to this passage in detail below, but what bears noting for now is that despite Kant's apparent invocation of the Cartesian problematic, the specter that the deduction seeks to dispel is not typically taken to be identical to Descartes'. Indeed this point is already suggested by Kant's apparent raising of the stakes with respect to Cartesian doubt, as he here claims that a failure to dispel the specter would leave us in a cognitively-worse-off situation – one that is even *less* than a dream – than that threatened by the Cartesian evil genius.

Part of the reason why the arguments from above and below are viewed as essentially similar is that they are viewed as addressing the same, *single* specter. In terms of a positive characterization of the principal specter addressed by a transcendental deduction, Henry Allison, taking up Evans' analysis, has recently cast it in terms of a distinctly Kantian "worry about a cognitive fit between two species of representation", namely concepts and intuitions or appearances, which threatens a "cognitive chaos" where the former are not subsumable under the latter such that they can generate cognition (Allison 2015: 8–9).

---

[4] English translations from the *Kritik der reinen Vernunft* follow those in Kant (1998).

What makes this a distinctly Kantian (and not a Cartesian) problematic is the fact that, according to Allison (2015: 9), it is grounded on Kant's novel contention of the radical heterogeneity between understanding and sensibility, which is to say it is not a problem that was foreseeable for the Leibnizian rationalist or Lockean empiricist (both of whom deny the heterogeneity thesis, albeit in different ways).

I agree with both Evans and Allison that the device of the specter proves helpful in clarifying the proof-structure of Kant's Deduction, in both the A- and B-edition versions (to which they both apply it), and indeed that the principal specter facing the deduction is ultimately a problem of Kant's own making rather than a concern straightforwardly identifiable with a traditional skeptical worry. Nonetheless, I find their positive characterization of the specter problematic for a couple of reasons. First, this characterization of the specter as threatening the possibility of a lack of "cognitive fit" does not capture the high stakes of the argument for Kant. For instance, the prospect of the categories failing to subsume appearances does not obviously threaten a cognitive scenario that amounts to something "less than a dream"; moreover, it is not even clear that the specter of "cognitive chaos" is all that threatening, given that we might (and perhaps Hume *did*) happily carry on with our cognitive lives in the absence of the categories so referring. Second, and more importantly, the radical heterogeneity of cognitive faculties hardly serves to motivate the specific problematic of the transcendental deduction, given that this heterogeneity already obtains on the empirical level, that is, between *empirical* concepts and empirical intuitions or appearances. There is, of course, no doubt that Kant eventually confronts such a heterogeneity problem, though I take it that this is done in the Schematism chapter rather than the Deduction.

Significantly, a specter that meets these criteria is conjured by Kant in section II of the Deduction chapter, and specifically concerning the third of the threefold syntheses. The paragraph runs as follows:

> And here then it is necessary to make understood what is meant by the expression 'an object of representations.' We have said above that appearances themselves are nothing but sensible representations, which must not be regarded in themselves, in the same way, as objects (outside the power of representation). What does one mean, then, if one speaks of an object corresponding to and therefore also distinct from the cognition? It is easy to see that this object must be thought of only as something in general = X, since outside of our cognition we have nothing that we could set over against this cognition as corresponding to it. (A103)

This passage introduces the beginning of the argument for a transcendental function of the synthesis of recognition, and specifically that all cognition stands in need of a pure concept (of the transcendental object) which in turn presupposes the categories. Even so, this passage raises a larger issue that is foundational for Kant's broader aims in the Analytic and indeed in the *Critique* as a whole, a fact signaled in the second sentence where Kant connects the need to clarify the notion of an 'object of representations' and his doctrine of transcendental idealism. Kant now turns to a previously unrecognized consequence of this doctrine for our ordinary (and non-Kantian) intuitions about objectivity. On a rather flat-footed reading, what it means to think of a representation as related to an object is to take it as distinct from but corresponding to my (or any other) representation of it. Indeed, as Kant makes clear later in the section, that a representation should relate to an object, so understood is analytic to the concept of 'representation': "All representations, *as representations*, have their object" (A108). However, the distinction between appearances and things in themselves introduced in the Aesthetic generates a complication for this claim, as the only "object" that would qualify would be the thing in itself, which is no doubt external to our representations but is nonetheless distinct from the (empirical) object to which we normally take our representations to relate.[5] In addition, we cannot simply identify the object of our representations with an empirical object since the Aesthetic has shown that these have the status of appearances, or mere *representations* of sensibility, and as such do not obviously "stand apart" from our intuitions of them. Kant makes this clear later in the same section:

> Appearances are the only objects that can be given to us immediately, and that in them which is immediately related to the object is called intuition. However, these appearances are not things in themselves, but themselves only representations, which in turn have their object, which therefore cannot be further intuited by us [...]. (A108–109)

The problem, then, of vindicating the transcendental idealist's conception of objectivity is designated by Kant as that of finding that "something in general = X" through which we can think the relation of given representations to an object.

While Kant does not introduce this with the fanfare we might expect, the prospect that the transcendental idealist cannot account for the objectivity of our representations constitutes the principal specter to be addressed by the transcendental deduction, and I will refer to it as the 'Cartesian' specter, because of

---

[5] See A30/B45: "objects in themselves are not know to us at all, and that what we call outer objects are nothing other than mere representations of our sensibility, whose form is space, but whose true correlate, i.e., the thing in itself, is not and cannot be cognized through them, but is also never asked after in experience."

its *resemblance* to the familiar Cartesian skeptical worry.[6] Specifically, the worry is that there are no conditions under which we can coherently *think* the relation of our representations to an object. Clearly, like the specter identified by Allison and Evans, this is a problem of Kant's own making, one that follows directly from his novel distinction between appearances and things in themselves, even if Kant did not immediately realize that this problem was posed by his mature doctrine of sensibility.[7] Yet, such a characterization of the specter does not suffer the same faults as that presented by Allison and Evans. First, failing to dispel this specter does not yield a cognitive scenario that even the most stubborn transcendental idealist could live with. That we could not coherently think objects for our representations would mean that *intuitions* (empirical and pure) could not be taken to relate to appearances, considered as the "undetermined *object*" of empirical intuition" (A20/B34). That this might be the case has, to say the least, far-reaching consequences as it would entail that we must also deny the objective reality of *empirical* concepts since these only obtain reference to objects through the subsumption of object-intending intuitions under them; as Kant notes the concept of the object = X is also "that which in all of our *empirical* concepts in general can provide relation to an object, i. e., objective reality" (A109; emphasis C. D.). Indeed, it is precisely by way of trying to capture the radical character of the resulting cognitive scenario, and the unprecedentedly high stakes, that Kant refers to it as "*less* than a dream". The familiar situation in which we are dreaming only presumes the contestability of the existence of the objects referred to by our representations, or the *actuality* of objects of our representations, whereas the scenario facing the idealist would, if un-dispelled, seem to rule out all possible reference to objects (actual or otherwise) in advance.[8]

Even admitting all this, it is not clear how the objective validity of the categories specifically might be implicated by this specter. So, while the objective validity of the categories (*qua* representations) is obviously threatened by the specter so long as it persists un-dispelled, this is only because it challenges the relation of *all* of our representations to objects, not merely that of the categories. In the paragraphs that follow our initial passage, however, Kant explains

---

[6] For more on how the original Cartesian problematic was discussed among Kant's predecessors, see Dyck (2011).

[7] For an account of Kant's grappling with this problem from the Dissertation onwards, see De Vleeschauwer (1962: 57–74).

[8] *Prol* 4: 290: "Der Unterschied aber zwischen Wahrheit und Traum wird nicht durch die Beschaffenheit der Vorstellungen, die auf Gegenstände bezogen werden, ausgemacht, denn die sind in beiden einerlei."

why the categories in particular are at issue. The next paragraph, actually a single sentence, initiates a reconceptualization of objectivity on terms more favorable to the idealist:

> We find, however, that our thought of the relation of all cognition to its object carries something of necessity with it [*etwas von Nothwendigkeit bei sich führe*], since namely the latter is regarded as that which is opposed to our cognitions being determined at pleasure or arbitrarily rather than being determined *a priori*, since insofar as they are to relate to an object our cognitions must also necessarily agree with each other in relation to it, i. e., they must have that unity that constitutes the concept of an object. (A104f.)

Kant here turns to the analysis of what is contained in the thought of the relation of our representations to an object, the result of which is that it "carries something of necessity with it". There are, however, two sorts or senses of 'necessity' that come into play in this passage, which Kant does not carefully distinguish. The first occurs in the contrast with a merely haphazard or arbitrary determination of our representations, which should be understood as the sort of determination that pertains to merely subjective "unities" of representations. Since such conjunctions of representations are not ordinarily taken to relate to objects, Kant concludes that part of what is involved in thinking our representations as relating to an object is that they evince a *non-arbitrary* unity, or that they are connected in a rule-governed as opposed to a merely haphazard fashion. Kant unhelpfully characterizes such a non-arbitrary unity as "being determined *a priori*", which (as we will see) is strictly speaking correct but wrongly implies that all such unities involve a strictly necessary connection of their elements. However, it is not sufficient for the relation of representations to an object that they evince a non-arbitrary unity, since such a unity could occur merely accidentally. Accordingly, Kant additionally contends that in representations that relate to objects this unity is itself *necessitated*. As Kant phrases it in the last clause of the above passage, our representations "*must* have that *unity* that constitutes the concept of an object".[9] This is to say, then, that what it means to think the relation of our representations to an object is for a non-arbitrary unity to be necessary for those representations.

Ordinarily, of course, we would hold that the non-arbitrary unity of our representations would be *causally* necessitated by the object standing apart from our representations, and that it was this causal necessitation that distinguished the order of our representations from one merely dependent on our will. Unfortunately, the transcendental idealist cannot have recourse to such an explanation

---

9 Compare Paton (1936: I 384f.).

since the spatio-temporal object that would serve as the necessitating ground of this unity is itself a representation (an appearance), and so we would need to seek the necessitating ground of *its* unity as well, and so on. Since the transcendental idealist cannot posit a ground in *objects* in order to account for the necessity of the unity of representations, the *only* alternative is to seek a ground in the subject, and this is precisely what Kant claims at the outset of the next paragraph of the section:

> It is clear, however, that since we have to do only with the manifold of our representations, and that X which corresponds to them (the object), because it should be something distinct from all of our representations, is nothing for us, the unity that the object makes necessary can be nothing other than the formal unity of the consciousness in the synthesis of the manifold of the representations. Hence we say that we cognize the object if we have effected synthetic unity in the manifold of intuition. (A105)

Given that reference to extra-representational objects is not an option, the only way for the transcendental idealist to account for the relation of representations to objects would therefore be by identifying the object-tokening, non-arbitrary unity of representations as a "formal unity" of consciousness, and finding some ground *in the subject* in light of which such a unity is rendered necessary. Demonstrating the latter point – the *subjective ground for the necessity of unity* – will be the key step in the objective deduction as we will see, but for now we can focus on Kant's exhibition of what is involved in the "formal unity" of representations, and it is at this point that a role for the categories becomes clear:

> But this [i. e., synthetic unity,[10] C. D.] is impossible if the intuition could not have been produced through a function of synthesis in accordance with a rule that makes the reproduction of the manifold necessary *a priori* and a concept in which this manifold is united possible. (A105)

This sentence restates the result of the previous considerations, though now the synthetic unity of the manifold, which is to be necessitated through some ground in the subject, is related to "functions of synthesis". I take this to be a straightforward reference to the categories which Kant had identified, in the Metaphysical Deduction, as functions that give unity "to the mere synthesis of different representations *in an intuition*" (A79/B104 f.).[11] Indeed, it should be obvious that within the mind's inventory nothing but the categories could possibly serve in this way – the forms of intuition of space and time, are likewise avail-

---

[10] "*Diese*", which evidently refers to "synthetische Einheit" in the previous sentence.
[11] See also De Vleeschauwer (1936: 94).

able *a priori* but sensibility cannot alone yield a synthetic unity or combination of representations.[12] This would be to say, then, that the only way in which the transcendental idealist can make sense of the thought of the relation of representations to an object is by demonstrating that the categories *must* apply to the manifold of intuition.

We can now return to our characterization of the specter threatening the transcendental deduction, and account for why it demands a deduction of the *categories* specifically. The specter that we cannot coherently think the relation of representations to objects on transcendental idealist terms might be equivalently phrased in terms of the worry that we cannot show that the categories must apply to the manifold of sensible intuition. This worry is moreover quite consistent with the canonical form in which Kant expresses the task of the deduction, namely, in terms of demonstrating the "objective validity" of the categories (A90/B122), since insofar as it could be demonstrated that the categories must be applied to the manifold of intuition, it follows that the categories bear some relation to the objects whose thought they first make possible. Moreover, while it remains the case that the objective validity of all representations is at issue, the onus is on the categories as it will only be insofar as they can be shown to bear this conditioning relation to objects that the objectivity of the others will be vindicated. Given this account of the specter facing the transcendental deduction, we can now turn to the so-called "argument from above" which, I take it, directly addresses it through demonstrating the *necessity* of the unity produced by the categories in the manifold of intuition.

2 Dispelling the Cartesian Specter: The Argument "From Above"

Having set the stage, we can turn to a consideration of how this specter is addressed in the objective deduction, and particularly in the argument presented in paragraphs 3–6 (and the long footnote at A117) of the third section of the deduction chapter.[13] While I will, as an accommodation to the literature on the section, likewise refer to this as the argument "from above" it should be noted of course that Kant never refers to it as such, and indeed for good reason as this

---

[12] This claim is familiar from the B-edition deduction (cf. §15), but is already present at A120 where Kant refers to a "combination of [perceptions], which they cannot have in sense itself".
[13] For the basis of my distinction between the objective and subjective deductions, and the rationale behind my location of the former in the third section, see Dyck (2008).

title gives the mistaken impression that the argument proceeds from the highest point of cognition and *descends* to the manifold of intuition. Yet this is not the case as Kant rather sets out from the consciousness of the subject that accompanies all cognition and ends up, not at the manifold of sensible intuition, but with the categories of the pure understanding as necessarily implicated in that consciousness. Indeed, the paragraphs of this argument rather represent an analysis of what Kant calls pure apperception, which analysis is then put to use when Kant goes on to "follow the inner ground of this connection of representations up to that point in which they must all come together" in the subsequent argument "from below up" (as we will see).

The argument from above begins with the incredibly dense third paragraph (and accompanying footnote). While the passage itself raises interpretative issues that go to the heart of the deduction, not to mention Kant's account of consciousness, self-consciousness, and identity, we will for present purposes have to settle for the following overview of the main argument:

1. For any manifold of representations, it must be possible for me to be conscious of it (i. e., to think it in relation to *my* consciousness).
2. *My* consciousness is identical across any possible manifold of representation that can be ascribed to me.
3. For any intuition that does figure into cognition, it must be thought in relation to an identical subject [= "transcendental principle of the unity of all the manifold of our representations"].
4. The identity of the consciousness to which my representations are related cannot be thought other than through bringing the manifold into a synthetic unity [= "principle of the synthetic unity of the manifold in all possible intuition"].

We might briefly consider the support, textual and otherwise, for each of the steps in this argument. The first premise, I take it, is what Kant expresses when he frequently contends that representations, or intuitions specifically, are "nothing for us", if they cannot be taken up in, or accompanied by consciousness (see for instance A111). Such a claim, as has been noted by others, should be taken as limited to representations that might enter into a cognition, and does not exclude the possibility of representations, so construed, that we are not conscious of; rather, it only excludes the possibility of such representations which we *could not possibly* become conscious of. Moreover, such a claim would appear to be analytic inasmuch as Kant simply takes the relation to consciousness as definitional of 'cognition'. The second premise expands upon the consciousness, or subject, to which our representations relate inasmuch as they constitute cognition, that is to say, it details a key feature of the *me* in the claim that representations must be something *for me*. In particular, Kant claims that this subject is necessarily identical across all representations that might belong to it. This claim is, like the first, analytic, holding as it does simply in virtue of the identification of a set of representations as *mine*.[14] I take it that our consciousness of ourselves *as* a single, identical subject is just what Kant designates as 'pure apperception', the purity of which consists in the fact that it is the conscious *of* a subject whose identity can be known *a priori*, rather than being a special sort of consciousness (as Kant sometimes unhelpfully suggests when he characterizes it in terms of our being "conscious *a priori*").

The third and fourth steps in the argument name two principles which follow from the above considerations but which, despite their similar-sounding names, must be kept distinct. The first principle is directly entailed by the previous two premises, inasmuch as it states that any manifold of representations that is to figure in cognition must be thought in relation to the identical subject. This would suggest that this principle is likewise analytic (since it follows from the previous two), though Kant's formulation of this principle in terms of the "*unity* of all the manifold of our representations" brings out a new element, namely, that to think a manifold of representations in relation to the identity of the subject is just to introduce a unity into that manifold; so, to think a manifold of representations, x, y, z as relating to the same subject, is (just) to think x, y, and z together. The second principle, and final step in this argument, concerns the type of unity that is thereby effected in the manifold of representations, which it specifies as a *synthetic* unity. In contrast with the previous principle, this one does not follow directly from the previous premises; rather it draws on an additional limitation of our mode of access to ourselves, namely, that the identity of the cognitive subject is not given through inner sense (cf. A107). Rather than simply reading off the relation of the identical self from the manifold of representations itself (which would require that the identity of the subject were given as a datum in the manifold itself), we can only *think* the relation of a given manifold to the subject by *effecting* a unity in the manifold, or *combining* the manifold into a single representation. As Kant had previously claimed, "the mind could not possibly think of the identity of itself in the manifoldness of its representations [...] if it did not have before its eyes the identity of its action" (A108). Since this unity is effected in the manifold not in virtue of some shared mark or feature of the content of the representations so combined (which would make it an analytic unity), it follows that it must be a syn-

---

14 As Kant writes in the footnote: "It is therefore absolutely necessary that in *my* cognition all consciousness belong to one consciousness (of *myself*)" (A117n; emphases C.D.).

thetic unity (or a unity of heterogeneous elements). And because this principle only holds on the basis of this extrinsic limitation of our form of inner sense (that it does not disclose the identity of the subject), it follows that this principle is *synthetic* which is of course just how Kant characterizes it in the footnote appended to his statement of it: "The synthetic proposition that every different *empirical consciousness* must be *combined* into a single self-consciousness is the absolutely first and synthetic principle of our thinking in general" (A117n; emphases C. D.).[15]

Kant next proceeds, in the fourth paragraph of the third section, to draw the obvious consequence of the last principle, namely, that the synthetic unity that is *effected* in the manifold in accordance with the unity of apperception "presupposes or includes" a synthesis on the part of the imagination. The fact that this synthesis must be *a priori* (which is to say, performed in accordance with an *a priori* principle) already distinguishes it from an empirical synthesis. Yet, the fact that this synthesis also *introduces* a new unity into the manifold, namely the synthetic unity of apperception, rather than merely reproducing a given unity, justifies Kant's identification of this act as a *productive* synthesis. This yields another principle, the "principle of the necessary unity of the pure (productive) synthesis of the imagination" (A119), though this is clearly equivalent to the previous principle as it merely further spells out what is "included" in the synthetic unity.

At this point, it will be useful to take stock of what has been demonstrated thus far. In showing that the manifold of representations, insofar as it is to amount to a cognition, must be brought together through the productive synthesis of the imagination guided by the unity of apperception into a synthetic unity, Kant has demonstrated the *necessity* of a *unity* in that manifold, where just this was what was required for the relation of the manifold to an object. As it happens, Kant draws this very conclusion in the next paragraph of the argument from below (the fifth paragraph of the section). There, after bestowing "transcendental" status on both the "synthesis of the manifold in imagination" (insofar as it only concerns the connection of the manifold *a priori*) and the "unity of this synthesis" (insofar as it is none other than the "original unity of apperception" – A118), he spells out the relevance of the foregoing to the specter:

> Now since this latter [*diese letztere*; i. e., the original unity of apperception, C. D.] is the ground of the possibility of all cognitions, the transcendental unity of the synthesis of

---

[15] For discussion of the syntheticity of this principle and related issues, see Guyer (1980) and Dyck (2017).

the imagination is the pure form of all possible cognition, *through which, therefore, all objects of possible experience must be represented a priori.* (A118)

However, while the *necessity* of unity has been proven to Kant's satisfaction, he has yet to show that this is a *non-arbitrary* unity, that is, that it is a unity grounded in the categories; moreover, until he shows that the categories are implicated here, he will not have delivered on the stated aim of the deduction in demonstrating the objective validity of the categories.

Accordingly, at the beginning of the remaining paragraph of the argument from above, Kant turns to the involvement of the understanding and, by extension, the categories.

The unity of apperception in relation to the synthesis of the imagination is the understanding, and this very same unity, in relation to the transcendental synthesis of the imagination is the pure understanding. In the understanding there are therefore pure a priori cognitions that contain the necessary unity of the pure synthesis of the imagination in regard to all possible appearances. These, however, are the categories [...]. (A119)

The argument here, if indeed there is an argument, asserts the involvement of the categories on the basis of, first, the abrupt identification of the unity of apperception with the understanding and the characterization of the categories as "pure cognitions" proper to the understanding. The key step here is obviously the former, and it bears noting that this identification of the unity of apperception with the understanding, which is mentioned here for the first time in more than 20 German pages,[16] is not an aberration on Kant's part since he would later assert just the same thing in §16 of the B Deduction (though again without illuminating the grounds for this assertion).[17] However, I think that Kant does have a sound basis for this identification, though it only becomes clear once we return to the first chapter of the Analytic of Concepts (the "Clue") and re-consider his account of the understanding in light of the intervening discussion of the unity of apperception. There, Kant had offered a positive characterization of the understanding as a *faculty for judging,* given that all of its actions in its logical use could be traced back to the employment of judgments, through which a multiplicity of representations are comprehended under a "higher one" (A69/B94). Given this account of judgment, Kant identifies them with functions,

---

[16] "*Verstand*" is mentioned in the title of the third section, but its last occurrence in the body of the text is at A98 ("die Erörterung dieser Elemente des Verstandes").
[17] See B134: "And thus the synthetic unity of apperception is the highest point to which one must affix all use of the understanding, even the whole of logic and, after it, transcendental philosophy; indeed, this faculty is the understanding itself."

which are likewise defined as "the unity of the action of ordering different representations under a common one" (A68/B93). The point, then, is that to take the understanding to be a faculty of judging, is just to take it to be, generally speaking, a faculty of bringing different representations together through their subordination to a higher representation.

Turning back to the final step of the argument from above, it is just this general characterization of the understanding that underlies Kant's identification of it with the unity of apperception and, consequently, implies the involvement of the categories. The result of the activity required by the unity of apperception on the manifold of representations amounts to an ordering of this manifold under a common "representation". As we have seen, the unity of apperception, in the guise of the identity of the subject, entails a synthesis of the manifold of intuition. Yet, it is only in virtue of thinking the elements of the manifold as belonging to a common (identical) subject that a synthetic unity is effected in the manifold.[18] The activity, therefore, involved in the unity of apperception can be quite appropriately described as bringing different representations under a common one. Moreover, this is not a special case of the understanding's activity, one distinct from its other, more mundane acts of judging; rather, this is the *form* of every such act on the part of the understanding, which is to say that every judgment properly so-called involves bringing a given manifold to the unity of apperception.[19] However, when we consider the unity of apperception only in relation to the pure, productive synthesis of the imagination, we find that there are different *ways* in which that synthesis can bring the manifold to the unity of apperception, or think that manifold as belonging to the same subject, just as there are different ways in which representations can be ordered under a common one in a judgment. These different *functions* of the understanding, considered in relation to a pure manifold of intuition are the categories (cf. A79/B104 f.), and this implies that in requiring that the manifold be brought to a synthetic unity, the unity of apperception thereby makes *necessary* a synthetic *unity* in accordance with the categories.

With this result, a key threat to transcendental idealism is dissolved. Kant has vindicated the coherence of objectivity, on idealist terms, by showing that our representations must have the sort of unity characteristic of the relation of representations to an object. Significantly, we can make sense of the objectivity

---

18 Contrast Paton (1936: I 386), who claims that no sense can be made of the identification of identity and synthetic unity.

19 This of course is captured in Kant's definition of judgment in the B edition: "a judgment is nothing other than the way to bring given cognitions to the *objective* unity of apperception" (B141).

of our representations without reference to a thing in itself, as something standing outside of representations altogether, but can make do with a conception of objectivity that has been "internalized"[20] to the sphere of our representations. In addition, though hardly as an after-thought, Kant has also shown that the *categories* bear a relation to objects, so understood. Since the functions expressed by the categories are just the ways in which the manifold is brought to the unity of apperception, it follows that the categories relate to objects in virtue of making the thought of those objects possible in the first place. Indeed, this is just how Kant characterizes the principal aim of the deduction:

> Now these concepts, which contain *a priori* the pure thinking in every experience, we find in the categories, and it is already a sufficient deduction of them and justification of their objective validity if we can prove by means of them alone an object can be thought. (A96f.)

With this result, Kant has likewise vindicated the objective reality of intuitions and empirical concepts. However, the foregoing brings to light an important difference between categories, as pure concepts of the understanding, and their empirical counterparts. While both are, generally speaking, representations through which an object is thought, it should nonetheless be clear, that objects are *thought* in accordance with categories in a rather different sense than they are *thought* by empirical concepts. So, in contrast with empirical concepts, in accordance with which thinking an object is just to *determine* it with respect to that concept, the pure concepts of the understanding serve to make the very relation of representations to an object possible in the first place – that is, it is "only by means of them can any object of experience be *thought* at all" (A93/B126).[21] All told, then, and with due deference to Henrich, the argument from above might be appropriately characterized as a "two-birds-with-one-stone" proof given its simultaneous vindication of objectivity on transcendental idealist terms and its demonstration of the categories' objective validity as conditions for the very thought of objects.

---

20 The phrase is Longuenesse's (2000: 20 ff.).
21 Kant likewise identifies categories as "fundamental concepts for thinking objects in general for the appearances" (A111).

3 The Humean Specter and the Argument "*von unten auf*"

Of course, the objective deduction does not stop here, as Kant proceeds to offer an argument "from below up" in paragraphs 7–11 of the third section. It is tempting to view this argument as simply re-running the argument from above in the opposite direction; so, starting from perception, which is subject to the synthesis of apprehension and reproduction in turn, Kant proceeds to show how the categories are presupposed by any association with a putatively objective ground. However, the differences which I detailed at the outset of this chapter would suggest that the argument from below might be better understood as an *extension* of the previous argument, one in which the major results of the argument from above are deployed for a further purpose, rather than simply a different version of the same argument. Indeed, as I will present it here, what ultimately distinguishes the argument from below is that it addresses a distinct specter, albeit one that has a clear connection to the previous specter when considered from Kant's distinctive perspective. As opposed to the previous specter, which ultimately challenged whether categories can serve as conditions for the *thought* of objects, the specter of the argument from below raises a challenge to whether the categories can be said to gain application in our *experience*.[22] As Kant recognizes, one might accept the results of the argument from above and allow that the transcendental idealist is able to account for objectivity, or something near enough, by means of the categories; yet, one can still deny that the categories could ever gain application in our experience insofar as the account of our experience of those objects need not draw on any resources in the understanding.

That there might be more work to do on Kant's part on this score can be seen as, at least in part, the consequence of the sharp distinction he draws between the empirical and transcendental contributions of our cognitive faculties in the subjective deduction.[23] So, at the outset of the third section, he summarizes the result of the foregoing subjective deduction in terms of expounding "separately and individually" the empirical contributions of sense, imagination, and apperception on the one hand, and the transcendental contributions of these same faculties on the other, without considering both of these sets of contributions as "unified and in connection" (A115). It could, therefore be the case, that

---

[22] In this, I depart from De Vleeschauwer, who claims that "The problem of objectivity is identical with the transcendental deduction" (De Vleeschauwer 1962: 75).
[23] Contrast Bauer (2010) who construes the results of the subjective deduction as preparing for the argument from above.

while we might concede the necessity of the categories on the "transcendental level", that is, in terms of making the thought of an object possible in the first place, we could nonetheless deny that this influences what takes place on the "empirical level", that is, that the categories play any necessary role in our *experience* of those objects.

This unresolved empirical-transcendental distinction leaves the door open for doubt as to whether the categories apply in our experience, yet I take it that it is the unprecedented role Kant assigns to the empirical *imagination* in his account of the generation of experience that ultimately ushers that doubt through. The imagination's indispensable contribution to cognition is made clear in the first three paragraphs (paragraphs 7–9 of the third section) of the argument from below itself. Very briefly, Kant there contends that since every appearance (which is to say, intuition – cf. A99) contains a manifold that stands in need of combination to count as a perception, and because sensibility itself, as a passive faculty, cannot itself combine the manifold, we require a synthesis of apprehension and a faculty of imagination that actively functions in the formation of an *image* (*Bild*), or the imagination's distinctive contribution to experience. In addition, and strikingly, Kant carves out a key role in the formation of our experience for the "reproductive faculty of imagination" and the "law" of association that he takes to ground this faculty. Thus he notes the insufficiency of the synthesis of apprehension for generating an image unless it is accompanied by the reproduction of absent perceptions which are needed to exhibit "the entire series of perceptions" (A121). While this much is familiar from Kant's previous discussion of these syntheses, he now identifies the subjective ground of the reproduction of perceptions, or the "rule" in accordance with which the reproduction of the appropriate representation takes place, namely, the "*association* of representations" (A121). Kant refers to the result of the operation of the reproductive imagination as a "unity of association" (a phrase that to my knowledge occurs nowhere else in his writings), but his point is clearly that the resulting connection is not entirely arbitrary but governed by the "law" (A100) or "empirical rule of *association*" (A112).

The attention Kant draws to the unprecedented role assigned to the imagination already in perception, in the form of the synthesis of apprehension, should not distract us from noting that it is the role of the reproductive imagination, and the "law" of association in forming our experience that conjures the new specter. The general worry is that on account of the involvement of the imagination, the resulting associative "connections" among our perceptions will not be apt for subsumption under the pure concepts of the understanding. One example of this that was obviously on Kant's mind is the category of causality. In involving a "necessary" connection between perceptions, namely, that "the effect [...] is posited *through* it and follows *from it*" (A91/B124), that concept clearly finds nothing in the product of the "merely empirical law" (A100) of association, in accordance with which the effect "merely come[s] along with the cause" (A91/B124), to which it might apply. Generalized to the remaining categories, this introduces a specter that is distinctly Humean in character (albeit viewed through Tetens' interposing lens),[24] which is invoked by Kant in the following, well-known passage:

> For appearances could after all be so constituted that the understanding would not find them in accord with the conditions of its unity, and everything would then lie in such confusion that, e. g., in the succession of appearances nothing would offer itself that would furnish a rule of synthesis and thus correspond to the concept of cause and effect, so that this concept would therefore be entirely empty, nugatory and without significance. (A90/B123)

Unlike the previous Cartesian specter, this new Humean specter does not introduce a problem entirely of Kant's own making, though the threat that it poses is no doubt strengthened by Kant's reliance on the imagination in his account of experience. The challenge in this case comes closer to one of "cognitive emptiness" (and so Allison's and Evans' characterization of the specter is more appropriate here), which is to say that instead of an internal challenge for transcendental idealism it rather threatens a lack of fit between our sophisticated conceptual resources and the relatively crude products of the mind's initial operations on the sensible given.

The remainder of the argument from below, the bulk of which is contained in a single paragraph (the tenth of the third section) is devoted to dispelling this distinct Humean specter, though in doing so it will deploy some of the same conceptual resources brought to bear on the first, Cartesian specter. We might divide the argument into two steps, where the first involves the claim that the operation of the law of association presupposes an "objective ground" in the regularity of natural occurrences. By way of clarifying Kant's own argument, it will be helpful to turn to a similar argument presented by Tetens in the course of his extensive treatment of the law of imagination of which Kant was no doubt aware:

> This law of association, when *Phantasie* is operating *alone*, determines no more than the order in which ideas follow upon one another. It does not determine the entire actual order in which representations succeed […]. Does the rule actually determine no more than which idea *could* generally follow upon another? Namely, for an idea A, one of the ideas similar to it or one of the co-existing ideas *can* follow on it, but then what sort

---

[24] For more on this see Dyck (2011: 481–489).

will it be? That depends on the causes, by which the imagination is steered and directed while it is active. (Tetens 1777: I.xiv, 110 f.)

Here, Tetens argues, as I take Kant to, that the imagination's activity in accordance with the law of association requires, first, that the perceptions at issue be *associable*, which is to say that they are such that the imagination can identify them as of the appropriate sort for the intended association. Kant will term the associability of perceptions their (empirical) *affinity*, but the important point here is that, for any association of perceptions, the imagination stands in need of a *further* rule that tells it which of the many resembling perceptions to reproduce in the intended association. So in Tetens' case the law of association on its own only supplies a vast reservoir of ideas that, generally, speaking resemble or co-exist with the stimulus-perception; what is needed in addition is some rule that allows the imagination to select which of these ideas would be most appropriate. Tetens' answer to this, again as I take Kant's to be, is that it is the regularity of nature, and specifically its ordering in accordance with causal laws, that supplies the imagination with the means to make a determination. Without the regularity of nature, so understood, the imagination would be at a loss in its associative function, which possibility Kant dramatically characterizes in terms of the imagination being a "dead and to us unknown faculty" (A100). The point, then, is that if the imagination is to function in its associative capacity in our cognition, as Kant (but also Tetens and Hume) clearly thinks it does, then we presuppose at the very least a regularity in natural occurrences, and so an objective ground for this functioning. Kant suspects that the empiricist, and specifically Hume, cannot account for this objective ground of the law of association (A113), a shortcoming that Hume tries to obscure through his notorious claim of a "kind of pre-established harmony between the course of nature and the succession of our ideas" (Hume 1999: 12).

In contrast with his predecessors, Kant thinks that he can make sense of the objective ground of the associative component of our experience, and the second step of his argument provides his account. Kant's argument, in brief, proceeds first by showing that the empirical affinity or associability of the manifold of representations also presupposes that manifold's transcendental affinity or associability, where this is understood as the bare availability of the involved perception to consciousness in the first place. Kant takes this as equivalent to the claim, which provided the starting point of the argument from above, that it must be possible to be conscious of all of our representations insofar as they are to figure in our experience, and Kant's next moves draw on the results of his previous considerations. So, taking the transcendental affinity of the manifold in terms of the availability of the manifold of perceptions to consciousness, Kant contends that this consciousness must be an identical consciousness (insofar as the perceptions to be reproduced all belong to me); as he writes, "For only because I ascribe all perceptions to one consciousness (of original apperception) can I say of all perceptions that I am conscious of them" (A122). From this "original unity" of consciousness, Kant infers the necessity of a synthesis of the manifold, and indeed the necessity of bringing the manifold into a *synthetic unity* insofar as we think our identity with respect to it, which is to say that "this identity must necessarily enter into the synthesis of all the manifold of appearances" (A113). Finally, in order for Kant to draw his desired distinction with empiricist accounts of association and demonstrate how he can account for an *objective* ground of association, Kant relies on the close connection between the unity of apperception, as the form of the synthetic unity of the manifold, and the categories, understood as ways of bringing a given manifold to the unity of apperception. That the manifold of perceptions is thus subject to a combination in accordance with the categories yields an *objective* ground for the operation of the imagination inasmuch as Kant has shown, in the argument from above, that categories are conditions for the thought of objects. Accordingly, the categories, when their employment is necessitated by the unity of apperception, yield the sought-for objective ground of the affinity of appearances, which result serves to dispel the Humean specter.

4 Conclusion

Obviously, I have only outlined what I take to be the principal argumentative moves of Kant's A-edition objective deduction. It should be kept in mind, however, that the contentious details notwithstanding, my overarching aim has been to lay bare the distinctive and complex proof structure of the arguments from above and below, which we can now summarize by way of conclusion.

As I have contended, the arguments from above and below can be taken as distinct arguments insofar as they address rather different challenges, in spite of drawing upon many of the same theoretical resources. The argument from above seeks to dispel a novel specter that threatens precisely on account of Kant's freshly-minted doctrine of transcendental idealism; by contrast the argument from below addresses a more familiar specter, albeit one that finds a new basis in Kant's sharp separation between the faculties and the central role assigned to the imagination in empirical cognition. Moreover, and significantly, both arguments can now be seen to draw distinct *conclusions*. Generally put, the conclusion of the argument from above is that the categories are conditions of the thought of *objects*, whereas the comparable conclusion of the argument from below is that the categories are conditions of our *experience* as well, insofar as the account of our empirical cognition must likewise invoke them.

Yet, despite yielding different conclusions, the arguments from above and below can be seen as working together in the service of the broader aim of the Deduction chapter. Indeed, that this is so is crucial since there is, in the end, only a *single* transcendental deduction with, presumably, a single conclusion.[25] Having shown, with the argument from below that the categories serve as the conditions for our experience, and having shown in the argument from above that the categories also serve as the conditions for the thought of objects, it follows that the same representations, namely the categories, are conditions of our experience and of the objects of that experience. As Kant himself frames this general conclusion just before the outset of the objective deduction, "the *a priori* conditions of a possible *experience* in general", namely the categories, "are at the same time conditions of the possibility of the *objects* of experience" (A111). In this way, then, we can see that with respect to this broader, common aim, which we can now see constitutes the "core" *conclusion* of the transcendental deduction,[26] the arguments from above and below constitute a single, progressive proof, with neither step indispensable nor redundant.

Bibliography

Allison, Henry, 2015, *Kant's Transcendental Deduction. An Analytical-Historical Commentary*, Oxford: Oxford University Press.

Bauer, Nathan, 2010, "Kant's Subjective Deduction", *British Journal for the History of Philosophy*, 18, 433–460.

Carl, Wolfgang, 1992, *Die Transzendentale Deduktion der Kategorien in der ersten Auflage der Kritik der reinen Vernunft. Ein Kommentar*, Frankfurt a. M.: Klostermann.

De Vleeschauwer, Herman Jan, 1962, *The Development of Kantian Thought*, London: T. Nelson.

Dyck, Corey W., 2008, "The Subjective Deduction and the Search for a Fundamental Force", *Kant-Studien*, 99, 152–179.

Dyck, Corey W., 2011, "Kant's Transcendental Deduction and the Ghosts of Descartes and Hume", *British Journal for the History of Philosophy*, 19, 471–493.

Dyck, Corey W., 2017, "The Principles of Apperception", in: Giuseppe Motta and Udo Thiel (eds), *Immanuel Kant: Die Einheit des Bewusstseins*, Berlin/Boston: De Gruyter, 32–46.

---

[25] As Carl notes, Kant only speaks of a *single* deduction in the "Summary Representation" (Carl 1992: 44) of the argument at A128.

[26] This characterization is in contrast with Allison who contends that this principle constitutes a "core claim" of the deduction rather than a conclusion (Allison 2015: 270).

Erdmann, Benno, 1878, *Kant's Kriticismus in der ersten und in der zweiten Auflage der Kritik der reinen Vernunft. Eine historische Untersuchung*, Leipzig: Voss.

Evans, Joseph Claude, 1990, "Two-Steps-in-One-Proof: The Structure of the Transcendental Deduction of the Categories", *Journal of the History of Philosophy*, 28, 553–570.

Guyer, Paul, 1980, "Kant on Apperception and *a priori* Synthesis", *American Philosophical Quarterly*, 17, 205–212.

Hume, David, 1999, *An Enquiry concerning Human Understanding*, ed. by Tom Beauchamp, Oxford: Oxford University Press.

Kant, Immanuel, 1998, *Critique of Pure Reason*, ed. and trans. P. Guyer and A. Wood, Cambridge: Cambridge University Press.

Klemme, Heiner, 1996, *Kants Philosophie des Subjekts*, Hamburg: Meiner.

Longuenesse, Béatrice, 2000, *Kant and the Capacity to Judge*, transl. by Charles T. Wolfe, Princeton: Princeton University Press.

Paton, H. J., 1936, *Kant's Metaphysic of Experience*, 2 vols, New York: Macmillan.

Tetens, Johann Nicolas, 1777, *Philosophische Versuche über die menschliche Natur und ihre Entwickelung*, 2 vols, Leipzig: Weidmanns Erben und Reich.

Dennis Schulting
The Unity of Cognition and the Subjectivist vs. "Transformative" Approaches to the B-Deduction, or, How to Read the *Leitfaden* (A79)

Abstract: In the context of a critique of James Conant's important new reading of the main argument of the Deduction, I present my current, most detailed interpretation of the well-known *Leitfaden* passage at A79, which in my view has been misinterpreted by a host of prominent readers. This new account expands on the account of the *Leitfaden* I gave in Chapter 5 of *Kant's Deduction From Apperception*. While I agree with Conant's critique of what he calls the 'layer-cake' reading of the Deduction argument, in this new account I make clearer my position on why the unity of judgement, in which concepts and intuitions are a priori synthetically unified, is wholly determined in virtue of the unity of apperception as the unitary function of the understanding, without this leading to a strong form of conceptualism such as that of Conant and others.

1 Introduction

In an illuminating essay "Die Einheit des Erkenntnisvermögens bei Kant" (Conant 2017a), James Conant critically addresses what he argues is a widespread assumption in modern philosophy, namely, the assumption that our rational capacity to know is a capacity that is somehow "added" or tacked on to the capacity that we humans share with other animals, that is, our receptive capacity for sensations, our sensibility.[1] This is the so-called "additive" theory of cogni-

---

This chapter was first published in Schulting (2021b), and is here republished with the permission of Palgrave Macmillan.

[1] A longer English version of Conant's paper was published in the journal *Philosophical Topics* under the somewhat generic title "Why Kant Is Not a Kantian" (it says that it is published in 2016, but to my knowledge the article came out only in 2017), and a shorter version appears in the volume *Kant's Critique of Pure Reason: A Critical Guide*, edited by James O'Shea (O'Shea 2017) under the more apt title "Kant's Critique of the Layer-Cake Conception of Human Mindedness in the B Deduction" (Conant 2017b). When I wrote this chapter, I relied on the German published version, which came out first in January 2017 in a Suhrkamp volume

tion, more specifically, of the relation between sensibility and the understanding.² He addresses this assumption by looking at the main argument of Kant's Transcendental Deduction. Let me say upfront that I think Conant's paper is one of the very few long-form pieces on the central thrust of the Deduction that I have read from the last twenty years or so, if not longer, that are as rhetorically strong as they are, on the whole, both interpretatively and philosophically appealing. I believe it is one of those papers that will, or at any rate should, be seen as a standard reference in the same way that Dieter Henrich's influential article on the "two-step" procedure of the B-Deduction has been – Conant indeed also refers to Henrich's now famous "two-step" proposal, but thinks that his own construal avoids what, in Conant's view, can be seen as the delusive nature of Henrich's overall framework, which suggests that there are indeed two independent, separably intelligible "steps in a proof" (Conant 2016: 111).

I quite agree with the general tenor of Conant's paper, namely that the Deduction should not be read as if the two stems of knowledge, sensibility and understanding, were connected in the way suggested by what he aptly calls the "layer-cake conception of human mindedness" (2016: 78/2017a: 232), whereby concepts are somehow "added" or tacked on to *pre-given* manifolds of representations to constitute acts of cognition. This is not to say though that I agree with all of the arguments he presents in support of this critical view, or even with the main argument he mounts in support of undermining the layer-cake conception of human mindedness. I think Conant oversells his rightful critique of the layer-cake conception by underestimating the modal nature of Kant's reasoning in the Deduction and the compatibility between it and a minimally or relatively nonconceptualist interpretation. Conant thinks that a rejection of the layer-cake conception of human mindedness entails an unqualified rejection of nonconceptualism of any sort. By contrast, I think there is a third possible route, which likewise rejects the layer-cake conception of human mindedness but is still compatible with a kind of minimal or relative nonconceptualism about the relation between sensibility and the understanding, which also avoids the problems of Conant's own positive reading (which I come to in the course of this discussion). To put it succinctly, I think Conant's reading of the Deduction is too *strongly* con-

---

(see Conant 2017a). Insofar as the German version and the longer English version (2016) overlap, in most cases I'll provide the English quotations from Conant (2016) and the German references (from 2017a) after the slash.

2 Conant calls it thus in the German version of the article, on which I relied. In the English version, he refers, somewhat confusingly, to both the conjunctivist and disjunctivist conception of the relation between sentience and sapience. It is however the latter which is the additive view that he rejects.

ceptualist, and unnecessarily so. In this paper, I shall address some of the main points on which I diverge from Conant's reading. Along the way, I present an alternative, novel reading of the central claim that Kant advances in the so-called *Leitfaden* passage in the lead-up to the Transcendental Deduction, which enables a better understanding of the relation between sensibility and the understanding.

2 The "Additive"/"Disjunctivist" Theory of Cognition and Kant's Deduction

In the essay, Conant debunks what he calls the "additive Auffassung des Verhältnisses zwischen Sinnlichkeit und Vernunft qua kognitiver Vermögen" (2017a: 231),[3] in other words, the view that our rational and sensible capacities are wholly separable capacities when it comes to the formation or possibility of knowledge, and the view that, if we abstract from the unique and characteristic rational capacity that humans have, humans and other animals share the *same sensible* capacity to perceive their empirical environments and that when we make a claim to knowledge, our capacity for knowing "adds" something to our sensibility. The general, philosophical thrust of Conant's story behind this rejection does not strike me as particularly controversial, or novel, for that matter (Conant himself points to McDowell's influence), and it is also intuitively plausible. So I am not going to probe this here. Rather, I want to look at Conant's *interpretation of Kant's Transcendental Deduction* as a way of shoring up his philosophical critique of the "layer-cake conception of human mindedness", that is, seeing Kant's Deduction as an argument that debunks the "additive"/"disjunctivist" conception of the relation between our cognitive capacities.

Though I think Kant's main aim in the Deduction is indeed to argue for the intimacy between the cognitive capacities that only together enable knowledge, I do not think Conant's attempt in enlisting Kant in an effort to refute the "additive" theory of cognition is entirely successful; for in trying to present Kant as a critic of the "additive" theory of cognition, he ignores an important *modal* element in Kant's argument that has to do with what elsewhere I have called Kant's "radically subjectivist" outlook (Schulting 2017a), which involves central aspects of his transcendental idealism, which Conant does not discuss (but it

---

3 In the longer English version of the article, Conant talks about "a *disjunctivist conception of the relation between sentience and sapience qua cognitive capacities*" (2016: 79), which he contrasts with his own "conjunctivist" conception of that relation.

is not necessary for my account here to enter that debate). The argument that Kant's argument in the Deduction should not be seen as an "additive" (or "disjunctivist") theory of cognition may be seen as a major obstacle to regarding Kant as a nonconceptualist. But I shall argue below that while Kant is indeed not a so-called "additive" theorist of cognition, this does not, or at least not on its own, undermine the view that Kant is a nonconceptualist insofar as the *mere* intuition of objects or our mere sensible receptivity independently of the understanding is concerned, a view the real possibility of which Conant explicitly dismisses. Instead, Conant proposes the "transformative" view of cognition, whereby our sensibility is wholly transformed by and in virtue of the capacities of our understanding, in other words, by our use of concepts for any claim about empirical objects. This uniquely and completely differentiates us, as rational animals with sentient capacities, from non-rational sentient beings. Conant writes the following:

> What happens when we move through the *Stufenleiter* of forms of cognition, from considering the form of cognitive capacity involved in nonrational animal cognition to a form that essentially involves the use of concepts and the formation of judgments, is that the sort of animal under consideration is one whose nature is transformed through and through. A corollary of this Kantian thesis [...] is the following: The possibility of something's being given to the sensory consciousness of a rational animal, if that animal's awareness thereof is to be conceived as an integral moment in the exercise of its overall capacity for rational cognition, requires that *that* capacity for sensory affection radically differ in its internal character from that of any nonrational animal. It requires that we come to see how the capacity for sensory affection in the rational animal exhibits the marks of the form of its capacity for cognition and thus how the episodes of such sensory consciousness are themselves shaped by the manner in which they are, *ab initio*, such as to be apt to bear on rational reflection on how things are. (Conant 2016: 78f./2017a: 232)

> Das Schichtkuchenmodell des menschlichen Geistes zurückzuweisen heißt zu denken, dass die Natur des Vermögens zu sinnlichem Bewusstsein im menschlichen Tier kraft der Relation, in der es zur Vernunft stehen muss, verändert wird. Sein innerer Charakter qua Vermögen der Sinnlichkeit ist formal von demjenigen verschieden, der sich in jedem beliebigen Tier mit einem kognitiven Vermögen ohne vernünftige Form findet. (Conant 2017a: 232f.)

These remarks suggest, first, that there is something intrinsic about our human sensibility that makes it apt for or amenable to rational reflection as if our sensations were teleologically *intended* to be the content of rationally formed perceptions and ultimately judgements about how objects affecting our minds are, that is, that sensations have an inbuilt capacity for being intentional rational mental content (if so, this would *eo ipso* invalidate any kind of essentialist nonconceptualism). Secondly, notwithstanding Conant's legitimate worry that what he calls the "layer-cake conception" – whereby the sensible and rational parts of our cognitive capacities are absolutely separated and the rational part is as it were *imposed* on (added to) a pre-given sensible content – is very problematic, the view that, as Conant suggests, humans and other animals have *radically* different kinds of sensibility (and that this is indeed *Kant's* view) does not strike me as immediately persuasive. In what sense are human beings qua sentient beings then still *like other* animals? Conant remarks that

> our sentient cognitive faculty, as we encounter it *in act* [...] represents a faculty whose **form** is utterly distinct in character from any whose exercise might manifest itself in the sensory life of a nonrational animal – even if, when investigated from a merely physiological point of view, that animal's sensory equipment might reveal itself to be in countless respects physiologically indistinguishable from our own. (Conant 2016: 79/2017a: 233, boldface added)

This does not help much, at least not stated as such, in clarifying the precise difference between human and non-human animal sensibility and why they are different unless the "formal"/"physiological"[4] distinction is supposed to play an operative role here.

I think the problem here lies in the fact that, at least prima facie, Conant looks in the wrong direction for the solution to the familiar Kantian problem of how to see our sensibility and our rational capacity, the understanding, as linked up. The link between sensibility and the understanding has got nothing to do with the question whether, from a factual perspective, human beings and animals share or do not share a common sensibility, nor with analysing the question of how, in a kind of bottom-up process, our sensibility is supposedly *geared towards* entering into our rational reflections or judgements about objects. Such an analysis would require probing into the putative *natural disposition* of our sensibility towards rationality – and this seems to go wholly against Kant's *sui generis transcendental* or *Copernican* approach to the analysis of knowledge. Neither is it of course true, as Conant is right to point out, that these our judgements are somehow *imposed upon*, or "added to", our sensibility after the fact, along the "layer-cake" model, as if our sensibility were something wholly alien to our rationally formed judgements (whatever one understands by "imposition", and we shall have cause to return to this infelicitous terminology below). These questions are informed by a much too naturalist, and hence, I believe, an in essence rather *unkantian* understanding of the possibility of knowledge and what constitutes it and any accounts thereof.

---

4 This distinction comes out better in the German version.

What I believe is instead fundamentally at issue is that, for Kant, the link between sensibility and the understanding is one whereby *from the subjective perspective of the understanding (and thus judgement* [A69/B94]) whatever sensibility delivers to us is *taken*, by us as cognisers or judgers, *as* necessarily contributing to our knowledge of objects and as intimately conjoined with our capacity for the use of concepts *in virtue of* that capacity, under the assumption that (1) there *are* such objects, (2) sensibility provides us immediate access to them, and (3) we have in fact knowledge of them – such "taking as" is to be seen in terms of Kant's theory of transcendental apperception, and, as said, I have elsewhere labelled this reading of Kant's theory of knowledge "radically subjectivist" (see Schulting 2017a), whereby the epithet "radical" should be seen as differentiating the subjectivism at issue from psychological construals of subjectivism. There is an implicitly modal element involved here, which suggests that sensibility and the understanding are necessarily and intimately linked *only if* from this connection objective cognition or knowledge should be seen to arise, that is, in cases of actual cognition. Sensibility and the understanding are not connected or conjoined in a modally absolute sense, i. e. *simpliciter.*

This modal constraint on our cognition is often wholly ignored. This, I am inclined to believe, is because of an almost universal naturalist bias in readings of Kant's Deduction argument, or of Kant's philosophy in general. Sensibility does not *lead to* judgements about objects *as a matter of course* as if it were its natural disposition to do so, and nor is it the case that sensibility *always* leads to judgements about objects. It is not as if the choice were between arguing that sensibility and understanding *either* are *or* are not, in one way or another, always related to each other. Rather, they are related only under a certain condition, which means they are not related at all if that condition is not met. My last point should not be taken as saying that, necessarily, for every tokening of sensibility there is a condition under which it obtains. The conditionality at issue is not an absolutely necessary condition on sensibility, as space and time are. Rather, it concerns the subjective condition of *thought* that *takes* the sensible tokening *as* necessarily conjoined with itself (i. e. with thought itself) such that it yields an objectively valid cognition. This condition, which points to the subjectivism I suggested earlier as an alternative reading of the relation between sentience and sapience, is a *conditionally* necessary condition on sensibility, namely insofar as sensibility provides the necessary connection of our conceptuality to the world and we *understand* the sensible uptake as *of* the world.

But I'm getting ahead of myself. Let us first turn to Conant's own take on things and focus on his "formal"/"physiological" distinction with respect to human sensibility and how the formal side of sensibility is intimately linked to the understanding. The "change" or "transformation" that sensibility is said to undergo in human cognition, and about which Conant speaks in the above-quoted passage, leads him – under the influence of work by Matthew Boyle (which I must admit I'm not familiar with[5]) – to label his own reading of the Kantian cognitive model the *"transformative conception of human mindedness"* (Conant 2016: 80/2017a: 234), which is not coincidentally also reflected by the subtitle of the German volume in which Conant's essay appears (i. e. *"Texte zu einer transformativen Theorie der menschlichen Subjektivität"*).

3 The Three "Puzzles" in Relation to the Transcendental Deduction

Conant argues that there are three main puzzles in relation to the topic at hand, and that these all hang together. Rather than being concerned with refuting sceptical doubt, Conant thinks – and I believe quite rightly – that Kant's Deduction has got to do with solving fundamental puzzles that concern the very *possibility* of knowledge, and is not about "whether we can have this or that bit of knowledge" (2016: 83/2017a: 237). I thus agree with Conant that the Deduction is not about *whether* we have knowledge under various (non-transcendental) conditions or indeed whether we are justified in believing that *p* about objects or about the conditions or warrants for a justified true belief *p*, or more radically, whether there *are* even objects out there, but rather about *how it is possible* in the first place *that* we have knowledge in general and can make particular knowledge claims, judgements as Kant calls them. The three puzzles at issue in the Deduction, according to Conant, are (I paraphrase):
1. What is the relation of the formal conditions of sensibility, as expounded in the Transcendental Aesthetic, to the formal conditions of the understanding, as expounded in the Transcendental Analytic?
2. What is the relation between the A- and B-versions of the Transcendental Deduction?
3. What is the relation between the first and second halves, the so-called "first" and "second step" (Henrich 1969), of the B-Deduction?

I think this breakdown is right as far as the first and third puzzles go, but I would argue that the question of the second puzzle is much less important for an explanation of Kant's main argument in the Deduction, it being more of a philolo-

---

[5] Boyle also has an essay in the German volume in which Conant's piece appears (Boyle 2017).

gical than an interpretative issue; notwithstanding the apparent structural differences between the A- and B-Deductions, I think that the thrust of the central argument of the A-Deduction can be read along the same lines as the main argument in the B-Deduction (I have done so myself in Schulting 2017a, ch. 6), so that a comparative examination of the two versions won't reveal any substantial additional problems with respect to resolving the other two puzzles – it appears, further on in his text, that Conant in fact thinks the same. At any rate, I do not think that *not* being able to immediately resolve the second puzzle will have an impact on resolving the first and third puzzles. The first and third questions can thus be answered without answering the second. But indeed the first and third question hang together: having an answer to the first puzzle enables one to answer the third. Conant however polemically suggests that "most accepted solutions to the first puzzle render the second and third puzzles insoluble" (2016: 81/ 2017a: 235). This makes one certainly curious as to what his own proposed solution to the puzzles amounts to.

4 The Relation Between Sensibility and the Understanding

Nonconceptualists might be taken to argue that we first sensibly apprehend an object in order to only then make judgements about it. Assuming that this is their view, this does not work, for among many other reasons it invites an explanatory regress as to how sensibility and the understanding are *a priori* connected such that there is a case of knowledge properly so called or a claim to knowledge properly so called, as would appear to be a requirement on Kant's account of possible knowledge or cognition.[6] A post hoc imposition of a judgemental structure upon a pre-given sensible manifold is a posteriori, not a priori (even if of course the manifold is given *independently*). Also, as Conant crucially notes, if our first cognitive encounter with the world is purely sensible, and does not reflect in any way the structure of our understanding of the world, which only in

---

[6] I do not distinguish between the terms "knowledge" and "cognition" as is sometimes standard, for as said above we are dealing here with Kant's *transcendental* account of knowledge itself, not merely with how *we*, as epistemic agents, have a capacity for knowledge let alone with actual instances of (empirical) knowledge and all kinds of non-transcendental conditions for achieving it, but also with how *objects themselves* are first capable of being known. Kant's account concerns *possible* knowledge. The suggestion is often that Kant's account does not or cannot deal with the *objects* of our cognition, but this is just mistaken. See Schulting (2018).

the second instance "works that raw sensory matter up into something fit to be a candidate for entering into a relation of objective purport between how we take the world to be and how it is", then we are left with a "picture in which our forms of understanding always operate at an unbridgeable remove from" reality (2016: 84/2017a: 239). Conant thinks this results in the Humean conclusion that "[t]he forms of our understanding – categories such as substance and causality – now appear, at best, to involve mere subjective *projections* onto something already given, something to which the unity of thought is external" (2016: 84/2017a: 239).

But – and this is the operative question – does refuting this externalist picture of the relation of the understanding to sensibility, and hence to the world, necessarily mean that sensibility is always already conceptually informed, as Conant suggests? Conant says that the empiricist thesis that "[w]hat is given to the senses does not as such exhibit the form of thought" (2016: 84/2017a: 239) is contradicted by Kant. But this, I believe, is not the case (cf. B129 f., 134). Non-conceptualists are not wrong about the fact that mere intuition is not conceptually laden; they are wrong in claiming that sensibility is "self-standingly intelligible" (Conant 2016: 84/2017a: 240) and is a *sui generis* mode of objective cognition properly so called, and they are wrong about how intuitions and the understanding are related in cases of genuine, actual cognition, or at least they are negligent in explaining that relation.

My own "radically subjectivist" (henceforth "subjectivist" for short) reading of the relation between sensibility and the understanding has it that sensibility and the understanding are intricately related at the fundamental level insofar *and only insofar* as the *understanding* takes them so. This means that it is certainly *really* possible for a mere sensible manifold of representations not to be conceptually informed, namely for all occurrent cases of sensible intuition where the understanding does not actually take up the sensible manifold as referring to a certain object in an actual judgement about that object. Sensibility does after all not contain, in and of itself, the element of necessary combination that is needed for conceptual recognition and thus for empirical knowledge (see the B-Deduction, §15). As said, there is a modal element involved in our knowledge, that is to say, sensibility is conceptually informed by the understanding at the fundamental level *if and only if* I, as judger, take what is receptively given as contributing to the *content* of my judging, that is, *judge* the content that is given in sensibility to be the intentional content that says something about the world. Importantly, this does not at all amount to a relativist position about knowledge, nor does it leave a gap between my judging and the world, for my judging in any occurrent case of judging involves staking a claim, in virtue of the categories of modality and quality respectively, about the very *existence* and the *objectivity* of the thing about which I judge that so and so. There could not be an issue of a remaining gap in principle between my judgement that so and so and things being so and so. (I say "in principle", for my judgement p could of course still be empirically false; this concerns the difference between a judgement's *necessary* objective validity, its incontrovertible transcendental truth, and its having a truth value.)[7]

The understanding informs sensibility not as a matter of course, as if Kant wanted to say to Hume[8] that "what is the case in cognition is precisely the opposite of what you claim". Kant does not say that necessary connection can after all be found in sensibility. This would be to ignore Kant's clear statements to the contrary (B130, 134) and to misunderstand his relation to Hume. However, the subjectivist reading neither suggests that Kant is *just* a Humean, who believes that true knowledge is merely what *we* project on to the world but has nothing to do with the world itself, and that we always "operate at an unbridgeable remove from" the world. Kant is not in any way acceding to the empiricist, who, as Conant puts it, "insists that our cognitive access to the world must, in the first instance, be *purely* sensory" and that there is "a self-standing sensory way of knowing what is – one which can operate independently of the exercise of a capacity for thought" (2016: 83/2017a: 238).

Conant says that the task of the Transcendental Analytic is to show that the form of really existing things is no other than the form of consciousness of the thinking, judging and experiencing subject. That is to say,

> the form of sensory consciousness as it figures in sensory apprehension of an object cannot *as such* bear no internal relation to the form of the capacity which we exercise in engaging in acts of thought and judgment about that same object. (Conant 2016: 85/2017a: 241)[9]

But what Conant claims here is ambiguous between saying that

(A) the form of an episode of consciousness *qua* sensible apprehension of an object is not unrelated to the form of the capacity to think or judge about that same object

and

---

[7] See the discussion in Schulting (2018, ch. 10), and Schulting (2017b). Cf. Conant (2016: 83): "The Kantian problematic is concerned, in the first instance, not with the distinction between truth and falsity, but with what it is to stick your neck out in thinking, which Kant calls the *objective validity* of judgment, with what I will sometimes call the *objective purport* of judgment."
[8] Cf. Conant (2017a: 238 ff.).
[9] In the German version Conant renders the underlined phrase more precisely as "[d]ie Form einer Episode des sinnlichen Bewusstseins [...] *qua* sinnliches Auffassens eines Gegenstandes".

(A*)　the form of an episode of consciousness *qua* sensible apprehension of an object *as an object* is not unrelated to the form of the capacity to think or judge about that same object.

In (A*), the form of an episode of consciousness is indeed not possible without the form of thinking, since the categories first enable an *objective* apprehension of the thing, namely to apprehend a thing *as an object* that I perceive as existing – the "taking as" is a function of the capacity to think or judge. But on reading (A), the form of an episode of consciousness is not so dependent, for there is no specification on this reading of a further constraint that goes beyond the fact that an episode of consciousness is apprehended qua sensibly apprehending a merely indeterminate object of perception. So technically speaking, reading (A) is false, for a mere sensible apprehension of an object is neither identical to, nor dependent on, a judging about an object. Much of course here depends on how we are to gloss the term "object".

The distinction between a mere sensible apprehension of an (indeterminate) object and a sensible apprehension of an object *as* an object amounts to the distinction between concept-free "simple seeing" and conceptually loaded *perception* respectively, whereby one understands perception in the strict sense of objectively valid, veridical perception. "Simply seeing" x is like stepping on x, it is not the same as actually perceiving x. Perceiving x would involve concepts (including categories) and thus the capacity for the use of them, simply seeing x does not. As Quassim Cassam (2007) has argued persuasively (following Fred Dretske), not knowing what a cup is prevents one from perceiving a cup but not from seeing a cup, more precisely, seeing an undetermined object that is a cup. That Conant, however, wants to read the apprehension of an object in the broader sense of (A), and not in terms of (A*), is made clear by his conclusion to Section III: "What is given through the senses, *simply in virtue of being intuited*, already exhibits a form which is not simply other than that which the categories prescribe" (Conant 2016: 85/2017a: 241, emphasis added). In other words, it appears that for Conant even simple seeing requires a form prescribed by the categories.

5 Ways of Reading the Goal of the B-Deduction

One of the problems with getting to grips with Kant's Transcendental Deduction is determining, first, what its goal is. This involves establishing the precise relation between the Deduction, in particular if we look at the so-called "second step" of the B-Deduction, and what has already been shown in the Transcendental Aesthetic (Puzzle 1). And if we look at the B-Deduction only, it involves determining the much-discussed relation between the first and second steps (Puzzle 3). Conant talks about four "choice points" (*Entscheidungspunkte*), that is, central points in the argumentation, where one must choose to either make a right or a left turn, which decides on one's further interpretative path through the arguments.

5.1 A Restrictive or Non-Restrictive View of Subjectivity

First, with respect to the role of subjectivity, according to Conant one adopts either a restrictive or non-restrictive view of subjectivity – this is the first "choice-point". That is, a restrictive view of subjectivity sees the conditions of cognition or knowledge as limiting conditions or constraints on the possibility of cognition or knowing. But the terminology of "restrictive" or "limiting" is misleading. What is at issue in Kant's account are rather *constitutive* conditions of cognition. Conant quotes Pippin in this regard (Conant 2017a: 243f.),[10] but he seems to read Pippin's comments about subjectivity in a psychological sense. Conant says:

> If one begins by understanding Kant's conception of finitude to be a restrictive one [as Conant believes Pippin just accepts; D. S.], then it is almost impossible to avoid eventually sliding into [...] an *impositionist* reading of the *First Critique* – a reading according to which the categories of the understanding are taken to *impose* certain forms of unity on an exogenous matter. (Conant 2016: 88/2017a: 244–245)

It appears that Conant here reads Pippin as if the latter believed the conditions of cognition are limiting in a *merely* subjective, psychological sense:[11] they constrain our knowledge merely to what *we* are able to know, and do not concern the way that objects are constituted. But, on Kant's account, the necessary, subjective conditions of finite experience are of course not psychological conditions. If these conditions are not only subjective but also objective conditions as Kant says (A158/B197) (and Conant himself quotes McDowell on this), there cannot be a question of an *impositionist* reading, because the conditions of thought *first* constitute objectivity; so, as Conant himself reasons,[12] there is nothing that is

---

[10] In the English version he quotes Guyer (Conant 2016: 87).
[11] As noted earlier, I myself have argued for a "radically" subjectivist reading of Kant's account of the necessary conditions or constraints of objective experience, whereby "radical" subjectivism must be differentiated from *mere*, or psychological, subjectivism. See Schulting (2017a).
[12] See the two paragraphs ending Section V in the English version of his article (Conant 2016: 89), which are not in the German version.

at first only objectively *given* on which the forms of thought are subsequently imposed, exogenously. Conant is of course right to say that a certain use of unfortunate terminology ("imposition", or indeed Kant's own "*Anwendung*" or the language of "addition" in §15 of the B-Deduction)[13] does suggest such an *impositionist* reading (2016: 88/2017a: 245).

5.2 Two-Stage or Anti-Two-Stage

The second "choice-point" is probably a decisive one when it comes to refuting the "layer cake model". Conant says that most Anglophone readings espouse the two-stage reading. He differentiates between three versions of the two-stage reading.

(i) According to the standard reading, there are two temporally separated episodes in apperceptive consciousness, that is,

> a first apperceptive stage in which a manifold of bare sensory consciousness is constituted, followed by a second stage in which it is then synthesized and brought into accord with the unity prescribed by the categories of the understanding. (Conant 2016: 90/2017a: 246)

Presumably, the first "apperceptive stage" is the analytic unity of consciousness or apperception, whilst the "second stage" is the synthetic unity of consciousness or apperception. But this is, in my view, based on a mistaken, that is, metaphysically intemperate and logically confused reading of the principle of transcendental apperception, for there just is no such two-stage apperception, and if some commentators hold such a view,[14] they are simply wrong.[15] Moreover, if it were Kant's view, there would be a problem about regress: how do we get from the first to the second stage? Given that we are already talking about transcendental apperception as an original, a priori form of consciousness more original than which there is none, there could not be a third kind of a priori principle of apperception which enables the transition from the first to the second stage. I cannot discuss apperception here in any detail.[16] What I can say here is that the

---

13 But notice that the German original at B131, *hinzukommen*, does not have the *active* connotation of "adding" as if some thing or agent must literally tack something on from outside; *hinzukommen* just points to a transcendental-logically required extra element.
14 And indeed quite a few commentators hold such a view or a view like it. See e. g. most recently Dyck (2017).
15 I have argued against this reading in Schulting (2017b) and at length in Schulting (2018).
16 See Schulting (2018) and Schulting (2021a).

analytic and synthetic unities of apperception that Kant formally distinguishes are simultaneous or coextensive in all actual cases of cognition of which apperception forms part and parcel, and they are reciprocally dependent. The synthetic unity of consciousness is the logical ground of analytic unity of consciousness and any synthetic unity of consciousness or apperception necessarily entails an analytic unity of consciousness or apperception. Likewise, one cannot have an analytic unity of apperception without synthetic unity of apperception. And if there is no analytic unity of apperception, there is no transcendental apperception either – you might have empirical apperception, but I do not think that is what Conant has in mind, since (1) empirical apperception is purely contingent, associative, and subcognitive, and there is no teleological power of any sort in empirical apperception which makes it amenable to being conditioned, governed or subject to transcendental apperception (cf. B133, A107) and (2) he appears to refer to empirical apperception in his *second* variant reading, which we consider next. So this variant (variant 1) of the two-stage reading can simply be dismissed, despite the fact that, at least according to Conant (2016: 91/2017a: 247), this appears to be the most widespread version of the two-stage reading.

(ii) The second variant is equally mistaken. This variant says that the first stage is a subconscious or sub-apperceptive stage and the second stage is the apperceptive stage, i. e. it concerns the not less popular view that the principle of transcendental apperception and hence the categories first bring the manifold to *consciousness*. This suggests that everything that is not apperceived in the transcendental way is unconscious. By implication, any tokening of empirical apperception or consciousness is subject to transcendental apperception as a general principle of consciousness. This would entail that any representer who is either in principle (animals, infants) or occurrently not in possession of (her) apperceptive capacities is *eo ipso* unconscious (i. e. the intensity of consciousness equals a magnitude of 0). This is often thought, but it is an implausible view. And Kant does not hold it.[17] The principle of apperception is not a principle of consciousness; not even Leibniz held the view, though he is often portrayed as if he did, and neither is *transcendental* apperception the necessary principle of empirical apperception *simpliciter*.[18]

(iii) Fortunately, Conant concentrates on the third variant of the two-stage reading. Conant thinks that sensibility and thought are two logically but not tempo-

---

17 So I have argued in Schulting (2018) and Schulting (2021a). Cf. McLear (2011).
18 For more details, see Schulting (2017a), (2018) and (2021a).

rally separable components of cognitions. This is the most promising reading, and if modified, the right one. Conant thinks that reading the Aesthetic and the Deduction as *separably* enabling two forms of cognition, namely sensibility or the intuiting of an object, on the one hand, and thinking an object, on the other, requires the first variant, which says that there are two "apperceptive stages". I do not think it does. For in order to be sensibly aware of an *indeterminate* object in space and time, I do not need transcendental apperception at all, and such an episode is nonetheless a form of cognition, or at least a form of sensory awareness (see the *Stufenleiter* distinctions). The indeterminacy implies that the 'I' as identical subject of perceiving is not involved in the perception. There is just a perception (in the sense of "simple seeing") of some object going on in someone's mind, for which there is no occurrent apperceptive 'I' strictly speaking who is aware of the perception *as* being *her* perception among her other, similar perceptions, and hence *of* a determinate object (cf. Conant 2016: 107). The *esse* and *percipi* of the perception collapse into one. Conant writes:

> Such a form of sheer sensory awareness is taken, on the standard variant of a two-stage reading, to be what is given to us *first* in the process of cognition – where "first" means that this stage of cognitive processing is taken to be prior in a temporal as well as a logical sense. A proponent of the standard variant will generally go on to read the Transcendental Analytic as introducing what is taken to be a further requirement on genuinely objectively valid representations of objects – one that comes into play when these elements of an episode of sensory consciousness are "brought under" concepts – where this business of "bringing things under concepts" is construed as both a temporally and logically posterior stage in the cognitive process to mere sensory awareness of the object. (Conant 2016: 91/2017a: 247)

Conant is right that some nonconceptualists on Kant can be read in this way, and that they are mistaken to read Kant in this way. But I believe Conant is wrong about why they are mistaken. That the stages of cognition (intuition of an object and thought of object) are indeed not temporally subsequent and thus separate, does not imply that sensible episodes of consciousness (sensible apprehensions) are *always* already combined with a cognitive thought or judgement, i. e. that any and all sensible apprehension is always already conceptual, or, is a content that is necessarily thought by a judging subject (cf. Conant 2016: 85/2017a: 241), or that a sensible manifold is always already unified in the strong sense that Kant means. Conant cites C. I. Lewis and says that "Lewis insists" that "[e]xperience always comes to us as unity" (2016: 91/2017a: 248) and that this unity is the unity of the understanding. But this just conflicts with §15, in the B-Deduction, where it explicitly says that (necessary) unity must be *added* to the manifold, for it is *not* contained in it as a matter of course. So the manifold of representations in an intuition as such does not *come to us* in a unity. *We have to add the unity to it.*[19] We have to be careful though to read this "adding" not in an impositionist way, the way that Conant rightly rejects.

5.3 The Sense(s) of "Anschauung"

For the third "choice-point", Conant concentrates on the term "*Anschauung*", which he says can be, and often is, read in two senses, but should in fact not be interpreted thus. He reflects on one of the most prominent readings of the Deduction by Henry Allison. Allison cites British philosopher and Kant scholar W. H. Walsh, who argues that sensible intuition is "only 'proleptically' the awareness of a particular" (Allison 1983: 67).[20] Allison says – and quite rightly, I think – that we must distinguish between indeterminate or nonconceptual and determinate or conceptual intuitions (Allison 1983: 67). Conant calls this distinction a distinction between two *kinds* of intuition (2016: 95/2017a: 250), but that is not entirely correct, for while intuitions *can become* determined, as Allison indeed says, there are no ontologically distinct kinds of intuition which have nothing in common. A modal aspect is involved here which is ignored by Conant, who focuses on an explanation by way of classifying putatively different types/kinds of intuition, whereby the indeterminate intuition is supposedly the first stage of experience (mere sensory awareness or sensation) and determinate intuition represents the second stage of fully-fledged experience (*Erfahrung* in Kant's sense). Conant speaks of the "reshaping" (2016: 94/2017a: 250) of intuitions, from the *indeterminate kind* to the *determinate kind* of intuition. To be sure, Conant criticises this view. But I believe there is more similarity between a view such as Allison's that says that intuition can *become* determinate and Conant's own "transformative" view of intuition or sensibility than the latter would have it.

To be clear, Conant rejects what could be called the "commentarian" approach, as if one had to look at the text with a pen in hand and "begin to introduce a little subscript for each occurrence of the term 'intuition', clearly indicating which sort of intuition is Kant's topic where" (2016: 95/2017a: 250 f.). This would indeed be a silly practice, but I believe no one really believes that we must interpret the term *Anschauung* differently at each point where it appears

---

19 For a detailed account, see Schulting (2018, ch. 7).
20 The quote is from Walsh (1975: 15).

in Kant's text, and accordingly make definitional distinctions, which are then rigorously abided by throughout the text of the *Critique* – or as Conant puts it:

> Es sieht so aus, als ob die Aufgabe des verantwortungsvollen Kommentators von ihm verlangt, überall Unterscheidungen einzuführen, wo Kant dies versäumt hat. (Conant 2017a: 251)

However, I do believe we have to be careful not to think that instead of doing so we can blithely disregard the variant contexts in which the term *Anschauung* appears, without noticing if the term "intuition" refers to an appearing object (as opposed to a thing in itself) of which I have such and such knowledge or just means an aggregate of representations, that is, any arbitrary intuition of something undetermined (cf. B34/A20). Philosophical language is not an exact science (though some would like it to be), so there is undoubtedly a need for hermeneutics, whether one likes it or not, also, and I would say especially, in the case of Kant's notoriously elusive text that is the Transcendental Deduction.

I should like to note though that I share Conant's general sentiment here because all too often Kant commentators, and especially those from the current crop of analytically schooled Kantians, show a penchant for filigree classification and definition, which runs the risk of slicing up and compartmentalising Kant's reasoning rather than explaining it.[21] With such a strategy, which models itself after a formalist conception of philosophy, one often fails to see, or plainly misjudges, the bigger picture. However, a sentiment does not an argument make. Moreover, contrary to what Conant suggests, Kant himself often differentiates between indeterminate and determinate intuitions or manifolds of representations, most explicitly at a crucial juncture in the B-Deduction at B160 f., including its notorious footnote.[22] And Kant also distinguishes between intuition and the unity thereof (see also e. g. the capitalisation of *Einer* at B143 and B144 f.; this is discussed further below).

Nevertheless, to take the way the Deduction and the *Critique* in general is written at face value and not to try and rewrite it by trying to foist clear definitions on it whenever it seems that Kant is contradicting himself, is a point well-

---

[21] An example of this practice is the ubiquitous reference to the *Stufenleiter* (A320/B376 f.) and a well-known passage in the Jäsche Logic (*Logik* 9: 33) for an analysis of Kant's putatively diverse views on cognition and representation (see e. g. Lau 2017: 124, 126 f.) as if an understanding of Kant's account of cognition could be based on parsing the supposedly crystal-clear definitions Kant provides there and any interpretation of Kant's theory of cognition should be measured against these definitions (quite apart from the problematic nature of the Jäsche Logic as a source of textual evidence).

[22] See the account by Onof and Schulting (2015).

taken, particularly also because Kant's transcendental philosophy does not work according to the procedure of first providing clear definitions and basing its subsequent arguments on them – a fundamental point that so-called "analytically oriented" readings of Kant often seem to forget. (I have often the impression that Kant scholars approach Kant's transcendental philosophy as if it were a scholastic enterprise such as Wolff's, with its neat classificatory schemas and analytical definitions, which only need to be mapped rigorously, "analytically", in order to understand his thought; see further below.)

Conant is entirely right to warn against reading the Deduction (or the *Critique* in general) as if it concerned a mathematical treatise, starting with definitions, on which what follows necessarily depends. Rather, as he says, the concepts employed and delineated by Kant find their complete expression only at the end of a dialectical process of philosophical reflection, once the task of the *Critique* has been completed (Conant 2016: 96f./2017a: 253). One should of course be careful not to go to the other extreme of analytical filigree, namely, what one could call *interpretative globalism*, in virtue of which the text is read in conformity with a particular broadly defined view one has in mind to which the text must be adapted, rather than letting it speak for itself, warts and all (i.e. with its apparent contradictions).

But having said that, an anti-two-stage reading, the kind that Conant propagates, is not forced on us – nor of course is disagreeing with Conant on this point necessarily proof of a two-stage reading, the one that Conant rejects. This becomes clear if we focus on his analysis of the notion of *Anschauung*. Conant writes the following:

> [The notion] "intuition" [...] is initially glossed by Kant as "immediate singular representation" [...]. It is then shown over a great many pages that the initial gloss is not to be understood as the characterization of a self-standingly intelligible form of representation – that its very possibility requires the involvement of a capacity whose exercise cannot be restricted to the production of such representations. (2016: 97/2017a: 253f.)

Conant subsequently makes it clear that the capacity at issue here is the intellectual capacity, which is thus also involved in the production of intuitions. But I do not think this can be right: intuition does for *its* production or possibility not depend on intellectual conditions or the participation of the intellectual capacity (cf. B122f.). I do not think that Kant argues that the involvement of the understanding is a necessary condition on the very possibility of intuitions *as such*.

Conant reasons that either intuition is blind, and so not, in contrast to nonconceptualist interpretations of Kant, already referring to an object, *or* an intuition concerns a representation with objective purport that can be specified only with the help of the understanding (2017a: 254). But this omits a third possibility, which the nonconceptualist position alludes to, namely to specify what it means to have a blind intuition. A blind intuition is still immediately related to an object but *blindly*. A blind intuition is not an oxymoron. The Kantian nonconceptualist, at least in one sense of nonconceptualism, tries to specify the counterfactual situation in which the conditions under which the relation is objectively valid *fail* to apply but there still is an *intuition* of an object in some sense.[23]

5.4 One or Two Kinds of Unity?

For the fourth "choice-point" Conant points to Kant's distinction between the subjective and objective unities of consciousness, only the latter of which has objective validity, according to Kant (B139f.). Conant argues that one should not read Kant as if it were possible to pass from a merely (Humean) subjective unity of consciousness, which is only subjectively valid, to an objective unity of consciousness by "adding" something to the connection of representations that provides them an element of objectivity (Conant 2016: 98/2017a: 255).

Conant refers to Lewis White Beck's distinction between L- and K-experience (Beck 2002), reflecting the apparent ambiguity in Kant's notion of experience (Conant 2016: 98f./2017: 255), where L-experience stands for "Lockean experience" and K-experience for "Kantian experience". Lockean experience is equivalent to a merely subjectively valid unity of consciousness, whereas K-experience is equivalent to Kant's objective unity of consciousness. According to Beck, the goal of Kant is to change L-experience into K-experience. I do not think this is what Kant intends or does; while I agree there is a difference between both, the goal is not to change L- into K-experience. L-experience reflects the *de facto* givenness of our mental states and how representations are prompted in the mind in accordance with the necessary form of inner sense, time; apart from the explanation given in the Aesthetic as to the necessary form of inner sense, this givenness of states and representations needs as such no further transcendental explanation – L-experience just is the aggregate of sensations one has in any arbitrary manifold of representations in intuition. The real explanandum in Kant's account in the Deduction is K-experience; only *its* conditions are examined, not the conditions of L-experience, nor the conditions of the latter being changed into K-experience. In fact, L-experience and K-experience are

---

23 I have argued elsewhere (Schulting 2015; 2017a, ch. 5) that most Kantian nonconceptualists however believe that the reference to an object in an intuition, independently of the categories, is already in some way objectively valid, and I argued that this reading is mistaken – for Kant, objective validity is a function solely of the categories and judgement.

not to be seen as two different *kinds of experience*; rather, L-experience is the sensory state or states which we would be in, were the conditions necessary for K-experience not to be satisfied. (And this is not just a hypothetical possibility, it is a real metaphysical possibility. See the next section.)

This ties in with Conant's own observation – with reference to A111f. – that L-experience is not a distinct form of *experience*, which could exist without the categories. To an extent, one could have sensations, sensibly apprehend indeterminate objects without the categories (the possibility of which Conant however rejects) but this would indeed not be a temporally separable kind of *experience* in the strict sense; it is just that having sensations is something which we must assume for a fact even to be able to talk about K-experience, while it is not something that *necessarily* entails K-experience (or the transcendental conditions on K-experience, for that matter). There is no sense in which a temporal transitional process from L-experience to K-experience is at issue, and to this extent I concur with Conant.

Conant also mentions Beck's reference to the often discussed passage at A90f./B122f., where Kant considers the apparently hypothetical case that our appearances do not conform to the functions of thought or the categories. It is a pity that Conant does not quote the recent literature on the interpretation of this passage (see Ginsborg 2008; Allison 2012; Gomes 2014; Golob 2016; Schulting 2015, 2017a). Conant says that there are two logically possible options, but that only one is really possible. The possibility of the conditions of sensibility not corresponding to the conditions of thinking (the categories) is not after all a real possibility, Conant says (cf. Gomes 2014); and he calls this, somewhat cheekily, the "Phew! reading" (2016: 101/2017a: 258) of §13 of the Deduction:

> It is to read Kant as seeking to show that the possibility that is entertained here in §13 [i. e. the passage at A90f./B122f.; D. S.] is to be unmasked as a merely apparent possibility. (Conant 2016: 101/2017a: 259)[24]

Conant points out that the B-Deduction was written precisely to make it as clear as possible that "the Transcendental Aesthetic does not present us with a separate and independent condition for objects to be given to our senses" (2016: 110/2017a: 263). This *seems* indeed Kant's goal if we look at the passage in §21 of the B-Deduction, where he says that he is going to examine how things are *given* in sensibility in the second step of the B-Deduction. But note that the discussion in the second step consistently concerns *objects* of perception; so the emphasis should lie on *objects*, not as *mere* objects of sensible apprehension but as deter-

---

24 Cf. my discussion in Schulting (2017a, ch. 5), and Schulting (2015).

minate objects of which we have experience, about which we make judgements and express beliefs.[25] Significantly, Conant points to B143, the transitional section between the first and second steps of the B-Deduction:

> Also ist alles Mannigfaltige, so fern es in *Einer* empirischen Anschauung gegeben ist, in Ansehung einer der logischen Funktionen zu urteilen bestimmt, durch die es nämlich zu einem Bewußtsein überhaupt gebracht wird. (B143)

Conant comments:

> This looks to say that in order to meet the conditions on something's *so much as being an intuition* it must be subject to the categories. So it now looks as if the following idea is to be rejected as well: the idea of something's being subject to the conditions on intuitional unity while not being subject to the conditions on categorial unity. (Conant 2016: 107/2017a: 259)

As Conant notes – but only in the English version of his text (Conant 2016: 107) – unusually Kant here capitalises the inflected indefinite article *Einer*. Why? For it concerns a *unitary* intuition, not just the constitution of any arbitrary intuition or its existence condition, and this is at variance with Conant's reading, who seems to think that intuition is always already a unitary intuition – in the above quotation "conditions on something's *so much as being an intuition*" is elided into "something's being subject to the conditions on intuitional *unity*" (second emphasis added). But Kant's employment of the limiting conjunctive *sofern* indicates this is not the case: it is only to the extent to which the manifold in an empirical intuition is united, that the manifold of that intuition stands under the functions of thought and is determined in accordance with them, that is, subject to categorial unity. John McDowell is right here: "Intuitions just happen, outside the control of their subjects. *But their unity* is intelligible only in the context of apperceptive spontaneity" (2009: 72, emphasis added). This might though just be taken to mean that the intuition *qua* its unity is still, *as intuition*, subject to the categories.[26] And indeed McDowell's reasoning is in fact similar to Conant's. McDowell writes the following:

> The B Deduction is framed to avoid a certain objection. Kant wants to establish that experience has its objective purport by virtue of being informed by the pure concepts of the understanding. The objection is that that ensures only thinkability. But a condition for objects to be thinkable is not thereby a condition for them to be capable of being given to our senses […] Kant organizes the B Deduction so as to forestall this objection. The essential

---

25 For textual evidence and how to gloss it, see Schulting (2018, ch. 11).
26 Cf. Land (2014) and my discussion of Land in Schulting (2018, ch. 11).

move is to deny that the Transcendental Aesthetic offers an independent condition for objects to be given to our senses. [...] *The unity constituted by conformity to the requirements of our sensibility, which is the unity of the pure formal intuitions of space and time, is not a separate unity, independent of the unity that consists in being informed by the categories.* (McDowell 2009: 73f., emphasis added)

In a more recent essay, McDowell argues:

In the second part of the Deduction [...] Kant needs to exclude this apparent possibility of presence to my senses that, because it does not conform to the requirement of synthetic unity, does not count as presence to me. *He needs to show that synthetic unity is already a condition for presence to my senses*, not a merely additional condition for what (illicitly on this view) I count as presence of objects to me. (McDowell 2017: 317, emphasis added)

McDowell reasons that "cases of sensory consciousness [...] are describable as presence of objects to subjects" (2017: 317), which as such entails the involvement of categorial unity; "presence to our senses without categorial unity" would not be "presence to *us*", or "presence of *objects* in a demanding sense" (2017: 317). Like Conant, McDowell argues that the second step of the B-Deduction excludes the possibility of mere "presence to our senses without categorial unity", presumably because he thinks that "presence to our senses" *eo ipso* entails categorial unity in virtue of its describability alone. But too much metaphysical weight is put on the sense of the possessive pronoun "our" if it is read in the strict sense, as McDowell seems to do, namely, as already entailing the subjective agent's identity that is first introduced by the categories. But this is question-begging: the *sensing* subject is not *ipso facto* a *thinking* subject, reflectively aware of *himself as* sensing.

Analogously, Conant writes that "[t]he second half of the B Deduction aims to show that the formedness of our sensibility, treated in the Aesthetic, *cannot be in view fully independently of the form of apperceptive spontaneity*, treated in the Analytic" (2016: 112/2017a: 264, emphasis added). The emphasised phrase adds some ambiguity to Conant's statement. Does he mean that the form of sensibility cannot be *examined* separately by the apperceiving agent of cognition – or, by the philosopher who carries out or reflects on the analysis of the Deduction – or does he mean that the form of sensibility (i. e. its unity) *is* no other than the form of apperceptive spontaneity? Only the second option refutes the two-stage-model. But the fact that the *philosopher* who analyses the possibility of "presence to the senses" himself *must* be able to describe this in virtue of *his* (*the philosopher's*) capacity to apply categories does of course not imply that the sensible subject to whose senses something is presented – the object of the philosophical description – must be able to describe this presence to *himself* (*the sensible subject*) in virtue of the capacity of a *thinking* subject. Conant says:

> So the crucial step involves showing that the unity constituted by conformity to the requirements of our form of sensibility, which is the unity of the pure formal intuitions of space and time, is not an utterly separate form of unity of manifold – one that could be in place altogether independently of the sort of unity of manifold that consists in our perceptual experience's being informed by the categories. (Conant 2016: 123 f.n.54/2017a: 264 f.n.26)

McDowell says likewise:

> Synthetic unity is presupposed already in the requirement of spatial and temporal order that first came into view, in the Aesthetic, as required by our sensibility. There is only one unity, the synthetic unity that is intelligible only in terms of the unifying power of the spontaneous intellect. And the apparent possibility of presence to the senses that is not presence to the understanding is unmasked as the mere appearance of a possibility. (McDowell 2017: 318)

According to Conant and McDowell, the unity of sensibility, the unity of the pure formal intuitions of space and time, is thus no other than the unity that is prescribed by the categories. To be sure, Conant rejects a reductive reading, i. e. the reading that says that intuitional unity is just a *conceptual* unity, but other than rejecting a reductive reading he does not clarify wherein the correspondence between intuitional and conceptual unity *does* consist.

Of course, it is not at issue in the Deduction whether the unity of intuition is reducible to a conceptual unity or isolable or a completely self-standing unity let alone "completely identical" to a conceptual unity; no serious conceptualist reading of the Deduction would claim that.[27] But the suggestion that the correspondence is *not* a complete identity is non-explanatory. One must be able to explain wherein this correspondence consists and this implies an understanding of the extent and modality of the involvement of apperception in the constitution of this correspondence, which at the same time explains the dependence, and the extent of this dependence, of the unity of intuition (space and time) on the unity of the understanding. It is not very helpful saying that the same unity of the understanding is the unity of sensibility without the latter being reducible to the former (which is trivially true), without thereby indicating *how* the shared original synthetic unity comes about. *This* unity is not simply given in sensibility, and so is not to be identified with the given unity of space (and time), but due to an

---

27 See Onof and Schulting (2015) for more detail.

act of the understanding, which in some sense needs to be added (cf. §15) to the manifold since it, being a *necessary* unity, is not contained in the manifold as such.[28] This unity or combination comes about through an act of the self (apperception) who *takes* the particular manifold before her as unified, namely as *her* combined manifold, a manifold that is something *to* her. This is the subjectivism that I would argue is necessarily involved in establishing the unity of sensibility in the sense of a necessary synthetic unity in virtue of an original act of synthesis by the understanding, which produces spatiotemporally bounded objects.

It is not a case of literally – and this is what Conant rightly dismisses as a possible reading of Kant – a posteriori imposing (in time) a unity on a pre-given (in time) matter or manifold. This cannot be the case since the self-activity of the understanding unifying the manifold is an *a priori* act. The unifying act is a priori because (1) it is required for any manifold to be a determinate, objectively valid representation, and (2) if it were not a priori, but an a posteriori "imposition", it would be difficult to fathom how the sensible manifold and the act of synthesis by the understanding were in fact *necessarily* connected (this hangs, of course, on Kant's identification of "necessary" and "a priori" [B4]). A necessary connection cannot be established or determined by just successively apprehending manifolds of representations or looking at how such manifolds are more or less randomly aggregated in the mind.

Reason (2) points to regress problems, which I have frequently indicated in my own papers dealing with nonconceptualism (Schulting 2010; 2015; 2017a, ch. 5). The regress issue is the following: given that a priori synthesis is an original combinatory activity that connects two *different* kinds of cognition, sensibility and understanding, at the fundamental level at least in one sense, namely, with respect to their shared *unitary* character, if a priori synthesis, as a unifying act of the understanding – as Kant claims it is (§15) – were an "additional" imposition on a "pre-given" manifold, then the question arises as to how the supposedly imposed synthetic unity itself is *a priori* synthesised with the pre-given manifold. This would putatively be established in virtue of an *a priori synthesis**, namely the kind of a priori synthesis that connects *a priori synthesis* with a sensible manifold. But then the question would arise as to how *a priori synthesis*

---

28 Onof and Schulting (2015) distinguish between the unity that the understanding prescribes to the manifold in a spatial intuition for the latter to be a determinate intuition of a spatial object and the *unicity* of space itself, which is *not* a function of the intellectual unity that the understanding prescribes. The unity of determinate spatial wholes and the *sui generis* unicity of space as such (and the same holds *mutatis mutandis* for time) are irreducible and should not be conflated.

and *a priori synthesis** are a priori synthesised. Would it be an *a priori synthesis*** that a priori synthesises both *a priori synthesis* and *a priori synthesis*?*

It is easy to see that this is going nowhere and makes a mockery of the notion of "a priori": a priori synthesis was precisely designed by Kant to avoid these kinds of regress, i. e. it should serve as a regress *blocker*. A priori synthesis is a synthesis, carried out by the thinking self (the understanding), *more original or more fundamental than which there is none* (on Kant's account, at least). There is just *one* kind of original or a priori synthesis, and it is the one that binds sensibility and understanding at the fundamental level, *insofar as* their shared *necessary unitary* character is concerned, namely the unity that is necessary for possible knowledge. The "insofar as" clause indicates that sensibility and understanding are irreducible: there is still a sense in which sensibility is independent of the understanding, namely insofar as there is a real possibility that there is no occurrent subject of understanding, a judging subject, that actively takes a sensible manifold as together constituting a unified intuition that is a condition on possible knowledge.

This does not mean that to deny, on my reading, McDowell's rejection of the real possibility of "rogue appearances" (2017: 318 f.) means to claim that "there may be more to a reality that is empirical, in that it impinges on our senses, than what we can judge" (2017: 319). What we can judge is all that there possibly is about empirical reality, which sensibly affects us; there is no in principle gap between what we can judge and what there is in empirical terms. To deny rejecting the real possibility of what McDowell terms "rogue appearances" just means to deny that any presence (of appearances) to the senses *must* be a presence to the *understanding* (and judging) subject because otherwise, as McDowell says, "we would not even be entitled to the idea of presence to the senses" (2017: 319), for the ground that McDowell gives here confuses the empirical level with the transcendental level of explanation: there is no requirement for presence to the senses to be a real possibility that some thinking agent entertains the *idea* of presence to the senses and applies it in her own case. An object may be sensibly present without a subject recognising it as such.

6 Two Kinds of Synthesis? On How to Read the *Leitfaden* Passage (A79)

Conant's own portrayal of a priori synthesis is somewhat less felicitous, as it seems to ignore the *active* aspect of the original synthetic unity and thus to underplay the *identity* of the a priori synthesis as being a subjective "action" or "function" in virtue of transcendental apperception (A108) that binds the unity of intuition and the unity of the understanding. He also seems to be talking about two distinct kinds of such synthesis, which to me seems at least misleading, and potentially problematic for the same reason that I gave above with respect to regress issues. Conant writes with reference to the *Leitfaden* at A79/B104 f.:[29]

> This form of unity – categorial unity – characterizes both the manner in which objects are given to us in intuition and the manner in which concepts are combined in judgments. To say it can be in act in these two different ways is not to claim that the two sorts of synthesis in no way differ from each other [in the German version, the last clause reads: "*die beiden hier thematisierte Formen der Synthesis bloß zu identifizieren*"; D. S.]. (Conant 2016: 114/2017a: 266)

But this begs the question as to the extent to which both forms of synthesis that Conant refers to, which unite intuitions and concepts respectively, *are* non-identical and whether this view does not conflict with Kant's claim that it is the *same* function (of the understanding, i. e. the function of synthesis) that operates on both levels, namely on the level of intuition and concepts. It seems to me that Conant underplays the *identity* of the *act* of synthesis that first constitutes the 'categorial unity' on both levels. He writes further:

> *Hier liegt eine Form der Einheit vor, die auf zwei unterschiedliche Weisen auftauchen kann.*[30] I take this to be the point of the following famous passage: "The same function which gives unity to the various representations in a judgment also gives unity to the mere synthesis of various representations in an intuition" (A79/B104–5). This "function" grasped in its most abstract form is the original synthetic unity of apperception. This is Kant's most abstract characterization of the unity of the understanding. [...] *A synthesis of concepts in a judgment is one way of making this highest form of unity more determinate in cognition; a synthesis of a manifold into an intuition is another way of making this highest form of unity more determinate in cognition – both presuppose the involvement of the understanding.* (Conant 2016: 114/2017a: 266, emphasis added)

---

[29] I wrote earlier on the guiding thread passage at A79/B104 f. in Schulting (2017a: 108 f., 203 ff., *et passim*), specifically in the context of my account of McDowell's reading of it (2017a: 203 ff.), and more in detail in Schulting (2018, ch. 5). My account below should be seen as an elaboration on that earlier account.

[30] The parallel passage in the English version is at 2016: 114 ("It is merely to claim that there is a level of description of form at which they have something generically in common"), but I find the German rendering clearer since it includes a reference to unity, which is crucial in the discussion at hand.

The last sentence is important, but Conant does not explain *how* it is possible that one function – the understanding – enables *two different* ways in which unity is brought about both in the concepts and in the manifold of intuition of a particular judgement *S is P*. It looks like he has merely moved the dualism between sensibility and the understanding to a different level. That is to say, now it seemingly concerns a dualism between one kind of synthetic unity and another kind of synthetic unity, between synthesis of concepts and synthesis of sensible manifolds in intuitions. But there are no two kinds of synthesis; rather, there is just one synthesis in virtue of one original *act* of a priori synthesis in a judgement, and so one kind of function of synthetic a priori *unity* which as such unites both concepts, by means of analytic unity (concepts are *only* analytically united among each other), and empirical intuitions, by means of synthetic unity. (See the second sentence in the *Leitfaden* passage at A79.)

Importantly, the *original* synthesis does not create two synthetic unities on two separate or separable levels. It creates *one* synthetic a priori unity, which holds two different kinds of *representations* in a judgement together: namely a unity between concepts (*F* and *G*, say), on the one hand, and the manifold of representations in an empirical intuition of some *x*, on the other. There is no *synthetic* unity on the conceptual level *as such*, in abstraction from the connection to the manifold in the intuition. The *analytical* unity among concepts, which, in its most basic form, is always a relation of subordination or a relation of genus and species, is rather grounded on a synthetic unity in the *content* of representations, whether they be intuitions or further concepts – this synthetic unity *enables* the combination of two different concepts *F* and *G*. This is so even if the combination merely amounts to an identity relation of sorts between *F* and *G*, whereby reference to the content of an underlying intuition is otiose, such as in analytic judgements, for example the relation between the concepts <bachelor> and <unmarried> in the judgement "a bachelor is an unmarried man". These are not the same concept, clearly, but their relation in the analytic judgement "a bachelor is an unmarried man" is based on the knowledge that there is an equivalence between the *use* of the two concepts <bachelor> and <unmarried>. Their similar use under similar conditions indicates that a priori synthesis or an original synthetic unity is necessarily involved in being able to make the true judgement that "a bachelor is an unmarried man", but no reference to the intuition of an actual bachelor is required, and nor is the identity relation between the *concepts* as such strictly speaking a synthetic unity (in the sense that Kant means); rather, that relation is purely analytic. The a priori synthetic unity between concepts is due solely to, and only consists in, the *act* of synthesising them as belonging together in this judgement.

Of course, that does not mean that all conceptual relations are analytic *judgements*; it just means that all conceptual relations, no matter what, exhibit merely as such an analytic unity, which is made possible, implicitly, by a synthetic or combinatory act of understanding that establishes that they belong to each other in some specific sense – whether they form synthetic or analytic judgements. Syntactically, any judgement, whether analytic or synthetic, might be said to show a kind of synthesis of concepts, namely in the way that a concept F is combined with a concept G, or how two or more judgements are combined to form a disjunctive judgement, say. But this is of course not the a priori synthesis Kant talks about. There is nothing a priori synthetic about how a judgement *looks* on the surface. (Hence, Kant says at B140 f. that purely looking at the conceptual relation in a judgement does not explain what a judgement is.)[31]

The point is not to deny two distinct/differentiable kinds of unity but to explain how and, crucially, *to what extent* the two kinds of unity share a common characteristic, namely the original synthetic unity of apperception that is at issue in the Deduction, specifically in the *Leitfaden* passage at A79. Nor can there be a case – and I suspect that Conant believes this, given his emphasising the differentiation of two kinds of synthesis on two levels – of the distinction between figurative synthesis and intellectual synthesis that Kant makes at B151 as supposedly mapping one-to-one onto the distinction between the intuitional and conceptual levels respectively. Often the intellectual synthesis is identified as having to do with how mere concepts are bound together. But this is misleading. Intellectual synthesis is the synthesis of the *content* of any manifold of representations in abstraction from the spatiotemporal nature of that manifold. So intellectual synthesis, as much as figurative synthesis, figures *below* the line in an objectively valid synthetic judgement S is P, whereby the line is the imaginary division between the conceptual level ('S' and 'P') and the level of intuition(s) underlying the subject term of a judgement S is P.

The crucial difference between the two aspects of a priori synthesis lies in the differentiation between 'the manifold of an intuition in general' and 'the manifold of sensible intuition'. The latter is synthesised by the figurative synthesis or *synthesis speciosa*. By contrast, the intellectual synthesis concerns 'that which would be thought *in the mere category in regard to the manifold of an intuition in general*, and which is called combination of the understanding (*synthesis intellectualis*)' (B151, emphasis added). The meaning of intellectual synthesis

---

[31] "I have never been able to satisfy myself with the explanation that the logicians give of a judgement in general: it is, they say, the representation of a relation between two concepts. [...] it is not here determined wherein this *relation* consists" (B140 f.).

has got nothing to do with the mere *conceptual* unity among concepts – the relation among the predicates as they appear in the judgement – which are in fact united 'by means of the analytical unity' (A79/B105), *not* by means of synthetic unity; rather, intellectual synthesis concerns the *categorial* unity that unites the predicates, which as such are held together in virtue of an analytic unity, *in relation to* the object in general, that is, in relation to the *x* of a judgement. The categorial unity unites the analytically (or conceptually) united predicates with the object. Conant seems to espouse a different view:

> [S]ince the categories inform the exercise of our sensory as well as our judgmental capacities, *this requires that we view both a synthesis of a manifold into intuition and a synthesis of concepts into a judgment as not only involving at some level of abstraction the same form, but as involving at any level of specification a fully and determinately identical form* – so that the form of perceptual experience must be in all respects identical to the form of judgment. [...] [A] move that appears to license the conclusion that the form of our sensory consciousness as such for Kant is always already judgmental in character. (Conant 2016: 115/2017a: 267, emphasis added)

The way Conant puts this is at least misleading: Kant does not say that there is a synthesis *of concepts* into a judgement. It is rather the one *act* of synthesis (the function of the understanding) which unites concepts, "by means of analytic unity", and also unites the "*bloße*" Synthesis in intuition (B105),[32] "by means of synthetic unity". There is no *synthetic* unity *of concepts* "above the line" (cf. McDowell 2009: 5). Concepts are as such strictly speaking merely *analytically united*, as I argued above and just as Kant says in the *Leitfaden* that the understanding "in Begriffen, *vermittelst der analytischen Einheit*, die logische *Form* des Urteils zu Stande brachte" (A79/B105, emphasis added). The phrase "vermittelst der analytischen Einheit" is significant. The *logical form* of a judgement is just expressive of the surface grammar of how concepts are related as species and genus; of course, they are syntactically bound together, but this is not the *a priori* synthetic unity that Kant means as being the transcendental ground of a judgement as a whole, i. e. both its logical form and its intuitional or, more precisely, transcendental (i. e. pure intuitional) content (cf. beginning of §13), or indeed conceptual content.[33]

Contrary to what Conant seems to suggest, it is not as if the a priori synthesis – which is what is meant by the "same function" of the understanding – created

---

[32] Kant means by this the empirical synthesis of representations in a sensible (spatiotemporal) manifold.
[33] The conceptual *content* of a judgement are the *particular* concepts that form a judgement (synthetic or analytic), that is, its empirical content qua empirical concepts.

a synthetic unity above *as well as* below the line, where above the line is the conceptual space or form, which is shown by the syntactical structure of a judgement *S is P*, and below the line is the intuition of some *x*, of which is predicated *S* and (through *S*) *P*. Rather, the a priori synthesis that is the set of the logical functions of the understanding creates the *form* of a categorical judgement (as the basic form of any of the 11 other generic types of judgement), which happens by means of *analytically* subordinating concepts (*S* under *P*), whilst *thereby* synthetically ("by means of synthetic unity of the manifold in intuition") combining the content of such a judgement, i. e. representing whatever is intuitionally represented under *S* as also represented under *P* (regardless whether the intuition is spatiotemporal or not).

So, the relation purely between the *concepts* <cup> and <chipped> in the synthetic judgement "This cup is chipped", say, is analytic – as any mere relation of concepts is – namely purely *qua logical form in which concepts are syntactically bound in the categorical judgement, as subject and predicate*. The concept <cup> is placed within the extension of the concept <chipped>; that is, the thing of which is predicated <cup> belongs to the domain of all possible objects of which <chipped> is predicable, whereby, if we abstract from the relation to the thing judged about, the relation purely between the concepts <cup> and <chipped> is and remains analytic.

Again, this does not mean that the *judgement* is analytic, as "This cup is chipped" is obviously not an analytic judgement. (Klaus Reich [1986] long ago pointed out that it is a mistake to think that the distinction between analytic unity and synthetic unity that Kant makes in the *Leitfaden* maps onto the distinction between analytic and synthetic *judgements*.) An analytic *judgement* can be understood purely by looking at the *formal* relation between the concepts, i. e. their analytic unity; one can ignore the transcendental ground of this relation, for the reference to an underlying object (*x*) is otiose for the insight in this formal relation (cf. B133 f. note). However, for any non-analytic, that is, synthetic, judgement, one needs to look beyond the formal, analytical, relation between concepts. Here is where the a priori synthesis comes in most crucially,[34] for the a priori synthesis makes it possible to understand how concepts have an objectively valid reference to an intuited object of experience outside the conceptual context; if concepts fail to have relation to an object of experience, and cannot be

---

[34] This is not to say that a priori synthesis has *no* role in the grounding of analytic judgement (see again earlier above) or the principles of sheer logic. Even the possibility of *general* logic is based on a priori synthesis (see Schulting 2021b).

sufficiently explained via conceptual analysis otherwise, they lack objective validity, and though internally consistent are thus speculative at best.

The moral of this story is that the purely conceptual relation between concepts considered *as such* is not a synthetic *unity*, though it is grounded on an a priori synthesis. This goes against the view, espoused by Conant and others, that the synthesis of the understanding creates two *kinds* of synthesis on both the conceptual and intuitional levels – whereby intellectual synthesis is supposed to account for the relation of concepts (above the line) and figurative synthesis for the relation of representations in an intuition (below the line). In my view, as I hope I have shown, it doesn't.[35] There is just *one* kind of a priori synthesis that unites representations on both the conceptual and intuitional levels uniquely by means of *analytic* unity and uniquely by means of *synthetic* unity respectively.

7 Concluding Remarks

Conant's reading of the B-Deduction argument assumes a modally absolute construal of the relation between sensibility and understanding, whereby *no* sensible episode is *not* informed by the understanding – or at least by one kind of synthesis, as Conant suggests. But this reading is not forced upon us, and as I have tried to explain above, I believe it is the wrong reading. Rather, on the subjectivist reading sensibility and understanding are a priori linked in virtue of an original synthetic of apperception *if and only if* the understanding takes them to be so linked, and this happens in judgements only. That means that sensibility itself is not propositional or conceptually laden or informed, nor that the understanding is involved in the production of intuitions per se; sensible content or an intuition is conceptually laden, so to speak, only to the extent that it forms the content of an empirical *judgement* about a spatiotemporal object that I perceive as bounded in space etc. The argument in the Deduction concerns an analysis of the possibility of knowledge in terms of possible judgements, given the fact of such knowledge. This reading commits one to a moderately conceptualist take on the relation between sensibility and the understanding, insofar as only the two together, in a judgement, constitute cognition or knowledge, and it suggests a residual nonconceptualism about intuitions, for intuitions are never as such,

---

[35] For more details about the relation between intellectual and figurative synthesis, see Schulting (2018, chs 5 and 11).

independently of how the understanding apprehends its relation to intuitions, conceptually informed.

On this reading, however, the understanding does still determine sensibility inwardly, to use a Pippinian phrase, so my reading is a "conceptualist" reading, namely insofar as the categories as pure concepts are the necessary ways in which such determination takes place. This way, one avoids the conundrum of Conant's transformative reading, namely how to reject an empiricist dualism whilst not succumbing to a rationalist conceptual reductionism. For sensibility is conceptually or categorially determined or informed *only insofar* as the epistemic agent, the *subject* of understanding, *takes* it to be so determined. The added benefit of this subjectivist reading is that the passages in the text which, to nonconceptualists, seem to point to Kant's nonconceptualism can indeed be read as supporting some minimal form of nonconceptualism with respect to the independence of intuitions per se considerata but at the same time as wholly compatible with a mainstream conceptualist reading of the dialectic of Kant's chief argument in the Deduction.

Bibliography

Allison, Henry E., 1983, *Kant's Transcendental Idealism. An Interpretation and Defense*, New Haven: Yale University Press.

Allison, Henry E., 2012, *Essays on Kant*, Oxford: Oxford University Press.

Beck, Lewis White, 2002, "Did the Sage of Königsberg Have No Dreams?", in: Lewis White Beck, *Selected Essays on Kant*, ed. by Hoke Robinson, Rochester, NY: University of Rochester Press, 85–101.

Boyle, Matthew, 2017, "Wesentlich vernünftige Tiere", in: Andrea Kern and Christian Kietzmann (eds), *Selbstbewusstes Leben. Texte zu einer transformativen Theorie der menschlichen Subjektivität*, Berlin: Suhrkamp, 78–119.

Cassam, Quassim, 2007, *The Possibility of Knowledge*, Oxford: Clarendon Press.

Conant, James, 2016, "Why Kant Is Not a Kantian", *Philosophical Topics*, 44(1), 75–125.

Conant, James, 2017a, "Die Einheit des Erkenntnisvermögens bei Kant", in: Andrea Kern and Christian Kietzmann (eds), *Selbstbewusstes Leben. Texte zu einer transformativen Theorie der menschlichen Subjektivität*, Berlin: Suhrkamp, 229–269.

Conant, James, 2017b, "Kant's Critique of the Layer-Cake Conception of Human Mindedness in the B Deduction", in: James R. O'Shea (ed.), *Kant's Critique of Pure Reason: A Critical Guide*, Cambridge: Cambridge University Press, 120–139.

Dyck, Corey W., 2017, "The Principles of Apperception", in Giuseppe Motta and Udo Thiel (eds), *Immanuel Kant: Die Einheit des Bewusstseins*, Berlin/Boston: De Gruyter, 32–46.

Ginsborg, Hannah, 2008, "Was Kant a Nonconceptualist?", *Philosophical Studies*, 137(1), 65–77.

Golob, Sacha, 2016, "Why the Transcendental Deduction Is Compatible with Nonconceptualism", in: Dennis Schulting (ed.), *Kantian Nonconceptualism*, London/New York: Palgrave Macmillan, 27–52.
Gomes, Anil, 2014, "Kant on Perception: Naive Realism, Nonconceptualism, and the B-Deduction", *Philosophical Quarterly*, 64, 1–19.
Henrich, Dieter, 1969, "The Proof-Structure of Kant's Transcendental Deduction", *Review of Metaphysics*, 22(4), 640–659.
Land, Thomas, 2014, "Spatial Representation, Magnitude and the Two Stems of Cognition", *Canadian Journal of Philosophy*, 44(5–6), 524–550.
Lau, Chong-Fuk, 2017, "Kant's Concept of Cognition and the Key to the Whole Secret of Metaphysics", in: Matthew C. Altman (ed.), *The Palgrave Kant Handbook*, London/New York: Palgrave Macmillan, 117–137.
McDowell, John, 2009, *Having the World in View: Essays on Kant, Hegel, and Sellars*, Cambridge, MA: Harvard University Press.
McDowell, John, 2017, "Rationalism Without Dogmatism", in: Zed Adams and Jacob Browning (eds), *Giving a Damn. Essays in Dialogue with John Haugeland*, Cambridge, MA: MIT Press, 311–328.
McLear, Colin, 2011, "Kant on Animal Consciousness", *Philosophers' Imprint*, 11(15), 1–16.
Onof, Christian and Schulting, Dennis, 2015, "Space as Form of Intuition and as Formal Intuition: On the Note to B160 in Kant's *Critique of Pure Reason*", *Philosophical Review*, 124(1), 1–58.
Reich, Klaus, 1986, *Die Vollständigkeit der kantischen Urteilstafel*, third edition, Hamburg: Meiner.
Schulting, Dennis, 2010, "Kant, non-conceptuele inhoud en synthese", *Tijdschrift voor Filosofie*, 72(4), 679–715.
Schulting, Dennis, 2015, "Probleme des 'kantianischen' Nonkonzeptualismus im Hinblick auf die B-Deduktion", *Kant-Studien*, 106(4), 561–580.
Schulting, Dennis, 2017a, *Kant's Radical Subjectivism. Perspectives on the Transcendental Deduction*, London/New York: Palgrave Macmillan.
Schulting, Dennis, 2017b, "Gap? What Gap? On the Unity of Apperception and the Necessary Application of the Categories", in: Giuseppe Motta and Udo Thiel (eds), *Immanuel Kant: Die Einheit des Bewusstseins*, Berlin/Boston: De Gruyter, 89–113.
Schulting, Dennis, 2018, *Kant's Deduction From Apperception. An Essay on the Transcendental Deduction of the Categories*, Berlin/Boston: De Gruyter.
Schulting, Dennis, 2021a, *Apperception and Self-Consciousness in Kant and German Idealism*, London: Bloomsbury.
Schulting, Dennis, 2021b, *The Bounds of Transcendental Logic*, London/New York: Palgrave Macmillan.
Walsh, W. H., 1975, *Kant's Criticism of Metaphysics*, Edinburgh: Edinburgh University Press.

Christian Onof
The Transcendental Synthesis of the Imagination and the Structure of the B Deduction

Abstract: I argue that the two parts of the B Transcendental Deduction (TD) exhibit inter-dependence in both directions. Two part one claims *depend upon* the givenness of a unified intuition, thus calling for an account of the unity of sensible intuitions in part two. But the necessity of the synthetic unity of apperception for the unity of representations (part one) is *applicable to* sensible intuitions in part two. The Transcendental Synthesis of the Imagination in part two is key to showing that the understanding's spontaneity introduces unity into the sensible manifold, and that this manifold does not already have a unity independent of that of apperception. I clarify the nature of this synthesis and the key role played by inner sense in unifying sensible intuitions. I explain the roles of the forms of time and space and their unicities, as well as the reason why Kant examines self-knowledge in part two.

The primary purpose of this paper is to show that the Transcendental Synthesis of the Imagination (TSI) plays a central role in the development of the second part of the B version of Kant's Transcendental Deduction (TD[1]) of the categories and that this follows from the nature of inner sense. To achieve this, as secondary purpose, the complex articulation between the first and second parts of the TD has to be clarified. These general claims are not particularly controversial, but attention to several details in the text will lead to important differences between this and other interpretations of both the structure of the TD and the role of the TSI found in the literature.

The paper is organised as follows. I start by discussing the issue of the relationship between the first and second parts of the B Deduction. I thereby identify two essential tasks which are broadly addressed by §24 and §26 of the TD. This will lead to a detailed analysis of the role of the TSI in the argument and its structure, and thereby bring out its implications for those two tasks. In particu-

---

[1] I shall assume that this refers to the B version of the TD. I shall use ATD to differentiate the A version. I use Paul Guyer and Allen Wood's (Kant 1998) translation of the Critique of Pure Reason, and Paul Guyer's translation of Kant's Notes and Fragments (Kant 2005).

lar, I show that the TSI involves both an application and an extension of the argument from the first part, and that Kant's discussion at §24 of the role of the TSI in self-affection is important in the development of the argument, rather than a branching-off discussion of the problem of self-knowledge. This will enable a better understanding of the TSI with which I shall briefly examine Kant's claim to have shown that the categories make experience possible in §26.

1 The Relation between the Two Parts of the TD

It is not possible to carry out a proper examination of the role of the TSI if the articulation of the argument of the TD that brings about its introduction is left unexamined. A whole paper could be devoted to this issue however, so my discussion will have to be succinct. What is fairly uncontroversial is that there are two parts to the TD. That this is the case is for instance argued in Henrich's seminal paper (Henrich 1969) in which he makes the more controversial specific claim, that the result established in §20 contains a condition, namely that the intuition that is considered be a unified one, a condition which is then lifted in the second part of the TD.

Why this key role of the unified intuition? For Kant, cognition of objects involves intuitions and concepts (e. g. B146) and in its most general meaning, a concept is "this one consciousness that unifies the manifold that has been successively intuited [...] into one representation" (A103), a consciousness of which Kant says that it "may often only be weak" (A103) so that it is only experienced in the effect, i. e. the unified intuition. Therefore, in bringing a manifold in intuition under a concept, a unified intuition is brought to my consciousness. It is therefore characteristic of cognition and it is not surprising to find it at the core of the articulation of the TD.

To assess Henrich's claim, let us remind ourselves of what §20 establishes. The overall conclusion is given in the last sentence: "the manifold in a given intuition [...] necessarily stands under categories" (B143) whereby Kant means that:

(α): A manifold "insofar as it is given in one empirical intuition" is "determined with regard to" the categories (B143).

This seems to confirm that Henrich is right to view the givenness of a unified intuition as a condition restricting the generality of the conclusion of the first part of the TD (hereafter TD-I). However, merely to retain this conclusion from TD-I is not sufficient for what will follow in part two (TD-II). In the rest of §20, Kant recapitulates two important claims which led to this conclusion:

(β): The synthetic unity of apperception is what makes the unity of our representations possible (from §17).

(γ): It is through a synthesis of the understanding involving the logical function of judgments (from §19), and therefore the categories (§13) that the manifold of representations in one intuition in general is brought under the unity of apperception.

This role of the understanding establishes that the manifold is determined with respect to the logical functions of judgement, which introduces the role of the categories. These two claims therefore show that the manifold in intuition is *brought* to the unity of apperception through a synthesis of the understanding by which the categories apply to the manifold. Much as the condition of "one empirical intuition" is present in (α) as in (γ), it cannot be the case that the unity of this one intuition is independent of the understanding, as Henrich's interpretation of it as a restricting condition seems to imply. For otherwise, this unity could not be that of apperception, i. e. we would not be able to become conscious of it. Indeed, as Allison (2004: 161) points out, the very idea that TF-I would be characterised by a restricting condition is problematic in view of Kant's repeatedly differentiating it from TD-II as abstracting from sensibility (B144f.), and therefore being more general than TD-II.

Henrich (1984) clarified that he did not view the unity as provided from elsewhere than the understanding, but his interpretative strategy involving a restrictive claim in TD-I remains problematic. Evans (1990) alters the restriction to one defined by intuitions that are *unifiable*, which, as we shall see, is broadly the correct approach, but not if it is defined as a restriction, as Allison (2004: 476) points out.

Interpreting TD-I as being more general, and TD-II as applying specifically to human sensibility, as Kant clearly states (B144f.), does however run the risk of making TD-II dispensable insofar as a mere application of the general result of TD-I to human sensibility would seem to be all that is required.[2] Allison (2004: 162) is aware of this much-discussed *dispensability issue*,[3] and he avoids

---

[2] Thus Dennis Schulting (2017: 303) understands TD-II as only addressing the question of *why* the manifold of a given intuition must conform to the categories. I regard this *why* issue as a feature of the further questions which, as I argue below, TD-I leaves open.

[3] This matter is sometimes addressed by Kant scholars and too hastily dismissed (e. g. Rosales, 2000: 295) because, as we shall see, some of what is claimed for the genus "intuition" in TD-I directly applies to the species of sensible intuition considered in TD-II. It is noteworthy that Longuenesse (1998: 213) takes this issue seriously, and uses it as justification for a re-interpretation of the Transcendental Aesthetic.

the problem by regarding TD-I as investigating what is required for the *thought* of an object while TD-II analyses what is required for its *perception* and *experience*.[4] In so doing however, his interpretation raises two problems:

(a) If TD-I *only* deals with the thought of an object, in what sense is it more general than TD-II which deals with its perception and experience?
(b) If TD-I and TD-II have different subject-matters, TD-I cannot contribute any results that would be applicable to TD-II.

(b) might seem unproblematic as a general strategy in response to the dispensability issue, but we will see in examining TD-II that, if TD-I and TD-II had different subject-matters, it would leave some key statements of TD-II as ungrounded assertions.

(a) may seem addressed by pointing out that the essence of Kant's distinction between a discursive understanding in general and our sensibly conditioned cognition is indeed a distinction between genus and species. But the question is whether the results obtained in TD-I for a discursive understanding are to be understood as only dealing with the thought of an object in general.

We will only need to consider the two intermediate conclusions (β) and (γ) to answer this question. In the case of (γ), there are clear textual reasons to interpret this as dealing only with the thought of an object in general. Indeed, in TD-II, Kant looks back upon the results of TD-I, and of the synthesis of the understanding in (γ), he now says: "The synthesis of combination of the manifold [...] was not only transcendental but also merely purely intellectual" (B150), thereafter characterising this as the *synthesis intellectualis*.

In the case of (β) however, the generality of the claim is not compatible with its being understood merely as referring to what is required for the thought of an object. Indeed, the Transcendental Unity of Apperception (TUA) lies in the *possibility* of accompanying the manifold of representations with an identical 'I think' and defines what is necessary for the unity of an intuition in general. That is, when we consider (β) on its own, if we want to be faithful to Allison's correct interpretation of TD-I as dealing with a manifold of intuition in general, we must distance ourselves from this being equated with a mere condition for the thought of an object.

This modification of Allison's position does enable problem (a) to be addressed: while (γ) is general in the sense of dealing with the conditions under

---

4 This interpretation is close to Thöle's (1991) interpretation who regards TD-II as addressing the issue of how the categories are applied to determine an object, and thereby constituting an argument continuous with that of the Schematism chapter, whereby in the latter, the topic of the specific role of each category is examined.

which an object in general can be thought, (β) is general in spelling out what is required for the unity of a manifold in intuition in general. This also addresses problem (b) since this way of distinguishing the general from the particular allows for some of the results of TD-I (namely (β)) to be applied to TD-II. As result however, we are led to reconsider the dispensability problem.

It seems in fact fairly clear that the dispensability problem actually spells out a simple logical truth: if claims (α), (β) and (γ) define necessary and sufficient conditions for the unity of a manifold in intuition for any discursive cognition, then these are the conditions for the unity of a manifold in sensible intuition. We cannot avoid this conclusion. The error lies rather in our inferring from this that the task of the TD is thereby complete after TD-I.[5]

Indeed, a transcendental deduction must show what makes some knowledge possible since it addresses the 'quid juris?' question; following on from the Metaphysical Exposition, this task takes on the form of showing that the categories make objective knowledge possible. The general claims of TD-I do not answer this question for our type of intuition. This is, moreover, not merely a matter of specifying which faculties are involved and what kind of syntheses they carry out. It is a matter of showing that *sensible intuition lets itself be unified* under the Transcendental Unity of Apperception (TUA).[6] For it is indeed equally a logical consequence of the result of TD-I that it could be the case there is no unity of intuition *for our sensible intuition.*

So, the worry about "the way in which the empirical intuition is given" (B144) is the concern that our sensible intuition might not let itself be unified under the TUA, which suggests two distinct worries:[7]

W1: The manifold in sensible intuition might not let itself be unified in any way.

---

[5] The claim that TD-II follows from TD-I as an inference from genus to species is made by Bird (2006). A weaker claim is made by Pollok (2008) who views TD-II as specifying the nature of the synthesis in TD-I: on my interpretation, this is correct, but it is not a straightforward matter of providing TD-I with further detail.

[6] This will lead to extending the applicability of (α) and (γ) from objects of thought to empirical objects.

[7] Baum (1986: 13) correctly identifies the problem as lying in the nature of our sensible intuitions, but expresses this differently in terms of whether these intuitions fall under the genus of sensible intuitions that he takes to be assumed by TD-I. My main concern with this is that it makes it seem that the issue is just one of clarifying whether we are indeed dealing with a species of the genus defined in TD-I, and therefore that it is just a matter of applying TD-I to this species once the independent task of showing that our sensible intuitions are indeed a species of the genus "sensible intuitions" has been completed. But the role of TD-I is more intricate in that it will itself be applied to answer the genus/species question Baum raises.

W2: The sensible manifold might have a unity that is distinct from the TUA.

These worries reflect the correctness of Henrich's and Evans's concern with the issue of the role of the unity of intuition (see also Baum 1986 and Ameriks 2006: 64). TD-I does not clarify how this unity is to be achieved, i. e. how it is that the "manifold [...] is given in one empirical intuition" (B143) where "one" is the translation of a capitalised "Einer", as Guyer and Wood (1998: 252) point out, and therefore a key feature of the given intuition for Kant. Thus it is that (α) and (γ) identify the manifold's being given in one intuition as a condition for cognition,[8] and TD-I thus leaves open the question of whether this unity can be achieved for our sensible intuitions, i. e. how it might be that the manifold is given in one such intuition. That this question should be left open should come as no surprise insofar as it can only be properly addressed once the specifically sensible nature of our intuitions is considered. That it must be addressed is clear, because nothing guarantees that sensible intuitions are unifiable.[9] If the issue of what constitutes the 'oneness' of sensible intuitions were to bring up a unity that is distinct from the TUA, this would be a problem for the TD as Henrich (1984) understood. So the next key tasks of the TD must therefore be:

T1: to show that the spontaneity of the understanding is responsible for the unity of the manifold in sensible intuition so that it is given as one intuition, to address W1;

T2: to establish that the manifold as it is presented in sensible intuition does not already have a unity distinct from the TUA, to address W2.

In relation to T1, insofar as its completion will resolve the issue of how the intuition referred to in TD-I is given as one, the claims of TD-I will then be seen to

---

[8] This dependence upon being given in "one intuition" reflects the difference that exists between bringing concepts and bringing intuitions to the TUA. In the case of concepts, there is, in effect already a unity that they come under, namely that of logic. In there were no such logical constraints, we would have the same problem as with intuitions, namely that they are given as without any unity and a synthesis of the understanding would be impossible or at least pointless as one could affirm two contradictory claims about the same object. With intuitions, there is a unity in them insofar as the manifold is presented in one intuition and this is to be conceptualised through the intellectual synthesis.

[9] My interpretation is therefore close to Evans's (1990) as well as Ameriks's (2003: 63f.) although I do not regard this as implying that the whole of TD-I must be viewed as involving a restriction upon a given unified intuition: rather TD-I is a general claim and it contains both elements that are conditional on a given unity of intuition and others that are not, and will be applied to the particular case in TD-II: more specifically, while the overall conclusion (α) and claim (γ) are restricted to intuitions given as a unity, this is not the case for (β).

apply to any manifold in intuition that is already unified by any act of synthesis that T1 might identify; spelling out the consequences of this is an *auxiliary task* T1a.[10]

The structure of TD-II reflects this division of tasks since, as we shall see, T1 and T1a are addressed in §24 and T2 in §26. Together, these concerns amount to the scenario Kant considers when he introduces the task of the TD in both A and B versions, namely the issue that "appearances could after all be so constituted that the understanding would not find them in accord with the conditions of its unity" (A90/B123).[11] W1 is then the concern that they are not unifiable, while W2 is the issue raised in B160n where Kant seeks to reassure the reader that the unity of space is not independent of the understanding as "to be sure, it presupposes a synthesis". W1 and W2 are conceivable because of the heterogeneity of sensibility and understanding, and it is therefore the imagination that will play a pivotal role here and ensure that this scenario is impossible. As Kant puts it in the A version: "since otherwise [if sensibility and understanding were not connected through the imagination; C. O.] the former would to be sure yield appearances but no objects of our empirical cognition, hence there would be no experience" (A124).

To see what role the imagination will have to play, we need only consider the key feature that Evans, Baum and Ameriks, following Henrich, identified as linking TD-I and TD-II: TD-I's claims (α) and (γ) presuppose intuitions that are unifiable, and TD-II must therefore explain how sensible intuitions can be unified, beyond the mere account of the intellectual synthesis in TD-I which only answers this question for intuitions in general. Thus since (γ) should retrospectively in TD-II be regarded as dealing with the mere thought of an object, because the synthesis of the understanding it refers to was "related merely to the unity of apperception" (B150), the consideration of our particular sensible form of intuition requires a specification of our ability to unify such a sensible intuition which will take the form of the TSI.

---

10 Moreover, these tasks reflect different aspects of the relation of TD-I and TD-II: T1 and T2 involve going beyond TD-I, but we shall see that this is only possible insofar as (β) can be applied to the case of sensible intuitions. With T1a, we have a straightforward application of TD-I minus concerns about what unifies intuition (addressed by T1).

11 More specifically, Kant considers (W1) when he says "[i]f every individual representations were entirely foreign to the other, as it were isolated and separated from it, then there would never arise anything like cognition, which is a whole of compared and connected representations" (A97), while the possibility of (W2) is excluded through the clarification of the footnote at B160n where Kant explains that the unity of space/time referred to in the Aesthetic (e. g. in the transcendental expositions of the B edition) presupposes a synthesis, so that it conforms to the categories (see Onof and Schulting 2015).

In summary, the interpretation I propose is a modification of Allison's position that is sensitive to the Henrich/Evans focus upon the role of unified intuitions insofar as it (i) accepts the greater generality of TD-I while not reducing the genus/species distinction to the thought/perception (+ experience) one; (ii) identifies the issue of the unifiability of intuition not as a restriction on TD-I but as defining a condition which spells out further tasks for TD-II, namely the need to give an account of the synthesis that unifies sensible intuition and to ensure that whatever unity the intuition may have is the TUA.

2 Inner Sense and the Transcendental Synthesis of the Imagination

We now turn to TD-II and how it addresses tasks T1, T1a and T2 defined by our analysis of the overall structure of the TD. In so doing, I shall point out how a proper interpretation of the overall structure of the TD plays a role in accounting for Kant's apparent lack of explanation or unexpected organisation of the material.

2.1 The Key Role of Inner Sense

In two sections, §22 and §23, following the pivotal remark (§21) where Kant introduces the need for TD-II, Kant explains why the categories can only afford us cognition insofar as they are applied to what is given to us empirically in space and time, and that, while we may be able to think of what it is for something to be an object of a non-sensible cognition, we can know nothing about it. Although this does not directly address the tasks we outlined above for TD-II, it is immediately relevant to them: these tasks are only worth pursuing insofar as it is understood that sensible intuition is required for knowledge.

After that clarification, Kant now tackles the tasks of TD-II head on. And in §24, he first introduces the intellectual synthesis. This is defined in terms familiar from TD-I: it is that through which judgement, i. e. "objectively valid" cognition (B142), is achieved; in one sense this could be said to add nothing to TD-I and its claim (y). By viewing this now as a synthesis characterising our discursive cognition, Kant is addressing task T1a by indicating that we can apply the results of TD-I which concerned the manifold of an intuition in general, to the manifold of a sensible intuition, whereby the issue of its being "given in one empirical intuition" (B143) is not yet addressed, because it will be addressed immediately after with the figurative synthesis. In other words, the intellectual synthesis is the synthesis discussed in TD-I in the case when the manifold is assumed given in one intuition: it is a use of TD-I as involving a restriction to given unified intuitions, exactly as Henrich (1984) proposes, with the difference that I have claimed that such restriction-involving interpretations (also Evans 1990) do not exhaust the meaning of TD-I.

And the full justification of this last claim lies in what comes next. As the interpretation of the intellectual synthesis as involving a restriction implies, we need to address the task of lifting that restriction, i. e. of showing that sensible intuitions can be unified: this is where Kant introduces the figurative synthesis.

To do so, he first brings out the fundamental role of inner sense as directly addressing task T1. Indeed, Kant claims that,

> since in us a certain form of sensible intuition a priori is fundamental [...] the understanding, as spontaneity, can determine the manifold of given representations in accord with the synthetic unity of apperception (B150).

There are two important features of inner sense that are here in play, and they are referred to with the words *a priori* and *fundamental*. Let us examine them in turn.

The *apriority* of the form of inner sense, namely time, is what enables the understanding to carry out a synthesis in inner sense: this involves an *a priori* function applied to an *a priori* form. It might be objected that the *a priori* nature of the understanding and the form of time is not sufficient to ensure the possibility of an application of the one to the other for the understanding and sensibility are heterogeneous faculties. This is why Kant will have to introduce the mediating role of the imagination. But he will do so after claiming that this synthesis is necessary (B151): the introduction of the imagination provides the mediating term required to allay such concerns about the possibility of this synthesis.

What does Kant mean by describing this form as *fundamental*? From what follows, it is clear that the synthesis of the contents of inner sense leads to a condition under which "all objects of our (human) intuition" stand (B150). And the reason for this lies in the fact that inner sense is where all our representations are to be found insofar as they are "modifications of the mind" (A98 f.). The *unicity* of time (i. e. a pre-conceptual "unity" that is prior to any synthetic unity, i. e. the unity discussed in the TD – see Onof and Schulting 2015) as form of inner sense is here essential: without it "every individual representation [would be; C. O.] entirely foreign to the other, as it were isolated and separated from it".

It is because our receptivity is *in one unique time* that we can have a manifold available for synthesis in the first place.[12] In the language of ATD, *inner sense is the condition for the synopsis of the manifold.* Since each representation in time does not come with a determinate "temporal tag", there is a role for taking these representations as defining distinct times, and thereby connecting them in a synthesis.

Although Kant is silent about how task T1 could be addressed, were we not to be endowed with inner sense, the ATD is here useful: there Kant considers what happens when we consider a representation contained in one moment (A99): it exhibits no manifoldness, and is thus already a unity, but this is not a unity for me, which is what I need for perception.[13] This is an example of concern W1: if our sensibility did not feature an inner sense, the understanding would have no way of bringing about a synthesis of representations, i. e. there would be no unifiable intuitions, and the results of TD-I would be useless.

This synthesis therefore amounts to taking the representations as mine. But since this synthesis brings about a connection in the "manifold of given representations" (B150), it must involve determining their content in some way: otherwise, this synthesis would be no more than a synopsis (A97). A synthesis is characterised by the fact that it has a certain unity, and this unity has to be added to the manifold.

Because, as we shall see below in more detail, the synthesis is in inner sense and inner sense has no manifold of its own, this unifying determination of the manifold involves the generation of spatial representations and the synthesis in question is thus called the *figurative synthesis* (B151). And because this unification involves generating representations of something that is not present in the manifold (B151), the imagination has a role to play.[14]

---

[12] This is stating a condition that is implicit in (β), namely a condition for my being able to accompany distinct representations with an 'I think': they must be given as distinct representations, which would not be possible if I were only able to consider one at a time, which is what would happen were they in different times. So this condition plays a role vis-à-vis (β) that is analogous to the requirement for (γ) that the manifold be given in one intuition.

[13] To make it a unity for me, I would have to break it down to analyse how the parts are related, and thereby put them together again; but this last action requires the parts to be given in time – see also Allison's (2015: 210) refutation of Falkenstein (1995: 75–77).

[14] Another feature of this synthesis is that it involves the generation of time (B154). Allison (2004: 190) understands this to amount to a production of times that are not present, and thereby as the reason why the imagination must be involved. This aspect of the synthesis is however that which Kant presented as synthesis of reproduction in the ATD (A100–102), of which Kant now says that it plays no role in transcendental philosophy (B152). On the generation of time, see footnote 35.

Having given a first outline of the nature of this synthesis and explained why it is possible, the two questions which arise now are:
(a) What justifies Kant claiming that unity of this synthesis is the TUA *and* that through it "the categories [...] acquire objective reality"?
(b) Why is Kant entitled to claim that it is necessary for cognition?

Addressing these is required for task T1 insofar as we have to show that this is a synthesis of the understanding that is necessary for objective cognition (through the intellectual synthesis), which will therefore have implications for the objective status of pure concepts of the understanding, i. e. the categories. As noted by a number of authors (e. g. Allison 2015: 386; Carl 1998: 205; Buroker 2006: 129), Kant does not provide much in the nature of explicit justification here, rather seeming to stipulate that a synthesis of the imagination is required to mediate between sensibility and understanding.[15]

But justifications can be found in the text if the relation between TD-I and TD-II has been interpreted appropriately. Kant in fact answers the first part of question (a) in the very sentence which introduces the figurative synthesis: he claims that the determination of the manifold is "in accord with the synthetic unity of apperception" (B150). What entitles him to this claim? The unity of apperception has been identified in TD-I as what makes the unity of an intuition possible (§17). Importantly, this is where the above interpretation of TD-I as providing us with some general result that can be applied in TD-II becomes particularly relevant: as explained earlier, (β) is *a general result that here finds application to the figurative synthesis*.[16] This result is presented in TD-I with regard to a non-specified synthesis of the understanding, so in TD-II, it can be applied in this specific context to the figurative synthesis,[17] hence the term *synthesis speciosa* that is given to the figurative synthesis (B151).[18]

---

15 Thus Allison (2015: 386 f.) finds it necessary to reconstruct an argument which, while it emphasises the role of the unicity of time, in effect is that which Kant produces in TD-I to ground (β).
16 I therefore agree with Dennis Schulting (2017: 303) insofar as he sees TD-II as having to show how empirical intuitive representations are to be brought to the unity of apperception.
17 The figurative synthesis is first introduced as a determination of inner sense by the understanding (B150), and it is only after that Kant indicates that this must involve the faculty of imagination because of the representation of an object that is not present in intuition.
18 As a result, the unified intuition is available for the intellectual synthesis, so that Kant can claim that the categories which were shown to be conditions for the thought of an object in (γ), now acquire objective reality, whereby Kant means that they apply to the real given in sensible intuition (see Buroker 2006: 129).

This does not however obviously justify that through this synthesis the categories "acquire objective reality". We cannot use a similar strategy for this question and apply claim (α) from TD-I or claim (γ) from which it is derived, since these were exclusively about our thought of an object which is not what the figurative synthesis deals with; and moreover (α) and (γ) are conditional upon a manifold being given in *one* intuition.[19] But this is why Kant made a point of starting §24 which is mainly focussed on the figurative synthesis, with a presentation of this intellectual synthesis. As indicated above, this addresses task T1a. That is, TD-I thereby ensures that, with manifolds thus given in *one* intuition, (γ) applies to any synthesis determining an object of thought. This means that one can bring this manifold to the unity of apperception, i. e. make this unity explicit as the unity of an object of thought, which task involves the categories. So, if the intellectual synthesis can make the unity of intuition explicit in thought through the application of the categories, the figurative synthesis which unifies the intuition in the first place, must stand under the categories (else it would be contingent whether or not this unity can be made explicit under the categories). This justifies Kant's claim that the categories acquire objective reality through the figurative synthesis. *The duality of the figurative and intellectual syntheses* is thus apparent: the first provides *one* intuition by carrying out a synthesis of the contents of inner sense under the categories;[20] the second carries out a synthesis of the manifold in this *one* intuition which makes explicit (i. e. brings to self-consciousness), through the categories, the unity of the intuition.[21]

As to question (b), recall that the need to identify the synthesis or syntheses that provide the intellectual synthesis in TD-I with one intuition has been flagged as one of the features of the TD that calls for a second part to follow upon TD-I. Having explained how the nature of inner sense makes an a priori synthesis of sensible representations possible, we need only note that this is exactly the synthesis that is required: through the figurative synthesis, the subject

---

[19] Note, as we will see below, that if the focus of attention is not the manifold as representing an object in outer sense, but as belonging to inner sense, there is an object of thought involved, namely the self (in inner sense).

[20] The way in which the categories are involved in the figurative synthesis is not addressed in TD-II as this comes under the 'how?' question. The chapter on Schematism deals with this by introducing the notion of schema.

[21] On this point, I agree with Longuenesse's (1998: 272) understanding of the TSI as part of an "effort to form judgments", i. e. of its being teleologically oriented towards discursive thought (Longuenesse 1998: 203f.), although not with what is thereby involved. As we shall see below, depending upon what the attention is directed to however, it may issue in something else than thought.

spontaneously takes a manifold of representations as belonging together, which is a necessary condition for their being taken as representations of an object.

2.2 The Transcendental Synthesis of the Imagination

Because of this key role in cognition, the figurative synthesis is called the *Transcendental* Synthesis of the Imagination (TSI). This defines an "a priori synthetic unity of the apperception of sensible intuition" (B150) as a condition for objectivity, and implies that the categories apply to sensible intuition, and thereby have objective reality. With the TSI, Kant is therefore able to extend the results from TD-I to sensible intuition insofar as sensible representations define the content of inner sense.

To be more precise, this extension of the results of TD-I involves, as we have just shown, the conjunction of the two syntheses that Kant contrasts in the second paragraph of §24, namely the figurative and intellectual syntheses. The examples Kant gives further in §24 shed light upon the relationship between the intellectual and the figurative syntheses. From what we have seen above, the figurative synthesis is designed to account for what is needed for the synthesis of the manifold of sensible intuition, and therefore goes hand in hand with the intellectual synthesis. This is what examples such as the drawing of a circle illustrate: here, the intellectual and figurative syntheses are in effect concurrent since we affect inner sense as we think of the circle. But in terms of logical priority, *it is the figurative synthesis which makes the intellectual one possible* as it is the drawing of a figure that enables the concept of circle to be thought in the unity of the synthesis of this figure. Kant clarifies this point in a footnote: "the understanding determines the inner sense, in accordance with the combination that it thinks, to the inner intuition that corresponds to the manifold in the synthesis of the understanding" (B156 f.n). To illustrate this, one could also use a somewhat more complicated example than that of the circle. Consider the drawing in thought of different geometric shapes, thereby enabling a synthesis of the whole figure under a new concept: this would be an illustration of the derivation of a geometrical theorem. Such an example is presented by Kant when he shows how to understand the proof that the sum of the angles of a triangle is equal to two right angles (e. g. see A716 f./B744 f.). In such cases, further determination of the object is possible through intellectual syntheses that are enabled by the one figurative synthesis.

Although these examples are purely geometric, they illustrate the relationship between figurative and intellectual synthesis more generally as the key to Kant's critical account of cognition: the figurative synthesis, insofar as its unity is the TUA, must involve the categories because of the result of TD-I (even though we do not know how, at this point: this will be addressed in the Schematism chapter); the intellectual synthesis will thereby have the task of bringing the manifold thus synthesised to the unity of a concept,[22] but the claim that this is achievable in principle is grounded in the fact that the categories are involved in structuring the manifold through the TSI: in bringing the manifold to a concept, I am *recognising* the categorial determinations that I brought about through the TSI. As Kant says in the Preface to the *CPR*: "[w]e can cognize of things *a priori* only what we ourselves have put into them" (Bxviii).

At this point, one might well ask why the results obtained by considering these two syntheses are not sufficient for the overall purposes of the TD? In fact, with the figurative synthesis, we have only indicated that representations can (and must) be brought together under the TUA *qua contents of inner sense*. These representations themselves have a content however and, as already mentioned above, their synthesis must involve bringing these representational contents together into one unified intuition, thereby adding unity to the representations. So far, nothing has been said as to the role the figurative synthesis plays in achieving this. I shall call this *question* (c).

Closely connected to (c) is *question* (d): since it is the application of (β) that justifies the TSI's possibility (and necessity), one is entitled to enquire about what accompanying with an 'I think' the representations in the manifold that is thus synthesised might amount to *for the TSI on its own*, i.e. without the intellectual synthesis for which this question was addressed in TD-I, since such an accompaniment must be possible according to (β).

These questions might seem to be merely explanatory ones that it is not necessary to address to fulfil the TD's justificatory task. But (d) must be addressed if the TSI of TD-II is indeed the synthesis that deals with task T1, i. e. that provides a unified intuition for the intellectual synthesis of TD-I: for that, we need to ensure that it is fully compatible with TD-I's claim (β). And understanding exactly how the TSI operates upon the spatial content of intuitions (question (c)) completes task T1 and contributes to task T2. Indeed, the latter addresses worry W2, namely that our sensible intuitions should have a unity that is not compatible with the TUA. Given the structure of the *CPR*, that worry amounts to the concern that the unities of space and time presented in the Transcendental Expositions (B40 f.; B48 f.) of the Transcendental Aesthetic (TAe), i. e. the unity of space grounding geometry and that of time grounding the concept of alteration should

---

[22] This is in effect the task of recognition that Kant describes in the A version of the deduction (A103).

not be compatible with the TUA, a concern rooted in the heterogeneity of intuitions and concepts.

The dialectical status at this point of TD-II is therefore as follows.
(1) T1 will have been fully addressed by answering question (d) and shedding some insights on question (c) since T1 is the task of identifying what synthesis ensures that manifolds are given in one intuition to the faculty of the understanding.
(2) T2 will only be addressed when a full answer to (c) has been provided, as this must involve addressing the issue of the compatibility of the unities of space and time (as presented in the TAe) characterising the content of the intuitions in inner sense, with the TUA.

These tasks correspond approximately to the developments in the rest of §24 on the one hand, and in §26 on the other.

2.3 The Figurative Synthesis and Self-Affection

Kant's examination of the problem of self-knowledge in §24 (and §25) is by no means a mere aside as it is usually taken to be (e. g. Allison 2015: 388; Carl 1998: 190; Banham 2005: 150).[23] Failure to properly account for the structure of the TD and therefore to identify question (c) and (d) as outstanding at this stage of the TD makes it impossible to give an explanation for Kant's claim that "[h]ere is now the place" to address the problem of self-knowledge (B152). Self-knowledge is *prima facie* paradoxical insofar as I only know myself insofar as I affect myself. The reason for this is however not immediately obvious, and even when, a few lines further, one finds out the TSI has a role to play here, it is still not clear why this "application" of the TSI is relevant to the argument as a whole. I want to show that Kant here directly addresses (c) and (d).

If we examine the text, we find that Kant reminds us first that, when it comes to self-knowledge, we have a situation that is analogous to knowledge of objects in space, namely that we only have objective knowledge of how we are affected, in this case, by ourselves. Indeed, even if we had something like self-intuitions of ourselves as spontaneous subjects,[24] we would still have to combine them syn-

---

23 I do not however claim that the issue of self-knowledge is the key to the division of the TD into two parts, a view found in different forms in McCann (1985) and Keller (1998: 92–94).
24 As Birrer (2017) points out, *pace* Allison (2004: 278), it is "the I [...] in its role as understanding" (my translation; C. O.), i. e. as spontaneity, that is at stake here.

thetically (B153). So self-knowledge consists in knowing how I affect myself in inner sense.

This self-affection is none other than the TSI (B153 f.). This is however not just a particular application of the TSI, but just what it is: *it is an act of self-affection* by which the imagination brings about a combination of the manifold in inner sense (B153 f.). This means that *all* instances of cognition involve such self-affection. By considering the phenomenology of self-affection, we shall see how the issue of self-knowledge finds its place in the overall argument of TD-II.

Kant addresses the phenomenology of self-affection in §24. While this can be interpreted as Kant's eagerness to ensure that the claims he makes about the spontaneity of the understanding are as phenomenologically accurate as is his analysis of space in the TAe (see Onof and Schulting 2015), there is an immediately more significant reason for this: we have just seen that self-affection is at the heart of cognition, whether it be of what affects my outer sense or my inner sense. So an immediate question is: how can one differentiate between the role of self-affection in both types of knowledge? Let us call this *question* (e). Addressing this will shed light upon questions (c) and (d) and therefore feed into the pursuit of tasks T1 and T2.

Kant provides a number of examples in a paragraph whose opening sentence "[w]e also always perceive this in ourselves" (B154) is as clear a statement of phenomenological intent as one could wish. The referent of "this" in the sentence is the last claim in the previous paragraph, namely the "consciousness of the determination of the manifold through the transcendental action of the imagination" (B154), and the examples purport to show how any kind of determinate intuition requires some act of self-affection which is perceived as an act of "drawing" or "describing" or "placing" according to the example considered.

This leads Kant to introduce the concept of *attention*. This occurs first in the examples he gives: it is by attending to the way in which we affect ourselves in inner sense that we are conscious of ourselves as engaged in the act of synthesising under a concept (Kant takes the examples of the concepts of time and succession). Then, at the end of §24, he appends a footnote in which he explains that in acts of attention, "the understanding always determines inner sense" (B156 f.n).

Although Kant does not spell this out further, the previous examples suggest that there is *a choice in terms of what the attention is directed to*. If, in the figurative synthesis, it is directed to the act of synthesis, i. e. if we "attend solely to the action in accordance with which we determine the form of inner sense"

(B155) this is an instance of knowledge of myself as I affect myself.[25] This is therefore the answer to (e): it is through attending to the act of synthesis in inner sense rather than the spatial dimension of the figurative synthesis that self-knowledge is differentiated from knowledge of objects in space.

If, on the contrary, the attention is directed to the spatial content of the synthesis, there are two possible cases. Either the synthesis is carried out as part of the process of thinking of a concept (e. g. circle, time), which is illustrated by Kant's examples at B154f., in which case a concept is already on the scene. Or, the synthesis is playing a role as part of empirical cognition. Phenomenologically, Kant observes more than once that our consciousness of the act of synthesis is thereby weak, which, as we now see, follows from the fact that our attention is focussed upon the result of the synthesis, i. e. upon the object (e. g. see A103).[26] What is important for the analysis of cognition is that this is the case where the unified spatial intuition that has been generated is available for the intellectual synthesis, as explained above. Through the latter, it will be brought to a concept. So, when attention is directed to the spatial content of the synthesis, it is also a phenomenological manifestation of the (concurrent or consecutive) intellectual synthesis.

What this phenomenological analysis also achieves is a modal completeness in the characterisation of the figurative synthesis: while §24 was initially largely focussed upon, first the *possibility*, and then the *necessity* of the figurative synthesis, Kant now gives a characterisation of its *actualisation* in terms of this concept of attention. What this means is that, when I attend to the act of synthesis in inner sense, i. e. to what the figurative synthesis is bringing about in inner sense, the self-consciousness I have is one that can be encapsulated in "I think myself as engaged in affecting myself in inner sense" which is self-knowledge. This identification of the nature of the 'I think' accompanying the synthesis in inner sense addresses question (d).[27] When I am rather attending to the spatial

---

[25] It will be pointed out that even in these synthetic acts, a concept must be involved. But when the attention is focussed upon the act of synthesising, there cannot simultaneously be a consciousness of the concept at work. It is therefore rather the schema that is involved: this distinguishes this case from cases in which the intellectual and figurative syntheses are simultaneous (i. e. when we are thinking of a concept).

[26] This is also illustrated in the distinction that Kant makes between the self-consciousness in which a synthesis unites a manifold (B134) and the consciousness of the synthesis of the representations (B134), which is the result of the synthesis; this latter consciousness is the consciousness of the object of knowledge.

[27] §25 is not discussed in this paper. It serves three purposes: (i) it differentiates the 'I think' from self-knowledge in inner sense examined in §24; (ii) it reminds us that the 'I think' is merely

content that is synthesised, it is tied in with an intellectual synthesis and thereby accompanied by the latter's 'I think' as explained in TD-I.

Finally, this analysis begins to address the issue of how the TSI operates upon the contents of inner sense, i. e. question (c). The role of the figurative synthesis in relation to the content of representations in inner sense is here illustrated by a second phenomenological feature of Kant's examples at B154f.: insofar as these examples illustrate how the figurative synthesis is actualised they must not only identify the action that we "perceive [...] in ourselves" (B154) when we affect ourselves, but also its nature. What the examples show is that it is a spatial action, i. e. *the generation of a spatial intuition* that is characteristic of self-affection. The typical example of this is the need to draw a circle in thought as part of thinking of a circle (B154). This key role of spatial intuitions can be *explained by the nature of inner sense:* as observed above, since it has no manifold of its own, Kant indicates that its "proper material" (B67) is constituted by representations of outer sense. This statement may seem to clash with other claims about inner sense containing the "modifications of the mind" (A98), e. g. our "thoughts, [...] consciousness, [...] desires" (A357). These claims can however be reconciled if one takes Kant's statement at B67 as indicating that, insofar as they are cognitively relevant, *the contents of inner sense are spatial representations*. We can find evidence of that in Kant's indicating that, unlike with outer sense, we receive no intuitions of such modifications of the mind as "representations, volitions", but "receive merely representations of space and its determinations" (A358), so that the "effect of inner causes" (A98) describes the role of the imagination in producing spatial representations, in particular of states of the mind such as volition, thoughts, etc. When in §24, Kant says, summarising the several examples he uses, that "[t]he understanding therefore does not find some sort of combination of the manifold already in inner sense, but produces it, by affecting inner sense" (B155), this therefore means *more than just combining a pre-existing manifold:* in these examples that only consider the pure use of the imagination as opposed to its use in combination with apprehension, it is also a *generation* of the components of the manifold, and these are *spatial* representations. This is why the TSI is the work of the *productive* imagination, and the term *figurative* is appropriate for it.[28] What this also brings out is the *key role of space* in our ability to unify intuitions (task T1): the synthesis of the manifold in intuition

---

a thought and provides no cognition of any sort; (iii) it clarifies the fact that the self-knowledge examined in §24 is knowledge of how I appear to myself.

28 Even prior to the publication of the *Critique*, we find Kant clearly stressing this figurative role: "pure synthesis of the imagination [...] produces nothing but shapes" (AA23: 18; Kant 2005: 258).

is possible because the contents of inner sense can be represented in the one space.

3 The Figurative Synthesis and Apprehension

These examples do not, however, directly address the question of how we are to understand the role of self-affection through the TSI in cases where representations (e. g. of outer sense) are given to our sensibility, which is really what (c) is about, and which ultimately feeds into task T2. That Kant at this stage of the argument does not deal with examples in which the TSI involves bringing sensible representations under the TUA is understandable: to do so would involve leaping ahead to the theme of §26, namely apprehension. But if the TSI is to play a role in enabling the categories to apply to what is perceived through apprehension, the fact that it is not explicitly mentioned in §26 suggests that Kant considers that its role is already fully clarified in §24. This leaves §26 with a fairly simple broad argument which runs as follows: since space and time are intuitions that, insofar as they contain a manifold, have "the determinations of the unity of this manifold in them" (B160), therefore the synthesis of apprehension of anything in space and time must agree with this unity. What is not thereby clear is whether this unity is that of the TUA, i. e. worry W2 is thereby not addressed. The footnote B160 fn deals with this problem, but without much clarification as to the nature and necessity of the syntheses of space and time that are mentioned there, which is one aspect of its notorious complexity (e. g. Allison 2015: 409 – 413). One interpretation that does examine this question in depth is that of Longuenesse (1998: 212 ff.), but at the cost of doing away with the distinction between formal, and form of, intuition and downplaying the distinctive contribution of sensibility to cognition (Allison 2015: 412). While Dennis Schulting and I have discussed the interpretation of the footnote at length elsewhere (Onof and Schulting 2015), the nature and necessity of the figurative synthesis's role are in need of clarification, and this will explain why the unities of space and time are those of the TUA, as is required for task T2.

A proper understanding of the examples in §24, enables one to provide an account of how the TSI operates upon given sensible representations.[29] The problem that the move to this case might seem to encounter is that here, it no longer seems that any generation of spatial representations is necessary as

---

[29] Unlike Allison's (2004: 284 f.) the interpretation proposed here does not require a distinction between two senses of self-affection (see also Birrer 2017: 109 f.).

part of the figurative synthesis. Why can we not, after all, just take the representations as they are and bring their contents together, e. g. through association by the reproductive imagination. This is one option a non-conceptualist interpreter might want to choose, namely that apprehension can operate independently of any role for the understanding (via the productive imagination). On such an interpretation, perception results from the associative combinations of representations of outer sense.[30]

This however ignores the fact that a synthesis is not just a matter of gathering together. A synthesis has a unity at work in synthesising the manifold. The synthesis must therefore, as in the non-empirical examples of §24, involve *generating spatial representations* with the difference that here, a manifold is already given so that this generation is (only) that of the *unity of the manifold*.[31]

That which is *a priori* about this unity can therefore only be the unity of the content of these representations insofar as they are spatial: the content of the representations must be taken as belonging to a unified space. But what makes this possible is that these are *manifold* representations given in a *single* space (unicity of space, B39/A25): these representations can only be unified insofar as I take them (i) as distinct representations which (ii) belong simultaneously to this single space. This is the "normative constraint placed upon apperception" that Allison (2015: 380) has clearly identified. This is only possible if space itself is unified through the TSI, i. e. brought under the TUA. This unifying of space involves generating the a priori spatial structure that binds the manifold representations. This directly addresses task T2: in the TAe, the unity of space discussed in the Transcendental Exposition of the TAe is the unity resulting from my taking the single space of the Metaphysical Exposition, in which the manifold in intuition is given, as a unity.[32]

---

[30] Typically, such interpreters refer to the ATD and claim that the syntheses of apprehension and reproduction (the latter no longer gets a transcendental role in TD, B152) can happen without the synthesis of recognition. Although Kant's text suggests that this would not be impossible but only that "all reproduction in the series of representations would be in vain" (A103) presumably for the purpose of cognition, it is also the case that the categories are already involved in the synthesis of apprehension insofar as the pure synthesis thereof is a condition of the empirical one. What could be claimed is that apprehension and reproduction could take place without any involvement of the categories, but this would not amount to syntheses, i. e. they would have no unity (see Onof 2016: 220–222).

[31] I agree with the thrust of Schmitz's (2015) interpretation of self-affection, which rejects the claim that self-affection involves representations of representations of outer sense.

[32] Through this unifying, the topological features of this single space are determined geometrically (see Onof and Schulting 2015).

So, for instance, the figurative synthesis can bring together manifold representations of some four-sided shaped planar object by the imagination's drawing the outline of a quadrilateral which unifies the different spatial representations by combining them with a unifying feature so that they are taken as belonging to the same space. It is exactly in this sense that the figurative synthesis is to be understood as the work of the imagination: the imagination represents what is not given, i. e. the unity of the different representations. This is not the contingent matter of "the constructing of sense-image models of external objects" (Sellars, 2002, §25) which involves producing images of perspectives that are not given. The imagination produces a shape that, whether it is or is not fully given in the representations, is in any case not given *as* a unifying feature; by attaching this one shape to the manifold representations, this manifold is thereby provided with a synthetic unity.[33] The imagination thereby structures space according to pure sensible concepts.[34]

The role of the TSI with respect to representations that are given in perception explains why the pure synthesis of apprehension of space of ATD no longer features as part of the transcendental account Kant gives in the B Deduction. As we have just seen, the TSI operates by bringing about spatial determinations of the content of the representations in the manifold. It is therefore the TSI that takes over the role ascribed by Kant to this synthesis in the A edition in the following terms: "without it we could have *a priori* neither the representations of space nor of time" (A99 f.).[35]

---

[33] A more sophisticated non-conceptualist account will concede that there is such a role for spatial "contributions" of the imagination, but deny any a priori dimension to them, preferring to assign them a role as part of the associative mechanisms of perception: on that account, my reproductive imagination could connect certain features found in the sensible input with the shape of a quadrilateral and I thus perceive a four-sided object. This does not however conform to the conditions of objectivity spelt out in TD-I for this associative process does not guarantee the possibility of accompanying the manifold representations that are thus brought together with an 'I think': there is no unity of consciousness and therefore no consciousness of unity (see also A108). Such unity is only made possible through the TSI.

[34] The categories are involved through their schemata as Kant will explain in the Schematism chapter (B177 f./A138 f.). The unifying of the apprehended manifold also has an empirical dimension: the quadrilateral produced by the TSI is a feature of an empirical schema e. g. the schema of a table. Such an empirical schema will include perspectives that are not currently seen, as in Sellars's (2002) proposal.

[35] The above account must not let us forget that the TSI is fundamentally a synthesis of inner sense: by exercising a pure synthesis of apprehension of space which brings the contents of the manifold representations under the unity of space, these representations, *qua* contents of inner sense are (i) distinguished as belonging to different times and (ii) combined as a *unity in time* that is a necessary condition for the subject to relate them all to an object of perception. This

4 Conclusion

In the above, I have sought to clarify the role of the TSI in TD-I. First, I showed that TD-II is (i) necessary to address two concerns left open from TD-I, namely that our sensible intuition may not be unifiable, and that it may have a unity distinct from the TUA, but also (ii) that TD-II uses TD-I as applied to the particular case of sensible intuition. Second, together with an understanding of the fundamental role of inner sense as condition for the synopsis of the manifold, this makes it possible to understand Kant's claims about the TSI, its relation to the intellectual synthesis, and the reason why self-knowledge is discussed §24 of TD-II. Third, I gave an interpretation of the key function of space as condition for the synthesis of the manifold in inner sense insofar as this involves the TSI's generation of its unity in spatial form. In this way, the paper has demonstrated the key role that the TSI plays in the unfolding of the argument of TD-II: through the unity of this synthesis, the categories, in the form of schemata, structure the manifold in intuition so that the intellectual synthesis can bring this manifold to a concept under the TUA in conformity with the categories.

Bibliography

Allison, Henry E., 2004, *Kant's Transcendental Idealism. An Interpretation and Defense*. New Haven/London: Yale University Press.

Allison, Henry E., 2015, *Kant's Transcendental Deduction. An Analytical-Historical Commentary*. Oxford: Oxford University Press.

Ameriks, Karl, 2003, *Interpreting Kant's 'Critiques'*, Oxford: Clarendon Press.

Banham, Gary, 2005, *Kant's Transcendental Imagination*, New York: Palgrave Macmillan.

Baum, Manfred, 1986, *Deduktion und Beweis in Kants Transzendentalphilosophie*, Königstein: Athenäum.

Bird, Graham, 2006, *The Revolutionary Kant. A Commentary on the 'Critique of Pure Reason'*, La Salle, IL: Open Court.

Birrer, Mathias, 2017, *Kant und die Heterogenität der Erkenntnisquellen*, Berlin/Boston: De Gruyter.

---

assigning of distinct times to these representations is important as an account of the generation of time. As Kant claims in the chapter on Schematism, "I generate time itself in the apprehension of the intuition" (B182/A143), which means that distinct times are assigned to the manifold representations (*pace* Longuenesse, 1998: 216, not the generation of the intuition of time itself). This generation of time enabled by the schematised categories is generally overlooked by non-conceptualist approaches.

Buroker, Jill Vance, 2006, *Kant's 'Critique of Pure Reason'. An Introduction*. Cambridge: Cambridge University Press.
Carl, Wolfgang, 1998, "Die transzendentale Deduktion in der zweiten Auflage (B129–169)", in: Georg Mohr and Marcus Willaschek (eds), *Immanuel Kant. Kritik der reinen Vernunft*, Berlin: Akademie, 189–216.
Evans, Joseph Claude, 1990, "Two-Steps-in-One-Proof: The Structure of the Transcendental Deduction of the Categories", *Journal of the History of Philosophy*, 28, 553–570.
Falkenstein, Lorne, 1995, *Kant's Intuitionism. A Commentary on the Transcendental Aesthetic*, Toronto: University of Toronto Press.
Henrich, Dieter, 1969, "The Proof-Structure of Kant's Transcendental Deduction", *Review of Metaphysics*, 22, 640–659.
Henrich, Dieter, 1984, "Die Beweisstruktur der transzendentalen Deduktion der reinen Verstandesbegriffe – eine Diskussion mit Dieter Henrich", in: Burkhard Tuschling (ed.), *Probleme der "Kritik der reinen Vernunft"*, Berlin/New York: De Gruyter, 34–96
Kant, Immanuel, 1998, *Critique of Pure Reason*, ed. and trans. by Paul Guyer and Allen W. Wood, Cambridge: Cambridge University Press
Kant, Immanuel, 2005, *Notes and Fragments*, ed. and trans. by Paul Guyer, Cambridge: Cambridge University Press.
Keller, Pierre, 1998, *Kant and the Demands of Self-Consciousness*, Cambridge: Cambridge University Press.
Longuenesse, Béatrice, 1998, *Kant and the Capacity to Judge*, transl. by Charles T. Wolfe, Princeton: Princeton University Press.
McCann, Edwin, 1985, "Skepticism and Kant's B Deduction", *History of Philosophy Quarterly*, 2, 71–89.
Onof, Christian, 2016, "Is There Room for Nonconceptual Content in Kant's Critical Philosophy?", in: Dennis Schulting (ed.), *Kantian Nonconceptualism*, London: Palgrave Macmillan, 199–226.
Onof, Christian and Schulting, Dennis, 2015, "Space as Form of Intuition and as Formal Intuition: On the Note to B160 in Kant's 'Critique of Pure Reason'", *Philosophical Review*, 124(1), 1–58.
Pollok, Konstantin, 2008, "'An Almost Single Inference' – Kant's Deduction of the Categories Reconsidered", *Archiv für Geschichte der Philosophie*, 90, 323–345.
Rosales, Alberto, 2000, *Sein und Subjektivität bei Kant*, Berlin: De Gruyter.
Schmitz, Friederike, 2015, "On Kant's Conception of Inner Sense: Self-Affection by the Understanding", *European Journal of Philosophy*, 23(4), 1044–1063.
Schulting, Dennis, 2017, *Kant's Radical Subjectivism. Perspectives on the Transcendental Deduction*, London/New York: Palgrave Macmillan.
Sellars, Wilfrid, 2002, "The Role of the Imagination in Kant's Theory of Experience", in: J. Sicha (ed.), *Kant's Transcendental Metaphysics*, Atascadero, California: Ridgeview Press, 419–441
Thöle, Bernhard, 1991, *Kant und das Problem der Gesetzmäßigkeit der Natur*, Berlin/New York: De Gruyter.

Till Hoeppner
Kant's Metaphysical and Transcendental Deductions of the Categories: Tasks, Steps, and Claims of Identity

Abstract: Kant's Metaphysical Deduction of the Categories justifies their *apriority*, i.e. that their contents originate in the understanding itself, while the Transcendental Deduction justifies their *objectivity*, both in that they *purport* to represent objects of experience and that they do so *successfully*. The apriority of the categories, as explained in terms of acts of synthesis required for having sensible intuitions of objects, is justified by establishing their *generic identity* with logical functions of judgment, i.e. acts of judgment required for referring concepts to objects. The objective purport of the categories is justified by establishing that *sensible intuitions* fall under them. To finally justify that the categories represent successfully, i.e. that the *objects* of our intuitions fall under them, it is established that the *representations of space and time* do, namely by showing that the features addressed in their Metaphysical Expositions, too, are to be explained in terms of acts of synthesis.

My aim in this essay is to reconstruct the main tasks and steps of the Analytic of Concepts in Kant's *Critique of Pure Reason*, in particular his Metaphysical and Transcendental Deductions of the Categories (henceforth: MD and TD). I will first identify the tasks of MD and TD and give an overview of the arguments meant to achieve these tasks. I will then reconstruct what I take to be MD's three main steps (§1), the three main steps of TD's first part (henceforth: TD1) (§2), and, finally, the three main steps of TD's second part (henceforth: TD2) (§3).

The difference between the tasks of MD and TD is best understood in terms of the two essential features of the categories they are employed to explain. Kant wants to show that the categories are concepts that are both *a priori* and *objec-*

For their comments on earlier versions (of parts) of this essay I thank Henry Allison, Ralf Bader, Matt Boyle, Sebastian Bürkle, James Conant, Dina Emundts, Steve Engstrom, Eckart Förster, Stefanie Grüne, Johannes Haag, Rolf Horstmann, Toni Koch, Béatrice Longuenesse, Adem Mulamustafić, Moreno Rocchi, Tobias Rosefeldt, Houston Smit, Andy Stephenson, Jakub Techert, Bernhard Thöle, and Jess Tizzard. I would particularly like to thank Daniel James and Daniel Smyth for their thorough remarks on the penultimate version of this essay.

https://doi.org/10.1515/9783110732603-019

tively valid.[1] In first approximation, MD explains the categories' apriority, while TD accounts for their objectivity.

The *apriority* of the categories is their content's origin in the capacity of the understanding,[2] as contrasted with empirical concepts, whose content originates in sense experiences from which we derive them by abstraction.[3] To establish the apriority of the categories, it is not enough to show that they are not empirical concepts. One further needs to trace their origin back to the understanding itself, namely to its fundamental representational abilities and acts. This is the task of MD.

Once the apriority of the categories is established, the problem of their objectivity arises. How can concepts refer to objects of experience if they do not derive from experiences of them? Empirical concepts refer to objects of experience in virtue of being derived from experiences of such objects by abstraction. But how can the categories, which arise in the understanding alone, be objectively valid of objects as they are given to us through the senses?[4] Answering this question is the task of TD.

The *objectivity* of the categories is their purported and successful representation of objects of experience, as contrasted with empty concepts which either fail to represent objects at all, or which represent something that is not there or is not the way it is represented to be. There are two correlated senses of emptiness and objectivity. In contrast to *objective purport*, a concept is empty$_1$ just in case it does not represent objects at all, or fails to even have representational content. In contrast to *objective success*, a concept is empty$_2$ just in case it does represent objects, i.e. has representational content, but represents something that either does not exist or does not exist as represented. To establish the objectivity of the categories, it is not enough to show that they purport to be about objects. One also needs to show that they do so successfully, i.e. that possible objects of experience are as they are represented to be by the categories.

Accordingly, TD falls into two parts, which is reflected in the way Kant's B-Deduction (henceforth: B) is structured. This is the version of TD I will concentrate on since it makes this construction most perspicuous. At the same time, it will turn out that the A-Deduction (henceforth: A), especially in its presentation of synthesis, plays an indispensable role for understanding Kant's Analytic of Concepts. In TD1, namely in §§15–20 in B, Kant establishes the categories' objective purport, or that they are not empty$_1$, but in fact represent objects. In TD2,

---

[1] See A64f./B89f., A79f./B105f., A85/B117, A89f./B122f.
[2] See B5f., A79f./B105f., A320/B377; *Prol* 4: 297; *Fortschritte* 20: 318.
[3] See A76/B102, A85/B117; *Logik* 9: 93–95; *Fortschritte* 20: 273f.
[4] See A89f./B122f., A93/B125f.

namely in §§21–27 in B, Kant establishes their objective success, or that they are not empty$_2$, but that possible objects of experience in fact are the way they are represented to be by the categories.

I thus suggest that Kant's argument in the Analytic of Concepts divides into three main parts (Table 1).

Table 1: Parts and tasks of Kant's argument in the Analytic of Concepts.

Part of the argument	MD	[TD]	TD1	TD2
Task	to establish the categories' apriority	[to establish the categories' objectivity]	to establish the categories' objective purport	to establish the categories' objective success

On my reading, each main part – i.e. MD, TD1, and TD2 – again subdivides into three steps, the third of which, in each case, takes the shape of an identity claim. In fact, these identity claims are supposed to allow Kant to ultimately reach his intended conclusions. To understand Kant's Analytic of Concepts, it is essential to grasp the progression of these three identity claims, and to appreciate that what Kant is claiming in them is an identity in type. I will try to supply some elaboration of these identity claims that Kant himself does not give, namely an analysis of what is common to their respective relata. It will turn out that the first identity claim, and with it MD as a whole, is of decisive importance for the success of TD in that it is indispensable for the conclusions of both TD1 and TD2.

Before going through these arguments step by step, here is a brief overview of both the steps and their place in Kant's text. The essay will follow the same structure.

1   The first step in the Analytic of Concepts: The Metaphysical Deduction (MD)
    1.1.1   The acts of judgment as the logical functions of thought (Guiding Thread, sections I and II[5])
    1.1.2   The acts of synthesis as the original contents of the categories (Guiding Thread, section III[6])
    1.1.3   The first identity claim: the same function gives unity both to judgments and intuitions so that [conclusion:] the categories originate a priori, i.e. in the understanding (Guiding Thread, section III: A79/B104f.)

---

5 Cf. A67/B92–A70/B95.
6 Cf. A76/B102–A81/B107.

2. The second step in the Analytic of Concepts: The first part of the Transcendental Deduction (TD1)
   2.1.1 Synthetic unity of apperception explains the unity of intuition (§§16,17 in B)
   2.1.2 Bringing representations to the unity of apperception consists in judging (§19 in B)
   2.1.3 The second identity claim: the categories are the same as the functions of judgment in application to intuition so that [conclusion:] intuitions as such fall under the categories (§20 in B)
3. The third step in the Analytic of Concepts: The second part of the Transcendental Deduction (TD2)
   3.1.1 The categories can refer to determinate objects only through empirical intuitions (§§22, 23 in B)
   3.1.2 The categories can refer to objects of empirical intuitions only through the form of empirical intuitions (§24 in B)
   3.1.3 The third identity claim: the unity of the forms of space and time is the same as that prescribed by the categories so that [conclusion:] all objects of our senses fall under the categories (§26 in B)

1 The First Step in the Analytic of Concepts: The Metaphysical Deduction[7]

In MD, Kant says retrospectively,

> the origin of the categories a priori in general was established through their complete correspondence [völlige Zusammentreffung] with the general logical functions of thought (B159).[8]

According to this passage, MD's task is to justify the a priori origin of the categories by demonstrating their exact correspondence to the logical functions of thought.[9] Since establishing such a correspondence requires an account both of the logical functions of thought and the categories, one can distinguish three main steps required to establish the intended result:
1. an account of the logical functions of thought (§1.1, below),

---

[7] I made a first attempt at a reading of MD in Hoeppner (2011). For a comprehensive elaboration and detailed justification of my reading as I sketch it here, see Hoeppner (2021).
[8] All translations of Kant's texts are mine, with help from Daniel Smyth.
[9] Cf. Allison (2015: 166). For the task of MD, see Chapter 1 in Hoeppner (2021: 1–69).

2. an account of the categories (§1.2, below), and
3. a justification of the a priori origin of the categories by establishing their exact correspondence to the logical functions of thought (§1.3, below).

1.1 The Acts of Judgment as the Logical Functions of Thought[10]

Kant analyzes our capacity to think by investigating what representational abilities and acts are required to realize the end or task of the understanding, namely a "cognition through concepts" (A68/B93, A69/B94). It is only in *judgment*, Kant argues, that concepts are referred to objects since judgments are the only context in which other representations of objects can mediate their reference. It is for this reason that we can elaborate the notion of the capacity to think, i.e. to cognize through concepts, as that of a "capacity to judge" (A69/B94, A81/B106). The unity or *form of judgment* consists in the fact that judgments represent objects through concepts in a way that is true or false.[11] Judgments have propositional form. Kant's question in the first step of MD is what acts we need to exercise in judgments in order to refer concepts to objects. Here is the key passage:

> The understanding can make no other use of these concepts than to judge through them. Since no representation but intuition refers to the object immediately, a concept is never immediately referred to an object, but always to some other representation of it (be it intuition or itself already a concept). Judgment therefore is the mediate representation of an object, i.e. the representation of a representation of it [the object; T. H.]. (A68/B93)[12]

It is due to the *generality* of concepts, the fact that they can apply to several objects, that their reference to objects is always only *mediate*, i.e. essentially mediated by other representations. Thus, concepts are general representations in that they stand for kinds or general features of objects, i.e. for what is common to individual objects.[13] This means that if they are referred to objects, they are always referred to them mediated by the representation of a kind or general feature of those objects. They never pick out an individual object directly. Because their reference is in need of mediation by other representations, concepts are essentially *predicates*. They are "predicates of possible judgments" (A69/B94).

---

10 For the first step of MD, see Chapter 2 in Hoeppner (2021: 70–175).
11 See B140–142, A293/B350; *Logik* 9: 65.
12 A good statement of the basic idea of judgment according to this passage is given in Allison (2015: 167 f.).
13 See A320/B376 f.; *Logik* 9: 91; *Fortschritte* 20: 325.

Every judgment, as a cognition through concepts, thus needs to contain, first, a *mediated representation* of the object, i.e. a *predicate concept*. This in turn implies that, additionally, another representation is required, one that specifies or individuates the reference of the predicate, or a subject representation of which the concept is predicated. Every judgment, again insofar as it is a cognition through concepts, needs to contain, second, a *mediating representation* of the object, i.e. a *subject representation*. But these two roles in judgment must in turn be taken together with a third, namely with an act of combination, a role that must be fulfilled in any judgment in order for it to be true or false of objects at all. Otherwise, the predicate concept and the subject representation would merely stand next to each other like the component concepts of a complex concept (or, say, the members of a list). They would not form a unity that is propositional, i.e. a unity in which concepts are referred to objects and true or false of them.[14] Every judgment, being a cognition through concepts, needs to contain, third, a *mediation*, the simplest form of which is the mediation of the predicate concept by the subject representation in predication, or, more generally, a *combination* of the representations in the judgment.[15]

Finally, if the mediating representation in a judgment – namely, the subject representation that mediates the reference of the predicate – is itself another concept, then it only specifies that reference, and its own reference will require mediation in turn. As a concept, it can again only mediately refer to objects, mediated by the representation of a kind or general feature of objects. Purely conceptual representation would thus lead to an infinite regress of mediated reference. The only way to stop this regress is to at some point refer concepts to representations that are not themselves concepts: representations that immediately refer to and thus individuate objects. The only such representations, for Kant, are sensible intuitions.[16] Every judgment, as a cognition through concepts, therefore needs to contain, fourth, some reference to an *immediate representation* of the object, or a (possible) *sensible intuition* as its ultimate subject, in order to refer concepts to objects.[17] Now, if what is analyzed here is a cognition of objects through concepts, and such reference is understood to be a mediate reference, then four features are severally necessary and jointly sufficient for the conceptual reference to objects, or able to complete it. These are a mediated representation, a mediating representation, a mediation, and, ultimately, an immediate representation of the object (Figure 1).

---

14 See *Briefe* 11: 347; *Log-Philippi* 14: 462, 386.
15 See A69/B94, B141f.; *Prol* 4: 304; *Refl* 5933 18: 392; *Log-Wien* 24: 928f.
16 See A19/B33, A68/B93, A155f./B194f.; *Met-L2*, 28: 546.
17 See A68f./B93f.; *Fortschritte* 20: 273; *Briefe* 11: 38.

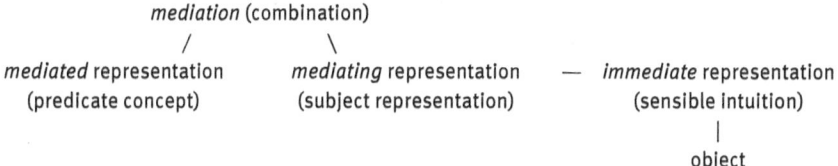

Figure 1: The four fundamental features of a cognition through concepts.

Accordingly, after having stated the essential mediacy of conceptual reference, Kant enumerates exactly those four features as characterizing any judgment that can refer concepts to objects, and as following from that mediacy:

> [1] In every judgment there is a concept that holds of many [representations; T. H.], and among this many also comprehends a given representation, which is then referred immediately to the object. [...] [2] All judgments are therefore functions of unity among our representations, since instead of an immediate representation a higher one, which comprehends this and several [representations; T. H.] under itself, is used for the cognition of the object, and many possible cognitions are thereby drawn together into one. (A68f./B93f.)

To refer concepts to objects one needs
i) *to represent sameness in kind or general features of objects* through a predicate concept or mediated representation ([1]: "a concept that holds of many"; [2]: "a higher [representation]"), e.g. the divisibility of bodies through the predicate concept in the judgment 'Every body is divisible';
ii) *to specify these kinds or general features* through a subject representation or mediating representation (concept or intuition) the predicate concept is predicated of ([1]: "many [representations]"; [2]: "several [representations]"), e.g. as bodies through the subject concept in the judgment 'Every body is divisible';
iii) *to combine the representations of the judgment* to form a unity that is true or false of objects or a mediation ([2]: "functions of unity among our representations", "many possible cognitions are thereby drawn together into one"), e.g. as the combination of the concepts of body and divisibility in the judgment 'Every body is divisible', expressed through the copula;[18]
iv) *to individuate the objects of judgments* by referring concepts to (at least possible) sensible intuitions of objects or immediate representations ([1]: "a given representation, which is then referred immediately to the object";

---

18 See B141f.; *Log-Blomberg*, 24: 274.

[2]: "an immediate representation"), e.g. to sensible intuitions of bodies when judging 'Every body is divisible'.[19]

In MD's first step, Kant thus gives an analysis of a cognition through concepts in terms of the fundamental act types, the tokens of which we need to exercise in any judgment. Correspondingly, above four features of judgment form the four headings of the table of logical functions of judgment (Figure 2).[20]

mediated representation (predicate):
quantity

mediating representation (subject):   *mediation* (combination):
quality   **relation**

immediate representation (sensible intuition):
modality

Figure 2: The four headings of the table of logical functions of judgment.

To elaborate:
i) The *quantity* in a judgment consists in *quantifying a subject representation through a predicate concept*,[21] where the predicate concept represents the object(s) referred to through the subject representation as the same in kind or as sharing some common feature. The elementary variants – quantifying in a universal, particular, or singular way – can be expressed as 'All S are P', 'Some S are P', and 'One/This S is P'.
ii) The *quality* in a judgment consists in *specifying a predicate concept through a subject representation*,[22] where the subject representation represents specific kinds or features of objects. The elementary variants – specifying in a positive, negative, or infinite (limitative) way – can be expressed as 'S is P', 'S is not P', and 'S is non-P'.

---

19 Another detailed reading that attempts to explain the four headings of Kant's table of logical functions from Kant's text in the first section of the Guiding Thread is proposed in Wolff (1995). Some of the more important reasons for thinking that Wolff's reading is unable to do justice to the details of Kant's text are given in Thöle (2001). A detailed criticism of Wolff's reading that elaborates on and adds to Thöle's criticism can be found in Hoeppner (2021: 165–175).
20 See A70/B95; *Prol* 4: 302f., 330; *Log-Pölitz* 24/2: 577; *Log-Wien* 24/2: 929.
21 See A71/B96; *Logik* 9: 102.
22 See A71f./B97; *Logik* 9: 103f.

iii) The *relation* in a judgment consists in *combining the representations in the judgment*,²³ so that the representations in the judgment form a unity that represents objects through concepts and is true or false of them. The elementary variants – combination as predication, as combination of two, or of several predications – can be expressed as 'S is P', 'If S is P then T is Q', and 'Either S is P or S is Q…'.
iv) The *modality* in a judgment expresses the *relation of judgment to object*, which is ultimately dependent on sensible intuition as the ultimate subject of a judgment, and gives it a modal status. The elementary variants – the possibility (in conceptual thought), actuality (in sensible intuition), or necessity of a judgment's truth – can be expressed as 'It is possible that S is P', 'S is actually P', and 'S is necessarily P'.²⁴

The table of logical functions thus turns out to be a depiction of the complex act of judgment itself. This completes MD's first step. Kant's next step is to give an account of the categories.

1.2 The Acts of Synthesis as the Original Contents of the Categories²⁵

Categories are concepts of objects in general in the sense that they represent the most general characteristics of objects of sensible intuition;²⁶ they are "concepts of synthesis" (A80/B106, A723/B751) with a "transcendental content" (A79/B105);²⁷ and they originate a priori, i.e. in the understanding.²⁸ The main task of MD's second step is to explain the contents in virtue of which the categories represent the most general characteristics of objects of sensible intuition.

Concepts have a general form in that they represent what is common to objects, namely kinds or general features of objects.²⁹ It is their *content* that differentiates concepts from one another. While the form of a representation is the way it represents its objects, its content is "its relation to the object" (A55/B79),³⁰ i.e.

---

23 See A73/B98, B141f.; *Logik* 9: 104; *Log-Wien* 24/2: 928.
24 See A74f./B99f.; *KU* 5: 401–404; *Refl* 5718 18: 334; *Met-L2* 28: 554.
25 For the second step of MD, see Chapter 3 in Hoeppner (2021: 176–335).
26 See A93/B125f., B128, B154, A 349; *KpV* 5: 65; *Briefe* 11: 314, 13: 468, 472; *Fortschritte* 20: 272.
27 Cf. A53/B77.
28 See B159; *Fortschritte* 20: 318; *Prol* 4: 297; *Entdeckung* 8: 215, 217n.
29 See A320/B376f.; *Logik* 9: 91.
30 Cf. A58/B83, A62f./B87.

the representational relation in which it stands to its objects. Concepts as general representations are explained by the act of concept formation that "first of all transforms them [representations] into concepts" (A76/B102).[31] It is an act of "ordering various representations under a common one" (A68/B93), i.e. of bringing "various representations *under* a concept" (A78/B104), or *analysis*.

While concepts are formed by analyzing representations of objects with respect to what their contents have in common, "no concepts can arise analytically *as to content*." (A77/B103) The content of concepts is purely derivative, ultimately depending on analyzable contents in sensible intuition.[32] *Conceptual contents* are determined by the contents of the representations from which they are formed, and derive from the domain of their formation. This is why concepts represent the same objects as the representations from which they are formed, but do so in a general way; they have the same contents, but with a general form.[33]

Since the mediate reference of concepts to objects ultimately requires sensible intuitions, i.e. immediate representations of objects, Kant now needs to explain how sensible intuitions represent individual objects. It is the act of synthesis that brings about the "*unity of intuition* through which an object is given" (B144n), i.e. "that unity […] which must be encountered in a manifold of cognition insofar as it stands in relation to an object." (A109) The *unity of intuitions* is that through which they represent individual objects of the senses, or have their singular content.

Correspondingly, Kant introduces his account of a *synthesis of intuition* as an attempt to explain representational contents, stating that "the synthesis alone is that which properly collects the elements for cognitions and unifies them to a certain content" (A77f./B103). An account of synthesis is thus motivated by a need to explain how our mind can "relate to objects" (A97). More precisely, since the unity of intuition as explained through synthesis is a possible content of concepts by forming a possible domain of concept formation,[34] Kant's account of synthesis is ultimately an account of conceptual content. This is why synthesis culminates in the completing act of recognition "in the concept" (A97, A103), which literally accounts for contents as contained *in* concepts, constituting their representational relation to objects.[35]

---

[31] The complex act of concept formation consists of the partial acts of comparison, reflection and abstraction. See *Logik* 8: 93–95; *Refl* 2849–81 16: 546–558.
[32] See B133f.n, B137n; *Log-Philippi* 24/1: 452; *Met-K3E* 29: 949.
[33] See *Fortschritte* 20: 273f. Cf. Smit (2000: 256, 259).
[34] See A77f./B103, A 103f., A310/B367.
[35] Cf. A105, A109, B137, A250.

What acts of synthesis do we need to exercise to constitute representational content? Kant's account of synthesis takes the shape of an enumeration of representational abilities and acts that are severally necessary and jointly sufficient for constituting the unity of intuition and thereby representational content. We can find an elaboration in A, which Kant explicitly references as such an elaboration in MD.[36] The act types of synthesis are apprehension, reproduction, and recognition.[37] The token exercises of these act types combine a manifold of sense impressions given in receptivity,[38] i.e. given independently from acts of representing through the understanding.[39] According to Kant, representing individual objects in sensible intuition requires

i) *apprehending a manifold* of sense impressions "as such" (A99) by "running through the manifold and then taking it together" (A99), i.e. to apprehend it as the representation of a manifold of sensible qualities, which is responsible for representing the perceivable qualitative features of an object of sensible intuition, e.g. the color, weight etc. of a tree;

ii) *reproducing homogeneous parts* of an intuition (for us humans: spatial and/or temporal parts), i.e. "to grasp one of these representations [of parts; T. H.] after the other" (A102), and "reproduce them while going on to the following" (A102) so that "a whole representation" (A102) can originate, which is responsible for representing the formally homogeneous whole of an object of sensible intuition, e.g. the extension and shape of a tree;

iii) *recognizing the unity* of above acts of apprehension and reproduction as partial acts of the very same act of synthesis, i.e. to have "consciousness of that unity of synthesis" (A103)[40] and thus recognize that "what we think is the very same [...] in the series of representations" (A103), which is responsible for representing the unity of individual objects and their features as they are represented through these acts, say, the unity of a substance and its features, e.g. the unity of a tree and its qualitative and formal characteristics; and, finally,

iv) *relating to the object* on the basis of a manifold of sense impressions, i.e. presentations of simple sensible qualities such as color, weight, etc. brought about by objects of sensibility[41] and given in receptivity as the passive ability

---

36 See A78/B103. For Kant's elaboration of his account of synthesis in A, see Hoeppner (2021: 211–245).
37 See A97–110.
38 See A19/B33, A50/B74.
39 See B129, B145.
40 Cf. A108, B138.
41 See A20f./B35, B44; *Fortschritte* 20: 268f.; *Met-Schön* 28: 482f.

to have sense impressions within certain forms[42] (for us humans: time and/ or space), which is responsible for the fact that sensible "intuition contains manifoldness [of sense impressions; T. H.]" (A97).[43]

By performing token exercises of these act types, subjects enjoy singular empirical intuitions of individual objects. With his account of synthesis, Kant is analyzing intuitions of objects in terms of acts of synthesizing sense impressions. In the last analysis, intuitions of objects *just are* acts of synthesizing sense impressions. Thus, the acts of synthesis explain intuitions in the sense that empirical intuitions are *nothing but* the acts of synthesis operating on and modified by particular manifolds of sense impressions. For example, the intuition of a tree is nothing but the complete act of synthesis operating on and modified by a particular manifold of sense impressions brought about by a tree.

But how can this account provide the contents of the categories? Since the categories share the form of generality with all concepts, their form will have to be explained by the act of concept formation, too.[44] But while empirical intuitions can provide the basis for the formation of empirical concepts by exhibiting perceivable features of objects, they cannot account for the non-empirical contents of the categories. These transcendental contents represent features of objects that do not correspond to perceivable traits, namely their most general characteristics such as substantiality, unity, etc.[45] The categories can then only be formed by reflection *on the understanding itself*, rather than by reflecting on sensible intuitions, and as the capacity of the understanding consists of abilities and acts to represent objects, what is reflected upon in the formation of the categories will have to be such abilities and acts of representation.[46] More specifically, since the categories are concepts of objects in general, the abilities and acts to be reflected on will be those through which we fundamentally represent objects, namely the abilities and acts of synthesis.

Kant accordingly describes the categories as "concepts of synthesis" (A80/ B106), or as "concepts of the synthesis of possible sensations" (A723/B751). This can now be understood as claiming that the acts of forming the categories are applied *to the acts of synthesis itself*, which in turn means that the act types of synthesis determine the contents of the categories. The contents of the catego-

---

[42] See A20/B34; *Refl* 4673 17: 639.
[43] Cf. A99f.
[44] See *Logik* 9: 93f.; *Refl* 2851 16: 546; *Refl* 2855f. 16: 547f.
[45] See A137f./B176f.
[46] See *Refl* 2857 16: 548; *Refl* 3930 17: 352; *Log-Philippi* 24/1: 452. Cf. A 51/B 75; *Prol* 4: 282.

ries derive from the acts of synthesis.[47] Synthesis or synthetic unity itself, when expressed or "*represented generally*, gives the pure concept of the understanding." (A78/B104)[48] This means that the acts of synthesis determine the contents of the categories by being transformed, through concept formation, into contents representing in a general way. It is this transformation of acts of synthesis into representations with a general form that accounts for the categories in the sense of general concepts of objects.

Since the categories are formed through reflection on nothing but the understanding itself, the acts of synthesis will have to be considered as generic types, or "*pure synthesis*" (A78/B104). The content of the categories thus derives from the fundamental, generic structure that all acts of synthesis of an intuition have in common, independent of what is given in sensibility and in what sensible form. This structure consists in the generic act types of apprehension, reproduction, and recognition, which relate to the object on the basis of a manifold of sense impressions, and together constitute every possible sensible intuition of objects. Correspondingly, above four features of synthesis form the four headings of the table of categories (Figure 3).[49]

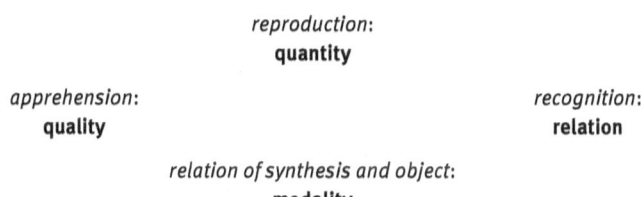

Figure 3: The four headings of the table of categories.

To elaborate:
i) The categories of *quantity* – of unity, plurality, and totality –, which concern "objects of intuition" (B110),[50] originally consist in *reproducing a homogeneous part of an intuition, a plurality, and a totality of such parts* (for us humans: spatial and/or temporal parts), representing the homogeneous parts and wholes of objects of intuition.[51]

---

47 See A719/B747, A722/B750; *Briefe* 13: 468, 472; *Refl* 5643 18: 283; *Fortschritte* 20: 271.
48 Cf. A79/B105.
49 Cf. A80/B106; *Prol* 4: 302f.
50 Cf. A160/B199.
51 See B162, B203, A242/B300, A 720/B 748; *Refl* 6338a 18: 661.

ii) The categories of *quality* – of reality, negation, and limitation –, which also concern "objects of intuition" (B110), originally consist in *apprehending the form of intuition as filled by sense impressions, empty, and partly filled* (for us humans: the form of time and/or space), representing the reality and lack of reality of perceivable features of objects of intuition.[52]

iii) The categories of *relation* – of substance/accident, cause/effect, and community –, which concern "the existence of these objects [of intuition; T. H.] [...] in relation to one another" (B110),[53] originally consist in *recognizing the unity of acts of synthesizing (one, two, or several) intuitions*, representing the objective unity of (one, two, or several) objects of intuition and their features.[54]

iv) The categories of *modality* – of possibility, actuality, and necessity –, which concern "the existence of these objects [of intuition; T. H.] [...] in relation [...] to the understanding" (B110),[55] express the *relation of synthesis to object:* the conformity of the object with the synthetic (categorial) and sensible (for us humans: spatial and/or temporal) form of cognition, its connection also to the matter of cognition (sense impressions), or its necessity.[56]

The table of categories thus turns out to be a depiction of the complex act of synthesis itself. With this account of the categories, MD's second step is complete. The third and final step of MD will be to justify their a priori origin.

1.3 The First Identity Claim and the Conclusion of MD[57]

An exact correspondence of categories to logical functions of judgment is required to show that the former originate a priori, i.e. in the understanding. Kant's first identity claim is supposed to provide the ground for such a correspondence:

> [a] The same function that gives unity to the various representations *in a judgment* also gives unity to the mere synthesis of various representations *in an intuition*, which, expressed generally, is called the pure concept of the understanding. [b] So the same understanding, namely through the very same acts, through which in concepts, by means of the analytic unity, it brought about the logical form of a judgment, also brings, by means of the

---

52 See A143/B182, A167f./B209f., A175f./B217, A242/B300; *Refl* 6338a 18: 663.
53 Cf. *Refl* 5697 18: 329; *Met-K3E* 29: 1002.
54 See B162f., B218f.; *Refl* 5854 18: 369; *Refl* 6338a 18: 662.
55 Cf. A219/B266; *Refl* 5697 18: 329.
56 See A218f./B265f., A233f./B286f.; *Refl* 5228 18: 125f.; *KU* 5: 401–404.
57 For the third step of MD, see Chapter 4 in Hoeppner (2021: 336–373).

synthetic unity of the manifold in the intuition in general, a transcendental content into its representations, which is why they are called pure concepts of the understanding, that relate to objects a priori [...]. (A79/B104 f.)

In this passage, Kant claims that 'the same function' ([a]) or 'the very same acts of the same understanding' ([b]) 'give unity to judgment and to intuition' ([a]), i.e. bring about, on the one hand, 'the logical form of a judgment by means of the analytic unity', and, on the other, 'the transcendental content of the categories by means of the synthetic unity' ([b]). He reasons that this is why the categories are concepts a priori ([b]).

In what sense can the same function ground both the unity of judgment and the unity of intuition? Judgment is an act of analysis through which "various representations are brought *under* a concept" (A78/B104).[58] It consists in the subordination of various representations *under a concept* based on what is common to them. It represents *one in many*,[59] i.e. one kind or general feature as shared by various objects. By contrast, synthesis is an "act of putting various representations together with each other and comprehending their manifoldness in one cognition." (A77/B103) It consists in the combination of various sense impressions *into an intuition* based on how they belong together in the representation of an individual object.[60] It represents *many in one*,[61] i.e. many individual features and parts as contained in one object (or fact). Since judgments subordinate representations under concepts, while acts of synthesis unite sense impressions within intuitions, judging and synthesis are specifically different from one another.[62]

Against this background, Kant's identity claim can only be read as saying that acts of judgment and synthesis are *generically the same* in the sense of being *different species of the same genus*. The sameness claimed in A79/B104 f.

---

[58] Cf. A68/B93, A79/B104 f.; *Refl* 4273 17: 491.
[59] See B136n; *Refl* 6248 18: 528; *OP* 22: 342.
[60] See A79/B104 f., A103 f., B137 f.
[61] See B136n; *Refl* 6248 18: 528; *OP* 22: 342.
[62] This undercuts the dominant tendency in Kant scholarship to give a reductive reading of A79/B104 f., according to which Kant claims there, in one way or another, that synthesis is a kind of judgment, or, more generally, of conceptual determination, as do e.g. Guyer (2001: 319 f.), Allison (²2004: 153 f., 2015: 177 f.), Haag (2007: 199), and McDowell (2009: 30 f., 94 f., 148). A sophisticated version of such a view, according to which the passage claims a primacy of judgment in that judgment somehow guides synthesis, has been developed in Longuenesse (1998: 199–204). I critically and in detail engage her view on the passage in Hoeppner (2021: 365–373).

is an *identity in type*.⁶³ Kant thereby introduces, as he himself explains when looking back at MD – effectively confirming the generic reading just proposed –, a "higher notion" (A299/B356) of the understanding, i.e., a generic notion of an understanding with both a use in judgment and in synthesis.⁶⁴

To establish their generic identity in turn means to show that judgment and synthesis share a common structure, which, if successful, is supposed to justify the claim that such acts of synthesis belong to the same understanding that also judges. Kant's idea at this point seems to be that if judgment and synthesis display a common, generic structure, they are thereby shown to be specifically different applications of the same capacity. For Kant, the "complete correspondence" (B159) of judgment and synthesis, i.e. the categories, can only be explained if they co-originate in the same capacity.

One can indeed establish such a common structure of judgment and synthesis. To begin with, both are complex, tripartite acts that operate on various elements, both result in a representational unity, and both depend on sensibility. What is more, it is possible to establish a correspondence of each of their respective features. The fundamental features of judgment and synthesis thereby turn out to be specific applications of the generic act of representing specificity (*quality*), homogeneity (*quantity*), and objective unity (*relation*), in both cases depending on sensibility in their relation to objects (*modality*):⁶⁵

i) *Representing specificity:* The subject representation of a judgment represents specific kinds or general features of objects, while the synthesis of apprehension represents a specific variety of sensible qualities.

ii) *Representing homogeneity:* The predicate concept of a judgment represents objects as being of the same kind or as having general features in common, while the synthesis of reproduction represents parts and wholes as formally homogeneous.

iii) *Representing objective unity:* The combination in a judgment represents a unity of kinds and general features of objects, while the synthesis of recognition represents a unity of individual objects and their qualitative and formal features.

iv) *Dependence on sensibility in the relation to objects:* Judgment requires a reference to sensible intuitions, while synthesis requires a manifold of sense impressions.

---

63 For the identity of a type cf. A651/B679, A654/B682.
64 A connection between A79/B104f. and A299/B355f., which I take to be a key to a proper understanding of MD, has already been noted in Reich (2001: 12f.). For higher notions cf. *Logik* 9: 96f.; *Log-Pölitz* 24/2: 568f.
65 Cf. B130f.

Judgment and synthesis are thus – right down to their partial acts – identical in type. For they are different species of the same genus of representational act, which is a possibility that can only be explained if they belong to the same capacity. Since they exactly correspond to generically identical functions of judgment, it becomes apparent that the act types of synthesis – and, consequently, the categories – originate a priori, i.e. in the same understanding that also judges. Kant thereby establishes the origin of the categories in the understanding by tracing it back to its fundamental representational abilities and acts. With this in place, the task of MD is accomplished.

In sum, Kant's claim of generic identity in A79/B104 f., and with it the whole of MD, can be presented as in Figure 4.

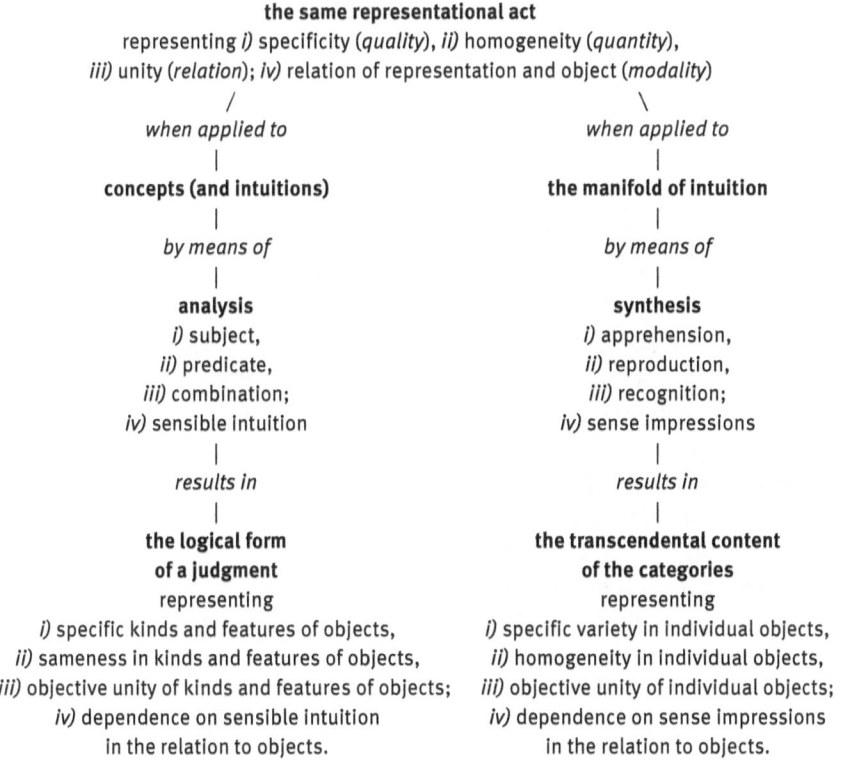

Figure 4: Kant's claim of generic identity at A79/B104 f. and MD as a whole.

2 The Second Step in the Analytic of Concepts: The First Part of the Transcendental Deduction

TD's task is to explain "how concepts a priori can refer to objects" (A85/B117). How can concepts that arise in the understanding nevertheless be objectively valid of objects given through the senses?[66] Objective validity means, first of all, the *objective purport* of the categories, namely their representational content in virtue of which they refer to objects. To show this means to rule out the possibility that they are empty$_1$, i.e. "thoughts without content" (A51/B75). Kant establishes this in TD1, where he proves that *sensible intuitions* as such fall under the categories.[67] In addition, TD concerns the *objective success* of the categories, namely that possible objects of experience are as we represent them to be through the categories. Thus, according to Kant, TD's question is

> whether such a concept [a category, e.g. that of causation; T. H.] is not perhaps empty and finds no object anywhere among the appearances. (A90/B122)

What we need to rule out here is the possibility that the categories are empty$_2$, i.e. that what they represent does not exist at all, or does not exist as represented. This is established only in TD2, where Kant demonstrates that all *objects of our senses* fall under the categories.[68]

But first, one will have to establish that the categories so much as purport to be about objects. Following the summary of TD1's argument that Kant himself gives in §20, I will now treat how Kant

1. explains the unity of intuition through the synthetic unity of apperception (in §17) (§2.1, below),
2. explains bringing representations to the unity of apperception in terms of judging (in §19) (§2.2, below), and
3. justifies that all sensible intuitions as such stand under the categories by establishing that the logical functions of judgment, in application to intuition, are the same as the categories (in §20) (§2.3, below).

---

[66] See Allison (2015: 187, 191, 200).
[67] See B143.
[68] Cf. B144f., B160f.

2.1 Synthetic Unity of Apperception Explains the Unity of Intuition

According to §20, the essential conclusion from §17, as prepared by §16, is the following:

> The manifold given in a sensible intuition necessarily belongs under the original synthetic unity of apperception, since through it alone the *unity* of the intuition is possible (§17). (B143)

Acts of synthesis were introduced to explain the unity of intuition, i.e. to explain that intuitions represent individual objects of the senses, which in turn is presupposed for analysis, i.e. the formation of concepts and their use in judgments (§1.2, above). Kant now formulates these claims in terms of what he calls the "unity of apperception" or unity of *self-consciousness*, and addresses what it means for representations of objects to be employed by and held together in the consciousness of a thinking subject. He thus begins to describe acts of analysis and synthesis in terms of the analytic and synthetic unity of apperception:

> [I]t is only because I can combine a manifold of given representations *in one consciousness* [=the synthetic unity of apperception; T. H.] that it is possible that I represent the *identity of consciousness in these representations* themselves to myself [=the analytic unity of apperception; T. H.] (B133).

The *analytic unity of apperception* expressed through 'I think...' is the necessary identity of self-consciousness through all of my acts and states of conceptually representing objects.[69] The *synthetic unity of apperception* is the unity of consciousness characterizing any sensible intuition that is a possible content of conceptual thought, i.e. any intuitional content that can be accompanied by the 'I think...'.[70] Thus, mere sense impressions cannot be contents of self-conscious thought. Moreover, only what is characterized by the synthetic unity of apperception, i.e. what is united and brought to self-consciousness by acts of synthesis, exhibits unity of intuition. Again, mere sense impressions lack such unity.

Say I reproduce homogeneous parts of the same whole (for us humans: spatial and/or temporal parts) and thereby represent a formal structure that apprehended sensible qualities can be ordered in (=the act of reproduction in A). This is only possible if I also consciously represent the objects these qualitative and

---

69 See B131 f.
70 See B133 f.

formal features belong to as numerically the same throughout these partial acts of representing. "Without consciousness that what we think is the very same [...] in the series of representations" (A103), each of these acts would constitute a new and separate representing. Only if I consciously refer the qualitative and formal features represented in apprehension and reproduction to one and the same objective unity, do my acts of synthesis hold together as acts of representing objectively (= the act of recognition in A) (§1.2, above). Being conscious of the numerical identity of what is represented throughout synthesis allows me to represent, on the one hand, qualitative and formal features as features of unitary objects that are distinct from us and our acts of synthesis[71] (=the synthetic unity of apperception in B), and, on the other, the identity of the act and subject of synthesis (=the analytic unity of apperception in B). Kant thereby essentially links the consciousness of objects to the consciousness of oneself as a thinker.[72]

2.2 Bringing Representations to the Unity of Apperception Consists in Judging

According to §20, the essential conclusion from §19 is twofold:

> [i] That act of the understanding, however, through which the manifold of given representations (whether they be intuitions or concepts) is brought under an apperception in general, is the logical function of judgments (§19). [ii] So anything manifold, insofar as it is given in one empirical intuition, is *determined* in regard to one of the logical functions of judgment, through which it is brought to a consciousness in general. (B143)

Let me begin with [i]. In §19 Kant describes judgment as "the way to bring given cognitions to the *objective* unity of apperception." (B141) The objective unity of apperception is to be contrasted with the merely subjective unity of association, in that the former, unlike the latter, represents a combination of features "in the object, i.e. regardless of any difference in the state of the subject" (B142). Such representation in judgment is essentially self-conscious in that it differentiates what it represents to be the case objectively from what merely goes on in the judging subject.

It is only in *judgment* that the understanding realizes its end of a "cognition through concepts" (A68/B93, A69/B94) (§1.1, above). Judgment is the minimal unit of consciousness that refers concepts to objects in a way that is true or

---

71 Cf. A103–105.
72 On the synthesis of recognition, see Hoeppner (2021: 231–245).

false. It is the proper objective unity of apperception in that it is the only context in which concepts and intuitions can interact in cognition, so that concepts can be predicated of objects of sensible intuition. Only here the analytic unity of conceptual thought and the synthetic unity of intuition are brought together in the self-conscious thought of an object that is distinct and independent from us and our thinking it.

This brings me to [ii]. Judgments depend on the possibility of sensible intuitions for their reference to objects (§1.1, above). What is more, according to §19, the *unity of judgment* has to correspond to the *unity of intuition:* the holding together of representations in a judgment in virtue of which it is true or false of objects has to correspond to the holding together of sense impressions and homogeneous parts in an intuition in virtue of which it represents an individual object with its qualitative and formal features. The representations in a judgment, according to Kant,

> belong to one another *in virtue of the necessary unity* of apperception in the synthesis of intuitions, i.e. according to principles of the objective determination of any representations insofar as cognition can come from it (B142).

The principles of the unity of intuition that the unity of judgment has to correspond to are the fundamental *acts of synthesis*, i.e. the original contents of the categories. Only intuitions relate us to something that is distinct from us and our acts of representing it since only intuitions incorporate sense impressions as what is given independently from thought. By constituting unity of intuition, the acts of synthesis originally constitute our representational relation to objects as distinct from ourselves and our acts of representing them (§1.2, above). Thus, if judgments are to refer concepts to objects, their propositional unity will have to partake in the unity of intuition. Judgments only propositionally refer to objects if their unity, i.e. the way their constituent representations hold together, corresponds to the synthetic unity of intuition. The unity of intuition ultimately explains any possible representational relation to objects whatsoever.[73]

As Kant puts it in §20, in being taken up into consciousness, empirical intuitions are determined in regard to logical functions of judgment. This refers back to Kant's *"explanation of the categories"* in §14, according to which the categories are "concepts of an object in general by which its intuition is regarded as *determined* in regard to one of the *logical functions* of judgments" (B128). In virtue of being synthesized by acts of synthesis, any sensible intuition contains the orig-

---

[73] I discuss the way that the unity of judgment relates to the unity of intuition in Hoeppner (2021: 285–288).

inal contents of the categories. By reflecting on these acts, we form the categories as general concepts representing the most general characteristics of objects of sensible intuition (§1.2, above). According to B128, the *applicability of specific categories* to sensible intuitions determines the *specific exercises of judgment* through which to think the objects of these intuitions.[74] If something is only thinkable through a specific categorial characteristic, i.e. if it requires us to bring intuitions of it under a particular category, then we are committed to judge of it using the corresponding logical function, if the judgment is to be objectively valid. Whatever is categorizable only as a reality must be judged through an affirmative judgment, whatever is categorizable only as a substance must be judged through the subject concept of a categorical judgment, whatever is categorizable only as a cause must be judged through the antecedent of a hypothetical judgment, and so on.

Judgments exhibit propositional unity only insofar as the way we combine representations in them corresponds to the synthetic unity of intuitions. For example, subject and predicate in a categorical judgment need to be combined according to the way the acts of intuitively representing a bearer and its properties go together in the synthesis of intuition, i.e. according to how they belong together in the representation of an individual object. If, e.g., the intuitive representings of divisibility and body only go together in synthesis such that the body is represented as the bearer of divisibility, and not the other way around, then the concept of body will have to play the role of the logical subject in the corresponding judgment, while the concept of divisibility will have to be its logical predicate.[75] Only then does the unity of judgment correspond to the unity of objects, which is nothing other than the unity of what is represented by the synthetic unity of intuition.[76]

2.3 The Second Identity Claim and the Conclusion of TD1

In the heading of §20, Kant puts the conclusion of TD1 as follows:

> All sensible intuitions stand under the categories as conditions under which alone their manifold can come together in one consciousness (B143).

---

[74] Cf. B143, A245f.; *Refl* XLII (A80) 23: 25; *Prol* 4: 300–304.
[75] See B128; *Refl* XLII (A80) 23: 25.
[76] See A109, B137. I discuss the way exercises of specific logical functions of judgment relate to the applicability of specific categories in Hoeppner (2021: 292–322).

This follows from his second identity claim:

> But now the *categories* are nothing other than these very functions for judging, insofar as the manifold of a given intuition is determined in regard to them (§10) (B143).

The categories are nothing other than the functions of judging *insofar as* the manifold of a given intuition is determined in regard to them. This is a consequence of Kant's first identity claim. The logical form of judgment and the content of the categories rest on the same generic function of the same understanding. They are specific results from specific applications of its generic act, expressed in the two basic exercises of this capacity: in judgment when applied to concepts (and intuitions) and in the synthesis of intuition when applied to sense impressions (§1.3, above). It follows that the categories, when considered with respect to their original contents, i.e. the acts of synthesis (§1.2, above), are *generically the same* as the logical functions of judgment, i.e. generically the same acts, just as applied to a manifold of sensible intuition. What is more, one of these two basic exercises of the understanding, i.e. the synthesis of intuition, conditions the other, namely judgment.

This allows me to give a reconstruction of the argument in §20 and TD1 as a whole. Following the structure of §20, it can be divided into three premises (P_1 to P_3) and one conclusion (C):

P_1) Unity of intuition as representing individual objects of the senses, and as accompaniable by the 'I think...', is only possible through the synthetic unity of apperception, or acts of synthesis (§17: the first step of TD1).

P_2) Representations of objects (whether conceptual or intuitive) are in general brought to self-consciousness, expressible by the 'I think...', through judging. In particular, the manifold in unitary empirical intuitions is determined in regard to one of the logical functions of judgment through which it is brought to self-consciousness (§19: the second step of TD1).

P_3) Logical functions of judgment are generically the same as and exactly correspond to acts of synthesis, i.e. to the original contents of the categories, the latter of which are conditions on the exercise of the former (§20: the third step of TD1, based on the third step of MD).

C) Since functions of judgment can only be exercised with respect to intuitions under the condition of the exercise of the corresponding synthetic acts, i.e. the corresponding categorial contents in intuition, which is tantamount to an intuition's standing under the corresponding general category, all unitary intuitions, in virtue of being able to be brought to self-consciousness, stand under the categories (§20: the conclusion of TD1).

To understand why §20 concludes only the first part of TD, one has to recognize that it is only a claim about *sensible intuitions* and not yet a claim about their *objects*.[77] It claims that sensible intuitions *as representations of objects* fall under the categories, since only then they can be brought to self-consciousness, or accompanied by the 'I think...'. This demonstrates the *objective purport* of the categories by proving that intuitions only so much as purport to represent objects when they fall under the categories. By enabling intuitions to be about objects in the first place, the categories are themselves shown to be about objects, namely through the sensible intuitions they help make possible. This establishes that they are not empty$_1$, i.e. "thoughts without content" (A51/B75). The categories are such that intuitions necessarily fall under them, which is why they represent objects through unitary sensible intuitions.

But this does not yet secure the *objective success* of the categories. Though they do purport to represent objects, they might still turn out to be empty$_2$, since they might have "no object anywhere among the appearances" (A90/B122). Demonstrating that the categories purport to be about objects by showing them to be conditions on the *representational contents* of sensible intuitions is not the same as showing them to be conditions on *objects given through the senses*, or demonstrating their objective success with respect to such objects. Kant still needs to make the move from intuitions to their objects. Establishing that the categories are objectively valid of "all objects of our senses" (B145) is the task of TD2 and the final piece of the argument I am reconstructing.

---

[77] I first proposed this reading of the two parts of the B-Deduction in Haag and Hoeppner (2019: 81ff.). The dominant tendency in Kant scholarship, beginning with Henrich (1969: 645ff.), is to overlook the movement from intuitions in §20 to their objects in §26 and to conceive of the transition from TD1 to TD2 as one from one kind or status of representation to another. Recent examples of this tendency are Allison (2015: 328f., 378ff., 423ff.) and Conant (2016: 86, 106ff.). For a criticism of Conant's view on the transition from TD1 to TD2, see my remarks in Haag and Hoeppner (2019: 83ff.).

3 The Third Step in the Analytic of Concepts: The Second Part of the Transcendental Deduction

The goal of TD is to show that, put negatively, the categories are not empty$_2$ such that they have "no object anywhere among the appearances" (A90/B122). We achieve this goal by showing, put positively, that the categories are objectively valid of "all objects of our senses" (B145). For a concept to have "objective reality" means for it "to refer to an object and have meaning and sense in that object" (A155/B194),[78] which requires that "the object can be given in some way" (A155/B194). According to §21, only "the beginning of a *deduction* of the pure concepts of the understanding is made" (B144) in TD1, since it still abstracts exactly "from the way in which the manifold for an empirical intuition is given" (B144). Kant intends to show with §26

> from the way in which the empirical intuition is given in sensibility [...] that its unity is no other than that prescribed by the category [...] to the manifold of a given intuition in general" (B144f.).

This envisioned third claim of identity establishes the category's "validity a priori in regard to all objects of our senses", whereby "the aim of the deduction will first of all be completely achieved" (B145). The idea is to establish the objective validity of the categories in regard to all objects of our senses by establishing that *the way in which empirical intuition is given* in our sensibility *has the same unity* that intuition in general has in falling under the categories. This way consists in the actual forms of our sensible intuition, namely in space and time. Thus, Kant has to show that *these forms themselves* exhibit the unity of the categories.

His argument, again, proceeds in three main steps. Accordingly, I will now treat how Kant justifies
1. that reference of the categories to determinate objects is only possible through empirical intuitions (in §§22, 23) (§3.1, below),
2. that reference of the categories to objects of empirical intuitions is only possible through the form of empirical intuitions (in §24) (§3.2, below),[79] and

---

[78] Cf. A90/B122f., B148f.
[79] The way I read §§22–24 in this essay is shaped by the reading Johannes Haag has proposed of these paragraphs in Haag and Hoeppner (2019: 90ff.).

3. that all objects of our senses fall under the categories by establishing that the unity of space and time is the same as the unity of the categories (in §26: B160f.) (§3.3, below).

3.1 The Categories Can Refer to Determinate Objects Only through Empirical Intuitions

Kant argues in §22, and elucidates in §23, that categories refer to determinate objects "only through their possible application to *empirical intuition*" (B147):

> if an [empirical; T. H.] intuition corresponding to the concept could not be given at all, then it would be a thought as to form but without any object, and through it no cognition of anything at all would be possible, since, as far as I would know, there would be nothing, nor could there be, to which my thought could be applied. (B146)

Kant has already shown in general what it means to represent objects through the categories, or to purport to do so (in MD and TD1). However, it is still an open question whether objects of the senses can be, and in fact are, as they are represented to be through the categories so that these concepts can be applied to them and are not "without meaning [i.e. empty$_2$; T. H.]" (A90/B123). The applicability of the categories to *empirical intuitions* is needed since only these, by incorporating sense impressions as indices of the existence of objects, can put us in touch with determinate objects of experience.[80]

Formal specificities that TD1 abstracted from now come into view with the treatment of empirical intuitions in TD2. Intuition as such, the topic of TD1 (and MD), only considers sensible intuition *in general*, which is characterized by the generic structure of synthesis (§1.2, above). But of course, there is no such thing as an indeterminate object in general, corresponding to intuition in general, and no one has ever had an intuition in general.[81] Whatever object there is will be formally determined, i.e. it will have a specific, e.g. spatial and/or temporal form, and whatever sensible intuition can be had will be one with a specific form. We simply do not know, and cannot know,

> if there could be anything that corresponds to this determination in thought [through the categories, e.g. the category of substance; T. H.] if empirical intuition did not give me the case of its application. (B149)

---

[80] See A20/B34, B147, A225f./B272f.; *Refl* 4636 17: 620.
[81] See Allison (2015: 407f.).

Only the applicability of the categories to *empirical intuition in a specific form* will show that objects are the way they are represented to be through these concepts, giving the categories a determinate meaning, or successful reference. The only candidate available to us is the form that our empirical intuitions actually have, namely space and/or time: "*Our* sensible and empirical intuition alone can give them [the categories; T. H.] sense and meaning." (B149) Kant will thus have to consider the applicability of the categories to objects of our (human) empirical intuitions with their specifically spatial and/or temporal form. But to establish that our empirical intuitions fall under the categories means to show that what is specific about them does, i.e. the form they all share. This brings me to the second and third steps of TD2.

3.2 The Categories Can Refer to Objects of Empirical Intuitions Only through the Form of Empirical Intuitions

To establish that our empirical intuitions fall under the categories comes down to showing that their *spatial and/or temporal form* does. Since this form characterizes our way of receiving objects in sensibility, this is tantamount to the categories' "objective reality, i.e. application to objects that can be given to us in intuition" (B150 f.).[82] But this requires *that form itself* to possess synthetic unity or rest on acts of synthesis since the unity of intuition alone is that "through which an object is given" (B144n). The unity of the specific form of our sensible intuition must fall under the categories if they are to be objectively valid of all objects that can be given to our senses.

According to §24, "*determinate* intuition", i.e. intuition of determinate objects within a specific form, requires "consciousness of determination" (B154) in synthesis. Only with such a synthesis can space and time figure as *forms of intuitions of objects*, and not just as mere forms of receiving sense impressions (§1.2, above). Figuring as the former is required to figure as the latter, which on its own would only give us "the mere *form* of intuition, but without combination of the manifold in it" (B154). Mere form of intuition without combination would not hold together, since acts of representing only hold together within the representation of an object. Only the *act of synthesis* will give us a determinate intuition of an object that contains such combination, and can possess the form of intuition not just as receiving, but also as incorporating sense impressions within the representation of an object.

---

[82] Cf. A89 f./B121–123, A92 f./B125 f.

Just as sense impressions alone could not constitute representations of the qualities of an object, but merely isolated presentations of simple qualities, so too the manner in which such impressions are received could not, on its own, constitute a representation of the formal, homogeneous features of an object, but only construct formal relations without their objectual relata. Not only must a manifold of sense impressions be apprehended as such in order to allow for the representation of the qualitative features of an object (in the act of apprehension); not only must formally homogeneous (for us humans: spatial and/or temporal) parts be reproduced as parts of the same whole in order to allow for the representation of the formal features of an object (in the act of reproduction); but both these kinds of features, in order to be thus represented as features *of objects*, must be recognized as features of numerically the same objects throughout our acts of representing them (in the act of recognition) (§1.2, above).

In §24 Kant introduces the notion of a synthesis speciosa, a synthesis supposed to account for the unity of our specific form of sensible representations.[83] It is an "application" and "effect of the understanding on sensibility" (B152). Its task is to "a priori determine the sense as per its form according to the unity of apperception" (B152). It thereby bridges between the specific, spatial and temporal form of our senses on the one hand, and the unity of apperception on the other, by showing the unity of that form to itself be a synthetic, i.e. categorial unity. This brings me to Kant's third and final identity claim and to the conclusion of TD2.

3.3 The Third Identity Claim and the Conclusion of TD2

To show that there is in fact a determination of the form of our senses according to the categories, the synthesis speciosa will have to be shown to be a specific exercise of the act of the understanding thought in the categories (or synthesis intellectualis). This in turn will require to show that the specific form of our senses possesses the unity prescribed by the categories, i.e. "that its unity is no other than that prescribed by the category [...] to the manifold of a given intuition in general" (B145). Kant wants to establish that the unity of our forms of sensibility, space and time, originates in the synthesis of the understanding by demonstrating that they share in the unity prescribed by the categories. Again, such a common structure can only be explained if both – the categories

---

83 See B150f.

and the unity of our forms of intuition – originate in or are acts of the same capacity.

Demonstrating that the forms of intuition have the unity prescribed by the categories amounts to proving that the categories are objectively valid of all objects of our senses. Kant intends to explain

> the possibility to cognize a priori *through categories* whatever objects *may come before our senses*, and not as per the form of their intuition but rather as per the laws of their combination (B159).

To thus categorially cognize objects of the senses in virtue of their synthetic unity requires that "space and time are represented a priori not merely as *forms* of sensible intuition, but themselves as *intuitions* (which contain a manifold)" (B 160), so that

> *unity of the synthesis* of the manifold [...] is already given together with [...] these intuitions, hence also a *combination* to which everything must conform that is to be represented determinately in space or time. (B161)

Space and time, qua intuitions, need to be understood as synthetic unities containing a purely spatial and temporal manifold. This will first allow them to figure as conditions on objects being given to our senses since only determinate intuitions can give us objects. This synthetic unity, according to Kant's third identity claim,

> can be none other than that of the combination of the manifold of a given *intuition in general* [...] according to the categories, just applied to our *sensible intuition*. (B161)

To show that it is indeed the same unity, I will now establish, again, a common structure, this time between the unity of space and time, i.e. of the forms of our intuition, on the one hand, and the unity prescribed by the categories on the other, by analyzing the essential features that are common to both. The unity of the forms of space and time will thereby turn out to be the unity that is prescribed by the categories in a specific application of the understanding. According to Kant's Metaphysical Expositions of space and time,[84] their four essential features are the following:

i) Space and time, as systems of relations between individual objects of the senses, *are the forms of our sensibility*, and are required for the very possibility of spatial and temporal determinations of objects based on sense impres-

---

[84] See A23–25/B38–40, A30–32/B46–48.

sions, i.e. for representing objects as external and next to each other, as successive or simultaneous (first Metaphysical Expositions).

ii) Space and time, rather than being representable as determinations of objects, *have a unity that is independent from representing objects in them*, whereas, by contrast, representing individual objects of our senses depends on representing a unitary space and time that contains them (second Metaphysical Expositions).

iii) Space and time *are homogeneous wholes* in that spatial and temporal parts are always homogeneous parts of the same space and time (third Metaphysical Exposition of space, fourth of time).

iv) Space and time *contain an infinite variety of given spatial and temporal determinations* that can only be determined by limiting that given variety (fourth Metaphysical Exposition of space, fifth of time).

These features show that space and time, as intuitions, are in fact shaped by synthesis, and thus possess the unity prescribed by the categories.[85] Namely, they exhibit, in that order, our spatially and temporally formed receptivity, and the exercises of the acts of recognition, reproduction, and apprehension (§1.2, above) with respect to purely spatial and temporal manifolds, i.e. purely formal spatial and temporal positions and relations:

i) *Receptivity* as the passive ability to receive sense impressions within certain forms, i.e. "the *synopsis* of the manifold a priori by sensibility" (A94), which in our human case happens to possess a spatial and temporal form,[86] accounts for space and time as mere *forms of sensibility* that contain purely spatial and temporal manifolds, and are required for receiving sense impressions through a certain, i.e. spatial and temporal form, and thereby for referring to individual objects as external and next to each other, as successive or simultaneous.

ii) The act of *recognition*, as applied to purely spatial and temporal manifolds, accounts for the *objective unity* that space and time have independently from representing objects in them, which, by contrast, can only be represented within the objective unity of space and time, so that "even the purest objective unity, namely that of the concepts a priori (space and time), is only possible through the relation of intuitions to it [to the unity of consciousness in the synthesis of recognition; T. H.]" (A107).

---

85 A connection between the table of categories and the Metaphysical Expositions of space and time, which I take to be a key to a proper understanding of the final step of TD2, has already been noted in Reich (2001: 71f.).

86 Cf. A26/B42, A37/B54, A42/B59f.; *Met-L1* 28: 181.

iii) The act of *reproduction*, as applied to purely spatial and temporal manifolds, accounts for space and time as *homogeneous wholes* where spatial and temporal parts always consist in homogeneous parts of the same space and time, which is why without the synthesis of reproduction "not even the purest and first fundamental representations of space and time could originate." (A102)
iv) The act of *apprehension*, as applied to purely spatial and temporal manifolds, accounts for space and time as containing an *infinite variety* of given spatial and temporal determinations that are only determinable by limitation of that given variety, which is why "without it [the synthesis of apprehension; T. H.] we could neither have the representations of space nor time a priori" (A99).

This common structure between the representations of space and time and the abilities and acts contributing to synthesis, i.e. the original contents of the categories, establishes that the unity of space and time partakes in the unity of the categories. Space and time, qua intuitions, have categorial unity due to synthesis, and can as such figure as forms of intuition through which objects can be given. Consequently, the categories are objectively valid of all objects that can be given to our senses in the unitary forms of space and time. With this conclusion, the aim of TD has been achieved.

This completes the Analytic of Concepts, i.e. Kant's analysis of a "cognition through concepts" (A68/B93, A69/B94). I have argued that three identity claims allow Kant to reach his intended conclusions in the Analytic of Concepts, and thereby to explain the possibility of a cognition through concepts. To adequately understand these claims, a further elaboration was required – one that Kant himself, to the best of my knowledge, does not provide. I accordingly proposed an analysis displaying the common structure of, respectively,

judgment – synthesis,
logical functions of judgment – categories,
unity prescribed by the categories – unity of space/time.

It is important to note that all three identity claims have features of *representations* as their relata. The first two remain on that level: both account for features of the categories as representations, namely for their apriority and their objective purport. But the third concerns more than features of representations: since it is about the objective success of the categories, it also concerns their *objects*. This transition from features of representations to features of their objects is achieved by establishing that the conditions under which alone objects can be given to us through the senses must themselves fall under the categories. By thus demonstrating that the forms of the givenness of objects fall under the categories in virtue of their unity, Kant shows that all objects that can be given through these forms must as well.

Bibliography

Allison, Henry E., ²2004, *Kant's Transcendental Idealism: An Interpretation and Defense*, Revised and Enlarged Edition, New Haven/London: Yale University Press.

Allison, Henry E., 2015, *Kant's Transcendental Deduction. An Analytical-Historical Commentary*, Oxford: Oxford University Press.

Conant, James, 2016, "Why Kant Is Not a Kantian", *Philosophical Topics*, 44, 75–125.

Guyer, Paul, 2001, "Space, Time, and the Categories: The Project of the Transcendental Deduction", in: Ralph Schumacher (ed.), *Idealismus als Theorie der Repräsentation*, Paderborn: Mentis, 313–338.

Haag, Johannes, 2007, *Erfahrung und Gegenstand. Das Verhältnis von Sinnlichkeit und Verstand*. Frankfurt a. M.: Klostermann.

Haag, Johannes and Hoeppner, Till, 2019, "Denken und Welt. Wege kritischer Metaphysik", *Deutsche Zeitschrift für Philosophie*, 67(1), 76–97.

Henrich, Dieter, 1969, "The Proof-Structure of Kant's Transcendental Deduction", *The Review of Metaphysics*, 22(4), 640–659.

Hoeppner, Till, 2011, "Kants Begriff der Funktion und die Vollständigkeit der Urteils- und Kategorientafel", *Zeitschrift für philosophische Forschung*, 65(2), 193–217.

Hoeppner, Till, 2021, *Urteil und Anschauung. Kants metaphysische Deduktion der Kategorien*, Berlin/Boston: De Gruyter.

Longuenesse, Béatrice, 1998, *Kant and the Capacity to Judge: Sensibility and Discursivity in the Transcendental Analytic of the* Critique of Pure Reason, Princeton/Oxford: Princeton University Press.

McDowell, John, 2009, *Having the World in View. Essays on Kant, Hegel, and Sellars*. Cambridge: Cambridge University Press.

Reich, Klaus, 2001, *Die Vollständigkeit der Kantischen Urteilstafel*, in: Manfred Baum et al. (ed.), *Klaus Reich. Gesammelte Schriften*, Hamburg: Meiner, 3–112.

Smit, Houston, 2000, "Kant on Marks and the Immediacy of Intuition", *The Philosophical Review*, 109, 235–266.

Thöle, Bernhard, 2001, "Michael Wolff und die Vollständigkeit der kantischen Urteilstafel", in: Volker Gerhardt (ed.), *Kant und die Berliner Aufklärung: Akten des IX. Internationalen Kant-Kongresses*, vol. 2, Berlin/New York: De Gruyter, 477–488.

Wolff, Michael, 1995, *Die Vollständigkeit der kantischen Urteilstafel*, Frankfurt a. M.: Klostermann.

Hirotaka Nakano
Kant's Enactivism

Abstract: The aim of this paper is to interpret Kant's theory of imagination in B-Deduction as a precursor of 'enactivism'. My claims are the following: Kant supports that every sensible given presupposes spontaneity of the subject in "motion, as action of the subject" (B154). This implies that perceptual experience is 'enacted' according to self-regulating motion of the subject. The subject must possess "sensorimotor skills" (Noë 2004, 63) and awareness of them in order to have a sensory experience. Such a view is opposed to what I call the 'cognitivist presupposition', which is constituted by two ideas: *the input-output picture* and *the snapshot conception*. In the paper, firstly, I qualify the content of 'enactivism' I propose to attribute to Kant. Secondly, I show textual support, and thirdly, I try to respond to two expected objections. Finally, I draw some consequences in relation to the *Transcendental Deduction*.

1 Introduction

The aim of this paper is to interpret Kant's theory of imagination in the B-Deduction as a precursor of a contemporary theory of perception called 'enactivism'. My claims are the following: Kant supports that every sensible given presupposes spontaneity of the subject in "motion, as action of the subject" (B154).[1] According to my reading, this can be interpreted as a kind of enactivism in the sense that it implies that perceptual experience is *enacted* according to self-regulating motion of the subject. The subject must possess "sensorimotor skills" (Noë 2004: 63) and awareness of them in order to have a sensory experience. In other words, the subject must be conscious of the way in which objects appear and change their appearance in accordance with its own motion.

Such a view is opposed to what I call the 'cognitivist presupposition', which is constituted by two ideas: *the input-output picture* and *the snapshot conception*. The cognitivist presupposition leads us to consider perceptual experience, ignoring motion of the subject. I show that Kant's theory of time does not allow us to

---

Acknowledgement: I appreciate comments for the previous drafts of this paper by Takuro Iwai and Masayuki Takizawa. This work was supported by JSPS KAKENHI Grant Number 25770004.

1 Citations from the *KrV* follow Paul Guyer and Allen Wood's translation, unless I note otherwise.

https://doi.org/10.1515/9783110732603-020

capture any sensible given without taking into account spontaneous motion of the subject. The reason for this is as follows. For Kant, time is the universal condition for every sensible given. Since time is the form of inner sense, and inner sense is a sensibility which is affected by the subject's own spontaneity, every sensible given presupposes the spontaneity of the subject. Now, Kant identifies this affection of inner sense by the subject's own spontaneity with "motion, as action of the subject". Then, on a Kantian framework, the subject cannot receive any input for cognition without its proper motion.

In this paper I cannot argue in detail about the nature of the spontaneity included in motion and contents of what is given through this motion. Whether spontaneity is a totally conceptual, proto-conceptual or non-conceptual capacity, and whether the given intuition has a non-conceptual content cannot be argued in detail.[2] These topics should be discussed separately from those of this paper, which focus on whether the sensible given necessarily presupposes an exercise of the understanding. The view I would like to argue against is that which supposes implicitly or explicitly that we can have any kind of sensory experience in space and time without synthesis.[3] This view cannot be supported once the cognitivist presupposition is dismissed.

In the following I try to make this interpretation understandable and hopefully acceptable. Firstly, I qualify the content of enactivism I propose to attribute to Kant. Secondly, I show textual support mainly in the *Critique*, especially in passages from its second edition for my interpretation. Thirdly, I try to respond to two expected objections. Finally, I draw some consequences in relation to the Transcendental Deduction.

---

[2] The contemporary enactivists are not unanimous on this point. Noë (2004: 183; 2012: 69, 114–133) understands sensorimotor skills as conceptual, or proto-conceptual skills, though sensorimotor concepts are obviously the sort of skill that nonlinguistic animals and infants can possess. Meanwhile, Hutto and Myin (2013: 9–15, 83–134) deny not only conceptual content, but also content in general as constitutive factors of perception.

[3] Falkenstein 1995: 99, 245–249; Allais 2015, ch.7, esp. 168–175; McLear 2015; Onof and Schulting 2015: 27–33. This is not the same as the position Falkenstein (1995: 79) called the heap thesis, according to which the senses give some kind of material for cognition without spatio-temporal order, and after that synthesis gives them such order. Here I do not take this option seriously because the supposition of receiving material without spatio-temporal order obviously contradicts Kant's basic thesis that qualifies space and time as forms of sensibility.

2 Kant's Enactivism

Here I do not intend to offer a general survey concerning different views and discussions among advocates of enactivism. I just try to describe a view I call 'Kant's enactivism'.

I take the term 'enactivism' from Alva Noë's *Action in Perception*, rather than from Francisco Varela, Evan Thompson and Eleanor Rosch's *The Embodied Mind*, or from Daniel Hutto and Erik Myin's *Radicalizing Enactivism*. Thus, I do not think of *autopoietic enactivism* nor *radical enactivism*, but a version of *sensorimotor enactivism*.[4] I do not enter into the relationship between perceptual organism and its environment, but concentrate on the condition and nature of our ordinary perceptual experience. Nor do I discuss the differences and relationship between different modes of sense experience, i. e. visual, tactic, auditory etc. In the *Critique* Kant treats sensory experience in general without consideration of specific differences among the five senses.

The main thesis of Kant's enactivism consists in the following three points:[5]
1) sensory experience in general depends on the subject's motion;
2) the subject has awareness of and, to some extent, control over the way in which objects appear correspondently to its proper motion (this control can be called 'sensorimotor skills');
3) such an awareness is not necessarily explicit and propositional knowledge expressed in the form of judgement, but mostly implicit and non-propositional.

---

[4] Ward et al. (2017: 5–9) classifies three groups of enactivism. The position I attribute to Kant in this paper is close to the third. However, I do not affirm that Kant's enactivism is identical to it. One of the problematic points would be that Noë (2012: 27, 45) stresses continuity between thought and perception. Kant's enactivism considers the difference between judgemental thought and sensible intuition as qualitative or essential, not as a difference of grade, though it affirms that sensible intuition is conditioned by the exercise of the understanding.

[5] Here I consult the description in Noë (2004: 117–119) because this seems to me a sufficient set to characterise the enactivism I want to attribute to Kant. It seems to be in harmony with another characterisation by Thompson in Varela et al. (2016: xxvi–vii). On the other hand, the characterisation by Varela et al. with two points is problematic from a Kantian viewpoint: (1) perception consists in perceptually guided action and (2) cognitive structures emerge from the recurrent sensorimotor patterns that enable action to be perceptually guided (Varela et al. 2016: 173). Kant's enactivism accepts the first point, but leaves the second open. It would be problematic to assert that Kant supports the second point.

In the next section, I argue that Kant supports the first and the second points. I do not intend to argue for the third point in detail, but just briefly suggest that it coincides with Kant's thought.

Kant's enactivism is opposed to what I tentatively call the 'cognitivist presupposition' constituted by two ideas: *the input-output picture* and *the snapshot conception*. According to the former: "Perception is input from world to mind, action is output from mind to world, thought is the mediating process" (Noë 2004: 3; cf. Varela et. al. 2016: xxvi, 156 f.).[6] This picture compares the mind to a computer that receives some information in a totally passive manner, then processes it to produce a certain result. Such a comparison presupposes without justification that it is possible for a subject to have sensory experience without exercising its proper spontaneity in motion. On the contrary, according to Kant's enactivism, it is impossible to receive any kind of material for cognition without spontaneity. Action is a condition for sensory experience.

The snapshot conception affirms that: "Seeing the world [...] is like having detailed pictures of the world in mind. Visual experiences represent the world the way pictures do, in sharp focus and uniform detail" (Noë 2004: 39; 2012: 91–96).[7] This conception is missing the fact that all the manifold of intuition is not distinctly given at once. Instead, one part after another becomes distinct in succession according to the subject's motion. The subject always focuses on only one part in the whole field of perception. Only one part can be perceived distinctly. It does not mean that other parts are not given. They are also given, but unclearly or indistinctly.

The subject is aware of the fact that sensory experience is not given all at once at the same distinctness, but only a part is distinctly present, and other parts can be focused only in succession. Moreover, the subject is aware of the way in which indistinct parts in the present moment can be perceived distinctly depending not only on the location and nature of objects but also on the motion

---

[6] Falkenstein (1995: 6) attributes such a view to Kant.

[7] Falkenstein seems to support this conception too. He distinguishes two types of "combination" of the manifold: one can be compared to "to assemble a jigsaw puzzle" and the other is like to "find certain objects cleverly camouflaged in a line drawing" of a picture book (1995: 98 f.; cf. 244 f.). He attributes only the second sense of combination to Kant. That means that he refuses to consider spatio-temporal order itself as a product of synthesis. In contrast, the combination of the latter is to bring the manifold to a unity of apperception and is required for cognition. Here "the spatiotemporal order of parts is already given in the first glimpse the child [i.e. the subject] has of the line drawing and is preserved unchanged through the process of 'combination'" (Falkenstein 1995: 98). This seems a typical expression of the snapshot conception.

of the subject. In this sense, the subject has a sensorimotor skill to perceive objects, and the motion is realised in a self-regulating way.

In short, Kant's enactivism is a view which results from considering the self-regulating motion of the subject as condition of every sensory experience. It refuses to explain sensory experience as given in a purely passive manner. Now, is this really Kant's view?

3 Textual Grounds

The main textual ground of Kant's enactivism is §24 in the B-Deduction of the *Critique*. Kant writes:

> Motion, as action of the subject (not as determination of an object)*, consequently the synthesis of the manifold in space, if we abstract from this manifold in space and attend solely to the action in accordance with which we determine the form of inner sense, first produces the concept of succession at all. The understanding therefore does not find some sort of combination of the manifold already in *inner* sense, but *produces* it, by *affecting* inner sense. (B154f.)

> *Motion of an *object* in space does not belong in a pure science, thus also not in geometry; for that something is movable cannot be cognized *a priori* but only through experience. But motion, as *description* of a space, is a pure act of the successive synthesis of the manifold in outer intuition in general through productive imagination, and belongs not only to geometry but even to transcendental philosophy. (B155n)

Kant distinguishes motion of the subject from motion of an object. The latter is empirical, while the former is not something which can be found among other objects, but is instead a condition of the possibility of experience. It belongs to transcendental philosophy because it concerns the *a priori* form of intuitions, i. e. space and time. This motion contains distinct aspects.

Firstly and surprisingly, in the first quotation, Kant describes motion as "synthesis of the manifold in space" even though he characterises the same motion as affection of inner sense through the understanding. According to the Transcendental Aesthetics, space is the form of outer sense while time is that of inner sense. If motion consists of affection of inner sense, why does Kant not write there "synthesis of the manifold in time"? How are space and time, outer sense and inner sense related to motion? Secondly, Kant relates understanding, imagination and inner sense to the same thing, i. e. motion. What is the relationship between these faculties? Thirdly, it is also difficult to understand the relationship between the forms of sensibility, the manifold and the combination. Presupposing the input-output picture, the manifold would be firstly given according to the forms of sensibility and then put in combination. However, according to the Transcendental Aesthetics, time, which is a condition of all appearances, is the form of inner sense, but in the citation above, inner sense is affected by the understanding. And this affection is identified with synthesis. Then does not it mean that no appearance can be given in time without synthesis?

In order to solve these problems, I propose to consult Hegel's interpretation of Kant's original synthetic unity. I do not agree with Hegel in identifying the original synthetic unity of apperception, the synthesis of productive imagination and the idea of reason. However, I consider it as meaningful insofar as, referring to an example of a magnet, Hegel interprets the principle of productive imagination in Kant as his principle of speculative philosophy: identity of difference and identity (Hegel 1986: 305). A magnet namely has a south and north pole. The two poles are, as a matter of quality, the opposite of each other. If this opposition is eliminated, then magnetic power also disappears. However, it is impossible to determine the location of a pole in a physical sense. If we cut a bar magnet into two pieces, then each piece has, again, two poles. Physically, every part of a magnet is, at the same time, the south and the north pole. Indeed, these poles are introduced for the sake of explaining the direction of a vector formed by magnetic power. In this sense, the two opposite poles constitute one and the same magnetic power, they cannot exist independently of each other. Hegel finds here an illustration for the principle of his philosophy: identity of difference and identity. In effect, the south and the north pole of the magnet are different from as well as identical to each other. Being qualitatively different and being physically identical coincide with each other.

As far as it concerns synthesis of productive imagination, the example of the magnet helps us understand Kant's strange way of writing. Here the two poles correspond to inner sense and understanding, and imagination can be compared to the vector itself constituted by two poles.

> [...] the understanding, as spontaneity, can determine the inner sense through the manifold of given representations in accord with the synthetic unity of apperception [...] (B150)[8]

---

8 Here I cannot follow Guyer and Wood's translation because it considers "the manifold" as direct object of the verb "determine". Kant writes: "kann der Verstand, als Spontaneität, den inneren Sinn durch das Mannigfaltige gegebener Vorstellungen der synthetischen Einheit der Apperzeption gemäß bestimmen".

[synthesis of imagination is] an exercise of spontaneity which [...] can thus determine the sense *a priori* according to its form in accordance with the unity of apperception [...] (B151 f.)⁹

[...] the transcendental synthesis of the *imagination*, which is an effect of the understanding on sensibility [...] (B152)

That which determines the inner sense is the understanding [...] (B153)

[...] but through which [i. e. the unity] it [i. e. understanding] is capable of itself determining sensibility internally with regard to the manifold [...] (B153)

Under the designation of a *transcendental synthesis of the imagination*, it [understanding] therefore exercises that action on the *passive* subject, whose *faculty* it is, about which we rightly say that the inner sense is thereby affected. (B153 f.)

[...] synthetic influence of the understanding on the inner sense [...] (B154)

The strangeness of these expressions comes from the fact that they are about the relationship between two faculties, not between a faculty and the manifold.¹⁰ One faculty is active, another passive and the active one "determines" or "affects" the passive one, so that there is an "effect [*Wirkung*]" or "influence" of the former on the latter. I propose that Kant thinks, with these expressions, of something like magnetic power constituted by two poles. In effect, if the understanding is a faculty to determine sensibility, not the manifold given through the sensibility, it cannot be considered in separation from the latter faculty. Equally, since inner sense is nothing other than a sensibility that is affected internally, that is, by the understanding, it cannot be separated from this. To determine and to be determined constitute one and the same event. The difference is simply based on different viewpoints that can be observed with regards to it. However, if the difference between the two is eliminated, then the vector constituted by them would also disappear. So, as Hegel points out, difference and identity coincide.

This interpretation can be applied to motion very well.¹¹ In contrast to the English word "move" which can work as an intransitive too, the German word "bewegen" is only transitive. So, Kant had to say: "Ich bewege mich". It would be wrong to imagine that an active person "ich" exercises an influence on another passive person "mich". The active and the passive subject are just different as-

---

9 Here too, Guyer and Wood's translation is wrong in taking "the form of sense" as direct object of the verb "determine". Kant writes: "eine Ausübung der Spontaneität ist, welche [...] mithin *a priori* den Sinn seiner Form nach der Einheit der Apperzeption gemäß bestimmen kann".
10 For a more detailed discussion, see: Nakano 2011.
11 Hanna (2011: 385–388) and Nuzzo (2013: 45) also interpret Kant's imagination as motion of the embodied subject.

pects of one and the same motion. Motion itself is active as well as passive. To move myself and to be moved by myself are one and the same event, but the qualitative difference cannot be eliminated.

On the basis of this interpretation, the relationship between inner and outer sense can be clarified. As Kant says, the sensibility that is affected by the understanding must be an inner sense because it does not receive any influence or effect from external things, but from the same subject. Therefore, it is correct to express motion as a determination of inner sense by the understanding. The understanding does not determine the manifold previously received through inner sense, but determines the inner sense internally. It is not an act of processing something already given through contact with reality, but, borrowing Noë's words, which "belong[s] to the means by which we accomplish perceptual contact with reality" (Noë 2012: 125).

It is important to note that such an influence of the understanding on the inner sense is not always simply a mental, psychological, or internal process. Examples Kant mentions show that the immediate consequence of motion is not always inner intuition which is only ordered in time and not in space, but can be an intuition of external objects. It is sure that, in such cases of drawing a line "in thought" (B154) and "attention" (B156), the determination of inner sense by the understanding can be seen as simply mental or internal processes. Nevertheless, from the view point of Kant's enactivism, these examples should not be considered as standard cases for experience in general. In the standard case, the immediate consequence of motion is rather intuitions of external objects represented in space because motion, so to speak, triggers affection on outer sense by objects. Since the subject is embodied and situated in the environment, motion is accompanied by the reception of appearances of external objects. The sensibility which provides those appearances must be outer sense, because it is affected by something considered as distinct from or external to oneself. It is precisely space as the form of outer sense that makes it possible to consider these appearances as distinct from or external to oneself.

The claim that, in the standard case of sensory experience, motion should not be considered as simply a mental process, but as accompanied by affection on outer sense, can be supported by Kant's texts.[12] Kant repeatedly notes that we

---

12 Valaris (2008: 16) finds a contradiction between a claim of Kant that time is a product of the figurative synthesis and another one that time is the immediate condition for inner appearances and the mediate condition for outer ones (A34/B50). According to him, since not only inner intuitions but also outer ones are products of the figurative synthesis, time as product of this synthesis would be immediately valid not only for inner but also for outer intuitions. However, the contradiction disappears if we grasp the relation between inner and outer sense, and between

cannot represent time, its determinate length and positions in time, or alteration without the help of external figures or outer intuitions such as line (B154, B156, B291f.):

> [...] we cannot even represent time without, in *drawing* a straight line (which is to be the external figurative representation of time), attending merely to the action of the synthesis of the manifold through which we successively determine the inner sense, and thereby attending to the succession of this determination in inner sense. (B154)

"Drawing" a line is an example of motion which consists in the determination of the inner sense by understanding. This determination is an act which takes place "successively", that is, according to time as the form of inner sense.[13] However, Kant claims that this is not sufficient for us to have a representation of time and determinate time-order. In effect, it is not a representation of time itself, but a line as an "external figurative representation" of time that is given as a result of motion. On the basis of this outer intuition, we can "attend" to the succession of our own act to determine an inner sense, and only after that the representation of time and time-order is given.

---

inner and outer affection according to the above developed interpretation. Time is the form of inner sense which is passive in relation to the act of understanding, an act which constitutes inner affection and is called figurative synthesis. The relation between inner sense and this act is motion through which we accomplish the contact with reality. In other words, according to this motion, outer objects affect outer sense. Since space is the form of outer sense, while time is the form of inner sense, the result of the motion is the manifold which is ordered in space and time. Insofar as such a manifold is considered as a product of inner affection, its immediate condition is time. But the same manifold can be seen as a result of outer affection, and in this case it is immediately conditioned by space as the form of outer sense, and mediately conditioned by time as the form of inner sense.

13 Schmitz (2015: 1055) falls in an absurd comprehension according to which outer intuitions are given without temporality, and then an itself non-temporal synthesis relates them into a spatio-temporal structure. Absurdity consists in the fact that there is no non-temporal appearance because time is the condition for all appearances. The problem is derived from the following presupposition: self-affection, called synthesis of imagination, requires materials to be synthesised, which is previously provided with through outer sense. Allison shares the same presupposition (2004: 282f.; 2015: 393). However, self-affection is not a synthesis of the pre-given manifold, but a relation between two faculties, that is, inner sense and understanding. It does not need any material, but it is motion which is a condition of our accomplishing the contact with reality, and therefore condition of every reception of the manifold. In addition, the synthesis itself is not non-temporal, but occurs successively, as Kant says. Time is the form in which inner sense is affected by the understanding, and that is how the result, outer intuitions, are displayed in time-order.

It may seem that drawing a line does not have more significance than just a specific example.[14] However, according to Kant's enactivism, this example describes successfully an interdependence of the outer and the inner in perceptual experience in general. Motion is a successive determination of inner sense by the understanding, but it triggers affection of the outer sense by objects. The result is outer intuitions ordered in space as well as in time. It is on the basis of these given outer intuitions that we can attend to time-order, and in this way merely mental or internal representations which are ordered in time but not in space are formed.[15] This is why Kant points out that inner sense owes all its materials to outer sense (BXXXIX, B67).

Consequently, the example of drawing a line means something more than just a particular case. Of course, we do not literally draw a line every time we represent time-order, but we do actually put different representations in an order with a single dimension. Appealing to another, empirical example of a house mentioned by Kant (A190/B235) we can confirm the above explained interdependence. Namely, when I perceive a house, I have to move, for example, my neck or eyes from below to above so that I receive successively outer intuitions of the basement, the window and the roof. Motion itself takes place successively, i. e. in time, and therefore Kant characterises time as the form of inner sense, that means form of inner sense which is affected by the understanding.[16] However, for the sake of having a representation of time or of a determinate time-

---

[14] There is a reading which limits significance of "motion, as description of a space" (B155) principally to geometry or physics (Friedman 2001: 63). However, there is no reason for this limitation. As Pollok points out (Pollok 2006: 565 f.), Kant deals with conditions of possibility of experience in general.

[15] In this sense, we can agree with McLear (2017: 14) in affirming that mere inner intuitions are conditioned by the occurrence of outer intuitions which are related to existing objects. Therefore, such examples as drawing a line merely "in thought" (B154) and "attention" (B156) should be considered as specific empirical cases which presuppose the existence of outer intuitions. Nevertheless, the point of Kant's enactivism consists in that genuinely outer intuitions would not occur if the understanding would not affect inner sense. It means that motion itself is not something intuited, but a condition of the fact that something intuited can be given in space and time. Therefore, I cannot agree with Saugstad's externalist proposal to interpret motion as "an overt action" opposed to "a mental act" (1992: 385). It seems to end up converting motion into a simple appearance of outer sense which is intuited in space and time.

[16] In spite of general affinity of my interpretation to Longuenesse's, it seems a confusion when she writes: "Space and time are the forms of a sensibility (receptivity) capable of being affected not merely from 'outside' but from 'within'" (Longuenesse 1998: 220; 2005: 34). Rather, space is the form of a sensibility capable of being affected only from outside, while time is that of a sensibility capable of being affected merely from within. It is important to distinguish the roles of outer and inner sense.

order, I have to attend to the single-dimensional order: basement–window–roof. Such an act of attending the time-order allows me to reflect: "Firstly, I saw the basement, then the window, and finally the roof". The *I* mentioned here indicates the empirical apperception, which is an object of inner sense. This representation of *I* does not have its proper material, but all its material consists of representations of external things such as the basement, window and roof. I think that when Kant refers to the example of drawing a line, he has in mind such a general act of formation of a single-dimensional order with various representations. In short, the relationship between the inner and the outer is interdependent: the inner affection of inner sense through the understanding triggers the outer affection of external objects on outer sense. This is motion of the subject, the result of which is intuitions of external objects in space and time, by means of which representation of time and mere inner intuitions are formed as mere representations in inner sense.

Now, we can say that Kant's text supports the first thesis of Kant's enactivism: 1) reception of any kind of material for cognition depends on the subject's motion. It is an error of the cognitivist presupposition not to take seriously the role of time in Kant's theory of experience. Time is "an *a priori* condition of all appearance in general" (A34/B50), that is, of outer as well as inner appearances, while space is an *a priori* condition just of outer appearance. Now, inner sense, whose form is time, is a sensibility which is affected by the same subject, or determined by the act of the latter. What affects or determines inner sense is the spontaneity of understanding. Thus, there is no appearance which does not presuppose the spontaneity of the subject. Action does not occur only after reception of some input, rather it is a condition of receiving input at all, which is conditional on accomplishing perceptual contact with reality. Since reception of every input is conditioned by time as well as space, it occurs necessarily in succession, i. e. one part after another. Moreover, all the manifold in a perceptual field is not given at the same distinctness, but only one part can be focused on depending on sensorimotor action of the subject.

Now the second thesis of Kant's enactivism claims: 2) the subject has awareness of and, to some extent, control over the way in which objects appear correspondently to its proper motion (this control can be called 'sensorimotor skills'). This thesis can be established by showing that the act of understanding which affects inner sense is a conscious act. In effect, in the §24 of the B-Deduction, Kant explicitly connects this act with apperception:

> [...] the understanding, as spontaneity, can determine the inner sense through the manifold of given representations in accord with the synthetic unity of apperception, and thus think

> *a priori* synthetic unity of the apperception of the manifold of sensible intuition [...]. (B150)[17]

> Yet the figurative synthesis, if it pertains merely to the original synthetic unity of apperception, i. e., this transcendental unity, which is thought in the categories, must be called, as distinct from the merely intellectual combination, the *transcendental synthesis of the imagination*. (B151)

Kant affirms that the affection of inner sense through understanding is in accord with the synthetic unity of apperception. As Kant discusses in detail, this unity is introduced in §16 as the foundation of the consciousness of the same I in relation to all the representations that can belong to me:

> The thought that these representations given in intuition all together belong to me means, accordingly, the same as that I unite them in a self-consciousness, or at least can unite them therein, and although it is itself not yet the consciousness of the *synthesis* of the representations, it still presupposes the possibility of the latter, i. e., only because I can comprehend their manifold in a consciousness do I call them all together *my* representations. (B134)

Thus, the synthetic unity of apperception is not necessarily the consciousness of an actual synthesis of the manifold. Rather, it is a unity in which every representation of which I can be conscious must be able to be ordered or structured. In other words, I can be conscious of every representation within it, even though I am not actually so. According to my interpretation, it is possible to understand Kant's thesis of the synthetic unity of apperception as including the awareness of and control on the way in which objects appear according to the subject's proper motion. For example, when I see a tomato in front of me (Noë 2012: 15), the back side of it belongs to the synthetic unity of apperception, though I do not see it directly. I am aware that I can see it when I turn it with my hand or I move around it. Or a person in Berlin whose name is Dominic (Noë 2012: 26) belongs to the synthetic unity of apperception too, because I am aware that I can see him if I visit him there by airplane. At the same time, I am aware of the relative difficulty of doing so in comparison with seeing the back side of the tomato in front of me. The synthetic unity of apperception is a whole structure of every representation of which I can be conscious. Here each representation has its proper location and relation to each other. The act of understanding which is presupposed by the reception of every material for cognition is accompanied by awareness of the way in which objects appear in accord with one's own motion. This is the second thesis of Kant's enactivism.

---

[17] As I noticed earlier, here I do not entirely follow Guyer and Wood's translation.

4 Responding to Expected Objections

In this section, I respond to expected objections to my interpretation. I expect two objections: 1) Kant's enactivism eliminates the heterogeneity of understanding and sensibility, and contradicts Kant's basic assumption; 2) Kant's enactivism confuses the sub-personal spontaneity of motion with discursive understanding mentioned in the *Critique*.

1) The first objection concerns a point I have already explained substantially. Kant's enactivism does not eliminate the heterogeneity of spontaneity of understanding and receptivity of sensibility. According to it, motion can be seen as an act of affection of inner sense through understanding, an act which triggers affection of external objects on outer sense. This objection arises from a worry about the fact that understanding and inner sense constitute one and the same motion, which would seem to reduce two different faculties into one. However, as I explained earlier, the interpretation which characterises the two faculties as two aspects of the same motion maintains the difference between the two. It does so in the same way as the model of a magnet which introduces the south and the north pole as constitutive of one and the same magnetic power represented through a vector. It is necessary for motion to keep the qualitative difference between spontaneity and receptivity even though these two are simply different aspects of the same motion.

In consequence, it is a simplification to say, with Heidegger, that time and the "I think" are the same (Heidegger 1991: 191). Time is not the form of the understanding, but the form of sensibility which is affected by the understanding. In effect, the human subject cannot control arbitrarily what is given through sensibility in time and the order of successively given intuitions, which would be possible if time was the form of spontaneity. On the other hand, the "I think" is the consciousness of spontaneity in general. It can be the consciousness of sensorimotor action or that of an explicit discursive judgement. In the former case, it could be better expressed as "I move [*Ich bewege mich*]". Such consciousness includes the awareness of sensorimotor skills: for example, "if I move from here to there around the tomato, then the back side which is now hidden to me will appear to me". Such consciousness is the condition of spontaneity, which is qualitatively distinct from space and time as conditions of sensibility in spite of being connected with them inseparably. This is how Kant's enactivism does not collapse the qualitative difference between spontaneity and receptivity, i. e. the condition of the former and that of the latter.

It is important to notice that appreciating the qualitative difference between the sensibility and the understanding is not the same as claiming that sensory experience is independent of the synthesis of understanding.[18] Kant's enactivism appreciates the distinctive features of intuition which cannot be grounded on conceptual capacity: the unicity [*Einigkeit*] of space and time (Onof and Schulting 2015: 13–16), the dependence of parts on the infinite whole in intuition (McLear 2015: 86–93). In addition, as Hanna argues, Kant's arguments of incongruent counterparts provides a firm textual ground against the attempt to reduce every perceptual content to the conceptual (Hanna 2008: 53–57; 2011: 358–365). Furthermore, Kant's enactivism can interpret the qualitative difference between the aesthetic unity and the discursive unity as the following: the aesthetic unity called unicity is based on the singularity of the point of view of the embodied subject, while the discursive unity refers to the generality abstracted from any single standpoint. In other words, the unicity of space and time is conditioned by the fact that the subject's viewpoint is embedded in the environment and confined to one specific point.[19] This fact makes it necessary that the subject distinguishes above-below, right-left, front-back and what is present and what will be present if it moves to perceive the hidden side. Such distinction of space and time forms a structure with distinct areas that are differentiated as well as unified from a single standpoint. In contrast, the unity of understanding abstracts from specific and concrete contents and is not restricted to a single viewpoint (*Logik* 9: 93–95). This is why, despite depending on the understanding, the aesthetic unity of space and time cannot be assimilated to a discursive unity.

It is a benefit of Kant's enactivism to make the two distinct kinds of unity compatible in one and the same sensory experience without reducing one to the other. A sensory experience is a result of the affection of inner sense through the understanding and the subsequent affection of outer sense by external objects. Therefore, it is conditioned by all of the understanding, inner sense and outer sense. This is why it is not only located in space and time, but also integrat-

---

18 McLear (2015: 86–95), for example, argues for the difference between aesthetic unity and discursive unity. I agree with him in this point. However, he claims further, on the ground of this difference, the independence of *a priori* and empirical intuitions of every kind of synthesis. From the viewpoint of Kant's enactivism, such independence cannot be concluded from the structural difference between intuition and concept. In effect, it is possible to suppose that sensory experience, which is a result of motion of the subject, is ordered in accordance with the aesthetic unity as well as with the conceptual unity, even though these two unities are qualitatively different.

19 This is in fact the idea suggested in Kant's pre-critical writing "Concerning the Ultimate Ground of the Differentiation of Directions in Space" (*Gegenden* 2: 378 f.; cf. Hanna 2011: 353, 377).

ed in the unity of understanding. However, it is not necessary to qualify this unity of understanding as a product of judgement. As other scholars point out, Kant distinguishes two kinds of synthesis of understanding (Longuenesse 1998: 203; Ginsborg 2008; Hanna 2008: 62; 2011: 386f.; Grüne 2009: 227–232).[20] One is that which affects the inner sense "under the designation of a transcendental synthesis of the imagination" (B153), and the other is "the intellectual synthesis without any imagination merely through the understanding" (B152). The former act is the spontaneous side of motion, inseparable from inner sense and a condition of every sensory experience. The latter is the act of judgement concerning an object given through an intuition, and therefore does not condition but presupposes a sensory experience.

2) The second objection claims that intuitions can be conditioned by a kind of spontaneity, but this spontaneity is merely a sub-personal, almost automatic one, not the understanding mentioned by Kant. Perhaps such an objection appeals to Kant's view of animal mind which supposedly has representations without understanding or concepts (letter to Herz on 26 May 1789, *Briefe* 11: 52; cf. McLear 2015: 98). Animals also receive intuitions in accordance with motion, but their spontaneity is not that of synthesis to which Kant refers. In the case of the human mind too, the spontaneity which is presupposed by reception of intuitions is not a rational faculty, but merely a part of the sub-personal mechanism.

Against this objection I answer, along with Alva Noë (2004: 28–32) that, with respect to sensory experience, there is no clear delimitation between the personal and the sub-personal. The distinction between them is, rather, merely gradual. It is important to admit an act of understanding or intellect within the sensory experience, that is, as a necessary condition to accomplish perceptual contact with reality (Noë 2012: 124f., 131–133). This is clearly prior to judgemental cognition which is always a personal act. Spontaneity in sensory experience can work in a personal or sub-personal way, but always works. There is nothing hindering affirming that human beings and other animals have perceptual experience in common. Insofar as perceptual experience is concerned, there

---

20 Relationship between aesthetic synthesis of imagination responsible for the aesthetic unity and discursive synthesis of understanding in accordance with the form of judgement can be, following to Land (2011: 226–236), interpreted as two species under the same genus of spontaneity. I would like to add that the former can genetically work antecedently and without the latter, even though the function of the former is structurally grounded on the latter. It is not necessary to, with Schulting (2012), deny definitively that the former as a figurative synthesis works without the latter as an intellectual synthesis.

are differences between the ways in which creatures achieve access to the world. Such differences depend on bodily constitution including brains and nervous systems as well as skills creatures have in relation to the environment. At this level, the personal exercise of intellectual capacity and sub-personal ones are continuous and cannot be distinguished clearly.

This answer also fits the basic presuppositions of Kant's philosophy. As we have already seen, Kant characterises time, which is a universal condition for all appearances, as a form of inner sense which is affected by the mind's "own activity [*eigene Tätigkeit*]" (B67). This activity is identified with the understanding as Kant says: "that which determines the inner sense is the understanding" (B153). Kant does not suppose any other, sub-personal spontaneity as affecting inner sense. It is probable that the affection of inner sense through the understanding sometimes occurs sub-personally, but even in this case Kant would consider this activity as an exercise of the same understanding. Concerning sensory experience, Kant does not separate sub-personal spontaneity from the personal exercise of the understanding.

5 Consequences concerning the B-Deduction

If my interpretation is correct, then, for Kant, there is no intuition without motion of the subject. Motion contains spontaneity; therefore every intuition presupposes the spontaneity of the subject. This is surely only one of the important topics in respect to Kant's Transcendental Deduction.[21] The next topic to examine is, on the one hand, whether results of the motion, i. e. the given intuitions should be considered in accord with the categories, and on the other hand, whether it should be thought as containing non-conceptual content. This article does not have enough space to discuss these topics in detail. I would just like to sketch briefly some basic points relating to Kant's enactivism.

On the one hand, Kant identifies the motion with the transcendental synthesis of the imagination, and describes this as being *"in accordance with the categories"* (B152). Then, it is natural to affirm that every intuition, as conditioned by motion, is already in accordance with the categories, just insofar as it is given through sensibility, not insofar as it is determined through the act of judgement. This matches perfectly with the conclusion of the B-Deduction: "all synthesis, through which even perception itself becomes possible, stands under the categories" (B161). Kant's strategy in the second half of the B-Deduction is to show the

---

21 For my reconstruction of proof structure of the B-Deduction, see: Nakano (2008, 2009).

categories as a presupposed framework in which every intuition can be given. In other words, Kant tries to establish that there is no intuition which is not in accordance with the categories because every intuition is a product of synthesis in accordance with them.

On the other hand, from the viewpoint of Kant's enactivism, it seems too strong and not necessary to deny non-conceptual content. Kant's enactivism discussed in this article simply claims that every intuition presupposes a synthesis. This claim does not imply that intuition cannot have a different kind of content or unity from the conceptual. Kant's enactivism does not deny the heterogeneity between sensibility and understanding, intuition and concept. The unicity of space and time is not grounded through the understanding, but through sensibility. Space is the form of outer sense that is affected by external objects, while time is the form of inner sense that is affected by the understanding. Affection of inner sense by the understanding does not eliminate the heterogeneity of receptivity and spontaneity, even though receptivity and spontaneity constitute one and the same motion.

In this manner, Kant's enactivism opens the possibility of establishing the universal validity of categories in respect to every sensible given, without denying non-conceptual content.

Bibliography

Allais, Lucy, 2015, *Manifest Reality. Kant's Idealism and his Realism*, Oxford: Oxford University Press.
Allison, Henry E., 2004, *Kant's Transcendental Idealism*, revised and enlarged edition, New Haven: Yale University Press.
Allison, Henry E., 2015, *Kant's Transcendental Deduction. An Analytical-Historical Commentary*, Oxford: Oxford University Press.
Falkenstein, Lorne, 1995, *Kant's Intuitionism. A Commentary on the Transcendental Aesthetic*, Toronto: Toronto University Press.
Friedman, Michael, 2001, "Matter and Motion in the Metaphysical Foundations and the First Critique. The Empirical Concept of Matter and the Categories", in: Eric Watkins (ed.), *Kant and the Sciences*, Oxford: Oxford University Press, 53–69.
Ginsborg, Hannah, 2008, "Was Kant a Nonconceptualist?", *Philosophical Studies*, 137, 65–77.
Grüne, Stefanie, 2009, *Blinde Anschauung*, Frankfurt a. M.: Klostermann.
Hanna, Robert, 2008, "Kantian Non-Conceptualism", *Philosophical Studies*, 137, 41–64.
Hanna, Robert, 2011, "Beyond the Myth of the Myth: A Kantian Theory of Non-Conceptual Content", *International Journal of Philosophical Studies*, 19, 323–398.
Hegel, G. W. F., 1986, *Glauben und Wissen*, in: *Jenaer Schriften 1801–1807*, Frankfurt a. M.: Suhrkamp.

Heidegger, Martin, 1991, *Kant und das Problem der Metaphysik*, Frankfurt a. M.: Klostermann.
Hutto, Daniel D. and Myin, Erik, 2013, *Radicalizing Enactivism. Basic Minds without Content*, Cambridge, MA: MIT Press.
Kant, Immanuel, 1998, *Critique of Pure Reason*, translated and edited by Guyer, Paul and Wood, Allen, Cambridge: Cambridge University Press.
Land, Thomas, 2011, "Kantian Conceptualism", in: Günther Abel and James Conant (eds), *Rethinking Epistemology*, Berlin/Boston: De Gruyter, 197–239.
Longuenesse, Béatrice, 1998, *Kant and the Capacity to Judge*, Princeton: Princeton University Press.
Longuenesse, Béatrice, 2005, *Kant on the Human Standpoint*, Cambridge: Cambridge University Press.
McLear, Colin, 2015, "Two Kinds of Unity in the Critique of Pure Reason", *Journal of the History of Philosophy*, 53, 79–110.
McLear, Colin, 2017, "Intuition and Presence", URL: https://philpapers.org/rec/MCLIAP, last accessed 12 February 2022.
Nakano, Hirotaka, 2008, "La primera parte de la Deducción trascendental (B) de la *Crítica de la razón pura* de Kant", *Ideas y Valores*, 137, 93–111.
Nakano, Hirotaka, 2009, "La segunda parte de la Deducción trascendental (B) de la *Crítica de la razón pura* de Kant", *Ideas y Valores*, 139, 5–20.
Nakano, Hirotaka, 2011, "Die Selbstaffektion in der transzendentalen Deduktion", *Kant-Studien*, 102, 213–231.
Noë, Alva, 2004, *Action in Perception*, Cambridge, MA: MIT Press.
Noë, Alva, 2012, *Varieties of Presence*, Cambridge: Harvard University Press.
Nuzzo, Angelica, 2013, "Imaginative Sensibility Understanding, Sensibility, and Imagination in the Critique of Pure Reason", in: Michael L. Thompson (ed.), *Imagination in Kant's Critical Philosophy*, Berlin/Boston: De Gruyter, 19–47.
Onof, Christian and Schulting, Dennis, 2015, "Space as Form of Intuition and as Formal Intuition: On the Note to B160 in Kant's *Critique of Pure Reason*", *Philosophical Review*, 124, 1–58.
Pollok, Konstantin, 2006, "Kant's Critical Concepts of Motion", *Journal of the History of Philosophy*, 44, 559–575.
Saugstad, Jens, 1992, "Kant on Action and Knowledge", *Kant-Studien*, 83, 381–398.
Schmitz, Friederike, 2015, "On Kant's Conception of Inner Sense: Self-Affection by the Understanding", *European Journal of Philosophy*, 23, 1044–1063.
Schulting, Dennis, 2012, "Kant, Non-Conceptual Content and the 'Second Step' of the B-Deduction", *Kant Studies Online*, 51–92., URL: https://kantstudiesonline.net/uploads/files/SchultingDennis01012.pdf, last accessed 12 February 2022.
Valaris, Markos, 2008, "Inner Sense, Self-Affection, & Temporal Consciousness in Kant's Critique of Pure Reason", *Philosophers' Imprint*, 8, 1–17.
Varela, Francisco J., Thompson, Evan and Rosch, Eleanor, 2016, *The Embodied Mind. Cognitive Science and Human Experience*, Revised Edition, Cambridge, MA: MIT Press.
Ward, Dave, Silverman, David and Villalobos Mario, 2017, "Introduction: The Varieties of Enactivism", *Topoi*, 1–11, URL: https://link.springer.com/content/pdf/10.1007/s11245-017-9484-6.pdf, last accessed 12 February 2022.

:
Apperception and Self-Knowledge

Stefan Heßbrüggen-Walter
Apperception as "Radical Faculty"

Abstract: In the first edition of the *Critique of Pure Reason*, Kant defends the thesis that apperception is a "radical faculty". This concept is not self-explaining. In fact, the notion of "radicality" goes back to late scholastic discourses about the proper understanding of causal concepts: Georg Reeb discusses the adverbial qualifier "radicaliter" in his "Philosophical Distinctions", a philosophical lexicon reprinted in several editions until the early eighteenth century. This understanding of "radicality" can be applied to Kant's notion of a radical faculty, so that in this perspective radical faculties differ from fundamental and "radical fundamental" powers. While Kant in the first edition of the Critique of Pure Reason maintains that apperception as a "radical faculty" is the first or remote cause of all representations of objects, he delegates this role in the second edition to the understanding as the "comparative fundamental power" of both synthesis and apperception.

In the A-Deduction, sense, imagination, and apperception are identified as fundamental powers. But only apperception is deemed to be a "radical faculty" (*Radikalvermögen*). In this chapter, we will put forward a reconstruction of Kant's understanding of this concept, explain how a radical faculty differs from a "radical" fundamental power, and spell out some of the consequences of this conceptual analysis for the proper interpretation of both the A- and B-Deduction.

Before we turn to the analysis of the notion of a "radical faculty" as such, it will be helpful to address three aspects of Kant's general theory of faculties of the soul: Kant's realism about faculties, the nexus between faculty, change, and substance, and the question what it means to "reduce" one or more faculties to another faculty.

The notion of a radical faculty obviously depends on that of a faculty in general. In the first *Critique*, the concept of a force or of a faculty is a "predicable" (*Prädikabilie*). Predicables are concepts to be derived from categories. They are pure. They are subordinate to the categories. Thus, force or faculty, action, and passion (i. e. active and passive changes) can be subsumed under the heading of "causality".[1]

---

[1] Whether or not there is a meaningful distinction between the notions of force and faculty in

> For the sake of the primary concepts it is therefore still necessary to remark that the categories, as the true ancestral concepts of pure understanding, also have their equally pure derivative concepts, [...]. Let me be allowed to call these pure but derivative concepts the predicables of pure understanding (in contrast to the predicaments). If one has the original and primitive concepts, the derivative and subalternate ones can easily be added, and the family tree of pure understanding fully illustrated. [...] one could readily reach this aim if one took the ontological textbooks in hand, and, e. g., under the category of causality, subordinated the predicables of force, action, and passion, [...]. (*KrV* B107f., Kant 1998: 213)

If predicables are pure concepts, we can surmise that they can be derived from the categories a priori. Their objective validity should then be guaranteed by the Transcendental Deduction as much as that of their superordinate concepts, i. e. the categories.

But then any use of a predicable has as much "existential import" as the use of its superordinate category: if we therefore claim that a substance has a certain force, this statement need not be true with necessity. But the statement certainly implies that, if it exists, the force is as real an entity as the causality of the substance in question. The critical Kant is thus what we could call a "realist" about forces and faculties. This contrasts with Wolff's considered view of faculties as dispositional concepts that merely denote the fact that the behavior of the thing exerting a force is subject to laws of change that we do not yet fully understand (see Heßbrüggen-Walter 2004: 75–84).

In the Second Analogy Kant further clarifies the relation between predicables belonging to the category of causality:

> This causality leads to the concept of action, this to the concept of force, and thereby to the concept of substance. [...] I leave the detailed discussion of these concepts to a future system of pure reason [...]. Yet I cannot leave untouched the empirical criterion of a substance, insofar as it seems to manifest itself better and more readily through action than through the persistence of the appearance. Where there is action, consequently activity and force, there is also substance, and in this alone must the seat of this fruitful source of appearances be sought. (*KrV* B249, Kant 1998: 313)

We do not need to address the question to which extent the empirical criterion of substance coheres with Kant's overall conception of this category (see Heßbrüggen-Walter 2004: 156–158). In the present context it suffices to note that faculties

---

Kant is disputed. Dyck (2014: 201, 206) seems to be in favor of making such a distinction. Kitcher (2017: 593) is more skeptical. It may well be the case that the available evidence is inconclusive, see Heßbrüggen-Walter (2004: 136–142).

for Kant are always faculties for a given type of changes (actions) and, as such, in need of a subject as their bearer.²

Finally, we must address the question what it means to "derive" one faculty from another. Kant discusses this question in the Appendix to the Transcendental Dialectic where this very process is described as a "reduction of variety" of mental faculties:

> Initially a logical maxim bids us to reduce this apparent variety as far as possible by discovering hidden identity through comparison, and seeing if imagination combined with consciousness may not be memory, wit, the power to distinguish, or perhaps even understanding and reason. (*KrV* A649/B677, Kant 1998: 593)

So reduction or derivation of mental faculties consists in the search for "hidden identities" that allow us to identify states that we ascribe to one faculty as in fact being caused by another. In the example Kant gives here the fundamental power all other faculties are reduced to is the imagination. But then faculties that are irreducible to each other must make contributions to our mental life that are fundamentally different from each other. Such faculties are then ("comparative") fundamental powers.³

1 The Notion of a Radical Faculty in the A-Deduction

Kant introduces the notion of apperception as a "radical faculty" (*Radikalvermögen*) in the A-Deduction.⁴ In the passage in question he states that it is the apperception as radical faculty that facilitates the representation of a mere multitude of representations as a structured totality of representations. The fact that this totality is structured allows it to regard it as a unified object of possible experience:

> If one considers, however, that this nature is in itself nothing but a sum-total of appearances, and hence not a thing in itself, but rather is merely a collection of representations of

---

2 On the equivalence of action and change see Gerhardt (1986: 103f.).
3 Cf. *KrV* A650/B678, Kant 1998: 594: "[T]he more appearances of this power and that power are found to be identical, the more probable it becomes that they are nothing but various expressions of one and the same power, which can be called (comparatively) their fundamental power."
4 Schulting (2017: 10–17) does not discuss the semantics of the term.

the mind, then one will not be astonished to see it merely in the radical faculty of all our cognition, namely transcendental apperception, in that unity for the sake of which alone it can be called an object of all possible experience, that is, nature. (*KrV* A114, Kant 1998: 236)[5]

The concept of a "sum-total" (*Inbegriff*) is explained by Adelung as that of a whole of parts rather than a mere aggregate (Adelung 1970: col. 1373 f.). But according to this passage, a structured totality is still at the same time a "collection" of representations, since "collection" is its superordinate genus. The property of having a structure is then the specific difference that distinguishes it from other kinds of collections. And it is this specific difference of being structured that can only be perceived because of the contribution of apperception as a "radical faculty".[6] However, apperception is not a "radical faculty" tout court, but a "radical faculty of all our cognition".

The notion of "radicality" reappears in the Appendix and its discussion of fundamental forces. After having discussed the reduction of mental powers, forces, or faculties in general Kant concludes:

> These comparatively fundamental powers must once again be compared with one another, so as to discover their unanimity and thereby bring them close to a single radical, i. e. absolutely fundamental power. (*KrV* A649/B677, Kant 1998: 594)

This raises the question how the notion of a radical faculty and that of a radical fundamental power relate to each other.[7] In the A-Deduction, Kant regards sense, imagination, and apperception as comparative fundamental powers, since they cannot be reduced to a more basic faculty:

> There are, however, three original sources (capacities or faculties of the soul), which contain the conditions of the possibility of all experience, and cannot themselves be derived from any other faculty of the mind, namely, sense, imagination, and apperception. On these are grounded [sc. various syntheses and; S. H.-W.] the unity of this synthesis through original apperception. (*KrV* A94, Kant 1998: 225)

---

5 Translation changed, following suggestions by Corey W. Dyck.
6 Wunderlich (2005: 180) identifies the structure in question as the hierarchy of laws of nature and regards the understanding as its source.
7 Kitcher (2011: 163) raises only the broader question of how the notions of a radical faculty and that of a fundamental power are related to each other without taking the distinction between absolute and comparative fundamental powers into account.

This suggests that all three "sources" are comparative fundamental powers.[8] One could be tempted to assume that apperception as a "radical faculty" is not merely a comparative, but a radical or absolute fundamental power. But this is impossible, because an absolute fundamental power is an idea of reason, so that we are barred from knowing whether or not a particular faculty is such an absolute fundamental power (cf. *KrV* A650/B 678). Besides that, we would then have to assume that sense and imagination can be reduced to apperception which is exactly what Kant does not say in the A-Deduction.

Unfortunately, Kant nowhere provides an explanation of how exactly he understands the term "radical". The same is true for eighteenth-century psychology in general. Neither in Wolff or his followers nor in Crusius or Tetens do we find any prominent usage of the term that would help us to clarify its semantics in Kant. Still, there are precedents for a philosophical usage of "radical" and its cognates in early modern scholasticism. They are contained in *Distinctiones philosophicae*, a lexicon of scholastic usage that was compiled by the Dillingen Jesuit Georg Reeb and reedited in Johann Adam Scherzer's *Vademecum*, a collection of scholastic lexica. The first edition of the *Vademecum* was published in 1654 and the work was reprinted as late as 1704. Here we find an extended analysis of the notion of radicality, or, to be more precise, of the adverbial qualifier *radicaliter* (Reeb 1704: 567–569).

Reeb distinguishes several philosophical uses of this qualifier. We apply it to an object, when we focus on causal history. Its use can also signal that we mention a cause metonymically in order to refer to its effect. Finally, it can express the fact that a cause is a remote or first cause rather than a proximate and immediate cause of its effect.

The primary use of the qualifier concerns causal relations in general. X is Y *radicaliter*, if and only if Y is the cause of X.

> "In a radical mode" (*radicaliter*) refers to the effect of some cause. And it is said that a thing that emanates or is produced is taken "in a radical mode" (*radicaliter*), if it is not seen under the aspect of its formal essence (*entitas formalis*), but rather under the aspect of its source, origin, or cause, from which this metonymic use is derived. (Reeb 1704: 367)[9]

---

[8] Wunderlich (2005: 148) neglects this irreducibility of apperception in the A-Deduction when he claims that apperception always depends on the understanding. In the light of what is discussed below this thesis is true only for the B-Deduction.
[9] Reeb (1704: 367): "Radicaliter [...] appellat ipsum effectum alicujus causae, et dicitur res emanans vel producta sumi radicaliter, quando non secundum suam formalem entitatem spectatur, sed potius secundum fontem et originem, seu causam suam, cujus tunc denominationem accipit [...]." All translations from Reeb by the author.

So when we speak about a thing "in a radical mode", we do not take into account its essential properties, but rather its causal history. Reeb gives an example:

> Thus "that which is capable of laughing is not different from the rational, when it is understood in a radical mode." This has the sense: "the ultimate root of the capability to laugh is rationality itself". (Reeb 1704: 367f.)[10]

So in a metonymous sense we could say that the ability to laugh is "in a radical mode" the same as rationality, because rationality is the cause of our ability to laugh.

Conversely, we can use this figure of speech to speak about a remote cause of a faculty of or change in a substance: "'In a radical mode' or 'fundamentally' refers often to the cause itself, the root or source of some faculty or change (*operatio*)" (Reeb 1704: 368).[11] In this case the term for the cause is used to refer to its effects:

> [...] the cause itself is used metonymically for referring to the potency or change, insofar as such a potency or change come about through this cause, at least as a mediate cause, such that it often refers to the remote cause [...]. (Reeb 1704: 368)[12]

Again, Reeb gives an example: "[T]hus the soul can be said to understand, see, walk etc. in a radical mode, [...]." (Reeb 1704: 368)[13]

It is not literally the soul itself that walks, but it is our respective faculty (of walking, understanding, or seeing) that is responsible for our actual walking, understanding, or seeing. In a similar vein, the qualifier can be used to indicate a remote – in contrast to a proximate or immediate – cause.

Whatever change is effected by agents in nature, comes "in a radical mode" from their substantial forms and directly from their potencies (Reeb 1704: 368).[14]

---

10 Reeb (1704: 367f.): "[...] sic risibile radicaliter sumptum non differt a rationali, et sensus est: ultimum radix risibilitatis est rationalitas ipsa."
11 Reeb (1704: 368): "Radicaliter seu Fundamentaliter appellat saepe ipsam causam, radicem seu fontem alicujus potentiae seu operationis, [...]."
12 Reeb (1704: 368): "[...] ut sic denominatio potentiae seu operationis ipsi causae tribuatur, quatenus ab illa talis potentia vel operatio procedit, saltem mediate, adeoque ut sic saepe etiam causam remotam denotat, [...]."
13 Reeb (1704: 368): "[...] sic anima dicitur radicaliter intelligere, videre, ambulare, etc. [...]."
14 Reeb (1704: 368f.): "Quidquid ab agentibus naturalibus producitur, illud radicaliter provenit a formis eorum substantialibus, et proxime a potentiis harum."

In an even more fundamental way, "in a radical mode" can be understood as referring to the "first potency" or first cause. This is the third use of the qualifier:

> "In a radical mode" is used for the first potency of something, or its first act, thus "the essence of quantity consists in a radical mode in its impenetrable extension", i. e. quantity is the root and origin and it is in its nature to make a thing extended in reality. (Reeb 1704: 368f.)[15]

If we look at what quantity can contribute to the essence of a given thing it is impenetrability and extension, because these two aspects of a thing are caused by its being a quantity, therefore the essence of quantity is in a radical mode its being extended and impenetrable.

In all uses of the term the qualifier is used in relation to a second thing, because it always concerns an effect in relation to its cause. Rationality is not radical per se, but radical in relation to the ability to laugh, because rationality is the cause of the ability to laugh. The soul is not radical per se, but radical in relation to what it can bring about, e. g. the activities of walking and thinking.

Still, if we try to map Reeb's understanding of the qualifier "in a radical mode" on Kant's use of *Radikalvermögen*, we must keep in mind that the idea that one faculty could be "reduced" to another is alien to the scholastic way of thinking: faculties are individuated through the activities they cause which are in turn determined by the respective object of these activities (cf. Aristotle, *De Anima* 415a14–22). Thus, actions that belong to one faculty cannot be explained by appeal to another, more basic faculty. When Reeb distinguishes immediate and remote causes, this signifies a difference in position in a chain of causal relations. Eighteenth-century psychology is, in contrast to this model, more interested in the hierarchical order of forces according to their "explanatory fundamentality".

Keeping these distinctions in mind, it may still be possible to map Reeb's understanding of radical faculties on Kant's uses of the notion of radicality in both the A-Deduction and the *Appendix*. Apperception can be understood in Reeb's terms in the following ways: simply as a cause for cognition, as a faculty that is a remote cause of cognition, or as a faculty that is the first cause of cognition. In the first understanding, the designation as radical faculty would be empty. Sense and imagination certainly are contributing causes to cognition, too. They would therefore be radical faculties for cognition as well, but they are

---

[15] Reeb (1704: 368): "Radicaliter sumitur pro prima potentia alicujus rei, seu actu primo, sic essentia quantitatis consistit in extensione impenetrabili radicaliter, hoc est, quantitas est radix et origo, et natura sua apta, ut faciat rem actu extensam."

not classified as such by Kant. Apperception could be a remote rather than a proximate cause of cognition, and cognition would be apperception "*radicaliter*". Or apperception could be the first or essential cause of cognition: "the essence of cognition" consists "*radicaliter*" in apperception, i. e. apperception is the first and essential cause of cognition, although not its "absolutely first" cause, for such an absolute first cause is an unknowable idea of reason.

In contrast, an absolute "radical" fundamental power would be responsible for all effects of all powers that depend on it. It would therefore be a contradiction in terms to restrict it to a certain class of effects. In Reeb's parlance it would be everything "in a radical mode", namely the remote or first cause of everything. Therefore, the qualification of apperception as "radical faculty" in the sense of a first cause of cognition remains preliminary, because it is possible in principle to identify a more fundamental force that apperception could in principle be reduced to, even if the text of the A-Deduction claims that it is irreducible *simpliciter*.[16]

Still, seen through the lens of Reeb's analysis of the concept of radicality, important differences between fundamental powers and a radical faculty remain. The search for fundamental powers concerns the identification and individuation of "causal factors". States that we believe to be caused by different faculties are in fact caused by one and the same faculty. The notion of a "radical faculty" concerns the position of a causal factor in the chain of causal relations that underlies a given state of affairs. If my reconstruction is correct, apperception as "radical faculty" is not an immediate, but a remote or, possibly, a first cause of every mental state that counts as cognition.

If apperception is a radical faculty, it is a faculty. This is certainly a trivial statement. But we must nevertheless remind ourselves, because, as discussed above, faculties are aligned with (types of) changes. Apperception as a faculty must therefore be associated with certain apperceptive acts. And since apperception is a radical faculty for cognition, these acts must contribute to cognitions and they must be first or at least the most fundamental acts making a contribution to cognition. In fact Kant does claim explicitly in the A-Deduction that cognition of objects (i. e. *Erkenntnis* in the Kantian sense) is impossible without ("strong" or "weak") *acts* of consciousness, i. e. apperception:

> For it is this *one* [emph. in the original, S. H.-W.] consciousness that unifies the manifold that has been successively intuited, and then also reproduced, into one representation. This consciousness may often only be weak, so that we connect it with the generation of

---

[16] Dyck (2008: 157) maintains that Kant believed all three sources to be irreducible, but does not address the question whether this irreducibility is "comparative" or "absolute".

the representation only in the effect, but not in the act itself, i. e., immediately; but regardless of these differences one consciousness must always be found, even if it lacks conspicuous clarity, and without that concepts, and with them cognition of objects, would be entirely impossible. (*KrV* A103f., Kant (1998: 231)[17]

And he also clarifies that cognitions depend on a unity of consciousness, presumably the outcome of acts of apperception that are prior to what is given in sense perception:

> [...] no cognitions can occur in us, no connection and unity among them, without that unity of consciousness that precedes all data of the intuitions, and in relation to which all representation of objects is alone possible. (*KrV* A107, Kant 1998: 232)[18]

Apperception in the A-Deduction is a comparative fundamental power that is distinguished from the other two fundamental powers, sense and imagination, by being at the same time a "radical faculty". This means that its acts are a remote or first cause of all acts of cognition, i. e. of all acts purporting to represent objects.[19] Such acts may be forceful and immediate, so that we are directly aware of them. Or they may be weak and imperceptible, so that we may only observe the presence of their effect in the final cognition. But an act of apperception is, according to this model, indispensable for the cognition of objects.

2 Apperception as a Faculty in the B-Deduction

In the B-Deduction, apperception does not cease to function as a faculty:

> The *I think* must *be able* to accompany all my representations; for otherwise something would be represented in me that could not be thought at all, which is as much as to say that the representation would either be impossible or else at least would be nothing for me. (*KrV* B 131f., Kant 1998: 246)

---

[17] Dyck (2008: 172) explains how this form of consciousness is closely tied to the use of concepts.
[18] Wunderlich (2005: 184) quotes a parallel passage in *Met-Dohna*, 28.2,1: 670f.
[19] Brandt (1994: 1) claims without further explanation that it is a faculty that facilitates only empirical cognition, i. e. experience. Kitcher (2011: 164) argues that for Kant, "the principle of apperception is the supreme or highest principle governing cognition". This way of putting the matter ignores the fact that powers and faculties are causal entities. In the A-Deduction, apperception is not a highest principle, but a first or remote cause of cognition. Dyck (2008: 154) acknowledges this causal dimension.

Here, Kant makes it explicit that apperception is a disposition that enables us to "accompany all my presentations" with the "I think". But even without such an explication the mere fact that a subject is the bearer of the representation "I think" would be sufficient to ascribe to this subject a faculty or force to entertain the representation "I think".[20]

However, it does not seem that the B-Deduction is still committed to the notion of apperception as a radical faculty of cognition. We may be tempted to read such a commitment into Kant's contention that apperception is "original". But this quality of being an origin expresses only the fact that the "I think" is not reflexive in the sense that it could be accompanied by a second-order representation of thinking that I think, presumably because this would lead to an infinite regress:

> But this representation [sc. the I think] is an act of *spontaneity*, i. e., it cannot be regarded as belonging to sensibility. I call it the [...] *original apperception*, since it is that self-consciousness which, because it produces the representation *I think*, which must be able to accompany all others and which in all consciousness is one and the same, cannot be accompanied by any further representation. (*KrV* B132, Kant 1998: 246 f.)

But this kind of originality has nothing to do with whether or not apperception in the B-Deduction is a fundamental force, radical faculty, or both. For an answer to this question we must look at what we could call the "outcomes" of apperception, i. e. its analytical and synthetic unity. If we compare both, we see that it is only analytical unity that is based on an explicit *act* of apperception.

> Therefore it is only because I can combine a manifold of given representations *in one consciousness* that it is possible for me to represent the *identity of the consciousness in these representations* itself, i. e., the *analytical* unity of apperception is only possible under the presupposition some *synthetic* one. (*KrV* B133, Kant 1998: 247)

The analytical unity is based on the apperceptive act of representing the identity of consciousness. But analytical unity is only possible, because there is a second act, namely that of "combining a manifold of given representations in one consciousness". This act is synthesis, not apperception, consciousness of objects, not self-consciousness. And self-consciousness is only possible, because it rests on the outcome of what synthesis brings about (Thiel 2001: 475). Such a relation of dependency contradicts the assumption that apperception could be a fundamental force or radical faculty. It instead seems that we should examine the question whether there is a "comparative fundamental power" that is respon-

---

20 Cf. *Refl* 4762, 17: 720; Heßbrüggen-Walter (2004: 136).

sible for both the analytic and the synthetic unity of apperception, i. e. for the act of apperception, the "I think", and the "combination of given representations in one consciousness". And since both apperception and synthesis are spontaneous acts, it seems that the comparative fundamental power both types of acts can be reduced to is the understanding.

So, while apperception in the A-Deduction is one of three comparative fundamental powers, Kant treats it in the B-Deduction as a "derivative faculty" that can be reduced to a more fundamental power. Thus while the A-Deduction describes apperception as the first or remote cause of all acts of cognition, the B-Deduction makes its acts depend on a more basic activity of the understanding, namely synthesis. Both activities, apperception and synthesis, can presumably be reduced to the understanding as their underlying "comparative fundamental power".

3 Conclusion

For Kant, faculties are features of reality. The claim that apperception is a "radical faculty" is therefore a substantial thesis, not just the unproblematic use of a self-explaining concept. A proper understanding of this concept is complicated by the fact that the notion of a "radical faculty" is not part of the eighteenth-century standard vocabulary of rational psychology, but seems to be rooted in earlier theories of faculties and causality. In these theories, it describes the relation between a cause and its effect. In a strict understanding, it can be used to refer to the first cause of something, in a looser sense it refers to its remote cause.

The first edition of the Critique uses the notion of a radical faculty or power in two places, the A-Deduction and the Appendix. In the A-Deduction, apperception is distinguished from two other comparative fundamental powers, sense and imagination, as a radical faculty. In a realist understanding of faculties as properties of a subject this means that apperception is a remote or first cause of cognitions, i. e. states that represent an object, if Kant's usage of the term is continuous with the scholastic tradition it belongs to. This matches Kant's claim in A107 that the unity brought about by apperception must "precede" everything that may be given in intuition. The B-Deduction abandons this model: apperception still is a faculty, but no longer a radical faculty. Its "analytic unity" is based on "synthetic unity" that is a result of an act of synthesis, and not a result of representing myself as a thinking being. It can be suspected that both activities and their corresponding "derivative faculties" can be shown to be ultimately rooted in the understanding. If this is the case, it is difficult to maintain the assumption that apperception in the A-Deduction and apperception in the B-Deduction are one and the same.

Bibliography

Adelung, Johann Christoph, 1970, *Grammatisch-kritisches Wörterbuch der Hochdeutschen Mundart*, vol. 2: *F – L* (reprint of the 1796 Leipzig edition), Hildesheim: Olms.

Brandt, Reinhard, 1994, "Rousseau und Kants 'Ich denke'", in: Reinhard Brandt and Werner Stark (eds), *Autographen, Dokumente und Berichte. Zu Edition, Amtsgeschäften und Werk Immanuel Kants*. Hamburg: Meiner, 1–18.

Dyck, Corey W., 2008, "The Subjective Deduction and the Search for a Fundamental Force", *Kant-Studien*, 99, 152–179.

Gerhardt, Volker, 1986, "Handlung als Verhältnis von Ursache und Wirkung. Zur Entwicklung des Handlungsbegriffs bei Kant", in: Gerold Prauss and Rüdiger Bittner (eds), *Handlungstheorie und Transzendentalphilosophie*, Frankfurt a. M.: Klostermann, 98–131.

Heßbrüggen-Walter, Stefan, 2004, *Die Seele und ihre Vermögen. Kants Metaphysik des Mentalen in der "Kritik der reinen Vernunft"*, Paderborn: Mentis.

Kant, Immanuel, 1998, *Critique of Pure Reason*, transl. and ed. by Paul Guyer and Allen W. Wood, Cambridge: Cambridge University Press.

Kitcher, Patricia, 2011, *Kant's Thinker*, New York: Oxford University Press.

Reeb, Georg, 1704, "Distinctiones philosophicae", in: Johann Adam Scherzer (ed.), *Vademecum Sive Manuale Philosophicum Quadripartitum*, Lipsiae: Groschuf, Pars II, 288–385.

Schulting, Dennis, 2017, *Kant's Radical Subjectivism. Perspectives on the Transcendental Deduction*, London/New York: Palgrave Macmillan.

Thiel, Udo, 2001, "Kant's Notion of Self-Consciousness in Context", in: Volker Gerhardt, Rolf-Peter Horstmann and Ralph Schumacher (eds), *Kant und die Berliner Aufklärung: Akten des IX. Internationalen Kant-Kongresses*, Berlin/New York: De Gruyter, 468–476.

Wunderlich, Falk, 2005, *Kant und die Bewußtseinstheorien des 18. Jahrhunderts*, Berlin/New York: De Gruyter.

Kenneth R. Westphal
Wie beweist Kant die „Realität" unseres äußeren Sinnes?

Abstract: This article presents the main steps of a transcendental proof that we perceive physical objects and events, and not merely imagine them. These steps concern Kant's method (§2), the spatio-temporality of our representational capacity (§3), Kant's two transcendental proofs of mental content externalism (§§4, 6), his proof that we can make legitimate causal judgments only about *spatial* objects and events (§§5, 6), the transcendental conditions of our self-ascription of our own experiences (§7), Kant's semantics of singular, specifically cognitive reference (§8), perceptual synthesis (§9), Kant's fallibilism about cognitive justification (§10) and finally the cognitive transcendence of global sceptical hypotheses (§11). Understood in this way, Kant's anti-Cartesian epistemology remains philosophically incisive today.

1 Einleitung

In seiner „Widerlegung des Idealismus" und in den diesbezüglichen Anmerkungen in der Vorrede zur zweiten Auflage der *Kritik der reinen Vernunft* formuliert Kant sein anti-skeptisches Beweisziel als die Rechtfertigung der „Realität des äußeren Sinnes" (Bxli); d. h., Kant will beweisen, dass wir physische Gegenstände im Raum und in der Zeit als solche wahrnehmen, anstatt sie uns bloß vorzustellen (*KrV* Bxl–xli Anm., B276 f. Anm.). Dagegen erhob Salomon Maimon (1965, 5: 377 f., 386) erneut den Einwand Humes, dass die Erscheinung von physischen Gegenständen in Raum und Zeit bloß eine trügerische Illusion unserer Einbildungskraft sei. Ein ähnlicher Einwand wurde auch neuerdings wieder gegen Kant erhoben,

---

Diesen Beitrag widme ich Graham Bird, dessen Würdigung durch meinen Nachruf (Westphal 2022) versucht wird. Der Beitrag resümiert eine umfassende Umdeutung der *KdrV*, die ich in drei Büchern ausführlich entwickelt habe; siehe Westphal (2004), (2020), (2021a). Dieses pointierte Resümé entstand durch die freundliche Einladung von Bernd Ludwig und Andree Hahmann zur Leitung eines Workshops über meine Kant-Deutung in Göttingen vom 8. bis 10. März 2011. Für zahlreiche Hilfeleistungen beim Verfassen dieses Textes danke ich sehr herzlich Bernd, Frau Ingrid Furchner (context, Bielefeld), Martin Hammer sowie Konrad Vorderobermeier für das gründliche Lektorieren. Gleichfalls danke ich herzlich den Herausgebern dieses Bandes – Giuseppe Motta, Udo Thiel und Dennis Schulting – für ihre sehr freundliche Aufnahme dieses aufwändigen Beitrags.

z. B. von Barry Stroud. Aber der Einwand Maimons beruht auf groben Missverständnissen der Analysen und Beweise Kants,[1] obwohl ich zugleich mit Stroud und Richard Rorty, aber besonders mit Thomas Grundmann, darin übereinstimme, dass die heutigen Auffassungen von „Transzendentalen Argumenten" in der analytischen Philosophie dem Einwand Maimons nicht entgehen.[2]

Stellt man die Frage, *wie* Kant beweist, dass wir räumliche Gegenstände außer uns wahrnehmen, dann setzt man freilich voraus, *dass* er dies auch bewiesen hat. Diese Voraussetzung teile ich. Aber das beinhaltet nicht die Annahme, dass Kant es genau auf die Weise getan hat, die er beabsichtigte. Meine These ist, dass der transzendentale Beweis Kants zwar schlüssig ist, aber auf eine andere Weise und in einem höheren Grad, als Kant selbst es erkannt hat. Zum Teil liegt diese Abweichung darin, dass eine schlüssige Variante des kantischen Beweises, so wie sie hier rekonstruiert wird, auf den transzendentalen Idealismus verzichtet. Darüber hinaus widerlegen die Hauptstücke dieses Beweises die Kernargumente Kants für den transzendentalen Idealismus. Dieser Beitrag resümiert daher die Hauptschritte des inoffiziellen, aber schlüssigen transzendentalen Beweises Kants für das Ergebnis der „Widerlegung des Idealismus", dass nämlich das „bloße, aber empirisch bestimmte Bewusstsein meines eigenen Daseins [...] das Dasein der Gegenstände im Raum außer mir" (B275) beweist.[3] Der Beweis hierfür ist transzendental; der dadurch bewiesene Realismus aber ist einfach, alltäglich, und weder bloß „empirischer Realismus" noch „transzendentaler Realismus", wie Kant diese Positionen aufgrund seines transzendentalen Idealismus allein definiert (A369f., vgl. A491–493/B519–521; näheres hierzu unten, §9).

---

[1] Von größter Wichtigkeit hierbei ist es, dass seine Schriften keine Spur von Kants Lehre der transzendentalen Einheit der Apperzeption aufweisen. Eine solche Spur ließ sich weder von mir noch von Engstler (1990: 94f., 122f.) ausfindig machen.

[2] Heutige analytische Rekonstruktionen verfehlen den Kern des Beweisgangs Kants dadurch, dass sie sich bloß auf den „Besitz" bzw. die „Verwendung" des Begriffs eines raumzeitlichen Gegenstandes fokussieren, ohne die legitime oder sogar die wahrhafte Verwendung dieses Begriffs zu fordern. Strawson (1966), Rorty (1970, 1971) und Stroud (1977b: 106, 110) fokussieren sich zu eng auf den bloßen Begriffsbesitz und bestimmen die „Verwendung" von Begriffen viel zu ungenau, um die Strategie und transzendentale Beweisart Kants zu fassen. Gleichermaßen zielt das „Objectivity Argument" von Bennett (1966: 202–214, 1979: 52–55) auf die „Verwendung" des Gegenstandsbegriffs ab, aber auf eine Weise, die die skeptische Analyse Humes in „Of Scepticism with regard to the senses" (*Treatise* 1.4.2) eher widerspiegelt als zurückweist, weil Bennetts Argument keine wahrhafte, und schon darum keine kognitiv gerechtfertigte Verwendung des Gegenstandsbegriffs fordert. Zur Unzulänglichkeit der „analytischen Transzendentalargumente" siehe Grundmann (1994), Bell (1999) und Westphal (2004), 2021a, §§12–18.

[3] *KrV* 3: 191.18–20. Die vollständige Analyse wird in Westphal (2004, 2020, 2021a) dargestellt.

2 Die neue Methode Kants

Die erste wichtige Pointe, die nicht immer genügend beachtet wird, betrifft die Methode Kants. Die heutigen „analytischen Transzendentalargumente" sind *analytisch*; sie versuchen, bedeutsame anti-skeptische Thesen durch eine Analyse der Möglichkeit der selbstbewussten Erfahrung als solcher zu beweisen. Aber bereits Kant selbst hat hervorgehoben, dass keine bloße Begriffsanalyse – und darum auch kein rein analytisches Argument – irgendeinen synthetischen Satz *a priori* rechtfertigen kann.[4] Auch wenn das heutige Verständnis der philosophischen „Analyse" möglicherweise umfangreicher ist als dasjenige Kants, so ist es immer noch unzulänglich, um Kants „Widerlegung des Idealismus" zu rechtfertigen. Die „analytic transcendental arguments" nehmen als ihr *analysandum* die Möglichkeit des Selbstbewusstseins bzw. der selbstbewussten Erfahrung überhaupt. Aber kein solches Argument kann nachfolgendem Einwand Rortys entgehen:

> Argumente des strawsonschen Typs beruhen auf Überlegungen der Art: Welche Wörter können unabhängig von welchen anderen verstanden werden? Die Relevanz solcher Überlegungen verschwindet, sobald wir die Möglichkeit eines Wesens erwägen, das etwas als ein *x* erfahren kann, ohne das Wort ‚*x*', noch ähnliche Ausdrücke, verwenden zu können. (Rorty 1970: 224, vgl. 231; Übersetzung K. R. W.)

Diese Bemerkung Rortys widerlegt geradeheraus die heutige Art der „analytic transcendental arguments". Aber die Möglichkeit solch eines Wesens wie es sich Rorty vorstellt, betrifft Kants Beweisart gar nicht. Ausdrücklich zielt Kant auf die *a priori* notwendigen (und auch hinreichenden) transzendentalen Bedingungen der Möglichkeit der apperzeptiven Erfahrung *des Menschen*, und darunter insbesondere auf diejenigen transzendentalen Bedingungen, die uns alleine in den Stand versetzen, der eigenen Existenz als in der Zeit bestimmt gewahr zu sein, und zwar in dem Sinne, dass wir uns bewusst werden können, dass das, was uns erscheint, entweder vor oder zugleich mit oder nach etwas anderem geschieht.[5] Ohne Frage ist unser Erkenntnisvermögen logisch kontingent, aber für uns ist es unhintergehbar. Daher ist es gerade unsere Aufgabe, das eigene Erkenntnisvermögen zu untersuchen, um es dadurch genauer auszuwerten. Um dies zu leisten, unter-

---

[4] Siehe B263–265, B810, *KrV* 3: 184.26–185.19, 509.24–510.25; vgl. Baum (1986): 1, 175–181.
[5] Genauer gesagt untersucht Kants Analyse die *a priori* transzendentalen Bedingungen der Möglichkeit der apperzeptiven Erfahrung eines endlichen Wesens, ausgestattet mit raumzeitlichen Anschauungsformen wie auch einem diskursiven Verstand mit zwölf Kategorien, auch wenn der Mensch die einzig uns bekannte Instanz solch eines Wesens ist.

nimmt Kant eine Reihe oft höchst kontrafaktischer Gedankenexperimente, die darauf zielen, uns zu erlauben, unsere wichtigsten kognitiven Vermögen, samt unseren daraus folgenden kognitiven *Un*vermögen, zu erkennen. Diese Gedankenexperimente zu verstehen und sie einzuschätzen, erfordert die „Veränderung der Denkart" (Bxix, vgl. Bxvi, Bxviii) mit Blick auf die neue Methode Kants: die „transzendentale Überlegung" (siehe Westphal 2004: 12–35 sowie Westphal 2020).

3 Raum, Zeit und singulärer kognitiver Gegenstandsbezug

Kants Analyse von Raum und Zeit betont die Raum-Zeitlichkeit unserer menschlichen Anschauungsformen samt unseres Gebrauchs der Begriffe „Raum" und „Zeit", um (u. a.) eine wichtige kognitiv-semantische Pointe bezüglich des bestimmten Gegenstandsbezugs auf je ein Individuum, ob Gegenstand, Ereignis oder Person, nachzuweisen. Kant betont unsere *Un*fähigkeit, die Abwesenheit bzw. das Nichtsein des Raums und der Zeit nicht etwa zu denken (das können wir zweifelsohne), sondern uns *vorzustellen*. Gleichfalls können wir auch nicht den Raum bzw. die Zeit als solche wahrnehmen, obwohl wir jedoch ihre gänzliche *Leere* konzipieren können.[6] Die Hauptpunkte Kants beziehen sich hierbei auf Kernstücke der Beschaffenheit *unseres* Vorstellungsvermögens, das Vorstellungsvermögen des *Menschen*. Ob andere Wesen, z. B. solche, die Rorty anführt, andere Vorstellungsvermögen als das menschliche haben, ist für die Analyse der *menschlichen* Erkenntnis gänzlich irrelevant. Die positiven Implikationen der Überlegungen Kants zur Raumzeitlichkeit unseres Vorstellungsvermögens laufen auf eine sehr wichtige semantische, zugleich *kognitive* Einsicht hinaus, die die These Kants untermauert, dass die Sinnlichkeit und der Verstand verschiedene, aber wechselseitig abhängige und sich ergänzende Aspekte des menschlichen Erkenntnisvermögens sind.

Eine entscheidend wichtige kognitive These ist, dass „bestimmte Beschreibungen" der russellschen Art für die Aufzeichnung irgendeines besonderen Gegenstandes definitiv *nicht* genügen. Russells bestimmte Beschreibungen können nicht von sich aus zeigen oder sonst wie aufweisen, ob sie leer, eindeutig oder mehrdeutig sind. Eine jede verhältnismäßig bestimmte Beschreibung (ohne indexikalische Token-Wörter, ob explizit oder implizit) kann sowohl von gar keinem als auch von mehreren Individuen erfüllt werden. Die Ausführlichkeit einer Be-

---

[6] Siehe A19–20, 22f., 31, 172f., 188, 214, 487; B34, 37f., 46, 207f., 214, 231, 261, 515

schreibung reicht grundsätzlich nicht für eine bestimmte Gegenstandbezogenheit aus. Ob eine Beschreibung leer, bestimmt oder mehrdeutig ist, hängt im Prinzip auch davon ab, was in der Welt vorkommt. Um irgendein besonderes raumzeitliches Individuum auszuzeichnen, ist es für uns Menschen erforderlich, es zu empfinden, ob auf direkte oder indirekte Weise (z. B. durch Beobachtungs- oder Messinstrumente). Für uns Menschen erfordert singuläre kognitive Bezugnahme das singuläre sinnliche Vorstellen eines Individuums. Semantische Bezogenheit auf Individuen erfordert prinzipiell irgendeine Art token-indexikalischer Ausdrücke bzw. ostensiver Gesten (δείξις), die ihre Rolle innerhalb der menschlichen Kognition nur in Bezug auf bestimmte, uns vorkommende Wahrnehmungskontexte spielen können. Für uns Menschen sind Wahrnehmungsumstände jedoch stets raumzeitliche Umstände. Irgendein raumzeitliches Individuum durch unsere Sinnlichkeit zu identifizieren, erfordert (u. a.) zumindest eine ungefähre Bestimmung seiner Raum-Zeit-Region innerhalb der Raum- und Zeitregion, in welcher wir uns befinden, wie auch innerhalb des Raum-Zeit-Koordinatensystems, das wir gebrauchen.[7] Genau diese entscheidende semantische These hat Kant durch seine Kritik an Leibniz im Amphibolie-Kapitel herausgestellt.

Unser unverzichtbarer Rückgriff auf raumzeitliche Abstimmungen, um je ein raumzeitliches Individuum zu bezeichnen, kommt auch in neueren Analysen des „Charakters" demonstrativer Ausdrücke zum Vorschein, wonach solche Ausdrücke nur durch Bezugnahme (ob implizite oder explizite) auf ein auf den Sprecher zentriertes, raumzeitliches Koordinatensystem zu verwenden bzw. als Zuhörer zu verstehen sind (Kaplan 1989, Perry 1979, Evans 1982: 143–204). Umgekehrt fordert

---

[7] Die kognitive Unzulänglichkeit der Beschreibungs-Theorie der semantischen Gegenstandsbezogenheit war Kants Ausgangspunkt für die gesamte *Kritik der reinen Vernunft* (vgl. Melnick 1989: 1–5, 25–26). Die Arbeit von Melnick ist eine schwierige, aber unentbehrliche Meisterleistung, die immer noch große Aufmerksamkeit verdient, und zwar schon darum, weil er Kants drei Entwicklungsphasen der *Kritik* sehr genau untersucht und rekonstruiert und zeigt, welche Textstellen der zweiten Auflage der *Kritik* in welcher Phase zu verorten sind. Die letzte oder „späte" Phase kommt bereits in der A-Auflage vor, wird aber mehrfach durch die B-Auflage ergänzt. Obwohl die drei Phasen wichtige Revisionen der vorangehenden Ansichten und Formulierungen Kants vollziehen, sodass hierdurch einige Inkonsistenzen im Text der *Kritik* zu erklären sind, dienen Kants Revisionen zumeist dazu, seine Grundfragen umfangreicher und tragfähiger zu formulieren und zu beantworten. Auch liegt es auf der Hand, dass mehrere Umarbeitungen in der B-Auflage aus strategischen Gründen vorgenommen wurden, einerseits, um Missverständnisse zu vermeiden, andererseits – auf Wunsch des Verlegers –, um einer gewissen Weitläufigkeit zu entgehen. Somit gilt: Wenn ich unten Passagen aus der A-Auflage heranziehe, so habe ich in *Kant's Transcendental Proof of Realism* (Westphal 2004) schon ausführlich zu zeigen versucht, dass diese Passagen bereits wesentlich die Reife der *Kritik* zuverlässig wiedergeben bzw. nach der maßgeblichen Untersuchung Melnicks (die unten im 2. Anhang resümiert wird) zur späten Phase gehören.

singuläre kognitive Gegenstandsbezogenheit unsererseits die Prädikation, d.h. die Zuschreibung einiger jedenfalls ungefähr richtig identifizierter Eigenschaften zu irgendeinem von uns wahrgenommenen Individuum innerhalb seiner ungefähr richtig bestimmten Raum-Zeit-Region. Dabei sind die Prädikation und die raumzeitliche Bezeichnung irgendeines Raum-Zeit-Individuums wechselseitig voneinander abhängig (Evans 1975). Es gibt darum für uns Menschen gar kein „knowledge by description" russellscher Art. Kants Lehre von der koordinierten kognitiven Funktion unserer Sinnlichkeit und unseres Verstandes hat genau dieses Ergebnis nachgewiesen (siehe unten, §8).

4 Die transzendentale Affinität des Sinnesmannigfaltigen und der Mentale-Gehalts-Externalismus

Kants Beweis der „Realität" menschlicher Wahrnehmungen ist erfolgreicher als Kant selbst es erkannt hat, weil er unbemerkt zwei schlüssige, echt transzendentale Beweise des Mentalen-Gehalts-Externalismus angeführt hat. Der hier relevante Sinn eines „Mentalen-Gehalts Externalismus" ist es, dass die Inhalte verschiedener selbstbewusster Vorkommnisse (Vorstellungen, Erfahrungen bzw. Gedanken) nur durch Bezug auf physische Umstände außer uns bestimmt worden – und von uns bestimmbar – sind. Die hier zu rekonstruierenden zwei Beweise dieser These sind entschieden beweiskräftiger als jene heutigen anti-skeptischen Argumente, die den Mentalen-Gehalts-Externalismus als eine *Prämisse* annehmen, was von den Gegnern zu Recht als eine *petitio principii* zurückgewiesen worden ist. Der erste derartige Beweis Kants beruht auf folgenden Überlegungen: Der „formale" Idealismus Kants fordert, dass die Materie der menschlichen Erfahrung uns *ab extra* gegeben worden ist. Diese Forderung bildet eine transzendentale, aber zugleich *materielle* Bedingung unserer apperzeptiven Erfahrung (Allison 1983: 250). Eine zweite transzendentale, materielle, aber zugleich auch *formale* Bedingung der apperzeptiven Erfahrung bildet die transzendentale Affinität des Sinnesmannigfaltigen (A112–114). Diesbezüglich stellt Kant heraus, dass eine jede Welt, innerhalb der wir Menschen zur apperzeptiven Erfahrung fähig sind, eine ist, die uns einen minimalen, aber von uns auffindbaren Grad der Gleich- wie auch Verschiedenartigkeit unter den *Inhalten* unserer sinnlichen Empfindungen liefert. („Auffindbar": Das ist eine vor-persönliche Sache der transzendentalen Einbildungskraft, nicht eines explizit kognitiven Urteils.) Irgendeine Welt, in welcher dieser Grad nicht gegeben ist, ist eine solche, innerhalb der wir zur apperzeptiven Erfahrung gar nicht fähig sind. Innerhalb solch einer

Welt könnten wir gar keine Individuen identifizieren; darum könnten wir uns auch von nichts Bestimmten unterscheiden; darum könnten wir keine einheitliche Apperzeption erlangen.[8]

In diesem Zusammenhang argumentiert Kant, dass die Vollständigkeit und die Funktionalität unserer Sinnlichkeit und unseres Verstandes nicht dazu hinreichen, dass es für uns möglich ist, je eine Pluralität sinnlicher Empfindungen assoziieren zu können (A121–123). Wären sie nicht von uns assoziierbar, so würden uns höchstens zerstreute, vereinzelte sinnliche Empfindungen vorkommen, die für uns gar nicht zu einer integrierten und darum apperzeptiven Erfahrung hinreichen würden. Zum Teil gilt dies, weil solche unregelmäßigen Sinnesempfindungen keine Grundlage stiften, weder für das Bilden von empirischen Begriffen noch für den Gebrauch der Kategorien, um Gegenstände (bzw. Ereignisse) zu beurteilen. In einer Welt von bloß chaotischen Sinnesempfindungen könnte kein Schematismus und darum auch kein Gebrauch der Kategorien stattfinden. Darum ist die Notwendigkeit der basalen Assoziierbarkeit des Sinnesmannigfaltigen eine *konditionale*, die voraussetzt, dass sich irgendein sich apperzipierendes menschliches Subjekt auf eine von uns assoziierbare Sinnesmannigfaltigkeit bezieht: Genau dann, wenn ein menschliches Subjekt ein Individuum durch eine Mannigfaltigkeit sinnlicher Anschauungen apperzeptiv erfährt, ist der sinnlich empfundene Inhalt dieses Mannigfaltigen unsererseits assoziierbar. Diese Assoziierbarkeit *ist* die Affinität dieses Sinnesmannigfaltigen. Weil diese Affinität für die Möglichkeit der apperzeptiven menschlichen Erfahrung sowohl notwendig als auch *a priori* erkennbar ist, ist diese Affinität transzendental.

Den transzendentalen Status dieses Ergebnisses macht Kant in der folgenden Passage besonders deutlich, obwohl er hier ein „logische[s] Gesetz der Gattungen" und nicht die transzendentale Affinität des sinnlichen Mannigfaltigen bespricht:

> Wäre unter den Erscheinungen, die sich uns darbieten, eine so große Verschiedenheit, ich will nicht sagen der Form (denn darin mögen sie einander ähnlich sein), sondern dem In-

---

[8] Kants komplexe Wahrnehmungstheorie wird unten im 1. Anhang in Form eines Diagramms dargestellt, um ihre verschiedenen Aspekte und deren Zusammenhänge anschaulich darzulegen. Dabei wird auch klargestellt, wie und inwieweit Kants Erkenntnistheorie vor- oder sub-personale Prozesse der transzendentalen Einbildungskraft berücksichtigt, ich behaupte: zu Recht. In Anhang 1 wird Kants transzendentaler Idealismus berücksichtigt, aber die Darstellung dürfte auch klarstellen, wie sich seine Wahrnehmungstheorie davon abkoppeln lässt. Die diesbezügliche Kernfrage ist, ob Zeit und Raum als solche bloß menschliche Anschauungsformen sind oder ob der Mensch bloß raumzeitlich empfindet, d.h., nur von raumzeitlichen Gegenständen und Ereignissen sinnlich affiziert werden kann.

halte, d. i. der Mannigfaltigkeit existierender Wesen nach, dass auch der allerschärfste menschliche Verstand durch Vergleichung der einen mit der anderen nicht die mindeste Ähnlichkeit ausfindig machen könnte (ein Fall, der sich wohl denken lässt), so würde das logische Gesetz der Gattungen ganz und gar nicht stattfinden; und es würde selbst kein Begriff von Gattung oder irgend ein allgemeiner Begriff, *ja sogar kein Verstand stattfinden*, als der es lediglich mit solchen zu thun hat. Das logische Princip der Gattungen setzt also ein transscendentales voraus, wenn es auf Natur (darunter ich hier nur Gegenstände, die uns gegeben werden, verstehe) angewandt werden soll. Nach demselben wird in dem Mannigfaltigen einer möglichen Erfahrung nothwendig Gleichartigkeit vorausgesetzt (ob wir gleich ihren Grad a priori nicht bestimmen können), *weil ohne dieselbe keine empirische Begriffe, mithin keine Erfahrung möglich wäre* (*KrV* A653 f./B681 f., *KrV* 3: 433.14 – 29; Kursivierungen K. R. W.).

Ungeachtet der Verwendung unterschiedlicher Terminologien liegt es auf der Hand, dass diejenige Bedingung, die dem „logische[n] Gesetz der Gattungen" auf dieser absolut grundlegenden Ebene seiner Analyse zugrunde liegt, genau dieselbe Bedingung ist, die das Prinzip der transzendentalen Affinität des Sinnesmannigfaltigen formuliert. In dem hier von Kant skizzierten Extremfall, dass es gar keine für uns auffindbaren Ähnlichkeiten bzw. Verschiedenheiten in dem *Inhalte* unserer Sinnesempfindungen gäbe – dieser Fall lässt sich als „transzendentales Chaos" bezeichnen – kann gar kein menschliches Denken und darum keine menschliche Apperzeption stattfinden. Kants Analyse dieses „logische[n] Gesetz[es] der Gattungen" bildet das genaue Gegenstück zu seiner Analyse der transzendentalen Affinität des Sinnesmannigfaltigen: Beide betreffen die für uns auffindbaren Basalregelmäßigkeiten unter den Inhalten unserer sinnlichen Empfindungen – ebenso wie auch die konstitutive Notwendigkeit dieser basalen Regelmäßigkeiten für die bloße Funktionalität unseres Verstands überhaupt. Diese Funktionalität ist für die synthetische und darum auch für die analytische Einheit der Apperzeption erforderlich; d.h., diese Affinität wird von jedwedem menschlichen „Ich denke" erfordert.[9]

---

9 Jedoch sind die zwei Analysen parallel, nicht identisch: Das logische Gesetz der Gattungen bezieht sich auf *Gegenstände*, obwohl Kant zumeist die transzendentale Affinität des Sinnesmannigfaltigen in Bezug auf den Inhalt unserer Sinnesempfindungen formuliert, wenngleich er in dieser Beziehung gelegentlich vom „Objekt" redet (A90f./B122f.). Offensichtlich sei, wenn das logische Gesetz der Gattungen erfüllt ist, ist auch das Prinzip der transzendentalen Affinität des Sinnesmannigfaltigen erfüllt, aber nicht umgekehrt. Vielleicht sei es in umgekehrter Weise für uns möglich, dass die transzendentale Affinität unseres Sinnesmannigfaltigen stattfinde, ohne dass wir jedoch wahrgenommene Gegenstände auch identifizieren können. In dieser Hinsicht ist das logische Gesetz der Gattungen ein stärkeres Prinzip als die transzendentale Affinität des Sinnesmannigfaltigen. Inwieweit die Erfüllungsbedingungen dieser zwei Prinzipien voneinander unabhängig sind, ist schwierig und gar nicht *a priori* zu bestimmen. Aber trotzdem steht fest, dass

Kant beweist die Notwendigkeit dieser Bedingung für die apperzeptive menschliche Erfahrung durch das Herausarbeiten einer entscheidenden kognitiven *Un*fähigkeit des Menschen: unsere Unfähigkeit, uns im Zustand des transzendentalen Chaos zu apperzipieren, denken zu können, Begriffe zu gebrauchen bzw. sie gar zu bilden bzw. uns der eigenen Existenz als in der Zeit bestimmt inne zu werden. Diese Einsicht Kants können wir nur durch sorgfältige Betrachtung des kontrafaktischen Umstands des transzendentalen Chaos, den Kant uns vorführt, begreifen: Nur hierdurch können wir erkennen, wie ganz und gar *dys*funktional das transzendentale Chaos für unser Denken, unsere Erfahrung, unsere Urteilskraft und sogar für unsere Apperzeption wäre. Das ist jedoch eine transzendentale Überlegung kantischer Art.[10]

Dieser transzendentale Beweis weist eine konditional-notwendige Bedingung bezüglich der Inhalte irgendeiner uns möglichen Erfahrung auf. Ohne einen *a priori* unbestimmbaren Minimalgrad der uns auffindbaren Ähnlichkeit und Verschiedenheit der Inhalte unserer Sinnesempfindungen kann der menschliche Verstand überhaupt kein Urteil fällen. Unter solchen Umständen könnten wir uns daher auch nicht apperzipieren. (Angesichts dieses Minimalgrads jener Regelmäßigkeit unter unseren Sinnesempfindungen erhebt sich dann die reflexive Aufgabe, nachzuforschen, inwieweit sich unsere Erfahrungen – eventuell auch, inwiefern sich die von uns erfahrenen Gegenstände bzw. Ereignisse – systematisieren lassen.)

Diese Bedingung ist eine besondere, weil sie zugleich eine transzendentale und formale, aber weder eine begriffliche noch eine anschauliche, sondern auch eine *materielle* ist. Die transzendentale Affinität des Sinnesmannigfaltigen ist eine

---

Kant zu Recht behauptet, dass die Nicht-Erfüllung eines jeden dieser Prinzipien genau dieselbe Konsequenz mit sich führt: Der menschliche Verstand könnte gar nicht funktionieren. In so einem Fall wäre uns keine synthetische und darum auch keine analytische Einheit der Apperzeption und darum auch keine selbstbewusste Erfahrung derart möglich, wie sie durch das „Ich denke" ausgedrückt worden ist (B 131–139). Zumindest stehen zwei wichtige Pointen fest. Erstens liefern die beiden Prinzipien echt transzendentale Beweise des Mentalen-Gehalts-Externalismus, obzwar von etwas verschiedener Art. In beiden Fällen ist dies ein ungeheuer wichtiges anti-cartesianisches, zugleich anti-skeptisches Ergebnis. Zweitens kann sich der anti-skeptische transzendentale kantische Beweis des Realismus in Bezug auf raumzeitliche, wahrnehmbare Dinge nicht nur auf die bloße Möglichkeit der analytischen Einheit der Apperzeption stützen. Dieser Beweis kann sich auch auf die vielleicht stärkere, aber sicherlich explizitere Prämisse von Kants „Widerlegung des Idealismus" stützen, die besagt, dass für jeden von uns Menschen gilt, dass „Ich [...] mir meines Daseins als in der Zeit bestimmt bewusst" (B275) bin.
10 Hier lassen sich nur die Pointen solcher Überlegungen resümieren. Diese Überlegungen werden für sich genommen, wie auch in Bezug auf Wittgenstein, weiter untersucht in Westphal 2020 §§7–11.

transzendentale Bedingung, weil sie *a priori* für die bloße Möglichkeit unserer Apperzeption und Erfahrung notwendig ist. Sie ist auch eine formale Bedingung dieser Möglichkeit, weil sie sich auf die Regelmäßigkeiten des Inhalts des Sinnesmannigfaltigen bezieht. Aber sie wird weder durch die *a priori* notwendigen anschaulichen Bedingungen menschlicher Erfahrung, nämlich Raum und Zeit als menschlichen Anschauungsformen, noch durch die *a priori* notwendigen begrifflichen Bedingungen, d. h. unsere Verstandeskategorien, *erfüllt*. Wie Kant zweimal zugesteht, wird sie durch den „Inhalt" bzw. das „Objekt" unserer Erfahrung erfüllt.[11] Weil uns die Materie der Sinnesempfindungen *ab extra* gegeben worden ist – was als eine Kernthese der Transzendentalphilosophie Kants gilt – können wir sie gar nicht selbst produzieren (sonst würde Kant einen bloß-subjektiven Idealismus vertreten). Aber weil wir sie nicht produzieren, können wir gar keinen Grad ihrer Regelmäßigkeit garantieren bzw. hervorbringen. Daher müssen die Inhalte bzw. die Objekte unserer Sinnesempfindungen, samt ihren für uns auffindbaren Ähnlichkeiten und Verschiedenheiten, uns *ab extra* und darum von etwas von uns Verschiedenem gegeben werden.[12] Darum bildet dieser Beweis einen echt transzendentalen Beweis des Mentalen-Gehalts-Externalismus: Als Menschen sind wir nicht dazu fähig, uns irgendeines angeblich „mentalen" Gehalts apperzeptiv inne zu sein und diesen (auch anscheinend) zeitlich einzuordnen, ohne dass wir einiger Gehalte gewahr sind, die zuletzt von etwas außer uns und von uns Verschiedenem entstammen.[13]

---

[11] Siehe A112 f., A653 f./B681 f. In A111–113 unterscheidet Kant nicht zwischen dem „Gegenstand" und dem „Objekt" unserer Erfahrung; hier verwendet er diese zwei Wörter gleichbedeutend.

[12] Kant unterscheidet einen empirischen von einem transzendentalen Sinn des Ausdruckes „außer uns" (A373, *KrV* 4: 234.21–23), was ich hier beiseite lasse, weil sich diese Unterscheidung nur aufgrund des transzendentalen Idealismus – wenn überhaupt – rechtfertigen lässt; vgl. unten, Anm. 44.

[13] Daher können echt transzendentale Beweise stärkere Konklusionen rechtfertigen als Rorty (1970: 236, 1971) zugestanden hat; er behauptet, sie könnten höchstens Beziehungen unter unseren Gedanken nachweisen. Zum Teil verkennt Kant die eigene philosophische Meisterleistung in dieser Hinsicht dadurch, dass die transzendentale Affinität des Sinnesmannigfaltigen eine formale, transzendentale, aber doch *materielle* Bedingung zur Möglichkeit der apperzeptiven menschlichen Erfahrung ist, obwohl die Architektonik des transzendentalen (oder sogar „formalen") Idealismus keine solche Bedingung gestattet. In dieser Hinsicht ist es von Belang, dass Wittgenstein auch diesen Beweis des Mentalen-Gehalts-Externalismus ausführt, ohne die kognitive Psychologie Kants (d. h. seine Lehre von der transzendentalen Einbildungskraft) heranzuziehen; vgl. Westphal 2020, §§7–11.

5 Kausalurteile in Bezug auf bloß zeitliche Phänomena sind kognitiv illegitim

Die These Kants bezüglich einer bestimmten kognitiven Gegenstandsbezogenheit (§3) und sein erster Beweis des Mentalen-Gehalts-Externalismus (§4) werden durch seinen Beweis untermauert und erweitert, dass wir Kausalurteile nur in Bezug auf *raum*zeitliche Substanzen legitim fällen können. Dieser Beweis bildet einen zweiten, stärkeren transzendentalen Beweis des Mentalen-Gehalts-Externalismus. Dieser Beweis teilt sich in zwei Schritte: Kants Kritik an den Paralogismen der reinen Vernunft beweist, dass wir im Falle bloß-zeitlicher Phänomena keine Kausalurteile legitim fällen können (§5), während die drei „Analogien der Erfahrung" beweisen, dass wir Kausalurteile nur in Bezug auf *raum*zeitliche Substanzen legitim fällen können (§6).

Kant argumentiert, dass sich die Kausalität notwendig auf die Substanz (als das, was durch Veränderungen hindurch beharrt) bezieht.[14] Im „Paralogismen"-Kapitel, und zwar in beiden Auflagen der *Kritik der reinen Vernunft*, weist Kant irgendeine menschliche Erkenntnis des „Ichs" als Substanz zurück und argumentiert ferner dafür, dass wir innerhalb der Psychologie, ganz gleich ob innerhalb der rationalen oder der empirischen, gar keinen Beleg (weder empirische Evidenzen noch Beweisgründe) für eine ausgedehnte bzw. beharrliche Substanz haben können (A381; B 291, 293 f.). Aber haben wir keinen Beleg dafür, können wir die Prinzipien der Analogien der Erfahrung überhaupt nicht gebrauchen, um legitimerweise Kausalurteile über uns selbst als Substanz zu fällen. Auch wenn psychologische Zustände bzw. Ereignisse in der Zeit und im Raum – nämlich sofern sie in einem Gehirn auftreten – stattfinden, sind wir gar nicht imstande, diese als Einzelne bestimmt zu lokalisieren. Genau darum sind wir gar nicht imstande, Kausalurteile über sie zu fällen! Also können wir überhaupt keine bestimmten Kausalurteile innerhalb der (introspektiven) Psychologie rechtfertigen, weil wir überhaupt keine kausal tätige Substanz, auch nicht eine einzelne (angebliche) psychologische Ursache innerhalb der Form des inneren Sinnes, nämlich bloß in der Zeit, identifizieren können.

Der Hauptgegenstand der kantischen Kritik der Paralogismen ist zwar die rationale Psychologie,[15] aber auch in dieser Hinsicht weist Kant auf einen empirischen Aspekt seiner Kritik hin: Der Begriff eines einfachen Wesens kann nicht als Prädikat eines objektiv gültigen Erfahrungsurteils vorkommen (A361). Gerade

---

14 Siehe A144, 182–184, 204; B183, 225–227, 249; *KrV* 3: 137.30–138.4, 163.1–32, 176.19–20.
15 Siehe A342/B400, B405 f.; *KrV* 3: 263.16–20, 266.16–25.

diesen empirischen Aspekt seiner Kritik erweitert Kant, indem er darüber hinaus jeden empirischen Gebrauch der Kategorie der Substanz in Bezug auf das eigene „Ich" bzw. auf die eigenen psychologischen Zustände zurückweist: Der einzig empirisch brauchbare Substanzbegriff ist die Beharrlichkeit eines Gegenstandes in der Erfahrung, aber keine solche Beharrlichkeit kann im Falle des „Ichs" bzw. der eigenen Gemütszustände nachgewiesen werden (vgl. A349 f.). Die Konklusion Kants ist es, dass es überhaupt keine legitimen synthetischen Prinzipien *a priori* in Bezug auf die Seele geben kann. Eine Seelenlehre, ob *a priori* oder empirisch, zielt auf synthetische Urteile. Solche Urteile jedoch fordern Anschauungen, aber geeignete Anschauungen kommen uns im inneren Sinne gar nicht vor,[16] weil wir (im Einklang mit Hume!) darin gar keine Anschauung von irgendetwas Beharrlichem *als* etwas Beharrlichem haben.[17] Also ist die rationale Psychologie keine Lehre, sondern bloß eine Disziplin, die unsere kognitiven Ansprüche begrenzt,[18] während die empirische Psychologie keine kausale Untersuchung, sondern nur eine naturgeschichtliche Beschreibung gestattet, wie Kant auch in den *Metaphysischen Anfangsgründen der Naturwissenschaft* bestätigt, und zwar genau deshalb, weil „die reine innere Anschauung, in welcher die Seelen-Erscheinungen construirt werden sollen, […] die Zeit [ist], die nur *eine* Dimension hat".[19] Es fehlt also dem inneren Sinne des Menschen die Dreidimensionalität des Raums sowie jeder raumzeitlichen Substanz, aufgrund welcher wir allein dazu fähig sind, beharrliche Substanzen zu identifizieren – sie aufzuzeichnen, sei es auch nur ungefähr – und deren Umwandlungen von bloß menschlichen Sinneserscheinungen – von unseren Wahrnehmungen davon – zu differenzieren.

Dieses Ergebnis bei Kant verdient auch heute philosophische Berücksichtigung, insofern sich sogenannte „kausale" Theorien des Gemüts, der Referenz bzw. der menschlichen Erkenntnis mit bloßen kausalen *Be*schreibungen „mentaler" Ereignisse zufriedengeben, ohne sich zu vergewissern, ob solche Beschreibungen auch zu kausalen *Zu*schreibungen und darüber hinaus zu kognitiv rechtfertigungsfähigen kausalen *Beurteilungen* taugen. Die augenfällige Antwort weist solche „Kausaltheorien" als zugleich vor-kantisch als auch als bloß pseudo-wissenschaftlich zurück, weil sie die Hauptfrage der kritischen Philosophie völlig außer Acht lassen: nämlich ob und wie bzw. inwiefern wir dazu fähig – d. h.

---

16 Siehe A398–400, besonders *KrV* 4: 248.28–249.11; B421–422, 3: 275.13–20.
17 Siehe A366, *KrV* 4: 230.18–28; vgl. A349–350, 361, 381, 398–399, 402–403, *KrV* 4: 221.1–15, 227.21–28, 251.12–20; B420, 3:274.15–24.
18 B421, *KrV* 3: 274.36–275.4; vgl. B420, 3: 274.24–26, *KU* 5: 60.20–32, §89.
19 *MAN* 4: 471.19–22, vgl. *KrV* A382, 4: 239.29–32.

berechtigt – sind, solche (u. a.) Kausalbegriffe in rechtfertigungsfähigen kognitiven Urteilen – hier: innerhalb der Psychologie – legitimerweise zu gebrauchen?[20]

6 Unsere kognitiv legitimen Kausalurteile beziehen sich ausschließlich auf *raum*zeitliche Individuen

Ein sehr wichtiges, aber auch wenig beachtetes Ergebnis von Kants Analyse der legitimen Kausalurteile ist es, dass wir Menschen solche Urteile nur in Bezug auf

---

20 Ein besonders deutliches derartiges Beispiel findet sich bei McCarty 2009: 65 – 67. Wohl ist der Kausaldeterminismus eine methodologische Voraussetzung der kausalerklärenden oder sogar der statistischen Untersuchung, wie LaPlace zu Recht betont, aber tatsächlicher Kausaldeterminismus lässt sich nur von Fall zu Fall durch ausgemachte Kausalerklärungen, die hinreichende Kausalgründe nachweisen, rechtfertigen. Ein Widerstreit zwischen menschlicher Freiheit und Kausaldeterminismus entsteht nur dann, wenn wir zuerst zu hinreichenden Kausalerklärungen nicht nur von einigen, sondern von mehreren menschlichen Handlungen gelangen. Der Alltagsgebrauch des Kausalbegriffs ist viel zu grob, um überhaupt den Anforderungen des legitimen Gebrauchs des Prinzips des zureichenden Grundes zu genügen. Ohne dieses Prinzip in je einem relevanten Fall menschlicher Handlung kausalerklärend zu erfüllen, gäbe es keinen nachweisbaren Widerstreit zwischen dem Kausaldeterminismus und menschlicher Freiheit. Bloße kausaldeterministische Anmaßungen stiften bloß ein Scheinproblem. All das übersieht McCarty. Übrigens unterstellt er mir die Verneinung, dass Kant den psychologischen Kausaldeterminismus bejaht hat. Dass Kant ihn mehrfach bejaht, habe ich keineswegs bestritten. Stattdessen lautet meine Frage: Hat Kant ihn gerechtfertigt? Diese Frage habe ich durch eine genaue Untersuchung und Auswertung seiner Analyse der kognitiv legitimen Kausalurteile – die ich *en détail* zu verteidigen unternahm – negativ beantwortet, aus Gründen, die ich hier resümiere. Einfach bei der Äußerung eines Autors stehen zu bleiben (wie McCarty dies tut), stiftet höchstens eine Doxologie, zumeist aber bloße Doxographie, aber keine Philosophie.

Überraschend ist es auch, dass die heutigen „Kausaltheoretiker" des Gemüts, der Sprache bzw. der Erkenntnis gänzlich von der entscheidenden Pointe Dretskes absehen, dass sich Informationsverhältnisse *nicht* auf Kausalverhältnisse reduzieren lassen, obwohl Informationsverhältnisse für den semantischen Gehalt notwendig (wenn auch nicht hinreichend) sind (Dretske 1981: 27 – 39). Wohlgemerkt steht meine Analyse den heutigen psychologischen Wissenschaften nicht entgegen, insofern sie einleuchtende Gelegenheitsursachen ausfindig machen; auf spezifische, wohl begründete Kausalerklärungen aufgrund des Prinzips des zureichenden Grundes gelangen sie immer noch nicht. Der hier angesprochene Fehler ist zumeist ein philosophischer, weil so viele Philosophen bereits das, was nur am sogenannten „Ende der Naturwissenschaften" gerechtfertigt werden dürfte, nämlich vollständige Kausalerklärungen von allem überhaupt, als oberste Prämisse ihrer heutigen Philosophien voraussetzen wollen. Das ist ein Dogmatismus, der von Kants kritischer Philosophie entkräftet wird. Siehe hierzu ferner Westphal (2012), (2017), Keil (1993), Horst (2011), Falkenburg (2012).

raumzeitliche Substanzen fällen können. Die Wichtigkeit unserer Fähigkeit, beharrliche Substanzen, Gegenstände, die trotz Veränderungen beharren, zu identifizieren, und die Gründe dafür, dass wir solche Substanzen nur in der Zeit *und im Raume zugleich* identifizieren können, sind von Kant in einem wenig beachteten Aspekt der „Analogien der Erfahrung" dargelegt worden. Die drei „Analogien der Erfahrung" bilden ein eng verbundenes System sich wechselseitig stützender Prinzipien unserer Kausalurteile, mit der Folge, dass je ein Prinzip nur zusammen mit den zwei anderen – und zwar, auf eine Weise, die jetzt genauer anzuführen ist – brauchbar und zu gebrauchen ist.[21] Das Prinzip der ersten Analogie bezieht sich auf die Beharrlichkeit der Substanz durch ihren Zustandswechsel; das Prinzip der zweiten Analogie bezieht sich auf die kausale Regelmäßigkeit der Zustandswechsel *je einer* Substanz; nur das Prinzip der dritten Analogie bezieht sich auf die kausale Wechselwirkung zwischen zwei (bzw. mehreren) Substanzen. Kant hat diese Sachlage ausdrücklich betont (siehe B111, *KrV* 3: 96.20–24; vgl. *KU* 5: 181), gleichwohl ist sie oft übersehen worden. (Diese weit verbreitete Vernachlässigung innerhalb der verschiedenen Kant-Forschungen wird ausführlich untersucht und nachgewiesen in Westphal [2020], §§62–65.) Also erst durch Einbeziehung der dritten Analogie unternimmt es Kant, die Kausalskepsis Humes zurückzuweisen, denn erst in der dritten Analogie der Erfahrung erfolgt der Versuch, die Kausalität als übergehende Kraft zu analysieren und transzendental zu rechtfertigen; d. h.

---

21 Siehe Guyer (1987): 168, 212–214, 224 f., 228, 239, 246, 274 f.; ferner Westphal (2004), §§36–39. Hier und im nächsten Absatz wird der entscheidende, aber wenig beachtete Befund Guyers resümiert, auf den ich meine weiteren Entwicklungen gegründet habe. Ohne Berücksichtigung der Analyse Guyers zu den Analogien der Erfahrung, die immer noch weit über den Forschungsstand hinaus geht, lässt sich meine Untersuchung leider nur schwer verstehen. Vermutlich hat sich Dennis Schulting (2009: 383–385) in seiner Rezension von *Kant's Transcendental Proof of Realism* (Westphal 2004) hieran gestoßen; „objects in general" (Schulting 2009: 383) sind weder wahrnehmbar noch erfahrbar; sie sind eben nicht empfindbar. Schon darum genügen sie gar nicht den notwendigen Bedingungen der Analogien *der Erfahrung*. Es ist der Rezensent, nicht ich, der eine *petitio principii* begeht (Schulting 2009: 383). Der Rezensent formuliert meine Deutung nicht „simply" (Schulting 2009: 384; vgl. „simple", 385), sondern viel zu vereinfacht, als dass sie angemessen wiedergegeben wäre. Zum Beispiel habe ich überhaupt nichts zu einem angeblichen „one-to-one mapping" (Schulting 2009: 385) gesagt, auch kein solches vorausgesetzt. Meine Untersuchung lässt sich kaum aufgrund von Eindrücken („impression", Schulting 2009: 384) oder dem „Klang" („these terms [*ratio cognoscendi, ratio essendi*; K. R. W.] have a certain pre-critical ring to them"; Schulting 2009: 384) richtig einschätzen. Darüber hinaus verwendet Kant genau die Unterscheidung und Terminologie (*KpV* 5: 4 Anm.), wie ich sie zitiert habe (Westphal 2004: 114). Einen „naturalism" habe ich weder formuliert noch verteidigt; die Bezeichnungen „Naturalismus" und „Realismus" lassen sich überhaupt nicht gleichsetzen, *pace* Schulting (2009): 384; vgl. die vorige Anm. Seine spätere Darstellung meiner Deutung ist leider keine bessere; siehe Schulting (2011), bes. 8–9.

nur hierdurch versucht Kant nachzuweisen, dass etwas in einer kausal tätigen Substanz über diese Substanz selbst hinausgeht und eine Zustandsänderung in einer zweiten Substanz bewirken kann. Kurz gesagt: Nur wenn man die drei Analogien der Erfahrung zusammennimmt, zeigt Kant in denselben, dass wir das allgemeine Kausalprinzip – dass ein jedes Ereignis eine Ursache hat – in richtigen und kognitiv rechtfertigbaren Kausalurteilen gebrauchen können, obzwar nur in Bezug auf *raumzeit*liche, bloß physische Ereignisse, die äußere, auch *raumzeitliche* Ursachen haben. Trotz der Komplexität seiner Analyse lassen sich Kants Hauptpunkte bezüglich der systematischen Verbundenheit des Gebrauchs der drei Kausalprinzipien der „Analogien der Erfahrung" kurz resümieren.

Um zu bestimmen, ob wir entweder einen Fall der Ko-Existenz oder einen der Sukzession, sei es von Zuständen oder von Gegenständen, beobachten, ist es notwendig, dass wir zwischen diesen vier Szenarien unterscheiden, wobei jede dieser Bestimmungen fordert, dass wir Gegenstände identifizieren, die während sowohl der eigentlichen als auch der scheinbaren Änderungen in den uns vorkommenden Erscheinungen beharren, dadurch, dass wir bloß scheinbare Änderungen, die durch unsere eigenen körperlichen Bewegungen veranlasst worden sind, von Änderungen eines Gegenstandes selbst bzw. der Gegenstände selbst unterscheiden. Wir sind nicht imstande, den Raum als solchen oder die Zeit als solche wahrzunehmen (§2) und die bloße Reihenordnung unserer Apprehension der Erscheinungen als solche bestimmt noch keine objektive Ordnung von Individuen bzw. Ereignissen. Unserem kognitiven Vermögen nach sind wir demzufolge nur imstande, zu bestimmen, welche Zustände welchen anderen vorangehen bzw. welche zu derselben Zeit stattfinden, wenn wir auch schon imstande sind, beharrende Substanzen zu identifizieren, die aufeinander kausal wechselwirken und damit Zustandsänderungen und Ortsveränderungen ineinander hervorbringen. Die Identifizierung beharrender Substanzen ist für uns erforderlich, um die verschiedenen Orte verschiedener Individuen wie auch ihre Ortsveränderungen bzw. ihre bloßen Rotationen zu bestimmen. Nur aufgrund dieser zwei Arten von Bestimmungen (oder: Identifizierungen) lassen sich auch die nicht-räumlichen Zustandswechsel je eines Individuums bestimmen (d. h. spezifizieren). Um je so eine Bestimmung zu beurteilen, müssen wir den eigentlichen Fall von seinen (angeblich) kausal-möglichen Alternativen unterscheiden, wobei diese Unterscheidungen den Gebrauch aller drei Kausalprinzipien der „Analogien der Erfahrung" erfordern. Wären wir nicht imstande, diese drei Prinzipien erfolgreich und legitim zu verwenden, bliebe uns „nichts als ein blindes Spiel der Vorstellungen, d. i. weniger als ein Traum" übrig, wie Kant die Sachlage in der transzendentalen Deduktion der A-Auflage bündig formuliert (A112, *KrV* 4: 84.30 f.).

Dass Kant hierin Recht hat, lässt sich zunächst einmal gut erkennen, indem man sich an die Schwierigkeiten bei Hume in „Vom Skeptizismus in Bezug auf die

Sinne" erinnert, und diese mit einigen der von Kant herausgestellten Bedingungen konfrontiert, unter denen wir allein zwischen der subjektiven Reihenfolge unserer Apprehension der Erscheinungen und der objektiven Anordnung der raumzeitlichen Individuen unterscheiden können. Kant betont zu Recht, dass unsere Apprehension der verschiedenen Aspekte eines Hauses unvermeidlich sukzessiv ist, obwohl diese Aspekte gleichzeitig existieren (A190/B236). Hume hat diese Analyse implizit bestätigt: Er erkannte, dass wenn ihm ein Briefträger einen Brief lieferte, der Briefträger zwar die Treppe hochkam, die Treppe aber immer noch außerhalb und hinter der Tür seines Büros existierte, als auch dass die Tür seines Büros immer noch existierte, wenn der Briefträger an diese klopfte und sie öffnete, und dieses Geräusch wie auch das Quietschen der Türangeln von Hume gehört wurden, als der Briefträger hineinkam (Hume, *Treatise* 1.4.2.20). Die Implikationen der Beobachtungen Humes sind genauso mannigfaltig wie lehrreich.[22]

Zunächst ist hierbei zu bemerken, dass Humes Beobachtungen zugestehen, dass wir den Alltagsgegenständen zugleich Beharrlichkeit und Ursächlichkeit zuschreiben. Aber diese üblichen Zuschreibungen gebrauchen Begriffe, die nicht im Rahmen des humeschen Begriffsempirismus definiert werden können, nämlich die Begriffe „Ursache" und „physischer Gegenstand" (bei Hume wohl „body").[23] Darum gelten diese Begriffe auch heute als *a priori*. Aus Sicht der heute geläufigen Ablehnung des Begriffsempirismus ist es wichtig anzumerken, dass die Analyse Kants zeigt, dass diese sonderbaren Begriffe *a priori* sind, weil ihr legitimer Gebrauch für uns erforderlich ist, um uns überhaupt zu apperzipieren.

---

[22] Zur Analyse dieses Abschnitts des *Treatise*, siehe Wolff (1966), Stroud (1977a): 96–117, Smith (1941): 443–494 und Westphal (1998), §§4, 5.

[23] Bezüglich „Ursache", vgl. *KrV* B240f. und Beck (1978): 121–125; bezüglich des „physischen Gegenstandes", siehe Hume, *Treatise* 1.4.2.23–28. Stroud (1977a: 131) behauptet, dass sich Humes Heranziehung von „propensities" (Veranlagungen) durch bloß konditionale Regelmäßigkeiten bezüglich des Vorkommens gewisser „Wahrnehmungen" im Gemüt, angesichts gewisser Reihen anderer „Wahrnehmungen", ersetzen lässt. Jedoch liefert so eine Ersetzung höchstens die Gelegenheitsursachen unseres Gebrauchs des Begriffs „body", wohl aber weder die Definition (bzw. dessen Gehalt) noch den Ursprung dieses Begriffs. Außer Acht lässt Gram (1983) die Einsicht Humes, dass die eigenen Prinzipien der psychologischen Assoziation *nicht* genügen, weder um unsere Begriffe noch um unser Fürwahrhalten, die kausalen Verhältnisse physischer Dinge betreffend, zu analysieren. In ähnlicher Weise übersieht auch Rorty (1970: 209) das Problem, dass für Hume in seinem Privatbüro auftaucht. Hume hat Kants „dogmatischen Schlummer" nur dadurch unterbrochen (*Prol* 4: 260), dass Kant Humes *Enquiry Concerning Human Understanding* tiefgreifend neu durchdacht und hierdurch die Implikationen der Analyse Humes für die Kausalität wie auch für die Gegenstandsbezogenheit unseres Denkens genau begriffen hat, die Hume zuvor im *Treatise* (1.4.2) entwickelt hatte. Die Kritiker Kants sollten die Ansichten Humes genauso sorgfältig untersuchen.

Erst dadurch sind wir imstande, Erfahrungsbegriffe zu lernen, zu definieren, zu bilden oder irgendwie anders zu erlangen. Schon darum lassen sich Kants Kategorien als *reine* Begriffe *a priori* bezeichnen (vgl. Westphal 1998, 2013).

Zum Dritten bemerkt Hume, dass die Zuschreibung von Beharrlichkeit und Ursächlichkeit bei physischen Gegenständen gar nicht aufgrund unserer sinnlichen Beobachtungen möglich ist, wenn man diese Beobachtungen wie Hume als „Sinneseindrücke" versteht (Hume, *Treatise* 1.4.2.20, 22, 56). Dennoch sind diese Zuschreibungen – wie auch Hume bemerkt – nötig, um die Kohärenz und Stabilität unseres empirischen Fürwahrhaltens zu bewahren (Hume, *Treatise* 1.4.2.18–21). Diese Kohärenz schätzt Hume als für eine Rechtfertigung der Zuverlässigkeit unserer Sinne unzulänglich ein (Hume, *Treatise* 1.4.2.56). Genau hier fehlt Hume die Einsicht Kants, dass die Frage nach Kohärenz und Stabilität unseres empirischen Fürwahrhaltens das eigentliche Problem bloß antastet. Die Hauptsache betrifft gerade die Existenz, ja sogar die Möglichkeit eines menschlichen Fürwahrhaltens.[24] Ohne die Fähigkeit, Kausalurteile richtig zu fällen, können wir weder die subjektive Ordnung unserer Erfahrungen von der objektiven Weltordnung „ableiten", wie Kant behauptet (A193/B238), noch die subjektive Ordnung unserer Apprehension von irgendeiner objektiven Ordnung der weltlichen Individuen unterscheiden (A193–195/B238f.), wie auch *Hume* in Bezug auf den Briefträger berichtete. Ohne die Fähigkeit, wahre Kausalurteile zu fällen, können wir gar kein angeblich wahrgenommenes Individuum identifizieren; wir können keine Tür aufgrund des Quietschens ihrer Angeln identifizieren. In seinem Bericht aus dem eigenen Alltag hat Hume jedoch problemlos zwischen der subjektiven Ordnung seiner Erfahrungen und der objektiven Anordnung der weltlichen Gegenstände und Ereignisse unterschieden, obwohl seine Erkenntnistheorie diese seine Fähigkeit gar nicht erklären kann. Die transzendentalen Beweise Kants beziehen sich nicht nur auf den Besitz gewisser Begriffe, sondern darüber hinaus auf deren legitimen, d. h. richtigen und rechtfertigbaren Gebrauch in kognitiven Kausalurteilen genau dieser Arten.[25] In dieser Hinsicht ist es wichtig zu bemerken, dass die eigenen körperlichen Bewegungen unsere Perspektive so ändern können, dass wir nur dadurch imstande sind, zwischen der subjektiven Ordnung unserer Apprehension und der objektiven Anordnung der von uns un-

---

24 Dieser zentrale Bestandteil der transzendentalen Beweisart Kants wird weder von Körner (1966, 1969) noch von Rosenberg (1975, 1979) und auch nicht von Stern (1999) beachtet. Bemerkt wird er aber von Cassam (1987) und Stroud (1983: 429, 1994).
25 Siehe oben, Anm. 2.

terschiedenen Individuen zu unterscheiden, wie in Kants Beispiel der Beobachtung eines Hauses gezeigt wurde.[26]

Weil wir die Kategorien der Ursache und der Substanz nur in Bezug auf *raum*zeitliche Individuen legitim gebrauchen können, und weil wir eine objektiv gültige Zeitordnung der von uns wahrgenommenen Ereignisse nur durch gerechtfertigten Gebrauch dieser Begriffe in richtigen Kausalurteilen bestimmen können, weil wir folglich alleine damit die subjektive Ordnung unserer Apprehensionen von der objektiven Anordnung der Ereignisse unterscheiden können, muss diese von uns identifizierte objektive Anordnung der Ereignisse eine kausale Anordnung wahrnehmbarer raumzeitlicher Substanzen sein. Dies ist damit ein zweiter, echt transzendentaler – und zwar stärkerer – Beweis des Mentalen-Gehalts-Externalismus durch Kant.

7 Die besondere transzendentale Beweisart Kants

Schon mehrfach habe ich auf Kants besondere transzendentale Beweisart hingewiesen (§§4 – 6), ohne sie ausführlich erläutert zu haben. Diese Beweisart ist insofern transzendental, als sie auf formale kognitive Bedingungen der Möglichkeit der menschlichen Apperzeption zielt, die sich *a priori* erkennen lassen und von welchen auch andere Erkenntnisse *a priori* gefolgert werden können (B25, B40). Diese drei Charakteristika entstammen den fundamentalen Rollen dieser Urteile innerhalb unserer Selbstzuschreibung der eigenen Gedanken bzw. Erfahrungen. Bekanntlich argumentiert Kant, dass jeder von uns Menschen die eigenen Vorstellungen *als* die *eigenen* identifizieren können muss, „denn sonst würde ich ein so vielfärbiges, verschiedenes Selbst haben, als ich Vorstellungen habe, deren ich mir bewusst bin" (B134, *KrV* 3: 110.7 – 9; vgl. A111 f.). Das Wort „verschieden" bedeutet entweder qualitative oder quantitative Verschiedenheit. Obwohl nicht so pointiert wie z. B., „zerteilt", verwendet Kant das Wort „verschieden" hier als Gegenstück zur analytischen Einheit der Apperzeption, um die *Nicht*einheitlichkeit unserer Vorstellungen im genannten Umstand zu betonen, in welchem wir höchstens bloß-augenblickliche sinnliche Zustände, aber keine Apperzeption

---

[26] A192/B237 f.: „In dem vorigen Beispiele von einem Hause konnten meine Wahrnehmungen in der Apprehension von der Spitze desselben anfangen und beim Boden endigen, aber auch von unten anfangen und oben endigen, imgleichen rechts oder links das Mannigfaltige der empirischen Anschauung apprehendiren". Wo unsere Wahrnehmungen des Hauses anfangen, und wohin sie sich richten, hängt jedoch von unseren Entscheidungen und körperlichen Bewegungen (Handlungen) ab. Der menschliche Körper gehört schon zu Kants transzendentaler Analyse in der *Kritik der reinen Vernunft*.

haben könnten (§4). Unmittelbar vor diesem Zitat sagt Kant eben dies, aber mit noch stärkeren Worten: „Denn das empirische Bewusstsein, welches verschiedene Vorstellungen begleitet, ist an sich zerstreut und ohne Beziehung auf die Identität des Subjects" (B133; *KrV* 3: 109.16–18).

Kants Pointe besteht hier nun gerade darin, dass das bloße Vorkommen sinnlicher Vorstellungen für uns Menschen dazu nicht hinreicht, dass wir diese Vorstellungen *als* die eigenen identifizieren bzw. dass wir uns an sie erinnern können, weil eine jede sinnliche Vorstellung höchstens ein augenblicklicher Bewusstseinszustand ist und weil keine sinnliche Vorstellung ein Bewusstsein (umso weniger ein Selbstbewusstsein) von einer Pluralität sinnlicher Vorstellungen bildet. Die Fähigkeit, irgendeine Pluralität sinnlicher Vorstellungen *als die eigene* zu erfassen, fordert „intellektuelle Recognition" sowohl dieser Pluralität als auch des eigenen „Ichs" als *ein* sich dieser verschiedenen Vorstellungen bewusstes Subjekt (vgl. A103–110). Die menschliche Apperzeption irgendeiner Pluralität sinnlicher Vorstellungen fordert nicht nur Sinnlichkeit, sondern auch Urteilskraft. Ohne unsere Rekognition je einer Pluralität von sinnlichen Vorstellungen sind wir zu keiner stabilen Erkenntnis und auch nicht zum stabilen Fürwahrhalten von irgendetwas, das wir erfahren – oder genauer: was wir sonst bloß empfinden würden –, in der Lage. Die analytische Einheit der Apperzeption, die durch das „Ich denke" ausgedrückt werden kann, fordert zu ihrer Möglichkeit die synthetische Einheit der Apperzeption, durch die allein je eine Pluralität sinnlicher Empfindungen synthetisiert und *als* die eigene erkannt werden kann (vgl. B131–139). Die transzendentale Affinität des Sinnesmannigfaltigen, d. h. der Minimalgrad der für den Menschen auffindbaren Regelmäßigkeit (Ähnlichkeit und Verschiedenheit) im Inhalte unserer Empfindungen, ist darum eine notwendige Bedingung der Möglichkeit irgendeiner synthetischen, und damit auch irgendeiner analytischen, Einheit der Apperzeption. Umgekehrt blockiert das transzendentale Chaos die analytische Einheit der Apperzeption gerade dadurch, dass es die synthetische Einheit der Apperzeption blockiert. Also ist die transzendentale Affinität des Sinnesmannigfaltigen eine notwendige Grundbedingung für das Funktionieren des menschlichen Verstandes, schon in Bezug auf die einfachste Begriffsbildung bzw. -verwendung. Darum ist sie auch zugleich eine transzendentale Bedingung möglicher menschlicher Apperzeption.[27]

---

[27] Ich halte diesen Nachweis bei Kant für ausgemacht, auch wenn er von einigen Philosophen, darunter besonders den analytischen, immer noch weitgehend verleugnet wird. Letzeres ist auch ein Zeichen vorkantischer Denkungsart, die im „analytischen Kantianismus" nicht selten vorkommt. Darum ist die genaue Lektüre des o. a. humeschen Abschnitts „Of Scepticism with regard to the senses" auch heutzutage philosophisch unentbehrlich.

Darüber hinaus fordert die (unbewusste bzw. „sub-personale") Erinnerung der je eigenen Sinneszustände eines Menschen mehr als nur die bloße Tatsache, dass ein uns vorkommender Sinneszustand durch einen schon vergangenen, angeblich erinnerten Sinneszustand veranlasst worden ist. Darüber hinaus fordert sie, dass der jetzige Sinneszustand ein *Gedächtnis* eines eigenen früheren Sinneszustands *ist*, wie auch, dass er uns *als* so ein Gedächtnisinhalt vorkommt. Humes Kausaltheorie des Gedächtnisses erfüllt diese Bedingungen nicht.[28] Diese Art von Erinnerung ist einerseits notwendig für die menschliche Rekognition irgendeines beharrlichen Gegenstandes bzw. Ereignisses (ob Bewegung oder Zustandsänderung) durch irgendeinen Zeitabschnitt (wie kurz er auch sein mag), aber andererseits auch für die menschliche Rekognition irgendeiner persönlichen Geschichte der eigenen Erfahrungen, unabhängig davon, wie kurz oder lang, wie systematisch oder rhapsodisch sie sein möge. Die Pointe Kants ist es, dass – für uns Menschen – weder das bloße Vorkommen eines (vermutlichen) Erinnerungs-Eindruckes innerhalb eines „Bündels der Wahrnehmungen" (Hume) noch die bloße Inhärenz einer sinnlichen Vorstellung, deren Objekt schon vergangen ist, in einer mentalen Substanz (Descartes) genügen, um solcher Gemütszustände *als* eigener, und zwar *als* Erinnerungen, gewahr zu werden und darauf die eigenen kognitiven Urteile gründen zu können.

Durch seinen Gebrauch der Phrase „denn sonst würde ich […]" (B134; zitiert oben) fordert uns Kant zu dem Gedankenexperiment auf, uns vorzustellen, was der Fall wäre, wenn wir nur augenblickliche Sinnesempfindungen bzw. Sinneseindrücke im Sinne Humes hätten, die allenfalls dazu führten, dass wir „ein so vielfärbiges, verschiedenes Selbst habe[n würden], als ich Vorstellungen habe, deren ich mir bewusst bin" (B134). Diese kontrafaktische Reflexion untermauert Kants Einsicht, dass zu je einem empirisch bestimmten Selbstbewusstsein, das wir Menschen haben können, die analytische Einheit der Apperzeption erforderlich ist, wie auch, dass diese analytische Einheit in einer synthetischen Einheit der Apperzeption gegründet ist und so gegründet sein muss. Nur durch diese synthetische Einheit der Apperzeption können wir irgendeine Pluralität sinnlicher Vorstellungen *als* in einer Wahrnehmung irgendeines Individuums zusammengehörend auffassen, und nur durch diese synthetische Einheit der Apperzeption können wir imstande sein, irgendeine Pluralität sinnlicher Erfahrungen von Individuen *als* zusammengehörend innerhalb der eigenen persönlichen Erfahrungen und ihrer – d. h. unserer – Geschichte zu begreifen. Eine solche Reflexion gilt

---

28 Siehe Stroud (1977a): 124–126, 135–140; wie auch Yandell (1990): 108–110. N.B.: eine haltbare Analyse des menschlichen Gedächtnisses erfordert einen gut verwendbaren Zeitbegriff, der aber in Humes Untersuchung vorausgesetzt anstatt definiert bzw. analysiert wird; siehe Westphal (2013), §§8–10.

jedoch als transzendentale Überlegung im Sinne Kants (B131–136) und sie lässt sich nicht bloß „analytisch" einsehen bzw. ersetzen; genau dies wird von den analytischen „transcendental arguments" nicht beachtet.

Die grundlegende Rolle dieser synthetischen Einheit der Apperzeption in Hinblick auf die Möglichkeit eines Vorkommnisses der analytischen Einheit der Apperzeption, d.h. zu irgendeiner uns möglichen Instanziierung des Gedankens „Ich denke", wird durch Kants Beweise untermauert, dass die Affinität des Sinnesmannigfaltigen eine transzendentale Bedingung dieser Möglichkeit ist (oben, §4) und dass wir Kausalurteile nur in Bezug auf *raum*zeitliche Individuen legitim fällen können (oben, §§5, 6). Wäre je eine von diesen zwei Bedingungen nicht erfüllt, könnte kein menschliches „Ich denke" stattfinden, weil die Bedingungen zu einer synthetischen Einheit der Apperzeption unerfüllt wären und folglich keine analytische Einheit der Apperzeption zustande kommen könnte. Darum sind diese Bedingungen von echt transzendentaler Art.[29] Hierdurch wird das Er-

---

[29] Es möge hierzu eingewandt werden, dass §20 der transzendentalen Deduktion die *a priori* notwendigen Bedingungen der Möglichkeit der menschlichen Apperzeption nachzuweisen versuche, die unabhängig von, wie auch vorrangig zu, den *a priori* notwendigen Bedingungen der Möglichkeit unserer apperzeptiven Erfahrung seien. §20 bezieht sich ausdrücklich nur auf die begrifflichen Transzendentalbedingungen, ohne die materiellen Transzendentalbedingungen zu erwähnen, die jedoch in der Analyse Kants latent sind, besonders die transzendentale Affinität des Sinnesmannigfaltigen. In §20 zieht Kant „Anschauungen" anstatt Empfindungen in Betracht. Aber jede empirische Anschauung integriert (synthetisiert) schon eine Pluralität sinnlicher Empfindungen. Gäbe es daher eine empirische Anschauung, wie §20 voraussetzt, dann muss die transzendentale Affinität des Sinnesmannigfaltigen bereits stattfinden (diese Bedingung erfüllt werden), mindestens innerhalb der durch diese Anschauung integrierten Sinnesempfindungen. Kurz gesagt argumentiert Kant in §20, dass jede empirische Anschauung unter den Kategorien stehen muss, genau darum, weil wir über keine anderen Einheitsfunktionen verfügen, die die zu irgendeiner empirischen Anschauung nötige Synthesis leisten könnten, weil die Synthesis je eine Menge Sinnesempfindungen für ihre transzendentale Affinität erfordert bzw. voraussetzt. Auf diese Weise fordert die transzendentale Deduktion auch die Analysen, die hier hervorgehoben worden sind.

Die Diskussion Kants in §20 mag zweitens so erscheinen, als ob sie den Begriff „Ursache", aber nicht denjenigen der „Substanz" aufnehmen würde. Aber in diesem Abschnitt werden die Kategorien als solche im Ganzen behandelt. Darum ist auch die Kategorie der „Substanz" miteinbezogen; auch greift Kants Diskussion zu Recht auf §19 zurück, wo eine Substanz, nämlich ein „Körper", als Hauptbeispiel zur Illustration der Pointe Kants angeführt worden ist.

Hier kann ich nicht auf die Einzelheiten der transzendentalen Deduktion eingehen. Zur Diskussion siehe Baum (1986), Melnick (1989), Keller (1998) und Greenberg (2001). Wichtige Bedenklichkeiten werden von Guyer (1987, 1992) wie auch von Howell (1992) vorgebracht. Meines Erachtens nach muss die Deduktion erneut im Lichte der bahnbrechenden Arbeiten von Michael Wolff (1995, 1998, 2000, 2017) durchdacht werden. Der Verfasser versucht, den richtigen Kontext

gebnis Kants erhellt, dass wir Kausalurteile nur in Bezug auf *raum*zeitliche Individuen legitim fällen können – als ein zweiter, noch stärkerer Beweis des Mentalen-Gehalts-Externalismus. Um dies richtig zu verstehen, ist eine Betrachtung der kognitiven Semantik Kants vonnöten.

8 Kants kognitive Semantik

Kants kognitive Semantik gründet sich auf seine Urteilstafel. Zu unserem Glück wurde Kants Vollständigkeitsbeweis der Urteilstafel von Michael Wolff (1995, 1998, 2000, 2017) auf brillante Weise rekonstruiert, wodurch wir jetzt imstande sind, die Semantik Kants wie auch seine transzendentale Deduktion der Kategorien besser zu untersuchen, als dies zuvor möglich war.

Kant behauptet, dass unsere reinen Begriffe *a priori*, nämlich die Kategorien, eine logische Bedeutung haben, unabhängig von ihren Schematismen. Diese logische Bedeutung, die in der Urteilstafel erörtert worden ist,[30] wird durch eine transzendentale Bedeutung dadurch ergänzt, dass die reinen Kategorien in ein Verhältnis zu unseren Anschauungsformen und dem räumlichen bzw. zeitlichen Mannigfaltigen gebracht werden.[31] Dies zu tun, ist die Aufgabe der metaphysischen Deduktion der Kategorien. Aber hier ist es wichtig zu beachten, dass diese transzendentale Bedeutung der Kategorien *nicht* dazu hinreicht, irgendeine kognitive Gegenstandsbezogenheit auf Individuen zu bewerkstelligen bzw. für uns zu ermöglichen. Eine solche fordert darüber hinaus je einen von zwei zusätzlichen Schritten: Entweder müssen die Kategorien schematisiert werden, sodass sie auf mögliche Sinneserscheinungen bezogen werden können; dadurch erhalten sie singuläre kognitive Gegenstandsbezogenheit, aber nur in Verbindung mit singulären sinnlichen Vorstellungen singulärer raumzeitlicher Individuen. Oder die unschematisierten Kategorien können durch den Gebrauch der kantischen Moralprinzipien auf bestimmte moralische Agenten bezogen werden. (Diese zweite Art singulärer Gegenstandsbezogenheit ist hier nicht von Belang und wird nicht weiter diskutiert.[32])

---

der transzendentalen Deduktion in Westphal (2004), (2020) herauszuarbeiten; er untersucht und verteidigt Kants B-Deduktion durchgehend in Westphal (2021a).
30 Siehe A79, 147; B104f., 186; *KrV* 3: 92.16–19, 139.11–37; vgl. Wolff (1995, 1998, 2000, 2017).
31 Siehe A76f., 147, 248, 254; B102, 186, 305, 309, vgl. B148f., A181/B224; *KrV* 3: 91.2–13, 139.25–29, 208.16–29, 210.35–211.14; vgl. *KrV* 3: 118.716, 161.27–31.
32 Zum Thema siehe Westphal (2012).

Nach Kant sind „Bedeutung" sowie „Sinn" und sogar der „Inhalt" eines Begriffs sehr eng mit seiner „Beziehung" auf einzelne Individuen bzw. auf singuläre Referenzobjekte verwandt, wobei diese „Beziehung" oder diese singuläre Referenz durch unsere sinnlichen Anschauungsformen *und* sinnlichen Anschauungen (und dadurch auch durch unsere sinnlichen Empfindungen) zu Stande gebracht wird (B300). Kants Lehre von der „objektiven Gültigkeit" zufolge fordert die vollständige Bedeutung je eines Begriffs seine „Beziehbarkeit" oder potenzielle Referenz auf wirkliche von uns erfahrene Individuen, wobei solche „Beziehbarkeit" raumzeitlich durch unsere Anschauungsformen samt singulärem sinnlichen Vorstellen eines Individuums bewirkt wird. Dieser Aspekt der kantischen Lehre von der besonders *kognitiven* Bedeutung betrifft die mögliche Referenz eines Begriffs innerhalb uns möglicher kognitiver Kontexte, *nicht* aber den „empirischen Gehalt" im Sinne irgendeiner empiristischen Bedeutungstheorie, an welche Kants Ansicht oft fälschlich assimiliert worden ist.[33]

Schon hierdurch verbannt die kognitive Semantik Kants die (vermeintliche, theoretische) Erkenntnis, ob empirisch oder *a priori*, von singulären Individuen außerhalb unserer sinnlichen Erfahrungen, durch die allein wir je ein Individuum, wenn auch nur ungefähr, lokalisieren und identifizieren können.[34] Wenn Kant schreibt, dass der „blos transscendentale Gebrauch" der Kategorien zwar „in der That gar kein Gebrauch" ist (A247/B304), so weist sein ganzer Satz *expressis verbis* darauf hin, dass die Kategorien lediglich für sich, jedoch in Hinsicht auf bestimmte Urteile über bestimmte Gegenstände, unbrauchbar sind; d. h.: Der angeblich transzendentale Gebrauch der Kategorien ermöglicht uns gar keine Erkenntnis von singulären Individuen, weder empirisch noch synthetisch *a priori*. In der Sache ist dies schon im Text der *Kritik* klar dargelegt, obwohl Kant erst in seinen Nachträgen die Differenzierung hinzufügt, dass dieser angebliche Gebrauch „gar kein Gebrauch, um etwas zu erkennen" ist (*Nachträge zur KrV* 23: 48.16–17; vgl. Erdmann 1881, Nr. CXXVII). Gleichfalls präzisierte Kant die Bedeutung seiner Aussage, dass ohne die Bedingung der sinnlichen Anschauung kein Gegenstand bestimmt worden ist, durch die Ergänzung, dass „mithin nichts erkannt" wird (*Nachträge zur KrV* 23: 48.14). Dieser bloß transzendentale Gebrauch der Kategorien schafft somit keine Erkenntnis, weder empirisch noch synthetisch *a priori*, von einzelnen Individuen. Dies ist der „transzendentale Ge-

---

33 Zum Beispiel bei Strawson (1966: 16) und Sandberg (1989). Zur semantischen Bedeutung von Kants Gebrauch des Wortes „Beziehung" siehe Greenberg (2001): 57–67, 119 Anm. 17, 187–188; und Hanna (2001): 83–95, 136 f.
34 Siehe A247 f./B304 f., *KrV* 3: 207.23–208.15. Hierdurch erfüllt die kognitive Semantik Kants die Endabsicht des Verifikationsempirismus, wohl aber *ohne* den Empirismus (auch nicht den Begriffsempirismus) ins Kauf zu nehmen!

brauch" reiner Begriffe, den Kant in der *Kritik* mehrfach kritisiert und zurückweist, und dies ist der Kern seiner Kritik an den vermeintlich kognitiven Ansprüchen der vormaligen Metaphysik.[35] Eigentliche kognitive Referenz gestattet die Semantik Kants allerdings genau dann, wenn unsere Begriffe durch singuläre sinnliche Vorstellungen auf singuläre Individuen bezogen werden, wobei genau diese Gegenstandsbezogenheit die singuläre kognitive Referenz bewirkt, nämlich (nach §3) dadurch, dass man einem Individuum einige von seinen manifesten Charakteristika richtig (sei's auch ungenau) beilegt und seine Raum-Zeit-Region richtig (sei's auch ungenau) abgrenzt und alleine dadurch Prädikation als kognitive Leistung vollzieht, wobei dessen raumzeitliche Bezeichnung und richtige Charakterisierung wechselseitig voneinander abhängen. Diese Semantik Kants erweist sich hierdurch als eine *kognitive* Semantik singulärer Gegenstandsbezogenheit.[36]

9 Menschliche Apperzeption erfordert unser Bewusstsein von raumzeitlichen Individuen

Die Wichtigkeit dieser Thesen und ihrer Verhältnisse – nämlich die Raum-Zeitlichkeit unseres Vorstellungsvermögens (§3); Kants erster Beweis des Mentalen-Gehalts-Externalismus durch die transzendentale Affinität des Sinnesmannigfaltigen (§4); die Einschränkung unserer legitimen Kausalurteile auf räumliche Individuen (§5) und dadurch der zweite Beweis des Mentalen-Gehalts-Externalismus (§6); der Beweis, dass das „Ich denke" je eine synthetische Einheit der Apperzeption voraussetzt (§7); und nicht zuletzt der Nachweis der notwendigen Rolle der singulären sinnlichen Vorstellung für die vollständige, spezifisch kognitive Bedeutung jedes Kategoriengebrauchs (§8) – laufen allesamt auf die These Kants hinaus, dass „das Denken die Handlung [ist], gegebene Anschauung auf einen Gegenstand zu beziehen" (A247/B304, *KrV* 3: 207.23–24). Genau wie alle vorigen Thesen in diese münden, lässt sie sich durch Betrachtung der Lehre Kants über die Empfindungen und die Wahrnehmungssynthesis verstehen.

---

35 Aber wohlgemerkt begehen auch die heutigen, sogenannten philosophischen, „Kausaltheorien" genau denselben Fehler; vgl. oben, Anm. 20.
36 Ich erlaube mir anzumerken, dass, unabhängig von meinen Forschungen, im Wesentlichen dieselbe kognitive Semantik Kant auch durch Bird (2006) zugeschrieben worden ist. Kants spezifisch *kognitive* Semantik hat auch grundlegende Bedeutung für die Wissenschaftstheorie, sofern sie Newtons Regel 4 stark untermauert und auch eine Reihe empiristischer Einwände gegen den Wissenschaftsrealismus entkräftet; siehe Westphal (2014).

Kant vertritt eine präzisierte Version des Sensualismus (George 1981; vgl. Harper 1984, Westphal 2021a, §5). Kant behauptet, dass unsere äußeren Empfindungen als solche in der Regel *keine* Gegenstände unseres Selbstbewusstseins sind. Stattdessen sind sie grundlegende Bestandteile des Prozesses des Empfindens. Nach Kant bezieht sich eine jede sinnliche Empfindung auf eine ihr entsprechende „Wirklichkeit", auf etwas „Reales".[37] Die Ansicht Kants lässt sich adverbial formulieren: Wir empfinden, so zu sagen, „grünlich" (Chisholm); wir empfinden nicht *Grün*, obwohl wir grüne Aspekte von Individuen, oder gelegentlich auch grünes Licht, empfinden. Eine jede Empfindung bzw. ein jeder Akt des Empfindens ist nur augenblicklich; nur eine Reihe von Empfindungen ist zeitlich ausgedehnt oder dauerhaft (B209). Wir sind imstande, selbstbewusst ein Individuum zu erfahren, genau dann, wenn wir eine Pluralität der von ihm veranlassten Sinnesempfindungen zu empirischen Anschauungen integrieren und durch Urteile mehrere von seinen Charakteristika richtig identifizieren und untereinander (auch kausal) integrieren.[38] Nur solche sinnliche Integration und urteilsförmige Artikulierung ermöglicht es uns, je ein Individuum entweder zu erfahren oder zu erkennen, indem wir sinnliche Informationen über das Individuum ausnützen können und sie kognitiv ausnützen. Diejenige Synthesis, die die Referenz- und Vorstellungsfunktionen der Empfindungen schafft, ist selbst eine Funktion der uns Menschen möglichen Urteilsfunktionen, und zwar diejenige, die durch die transzendentale Einbildungskraft bewirkt wird.[39] Einerseits entstammen die eigenen Einheitsfunktionen der Kategorien den Einheitsfunktionen unserer zwölf Urteilsformen; andererseits können nur die Kategorien die urteilskräftige Integration von sinnlichen Empfindungen innerhalb unserer Erfahrungen bzw. Erkenntnisse von Individuen (und zwar sub-personell durch die transzendentale Einbildungskraft) leiten.[40]

Kants Lehre von der Wahrnehmungssynthesis richtet sich auf das „Bindungsproblem" in der heutigen Neurophysiologie der Wahrnehmung. „Das" Bindungsproblem ist im Grunde ein Bündel von Problemen der angemessenen Koordination oder sogar Integration – d. h. Synthesis – von sinnlichen bzw. ko-

---

[37] Siehe B34, 74, 182, 207, 209, 609, 751; A20, 166, 373f.
[38] George (1981) erinnert uns daran, dass in zeitgemäßer philosophischer Redeweise das Wort „Erkenntnis" (im distributiven, singulären Sinne) kognitive Gegenstandsbezogenheit auf ein singuläres Individuum bezeichnet (vgl. A31f./B376f.).
[39] Zur Diskussion von „Synthesis", siehe Baum (1986), Guyer (1989), Howell (1992), Brook (1994) und Rosenberg (2005).
[40] Siehe z. B. Allison (1983): 115–122, 173–194; Paton (1936), 1: 245–248, 260–262, 304f., 2: 21–24, 31f., 42–65, 68f.; Hanna (2001): 76–83; Wolff (1995): 58–73; Greenberg (2001): 137–157; Young (1992): 112f. und Westphal 2020, §§31–34.

gnitiven Informationen innerhalb der Neuro-Physio-Psychologie des menschlichen Erkenntnisprozesses (Roskies 1999, Cleermans 2003). Kant schreibt der transzendentalen Einbildungskraft die Aufgabe der richtigen Integration von Sinnesempfindungen zu, um so die empirischen Anschauungen und Wahrnehmungen eines Individuums hervorzubringen. Den kognitiven Verstandesurteilen weist Kant die Aufgabe einer richtigen Integration unserer Identifizierungen von einzelnen Charakteristika bzw. Aspekten sowie die raumzeitliche Verortung des Individuums zu, um zu dessen Erkenntnis zu gelangen (A79/B105f., B152, 162 Anm.). Kant erkennt hierin ein entscheidendes Bindungsproblem, das in den üblichen Wahrnehmungstheorien der Neuzeit wie auch in der „Sinnesdaten"-Tradition weitgehend vernachlässigt worden ist.[41]

Weil wir nicht dazu fähig sind, den Raum oder die Zeit als solche wahrzunehmen (§3), sind wir gar nicht imstande, eine Vielheit eintretender Sinnesqualitäten durch bloße Berücksichtigung ihrer Raum-Zeit-Koordinaten *als* die Eigenschaften eines Individuums zusammenzubringen.[42] Vielmehr können wir die Raum-Zeit-Region, die ein einziges Individuum einnimmt, nur durch die Rekognition der Anordnung einer vorhandenen Pluralität von Individuen abstimmen. Diese Rekognition fordert, dass wir diese Individuen als kausal wechselwirkende Substanzen identifizieren, die gegenseitig ihre jeweiligen Orte, Bewegungen und Veränderungen kausal bestimmen (§§5, 6). Hierdurch schließt bereits Kant auf die These von Gareth Evans (§3), dass die Prädikation, nicht als bloße Satzform, sondern als kognitive Leistung bezüglich je eines Individuums, zugleich seine raumzeitliche Verortung wie auch seine wahrhafte Charakterisierung erfordert (Evans 1975). Aber Kant fügt hinzu, dass diese beiden koordinierten Identifikationsformen von der kausalen Anordnung physikalischer Individuen und Ereignisse abhängen, aufgrund derer allein wir imstande sein können, die subjektive

---

[41] Auf Strawsons Verwerfung der angeblich „imaginary science of transcendental psychology" erwidert Guyer (1989) zu Recht – und mit Zustimmung von Strawson –, dass Kants Erkenntnistheorie spezifische notwendige Bedingungen *a priori* eines erkennenden Wesens herausstellt, das sich Informationen zeitlich integriert (oder: diese synthetisiert). Kant hat allerdings darin Recht, dass wir, ohne unser eigentliches Erkenntnisvermögen und dessen Leistungsfähigkeiten philosophisch zu berücksichtigen, weder unsere Erkenntnis verstehen noch auf den Skeptizismus antworten können. Das gehört zu den Hauptergebnissen des berühmten Aufsatzes von Gettier (1963); alle seine Beispiele betreffen die eintretenden Erkenntniszustände, -umstände und -prozesse einer Person und deren Vernachlässigung durch die damalige, bloß begriffsanalytische Erkenntnistheorie. Es ist eine entscheidende Stärke der *Kritik*, dass Kant einsah, wie die transzendentalen Bedingungen und Funktionen unseres Erkenntnisvermögens philosophisch auszulegen sind; das ist auch ein Kennzeichen seines Anti-cartesianismus.

[42] Dieses Fazit lässt sich auch durch eine streng interne Kritik des Reduktionsversuchs bei Carnap (1928) bestätigen; siehe Westphal (1989): 230–232, Anm. 99.

Ordnung unserer Erfahrungen von der objektiven Anordnung der raumzeitlichen Individuen zu unterscheiden (§§5, 6). Nur durch diese Unterscheidung können wir Individuen überhaupt identifizieren, und nur durch deren Identifizierung kann sich irgendein Mensch selbst identifizieren, *als* sich zugleich von jenen Individuen verschieden wie auch sich ihrer bewusst. Unser empirisch bestimmtes Selbstbewusstsein (§1) ist genau unser Bewusstsein, dass wir uns dessen bewusst sind, dass einige raumzeitliche Ereignisse vor, gleichzeitig mit bzw. nach anderen solchen Ereignissen um uns herum stattfinden.

Aus den hier angeführten Gründen hat Kant eingesehen – hier verwende ich absichtlich einen Erfolgsausdruck –, dass diese Art des Selbstbewusstseins für uns Menschen nur aufgrund unseres Bewusstseins von Individuen außer uns im Raum möglich ist. Demzufolge ist jeder Mensch, der imstande ist, skeptische Fragen zu stellen, auch schon imstande, physische Individuen in seiner raumzeitlichen Umgebung einigermaßen zu erkennen. Das kann er auch *a priori* wissen, dadurch, dass er diesen Beweis bei Kant (wenn dafür auch etwas Aufmerksamkeit erforderlich ist) begreift und nachvollzieht.

Kants Beweis der „Realität" der menschlichen Wahrnehmung ist hiernach ein echt transzendentaler Beweis im Sinne eines Realismus in Bezug auf wahrnehmbare Individuen in unserer raumzeitlichen Umgebung. Es ist weder ein Beweis irgendeines transzendental-idealistisch restringierten, bloß-„empirischen" Realismus noch eines „transzendentalen Realismus". Solche Unterscheidungen und Qualifikationen erhalten ihren spezifischen Sinn und Beweisgrund (d. h. ihre Rechtfertigung) erst *im* Rahmen des transzendentalen Idealismus, der hier aber gar nicht herangezogen worden ist.[43] Zum Teil hat Kant anders gedacht, weil seine Hauptargumente für den transzendentalen Idealismus eher voraussetzen als beweisen, dass die transzendentalen Bedingungen der Möglichkeit selbstbewusster menschlicher Erfahrungen nur dann *erfüllt* werden können, wenn der transzendentale Idealismus wahr ist. Aber genau diese Voraussetzung wird durch Kants eigene transzendentale Beweise des Mentalen-Gehalts-Externalismus (§§4–6, 9) widerlegt, denn die hier hervorgehobenen Beweise des Mentalen-Gehalts-Externalismus zeigen gerade, dass erstens echt transzendentale Bedingungen möglicher menschlicher Erfahrung durch vom Gemüt unabhängige Umstände erfüllt werden können und dass zweitens die Bedingung der transzendentalen Affinität des Sinnesmannigfaltigen *nur* durch einen vom Gemüt

---

[43] Der Verfasser hat ferner im Einzelnen argumentiert (Westphal 2004, Kap. 4–6), dass der transzendentale Idealismus an einer Reihe von streng internen, unüberwindlichen Problemen krankt, die sich hier nicht resümieren lassen. Zum Glück ist der transzendentale Idealismus letztendlich auch nicht zum Erreichen der Hauptzwecke der kritischen Philosophie Immanuel Kants, darunter auch deren Moralphilosophie, nötig; siehe Westphal (2020), §§75–84.

unabhängigen Umstand erfüllt werden kann, nämlich, durch den für uns auffindbaren Regelmäßigkeitsgrad in dem uns vorkommenden Sinnesmannigfaltigen. Daher bildet Kants erster Beweis des Mentalen-Gehalts-Externalismus eine gültige Version des alten Einwands von einem „nicht berücksichtigten Dritten" gegen Kants Hauptargumente für den transzendentalen Idealismus. Also besteht der hierdurch bewiesene Realismus aus zwei Thesen: Einerseits gibt es raumzeitliche, kausal wechselwirkende Substanzen, die eigene Charakteristika und Positionen haben, ganz davon abgesehen, was wir über sie glauben, sagen, vermuten oder für wahr halten. Andererseits können wir (mindestens) einige von diesen wahrnehmen und dadurch von ihnen etwas erkennen.[44]

---

[44] Brian Hall (2009: 208–209) weist darauf hin, dass meine Untersuchung der kritischen Philosophie angeblich einen „devastating" Einwand gegen seinen Deutungsvorschlag bildet, wie man die „Lücke" (*Briefe* [an Garve, 21.09.1798] 12: 257) in der kritischen Philosophie ausbessern kann. Leider unterstellt mir Halls Erwiderung einen „transzendentalen Realismus" (2009: 210), den ich gar nicht befürworte. Meine Position habe ich absichtlich und mehrfach als „realism *sans phrase*" bezeichnet (Westphal 2004: 1, 5, 34, 35, 67, 72, 94, 126, 248, 250, 267 f., 270), um vor solch irreführenden Qualifizierungen zu warnen. En *détail* habe ich genau herausgearbeitet, wie sich die transzendentale Überlegung, Analyse, Beweisart und weitgehend auch die Erkenntnistheorie Kants von seinem transzendentalen Idealismus abkoppeln lassen. Es ist nicht die kritische Philosophie Kants als solche (Hall, 2009: 208 f.), sondern nur sein transzendentaler Idealismus, der durch die Herausstellung von formalen, transzendentalen, aber dennoch materiellen Bedingungen unserer apperzeptiven Erfahrung unterminiert worden ist. Sich auf Kants vierfache Unterscheidung unter den empirischen und transzendentalen Sinnen von Realismus und Idealismus (A369 f., vgl. A491–493/B519–521) *als Prämisse* eines Einwands gegen meine Untersuchung zu berufen (wie es auch Kannisto in 2010: 229 Anm. 9 tut), unterstellt *Kant* eine *petitio principii* und begeht eben eine solche gegen meine Deutung, genau darum, weil diese vierfache Unterscheidung *nur* aufgrund des transzendentalen Idealismus zu rechtfertigen ist (wenn überhaupt), wie Kant selbst erkannte, und weil ich durch sehr gründliche Untersuchungen den transzendentalen Idealismus, wie auch Kants Rechtfertigungsargumente dafür, kritisch zurückweise. Halls Versuch, meinen Einwand zu entkräften, ist darum fehlgeschlagen.

Gleichfalls ist Kannistos (2010: 229) Behauptung, dass *ich* „Dinge an sich" heranziehen muss, um die Möglichkeit der Empfindungen überhaupt zu erklären, schlichter Unsinn, weil sich die diesbezügliche Unterscheidung zwischen Dingen „an sich" und „für uns" nur aufgrund des transzendentalen Idealismus rechtfertigen lässt (wenn überhaupt). Keineswegs habe ich argumentiert, dass Kant einen positiven Nachweis der noumenalen Kausalität geliefert habe (*pace* Kannisto 2010: 229). Die vermeintliche Kritik Kannistos basiert auf mehrfachen groben Missverständnissen meiner Untersuchung (wie auch der *Kritik*) und Missformulierungen meiner Deutung; nicht meine Darstellung, sondern seine ist „haphazard" (Kanisto 2010: 230 Anm. 19, 232, 234).

Gegen meine Analyse der transzendentalen Affinität des Sinnesmannigfaltigen erwidert Dicker (2008: 742) wie folgt: „I don't see why someone who accepts [that the mind constructs the natural world] is thereby committed to unrestricted idealism, for such a philosopher may still hold that the entire manifold of representations is anchored in things-in-themsleves. Westphal holds that such causal noumenalism is coherent, so it is hard to see on what grounds he could dismiss this recourse to it". Dickers Erwiderung ist aber mehrfach fehlerhaft. In den von ihm nur bruchhaft zitierten Stellen (Westphal (2004): 90, 115) untersuche ich Kants Frage nach der *Erfüllung* jener Affinitätsbedingungen, die nicht durch die eigene transzendentale Einbildungskraft veranlasst (generiert bzw. verursacht) werden könnte, ohne dass diese unsere Empfindungs*inhalte* produzieren; darum ist schon in dieser Beziehung die Rede von Dingen an sich (im transzendental-idealistischen Sinne) umsonst. Ebenfalls umsonst ist es, zu behaupten, dass – trotz jener idealistischen These, dass wir die Natur samt ihrer Ordnung schaffen – sich unsere Empfindungen dennoch auf Dinge an sich gründen. Man mag wohl so etwas behaupten, aber es lässt sich dieser These gemäß gar nicht *rechtfertigen*, vor allem im eigenen Falle, also genau dem Fall, der durch Kants Methode der transzendentalen Überlegung hervorgehoben worden ist, etwa: Wie bin *ich* überhaupt imstande, mir so etwas bloß anscheinend inne zu werden bzw. zu denken? Genau solche Fragen stellt Kant dem Leser mehrfach in der *Kritik*, aber genau diese Fragen sind von Kants „analytischen" Kommentatoren, darunter auch Dicker, völlig außer Acht gelassen worden. (Die weiteren vermeintlichen „Probleme", die Dicker vorgibt (z. B., 2008: 743), betreffen eher seine Lesart als meine Untersuchung.) Zum Thema „Affinität" zitiert Motta (2012: 190, vgl. 260) mit Beifall die Behauptung von de Vleeschauwer, dass „L'affinité ou l'ordre des donnés sensibles es un produit de l'aperception" und zitiert auch hierzu Westphal 2004: 107. Dadurch entgeht ihm völlig die zentrale kritische Frage ob, inwiefern bzw. warum genau die transzendentale Affinität des Sinnesmannigfaltigen eine echt transzendentale Bedingung der Möglichkeit der Einheit der Apperzeption sei oder sogar eine Wirkung bzw. ein Produkt derselben sein dürfte. Wodurch ihm wiederum die bedeutsame philosophische Frage entgeht, ob bzw. inwiefern Kants „Postulate" auch Beweisgründe eines Mentalen-Gehalts-Externalismus beinhalten könnten.

In seiner Rezension beklagt Schulting (2009: 384): „Westphal makes it appear as if the analysis of the conditions of *experience* of objects concerns *merely* the necessary conditions under which we, as *subjects*, *take* objects to be, rather than *also*, as Kant himself clearly asserts (*KrV* A111, B138, 197), the conditions under which *objects* necessarily stand in order to *be* objects. Westphal wrongly takes Kant's talk of self-consciousness, specifically transcendental self-consciousness, to mean psychological mental activity as distinct from material objects". Seine Behauptung ist mehrfach fehlerhaft. Zuerst müssen sich unsere kognitiven Prozesse von unseren Erkenntnisgegenständen unterscheiden, selbst wenn Kant einen (bloß) empirischen Realismus überhaupt vertreten wollte. Anderseits hat Kant zu Recht den Versuch, die Bedingungen als solche für Gegenstände *als* Gegenstände überhaupt (und darum auch diese *a priori*) zu bestimmen, als transzendente, uns unmögliche Metaphysik zurückgewiesen. Am wichtigsten aber ist Schultings Fehler, nicht zu begreifen, dass die ganze Rede vom Mentalen-Gehalts-Externalismus und dessen zweifachen transzendentalen Beweises bei Kant darauf hinausläuft, nachzuweisen, dass raumzeitliche, physische Gegenstände kausal wechselwirkende, auch von uns wahrnehmbare Substanzen *sind*; sonst könnten wir weder sie noch uns selbst identifizieren und voneinander differenzieren. Es versteht sich, dass meine Untersuchung und radikale Umdeutung der *Kritik* auf Missverständnisse und Opposition stößt, besonders unter Anhängern des transzendentalen Idealismus, aber vor allem in Bezug auf die *Kritik* muss man jeden gründlichen Vortrag genauso gründlich mit- und wieder erneut durchdenken.

10 Skeptische Einwände, philosophischer Beweis und Kants Anti-Cartesianismus

Skeptiker und *advocati diaboli* würden erwidern, dass all dies eine schöne Geschichte, aber kaum einen Beweis bildet. Diese Erwiderung zwingt dazu, genau zu überlegen, was Kants Beweis der „Realität" der äußeren Wahrnehmung eigentlich leistet und was wir von einem philosophischen Beweis erwarten dürfen und sollen. Ein Grundfehler der sogenannten „analytic transcendental arguments" ist es, Kants Analysen durch Voraussetzung eines Unfehlbarkeitsbegriffs der Rechtfertigung – wohl aber außerhalb streng formaler Bereiche, zu denen allein die Unfehlbarkeit geeignet ist – auf die cartesianische Problematik zu reduzieren, obwohl Kant dies ausdrücklich zurückgewiesen hat.[45] Kant ist der erste große nicht-cartesianische Erkenntnistheoretiker und weist den Cartesianismus mehrfach zurück.

Erstens weist Kant die – auch von Locke, Hume und der gesamten Sinnesdaten-Tradition geteilte – cartesianische Voraussetzung zurück, dass Sinnesempfindungen als solche ohne weiteres zu unseren selbstbewussten (apperzipierbaren) Zuständen gehören. Diese Voraussetzung führt, zusammen mit der Voraussetzung der Unfehlbarkeit in Bezug auf kognitive Rechtfertigung (siehe unten), unvermeidlich in die missliche egozentristische Lage des angeblich unlösbaren cartesianischen Skeptizismus.

Zweitens weist Kant den Cartesianismus darin durchgehend zurück, dass er gewisse Arten des Externalismus entwickelt und rechtfertigt, und zwar nicht nur in Bezug auf den mentalen Gehalt (§4) und auf kausale Urteile (§§5, 6, 9), sondern auch in Bezug auf die kognitive Rechtfertigung. Die von Kant identifizierten transzendentalen Bedingungen unserer Apperzeption sind von der Art, dass sie bereits erfüllt werden müssen, damit je ein Mensch sich auch nur (als bestimmt in der Zeit existierend) apperzipieren kann. Niemand muss schon *wissen*, dass sie erfüllt sind – bzw. dass sie aus schlüssigen transzendentalen Gründen erfüllt sein müssen –, um über Apperzeption zu verfügen. Im Gegenteil nutzen transzendentale Beweise ein umgekehrtes Verhältnis zwischen *rationes essendi* und *rationes cognoscendi* aus: Die Erfülltheit der transzendentalen Bedingungen möglicher menschlicher Erfahrung bildet die *rationes essendi* je einer Instanz der menschlichen Apperzeption und Erfahrung. Dadurch, dass Kant genau dies nachgewiesen hat, bildet irgendein Vorkommnis menschlicher apperzeptiver Er-

---

[45] Vgl. Westphal (2020), §§31–34; zum Thema Rechtfertigungsfallibilismus und nicht-formale Bereiche, siehe Westphal 2014 sowie Westphal (2020), *passim*.

fahrung (derart, dass das „ich denke" sie begleiten kann) die *rationes cognoscendi* dafür, dass es kausal wechselwirkende, raumzeitliche Individuen gibt, die von einem menschlichen Subjekt wahrgenommen werden. Sobald man Kants Beweis versteht und geprüft hat, ist man in der Lage, nachzuvollziehen, dass das eigene Selbstbewusstsein (als in der Zeit bestimmt existierend) die *rationes cognoscendi* davon bildet, dass es wahrnehmbare Individuen in der eigenen Umgebung gibt, die man im eigentlichen Sinne wahrnimmt. Das ist genau wie ein regressiver Beweis in einem transzendentalen Kontext zu verstehen ist, weil für uns die relevanten *rationes essendi* nicht gerade zugänglich, sondern nur durch transzendentale Analyse und Überlegung ausfindig zu machen sind.

Gegen Descartes erkennt Kant *drittens*, dass eine haltbare Erkenntnistheorie einige nicht-formale, also substanzielle Prämissen erfordert, die weder rein deduktiv ableitbar sind, noch der Probe eines „betrügerischen Dämons" widerstehen können. Darum gründet sich die Methode der transzendentalen Überlegung bei Kant auf einige sorgfältig ausgewählte, oft erstaunlich kontra-faktische Umstände, die es uns ermöglichen sollen, unsere bedeutsamsten kognitiven Fähigkeiten und Vermögen, und die damit verbundenen *Un*fähigkeiten, zu identifizieren (§§2, 4).

Skeptiker und *advocati diaboli* weisen diejenigen Prämissen zurück, die nicht die Forderung der Unfehlbarkeit erfüllen. Aber Kant hat genau dieses Unfehlbarkeitsprinzip der kognitiven Rechtfertigung als eine skeptische Falle und zugleich als einen Wahnsinn erkannt. Kant hat genau begriffen, dass Descartes daran gescheitert ist, den Skeptizismus *more geometrico* zu widerlegen. Hier füge ich nur hinzu, dass das erkenntnistheoretische Argument von Descartes in den *Meditationen* nicht nur an einer, sondern sogar an fünf verschiedenen, allesamt vitiösen Zirkularitäten leidet (Westphal 1987–88). Also hat Kant darin Recht, eine radikal nicht-cartesianische Einstellung zum Skeptizismus wie auch zur philosophischen Analyse unserer empirischen Erkenntnisse zu entwickeln. Kant hat nicht nur eine Fehlbarkeitstheorie in Bezug auf unsere empirischen Erkenntnisse entwickelt und befürwortet (A766 f./B794 f.), darüber hinaus hat er eine solche Theorie auch in Bezug auf unser transzendentales Wissen herausgearbeitet: Die Entwicklung des „Inventarium[s] aller unserer Besitze durch reine Vernunft" (Axx) ist für uns Menschen eine gemeinsame Aufgabe, die konstruktive gegenseitige Kritik fordert (O'Neill 1992; Westphal 2021b). Eine jede Art Rechtfertigung, die sich auf konstruktive wechselseitige Kritik gründet, liefert notwendigerweise eine Fehlbarkeitstheorie kognitiver Rechtfertigung, einfach deshalb, weil wir Menschen als endliche Wesen wesentlich fehlbar sind. So müssen wir außerhalb formaler Bereiche – also in der Erkenntnistheorie wie auch in der Moral – verfahren. Die anti-cartesianischen Einsichten Kants haben ihn aber nicht von dem Versuch abgehalten, seine anti-skeptischen Thesen „apodiktisch" zu beweisen

(B*xliv*, B765). Kants Modell hierzu war das traditionelle Modell einer rationalen Wissenschaft, die einen jeden Schluss bloß von ersten Vernunftprinzipien ableitet (*scientia*), wie z. B. bei Christian Wolff (B*xxxvi*). Um diesem Modell Genüge zu tun, versucht Kant, seine transzendentale Erkenntnistheorie auf den transzendentalen Idealismus zu gründen. Kant behauptet, dass seine Transzendentalphilosophie in der *Kritik* zugleich die Legitimität wie auch den Rahmen einer echt wissenschaftlichen Metaphysik begründen würde, wie er sie in den *Metaphysischen Anfangsgründen der Naturwissenschaft* und in der *Metaphysik der Sitten* ausgeführt hat. Demgemäß sollen die *Anfangsgründe* die Prinzipien *a priori* liefern, die zur Legitimation der empirischen Physik nötig sind. Das ist ein großes und großartiges philosophisches Programm! Aufgrund einer sorgfältigen Prüfung der kritischen Philosophie behaupte ich, dass niemand ein solches Programm besser ausführen könnte, als Kant selbst es getan hat (Westphal 2004, §§30–59). Aber letztendlich dient dieser Aspekt auch seiner kritischen Philosophie dazu, das deduktive Unfehlbarkeitsmodell von *scientia* zu untergraben und dadurch das Fehlbarkeitsmodell der kognitiven Rechtfertigung zu untermauern, das sich in der Methode von Kants transzendentaler Überlegung wie auch in seiner Analyse der empirischen Kausalurteile (A766 f./B794 f.) findet.[46]

In aller Kürze: Der transzendentale Idealismus Kants, samt seiner fundamentalistischen Reihenfolge von transzendentalen, metaphysischen und empirischen Prinzipien, kann *nicht* das zentrale Kausalprinzip beweisen, dass jedes Ereignis eine Ursache hat. Das Problem liegt darin, dass Kants Kausalitätsanalyse in der *Kritik* nur das allgemeine Kausalprinzip formuliert, dass jedes Ereignis eine Ursache hat. Aber dasjenige Kausalprinzip, das für „die Analogien der Erfahrung" – und damit für die singuläre kognitive Gegenstandsbezogenheit – erforderlich ist, ist das spezifische Prinzip, dass jedes physikalische Ereignis eine äußerliche physikalische Ursache hat. (Dies ist wiederum das Prinzip der übergehenden Kausalität.) Kant unterscheidet diese zwei Kausalprinzipien nur und erstmals in den *Anfangsgründen*, worin er auch zu Recht angemerkt hat, dass sich das spezifische Prinzip nicht bloß transzendental nachweisen lässt, weil hierzu auch eine kritische Metaphysik nötig ist. Aber gerade hierin wird Kants fundamentalistische Reihenfolge der philosophischen Priorität in Frage gestellt. Darüber hinaus zeigt eine sorgfältige Untersuchung von Kants metaphysischem Beweis des spezifischen, metaphysischen Kausalprinzips in den *Anfangsgründen*, dass dieses von Kant eben nicht auf einer metaphysischen Analyse, sondern letztendlich (wenn überhaupt) lediglich auf unserer *bloß empirischen* Unwissenheit von je einem

---

[46] Zu Kants spezifisch „kritischer" Philosophie und ihre durchgehende Fehlbarkeitsauffassung der rationalen Beurteilung, siehe Westphal (2021b).

Beispiel des Hylozoismus (d. h. von lebendiger Materie) gegründet worden ist. Hierdurch scheitert Kants fundamentalistische Reihenfolge philosophischer Prioritäten ebenso wie seine deduktivistische „wissenschaftliche" Absicht, die seiner Einstellung zur „wissenschaftlichen" Philosophie (nach dem Unfehlbarkeitsmodell der *scientia*) zu Grunde liegt. Weder Kants transzendentaler Idealismus noch sein deduktives Modell der wissenschaftlichen Vernunfterkenntnis können apodiktisch das spezifische Kausalprinzip beweisen, welches wir eigentlich gebrauchen und zu dessen Gebrauch wir imstande sein müssen: dass nämlich jedes einzelne physikalische Ereignis eine äußere physikalische Ursache hat.

11 Kants kognitive Semantik und die Rechtfertigung des spezifischen Kausalprinzips

Nun lässt sich fragen: Untermauert das Scheitern von Kants deduktivistischem Modell von philosophischer Rechtfertigung die Wahrnehmungsskepsis? Keineswegs. Eine leichte Erweiterung von Kants neuer Methode der transzendentalen Überlegung nach dem hier vorgeschlagenen Modell liefert eine hinreichende kognitive Rechtfertigung des besonderen Kausalprinzips. Ein Bestandteil dieser Rechtfertigung liegt in Kants kognitiver Semantik (§8), nach welcher wir imstande sind, auch das allgemeine Kausalprinzip zu gebrauchen, aber *nur* in Bezug auf diejenigen Fälle, in denen wir das spezifische Kausalprinzip auf raumzeitliche Individuen beziehen. Sobald die Unterscheidung dieser zwei Prinzipien erkannt ist, lassen sich sowohl „die transzendentale Deduktion der reinen Verstandeskategorien" als auch „die Analogien der Erfahrung" leicht entsprechend revidieren, zum Teil auch durch die Heranziehung von Kants Rechtfertigungsfallibilismus, um einen echt transzendentalen Beweis der Konklusion seiner „Widerlegung des Idealismus" zu liefern. Dieser Beweis wird nachdrücklich durch die zwei oben erwähnten kantischen Beweise des Mentalen-Gehalts-Externalismus untermauert (§§4–6, 8, 9). Die Fehlbarkeitsthese Kants einerseits wie auch der Ausfall der rein deduktiven Versuche Descartes' und Kants (durch seinen transzendentalen Idealismus) andererseits weisen darauf hin, dass die Voraussetzung der Rechtfertigungsunfehlbarkeit bei Wahrnehmungsskeptikern weder eine harmlose noch eine unvermeidliche Voraussetzung ist. Umgekehrt: Diese

Voraussetzung verhindert ein angemessenes Verständnis unserer empirischen Erkenntnisse durchgehend noch bis zum heutigen Tag.[47]

Die globale Wahrnehmungsskepsis stellt unsere „Wahrnehmungserfahrungen als ein Ganzes" in Frage. In der transzendentalen Dialektik bemerkt Kant, dass dies „Ganze der Wahrnehmungserfahrungen" *kein* Gegenstand möglicher Wahrnehmung ist (A483f./B511f.). Darum ist es kein Wunder, dass so ein Ganzes nicht durch empirische Beweisgründe bzw. Evidenzen zu rechtfertigen ist! Übrigens ist so ein „Ganzes der Wahrnehmungserfahrungen" als ein *Ganzes* höchstens eine Vernunftidee im Sinne Kants. Genauer ist dieses „Ganze der Wahrnehmungserfahrungen" eine *transzendente* Idee, welcher wir gar keine objektive Gültigkeit beilegen können. Nicht zuletzt werden diejenigen skeptischen „Hypothesen", die dazu gebraucht werden, um dies angebliche „Ganze der Wahrnehmungserfahrungen" zu konstruieren und sogleich wieder in Frage zu stellen, insgesamt gerade so gebildet, dass sie gänzlich kognitiv-transzendent sind: Im Prinzip lassen sie sich durch keine empirischen Untersuchungen bzw. Evidenz stützen oder erschüttern. Aus diesen Gründen sind diese skeptischen „Hypothesen" bloß Nominal- oder sogar Scheinhypothesen, die sich stark – und zwar prinzipiell – von echten, empirisch brauchbaren Hypothesen unterscheiden.

Kants Kritik an solchen skeptischen Strategien und Prinzipien ist durch die kognitive Semantik der Gegenstandsbezogenheit (§8) untermauert, indem diese Lehre beweist, dass diese skeptischen „Hypothesen", wie das angebliche „Ganze der Wahrnehmungserfahrungen", gar keine bestimmte Bezugnahme auf irgendein von uns identifizierbares Individuum zulassen.[48] Darüber hinaus blockiert Kants Rechtfertigungsfallibilismus – im Zusammenhang mit seinem transzendentalen Beweis, dass wir uns unserer eigenen Existenz als in der Zeit bestimmt nur bewusst sein können, indem wir uns tatsächlich wahrgenommener kausal wechselwirkender raumzeitlicher Individuen in unserer Umgebung bewusst sind – die skeptische Verallgemeinerung von gelegentlich (übrigens oft von uns auch, sei es nachträglich, identifizierten) irrtümlich gefällten Wahrnehmungsurteilen bis hin zu einer durchgehenden („globalen") Wahrnehmungstäuschung. Kants Analyse zeigt nämlich, dass unter dem Umstand durchgehender Wahrnehmungstäuschung wir Menschen uns gar nicht apperzipieren und auch nicht der eigenen zeitlich bestimmten Existenz bewusst sein können. Unter so einem Um-

---

[47] In Westphal (2014) argumentiere ich, dass die kognitive Semantik Kants genau die Unfehlbarkeitsvoraussetzung des „konstruktiven Empirismus" bei van Fraassen ausfindig macht, sie widerlegt und dadurch den Kausalrealismus in der Wissenschaftstheorie untermauert.

[48] In dieser Hinsicht lässt sich einsehen, dass es kein Verifikationsempirismus, sondern eine kognitive Semantik kantischer Art ist, welche der brillanten, auch lustigen Zurückweisung des cartesianischen Skeptizismus durch Bouwsma (1949) unterliegt.

stand kann kein Mensch skeptische Fragen aufwerfen. Sind wir uns unserer selbst aber genügend bewusst, um skeptische Fragen aufzustellen, dann reicht eine sorgfältige Lektüre von Kants transzendentalem Beweis des Alltagsrealismus dazu hin, solche Fragen zu beantworten und zu entkräften. Wahrnehmungsskeptiker setzen bloß voraus (gleich wie bei Descartes, Hume und den Sinnesdatentheoretikern), dass wir uns apperzipieren können, ohne uns physikalischer Individuen bewusst zu sein. Kants Analyse zeigt genau, wie unheilvoll diese Voraussetzung ist. Trifft seine Analyse zu, gründet sich die globale Wahrnehmungsskepsis auf tiefe, auch willkürliche, Selbst*un*wissenheit: Wie Kant bemerkt, hängt die Frage „Was kann ich wissen?" (A805/B833) sehr eng zusammen mit der Frage „Was ist der Mensch?" (*Logik* 9: 25; vgl. B574). Aus diesen Gründen, die Kant transzendental herausarbeitet, gehört die skeptische Verlegenheit überhaupt nicht zur *conditio humana*.

Die Tatsache, dass alle unsere Erfahrungen genau das sind, als was sie uns erscheinen, obwohl all unser Fürwahrhalten („beliefs") falsch sein könnte, bedeutet nicht weniger, auch nicht mehr, oder aber auch nichts anderes, als dass sich die menschliche Erkenntnis – genauer, dass sich die kognitive Rechtfertigung unserer empirischen Erkenntnisse – nicht auf die formale Logik reduzieren lässt. Der „logische Standpunkt" genügt einfach nicht zur Erkenntnistheorie, auch nicht die bloße Begriffsanalyse (A726–732/B754–760). Sofern diese Betrachtung als ein erkenntnistheoretisches bzw. ein skeptisches Problem betrachtet wird, bleibt unsere philosophische Denkungsart immer noch grundsätzlich cartesianisch (dank Tempier 1277; vgl. Piché 1999, Boulter 2011). Die Lösung hierfür ist kein weiteres „Argument", sondern erneute Selbsteinschätzung, genau der Art, die Kant durch seine Veränderung der Denkungsart eingeschlagen hat und zu der wir durch die *Kritik* auch heute immer noch aufgefordert sind: nämlich die transzendentale Überlegung. Dass die *Kritik* eigentlich die *Selbstkritik* der Vernunft bildet, betont bereits Kant (A*xi–xii*, 735, 745, 849/B*xxxv*, 763, 773, 877), ebenso, dass die Vernunft in uns selbst als Menschen anzutreffen ist (A13/B26). Daraus folgt unvermeidlich, dass die Philosophie – vor allem aber wohl die Erkenntnistheorie – grundsätzlich in Selbstkritik besteht. Das soll zwar heute, das sollte vor allem seit Kant, selbstverständlich sein, ist jedoch nur selten unter Epistemologen spürbar, leider auch nicht häufig unter Kants Anhängern. Aber Kant hat klarerweise betont: „Diese transscendentale Überlegung ist eine Pflicht, von der sich niemand lossagen kann, wenn er *a priori* etwas über Dinge urtheilen will" (A263/B319). Das gilt auch für die Vertreter der globalen Wahrnehmungsskepsis.

12 Anhang 1: Wahrnehmungserkenntnis nach der *Kritik der reinen Vernunft*

→ Pfeile weisen auf Prozesse hin, etwa Informationsbearbeitungsströme. Ihre genaue Deutung hängt in jedem Kontext von den relevanten Lehrstücken der *Kritik* ab.
> Pfeil*köpfe* knüpfen (Erläuterungen) an.

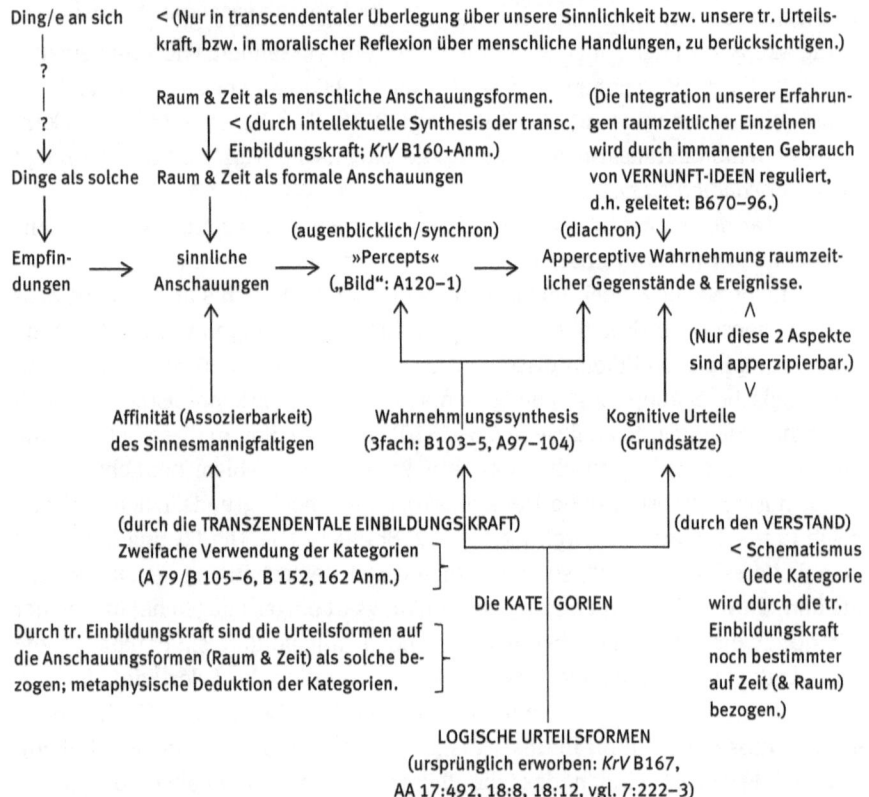

Anmerkungen:

1. Vgl. Kants „Stufenleiter" der Vorstellungsarten (*KrV* B376 f.).

2. „Wahrnehmungsurteile" (*Prol*) als solche sind für uns nur aufgrund unserer apperzeptiven Erfahrung, damit auch aufgrund ihrer transzendentalen Bedingungen möglich (*Kritik*). Wie Kant zugesteht (*Prol*), müssen wir, um überhaupt beurteilen zu können, ob (z. B.) die Sonne einen Stein wärmt, die Sonne und den Stein bereits apperzeptiv wahrnehmen. Nach der *Kritik* fordert die apperzeptive Wahrnehmung jedes Gegenstandes bzw. Ereignisses, dass wir uns als kognitive Subjekte von denjenigen Gegenständen und Ereignissen unterscheiden, die wir wahrnehmen. Also ist es ein bloßes Scheinproblem, ob bzw. wie sich diese zwei Lehrstücke bei Kant kohärent vereinigen lassen.

13 Anhang 2: Die „Umarbeitungs-Hypothese" bei Arthur Melnick, *Space, Time and Thought in Kant* (Dordrecht: Kluwer, 1989)

Melnick listet die Textabschnitte der drei Phasen von Kants Denkentwicklung, zugleich sein „reworking" der Manuskripte zur *Kritik*, auf S. 212–214, 277–278, 396–405, 546–549 auf. „Früh": vgl. Brief an Herz Nr. 79, Ende 1773; „Mitte": vgl. Brief an Herz Nr. 120, 20.08.1777. Unerwähnte Textabschnitte sind entweder nicht für die Entwicklungsphasen entscheidend bzw. nicht eindeutig oder diejenigen aus B sind spät. Zur Diskussion siehe die Rezension durch P. Guyer, *Kant-Studien* 85,4 (1994): 477–482.

Siglen:

F	Früh.
M	Mitte.
S	Spät.
§	Abschnitt.
Unter§	Unterabschnitt.
¶	Absatz.
*	Nur Seiten mit geraden Zahlen.

KrV, Abschnitte	Textstellen nach A/B	Seiten.Zeilen (Meiner, 1998)
Die transzendentale Ästhetik		
F: Met. Erörterung d. Begriffe Raum & Zeit	A22–25/B37–40, A30–32/B46–48	95.8–100.15, 106.1–107.28
Schlüsse: (a), (b) *ad* Raum, (a)–(c) *ad* Zeit	A26/B42, A33f./B49–51	101.18–105.23, 108.21–110.11
Allg. Anm. §8,I, 3 letzte ¶¶	A45–49/B62–66	119.1–122.19
M: §7, ¶¶1–2; §8,I, ¶¶1–4	A36–38/B53–55; A41–44/B60–62	112.2–113.31; 116.11–118.33
S: §3 Schlüsse *ad* Raum, letzte 3¶¶	A26–30/B42–45	102.9–105.23
§6 Schlüsse *ad* Zeit, letzte 2¶¶	A34–36/B51–53	110.12–111.31
§7 Erläuterung, letzte 2¶¶	A38–41/B55–58	114.1–116.9
§5	B48–99	108.1–19
Die transzendentale Deduktion		
F:	A104–110	213.14–217.30
M: §14, ¶1; Vorl. Erklärung d. Kategorien	A92–93, A110–114	171.23–173.12, 218.4–221.15
S: Leitfaden, Kategorientafel	A66–75/B91–101, 109–116	144.1–164.15
Met. Deduktion III §10	A76–83/B102–109	153.8–159.14
§13	A84–92/B116–124	164.16–171.19
§14, 2 letzte ¶¶	A94–95/B127–129	173.13–175.22

Fortsetzung

KrV, Abschnitte	Textstellen nach A/B	Seiten.Zeilen (Meiner, 1998)
Dreifache Synthesis	A96–104	206.24–214.5
Späte A Deduktion	A115–130	221.19–233.11
Die Analytik der Grundsätze		
F: 2. Analogie der Erfahrung	A189–294/B234–239	288.20–292.13
M: 2. Analogie der Erfahrung	A194–206/B239–251	292.14–302.7
3. Analogie der Erfahrung (2 letzte ¶¶)	A214f./B261f.	310.9–311.18
S: Schematismus	A137–147/B176–187	239.1–247.30
Grundsätze, Axiomen, Antizipationen	A148–176/B187–218	248.1–274.21
1. Analogie der Erfahrung	A182–189/B224–232	280.1–286.22
2. Analogie der Erfahrung	A206–211/B251–256	302.8–306.9
3. Analogie der Erfahrung	A211–215/B256–262	306.10–311.18
Postulate, Widerlegung, Allgemeine Anmerkung zu den Grundsätzen	A218–235/B265–287	313.11–335.37
Phaenomena & Noumena		
F: —	—	—
M:	A249–253/B305–339, A254–260/B310–315	358.12–366.7; 366.27–377.9
S:	A235–248/B295–304	336.1–358.11*
Die Amphibolie der Reflexionsbegriffe		
F: —	—	—
M:	A260–268/B316–324	378.1–384.32
S: Anm. zu den Amphibolien	A268–292/B324–349	385.1–404.32
Die Paralogismen		
F: 2. & 4. Paralogismus	A357–360, A367–377	476.11–478.29, 483.15–491.5
M: (ungeändert)	—	—
S: 1. & 3. Paralogismus	A348–351, A361–366	469.1–471.12, 479.17–483.8
2. Paralogismus	A351–357	471.13–476.10
4. Paralogismus	A377–380	491.6–493.24
Die Antinomien		
F: Beweise der 3. & 4. Antinomie	A444–447/B472–475, A452–455/B480–483	548.1–550.10, 556.1–558.11
§6, ¶¶1–3	A490–493/B518–521	587.21–589.19
Auflösung 3., §9,III, ¶¶1–4 + 2. Unter§	A532–534/B560–562, A538–541/B566–569	620.16–622.31, 625.5–628.8
Auflösung der 4., §9.IV, 2 letzte ¶¶	A563–565/B591–593	645.9–646.25

Fortsetzung

KrV, Abschnitte	Textstellen nach A/B	Seiten.Zeilen (Meiner, 1998)
M: Beweise d. 2.; Anm. zur 2. Thesis	A434–437/B462–465; A438–442/B466–470	538.1–539.34; 540.1–542.20
Anm. zur 3. These	A448–450/B476–478	550.11–34, 552, 554*
S: 1. Antinomie, Beweise & Anmerkungen	A426–433/B454–461	530.1–537.25
Anm. zur 2. & 3. Antithese	A439–443/B467–471, A449–450/B477–479	541.25–30, 543, 545, 547; 551.16–29, 535, 555
§§2–5	A420–425/B448–453, A462–490/B490–518	524.5–528.10, 565.1–578.20
§6, 4 letzte ¶¶	A492–497/B521–525	589.20–592.32
§§7, 8, 9.I, II	A497–532/B525–560	593.1–620.15
§9.III: 1. Unter§, 2 letzte ¶¶	A540–541/B568–569	627.1–628.8
3. Unter§	A542–558/B570–586	628.9–641.24
§9.IV, ¶¶1–6	A559–563/B587–591	642.1–645.8

Melnick (1989: 546–549) fasst seine Rekonstruktion wie folgt zusammen:

> We end by presenting a topical chronology of the development of Kant's *Critique* from 1772 to 1781 in terms of his letters and handwritten notes [*Reflexionen*] (Melnick 1989: 547).[49]

I – 1772

a) Kant asks in a letter to Herz how it is that a thought in me can relate to an object that neither produces the thought nor is produced by it. This is the „Critical" question which marks Kant's break with his own (Leibnizian) theory of thought in the 1770 *Dissertation*.

b) Handwritten notes (phase μ–γ): Kant asks what an object is and what the relationship is between a determination of the soul to something other or different than it (*R* 4286). There is no indication in this phase of his new theory of thought.

II – 1773

a) Kant says in a letter to Herz [Nr. 79, 10: 143–146] that he will be ready to publish by Easter of 1774 and that he has almost completed his work.

---

[49] Zitiert wird durchgehend AA (17, 18); Kants *Reflexionen* werden durch „*R*" bezeichnet; Melnicks Seitenangaben aus der Übersetzung von Kants Briefwechsel durch A. Zweig werden durch Angaben nach AA (10) ersetzt. – KRW.

b) Handwritten notes (phase ζ–o): Kant expresses the early „Critical" tie of objectivity to necessity when he says „The object indeed *is* a law of representations" (R 4642), says that bodies are beings only in the faculty of sensation and to represent their existence objectively is not to think of causes outside our faculty of sensation, but to think of the connection of all appearances according to laws (R 4536).[50] Further, appearances are said not to be actually things (R 4618) and an object is said to be only a something in general with a body being a concept of this something x (R 4634) which coheres exactly with the early distinction between appearances and the transcendental object.[51] Causality alone is tied to the notion of an object (R 4631)[52] and in line with the early third Antinomy[53] there is no first in the sensible series, but there is a first in causality (R 4618). Thus what Kant is saying he will be ready to publish is the early stage doctrine as expressed in the ζ–o notes. (Melnick 1989: 548)

III – 1774–1775

a) No publication is forthcoming in Easter of 1774.

b) Handwritten notes (phase ρ): These notes spanning 1774 and 1775[54] indicate that instead of publishing the early doctrine Kant is working on the middle doctrine. He talks of things being different according to difference of places (R 4673) and of things as they appear (R 4733) which indicates the middle stage division of the basis of legitimacy.[55] There is the middle tie of causation to substance and action (R 4679)[56] and talk of the three (relational) categories of substance, causality, and compositeness (R 4674–4678), but no mathematical categories since axioms are ascribed to intuition (R 4681).[57] Indeed the entire middle reworking except for the Second Antinomy appears in these phase ρ notes.

IV – 1776–1777 (first half)

a) In November of 1776 Kant says in a letter to Herz [Nr. 112, 10: 199] that he will perhaps be finished by Easter of 1777.

b) Handwritten notes (phase σ–τ): Kant is finishing work on the middle view by concentrating on the issue of simplicity. He first thinks to leave it as a separate

---

50 Siehe Melnick (1989), Teil II, Kap. 1, §§1–3.
51 *Ibid.*
52 *Ibid.*
53 Siehe Melnick (1989), Teil II, Kap. 2, §2.
54 Siehe *Refl* 4673 (28. April 1774) und Duisburg'scher Nachlaß aus 1775.
55 Siehe Melnick (1989), Teil III, Kap. 1, §1.
56 Siehe Melnick (1989), Teil III, Kap. 1, §2 und Kap. 2, §1.
57 Siehe Melnick (1989), Teil III, Kap. 1, §§1, 2.

section but adds it rather as an antinomy in conformity with the dynamical Antinomies (R 4757, 4759). He has a distinction now between mathematical and dynamical synthesis in relation to the Antinomies (R 4780), but still no mathematical categories (R 4758, 4762). He still talks of things as they appear (R 4841) and the relational categories (R 4674), so he is still working from the vantage point of the middle-stage view. His discussion of simplicity leads him to the view that *collections can be unending* (R 4836).[58] (Melnick 1989: 549)

V – 1777 (second half)–1780

a) There is no publication at Easter of 1777. Instead in a letter from August, 1777 [Nr. 120, 10: 213] Kant says there is an „obstacle" that he is working on.

b) Handwritten notes (phase γ–φ): Kant says that *only* progressions can be unending (R 5334) and so has come to deny the unending collections required for resolving the second Antinomy. This „obstacle" leads him to abandon the middle basis in favor of the late basis of the permanence of the real (R 5958, 5401). He works out a late resolution of the second Antinomy (R 5401) and a late first Antinomy (R 5341, 5368, 5377). Thus the „obstacle" has caused him to give up the middle view and work out the late mathematical Antinomies. He is thus left with the task of reworking everything according to the new basis. He is led to 12 categories (R 5055),[59] synthesizing space and time (R 5203),[60] the issue of the continuity of the time series (R 5386)[61] and the late First Analogy (R 5270, 5346).[62]

VI – 1780–1781

a) The *Critique* is finally published in 1781.

b) Handwritten notes (phase χ[63] and early part of the phase ψ): Kant continues to work out the late doctrine including the Amphibolies (R 5552, 5554), Schematism (R 5552, 5636) and pure imagination in relation to apperception (R 5636).

---

58 This [...] is what the purported both-true resolution of the second Antinomy leads to. (Siehe Melnick (1989), Teil IV, Kap. 1, §3).
59 Siehe Melnick (1989), Teil V, Kap. 1, §1.
60 *Ibid.*
61 *Ibid.*
62 Siehe Melnick (1989), Teil V, Kap. 2, §2.
63 Siehe Adickes' footnote (18:218).

Bibliographie

Allison, Henry, 1983, *Kant's Transcendental Idealism: An Interpretation and Defense*, New Haven: Yale University Press.
Baum, Manfred, 1986, *Deduktion und Beweis in Kants Transzendentalphilosophie*, Königstein/Ts.: Hain bei Athenäum.
Beck, Lewis White, 1978, *Essays on Kant and Hume*, New Haven: Yale University Press.
Bell, David, 1999, „Transcendental Arguments and Non-Naturalistic Anti-Realism", in: Robert Stern (Hrsg.), *Transcendental Arguments: Problems and Prospects*, Oxford: Oxford University Press, 189–210.
Bennett, Jonathan, 1966, *Kant's Analytic*, Cambridge: Cambridge University Press.
Bennett, Jonathan, 1979, „Analytic Transcendental Arguments", in: Peter Bieri, Rolf-Peter Horstmann und Lorenz Krüger (Hrsg.), *Transcendental Arguments and Science*, Dordrecht: Reidel, 45–64.
Bird, Graham, 2006, *The Revolutionary Kant. A Commentary on Kant's Critique of Pure Reason*, Chicago: Open Court.
Boulter, Stephen, 2011, „The Medieval Origins of Conceivability Arguments", *Metaphilosophy*, 42(5), 617–641.
Bouwsma, Oets Kolk, 1949, „Descartes' Evil Genius", *The Philosophical Review*, 58(2), 141–151.
Brook, Andrew, 1994, *Kant and the Mind*, Cambridge, Cambridge University Press.
Carnap, Rudolf, 1928, *Der logische Aufbau der Welt*, Berlin: Weltkreis.
Carnap, Rudolf, 1950, „Epistemology, Semantics, and Ontology", *Revue International de Philosophie*, 4.11, 20–40; rev. Fassung in: ders., *Meaning and Necessity*, Chicago: University of Chicago Press, 1956, 205–221.
Cassam, Quassim, 1987, „Transcendental Arguments, Transcendental Synthesis and Transcendental Idealism", *Philosophical Quarterly*, 37.149, 355–378.
Cleermans, Axel (Hrsg.), 2003, *The Unity of Consciousness: Binding, Integration, and Association*, Oxford: Oxford University Press.
Dicker, George, 2008, Rezension von K. R. Westphal, *Kant's Transcendental Proof of Realism*, *Philosophy and Phenomenological Research*, 76(3), 740–745.
Dretske, Fredrick I., 1981, *Knowledge and the Flow of Information*, Cambridge, MA, MIT Press.
Engstler, Achim, 1990, *Untersuchungen zum Idealismus Salomon Maimons*, Stuttgart-Bad Cannstadt: frommann-holzboog.
Erdmann, Benno, 1881, *Nachträge zu Kants Kritik der reinen Vernunft*, Kiel: Lipsius & Fischer.
Evans, Gareth, 1975, „Identity and Predication", *Journal of Philosophy*, 72(13), 343–363.
Evans, Gareth, 1982, *The Varieties of Reference*, Oxford: Oxford University Press.
Falkenburg, Brigitte, 2012, *Mythos Determinismus*, Berlin/Heidelberg: Springer.
George, Rolf, 1981, „Kant's Sensationism", *Synthese*, 47(2), 229–255.
Gettier, Edmund, 1963, „Is Justified True Belief Knowledge?", *Analysis*, 23(6), 121–123.
Gram, Moltke, 1983, „The Skeptical Attack on Substance: Kantian Answers", *Midwest Studies in Philosophy*, 8, 359–371.
Greenberg, Robert, 2001, *Kant's Theory of A Priori Knowledge*, State College, PA: Pennsylvania State University Press.
Grundmann, Thomas, 1994, *Analytische Transzendentalphilosophie. Eine Kritik*, Paderborn: Schöningh.

Guyer, Paul, 1987, *Kant and the Claims of Knowledge*, Cambridge, Cambridge University Press.
Guyer, Paul, 1989, „Psychology and the Transcendental Deduction", in: Eckart Förster (Hrsg.), *Kant's Transcendental Deductions*, Stanford, CA: Stanford University Press, 47–68.
Guyer, Paul, 1992, „The Transcendental Deduction of the Categories", in: Paul Guyer (Hrsg.), *The Cambridge Companion to Kant*, Cambridge: Cambridge University Press, 123–160.
Hall, Bryan, 2009, „Effecting a Transition: How to Fill the Gap in Kant's System of Critical Philosophy", *Kant-Studien*, 100(2), 187–211.
Hanna, Robert, 2001, *Kant and the Foundations of Analytic Philosophy*, Oxford: The Clarendon Press.
Harper, William, 1984, „Kant on Space, Empirical Realism, and the Foundations of Geometry", *Topoi*, 3(2), 143–161.
Horst, Steven, 2011, *Laws, Mind, and Free Will*, Cambridge, MA: MIT Press.
Howell, Robert, 1992, *Kant's Transcendental Deduction*, Dordrecht: Kluwer.
Hume, David, 2000, *A Treatise of Human Nature*, David F. Norton und Mary J. Norton (Hrsg.), Oxford: Oxford University Press.
Kannisto, Tony, 2010, „Three Problems in Westphal's Transcendental Proof of Realism", *Kant-Studien*, 101(2), 227–246.
Kant, Immanuel, 1900 ff. *Kants Gesammelte Schriften*, Akademie der Wissenschaften (vormals: Preußische Akademie der Wissenschaften) (Hrsg.), Berlin: De Gruyter.
Kant, Immanuel, 1998. *Kritik der reinen Vernunft*, Jens Timmermann (Hrsg.), Hamburg: Meiner.
Kant, Immanuel, 2009, *Kant im Kontext III*, 2. Auflage, Karsten Worm (Hrsg.), Berlin: InfoSoftWare.
Kaplan, David, 1989, „On Demonstratives", in: Joseph Almog et al. (Hrsg.), *Themes from Kaplan*, New York: Oxford University Press, 481–563.
Keil, Geert, 1993, *Kritik des Naturalismus*, Berlin: De Gruyter.
Keller, Pierre, 1998, *Kant and the Demands of Self-Consciousness*, Cambridge: Cambridge University Press.
Körner, Stephen, 1966, „Zur Kantischen Begründung der Mathematik und der Naturwissenschaften", *Kant-Studien*, 56(3/4), 463–473.
Körner, Stephen, 1969, „The Impossibility of Transcendental Deductions", in: Lewis White Beck (Hrsg.), *Kant Studies Today*, LaSalle, IL: Open Court, 230–244.
Maimon, Solomon, 1965, *Gesammelte Werke*, Valerio Verra (Hrsg.), Hildesheim: Olms.
McCarty, Richard, 2009, *Kant's Theory of Action*, Oxford: Oxford University Press.
Melnick, Arthur, 1989, *Space, Time and Thought in Kant*, Dordrecht: Kluwer.
Motta, Giuseppe, 2012, *Die Postulate des empirischen Denkens überhaupt. KrV A 218–235 / B 265–287: Ein kritischer Kommentar*, Berlin: De Gruyter.
O'Neill, Onora, 1992, „Vindicating Reason", in: Paul Guyer (Hrsg.), *The Cambridge Companion to Kant*, Cambridge: Cambridge University Press, 280–308.
Paton, Herbert J., 1936, *Kant's Metaphysic of Experience*, 2 Bände, London: George Allen & Unwin/New York: Humanities.
Perry, John, 1979, „The Problem of the Essential Indexical", *Nous*, 13, 3–21.
Piché, David, 1999, *La Condamnation parisienne de 1277*, Paris: Vrin.
Rorty, Richard, 1970, „Strawson's Objectivity Argument", *Review of Metaphysics*, 24, 207–244.
Rorty, Richard, 1971, „Verificationism and Transcendental Arguments", *Nous*, 5, 3–14.
Rosenberg, Jay, 1975, „Transcendental Arguments Revisited", *Journal of Philosophy*, 75(18), 611–624.

Rosenberg, Jay, 1979, „Transcendental Arguments and Pragmatic Epistemology", in: Peter Bieri, Rolf-Peter Horstmann und Lorenz Krüger (Hrsg.), *Transcendental Arguments and Science*, Dordrecht: Reidel, 245–262.

Rosenberg, Jay, 2005, *Accessing Kant: A Relaxed Introduction to Kant's Critique of Pure Reason*, New York: Oxford University Press.

Roskies, Adina, 1999, „The Binding Problem", *Neuron*, 24, 7–125.

Sandberg, Eric, 1989, „Thinking Things in Themselves", in: Gerhard Funke und Thomas Seebohm (Hrsg.), *Proceedings of the Sixth International Kant Congress*, Lanham, MD: University Press of America, 2.2, 23–31.

Schulting, Dennis, 2009, Rezension von K. R. Westphal, *Kant's Transcendental Proof of Realism*, Kant-Studien, 100(3), 382–385.

Schulting, Dennis, 2011, „Kant's Idealism: The Current Debate", in: Dennis Schulting und Jacco Verburgt (Hrsg.), *Kant's Idealism: New Interpretations of a Controversial Doctrine*, Berlin: Springer, 1–25.

Smith, Norman Kemp, 1941, *The Philosophy of David Hume*, London: Macmillan.

Stern, Robert, 1999, „On Kant's Response to Hume: The Second Analogy as Transcendental Argument", in: Robert Stern (Hrsg.), *Transcendental Arguments: Problems and Prospects*, Oxford: Oxford University Press, 47–66.

Strawson, Peter F., 1966, *The Bounds of Sense*, London: Methuen.

Stroud, Barry, 1977a, *Hume*, London: Routledge.

Stroud, Barry, 1977b, „Transcendental Arguments and ‚Epistemological Naturalism'", *Philosophical Studies*, 31, 105–115.

Stroud, Barry, 1983, „Kant and Skepticism", in: Miles Burnyeat (Hrsg.), *The Skeptical Tradition*, Berkeley: University of California Press, 413–434.

Stroud, Barry, 1994, „Kantian Argument, Conceptual Capacities, and Invulnerability", in: Paolo Parrini (Hrsg.), *Kant and Contemporary Epistemology*, Dordrecht: Kluwer, 231–251.

Tempier, Étienne, 1277, *Opiniones ducentae undeviginti Sigeri de Brabantia, Boetii de Dacia aliorumque, a Stephano episcopo Parisieni de consilio doctorum Sacrae Scripturae condemnatae 1277*, Paris.

Tempier, Étienne, 1999, *Kritische Ausgabe (1277)*, in: David Piché, *La Condamnation parisienne de 1277*, Paris: Vrin.

Westphal, Kenneth R., 1987–88, „Sextus Empiricus *Contra* René Descartes", *Philosophy Research Archives*, 13, 91–128.

Westphal, Kenneth R., 1989, *Hegel's Epistemological Realism*, Dordrecht: Kluwer.

Westphal, Kenneth R., 1998, *Hegel, Hume und die Identität wahrnehmbarer Dinge*, Frankfurt am Main: Klostermann.

Westphal, Kenneth R., 2004, *Kant's Transcendental Proof of Realism*, Cambridge: Cambridge University Press.

Westphal, Kenneth R., 2012, „Die positive Verteidigung Kants der Urteils- und Handlungsfreiheit, und zwar ohne transzendentalen Idealismus", in: Mario Brandhorst, Andree Hahmann und Bernd Ludwig (Hrsg.), *Sind wir Bürger zweier Welten? Freiheit und moralische Verantwortung im transzendentalen Idealismus*, Hamburg: Meiner, 259–277.

Westphal, Kenneth R., 2013, „Hume, Empiricism and the Generality of Thought", in: *Dialogue: Canadian Journal of Philosophy / Revue canadienne de philosophie* 52,2, 233–270.

Westphal, Kenneth R., 2014, „Wie Kants kognitve Semantik Newtons Regel IV der Experimentalphilosophie untermauert und van Fraassens konstruktiven Empirismus entkräftet", in: Mario Egger (Hrsg.), *Philosophie nach Kant. Festschrift für Manfred Baum*, Berlin: De Gruyter, 55–69.

Westphal, Kenneth R., 2017, „Qualia, Gemütsphilosophie und Methodologie; *oder* Wie wird aristotelische *Scientia* zu cartesianischer Unfehlbarkeit? Zum heutigen Widerstreit des Naturalismus und Cartesianismus", *Zeitschrift für philosohische Forschung*, 71(4), 457–494.

Westphal, Kenneth R., 2020. *Kant's Critical Epistemology: Why Epistemology must Consider Judgment First.* Oxon & New York, Routledge.

Westphal, Kenneth R., 2021a. *Kant's Transcendental Deduction of the Categories: Critical Re-Examination, Elucidation & Corroboration; Kant's Revised Second (B) Edition (1787), German Text with Parallel New Translation, for Students, Philosophers, Cognitive Scientists and Specialists.* Helsinki, Helsinki University Press; open access.

Westphal, Kenneth R., 2021b. „Beantwortung der Frage: Was ist kritische Philosophie?" In: D. Simmermacher & A. Krause, Hgg., *Denken und Handeln. Perspektiven der praktischen Philosophie und der Sprachphilosophie* – Festschrift für Matthias Kaufmann (Berlin: Duncker & Humblot), 291–305.

Westphal, Kenneth R., 2022. „Graham Bird (1930–2021), *in Memoriam*", *Kant-Studien* 113,1: 1–5; DOI: https://doi.org/10.1515/kant-2022-2005.

Wolff, Michael, 1995, *Die Vollständigkeit der kantischen Urteilstafel*, Frankfurt am Main: Klostermann.

Wolff, Michael, 1998, „Erwiderung auf die Einwände von Ansgar Beckermann und Ulrich Nortmann", *Zeitschrift für philosophische Forschung*, 52(3), 435–459.

Wolff, Michael, 2000. „Nachtrag zu meiner Kontroverse mit Ulrich Nortmann", *Zeischrift für philosophische Forschung*, 54(1), 86–94.

Wolff, Michael, 2017. „How Precise Is Kant's Table of Judgments?", in: James O'Shea (Hrsg.), *Kant's Critique of Pure Reason: A Critical Guide*, Cambridge: Cambridge University Press, 83–105.

Wolff, Robert Paul, 1966, „Hume's Theory of Mental Activity", in: Verre Chappell (Hrsg.), *Hume: A Collection of Critical Essays*, New York: Anchor, 99–128.

Yandell, Keith, 1990, *Hume's „Inexplicable Mystery": His Views on Religion*, Philadelphia: Temple University Press.

Young, J. Michael, 1992, „Functions of Thought and the Synthesis of Intuitions", in: Paul Guyer (Hrsg.), *The Cambridge Companion to Kant*, Cambridge: Cambridge University.

Ursula Renz
Selbsterkenntnis: Eine kantische Strategie

Abstract: In the past few years, the philosophical debate about self-knowledge has presented itself in a strikingly 'pre-Kantian' manner. Some have claimed that all sorts of self-knowledge can be analysed in the manner of the empiricists, or in terms of cognitive psychology (to use a more contemporary label), whereas defenders of rationalism have not grown tired of voicing the claim that there must be some sort of self-knowledge present and underlying, as it were, all sorts of epistemic self-concerns. It is against this background that this essay advocates what I would call a 'Kantian' strategy to approach the problem of self-knowledge. Taking Kant as a model, it argues, we may come to see how the recent divide between empiricism and rationalism may be overcome through a philosophical theory of self-knowledge.

Die analytische Diskussion über Selbsterkenntnis (engl. „self-knowledge") der letzten Jahre erinnert in frappanter Weise an die vorkantische erkenntnistheoretische Diskussion über die Ursprünge der menschlichen Erkenntnis. Beide sind beherrscht von einer starken Trennung der Debatte in zwei Lager, die gern als „Empirismus" bzw. „Rationalismus" bezeichnet werden; die Rede ist auch von einer „Kluft" zwischen Rationalismus und Empirismus. Während die Vertreter eines Empirismus das Wissen, das wir von unseren mentalen Zuständen haben, als Resultat von bestimmten kognitiven Vorgängen – etwa einer besonderen Art von Wahrnehmung, eines höherstufigen *Monitorings* oder verschiedener Arten von inferentiellen Prozessen – auffassen,[1] weisen die Verteidiger eines rationalistischen Ansatzes immer wieder darauf hin, dass allen Formen der Selbstbeziehung ein basales, nicht auf etwas anderes reduzierbares Selbstwissen notwendig zugrunde liegen müsse.[2]

In diesem Aufsatz möchte ich vor diesem Hintergrund eine Art kantische Strategie zum Umgang mit dem Problem der Selbsterkenntnis vorschlagen, d. h. ich werde den transzendentalphilosophischen Zugang zum Problem der Erkenntnis, wie ihn Kant in seiner *Kritik der reinen Vernunft* entwickelt hat, als ein Modell benutzen, um in Anlehnung daran einige strategische Weichenstellungen

---

[1] Siehe z. B. Carruthers 2011; Gertler 2011; Cassam 2014.
[2] Siehe insb. Moran 2001; Bilgrami 2006; O'Brien 2007; Rödl 2007; Boyle2009.

zu diskutieren, welche ich als grundlegend für eine zukünftige Theorie oder Philosophie der menschlichen Selbsterkenntnis auffasse.

Im Zentrum werden dabei weder Kants Begriffe „innerer Sinn" oder „reine Apperzeption" stehen, noch rekonstruiere ich die Argumentation der transzendentalen Deduktion,[3] und auch Kants Auffassungen über die Möglichkeit und den Wert einer praktischen Selbsterkenntnis sollen hier nicht Thema sein.[4] Im Allgemeinen entspringt mein Interesse an Kant weniger seinen Begriffen oder Thesen als seinem transzendentalen Zugang zu gewissen Phänomenen und ich orientiere mich daher vorab an jenen Zügen von Kants Ansatz, die seiner kritischen Philosophie zugrunde liegen und das (nach-)kantische Verständnis von Transzendentalphilosophie geformt haben. Allerdings möchte ich diesen Ansatz auf ein anderes Problem anwenden, das von Kant selber so nicht erörtert wird, nämlich inwiefern das, was wir im Alltag als „Selbsterkenntnis" bezeichnen, möglich ist. Bekanntlich setzte sich Kant von seinen Vorgängern dadurch ab, dass er nicht mehr die Frage, ob wir Wissen haben können und wie es entsteht, sondern, wie es möglich ist, dass wir Wissen haben können, ins Zentrum der Erkenntnistheorie rückte und mithin die Erörterung der Bedingungen der Möglichkeit von Wissen zum epistemologischen Kerngeschäft machte. Dadurch gelang es Kant zu zeigen, dass menschliches Wissen nur möglich ist, wo *a priori* Voraussetzungen und *a posteriori* Repräsentationen zusammenkommen.

Im Folgenden möchte ich eine ähnliche Strategie anwenden, um zu zeigen, wie die Kluft zwischen Empirismus und Rationalismus in der Diskussion über Selbsterkenntnis überwunden werden könnte. Mein Ziel ist also nicht eine weitere Rekonstruktion von Kants Auffassung von Selbsterkenntnis, noch wird der vorgeschlagene Ansatz in allen Details der Erkenntnistheorie Kants gleichen, und überhaupt dient mir sein Ansatz weniger als ein Reservoir von Begriffen und Einsichten denn als Modell für die Entwicklung eines alternativen Zugangs zu einem notorisch schwierigen Problem: der menschlichen Selbsterkenntnis.

Im ersten Abschnitt werde ich das Phänomen identifizieren, das allein den sinnvollen Untersuchungsgegenstand für einen Zugang im Stile Kants bilden kann. Ich werde dafür plädieren, dass wir uns – anders als es bei den meisten Ansätzen der jüngeren Debatte der Fall ist – *nicht* auf das *prima facie* unmittelbare, basale Selbstwissen konzentrieren sollten, sondern eher dasjenige Phänomen ins Auge nehmen sollten, das wir in der alltagssprachlichen Rede als „Selbsterkenntnis" bezeichnen: Einsichten in bislang nicht bekannte Eigen-

---

[3] Für jüngere Literatur siehe z. B. Emundts 2007, 2013; Kitcher 2011; Rosefeldt 2014; Longuenesse 2017; Brook 2018 und die in diesem Band versammelten Aufsätze.
[4] Siehe dazu Bernecker 2006; Emundts 2017, sowie Renz 2021.

schaften oder Bestimmungen von einem selber. Im zweiten Abschnitt werde ich erörtern, wie die Kluft zwischen Empirismus und Rationalismus in der heutigen Debatte in einem kantischen Rahmen reinterpretiert werden kann. Der dritte Abschnitt dient dann dazu zu zeigen, wie Kants Unterscheidung zweier Grundquellen des menschlichen Gemüts als Inspiration für eine zukünftige Untersuchung der Natur menschlicher Selbsterkenntnis dienen kann, bevor ich mit einigen Bemerkungen darüber schließen werde, wie von Kant her die Beziehung von Selbsterkenntnis und Weisheit gedacht werden kann.

1 Der alltagspsychologische Begriff der Selbsterkenntnis als Ausgangspunkt

Einer verbreiteten Interpretation zufolge setzte Kant, als er in der *Kritik der reinen Vernunft* (*KrV*) und den *Prolegomena* dazu anhob, einige der dringlichsten metaphysischen und erkenntnistheoretischen Probleme seiner Zeit zu lösen, voraus, dass es sich beim menschlichen Wissen um ein *Faktum* handle.[5] Genauer: Er ging davon aus, dass synthetische Urteile *a priori* – wenn vielleicht auch nicht in allen Wissensbereichen, so doch in der Mathematik und den mathematischen Naturwissenschaften – vorkommen und wir nur mehr verstehen müssen, wie sie möglich sind. Demnach setzte er genau das voraus, was später im deutschen Neukantianismus als „das Factum der Wissenschaften" bezeichnet wurde.[6] Dieser Zug hat in den letzten zwei Jahrhunderten viel Kritik hervorgerufen, doch niemand bezweifelt, dass dies ein entscheidender Schritt war, um den „Kampfplatz" der „endlosen Streitigkeiten", wie Kant es beschreibt, zu überwinden (vgl. AVIII).

Diesen Ansatz als Modell nehmend, möchte ich die Frage aufwerfen: Gibt es im Problemkreis der Selbsterkenntnis etwas, das wir – ähnlich wie Kant es mit der

---

[5] Das ist nicht die einzige mögliche Interpretation von Kants Ansatz. Wie vielmehr ein anonymer Gutachter der englischen Originalversion dieses Aufsatzes zu Recht betont hat, besagt eine ähnlich verbreitete Lesart, dass Kants zentrales Ziel in der Zurückweisung skeptischer Zweifel bestehe. Da es allerdings nicht das Ziel dieses Aufsatzes ist, eine bestimmte Rekonstruktion von Kants Projekt zu verteidigen, genügt es für mein Vorhaben, dass die im Haupttext erwähnte Lesart eine legitime Kant-Interpretation darstellt. Für Hinweise, vgl. die nächste Anmerkung.
[6] Siehe z. B. Cohen 1984 [1883]. Dort lesen wir: „Nehme ich hingegen die Erkenntnis nicht als eine Art und Weise des Bewusstseins sondern als ein *Factum*, welches in der Wissenschaft sich vollzogen hat und auf gegebenen Grundlagen sich zu vollziehen fortfährt, so bezieht sich die Untersuchung nicht mehr auf eine immerhin subjektive Thatsache, sondern auf einen [...] objektiv gegebenen und in Prinzipien gegründeten Thatbestand, [...]" (Cohen 1984 [1883]: 5).

Mathematik und den mathematischen Naturwissenschaften tat – als ein *Faktum* begreifen können?

Zwei Kandidaten bieten sich hier an. Mit Blick auf das, was in der zeitgenössischen Diskussion über *self-knowledge* meist als selbstverständlich vorausgesetzt wird – nämlich, dass menschliche Subjekte unmittelbar oder mindestens *prima facie* unmittelbar von ihren phänomenalen Zuständen und Einstellungen Kenntnis haben –, könnte man zum einen dieses Selbstwissen, das allem menschlichen Selbstbewusstsein zugrunde liegt, als ein *Faktum* im Sinne Kants auffassen.[7] Allerdings gibt es da einige Fragezeichen. Zwar wird die Existenz eines solchen Selbstwissens von allen Seiten zugestanden, gleichzeitig wird aber kontrovers darüber diskutiert, ob die epistemische Beziehung, die Subjekte zu ihren mentalen Zuständen unterhalten, wirklich eine Form von Wissen ist, oder ob es nicht eher um eine Frage des Ausdrucks oder der Selbstkonstituierung geht. Und auch wo zugestanden wird, dass es sich um ein Wissen handle, werden etliche Anschlussfragen aufgeworfen, wie: Ist dieses Wissen infallibel oder nicht? Ist es notwendig gegeben, unbezweifelbar, unkorrigierbar, etc. oder nicht?[8] Beruht es auf einer präreflexiven Selbstvertrautheit oder nicht?[9] Und so weiter. Das deutet darauf hin, dass dieses *prima facie* unmittelbare Selbstwissen ein eher problematischer Kandidat für ein *Faktum* im Sinne Kants ist. Seine Existenz mag zwar von allen Seiten zugestanden sein, aber ohne weitere Qualifikation bleibt unklar, worüber man sich genau einig ist. Zu sagen, man sei sich einig darüber, dass ein x existiere, welches *prima facie*, aber vielleicht nicht wirklich, als F beschrieben werden könne, wobei F wiederum als G oder nicht G, H oder nicht H qualifiziert werden könne, heißt im Klartext, dass man sich überhaupt nicht einig ist. Darin ein *Faktum* im Sinne Kants zu veranschlagen wäre, wie wenn Kant den Ausgangspunkt für die Überwindung des Außenweltskeptizismus in dem Gedanken gesehen hätte, dass wir über Repräsentationen von Dingen verfügen, von denen wir allerdings nicht wissen können, ob sie der Realität entsprechen oder nicht.

---

7 Da ich dieses Phänomen als *prima facie* unmittelbares Selbstwissen bezeichne, muss ich keine Position beziehen mit Blick auf die Frage, ob es sich hier nur dem Anschein nach oder wirklich um ein unmittelbares Wissen handelt, noch sage ich etwas darüber, ob es sich um ein echtes Wissen handelt oder nicht. Ich möchte das umgekehrt aber auch nicht in Zweifel ziehen. Mein Punkt hier ist einzig und allein, dass wir, wenn wir verstehen wollen, was Selbsterkenntnis ist, dasjenige Phänomen ins Auge fassen müssen, das wir im *alltagspsychologischen* Reden über unsere Selbstreflexionen so bezeichnen und nicht was Philosophen und Philosophinnen unter diesem Namen verhandeln.

8 Siehe für die Fragen auch den nach wie vor sehr erhellenden Schlüsselaufsatz von Alston (1971).

9 Das ist die Hinterlassenschaft der sogenannten Heidelberger Schule, siehe Zahavi 2007.

Zum Glück gibt es daher noch einen weiteren, gehaltvolleren Kandidaten als möglichen Ausgangspunkt für eine Untersuchung im Stile Kants: die Art von Erfahrung, wie wir sie gelegentlich im Leben machen, wenn uns neue Dinge über uns selber aufgehen oder wir neue Dinge über uns in Erfahrung bringen und die wir in unserem alltagspsychologischen Reden als „Selbsterkenntnis" taxieren. Als Selbsterkenntnis begreifen wir im Alltag nicht nur und nicht primär das Bewusstsein, das wir mit jedem phänomenalen Zustand oder jeder Einstellung von uns haben, sondern jene manchmal mehr, manchmal weniger spektakulären Einsichten über uns selber, dank denen wir uns in einem neuem Licht sehen und verstehen lernen.

Diese Einsichten spielen für unsere Alltagskultur eine ähnliche Rolle, wie sie – gemäß Kant – die Mathematik für die exakten Naturwissenschaften spielen. Wie Johannes Rössler kürzlich hervorgehoben hat, sind ganze Disziplinen wie die Psychiatrie oder Wissenskulturen wie die Psychoanalyse fest in unserem alltagspsychologischen Vokabular verankert.[10] Doch auch andere, weniger institutionalisierte, aber mitnichten unbedeutende Praktiken wären hier zu erwähnen. Man denke etwa an jene selbstkritischen oder selbstbezogenen Fragen, wie wir sie etwa in der moralischen Selbstreflexion („Habe ich ihm womöglich Unrecht getan?"), im post-traumatischen Debriefing („Was ist eigentlich mit mir geschehen?"), beim Tagebuch-Schreiben („Wie habe ich seine Bemerkung empfunden?"), beim Versuch, uns gezielt in andere einzufühlen („Wie würde ich mich an seiner Stelle fühlen?") oder bei der Lektüre einer historischen Abhandlung („Was zeigt das über mein Leben?") stellen.

Diese Liste ist sehr unvollständig, und manch eine Leserin oder Leser wird sie eher seltsam und fragwürdig finden. Doch das spielt hier keine Rolle. Wenn auch nur ein einziges dieser Beispiele etwas wiedergibt, was uns bekannt vorkommt und auf das wir abstellen in unserem Leben –, dass es Gedanken gibt, durch die wir zu neuen Einsichten über uns gelangen –, dann ist es legitim, dieses alltagspsychologische Verständnis von Selbsterkenntnis als ein *Faktum* im Sinne Kants aufzufassen und in eine ähnliche Position zu rücken wie die Mathematik in der *KrV*. Offenkundig ist unser Leben davon geprägt, dass wir über *Prozeduren* verfügen, die uns zu mehr Selbsterkenntnis verhelfen und deren *Resultat* wir als epistemische oder sogar persönliche Errungenschaft, als sogenanntes „achievement", begreifen. Mein Vorschlag ist daher, dass eine transzendentalphilosophische Theorie oder Philosophie der Selbsterkenntnis sich nicht darauf kaprizieren sollte, eine Analyse des *prima facie* unmittelbaren Selbstwissens zu liefern,

---

10 Vgl. Roessler 2013: 5.

sondern auch klären sollte, welche Voraussetzungen nötig sind, um diese Erfahrung des Erlernens neuer Tatsachen über einen selbst verständlich zu machen.

An dieser Stelle werden vermutlich manche Leser und Leserinnen innehalten und sich fragen: „Okay, diese Erfahrungen gibt es. Wir kennen das alle und beschreiben das tatsächlich oft als eine Form der Selbsterkenntnis. Doch was meinen wir damit *genau*? Und auf welcher Basis nehmen wir an, dass diese Erfahrungen eine mehr oder weniger einheitliche Kategorie von Ereignissen ausmachen?"

Die hier zum Ausdruck kommende Sorge ist nicht völlig unberechtigt. Betrachtet man die verschiedenen, soeben aufgezählten Praktiken, durch die wir zu den entscheidenden Einsichten kommen, so wird man feststellen, dass unserer Selbsterkenntnis gar keine *spezifische* Tätigkeit zugrunde zu liegen scheint. Manchmal kommen wir zu Einsichten über uns, wenn wir einen Tagebucheintrag verfassen; manchmal, wenn wir Romane oder auch Berichte lesen oder über das Gelesene reflektieren. Manchmal bringt uns ein Gespräch weiter; manchmal können wir gewisse Tatsachen über uns selber nur in einsamen Stunden akzeptieren. Manchmal sind wir beim Geschirrspülen, manchmal am Einschlafen, wenn uns plötzlich der Gedanke „Das ist es, was mit mir los ist!" in einen hellwachen Zustand versetzt. Das zeigt: Mit dem, was wir im Alltag als „Selbsterkenntnis" bezeichnen, verhält es sich *nicht* wie mit dem Lösen von mathematischen Problemen, wo wir, um zur richtigen Lösung zu gelangen, die richtigen mathematischen Kalküle vollziehen müssen.

Trotzdem ist der Ausdruck der „Selbsterkenntnis" keine willkürlich zusammengefasste Klasse von genuin Unterschiedlichem. Die Bedeutung des Ausdrucks ist allerdings, so meine ich, nicht über einen spezifischen *Prozess*, sondern über ein besonderes *Resultat* definiert.[11] Wenn ich in der Folge öfters den Terminus „Einsicht" verwende, so genau darum, weil dieser Ausdruck den Resultatcharakter unserer Selbsterkenntnis unterstreicht.

Die Frage bleibt, was für ein Typus von Einsichten als Selbsterkenntnis bezeichnet werden kann. Welche strukturellen Merkmale muss ein Gedanke haben, um als Selbsterkenntnis gelten zu können? Trivialerweise wird man vermuten, dass eine Selbsterkenntnis all jene Eigenschaften haben muss, die Wissen im

---

11 Das heißt nicht zwingend, dass Selbsterkenntnis wesentlich „still" ist (siehe für diesen Begriff: O'Shaughnessy 2000: 108). Und es schließt weder aus, noch legt es nahe, dass beim Selbsterkennen ein bestimmter kognitiver Prozess – etwa deliberativer (Moran 2001), inferentieller (Byrne 2011; Cassam 2014), urteilsbasierter (Roessler 2013), wahrnehmungs- oder introspektionsbasierter (Dretske 1994) Natur – erforderlich ist. Es weist lediglich darauf hin, dass gemäß unserem alltagspsychologischen Verständnis ganz viele kulturelle Praktiken zur Selbsterkenntnis beitragen können.

Allgemeinen ausmacht. Wenn wir etwa annehmen, dass Wissen in einer Art gerechtfertigter, wahrer Überzeugung besteht, so wird das auch für Selbsterkenntnisse gelten. In der Folge setze ich diese Eigenschaften als selbstverständlich voraus und beziehe mich nur auf jene Merkmale, die Selbsterkenntnis von anderem Wissen unterscheidet. Zwei Dinge scheinen dabei zentral.

Erstens kann gemäß unserer alltagspsychologischen Redeweise eine Selbsterkenntnis nicht auf eine neutrale Beschreibung des Subjekts, welches den entsprechenden Gedanken hat, reduziert werden, sondern der Gedanke muss vom Subjekt als *von ihm selber geltend* gedacht werden. Selbsterkenntnis ist indexikalisch und dadurch grundsätzlich von reinem *de-re*-Wissen verschieden. Das gilt signifikanterweise auch, wenn es sich um Einsichten handelt, in denen wir uns allgemein menschliche Eigenschaften oder Dispositionen wie Sterblichkeit oder Irrtumsanfälligkeit zusprechen. In der Terminologie Héctor-Neri Castañedas ausgedrückt,[12] könnte man sagen, dass Selbsterkenntnis – und zwar auch die über das *prima facie* unmittelbare Selbstwissen hinausgehende Selbsterkenntnis – folgende Form haben muss:

(1)   S weiß, dass sie* F ist.[13]

Das zweite Merkmal ist schwieriger zu fassen. Wenn wir im Alltag über Selbsterkenntnis sprechen, so nehmen wir selten auf Überzeugungen Bezug, die wir für selbstverständlich halten, obwohl diese Überzeugungen, sofern sie von uns* handeln, durchaus Kandidaten für Selbsterkenntnis sind. Woran wir stattdessen denken, sind Gedanken, die uns ins Auge stechen und die von einer gewissen Eindringlichkeit sind. Das ist teilweise eine Folge des jeweiligen Inhalts,[14] es hat aber auch eine phänomenologische Dimension. Trotz der Beobachtung, dass „Selbsterkenntnis" eher ein Resultat als einen Prozess bezeichnet, gebrauchen wir den Ausdruck nämlich nicht, wenn wir auf ein Wissen Bezug nehmen, dass bloß dispositional vorhanden sein könnte. Worauf wir uns beziehen, wenn wir von unseren Selbsterkenntnissen sprechen, sind somit nicht einfach wahre, gerechtfertigte Überzeugungen über uns* selber, sondern im Fokus stehen Erfahrungen, die wir machen, wenn wir zum ersten oder auch wiederholten Mal *realisieren*, dass wir* F sind. Meine Vermutung ist daher, dass für unser Sprechen über Selbster-

---

12 Castañeda 1966 hat das Quasi-Indexwort „er*" eingeführt, um bewusst selbstbezügliche Verwendungen des Personalpronomens der dritten Person in indirekter Rede von jenen abzugrenzen, in denen die Person, auf die Bezug genommen wird, nicht weiß, dass es um sie selber geht. Im Anschluss an Castañeda wird die *-Notation oft auch bei der ersten Person verwendet, um den selbstbewussten Charakter der Bezugnahme auf einen selber explizit zu machen.
13 Ich habe diesen Punkt ausführlicher erörtert in Renz 2017.
14 Siehe wiederum Renz 2017.

kenntnis der *Erfahrungsaspekt* eine Rolle spielt, für die es beim Sprechen über Wissen im Allgemeinen kein Pendant gibt.

Worauf läuft diese Beobachtung hinaus? Wie schon angedeutet sehe ich darin ein *phänomenologisches* Merkmal von Selbsterkenntnis. Allerdings möchte ich damit *nicht* behaupten, dass Selbsterkenntnis immer mit einem in spezifischer Weise qualitativ bestimmten Gefühl einhergeht. Im Gegenteil, in Abhängigkeit vom jeweiligen (propositionalen) Inhalt, kann sich das Gewinnen einer Selbsterkenntnis angenehm oder schmerzhaft, lohnend oder ernüchternd anfühlen. Was ich stattdessen betonen möchte, ist Folgendes: Einsichten in eigene Eigenschaften prägen sich uns maßgeblich durch die Art und Weise, wie sie von uns erfahren werden, ein, und es ist daher auch genau dieser Aspekt, kraft dessen sie sich als Bezugspunkt für unser alltägliches Sprechen und Denken anbieten. Wir thematisieren Selbsterkenntnis als eine Erfahrung, die wir machen oder der wir uns unterziehen, und nicht einfach als Überzeugung, die wir als auf uns zutreffend einschätzen. Deshalb können wir Einsichten, die wir als Selbsterkenntnisse qualifizieren, raumzeitlich lokalisieren, etwa wenn wir sagen: „Ich habe erst am Begräbnis meines Vaters realisiert, wie ähnlich ich ihm in dieser Hinsicht bin." Das bedeutet nicht, dass Selbsterkenntnis aus einer erkenntnistheoretischen Perspektive betrachtet auf empirische Überzeugung reduziert werden muss. Eine Einsicht, die wir als Erfahrung in Raum und Zeit lokalisieren, kann uns sehr wohl Wahrheiten erschließen, die wir als *a priori* qualifizieren würden.[15] Nichts von dem, was ich bisher gesagt habe, enthält daher eine Verpflichtung auf einen empiristischen oder rationalistischen Ansatz.

---

[15] Meine Aussage hier ist nicht, dass Selbsterkenntnis *a priori* sei, sondern nur, dass die Anwendung des Ausdrucks *a priori* auf gewisse Arten von Selbsterkenntnis verständlich ist. Andreas Kemmerling hat das kürzlich mit folgenden Worten in Frage gestellt: „[t]he alleged knowledge is neither about something which is true a priori, nor can it be had independently of experience" (Kemmerling 2012: 422n.19). Kemmerling hat natürlich Recht, dass Selbsterkenntnis weder unabhängig von Erfahrung noch notwendig wahr ist, aber das scheint nicht das wiederzugeben, was jene Theoretiker vor Augen haben, die diese Terminologie verwenden. Was diese *a priori* nennen, ist der Umstand, dass es bei gewissen Erfahrungen genügt, sie zu haben, um zu wissen, dass man sie hat. Diese Theoretiker denken offenbar an das, was Alston (1971: 229) als Allwissenheit bezeichnet – nicht aber an das, was dort als Unfehlbarkeit oder Unkorrigierbarkeit bezeichnet wird. Nun ist es, wie Alston (1971: 231) zu Recht deutlich gemacht hat, problematisch, Allwissenheit als generelles Merkmal jeglicher Selbsterkenntnis aufzufassen. Das schließt aber nicht aus, dass Allwissenheit mit Blick auf bestimmte mentale Zustände und unser Wissen davon richtig ist. Doch nicht einmal das muss ich hier rechtfertigen, mein Punkt ist nur, dass das Verständnis von Selbsterkenntnis als *a priori* durch den Hinweis auf die Notwendigkeit von Erfahrung nicht unterminiert wird.

Die Frage stellt sich: Wie kann dieses zweite Merkmal, das man auch als Erfahrungsaspekt von Selbsterkenntnis bezeichnen könnte, formal beschrieben werden?

Zunächst ist wichtig festzuhalten, dass die Betonung des Erfahrungsaspekts uns nicht dazu zwingt, nur *gegenwärtig vollzogene* Urteile unter die Kategorie der *Selbsterkenntnis* zu fassen. Wir zählen im Gegenteil auch in der Vergangenheit lokalisierbare Einsichten dazu, etwa wenn eine Kollegin berichtet, sie habe in der Zeit, in der sie das Amt der Vize-Rektorin innehatte, sehr viel über sich gelernt. Andere Einsichten sind präsent, weil wir sie bewusst wiederholen oder nachvollziehen, etwa wenn jemand sagt, seit seinem Herzinfarkt nehme er das Leben als viel kostbarer wahr. Trotz des Erfahrungsaspekts muss Selbsterkenntnis nicht in einem einmaligen Aha-Erlebnis bestehen. Das Subjekt muss sich aber entweder an die Erfahrung, die es hatte, als es erstmals sah, dass es* F ist, erinnern können, oder es muss diese wiederholen können. Das zweite Merkmal, das Selbsterkenntnis gemäß unserem alltagspsychologischen Konzept eignet, lässt sich daher wie folgt ausbuchstabieren: Der Gedanke „S weiß, dass sie* F ist" kann nur dann als Selbsterkenntnis angesprochen werden, wenn

(2) S eine Erfahrung hat oder hatte, die in der Einsicht resultiert, dass sie* F ist.[16]

Man könnte sich fragen, ob (2) wirklich eine notwendige Bedingung für Selbsterkenntnis ist, wird doch etwa in der Diskussion über *self-knowledge* kaum davon gesprochen. Tatsächlich nehme ich an, dass dieses Merkmal – mindestens, wenn wir verstehen wollen, was wir im Alltag als „Selbsterkenntnis" bezeichnen, – entscheidend ist: Da Selbsterkenntnis grundsätzlich von uns* und nicht nur von der Person, die wir *de facto* sind, handelt, ist das Gegenteil schwer vorstellbar. Und das scheint Selbsterkenntnis von anderem Wissen zu trennen: Es erscheint uns als unproblematisch, wenn jemand sagt: „Ich weiß, dass Tiger in Asien und nicht in Afrika leben, aber ich habe tatsächlich keine Ahnung mehr, woher ich das weiß und wie ich das gelernt habe." Offensichtlich können wir eine Überzeugung einzig aufgrund der Annahme, dass sie wahr und gerechtfertigt ist, als Wissen bezeichnen. Es würde sich aber sehr seltsam anhören, wenn jemand sagte: „Ich weiß, dass ich dazu neige, meine Partner zu idealisieren, aber ich kann mich nicht daran erinnern, wann mir das auffiel, und der Gedanke, dass das so ist, ist auch kein Teil meiner aktuellen geistigen Befindlichkeit." Insgesamt denke ich daher,

---

16 Ich möchte hier einem anonymen Gutachter der englischen Version dieses Aufsatzes für die Verbesserungsvorschläge bei der Formulierung dieser Bedingung danken.

dass eine philosophische Theorie von Selbsterkenntnis beiden dieser Merkmale Rechnung tragen muss.

2 Die Überwindung der Gegenüberstellung von Rationalismus und Empirismus

In den vergangenen Jahren drehte sich die Diskussion über Selbsterkenntnis in der analytischen Philosophie oft um die Frage, welche Prozesse oder Fähigkeit für Selbsterkenntnis erforderlich sind. Dabei lassen sich grob zwei Lager unterscheiden. Auf der einen Seite behaupten Vertreter von „empiristischen" Ansätzen, dass Selbsterkenntnis auf einer Art der Wahrnehmung,[17] der Kenntnisnahme (engl. „acquaintance"),[18] des *Mindreadings* oder höherstufigen *Monitorings*,[19] oder aber der inferentiellen Schlussfolgerung[20] beruht. Die – oft als „Rationalisten"[21] bezeichneten – Kritiker dieser Ansätze weisen dagegen darauf hin, dass keiner der genannten Prozesse, auf die sich empiristische Erklärungen stützen, die besondere epistemische Relation erklären kann, die wir zu unseren phänomenalen Zuständen und Einstellungen unterhalten.[22] Während also niemand bestreiten würde, dass Selbsterkenntnis einen empirischen Gehalt hat, nehmen Rationalisten an, dass es für ein Subjekt unmöglich ist, Selbsterkenntnis zu erwerben, wenn es nicht mindestens seine propositionalen Einstellungen *a priori* kennt. Damit beziehen sie sich auf die Annahme, dass wir unsere mentalen Zustände kennen, indem wir sie haben, und dass wir mithin auf keine weiteren kognitiven Prozesse angewiesen sind. Andernfalls, so sagen die rationalistischen Kritiker eines Empirismus weiter, müsste es für ein Subjekt möglich sein, die Gründe für eine Einstellung zu sehen und zu akzeptieren, ohne die entsprechende

---

17 Siehe Dretske 1994.
18 Siehe Gertler 2011.
19 Siehe Armstrong 1968; Lycan 1998; Nichols und Stich 2003; Carruthers 2011.
20 Siehe Byrne 2011; Cassam 2014.
21 Die Terminologie mag hier problematisch oder sogar unfair erscheinen, da nur die Empiristen sich selber als solche qualifizieren. Die Unterscheidung ist allerdings weitgehend Standard; die Terminologie stammt von Gertler (2011: 11); siehe auch Gertler 2018; und für einen Überblick Zimmerman 2008.
22 Siehe Shoemaker 1994; Burge 1996. Für eine Erklärung, wie Selbsterkenntnis in einem nicht-empirischen Sinn gewonnen werden kann, siehe Moran 2001 und Bilgrami 2006.

Einstellung zu haben, und das nicht etwa nur gelegentlich, sondern systematisch oder mit Blick auf sämtliche seiner Einstellungen.²³

An sich betrachtet, ist die Beobachtung nicht sehr kontrovers. Niemand würde in Frage stellen, dass eine Entfremdung von einzelnen rationalen Überlegungen und mentalen Zuständen in gewissen Fällen vorkommen kann. Es würde allerdings, so die Behauptung der Rationalisten, absurde Konsequenzen haben, wenn das die normale geistige Verfasstheit von menschlichen Subjekten wäre. Man stelle sich z. B. eine Person vor, die durchs Fenster blickt und zuschaut, wie es draußen regnet, ohne die Überzeugung auszubilden, dass es draußen regnet. Das ist natürlich denkbar, doch wenn das jemandem regelmäßig und systematisch – in der Mehrheit der Fälle – passiert, dann würden wir annehmen, dass dieser Person eine basale Fähigkeit fehlt, die wir allen rationalen Subjekten zuschreiben, nämlich sich auf der Basis von bestimmten Evidenzen oder Gründen Auffassungen darüber auszubilden, wie die Welt oder ein bestimmter Ausschnitt derselben ist. Einem Argument von Tyler Burge zufolge ginge dieser Person zudem auch die Fähigkeit zur kritischen Selbstreflexion ab. Weil aber, so Burges *reductio ad absurdum*, kritische Selbstreflexion vorkommt, so müssen wir annehmen, dass der Zustand, in dem sich diese Person befände, nicht unserer normalen Verfasstheit entspricht.²⁴

Nun müssen Empiristen diese Schlussfolgerung nicht zurückweisen. Sie können die Annahme der skizzierten Fähigkeit durchaus gutheißen und dennoch behaupten, dass eine solche Annahme nur unter Rekurs auf unsere Fähigkeit zur empirischen Erkenntnis gerechtfertigt werden kann. So hat Brie Gertler kürzlich argumentiert, dass nur solche Subjekte über die Fähigkeit zur kritischen Selbstreflexion verfügen, die grundsätzlich in der Lage sind, sich als Handelnde zu begreifen. Gertler spricht auch von der Fähigkeit von Subjekten, die Position des Handelns – „the agential position" – einzunehmen, worunter sie die Fähigkeit von Subjekten versteht, auf der Basis von Gründen zu handeln.²⁵ Gertler akzeptiert also die im Zentrum vieler rationalistischer Ansätze stehende Annahme, dass zur Selbsterkenntnis befähigte Subjekte auch über die Fähigkeit, aktiv Position zu beziehen, verfügen müssen. Im Unterschied zu Burge und vielen anderen Rationalisten begreift Gertler diese Fähigkeit aber nicht als etwas, was einer jeden rationalen Subjektivität inhärent ist. Stattdessen nimmt sie an, dass es dabei im Kern um die Fähigkeit geht, in Übereinstimmung mit rationalen Normen zu

---

23 Diese Auffassung hat kürzlich Boyle (2009) vertreten, der sie allerdings als eine Interpretation von Morans Zugang in *Authority and Estrangement* (2001) präsentiert hat.
24 Burge 1996: 103.
25 Gertler 2018: 101.

handeln,[26] und sie behauptet ferner, dass diese Fähigkeit auf kausale Mechanismen oder kognitive Dispositionen zurückgeführt und mithin reduktiv erklärt werden könne, weswegen man in ihr auch kein konstitutives Moment von rationaler Subjektivität sehen müsse, wie es die Rationalisten behaupten.[27]

Mir scheint Gertlers Anliegen, die Kluft von Rationalismus und Empirismus zu überwinden, grundsätzlich begrüßenswert, und ich denke auch, dass der Gegensatz von rationalistischen und empiristischen Ansätzen eine Überbrückung durchaus zulässt. Was ihren konkreten Vorschlag betrifft, bin ich indes ziemlich skeptisch. Indem sie die Fähigkeit, die Position des Handelns einzunehmen, als Voraussetzung für Selbsterkenntnis begreift, scheint sie zwar auf die Rationalisten zuzugehen; tatsächlich steht die Annahme einer solchen Fähigkeit im Zentrum der rationalistischen Überzeugung, dass sich der entscheidende Aspekte der menschlichen Fähigkeit zur Selbsterkenntnis nicht auf höherstufige mentale Prozesse zurückführen lässt, sondern wir unsere Überzeugungen und Haltungen aus derselben Position heraus erkennen können müssen, aus der heraus wir auch die Plausibilität von Propositionen oder Wünschbarkeit von Zielen erwägen.[28]

Ich bezweifle allerdings, dass der Reduktionismus, mittels dessen Gertler diese Fähigkeit im Anschluss erläutert, den Erwartungen der Rationalisten auch nur in Ansätzen gerecht wird. Natürlich kann man die mit unserer Positionierung als Handelnde einhergehende Rationalität unter Rekurs auf externe Normen verstehen, denen das Subjekt entsprechen sollte. Die Frage stellt sich indes, wie diese Norm ihrerseits ausbuchstabiert werden. Reduziert man sie, wie es Gertler vorschlägt, auf rein kausale oder dispositionale Termini, die dem Subjekt als Gründe gegeben sind, so landet man bei einem rein externalistischen Ansatz, der bei den Rationalisten schwerlich Anklang finden dürfte.[29] Wenn man auf der anderen Seite behauptet, dass die diese Normen bestimmenden Rationalitätsstandards genau jene sind, welche das Subjekt selber bei der Beurteilung eigener Einstellungen zur Anwendung bringt,[30] dann setzt man voraus, was man gleich-

---

26 Gertler 2018: 102 f.
27 Gertler legt sich zunächst nicht fest, welcher von diesen Zugängen verfolgt werden muss (Gertler 2018: 103). Die Art und Weise, wie sie im Anschluss diese Fähigkeit in Übereinstimmung mit rationalen Normen zu handeln expliziert macht allerdings klar, dass sie externalistische Varianten bevorzugt.
28 Um diesen Punkt nochmals etwas formaler auszudrücken: Um qua Reflexion zu wissen, dass ich p glaube oder q wünsche, muss ich in der Reflexion *dieselbe* Haltung einnehmen, wie wenn ich auf der Ebene erster Ordnung die Gründe, p zu glauben oder q zu wünschen, erwäge. Siehe Moran 2001 für eine allgemeine Verteidigung dieses Ansatzes.
29 Gertler 2018: 106 f.
30 Gertler 2018: 108.

zeitig zu erklären beansprucht: die Fähigkeit eines Subjekts, die Position des Handelns einzunehmen.

Kurz und gut: Ich befürchte, dass Gertlers empiristische Strategie die rationalistische Gegenseite nicht wirklich befriedigt, und ihr Versuch, eine Versöhnung der beiden Lager herbeizuführen, zum Scheitern verurteilt ist. Das zeigt, dass die Überwindung der Kluft von Rationalismus und Empirismus nur gelingen kann, wenn von einem genauen und tiefen Verständnis der Kernanliegen der beiden Ansätze ausgegangen wird.

In diesem Zusammenhang ist es aufschlussreich zu beobachten, wie Kant im ersten Absatz der Einleitung der B-Auflage der *KrV* in die Diskussion der Frage nach der Möglichkeit einer erfahrungsunabhängigen Erkenntnis einsteigt. Obwohl es nirgendwo explizit gesagt wird, liest sich dieser erste Absatz wie ein Kommentar zur Kontroverse zwischen Rationalismus und Empirismus,[31] wobei die Hauptthese dieses Absatzes ist, dass das bisherige Verständnis der beiden Positionen auf der Behauptung einer falschen Alternative fußt.

Kant beginnt, indem er zunächst die empiristische Kernintuition wie folgt auf den Punkt bringt:

> Daß alle unsere Erkenntnis mit der Erfahrung anfange, daran ist gar kein Zweifel; denn wodurch sollte das Erkenntnisvermögen sonst zur Ausübung erweckt werden, geschähe es nicht durch Gegenstände, die unsere Sinne rühren und teils von selbst Vorstellungen bewirken, teils unsere Verstandestätigkeit in Bewegung bringen, diese zu vergleichen, sie zu verknüpfen oder zu trennen, und so den rohen Stoff sinnlicher Eindrücke zu einer Erkenntnis der Gegenstände zu verarbeiten, die Erfahrung heißt? *Der Zeit nach* geht also keine Erkenntnis in uns vor der Erfahrung vorher, und mit dieser fängt alle an. (B1)

Kant bestätigt hier die empiristische Grundannahme, dass Erfahrung für alle Erkenntnis notwendig ist, und er erwähnt auch zwei Gründe. Zum einen spielt die Affektion durch sinnlich gegebene Gegenstände offensichtlich eine notwendige

---

31 Ich setze hier voraus, dass der *locus classicus* der Debatte zwischen Rationalismus und Empirismus der Streit über die Existenz angeborener Ideen bildet, und nicht, wie man gerade vor dem Hintergrund von Kant auch annehmen könnte, die Frage nach der Substanzialität der menschlichen Seele. Das mag kontrovers erscheinen, denn tatsächlich gibt es, wie ein anonymer Gutachter zur englischen Version dieses Texts festgehalten hat, verschiedene Debatten, die man unter diesen Gegensatz bringen kann. Auch sind die Frontlinien historisch betrachtet nicht so klar, wie es in manch einer philosophiehistorischen Abhandlung scheinen mag. Ich möchte das nicht bestreiten, doch das macht umso deutlicher, dass wir mit Blick auf Kants Position die Passagen, auf die wir uns stützen, überlegt auswählen müssen. Dass ich mich auf die zitierte Passage stütze, hängt mitunter damit zusammen, dass ich mich mit dem erkenntnistheoretischen Problem des Ursprungs von Selbsterkenntnis befassen möchte, und nicht mit Kants Kritik an der Doktrin einer substanziellen Seele.

kausale Rolle; bringt diese doch nicht nur unsere „Erkenntnisvermögen" allgemein „zur Ausübung", sondern setzt insbesondere auch unsere „Verstandestätigkeit in Bewegung". Darüber hinaus stellen unsere Empfindungen, welche „den rohen Stoff sinnlicher Eindrücke" bilden, auch eine materiale Voraussetzung mindestens all jener Erkenntnis dar, welche „Erfahrung heißt".

Damit deutet Kant indes gleichzeitig auch schon an, was er im nächsten Absatz noch eingehender erläutert: dass Erfahrung und mithin auch empirische Erkenntnis komplex ist und nicht auf Sinneseindrücke reduzierbar ist. Konkret schreibt er:

> Wenn aber gleich alle unsere Erkenntnis *mit* der Erfahrung anhebt, so entspringt sie darum doch nicht eben alle *aus* der Erfahrung. Denn es könnte wohl sein, dass selbst unsere Erfahrungserkenntnis ein Zusammengesetztes aus dem sei, was wir durch Eindrücke empfangen, und dem, was unser eigenes Erkenntnisvermögen (durch sinnliche Eindrücke bloß veranlaßt) aus sich selbst hergibt, welchen Zusatz wir von jenem Grundstoffe nicht eher unterscheiden, als bis lange Übung uns darauf aufmerksam und zur Absonderung desselben geschickt gemacht hat. (B1 f.)

Das zeigt, dass Kant aus dem Zugeständnis der Notwendigkeit von Erfahrung nicht dieselben Schlüsse zieht wie die Empiristen; so ist er weit davon entfernt einzuräumen, dass alle Erkenntnis aus der Erfahrung abgeleitet werde. Überhaupt ordnet sich Kant weder dem rationalistischen noch dem empiristischen Lager zu; vielmehr zeigt sich schon an dieser Stelle, dass eines der grundlegenden Ziele der *KrV* in der Überwindung der Gegenüberstellung der beiden Positionen besteht. Die Frage ist indes, worin Kants Zuversicht gründet, dass diese Kluft überbrückt werden kann. Zur Klärung dieser Frage lohnt es sich, einen genaueren Blick auf Kants implizite Charakterisierung der beiden Positionen zu werfen. Drei Einsichten lassen sich daraus gewinnen.

Erstens ist bemerkenswert, dass die Behauptungen, welche in der oben zitierten Passage indirekt mit dem Empirismus einerseits, dem Rationalismus andererseits assoziiert werden, nicht denselben Punkt tangieren und nicht auf dieselbe Frage reagieren. So wird der Empirismus als mit der Untersuchung der *kausalen* Voraussetzungen sowie der *materialen* Inhalte menschlicher Erkenntnis befasst vorgestellt. Der Rationalismus hingegen wird als Position präsentiert, welche die *Zurückführbarkeit* aller Erfahrung auf diese kausalen oder materialen Bedingungen bestreitet und sich mithin mit einem viel abstrakteren Problem beschäftigt. Kants Frage lautet, ob bzw. in welchem Ausmaß der menschlichen Erkenntnis durch Reduktion einzelner Repräsentation auf kausale oder materiale Voraussetzungen Rechnung getragen werden kann. Das deutet darauf hin, dass es für Kants transzendentalen Ansatz entscheidend ist, präzise zwischen kausalen oder materialen Bedingungen von Erkenntnis einerseits und formalen Vorgaben andererseits zu unterscheiden. Deshalb kann Kant beides annehmen – dass sinnliche Eindrücke das Material für unsere empirischen Auffassungen bilden *und* dass der Verstand in einer Weise zur Konstitution von Erfahrung beiträgt, die nicht durch Reduktion auf diese materiale Voraussetzung erklärbar ist.

Das führt zu einem weiteren Punkt. Wenn der Empirismus und der Rationalismus, wie es in der zitierten Passage angedeutet wird, tatsächlich mit verschiedenen Fragen befasst sind, dann werden auch die Argumente, mit denen diese Fragen beantwortet werden, nicht auf derselben Ebene operieren. Der Empirismus befasst sich über weite Strecken mit der Artikulation von gewissen mehr oder weniger offensichtlichen kognitionspsychologischen Wahrheiten. Der Rationalismus reagiert zwar darauf, aber nicht etwa indem er die zentrale Behauptung des Empirismus, dass Erfahrung für Erkenntnis nötig ist, bestreitet, sondern indem er auf eine Meta-Ebene wechselt, wo gar nicht mehr die Frage nach den Ursachen von Erkenntnis, sondern der Nachweis ihrer Intelligibilität im Fokus steht.

Als dritter Punkt ist darauf hinzuweisen, dass Kant den Ausdruck „Erfahrung" in dieser Passage äquivok verwendet. Das ist deshalb wichtig, weil es ansonsten inkonsistent wäre zu sagen, dass Erkenntnis *mit* Erfahrung anfange, aber nicht *aus* ihr entspringe. In der ersten Aussage dient der Ausdruck im Wesentlichen als ein Äquivalent für jene sinnlichen Eindrücke, die den Theorien des frühneuzeitlichen Empirismus zufolge am Anfang aller Erkenntnis stehen. In der zweiten Aussage wird der Ausdruck dagegen im Sinne von Kants eigenem begrifflichen Vokabular verwendet, wo als „Erfahrung" der ganze übergreifende Prozess bezeichnet wird, der zu empirischem Wissen führt. Diese Verschiebung in der Verwendung des Erfahrungsbegriffs ist natürlich kein Zufall, sondern – wie Kant durch die Betonung der Präpositionen „mit" und „aus" zum Ausdruck bringt – ein bewusster Zug. Zusammen mit dem frühneuzeitlichen Repräsentationalismus ersetzt Kant offenbar auch dessen atomistischen Erfahrungsbegriff durch ein holistisches Verständnis von Erfahrung – ein Zug, der gemäß der Einschätzung verschiedener neukantianischer Traditionen einen der innovativsten Schritte von Kants *KrV* darstellt.[32]

Insgesamt zeichnet sich also bereits in dieser Passage ab, wie Kant die herkömmliche erkenntnistheoretische Frage nach dem *Ursprung* der menschlichen Erkenntnis durch eine Auseinandersetzung mit den *Bedingungen ihrer Möglichkeit* ablösen möchte. Ja, es ist dieser von Kant als „Transzendentalphilosophie" qualifizierte Ansatz, mit dem er auf die vermeintliche Kluft zwischen Rationalismus und Empirismus antwortet, und seine Antwort beruht maßgeblich auf der

---

32 Siehe auch Renz 2011.

Diagnose, dass dem Eindruck der Unüberwindbarkeit dieses Gegensatzes die Annahme falscher Alternativen zugrunde liege.

In Analogie zu Kants eigenem Ansatz möchte ich hier daher im Kern eine kantische Strategie vorschlagen, mit der Gegenüberstellung von empiristischen und rationalistischen Ansätzen in der jüngeren Selbsterkenntnis-Diskussion umzugehen. Wie Kant mit Blick auf die frühneuzeitliche Erkenntnistheorie, nehme ich mit Blick auf diese Diskussion an, dass der Veranschlagung einer – scheinbar unüberwindbaren – Kluft von Rationalismus und Empirismus eine falsche Alternative zugrunde liegt. Und wie Kant es in der *KrV* vorgeführt hat, verlangt die Vermeidung dieses Irrtums sowohl, dass bestimmte Unterschiede gezogen werden, als auch, dass ein umfassender Standpunkt identifiziert und eingenommen wird. Es ist daher unerlässlich, zuerst ein differenziertes Verständnis der Kontroverse zu erlangen. Insbesondere ist es entscheidend zu sehen, dass Empirismus und Rationalismus nicht einfach einander konkurrierende Antworten auf dieselben Fragen geben, sondern unterschiedlichen und einander ergänzenden Zielen verpflichtet sind.

Zweitens, und im Einklang damit, verlangt das Verfolgen einer kantischen Strategie, dass sorgfältig zwischen kausalen oder materialen Bedingungen einerseits und formalen Anforderungen andererseits unterschieden wird. Psychologische oder kognitionswissenschaftliche Erklärungen von empirischen Merkmalen menschlicher Selbsterkenntnis müssen von der metaphysischen Betrachtung von strukturell notwendigen Voraussetzungen getrennt werden. Letztere können die Entstehung von Selbsterkenntnis zwar nicht erklären, sind aber nötig, wenn es darum geht, die Besonderheit von selbstbezogenen im Unterschied zu anderen Einsichten verständlich zu machen. Auch hier ist es entscheidend, das komplementäre Verhältnis der Problemstellungen von Empirismus und Rationalismus zu verstehen.

Schließlich macht die Parallele mit Kants Strategie es drittens erforderlich, dass wir von einem umfassenden Konzept von Selbsterkenntnis ausgehen, welches es – wie Kants holistisches Konzept von Erfahrung – ermöglicht, empiristischen und rationalistischen Überzeugungen gleichermaßen Rechnung zu tragen. In diesem Zusammenhang ist zu betonen, dass ich bereits im ersten Abschnitt dieses Artikels in diese Richtung gegangen bin, als ich vorgeschlagen habe, dass der Gegenstand unserer Untersuchung Einsichten bilden soll, die wirkliche epistemische Errungenschaften darstellen und nicht auf Ausdrücke unseres unmittelbaren Selbstbewusstseins reduzierbar sind.

Die Frage bleibt, wie die zwei Bedingungen für Selbsterkenntnis, welche im ersten Abschnitt aufgestellt worden sind, innerhalb eines transzendentalen Ansatzes zu spezifizieren sind. Handelt es sich um kausale, materiale oder formale Bedingungen? Meine Antwort auf diese Frage lautet im Kern wie folgt: Während die Notwendigkeit von Erfahrung, wie sie in Bedingung (2) formuliert wurde, auf eine materiale Voraussetzung hinweist, tangiert die in Bedingung (1) geforderte Indexikalität ein formales Merkmal. Das deutet auf der einen Seite darauf hin, dass jeglichem Wissen, wenn es als Selbsterkenntnis gelten soll, eine Selbsterfahrung des entsprechenden Subjekts zugrunde liegen muss; die Prozesse zu identifizieren, welche Selbsterfahrung hervorbringen, ist eine empirische Aufgabe, welche die Rechtmäßigkeit empiristischer Ansprüche darstellt. Auf der anderen Seite kann, wie der Rationalismus zu Recht geltend macht, dem genannten formalen Erfordernis nicht Rechnung getragen werden, wenn wir nicht annehmen, dass Subjekte, die über die Fähigkeit zu indexikalischen Ich-Gedanken verfügen, immer schon mit sich* verbunden sind.[33]

Die Resultate dieses Abschnitts zusammenfassend kann man somit sagen, dass das Phänomen, das wir in unseren alltagspsychologischen Sprechweisen als „Selbsterkenntnis" bezeichnen, einen ähnlichen Status und eine ähnliche Komplexität hat wie empirisches Wissen nach Kant. Es ist in irreduzibler Weise empirisch; d. h. es ist kausal und material durch Vorgänge bedingt, die es erst möglich machen, dass wir neue Erfahrungen mit oder über uns machen. Gleichzeitig unterliegt jede Einsicht, die als Selbsterkenntnis gelten soll, in notwendigerweise dem formalen Erfordernis der indexikalischen Bezogenheit auf das Erkenntnissubjekt. Damit hängt das Vorliegen von Selbsterkenntnis von zwei genuin verschiedenen Arten von Bedingungen ab, denen weder ein ausschließlich empiristischer noch ein ausschließlich rationalistischer Ansatz Rechnung tragen kann.

3 Die irreduzible Differenz epistemischer Quellen

Im ersten Abschnitt habe ich argumentiert, dass die kulturellen Praktiken, durch die wir (mehr) Selbsterkenntnis erlangen, nur schwer auf einen gemeinsamen Nenner gebracht werden können – ganz im Unterschied zu den Einsichten, die aus ihnen hervorgehen. Ich habe daraus den Schluss gezogen, dass wir uns mit dem alltagspsychologischen Ausdruck der „Selbsterkenntnis" primär auf diese Einsichten beziehen, wobei wir grundsätzlich offenlassen, wie diese entstehen.

Im Rahmen einer Analyse unseres alltagspsychologischen Vokabulars und insbesondere natürlich unseres Alltagskonzepts von „Selbsterkenntnis" mag

---

33 So verstehe ich auch den entscheidenden Punkt von Boyles Aufsatz (Boyle 2009). Wie ich vor Kurzem argumentiert habe, würde ich die Angemessenheit von Boyles Rekonstruktion von Kants Ansatz in Zweifel ziehen (Renz 2015). Gleichwohl stimme ich mit Blick auf den im Haupttext erwähnten philosophischen Punkt zu.

diese Aussage befriedigen. Schwierig wird es aber, wenn wir damit einen *Erklärungsanspruch* erheben. Natürlich sind „mit dem Hund Gassi gehen", „an einem Wettlauf teilnehmen" oder „mit einer geliebten Person Tango tanzen" Beschreibungen ganz verschiedener Tätigkeiten; diese beruhen indes alle auf unserer Fähigkeit zu gehen. Ähnlich könnte man die Erwartung hegen, dass zwar die Praktiken, die zu Selbsterkenntnis führen, *prima facie* divers sind, sich aber bei genauerem Hinsehen ein und demselben kognitiven Vorgang verdanken. Aus erkenntnistheoretischer Sicht mag es unbefriedigend erscheinen, wenn wir es einfach offenlassen, welche Prozesse Selbsterkenntnis herbeiführen. Denn, so fragt sich, können wir die Natur einer epistemischen Errungenschaft wirklich verstehen, wenn wir nicht in der Lage sind, mehr über die genauen Prozesse zu sagen, denen sich diese verdankt? Auf der anderen Seite ist, wie im vorangegangenen Abschnitt deutlich wurde, die Frage der Entstehung bzw. des Erwerbs von Selbsterkenntnis notorisch kontrovers. Die Frage stellt sich, ob Aussagen über die Quellen von Selbsterkenntnis überhaupt möglich sind, ohne jenen Täuschungen zu erliegen, die der falschen Entgegensetzung und dem Eindruck einer unüberwindbaren Kluft von Rationalismus und Empirismus Vorschub leisten.

Auch mit Blick auf dieses Problem kann Kants Ansatz uns wichtige Hinweise liefern. Betrachten wir dazu folgende Schlüsselpassage aus der transzendentalen Logik:

> Unsere Erkenntnis entspringt aus zwei Grundquellen des Gemüts, deren die erste ist, die Vorstellungen zu empfangen (die Rezeptivität der Eindrücke), die zweite das Vermögen, durch diese Vorstellungen einen Gegenstand zu erkennen (Spontaneität der Begriffe); durch die erstere wird uns ein Gegenstand gegeben, durch die zweite wird dieser im Verhältnis auf jene Vorstellung (als bloße Bestimmung des Gemüts) gedacht. (B74)

Kant unterscheidet hier zwei Quellen von Erkenntnis, denen er zwei genuin verschiedene epistemische Funktionen zuweist. Als erste Quelle identifiziert er unsere in unserer Sinnlichkeit angelegte Fähigkeit, Vorstellungen oder Repräsentationen zu empfangen; die zweite veranschlagt er im Vermögen, Gegenstände begrifflich zu bestimmen und als (diesen oder jenen) Gegenstand zu denken. Indem Kant ferner von „zwei *Grund*quellen des Gemüts" (Hervorhebung U. R.) spricht, unterstreicht er, dass er eine Reduktion dieser Quellen auf die je andere für unmöglich hält.

An dieser Stelle könnte man sich fragen, ob für unsere Thematik nicht eine andere Unterscheidung – jene zwischen innerem Sinne und reiner Apperzeption – viel wichtiger wäre. Mit diesen Begriffen differenziert Kant bekanntlich zwischen zwei Arten von Selbstwissen, denen er ebenfalls zwei verschiedene epistemische

Funktionen zuweist.³⁴ So wird der innere Sinn in der transzendentalen Ästhetik als jener Sinn beschrieben, „vermittelst dessen das Gemüt sich selbst oder seinen inneren Zustand anschaut" (B37). Es handelt sich, mit anderen Worten, beim inneren Sinn um jene von Kant als „sinnlich" qualifizierte Fähigkeit, kraft derer wir unsere zeitlich wechselnden inneren Zustände registrieren, in denen wir uns erscheinen und durch die wir uns quasi gegeben sind.

Ein anderes Verständnis von Selbstwissen liegt demgegenüber Kants Begriff der reinen Apperzeption zugrunde, deren Funktionsweise Kant im §16 der B-Deduktion mit dem bekannten Satz

> Das: *Ich denke*, muss alle meine Vorstellungen begleiten *können* (B131).

zum Ausdruck bringt. Was Kant hier genau vorschwebt, ist umstritten. So ist z. B. offen, wie die Frage, ob Kant hier an eine Form der Selbstpräsenz und mithin eines aktuellen Bewusstseins oder nur an eine – womöglich nur als Disposition vorhandene – Fähigkeit denkt, zu beantworten wäre. Klar ist indes, dass Kant die in der transzendentalen Apperzeption gewonnene reine Erkenntnis scharf vom empirischen Bewusstsein des inneren Sinns abgrenzt. Offenbar geht er auch mit Blick auf unsere Selbsterkenntnis von der Annahme zwei genuin verschiedener, nicht aufeinander reduzierbarer Quellen aus.

Die Frage stellt sich: Wie trägt diese Annahme zweier genuin verschiedener Typen von Selbstwissen zum Verständnis unserer Selbsterkenntnis bei? Eine nahe liegende Antwort wäre zu sagen, dass es sich hier schlicht um eine Implikation der allgemeineren Unterscheidung von Sinnlichkeit und Verstand handle. Wie aus der eingangs zu diesem Abschnitt zitierten Passage deutlich wird, braucht Kant diese allgemeine Unterscheidung, um zwei epistemische Funktionen zu identifizieren, die beide zum Tragen kommen müssen, wenn eine Vorstellung als Erkenntnis gelten soll.³⁵ Durch Sinnlichkeit empfangen wir Repräsentationen, durch den Verstand denken wir die Gegenstände und beurteilen sie als so-und-so. Der Vorschlag lautet somit, dass ein selbstbezogener Gedanke, der als epistemische Errungenschaft gelten soll, in genau derselben Weise auf unsere sinnliche Re-

---

34 Siehe FN 3 für weitere bibliographische Hinweise.
35 Watkins und Willaschek (2017) unterscheiden mit Blick auf Kants Verwendung des Ausdrucks „Erkenntnis" einen engen Begriff, wonach Erkenntnis die bewusste Repräsentation eines gegebenen Gegenstands plus mindestens einer von dessen Eigenschaften meine, von mehreren breiter gefassten Verwendungen (Watkins und Willaschek 2017: 85f.). Ferner unterscheiden sie auch zwischen kantischer Erkenntnis, „cognition", und kantischem Wissen, „knowledge" (Watkins und Willaschek 2017: 87). Auf dieser Basis argumentieren sie, dass das eigentliche Thema der *KrV* die Erkenntnis im oben spezifizierten engen Sinne ist.

zeptivität *und* Konzeptualisierungsfähigkeit abstellen muss wie alle übrigen Vorstellungen, allerdings mit dem entscheidenden Unterschied, dass es hier darum geht, eine *de re* von uns geltende Repräsentation als von uns* handelnd zu erfassen, was u. a. voraussetzt, dass wir die Vorstellung als unsere* denken.

Wie ich sogleich argumentieren werde, sehe ich darin in der Tat den entscheidenden Beitrag von Kants Ansatz zu einer Theorie der Selbsterkenntnis. Zuvor sind allerdings einige Differenzierungen angebracht. Zu beachten ist, dass nach Kant, wie er in den Ausführungen zu den Paralogismen der reinen Vernunft klarmacht, unser Selbst bzw. das Ich, welches das Subjekt des „Ich denke" ist, gar keinen Gegenstand im strikten Sinne ausmacht. Wenn wir uns als das Subjekt unserer mentalen Zustände verstehen, dann ist uns das Ich nicht wie ein Objekt gegenübergestellt, das uns durch die Sinne gegeben und durch den Verstand gedacht werden könnte. Zu Recht verwirft Kant daher die Ambitionen der rationalen Psychologie als grundlos. Was uns durch den inneren Sinn gegeben wird, ist weder ein substanzielles Selbst noch ein Geist, der unabhängig von jedem aktualen Gedanken bestehen könnte, sondern nur was uns davon zusammen mit unseren mentalen Zuständen erscheint. Das hat wichtige Konsequenzen für das Verständnis von Kants Konzept der reinen Apperzeption: Was wir tun, wenn wir in einem Akt der reinen Apperzeption einen Gedanken zu denken behaupten, ist *nicht* dasselbe, wie wenn wir den Gegenstand einer Vorstellung als so-und-so denken. In gewisser Weise entzieht sich das Selbst jeglichem Versuch, es zu erkennen, und zwar notwendigerweise.

Das bedeutet nun allerdings nicht, dass es in Kants Ansatz keinerlei Raum gäbe für den Gedanken einer Art von Selbsterfahrung. An dieser Stelle ist wichtig, sich daran zu erinnern, dass hier, wie im ersten Abschnitt erläutert wurde, Selbsterkenntnis im alltagspsychologischen Sinn zur Diskussion steht und es also nicht um jenes *prima facie* unmittelbare Bewusstsein von unseren mentalen Zuständen geht, um welches die gegenwärtige Philosophie des Geistes kreist. Ebensowenig geht es um das Problem, welches Kant in den Paralogismen verhandelt: die mit der Doktrin einer Seelen-Substanz verbundene Frage nach dem metaphysischen Status des Selbst.

Im konzeptuellen Rahmen unserer Alltagspsychologie ist allerdings der Gedanke einer Erfahrung von einem selbst durchaus ein sinnvoller. So kann ich z. B. sagen, dass ich erst im Verlauf des Alterns realisiert habe, in welchem Ausmaß ich durch die physikalisch-physiologischen Bedingungen meiner körperlichen Existenz determiniert bin. Oder um ein Beispiel zu bemühen, das an Kants praktische Philosophie angelehnt ist: Jemand kann sagen, dass ihm erst über die Jahre klargeworden ist, wie viel von seinem Verlangen, das moralisch Richtige zu tun, Ausdruck eines persönlichen Ehrgeizes ist und sich mithin weniger meinem moralischen Pflichtbewusstsein verdankt, als zunächst angenommen. Das sind

Beispiele von Selbsterkenntnissen, die eine Theorie im Geiste Kants meines Erachtens nach zulassen und die eine solche Theorie erklären muss; und wenn man das ernst nimmt, so müssen wir auch annehmen, dass Kants Zurückweisung einer rationalen Psychologie und damit verbunden der Annahme eines substanziellen Selbst ihn nicht darauf verpflichtet, auch der alltäglichen Rede davon, dass ich „mich selbst" so oder anders begreife, den objektiven Sinn abzusprechen. Entscheidend ist natürlich, dass die Merkmale, die wir uns im alltäglichen Sprechen über unsere Einsichten in uns selber zusprechen, nichts mit einem abstrakten Selbst zu tun haben, sondern vielmehr mit den mundanen, menschlichen oder persönlichen Bedingungen unserer Existenz.

Meine Behauptung ist also, dass wir, um der Möglichkeit dieser Form von Selbsterkenntnis im Rahmen von Kants Ansatz Rechnung zu tragen, in erster Linie verstehen müssen, wie die *allgemeine* Unterscheidung zwischen zwei fundamentalen Quellen von Erkenntnis auf selbstbezogene Gedanken anzuwenden ist. Damit will ich nicht ausschließen, dass auch Kants *spezifischere* Unterscheidung von reiner Apperzeption und innerem Sinn für ihre Konstitution wichtig ist. Aber die mit diesen Begriffen einhergehende Unterscheidung zweier Arten von Selbstwissen gibt keinen Aufschluss darüber, in welchem Sinn unsere alltäglichen Einsichten über einen selber als epistemische Errungenschaft gelten und erfahren werden können. Sie erklären, mit anderen Worten, nicht, wie eine Form der Selbsterkenntnis möglich ist, durch welche die Selbstkenntnis einer Person verbessert wird.

Die entscheidende Frage ist daher, wie Kants Auffassung, wonach empirisches Wissen aus zwei voneinander unabhängigen Quellen entspringen muss, herangezogen werden kann, um die zweite der im ersten Abschnitt genannten Bedingungen für Selbsterkenntnis näher zu erklären; dieser Bedingung zufolge kann ein Gedanke der Form „S weiß, dass sie* F ist" nur dann als Selbsterkenntnis gelten, wenn S eine Erfahrung hat oder hatte, die in der Einsicht resultiert, dass sie* F ist. Meine Antwort auf diese Frage lautet wie folgt: Genauso wie für Kant jegliches empirische Wissen sowohl der Rezeption von Vorstellungen in der Sinnlichkeit als auch der Anwendung von Begriffen durch den Verstand bedarf, so ist eine Verbesserung unserer Selbstkenntnis – oder was dasselbe ist: das Erlangen neuer Einsichten über uns selber – sowohl davon abhängig, dass die Vorstellungen unserer Eigenschaften sinnlich gegeben sind, als auch dass wir sie aktiv als diese oder jene Eigenschaft von uns verstehen.

Der Kerngedanke lautet somit, dass wir uns in der Selbsterkenntnis so zu uns verhalten, wie wir gemäß Kant in unserem Erkennen auf die Gegenstände der Welt bezogen sind. Wir müssen uns quasi passiv *und* aktiv zu bestimmten Teilen oder Aspekten von uns selber verhalten, und diese überdies als Bestimmungen von uns selbst* begreifen. Um Selbsterkenntnis in diesem Sinn zu haben, genügt es daher nicht, den (gerechtfertigten wahren) Gedanken „Ich bin F" zu haben; sondern wir müssen zudem von unserem F-Sein auch *passiv affiziert* werden, während wir uns* aktiv als F-Seiende *begreifen*.

Diese Parallele von Selbsterkenntnis und empirischer Gegenstandserkenntnis mag bei manchen Leserinnen und Lesern Zweifel wecken. Zeigt das nicht, so könnte man sich fragen, dass die vorgeschlagene kantische Strategie den üblicherweise erhobenen Anspruch, zu zeigen, was Selbsterkenntnis von anderen Erkenntnissen unterscheidet, von vorneherein verpasst?

Diese Befürchtung ist nicht völlig unmotiviert, erweist sich aber bei genauerem Hinsehen als zu weit gegriffen. Ich möchte daher diesen Abschnitt – und damit den ganzen Text – schließen, indem ich zwischen zwei Überlegungen differenziere. Es ist eines, die Besonderheit von Selbsterkenntnis zu bestreiten, ein anderes zu sagen, dass wir in der Selbsterkenntnis genauso auf uns* oder unsere* Bestimmungen bezogen sind, wie wir in der gegenständlichen Erkenntnis auf einen Teil der Welt bezogen sind. Dass wir zu uns* und unseren* Eigenschaften – wie z. B. zu unserer* Körperlichkeit – mitunter auch in dieser Weise bezogen sind, ist eine Tatsache, und es ist daher nicht falsch anzunehmen, dass Selbsterkenntnis letztlich auch ein Fall der Gegenstandserkenntnis ist. Aber das bedeutet nicht, dass man den spezifischen Charakter unserer Selbsterkenntnis leugnen und ihre Zurückführbarkeit auf *bloße* Objekterkenntnis behaupten muss. Was in unserem Geist vorgeht, wenn wir Gedanken über uns* haben, ist nicht auf drittpersonale Beschreibungen von uns reduzierbar. Im Gegenteil, was Selbsterkenntnis verlangt, ist genau das, dass wir uns einerseits zu unseren Bestimmungen so verhalten, wie wir uns in der Gegenstandserkenntnis zu Dingen in der Welt verhalten, während wir sie andererseits als uns* bestimmend denken. Wenn ich daher sage, dass es zu den Voraussetzungen von Selbsterkenntnis gehört, dass wir uns* selber wie einem Teil oder Aspekt der Welt begegnen, dann stelle ich keineswegs die epistemische Besonderheit von Selbsterkenntnis als genuin erstpersonale Angelegenheit in Frage. Ich lehne es nur ab, aus der *epistemischen* Besonderheit unserer Selbsterkenntnis auf die *metaphysische* Besonderheit ihres Gegenstands zu schließen.

4 Abschließende Bemerkungen

In diesem Aufsatz habe ich für einen Zugang zur menschlichen Selbsterkenntnis plädiert, der in maßgeblicher Weise von Kant inspiriert ist. Konkret habe ich dafür argumentiert, Kants Ansatz als ein Modell zu nehmen, und ich habe gezeigt, wie wir durch ähnliche programmatische Entscheidungen, wie sie Kants Transzendentalphilosophie zugrunde liegen, die Kluft von Empirismus und Rationalismus in der jüngeren Selbsterkenntnis-Debatte überwinden können.

Ich möchte schließen, indem ich auf eine anthropologische Implikation der vorangegangenen Ausführungen hinweise. Eine kantische Strategie zu verfolgen, bedeutet immer auch, dass man sich in metaphysischer Enthaltsamkeit üben muss. So habe ich am Schluss des vorigen Abschnitts dafür argumentiert, dass die Auffassung von unseren Eigenschaften und Bestimmungen als Teilen oder Aspekten der Welt es verunmöglicht, dem menschlichen Selbst einen metaphysischen Sonderstatus zuweisen. Dass die menschliche Selbsterkenntnis in epistemischer Hinsicht besonders ist, besagt nicht, dass wir selbst und unsere Eigenschaften eine besondere Klasse von Entitäten bilden.

Doch es gibt noch einen weiteren Punkt, der von Belang ist. Wie ich gezeigt habe, müssen wir mit Kant annehmen, dass wir in der Selbsterkenntnis sowohl durch unser F-Sein passiv affiziert werden, als auch dieses spontan als unser* F-Sein begreifen müssen. Das heißt, dass wir zu den Bedingungen und Bestimmungen unserer Existenz stets in einer zweifachen – passiven oder rezeptiven und spontanen, selbst-konzeptualisierenden – Art und Weise in Beziehung stehen. Darin ist eine wichtige anthropologische Einsicht enthalten. Es gehört nach Kants Auffassung offenbar zur *conditio humana*, dass wir uns in einer zweifachen Weise epistemisch zu uns selber* verhalten können. Als Menschen sind wir uns zugleich gegeben *und* wir sind das Subjekt jener begrifflichen Fähigkeiten, die es uns erlauben, zahlreiche Selbstbeschreibungen zu generieren. Das ist kein zufälliges *Faktum*, sondern ein wesentlicher Teil unserer menschlichen Existenz.[36]

Bibliographie

Alston, William P., 1971, „Varieties of Privileged Access", *American Philosophical Quarterly*, 8, 223–241.
Armstrong, David M., 1968/1994, „Introspection", in: Quassim Cassam (Hrsg.), *Self-Knowledge*, Oxford: Oxford University Press, 109–117.
Bernecker, Sven, 2006, „Kant zur moralischen Selbsterkenntnis", *Kant-Studien*, 97, 163–183.
Bilgrami, Akeel, 2006, *Self-Knowledge and Resentment*, Cambridge: Cambridge University Press.
Boyle, Matthew, 2009, „Two Kinds of Self-Knowledge", *Philosophy and Phenomenological Research*, 78, 133–164.

---

[36] Beim vorliegenden Text handelt es sich um eine Übersetzung des Aufsatzes „Self-Knowledge: A Kantian Strategy" (Renz 2022).

Brook, Andrew, 2018, „Kant's View of the Mind and Consciousness of the Self", in: E. N. Zalta (Hrsg.), *The Stanford Encyclopedia of Philosophy*, Winter 2018 Edition, URL: https://plato.stanford.edu/archives/win2018/entries/kant-mind/, zuletzt abgerufen am 22.12.2021.

Burge, Tyler, 1996, „Our Entitlement to Self-Knowledge", *Proceedings of the Aristotelian Society*, 96, 91–116.

Byrne, Alex, 2011, „Transparency, Belief, Intention", *Proceedings of the Aristotelian Society Supplementary Volume*, 85, 201–221.

Carruthers, Peter, 2011, *The Opacity of Mind. An Integrative Theory of Self-Knowledge*, Oxford: Oxford University Press.

Cassam, Quassim, 2014, *Self-Knowledge for Humans*, Oxford: Oxford University Press.

Castañeda, Hector-Neri, 1966, „'He': A Study in the Logic of Self-Consciousness", *Ratio*, 8, 130–157.

Cohen, Hermann, 1984 [1883], *Das Prinzip der Infinitesimal-Methode und seine Geschichte*, hrsg. von Helmut Holzhey, mit einer Einleitung von Peter Schulthess, Hildesheim/Zürich/New York: Olms.

Dretske, Fred, 1994, „Introspection", *Proceedings of the Aristotelian Society*, 94, 263–278.

Emundts, Dina, 2007, „Kant über innere Erfahrung", in: Udo Kern (Hrsg.), *Was ist und was sein soll. Natur und Freiheit bei Immanuel Kant*, Berlin: De Gruyter, 189–205.

Emundts, Dina, 2013, „Kant über Selbstbewusstsein", in: Dina Emundts (Hrsg.), *Self, World, and Art. Metaphysical Topics in Kant and Hegel*, Berlin/Boston: De Gruyter, 51–78.

Emundts, Dina, 2017, „Kant's Ideal of Self-Knowledge", in: Ursula Renz (Hrsg.), *Self-Knowledge. A History*, New York: Oxford University Press, 183–198.

Gertler, Brie, 2011, *Self-Knowledge*, London: Routledge.

Gertler, Brie, 2018, „Self-Knowledge and Rational Agency: A Defense of Empiricism", *Philosophy and Phenomenological Research*, 96, 91–109.

Kemmerling, Andreas, 2012, „First Person Authority without Glamorous Self-Knowledge", in: Christoph Jäger und Winfried Löffler (Hrsg.), *Epistemology: Contexts, Values, Disagreement*, Frankfurt am Main: Ontos, 401–429.

Kitcher, Patricia, 2011, *Kant's Thinker*, New York: Oxford University Press.

Longuenesse, Béatrice, 2017, *I, Me, Mine. Back to Kant, and Back Again*, New York: Oxford University Press.

Lycan, William G., 1998, „Consciousness as Internal Monitoring", in: Ned Block, Owen Flanagan und Güven Güzeldere (Hrsg.), *The Nature of Consciousness*, Cambridge, MA: MIT Press, 755–772.

Moran, Richard, 2001, *Authority and Estrangement. An Essay in Self-Knowledge*, Princeton: Princeton University Press.

Nichols, Shaun und Stich, Stephen P., 2003, *Mindreading*, Oxford: Clarendon Press.

O'Brien, Lucy, 2007, *Self-Knowing Agents*, Oxford: Oxford University Press.

O'Shaughnessy, Brian, 2000, *Consciousness and the World*, Oxford: Oxford University Press.

Renz, Ursula, 2011, „Von Marburg nach Pittsburgh: Philosophie als Transzendentalphilosophie", *Deutsche Zeitschrift für Philosophie*, 59, 249–270.

Renz, Ursula, 2015, „Becoming Aware of One's Thought", in: Danièle Moyal-Sharrock, Volker Munz und Annalisa Coliva (Hrsg.), *Mind, Language and Action. Proceedings of the 36th International Wittgenstein Symposium*, Berlin/New York: De Gruyter, 581–599.

Renz, Ursula, 2017, „Self-Knowledge as a Personal Achievement", *Proceedings of the Aristotelian Society*, 117, 253–272.

Renz, Ursula, 2021, „ Тень добродетели. Кант о неисповедимой глубине сердца. Der Schatten der Tugend. Kant über die unergründliche Tiefe des Herzens", *Kantovskii Sbornik = Kantian Journal*, 44,4, 11–42.

Renz, Ursula, 2022, „Self-Knowledge: A Kantian Strategy", *Danish Yearbook of Philosophy*. Vol. 55.1, forthcoming.

Rödl, Sebastian, 2007, *Self-Consciousness*, Cambridge, MA: Harvard University Press.

Roessler, Johannes, 2013, „The Silence of Self-Knowledge", *Philosophical Exploration*, 16, 1–17.

Rosefeldt, Tobias, 2014, „Commentary on Chapter 15 of Patricia Kitcher's Kant's Thinker", *Kantian Review*, 19, 127–133.

Shoemaker, Sydney, 1994, „Self-Knowledge and Inner Sense", *Philosophy and Phenomenological Research*, 54, 249–314.

Watkins, Eric und Willaschek, Marcus, 2017, „Kant's Account of Cognition", *The Journal of the History of Philosophy*, 55, 83–112.

Zahavi, Dan, 2007, „The Heidelberg School and the Limits of Reflection", in: Sara Heinämaa, Vili Lähteenmäki und Pauliina Remes (Hrsg.), *Consciousness. From Perception to Reflection in the History of Philosophy*, Dordrecht: Springer, 267–285.

Zimmerman, Aaron, 2008, „Self-Knowledge: Rationalism vs. Empiricism", *Philosophy Compass*, 3(2), 325–352.

Maja Soboleva
Knowledge, Self-Knowledge and Self-Identity: Transcendental and Empirical Arguments

Abstract: The purpose of my essay is to contribute to dispelling the puzzle of our self-knowledge by analyzing the transcendental and empiricist approaches of Kant and John Perry. The guiding argument is to examine whether a position advocating the empirical consciousness we have of our mental states may explain self-knowledge and personal identity sufficiently or whether it should amount to Kantian standards set by his transcendental theory of knowledge. My hypothesis includes three aspects. First, I argue that our whole experience originates from the same transcendental structure of the human mind. From this, it follows that systematic knowledge is impossible for a "selfless" subject. Second, I differentiate between transcendental self-consciousness and empirical self-knowledge and apply these methodological tools to analyze knowledge from the first-person perspective. Third, I reconstruct the Kantian notion of personal identity and demonstrate that the epistemological problem of personal identity can only be sound when formulated as a transcendental-logical problem.

There is a long-running debate on self-knowledge and there is little agreement about what precisely self-knowledge is, whether and what distinguishes it from knowledge in other realms, and how to approach it in an optimal way. The theoretical framework of this essay consists of the assumption that there must be a correlation between knowledge and self-knowledge, and, respectively, between the theory of knowledge and theory of subjectivity (or theory of mind). In fact, it is in some sense illuminating that it is impossible to have a universal theory of knowledge that would pass for all living species. Therefore, we should begin with the analysis of general epistemological conditions in order to develop an epistemology of self-knowledge. To defend this, at first sight, trivial thesis, I will refer to Kant, and contrast his transcendental theory of cognition with an empiricist theory of cognition as represented by John Perry.[1]

---

[1] Cf. Zimmerman (2008) who proposed an alternative project of comparison between rationalist and empiricist paradigms in regard of self-knowledge.

1 Can "Selfless" Knowledge Be Considered as Self-Knowledge?

In his classification of self-knowledge, John Perry differentiates three kinds: the "agent-relative knowledge," the "self-attached knowledge," and the "knowledge of the person one happens to be" (Perry 1998). The agent-relative knowledge is knowledge from the perspective of a particular agent. This sort of knowledge can be expressed by a simple sentence containing a demonstrative for a place or object without any term referring to the speaker. For example, "This is an apple." Perry claims that to have this sort of knowledge, the agent need not have an idea of self or a notion of herself. In self-attached knowledge, the agent has an idea or a notion of self, which is expressed with the word "I." For example, "I see an apple." Here, one does not have to know who one is. In the knowledge of the person, one happens to be, the agent is represented to herself in just the same way that other people are represented to her. This kind of knowledge can be expressed with a name or a third person demonstrative. For example, "She sees an apple."

In this classification, agent-relative knowledge seems to be the basic form of self-knowledge, and the next two forms reflect the progress in the achieving of knowledge about oneself. It can be concluded, for example, from the following excerpt:

> But if our cognizing were confined to discovering facts about the objects around us and acting upon them, we would only need selfless thoughts. There are systems that perceive, and use the information about their circumstances they get through perception, that do not know that it is their circumstances they are learning about. During our formative stages and in certain moods later on, we may be such systems (Perry 1998: 89).

According to this passage, the process of self-cognition takes the subject from her being in one kind of cognitive state, namely, selfless thoughts, to her being in another kind of cognitive state, that of self-awareness. This evolutionary process maintains its basic structure since, during the moving from perceptual experience, which human beings share with other living beings, to the specific human judgment about oneself, one will be exercising the same conceptual skills: this is the capacity of objectual thinking, i. e. the capacity of conceptualization of things encountered to us as objects. It should be emphasized that the perceptual knowledge about which Perry writes is always objectivized even if it is a perceptual knowledge of the species which "do not know that it is their circumstances they are learning about." Thus, this gradual transition within different levels of self-knowledge does not undergo any qualitative transformations.

This is a crucial point for challenging this theory. The problem is here that this approach does not achieve the purpose of describing the dynamic of self-cognition since all three kinds of self-knowledge must have, and, in fact, do have, an identical underlying structure. Perry's argumentation is, from the outset, posed in terms of "subject" and "object," which are already given as methodological coordinates for theoretical reflection. However, from an epistemological perspective, it may be much more interesting to illuminate the distinctions and relations between the knowledge of selfless cognitive subjects and cognitive subjects with the self and between knowledge and self-knowledge.

In contrast to Perry's understanding of perceptual knowledge in general as selfless, the guiding line may be that all knowledge, including its primitive forms, is related to a cognitive subject, even when the subject is not explicitly represented in it, to the extent that the very possibility of its articulation as referring to an object and representing objects depends on the nature of the subject. This raises questions anew as to what requirements the cognitive subject must meet to be able to arrive at the objectual perception and whether the objectual perceptual awareness requires not only the low-level cognitive capacities but also conceptual capacities, or perhaps even specific concepts such as the concept of the self.

2 Can Objects Exist for a Selfless Subject?

It seems to be Kant who gave a plausible picture of the interdependency of the theory of knowledge and theory of subjectivity (or theory of mind) in his transcendental theory of experience. A diverse range of interpreters disagrees about what Kant's theory of experience exactly says. The recent debate revolves around whether Kant has articulated a conceptualist or non-conceptualist theory of objective perception.[2] In contrast, my central focus will not be on how the conceptualizing mind works but the question as to how a special form of subjectivity, namely, a conceptualizing mind is at all possible. My main purpose is then to clarify what the mind *must* be like and what capacities and structures (in Kant's terms, "faculties") it *must* have if it is to represent things as objects.

To begin with, Kant's transcendental theory of experience claims that human knowledge has a subject-object structure. This seems to be trivial but it

---

[2] Conceptualist readings of Kant are advocated by, among others, Sellars, McDowell, Allison, Ginsborg, Griffith, Willaschek, Heidemann, and Connolly. Nonconceptualist readings have been proposed by Rohs, Allais, Hanna, Tolley, and others. For an overview see Dietmar Heidemann (2013) und Dennis Schulting (2016).

is not if we consider Kant's efforts in the B-edition of the *Transcendental Deduction* where he has revealed the role of human subjectivity in the form of "pure" apperception for constituting the objective form of cognition – representations having the form of the "object in general."

"Pure" or "transcendental" apperception is an extremely difficult notion interpreted very differently by diverse scholars. The position I am defending is based on a close reading of Kant's text according to which "transcendental" or original apperception produces the representation "I think." At the beginning of the §16 of the *Critique* Kant notes that "[t]he *I think* must *be able* to accompany all my representations; for otherwise something would be represented in me that could not be thought at all, which is as much as to say that the representation would either be impossible or else at least would be nothing for me" (B131).³ From this quote, one can conclude that the following schema underlies human mental activity: "**P**" = "I think/perceive (that) [**I** think] **P**." This formula demonstrates clearly that the transcendental apperception transforms the human mind into a self-referential structure.

What is expected, according to this interpretation of Kant's statement, is not the capacity for accompanying the particular objectual representations by some act of empiric apperception but the capacity for producing objectual representations as such. To formulate my central exegetical hypothesis: Transcendental apperception is required for the reason that it includes the primary structure of objectivization as self-*objectivization*.⁴ By analogy with self-objectivization, all other representations also receive the form of an object in the self-referential consciousness. Indeed, Kant emphasizes that the "representation of object is alone possible" (A107) through the relation to transcendental apperception. Thus, Kant's famous "I think" does not correspond to an epistemic perspective of a first person, as it is often assumed, but first enables and implements the subject-object division and is, therefore, the necessary condition for cognition both of external things and oneself as objects, i. e. constant individual entities existing in space and time outside a subject and possessing stable, lawful properties.

For Kant, consciousness capable of self-reflection and being unified through the "I think" is a central feature of the human mind that allows for systematic cognition of the world. Transcendental apperception constitutes the "objective

---

3 The source of translation is Kant's *Critique of Pure Reason* translated and edited by Paul Guyer and Allen W. Wood, Cambridge University Press, 1998.

4 Such an interpretation will be in agreement with the Fichtean-Hegelian understanding of the self as something which distinguishes itself from things while simultaneously relating itself to them.

unity" of consciousness (B136; B143) by virtue of introducing conceptual logical forms into the structure of every perception that is accessible to consciousness, whereby the most basic logical conceptualization is mere objectivization of intuitions. In my view, representations in the form of the "object in general" result in Kant from the subordination of intuitions under transcendentally unified consciousness. This process brings intuitions "*to* concepts" (A78/B103); and the primary form of concept that allows sensory givenness to become available for cognition is to be an object.[5] In Kant's model, there is a clear and strong correlation between the unity of consciousness and the unity of cognitive experience.[6] He claims that the capacity manifested in our ability to think of ourselves as "I" is the same capacity that makes us "knowing beings" at all (cf. B132; B157). It is in this sense Kant's idea can be interpreted that the transcendental unity of apperception is the necessary condition of the possibility of cognition.

Referring to Kant, I have sketched an argument in support of the thesis that the apparent "selfless" (using Perry's terms) thoughts about objects are only possible for a cognitive subject whose consciousness has the self-reflective structure. In other words, we can say that "selfless" objectual knowledge is impossible. The reason for it is that the "I" of the Kantian "I think," which may be considered the "self,"[7] is the condition of the possibility of objectual perception as such, i. e. of conceptualizing sensory data as "objects." If it is correct, we should find the indirect presence of the self in respect to one's propositional attitudes.[8] From this, it follows that statements such as "This is an apple" and "I see an apple" must be logically convertible. It would be entirely consistent with this point to argue that objectual knowledge, whose possibility is included in the self-reflective form

---

5 In this regard, I explain my point in the article Soboleva 2017.
6 Dennis Schulting (2013: 53) calls Kant's claim that synthetic unity of consciousness is necessary and sufficient for objectivity "the reciprocity claim". By reciprocity, he means that synthetic unity of consciousness constitutes objective unity, while objective unity establishes synthetic unity of consciousness. In contrast, I share the position according to which there is no reciprocity in regard to the conditions of objectivity.
7 There is a lively discussion regarding the notion of the self in Kant's philosophy, the interpretative literature that has grown up around it is vast, but I cannot go into details and debate different controversial positions here. The works of Kitcher (1982, 1999), Howell (2006), Marshall (2010), Langbehn (2012) are some examples of how one argues in this field.
8 Thus, in John Perry's well-known example (1979), I might think that *somebody* is pushing a shopping cart containing a torn bag of sugar but fail to think that *I* am pushing that shopping cart, even though I am in fact the person in question, cannot work, with regard to the transcendental logic. Since if I fail to represent what is in fact my own state *as* my state, I cannot represent it at all. In other words, there are no "somebody" representations without "I" representations. Hence, this example concerns empirical consciousness, but not the transcendental one.

of the "I think," should give the possibility of awareness of one's own acts of thought and perception.

3 Is "Self-Attached" Knowledge Self-Knowledge?

3.1 Self-Consciousness

To explain the possibility of our systematic cognition of the world, Kant has used the self-reflecting consciousness as the starting point for deductions of the categories. Many commentators (Strawson, Guyer) would think here immediately of self-consciousness. Indeed, Kant's emphasizing that the "I think" "*must be able* to accompany all my representations" (B131) points out that it must be a specific structure that has the form of the "self." However, one has to differentiate between the logical and psychological notions of consciousness.

Kant addressed this issue, first of all, in his *Critique of Pure Reason*, but there is also his famous reflection, entitled *Beantwortung der Frage, ob es eine Erfahrung ist, dass wir denken* (*Refl* 5661 [1788–1790] 18: 318–320), that clearly distinguishes between transcendental and empirical or, what is the same, between logical and psychological notions of consciousness. In this text, Kant stresses that "consciousness in itself is nothing empirical" ("Bewußtseyn aber an sich [ist] nichts Empirisches" (*Refl* 5661 18: 319)). The transcendental "I think" is merely a specific way of cognitive system's referring to itself. It is a particular syntactic structure, and it is only this kind of structure that can have the capacity of subject—object—perception and subject—object—semantics. Here, "I" can be acquired neither by virtue of empirical introspection nor by virtue of deduction as an object of categories, for in order to think them, this pure self-reflecting consciousness, which is what is to be explained, must itself be presupposed. Kant calls this original, pure "I" "analytical" because it is a contentless, "simple representation:" Through this "I" "nothing manifold is given" (B135). This self-identical "I," as it is claimed in the *Paralogism*, is not a thing that exists apart from its spontaneous and permanent exercising: "[T]he I is only the consciousness of my thinking" (B413).

In attaching "I" to our thoughts, Kant argues, we designate the subject "only transcendentally," "without noting in it any quality whatsoever – in fact, without knowing anything of it either directly or by inference" (A355). Indeed, our use of the word "I" as the subject of the "self-attached" judgments (in Perry's terminology) such as "I see an apple" or "I feel pain" is not due to our having identified as "myself" something of which we know or believe that the predicate of our judgments applies to it. In Kant's view, it is not any properties of oneself whatsoever that one does need to know to refer to oneself as oneself; it is analytical, non-ascribing reference to the self that might capture what is special about this form of consciousness. In contrast to Perry who classifies the "self-attached" judgments as "self-knowledge," for Kant, it is a "bare" consciousness of the self, and it is "very far from being a knowledge of the self" (B158). If so, this kind of self-consciousness may be interpreted as mere self-awareness whose only function is to create the logical identity of the cognitive subject and to enable a subject—object—formation of perceptions.

3.2 Self-Knowledge

I think the Kantian approach proposes more possibilities for theoretical differentiation that might be significant for the contemporary debate about self-knowledge and self-identity. One relevant point is that we should distinguish the self-consciousness of oneself as a transcendental subject via an act of analytical identification without self-ascriptions from the empirical self-consciousness of oneself as a person: that is, from the consciousness of oneself via an act of ascriptions of properties to oneself.[9] In fact, the transcendental operation, which Kant calls "transcendental apperception," immediately yields the needed distinction that one thinks of oneself as a united plurality of states and properties and that one thinks of *her* being conscious of this united plurality. Thus, the original, simple transcendental "I" is the prerequisite that one can become conscious of oneself as a subject of mental states and attitudes. The latter may be interpreted in terms of self-knowledge or may require that one has self-knowledge when one is conscious of oneself as the subject of one's experiences and agent of one's acts by having these experiences and performing those acts.

To justify this differentiation, we can refer to a very fruitful distinction Kant has made in the first *Critique:*

> [T]he I that I think is distinct from the I that it, itself, intuits [...]; I am given to myself beyond that which is given in intuition, and yet know myself, like other phenomena, only as I appear to myself, not as I am (B155; cf. B153).

---

[9] For this subject matter, important texts are the *Transcendental Deduction*, the *Paralogisms of Pure Reason* in the second edition of the *Critique of Pure Reason*, the *Prolegomena*, the *Anthropology from a Pragmatic Point of View*, and his numerous *Reflections* and *Notes* that deal with related themes.

This Kantian text has been a source of puzzlement to commentators and is interpreted by some scholars as a contrast between an active and a passive form of self-knowledge.[10] The view I am defending is different. I believe that, in this passage, Kant introduces the empirical "I" as an appearance, analogically to the appearances of external things. By virtue of inner sense the appearing "I" is given to herself as an object for further active (self-)cognition, similarly to the givenness of physical things through the outer sense for further cognition. Kant contends, hence, that knowledge of oneself or knowledge of one's own propositional attitudes, feelings, etc. not only involves a constitutive aspect but is also an empirical matter. The empirical "I" is an object of self-ascriptions; it is that that is usually understood as "person."

It is evident that the "I" appears to itself through inner and outer perception. For example, Kant writes that "the thinking being (as a human being) is at the same time an object of outer sense" (B415). From the epistemological perspective, it is relevant that inner appearances have the same status as outer appearances in Kant's theory. Both the inner and outer perception function in the same way, namely, they provide representations in the form of an object.[11] In this case, the statements such as "I see an apple" and "I have a pain" should have in common that they are grounded in the same deep (transcendental) structure, which can be explicated as "[I think] (that) I see an apple" and "[I think] (that) I have a pain."[12] For the "I think" is the only mechanism that makes all representations to be thoughts having subject–predicate–structure. The "I think," we may repeat, is the condition of the possibility to see something as something and to ascribe cognitive and affective states to oneself as well.

From this, it follows that Kant's position allows for the argument that if one thinks of one's relation to the subject matter of self-knowledge by analogy with one's relationship to outer (external) objects then this view will make it appear that one's knowledge of one's mental representations cannot be more direct or certain than one's knowledge of physical things.[13] In turn, this entails that, like ordinary empirical knowledge, the self-knowledge of a subject can be both

---

10 The most developed of these accounts is Matthew Boyle's article "Two Kinds of Self-Knowledge" (Boyle 2009) where he claims that a satisfactory account of self-knowledge must recognize two fundamentally different forms of self-knowledge: an active form through which we know our own judgments, and a passive form through which we know our sensations.

11 To be an object means merely to be an identical unity for a subject and to have a clear location on that subject's mental map.

12 This formula says that it is not enough to be aware of some state to articulate it; rather it is necessary to be able to relate this state to oneself.

13 This issue is a subject matter in Kant's *Anthropology from a Pragmatic Point of View*.

fallible and incomplete. In both realms, even when one becomes aware of a phenomenon, one may yet misconstrue it, believing it to have a property it does not possess.[14] Perceptual knowledge, received via inner or outer senses, is secured not by appearance itself but by the satisfaction of certain general epistemic conditions and norms of applied epistemic practices. The difference between inner and outer representations turns not on the special epistemic status of respective perceptual judgments but on how they are verified and justified.

If my interpretation is correct, then this Kantian view challenges one of the fundamental assumptions that still shape our contemporary access to the problem of self-knowledge, namely, the Cartesian thesis about the "first person authority" (Shoemaker 1996; Wright, Smith and Macdonald 1998; Newen and Vosgerau 2005).[15] The latter assumes that there is no such thing as being simply mistaken or ignorant about one's current mental state. This ambivalent stance gave rise to many epistemological problems in the field of self-knowledge. However, if one follows Kant, this strong epistemic claim seems to be valid only to the level that one *is* in a certain mental state but this mental state can have a false propositional content. Being aware of a mental state is precisely what enables self-knowledge but does not exhaust it. Otherwise put: Mental states supply a kind of epistemic basis that helps to explain how propositions obtain the status of knowledge. Still, one needs a power of judgment for any inspection and analysis. By accepting this distinction, many problems raised in discussions about self-knowledge could find their solution.

To sum up, in contrast to some contemporary positions that often use the notion "self-knowledge" as an equivalent to "self-consciousness" or "self-awareness" (Perry 1998; Hatzimoysis 2011; Coliva 2012), Kant draws a clear distinction between the "logical" self-consciousness through the act of transcendental apperception, which is not self-knowledge yet but only a precondition of it, and the "psychological" term of self-consciousness. The latter provides through inner senses and outer senses an empirical basis, namely, the manifold of appearances of "I" for self-knowledge.

---

[14] In particular, this argument is represented in Kant's *Anthropology from a Pragmatic Point of View*.

[15] In contemporary studies, there is, of course, an alternative understanding of self-knowledge which generally denies that we are infallible or omniscient about our mental states. One influential formulation of this line of argument is due to Paul Boghossian concluding that "it is only if we understand self-knowledge to be a cognitive achievement that we have any prospect of explaining its admitted shortcomings" (Boghossian 2008: 154). However, this argument works differently than Kant's argument.

4 Can the Epistemic Problem of Self-Identity Have an Empirical Solution?

The promoted Kantian view contradicts some contemporary positions which share a Cartesian account of self-knowledge. These positions have been thought to resolve special philosophical problems because they were immune to cognitive deficit. The same may be said with regard to the problem of self-identity.

As is well known, Kant did not present his views on personal identity in a separate treatise. To reconstruct his account of identity, one has to rely on occasional comments scattered among different texts, both published and unpublished. Even though these remarks do not provide a unified picture, they allow for the suggestion that Kant's writings on personal identity follow the same path his philosophy takes in general. That means that he makes a sharp distinction between the transcendental and empirical levels of consideration. As his main concern is the elaboration of the necessary conditions of the possibility of experience, his reflections about self-consciousness and identity emerge from his analysis of the preconditions for cognition. As long as we accept, as we surely have to, this line of argumentation, we have to think in the way in which the identity of a subject must be considered both as a transcendental and empirical phenomenon.

By approaching the question of personal identity from the perspective of the self-reflecting consciousness, which first objectivizes and makes knowledgeable a manifold of mental representations, we must conclude that identity is a phenomenon related not to the empirical but to the logical or the transcendental "I." Indeed, to be capable of self-consciousness, the logical subject must enable both self-reference and self-identification. That implies that the "I think" presupposes the formal, analytical identity "I am I." It amounts to say that identity is not a subject matter of explicit thinking from the first-person's point of view; rather it is the primordial, implicit structure of all possible experience. Thanks to this transcendental identity, the manifold of inner perceptions is connected in one self-consciousness according to the formula "it is me;" and a manifold of outer perceptions is conjoint in one single experience in the sense that these are "my" particular, interrelated representations.

One reason for the claim that identity is a subject matter of the transcendental logical consciousness is Kant's belief that consciousness is not an empirical issue at all. In one of his remarks cited above, from *Whether it is an experience that we think* (*Refl* 5661 18: 318–320), he advances the time argument to prove this thesis. Stated briefly, every mental state occurs in time. Would consciousness have been an empirical phenomenon, it would have occurred in time also. In this case, the phenomena which have been considered the result of consciousness would have been embedded in consciousness' own time. If so, the time of phenomena would have disappeared but this is impossible. Hence, consciousness does not exist in time and therefore is not empirical, Kant concludes.

Given this theoretical framework, the "I" of transcendental apperception expressed in the formula "I think" seems to be a kind of a unifying coordinate system in which other forms of thoughts and phenomenal content must be embedded to become elements of personal experience. In this case, all kind of thoughts such as "thinking that" and "thinking something as something" appears to be the modes of self-referential thought. The original unity of consciousness in the form the "pure," analytical "I" holds the different moments of thinking together in one identical act. Thus, it is only under this particular condition of the priority of this thought, the empirical "I" as the object of propositional ascriptions can be identical.

My next step in reconstructing the Kantian notion of subjective identity may be supported by the reference to his highlighting the aspect that pure apperception neither can be deduced, since it is a necessary prerequisite of deduction, nor can be achieved through induction, that is, it cannot be brought about by empirical consciousness. Kant claims that empirical consciousness, "which accompanies different representations, is in itself diverse and without relation to the identity of the subject" (B133). He has famously criticized Hume for advocating the idea of the self as "a bundle of perceptions" – as the inductive outcome of a number of experiences that are attributed to a particular selfless person. That can be interpreted in the sense that he has criticized the concept of consciousness as merely phenomenal structure which accumulates experience and is hold together through memory.

It may seem that in Kant "the existence of a transcendental self as the principle of the unity of experience is unfounded," as Siyaves Azeri (2010: 280) puts it. However, this "groundlessness" or "circularity" (Klemme 1996) can hardly be seen as a shortcoming. Rather, it is a specific methodological approach allowing for the conclusion from the results of cognition to the basic structure of a cognitive subject. To justify Kant's view of the impossibility of discovering the self by empirical methods, I would like to refer to another well-known historical example.

This is Descartes' attempt by a radical, skeptical epoché to find an absolute, indubitable ground upon which knowledge could base. What he postulated was the "cogito ergo sum" argument. Unfortunately, this most basic of his assumptions is still unsatisfactory since the certainty of the thinking substance does not foreclose the question of its nature. While Descartes has correctly defined the precondition of apodicticity, he failed to understand what precisely this thinking "thing" is. Indeed, it is logically correct to infer from thought to this who is thinking. But, within the restrictive framework of Descartes' mental experiment, it is not correct to assert that this thinking thing is an individual "I." For instance, it can be, as Hilary Putnam has shown, a *genius malus* in the person of a mad scientist who manipulates brains in a vat. This example demonstrates quite clearly that one cannot conclude with necessity from the empirical level of a phenomenal consciousness to the logical level of the individual self. We can assume that Kant, being convinced of this gap, has chosen a plausible transcendental-logical strategy for his definition of the self. His procedure considers the analytical, identical self-consciousness on the transcendental-logical level as the necessary prerequisite that secures the possibility of cognition and self-cognition and constitutes an epistemic basis for this.

Now, we may specify a Kantian solution to the problem of personal identity: Identity is neither an empirical givenness nor a result of individual reflective efforts but the *transcendental-logical prerequisite* of being a person. The problem of identity is, hence, the subject matter that one should transfer into a timeless dimension of logic. This strategy, as far as I can judge, is not very popular among contemporary scholars, being sometimes held for reductionist, circular or metaphysical. The current debate is dominated by analytic tradition that deals mostly with an empirical, psychological "I." This approach does not distinguish, as a rule, between the terms "transcendental subject" and "psychological person," and ignores the former. That explains, in turn, the focus on such topics as numeric identity, the qualitative identity of the self, or an agency theory of self-knowledge. Here, the notion of identity means, in the first instance, the persistence of some qualities of a real person over time.

Perry's account for identity can be brought in line with these contemporary tendencies. Thus, he claims: "I am inclined to think that a self is just a person, thought of under the relation of identity" (Perry 2010a: 228). He gives a laconic definition of the concept "identity" accounting to it as the roles a person plays in her life: "The simple theory of selves maintains that selves are simply persons; 'self' is a role word, and one's self is the person one is identical with" (Perry 2010b: 474). Here, the personal identity, or the self, emerges through self-ascriptions according to the following schema: "This structure of our self-concepts, linking concepts about the person we happen to be (or at least take ourselves to be), with our primitive self-concept and hence with what we perceive and what we do, is very basic to human life" (Perry 2010a: 238). In the light of the said above, it is apparent, however, that, in this model, the personal identity can be constituted neither through the self-knowledge received from different sources including the own experience of a person and the view of others, as Perry claims, nor through the puzzling "primitive self-concept" to which a subject adds her perceptions, judgments, and actions. Everything empirical, as philosophy teaches us, lacks a character of necessity. What is missing here from the perspective of the epistemology of self-knowledge is a reflection on the logical presuppositions that enable and govern the empiricist and pragmatic discourse of personal identity.

5 Conclusion

In my essay, I have analyzed Kant's method of transcendental reflection concerning the problems of self-knowledge and personal identity. The purpose of this endeavor is to contribute to dispelling the puzzle of our self-knowledge. The guiding line is to ask whether empirical consciousness we have of our mental states is sufficient to understand our self-knowledge and whether it amounts to and is compatible with Kantian standards set by his transcendental theory of experience.

My interpretative hypothesis included three directions. First, referring to Kant and opposing Perry, I have argued that both inner and outer experience originates from the same transcendental-logical setup of the human mind that determines the objectual form of cognition and self-cognition. Given this theoretical basis, I have asked if "selfless" objective knowledge is possible and received a negative answer. The self as the capacity of self-reflective thinking appears to be the necessary condition of both objectual knowledge and self-knowledge. Second, I have differentiated between self-consciousness and self-knowledge and applied these methodological tools for analysis of the so-called "self-attached" knowledge. My Kantian argument is that the latter is not self-knowledge yet but merely self-consciousness. Remarkably that only self-consciousness can be immune to the cognitive deficit; in contrast, self-knowledge can be fallible. Third, I have reconstructed the Kantian notion of self-identity to demonstrate that, from the epistemological perspective, the problem of personal identity can only be soundly formulated as a transcendental-logical problem: The analytical unity of "I," which is significant for human physiology (the *Prolegomena*), has to be assumed as the condition of the possibility of the identity of the endlessly changing empirical "I." The Kantian notion of identity concerns, hence, the structure of subjectivity and not the character of manifestations of this deep structure. I hope that such a strategy may meet some of the basic desiderata for our account of self-knowledge.

Bibliography

Azeri, Siyaves, 2010, "Transcendental Subject vs. Empirical Self: On Kant's Account of Subjectivity," *Filozofia*, 65(3), 269–283.
Boghossian, Paul, 2008, "Content and Self-Knowledge," in: Paul Boghossian, *Content and Justification*, Oxford: Oxford University Press, 139–158.
Boyle, Matthew, 2009, "Two Kinds of Self-Knowledge," *Philosophy and Phenomenological Research*, 77, 733–764.
Brook, Andrew and Julian Wuerth, 2020, "Kant's View of the Mind and Consciousness of Self," in: Edward N. Zalta (ed.), *The Stanford Encyclopedia of Philosophy* (Winter 2020 Edition). URL: https://plato.stanford.edu/archives/win2020/entries/kant-mind. Accessed 10.09.2019.
Coliva, Annalisa (ed.), 2012, *The Self and Self-Knowledge*, Oxford: Oxford University Press.
Hatzimoysis, Anthony (ed.), 2011, *Self-Knowledge*, Oxford: Oxford University Press.
Heidemann, Dietmar H. (ed.) 2013, *Kant and Non-Conceptual Concept*. New York: Routledge.
Howell, Robert, 2006, "Self-Knowledge and Self-Reference," *Philosophy and Phenomenological Research*, 72, 44–70.
Kant, Immanuel, 1900 ff., *Kants Gesammelte Schriften*, Akademieausgabe, Berlin/Leipzig: De Gruyter.
Kant, Immanuel, 1998, *Critique of Pure Reason*, translated and edited by Paul Guyer and Allen W. Wood, Cambridge University Press.
Kitcher, Patricia, 1982, "Kant on Self-Identity," *The Philosophical Review*, 91, 41–72.
Kitcher, Patricia, 1999, "Kant on Self-Consciousness," *The Philosophical Review*, 108(3), 345–386.
Klemme, Heiner F., 1996, *Kants Philosophie des Subjekts. Systematische und entwicklungsgeschichtliche Untersuchungen zum Verhältnis von Selbstbewusstsein und Selbsterkenntnis*, Hamburg: Meiner.
Langbehn, Claus, 2012, *Vom Selbstbewußtsein zum Selbstverständnis. Kant und die Philosophie der Wahrnehmung*, Paderborn: Mentis.
Marshall, Colin, 2010, "Kant's Metaphysics of the Self," *Philosopher's Imprint*, 10(8), 1–21.
Moran, Richard, 2001, *Authority and Estrangement: An Essay on Self-Knowledge*, Princeton: Princeton University Press.
Newen, Albert and Vosgerau, Gottfried (eds), 2005, *Den eigenen Geist kennen: Selbstwissen, privilegierter Zugang und Autorität der ersten Person*, Paderborn: Mentis.
Perry, John, 1996, "Self," in: Edward Craig (ed.), *Routledge Encyclopedia of Philosophy*. Routledge, 524–526.
Perry, John, 1998, "Myself and I," in: Marcelo Stamm (ed.), *Philosophie in synthetischer Absicht*, Stuttgart: Klett-Cotta, 83–103.
Perry, John, 2010a, "Selves and Self-Concept," in: Joseph Keim Campbell, Michael O'Rourke and Harry S. Silverstein (eds), *Time and Identity*. Cambridge, MA: MIT Press, 229–248.
Perry, John 2010b, "Persons and Selves," in: Béatrice Longuesnesse (ed.), *Le Moi / The Self / Le Soi*, special issue of *Revue de Métaphysique et de Morale*, Oct. –Dec. 2010 (4), 455–474.
Roessler, Johannes, 2013, "The Silence of Self-Knowledge," *Philosophical Explorations: An International Journal for the Philosophy of Mind and Action*, 16(1), 1–17. DOI: 10.1080/13869795.2013.744084.

Schulting, Dennis, 2013, *Kant's Deduction and Apperception. Explaining the Categories*, Basingstoke/New York: Palgrave-Macmillan.

Schulting, Denis (ed.) 2016, Kantian Nonconceptualism, London: Palgrave Macmillan.

Shoemaker, Sidney, 1996, *The First-Person Perspective and Other Essays*, New York: Cambridge University Press.

Soboleva, Maja, 2017, "How We Read Kant: An Empiricist and a Transcendental Reading of Kant's Theory of Experience," *Philosophia*, 45(3), 1331–1344.

Wright, Crispin, Smith, Barry C. and Macdonald, Cynthia (eds), 1998, *Knowing Our Own Minds*, Oxford: Clarendon Press.

Zimmerman, Aaron, 2008, "Self-Knowledge: Rationalism vs. Empiricism," *Philosophy Compass*, 3(2), 325–352.

Katharina T. Kraus
Wie erfahren wir uns selbst sinnlich? Ein Lösungsvorschlag zu Kants Paradox der Selbstaffektion

Abstract: Most interpretations of Kant's theory of self-consciousness focus on the consciousness of oneself as a thinking subject through apperception, whereas his theory of inner experience, which assumes the possibility of self-affection (*Selbsaffektion*), receives far less attention. According to the latter, mental states such as thoughts, feelings, and desires can become objects of inner intuition insofar as the subject sensibly affects itself. Kant's conception of self-affection, however, holds a paradox: it raises the question as to whether (and, if so, how) the subject can be an object for itself at all. This chapter proposes a solution to this paradox by examining the complex relationship between conceptual and sensible kinds of self-consciousness and distinguishing three moments of self-constitution: apperception, self-affection, and the projection of a temporally extended mental whole based on the rational idea of the soul. This threefold distinction forms the basis for a new understanding of self-cognition in Kant.

1 Einleitung

Kants kritische Philosophie ist weithin dafür bekannt, die Rolle des Selbstbewusstseins für das menschliche Erkennen hervorzuheben. Die meisten Interpretationen beziehen sich dabei hauptsächlich auf seinen Begriff des denkenden Subjekts und auf das zugehörige begriffliche Selbstbewusstsein, das nach Kant durch Apperzeption hervorgebracht wird. Im Gegensatz dazu findet Kants Theorie der sinnlichen Erfahrung unserer selbst, welche Kant auch *innere Erfahrung* nennt, weit weniger Beachtung in der Literatur.[1] Entgegen dieser Tendenz werde

---

Für hilfreiche Kommentare und Anregungen danke ich den Zuhörern der Konferenz „Die Quellen der Apperzeption" an der Karl-Franzens-Universität Graz im März 2018 sowie insbesondere den Herausgebern Giuseppe Motta und Udo Thiel.

1 Der Begriff der inneren Erfahrung spielt in den einschlägigen Werken zu Kants Theorie von Selbstbewusstsein und empirischem Selbst keine zentrale Rolle, so etwa bei Ameriks 2000, Sturm 2009, Kitcher 2011, Wuerth 2014 und Longuenesse 2017. Ausnahmen sind dagegen Mohr 1991,

ich im Folgenden argumentieren, dass diese Theorie zentral ist, um die sinnlichen Aspekte von Kants Erfahrungsbegriff wie auch seine Konzeption des erfahrenden Subjekts zu verstehen.

Innere Erfahrung bezieht sich zunächst auf das vertraute Phänomen, dass wir uns unserer eigenen mentalen Zustände, wie etwa unserer Gedanken, Wahrnehmungen, Gefühle und Wünsche bewusst werden und darüber Urteile fällen können. Die Möglichkeit innerer Erfahrung setzt für Kant die sinnliche Erfahrbarkeit unserer selbst voraus. Zur Erklärung dieser Selbst-Erfahrbarkeit entwickelt Kant die Idee der *Selbstaffektion*, die – wie wir sehen werden – auch eine wesentliche Komponente seiner allgemeinen Theorie der Wahrnehmung raumzeitlicher Gegenstände ist. Die Idee der Selbstaffektion lässt sich mit der These beschreiben, dass sich ein Subjekt selbst sinnlich *affizieren* kann, indem es seine eigenen Zustände im inneren Sinn *anschaut* und diese somit zum *Gegenstand* der eigenen Anschauung werden.

Kants Begriff der Selbstaffektion birgt allerdings ein Paradox in sich: Es ist, wie Kant selbst eingesteht, schwer zu verstehen, wie „Ich, als Intelligenz und denkend Subjekt, mich selbst als gedachtes Objekt [erkenne; …; K. K.], wie ich mir selbst überhaupt ein Objekt und zwar der Anschauung und inneren Wahrnehmung sein kann" (B155 f.). Ein Subjekt ist primär dadurch gekennzeichnet, dass es sich mit Hilfe von Vorstellungen auf Objekte beziehen kann. Diese Objekte mögen sinnlich erfahrbare Gegenstände sein, wie etwa Tische und Stühle, abstrakte Objekte, wie etwa Zahlen, oder fiktive Gegenstände, wie etwa Einhörner. Jedoch sind sie üblicherweise nicht mit dem Subjekt identisch. Dies wirft nun die Frage auf, wie sich ein Subjekt überhaupt *in gegenständlicher Weise* auf sich selbst beziehen kann und sich selbst *als Objekt* anschauen kann. Daran anschließend lässt sich fragen, ob die Erfahrung meiner selbst, d. i. innere Erfahrung, *überhaupt* eine Gegenstandserkenntnis sein kann. Erkenne ich meine eigenen mentalen Zustände, wie etwa meine Gedanken, Wünsche, Wahrnehmungen und Gefühle, überhaupt als Zustände eines Erfahrungsgegenstandes, der, wenn auch nicht räumlich, so doch zumindest zeitlich verfasst ist?

Im Folgenden werde ich durch eine Erörterung dieser Fragen nicht nur einen Lösungsvorschlag für das Paradox der Selbstaffektion darlegen, sondern zugleich die Grundrisse von Kants Konzeption der Selbsterkenntnis skizzieren. Es wird sich zeigen, dass das Paradox der Selbstaffektion nur aufgelöst werden kann, wenn das komplexe Verhältnis von begrifflichem und sinnlichem Selbstbewusstsein um eine dritte Komponente ergänzt wird, nämlich um eine regulative Idee der Ver-

---

Emundts 2007 und Frierson 2014. Die hier vorgelegte Interpretation folgt der Darstellung in Kraus (2020).

nunft, d. i. die Idee der Seele. Diese drei *Erkenntnisquellen* der inneren Erfahrung bilden zusammen, so meine These, die Grundpfeiler von Kants Konzeption der Selbsterkenntnis.

Um diese These zu stützen, werde ich zunächst das Paradox der Selbstaffektion analysieren und dabei verschiedene *Objekt*-Begriffe in Abhängigkeit der verschiedenen mentalen Vermögen, die zur Erkenntnis beitragen, unterscheiden (2). Im nächsten Abschnitt werde ich dann Apperzeption und inneren Sinn als die beiden *Hauptquellen* von Selbstbewusstsein untersuchen und zeigen, dass unter Berücksichtigung *nur* dieser beiden Quellen *allein* das Paradox nicht aufgelöst werden kann (3). Um die Möglichkeit von Selbsterkenntnis zu begründen, so werde ich im letzten Abschnitt zeigen, muss die Vernunft als weitere Quelle hinzugezogen werden (4). Aus dieser Einsicht ergeben sich abschließend mein Lösungsvorschlag für das Paradox sowie der Grundriss einer neuen Interpretation von Selbsterkenntnis bei Kant.

2 Das Paradox der Selbstaffektion

Die Idee der Selbstaffektion, die der inneren Erfahrung zu Grunde liegt wirft ein Paradox auf, weil sie die strenge *Subjekt-Objekt-Logik* von Kants Erkenntnistheorie zu durchbrechen scheint. Kants Subjekt-Objekt-Logik geht von einem zweiwertigen Grundmodell von Vorstellungen aus, wonach jede bedeutungsvolle Vorstellung sowohl einen Subjekt- als auch einen Objektbezug hat.[2] Demnach bezieht sich eine Vorstellung einerseits *reflexiv* auf das vorstellende Subjekt und andererseits *referenziell* auf ein vorgestelltes Objekt.[3] Graphisch lässt sich dieses Grundmodell wie in Abb. 1 gezeigt darstellen.

Abb. 1: Kants zweiwertiges Grundmodell von Vorstellungen *V (S, O)*

Der *Begriff des Objekts* sollte hier in einem weiteren Sinn verstanden werden als der *Begriff des Erfahrungsgegenstands*. Denn entsprechend der verschiedenen

---

2 Unter einer bedeutungsvollen Vorstellung verstehe ich die Vorstellung *von etwas*, d. i. von einem Objekt im weiten Sinn, wie ich unten genauer erläutere.
3 Ich gebrauche die Ausdrücke „Referenz", „Objekt-Bezug" und „objektive Bezugnahme" synonym.

Vorstellungsarten können verschiedene Arten von Objekten unterschieden werden. Erfahrungsgegenstände sind – als die Gegenstände möglicher Erfahrung und somit möglicher Erkenntnis – nur eine Objektart. Davon unterscheiden lassen sich etwa Objekte der bloßen Einbildung, mathematische Objekte oder auch reine Gedankendinge, die Objekte reiner Ideen sind, wie z. B. Gott. Während der Begriff des Erfahrungsgegenstandes, den ich im Folgenden einfach „Gegenstand" nennen werde, die Möglichkeit eines sinnlich erfahrbaren Daseins einschließen muss, muss der Begriff des Objekts im weiten Sinn diese Möglichkeit nicht garantieren.[4] Im weiteren Sinn kann sich meine Vorstellung auf ein bloß fiktionales Objekt beziehen, wie etwa das Einhorn, das mir im Traum begegnet, das ich aber niemals in der Wirklichkeit erfahren kann. Ich kann mir ebenfalls ein rein mathematisches Objekt vorstellen, wie etwa die Zahl $\sqrt{-2}$, von der nicht sinnvoll ausgesagt werden kann, dass sie sinnlich erfahrbar existiert. Nichtsdestotrotz können alle diese Vorstellungen theoretisch wie auch praktisch eine Bedeutung für mich haben, etwa bei der psychoanalytischen Deutung meines Traums oder beim Ausführen eines mathematischen Beweises. Daher nenne ich Vorstellungen von Objekten im weiten Sinn bedeutungsvolle Vorstellungen. Sie sind dadurch *bedeutungsvoll* für ein Subjekt, dass sich das Subjekt mit Hilfe dieser Vorstellung auf ein Objekt beziehen und sich dieses Objektes bewusst sein kann.[5] Alle bedeutungsvollen Vorstellungen verbinden also ein Subjekt-Objekt-Paar miteinander und können durch das obige Grundmodell beschrieben werden.

Dieses Grundmodell scheint für Kant zunächst das Verhältnis der *Nicht-Identität* von Subjekt und Objekt vorauszusetzen. Demnach bezieht sich ein Subjekt mit Hilfe einer Vorstellung auf ein Objekt, das üblicherweise vom Subjekt selbst unterschieden ist. Gerade diese Nicht-Identität wird allerdings bei der inneren Erfahrung unterwandert, da eine innere Erfahrung sowohl eine *reflexive* als auch eine *referenzielle* Beziehung auf ein und dasselbe Subjekt zu haben scheint.

---

4 Tatsächlich zählt Kant das „Gedankending" (d. i. ein „leerer Begriff ohne Gegenstand, *ens rationis*"), wie auch bloße Einbildungen (d. i. eine „leere Anschauung ohne Gegenstand, *ens imaginarium*") zu den Arten des „Nichts" (A292/B348). Dadurch unterscheidet er sie gerade von Erfahrungsgegenständen, die sinnlich erfahrbar existieren können. Nichtsdestotrotz können Gedankendinge und Fiktionen in einem weiten Sinn intentionale Objekte unserer Vorstellungen sein. Was genau die Möglichkeit eines sinnlich erfahrbaren Daseins beinhaltet ist Gegenstand einer gegenwärtigen Debatte; siehe dazu Stang 2016.

5 Nach Kants Stufenleiter (siehe A320/B376) gibt es auch Vorstellungsarten, die keinen direkten Objektsbezug haben, z. B. Empfindungen, die lediglich Modifikationen des Zustands des Subjekts sind. Allerdings können diese Vorstellungen an sich auch nicht bedeutungsvoll sein, sondern gewinnen Bedeutung nur als Konstituenten von Vorstellungen mit Objektsbezug. So sind Empfindungen nur bedeutungsvoll, insofern sie die *Materie* für Anschauungen liefern (A20/B34). Jankowiak (2014) analysiert diesbezüglich den Fall von Empfindungen.

Innere Erfahrung zeichnet sich also grundlegend durch eine *Selbstreferenz* aus – und wirft damit das Paradox der Selbstaffektion auf.

Der Begriff der sinnlichen Affektion beschreibt bei Kant ein spezifisches Subjekt-Objekt-Verhältnis, nämlich das Verhältnis zwischen einem Subjekt und einem *Sinnesobjekt*. Ein solches Objekt kann die Sinne eines Subjekts affizieren, d. h. in ihnen Empfindungen hervorrufen und dadurch das Subjekt veranlassen, eine sinnliche Vorstellung zu bilden, eine sogenannte *Anschauung*. Ohne näher auf die Schwierigkeiten von Kants Affektionstheorie eingehen zu können, lässt sich wiederum feststellen, dass Kant zunächst von der Nicht-Identität von Subjekt und Objekt ausgeht: In der *Kritik der reinen Vernunft* betrachtet Kant hauptsächlich die Affektion des äußeren Sinns, die durch ein dem Subjekt äußerlichen, d. i., räumlichen, Gegenstand hervorgerufen wird.[6] Die Grundidee dabei ist, dass ein Gegenstand nur dann affizieren kann, wenn er in einem passenden Verhältnis zum Subjekt steht, so dass er auf dessen Sinne einwirken und somit Empfindungen bewirken kann. Diese Empfindungen machen schließlich den „Stoff" oder die „Materie" von Anschauungen aus (A20/B34; B68).[7] Nur wenn ein Gegenstand in der Anschauung gegeben sein kann, kann er auch *Erfahrungsgegenstand* und somit Gegenstand eines empirischen Erkenntnisurteils werden.

Bereits in der Transzendentalen Ästhetik (nach der B-Auflage) führt Kant – parallel zum Begriff der Affektion des äußeren Sinns – den Begriff der Selbstaffektion ein, der die Affektion des sogenannten *inneren Sinns* bezeichnet (B68, B152–156).[8] Genauer vermittelt der innere Sinn *innere Anschauungen*; das sind Anschauungen des eigenen mentalen Zustands, der die Gesamtheit aller Vorstellungen, dessen sich ein Subjekt zu einem bestimmten Zeitpunkt bewusst ist, umfasst.[9] Wie aber sollen wir uns Selbstaffektion als Affizierung des inneren

---

6 Kants Affektionstheorie wirft insbesondere die Frage auf, was der affizierende Gegenstand ist: Das Ding an sich, der Erfahrungsgegenstand oder beide zusammen (d. i. *Doppelaffektionstheorie*). Für hilfreiche Analysen siehe u. a. Allison 2004 und Allais 2015. Des Weiteren wird kontrovers diskutiert, ob Affektion kausaltheoretisch als Verursachung von Sinnesempfindungen aufgefasst werden darf; siehe dazu Watkins 2005. Diese Fragen können im Rahmen dieses Artikels nicht geklärt werden.

7 Der Begriff des äußeren Sinns ist hierbei als transzendentalphilosophischer Reflexionsbegriff zu verstehen, unter den verschiedene Sinnesmodalitäten fallen und der von verschiedenen physiologischen Sinnen, wie dem Seh-, Tast- und Gehörsinn, realisiert wird. Siehe dazu auch Kants Ausführungen in der *Anthropologie* (Anth 7: 153–157).

8 Siehe auch *Fortschritte* 20: 270 und *Anth* 7: 134.

9 In der gegenwärtigen Philosophie des Geistes bezeichnet der Begriff des *mentalen Zustands* zumeist konkrete Exemplare allgemeiner Zustandstypen wie etwa Überzeugungen, Wünsche und Gefühle. Kant dagegen benennt mit den Begriffen „innerer Zustand" und „Gemütszustand" die Gesamtheit aller Vorstellungen, die zu einem bestimmten Zeitpunkt im empirischen Bewusstsein

Sinns vorstellen? Was genau ist der „Gegenstand", der affiziert? Das vergegenständlichte Selbst etwa? Obwohl Kant die spezielle Problematik des inneren Sinns an mehreren Stellen in der *Kritik der reinen Vernunft* andeutet, enthält nur die Deduktion der Kategorien der zweiten Auflage eine explizite Diskussion von dessen paradoxaler Natur. Ohne auf die komplexe Frage einzugehen, welche Rolle die Selbstaffektionstheorie im Rahmen der Deduktion spielt, gebe ich zunächst die zentralen Passagen aus §24 der B-Deduktion wieder und analysiere sie im Rahmen von Kants allgemeiner *Subjekt-Objekt*-Logik.

In §24 der B-Deduktion führt Kant das Paradox des inneren Sinns mit den folgenden Worten ein:

> Hier ist nun der Ort, das Paradoxe, was jedermann bei der Exposition der Form des inneren Sinnes (§6) auffallen mußte, verständlich zu machen: nämlich wie dieser auch sogar uns selbst, nur wie wir uns erscheinen, nicht wie wir an uns selbst sind, dem Bewußtsein darstelle, weil wir nämlich uns nur anschauen, wie wir innerlich *affiziert* werden, welches widersprechend zu sein scheint, indem wir uns gegen uns selbst als leidend verhalten müßten; daher man auch lieber den *innern Sinn* mit dem Vermögen der *Apperzeption* (welche wir sorgfältig unterscheiden) in den Systemen der Psychologie für einerlei auszugeben pflegt. (B152f.)

Zentral in dieser Passage ist die Unterscheidung von *Apperzeption* und *innerem Sinn* als zwei Weisen, wie wir uns zu uns selbst verhalten können.

Das Vermögen der Apperzeption ist nach Kant das Vermögen, Vorstellungen, die für uns eine Bedeutung haben können, also Vorstellungen von Objekten im weiten Sinn, mit einem gewissen Selbstbewusstsein begleiten zu können. In einem komplexen Argument in §16 der B-Deduktion zeigt Kant, dass die Möglichkeit von Gegenstandserkenntnis die Fähigkeit voraussetzt, dass sich das Subjekt seiner eigenen Vorstellungen und somit sich selbst als Subjekt dieser Vorstellungen bewusst sein kann. Dieses sogenannte „transzendentale Selbstbewusstsein" ist, wie ich im nächsten Abschnitt genauer erläutern werde, das *Bewusstsein von sich selbst als denkendes (bzw. vorstellendes) Subjekt*. Bei diesem transzendentalen Selbstbewusstsein handelt es sich primär um die *reflexive* Beziehung, die eine Vorstellung zum vorstellenden Subjekt haben muss, um *für das Subjekt* von Bedeutung sein zu können.

Im Gegensatz dazu soll die Selbstaffektion – in Anlehnung an die Affektion äußerer Gegenstände – die *referenzielle* Beziehung auf einen Gegenstand vermitteln und muss zunächst als die Affizierung durch das Subjekt selbst in einer

---

vorliegen, so z. B.: „alle Vorstellungen [...] als Bestimmungen des Gemüts [gehören] zum innern Zustand, dieser Zustand [steht] unter der formalen Bedingung der innern Anschauung, mithin der Zeit" (A34/B50, siehe auch A23/B37, A272/B330, A197/B242, A260/B316, *MS* 6: 228).

gegenstandsähnlichen Weise verstanden werden. Dies – so folgert Kant in obigem Zitat – würde aber bedeuten, dass „wir uns gegen uns selbst als leidend verhalten müßten", was allerdings „widersprechend zu sein scheint" (B154). Kant scheint sich hier mit dem folgenden Paradox konfrontiert zu sehen: Wenn ein Akt der Selbstaffektion zu einer bedeutungsvollen Vorstellung von sich selbst – etwa zur inneren Anschauung unseres eigenen Zustands und schließlich zu einer inneren Erfahrung – führen soll, dann muss dieser Akt zwei sich scheinbar widersprechende „Selbstvorstellungen" hervorbringen. In ein und demselben mentalen Akt müssen wir uns selbst einerseits in der Apperzeption als *aktiv denkend* und andererseits im inneren Sinn als *passiv affiziert* und *sinnlich gegeben* auffassen.

Am Ende der erwähnten Passage in §24 formuliert Kant das Paradox noch prägnanter:

> Wie aber das Ich, der ich denke, von dem Ich, das sich selbst anschauet, unterschieden (indem ich mir noch andere Anschauungsart wenigstens als möglich vorstellen kann) und doch mit diesem letzteren als dasselbe Subjekt einerlei sei, wie ich also sagen könne: *Ich*, als Intelligenz und denkend Subjekt, erkenne mich selbst als *gedachtes* Objekt, so fern ich mir noch über das in der Anschauung gegeben bin, nur gleich andern Phänomenen nicht, wie ich vor dem Verstande bin, sondern wie ich mir erscheine, hat nicht mehr, auch nicht weniger Schwierigkeit bei sich, als wie ich mir selbst überhaupt ein Objekt und zwar der Anschauung und innerer Wahrnehmungen sein könne. (B155 f., Hervorhebung K.K.)

Hier beschreibt Kant das Paradox als den Umstand, dass ich mich sowohl als „Intelligenz und denkend Subjekt" als auch als „*gedachtes* Object, so fern ich mir [...] in der Anschauung gegeben bin" auffassen können muss.[10] Dies erscheint ihm hier nicht als ein unauflösbarer Widerspruch, sondern nunmehr als eine „Schwierigkeit", die es zu erklären gilt. Die Schwierigkeit besteht zunächst darin zu verstehen, „wie ich mir selbst überhaupt ein Objekt [...] der Anschauung und innerer Wahrnehmungen sein könne". Kants Formulierungen und insbesondere der Ausdruck „innere Wahrnehmung" legen ein Wahrnehmungsmodell für den inneren Sinn nahe, das dem des äußeren Sinns entspricht. Die Parallelität zwischen beiden Modellen deutet Kant an, indem er etwa einräumt, dass wir im inneren Sinn nicht so gegeben sind, wie wir an sich sind, sondern – wie äußere Gegenstände auch – *nur erscheinen*.[11] Im inneren Sinn haben wir es also mit uns selbst nicht als Ding an sich, sondern nur als Ich-Erscheinung zu tun.

---

10 Der Zusatz „gedachtes" wird hier hervorgehoben, weil er später noch eine wichtige Rolle spielen wird.
11 Siehe exemplarisch B68, B157.

Das Paradox der Selbstaffektion wurde daher oft im Rahmen von Kants transzendentalem Idealismus und mit Hilfe der Unterscheidung von Dingen und Erscheinungen interpretiert.[12] Solche Interpretationen haben aber meines Erachtens nicht zu einer überzeugenden Auflösung des Paradoxes geführt. Die Unterscheidung zwischen Ding an sich und Erscheinung mag schon im äußeren Fall problematisch sein, im inneren Fall aber scheint sie die unplausible Auffassung zu implizieren, dass das Subjekt „vor dem Verstand" ein *Ich-Ding* an sich ist, im inneren Sinn aber nur eine *Ich-Erscheinung*.[13]

Versteht man einerseits diese Spaltung zwischen Ich-Ding und Ich-Erscheinung *ontologisch*, so lässt sich die Identitätsbeziehung zwischen beiden nur schwerlich erklären. Schließlich bin *ich* sowohl diejenige, die „als Intelligenz" vor den Verstand tritt, als auch diejenige, die im inneren Sinn erscheint, und somit „dasselbe Subjekt". Doch wenn ich mir dieser Identität bewusst sein kann, was hält mich dann davon ab, Schlüsse über meine Ding-Natur auf der Grundlage meiner Erscheinung im inneren Sinn zu ziehen? Könnte ich dann nicht zum Beispiel auf die zeitlich durchgängige Identität meiner selbst als Ding an sich auf der Grundlage meines Bewusstseins personaler Identität oder dem Anschauen fortwährend wechselnder Zustände meines Bewusstseins folgern? Die Möglichkeit solcher Schlüsse weist Kant in den Paralogismen allerdings eindeutig zurück.[14]

Versteht man andererseits das Verhältnis zwischen Ich-Ding und Ich-Erscheinung *epistemisch*, so lassen sich womöglich zwei verschiedene, voneinander unabhängige Arten von Selbstbewusstsein unterscheiden – das Bewusstsein meiner selbst als denkendes Subjekt und das Bewusstsein meiner selbst als passives Subjekt, das mentale Zustände „erleidet".[15] Jedoch stellt sich wiederum

---

[12] Entsprechend der zwei Hauptlesarten von Kants transzendentalem Idealismus – der Zwei-Welten- und der Zwei-Aspekte-Lesart – lassen sich ontologische und epistemische Interpretationen dieser Unterscheidung in der Literatur finden, die ich im Folgenden kurz erläutere.
[13] Während Kant in seiner vorkritischen Philosophie noch zulässt, dass der Verstand Dinge an sich erkennt, ist dies nach Kants kritischer Philosophie nicht mehr möglich. Daher wäre es höchst unplausibel, wenn Kant dennoch annehmen würde, dass wir uns selbst als Dinge an sich „vor dem Verstand" erkennen könnten.
[14] Siehe A341–405/B399–432. Eine ontologische Lesart wird von Wuerth (2014) vertreten. Für eine kritische Diskussion solcher Lesarten siehe Ameriks 2000.
[15] Z. B. Boyle 2009, Kitcher 2011. Diese Lesart wird häufig mit dem Verweis auf Zitate gestützt, in denen Kant zwei Bedeutungen der Ich-Vorstellung unterscheidet, eine ontologische Spaltung des Subjekts jedoch ablehnt, wie etwa die folgenden Passagen aus *Anthropologie* und *Fortschritte:*
„Hier scheint uns nun das Ich doppelt zu sein (welches widersprechend wäre): 1) das Ich als Subject des Denkens (in der Logik), welches die reine Apperception bedeutet (das blos reflectirende Ich), und von welchem gar nichts weiter zu sagen, sondern das eine ganz einfache Vor-

die Frage, wie sich zwei so unterschiedliche Ich-Vorstellungen sinnvoll miteinander vereinbaren lassen, ohne zu einer Spaltung in mehrere Ich-Bewusstseine zu führen. Müssen wir uns nicht letztlich als ein und dasselbe Individuum auffassen, das sowohl aktiv denkt, als auch – mehr oder weniger passiv – psychologische Zustände, wie etwa Emotionen, Wahrnehmungen und Schmerzen, erfährt?

Eine Behandlung des Paradoxes im Rahmen von Kants transzendentalem Idealismus, die sich auf die „statischen" Unterscheidungen entweder zweier Wesen – Ich-Ding und Ich-Erscheinung – oder zweier unabhängiger Arten von Selbstbewusstsein beruft, halte ich daher nicht für zielführend. Stattdessen plädiere ich für die Unterscheidung von „dynamischen" Momenten der *Selbstkonstituierung*. Im folgenden Abschnitt werde ich Apperzeption und Selbstaffektion als zwei grundlegende Momente der Selbstkonstituierung diskutieren. Dabei wird sich allerdings zeigen, dass diese beiden Momente allein nicht ausreichen, um das Paradox aufzulösen. Vielmehr bedarf es – so werde ich im darauffolgenden Abschnitt (4) argumentieren – eines dritten Momentes, das zwischen diesen beiden vermittelt: der Vernunftidee der Seele.

3 Zwei Momente der Selbstkonstituierung: Apperzeption und Selbstaffektion

Um verstehen zu können, „wie ich mir selbst überhaupt ein Objekt [...] der Anschauung und innerer Wahrnehmungen" und schließlich Gegenstand der inneren Erfahrung sein könne, müssen wir untersuchen, inwiefern die Bedingungen der Gegenständlichkeit überhaupt von dem im inneren Sinn Gegebenen erfüllt werden können. Üblicherweise muss ein Objekt der Anschauung (und Wahrneh-

---

stellung ist; 2) das Ich als das Object der Wahrnehmung, mithin des inneren Sinnes, was eine Mannigfaltigkeit von Bestimmungen enthält, die eine innere Erfahrung möglich machen." (*Anth* 7: 134, Fn.) „Ich bin mir meiner selbst bewußt, ist ein Gedanke, der schon ein zweifaches Ich enthält, das Ich als Subject, und das Ich als Object. [...] Es wird dadurch aber nicht eine doppelte Persönlichkeit gemeynt, sondern nur Ich, der ich denke und anschauet, ist die Person, das Ich aber des Objectes, was von mir angeschauet wird, ist gleich andern Gegenständen außer mir, die Sache. Von dem Ich in der ersten Bedeutung (dem Subject der Apperception), dem logischen Ich, als Vorstellung *a priori*, ist schlechterdings nichts weiter zu erkennen möglich, [...]. Das Ich aber in der zweyten Bedeutung (als Subject der Perception); das psychologische Ich, als empirisches Bewußtseyn, ist mannigfacher Erkenntniß fähig [...]." (*Fortschritte* 20: 270) Eine Ausnahme ist Sturm, der die notwendige Verbindung beider Arten von Selbstbewusstsein anerkennt. Allerdings konstruiert er das empirische Selbstbewusstsein „im anthropologischen Kontext [...] als das reichhaltige, vor allem praktische Selbstbild" (Sturm 2017: 220).

mung) die Bedingungen der Sinnlichkeit erfüllen; ein Gegenstand der Erfahrung zudem die Bedingungen des Verstandes. Ein Erfahrungsgegenstand unterliegt also zwei Bedingungen:[16]

(1) er muss in einer Anschauung in der Form von *Raum* oder *Zeit sinnlich gegeben* sein können und
(2) er muss die reinen Verstandesbegriffe, d. i. *Kategorien*, die den Formen möglicher Urteile entsprechen, instanziieren können, insbesondere die Kategorie der *Substanz* als Beharrlichkeit in der Zeit.

Um garantieren zu können, dass alle sinnlich gegebenen Gegenstände mit Hilfe der reinen Verstandesbegriffe gedacht und somit in Erkenntnisurteilen erfasst werden können, entwickelt Kant eine Theorie der sogenannten *figürlichen Synthesis*. Kants allgemeine Theorie der Synthesis geht von der grundlegenden Fähigkeit des Subjekts aus, Vorstellungen zu verbinden. Die Erfahrung eines Gegenstandes besteht üblicherweise aus einer Vielfalt an Vorstellung (d. i. das „Mannigfaltige der Anschauung"), die synthetisiert werden müssen, um zusammen ein und denselben Gegenstand darstellen zu können. Kants Theorie besagt nun, dass ein Gegenstand in der Anschauung genau dann mit Hilfe der Kategorien reflektiert werden könne, wenn die Kategorien selbst als Regeln einer figürlichen Synthesis die Formen der Anschauung – Raum und Zeit – bestimmen. Dies bedeutet genauer, dass die Kategorien bestimmen, wie das Mannigfaltige der Anschauung durch synthetische Tätigkeit verbunden wird. Demnach wird das Material der Anschauung nicht nur in ein bloß zeitliches Nacheinander und in ein bloß räumliches Nebeneinander sortiert, sondern weist bereits komplexe Muster auf, die den Kategorien entsprechen und daher unter diesen reflektiert werden können. So kann das Mannigfaltige der Anschauung so gegeben sein, dass es einer Relationskategorie entspricht, etwa als ein Beharrliches entsprechend der Kategorie der Substanz oder als zeitliche Folge entsprechend der Kategorie der Kausalität. Mit anderen Worten, die Formen von Raum und Zeit sind nicht mehr bloß rudimentäre Sortierfunktionen für die Anschauungsmannigfaltigkeit, sondern sie weisen selbst eine Struktur auf, die von ihrer figürlichen Synthesis durch die Einbildungskraft nach den Regeln des Verstandes resultiert.[17]

Umgekehrt lassen sich die Kategorien des Verstandes nun in *apriorische Zeitbestimmungen* übersetzen, die als *reine Schemata* bei der Bildung von Erkenntnisurteilen bezüglich sinnlicher Gegenstände ihre Anwendung finden. Die

---

16 Eine äußerst hilfreiche Diskussion dieser Bedingungen findet sich bei Watkins und Willaschek 2017.
17 Für detaillierte Analysen der figürlichen Synthesis sowie zum Verhältnis von Einbildungskraft und Verstand siehe Longuenesse 1998, Grüne 2009 und Land 2015.

Kategorie der Substanz lässt sich etwa als Schema der Beharrlichkeit anwenden, wodurch ein und derselbe Gegenstand durch die Zeit verfolgt werden kann; die Kategorie der Kausalität lässt sich als Schema der objektiven Zeitfolge anwenden, wodurch ein Wechsel von Zuständen als kausale Folge aufgefasst werden kann.[18]

Zu den Bedingungen der Gegenständlichkeit gehören also wesentlich die Bedingungen der *Zeitlichkeit* von Gegenständen und insbesondere die Bedingungen der Zeitordnung nach den Relationskategorien. Wie sieht es nun diesbezüglich mit dem empirischen Selbst als möglichem Gegenstand der inneren Erfahrung aus? Sind wir uns selbst sinnlich in – zumindest zeitlichen – Anschauungen im inneren Sinn derart gegeben, dass wir den Bedingungen der Zeitlichkeit entsprechen und die Schemata der Zeitordnung anwenden können? Schließlich verstehen wir uns doch üblicherweise als zeitlich verfasste Wesen mit *personaler Identität*. Wie aber lässt sich dieser Umstand erklären?

Die bisherige Analyse hat zwei zentrale Vermögen hervorgehoben, durch die wir selbstbezügliche Vorstellungen generieren können: die Apperzeption und den inneren Sinn (mit Hilfe der Selbstaffektion). Nun werde ich argumentieren, dass diese beiden Vermögen nur zusammen *Selbstbewusstsein überhaupt* hervorbringen können. Selbstbewusstsein konstituiert sich demnach aus – mindestens – zwei „Quellen": aus der Apperzeption, die als „Quelle" der Form von *Reflexivität* die Rückbeziehung auf das Subjekt vermittelt (siehe 3.1), und aus der Selbstaffektion durch den inneren Sinn, der als „Quelle" von *Selbstreferenz* den „Stoff" (bzw. die „Materie") beisteuert (siehe 3.2). Im Folgenden werde ich beide Quellen analysieren.

3.1 Die Apperzeption als formale Quelle von Reflexivität

Das Vermögen der Apperzeption führt Kant bereits in §16 der B-Deduktion mit dem berühmten Diktum ein: „Das *Ich denke* muss alle meine Vorstellungen begleiten können; denn sonst würde [...] die Vorstellung [...] entweder unmöglich, oder wenigstens für mich nichts sein." (B131f.) Die Apperzeption ist demnach das Vermögen, Vorstellungen, die für uns eine Bedeutung haben können, d. i. Vorstellungen von Objekten im weiten Sinn, mit einem gewissen Selbstbewusstsein begleiten zu können. Dieses Selbstbewusstsein lässt sich durch den Zusatz „*Ich*

---

[18] Mit Hilfe dieser Theorie lässt sich der Übergang von der legitimen Anwendbarkeit der reinen Verstandesbegriffen, der in der Deduktion nachgewiesen wird, zu den Grundsätzen des reinen Verstandes (A148–235/B187–294) verstehen. Die Grundsätze sind synthetische Sätze *a priori*, die unter den Bedingungen der Anschauungen aus den Kategorien abgeleitet und für die Möglichkeit von Erfahrung konstitutiv sind.

denke" ausdrücken. Die spezifische Aufgabe der Apperzeption ist allerdings nicht so sehr eine Vorstellung von sich selbst zu produzieren, als vielmehr die *Einheit* aller Vorstellungen, die sich auf ein und dasselbe Objekt beziehen sollen, hervorzubringen. Kant nennt das Vermögen auch *transzendentale* Apperzeption, da die Bewusstseinseinheit, die sie hervorbringt, eine notwendige Bedingung von Objektbezug überhaupt und damit von der Möglichkeit von Erfahrung darstellt. Nur wenn wir alle für ein Objekt relevanten Vorstellungen in ein und demselben Bewusstsein vereinen, so Kants Argument in der B-Deduktion, können diese Vorstellungen zusammen eine komplexe Vorstellung von diesem Objekt bilden. Nur wenn wir etwa eine Rot-Empfindung mit der Vorstellung von etwas Kugelförmigem verbinden, können wir die Anschauung eines roten Balls hervorbringen.

Die Fähigkeit, alle Vorstellungen in einem Bewusstsein zu vereinen, geht einher mit der Fähigkeit, sich diese Vorstellungen als je eigene selbst zuzuschreiben.

> Ich bin mir also des identischen Selbst bewußt, in Ansehung des Mannigfaltigen der mir in einer Anschauung gegebenen Vorstellungen, weil ich sie insgesamt meine Vorstellungen nenne, die *eine* ausmachen. (B135)

Daraus folgt für Kant, dass jede Gegenstanderkenntnis – ja sogar jede Vorstellung von einem Objekt überhaupt – ein sogenanntes transzendentales Selbstbewusstsein voraussetzt. Mit anderen Worten: Gegenstanderkenntnis setzt die Fähigkeit voraus, dass sich das Subjekt seiner eigenen Vorstellungen und somit sich selbst als Subjekt dieser Vorstellungen bewusst sein kann. Dieses transzendentale Selbstbewusstsein ist also das *Bewusstsein von sich selbst als denkendes (bzw. vorstellendes) Subjekt*.[19] Das transzendentale Selbstbewusstsein betrifft somit die *reflexive* Beziehung, die eine Vorstellung zum vorstellenden Subjekt haben muss, um für das Subjekt von Bedeutung sein zu können.

Genauer definiert das transzendentale Selbstbewusstsein die *allgemeine Form* dieser reflexiven Beziehung auf das Subjekt. Wenn eine Vorstellung für ein Subjekt Bedeutung haben kann, dann muss diese Vorstellung (inklusive all ihrer Konstituenten) in einer bestimmten formalen Beziehung zum Bewusstsein des

---

19 Worin dieses Bewusstsein meiner selbst als denkendes Subjekt genau besteht, ist vielfach diskutiert worden. In jüngerer Zeit wurden aufschlussreiche Interpretationen von Kitcher 2011 und Longuenesse 2017 vorgelegt. Diese diskutiere ich ausführlich in Kraus (2020, Kapitel 3). Darin verteidige ich auch meine Lesart des transzendentalen Selbstbewusstseins als allgemeine Form der Reflexivität, die eine notwendige Bedingung jeder Vorstellung von Objekten überhaupt ist.

Subjekts stehen.²⁰ Diese Form der Apperzeption kann durchaus von verschiedenen Arten von Vorstellungen realisiert werden, zum Beispiel durch eine sinnliche Wahrnehmung oder durch einen Gedanken, sofern sich das Subjekt dieser Vorstellungen als seiner je eigenen bewusst sein kann. Die transzendentale Apperzeption stiftet also jene formale Einheit des Bewusstseins, die notwendig ist, um das Mannigfaltige der Anschauung in einer einheitlichen Vorstellung zu verbinden, die dann bedeutungsvolle Vorstellung eines Gegenstandes sein kann.

Es schließt sich die Frage an, ob die transzendentale Apperzeption, sofern sie die formale Beziehung auf das denkende Subjekt ermöglicht, auch die Selbstreferenz auf sich selbst als ein zeitlich verfasstes Wesen vermitteln kann. Es wurde in der Literatur vielfach vorgeschlagen, dass die transzendentale Apperzeption die Quelle von Selbstreferenz ist.²¹ Einige Kommentatoren haben in Kants Theorie der Apperzeption Ähnlichkeiten mit – oder gar einen Vorläufer von – sprachphilosophischen Theorien von indexikalischen Ausdrücken gesehen.²² Das erstpersonale Pronomen „ich" als indexikalischer Ausdruck verstanden zeichnet sich dadurch aus, dass seine spezifische Referenz vom Kontext der Äußerung, d. i. von Sprecher, Zeit und Ort, abhängt, wohingegen diese Abhängigkeitsrelation zwischen Kontext und Referenz durch eine kontextunabhängige, allgemeine Regel angegeben werden kann.²³ Nach dieser Interpretationslinie kann sich das „Ich denke" der Apperzeption zwar durchaus auf ein zeitlich verfasstes Wesen beziehen, es beschreibt dieses aber nicht *als* zeitlich verfasst oder gar *als* zeitlich durchgängiges Wesen, das über den konkreten Kontext hinaus besteht. Denn das „Ich denke" enthält selbst keine zeitlichen Prädikate, sondern drückt ein *rein begriffliches* Selbstbewusstsein aus.

Andere Kommentatoren schreiben der transzendentalen Apperzeption durchaus die Fähigkeit zu, eine zeitlich durchgängige Einheit des Bewusstseins zu erzeugen. Nach Dieter Henrichs (1994) Interpretation der Transzendentalen Deduktion bringt die Apperzeption ein zeitlich konstituiertes Selbstbewusstsein hervor, welches es uns ermöglicht, uns als denkende Subjekte nicht nur der ge-

---

20 So bezeichnet Kant das „Ich denke" der Apperzeption auch als „formale Bedingung meiner Gedanken" (A363, A398), als „Form [von Vorstellungen] überhaupt" (A346/B404), als „formalen Satz der Apperzeption" und als „Form der Apperzeption" (A354), als „bloße Form des Bewußtseins" (A382) und als „bloße Form der Erkenntnis" (B427).
21 Viele Kommentatoren sehen in der Apperzeption die Quelle von Selbstreferenz, z. B. Strawson 1966, Kitcher 2011 und Longuenesse 2017.
22 Z. B. Strawson 1966, Howell 2001.
23 Kaplan (1989) nennt eine solche Regel den „Character" eines indexikalischen Ausdruck und definiert als „Ich"-Regel: Der Ausdruck „ich" bezieht sich immer auf den Sprecher (oder Erzeuger) des Ausdrucks im jeweiligen Kontext (vgl. Kaplan 1989: 494, 505 sowie Howell 2001: 127, 136.).

genwärtig bewussten Vorstellungen, sondern als durchgängig identisch zu verschiedenen Zeiten aufzufassen.[24] Tatsächlich finden sich einige Passagen in der B-Deduktion, die auf einen zeitlichen Verlauf der „transzendentalen Einheit des Selbstbewusstseins" schließen lassen, z. B.:

> Nämlich diese *durchgängige Identität der Apperzeption* eines in der Anschauung gegebenen Mannigfaltigen enthält eine Synthesis der Vorstellungen und ist nur durch das Bewußtsein dieser Synthesis möglich. Denn das empirische Bewußtsein, welches verschiedene Vorstellungen begleitet, ist an sich zerstreut und ohne Beziehung auf die Identität des Subjekts. Diese Beziehung geschieht also dadurch noch nicht, daß ich jede Vorstellung mit Bewußtsein begleite, sondern daß ich eine zu der andern hinzusetze und mir der Synthesis derselben bewußt bin. (B132, Hervorhebung K. K.)

Diese Interpretation ist hochproblematisch und wurde zu Recht von verschiedenen Kommentatoren kritisiert.[25] Die einheitsstiftende Funktion der Apperzeption, die sich durch die Hinzufügung des „Ich denke" ausdrücken lässt, bleibt *formal identisch* zu verschiedenen Zeiten und bezüglich verschiedener Mannigfaltigkeiten. Allerdings bietet die reine Form der Apperzeption keine Garantie, dass den synthetisierten mentalen Gehalten über die Zeit hinweg tatsächlich ein und derselbe Träger zu Grunde liegt. Vielmehr lehnt Kant im Paralogismus-Kapitel alle rationalistischen Beweise ab, die versuchen, aus der bloß gedachten Einheit des Bewusstseins auf die Seele als beharrliche Substanz und Träger mentaler Zustände zu schließen. Dort argumentiert er explizit, dass aus dem „Ich denke" der reinen Apperzeption nicht auf die Existenz einer beharrlichen mentale Substanz geschlossen werden darf.[26] In der A-Ausgabe schreibt er etwa im dritten Paralogismus, der sich mit dem Problem personaler Identität befasst:

> Es ist also die Identität des Bewußtseins meiner selbst in verschiedenen Zeiten nur eine formale Bedingung meiner Gedanken und ihres Zusammenhanges, beweiset aber gar nicht die numerische Identität meines Subjekts, in welchem unerachtet der logischen Identität des Ich doch ein solcher Wechsel vorgegangen sein kann, der es nicht erlaubt, die Identität desselben beizubehalten, obzwar ihm immer noch das gleichlautende Ich zuzuteilen, welches in jedem andern Zustande, selbst der Umwandelung des Subjekts, doch immer den Gedanken des vorhergehenden Subjekts aufbehalten und so auch dem folgenden überliefern könnte. (A363)

---

24 Siehe auch Mariña 2011.
25 Siehe Keller 1998 und Ameriks 2000.
26 Siehe A341–405/B399–432. Für eine aufschlussreiche Diskussion zum Paralogismus der Substanzialität siehe Rosefeldt 2017.

Nach meinem Verständnis besagt diese Passage erstens, dass wir zwar jeweils den gleichen logischen Begriff von uns selbst – das „gleichlautende Ich" – zu verschiedenen Zeiten verwenden, um die „logische Identität des Ich" als transzendentallogische Einheit von Vorstellungen zu bezeichnen. Zweitens besagt die Passage, dass wir gerade keinen transzendental-philosophischen Beweis dafür haben, dass es sich bei dem „zu verschiedenen Zeiten" jeweils mit „ich" Bezeichneten auch wirklich um ein und dasselbe Wesen handelt. Das „Ich denke" der Apperzeption kann die „numerische Identität meines Subjekts" durch die Zeit nicht beweisen und somit auch nicht die numerische Identität eines zeitlich durchgängigen mentalen Gegenstands als Träger meiner mentalen Zustände. Vielmehr ist das „Ich denke" eine rein begriffliche Vorstellung vom denkenden Subjekt, das keine zeitlichen Bestimmungen enthält und das auch keine zeitlich durchgängige Einheit von mentalen Zuständen erzeugt. Einige Textpassagen bestätigen diese Interpretation der Apperzeption explizit, wie etwa diese am Ende des Systems der Grundsätze:

> Das Bewußtsein meiner selbst in der Vorstellung Ich ist gar keine Anschauung, sondern eine bloß intellektuelle Vorstellung der Selbsttätigkeit eines denkenden Subjekts. Daher hat dieses Ich auch nicht das mindeste Prädikat der Anschauung, welches als beharrlich der Zeitbestimmung im inneren Sinne zum Korrelat dienen könnte; wie etwa Undurchdringlichkeit an der Materie als empirischer Anschauung ist. (B278)

Das „Ich" der Apperzeption ist eine „bloß intellektuelle Vorstellung", die keine zeitlichen Prädikate enthält. Sie kann daher auch nicht als Korrelat dienen, das der Zeitbestimmung der Beharrlichkeit (nach der Kategorie der Substanz) entspricht.

Vielmehr drückt das „Ich" der Apperzeption eine transzendentale Bedingung von Erkenntnis *überhaupt* aus, die selbst weder einen Gegenstand der Erkenntnis hervorbringen noch auf einen solchen begrifflich verweisen kann (siehe A107, A120, B131). Als transzendentale Bedingung bestimmt sie die logisch-begriffliche *Form von Reflexivität*, die von jeder bedeutungsvollen Vorstellung – zumindest der Form nach – realisiert werden muss, sodass sich das Subjekt dieser Vorstellung bewusst werden kann. *A fortiori* muss diese Form von Reflexivität also auch von jeder Vorstellung meiner selbst, etwa meiner inneren Wahrnehmung oder inneren Erfahrung, realisiert werden. Als transzendentale Bedingung ist diese Form zu allen Zeiten und für alle Subjekte gültig. Sie vermittelt aber gerade keine Beziehung auf ein aller Erfahrung zugrunde liegendes Subjekt, welches als numerisch identisches durch alle Zeiten hindurch erkannt werden kann. Die Apperzeption generiert also *keine Selbstreferenz* auf sich selbst als zeitlich verfasstes Wesen.

3.2 Die Selbstaffektion im inneren Sinn als materielle Quelle von Selbstreferenz

Nachdem wir gesehen haben, dass die Apperzeption nur eine unzureichende Quelle von Selbstreferenz ist, empfiehlt sich nun eine Analyse des inneren Sinns. In der Transzendentalen Ästhetik führt Kant den inneren Sinn zunächst als Komplement des äußeren Sinns ein, das diesem strukturell entspricht. Während wir uns vermittels des äußeren Sinns „Gegenstände als außer uns, und diese insgesamt im Raume" vorstellen, schauen wir vermittels des inneren Sinns unseren „inneren Zustand" „in Verhältnissen der Zeit" an (A22/B37). Beide Sinne zeichnen sich also durch ihre je eigene Form – Raum bzw. Zeit – sowie durch die Art der jeweils affizierenden „Objekte" aus. Den äußeren Sinn affizieren dem Subjekt „äußerliche" Gegenstände, also solche Gegenstände, die primär nicht mit dem Subjekt identisch sind. Der innere Sinn empfängt Empfindungen von dem Subjekt „innerlichen", also ihm selbst zugehörigen, Zuständen.

Allerdings besteht trotz dieser Strukturähnlichkeiten eine grundlegende Verschiedenheit zwischen den zwei Sinnen. Anders als im äußeren Sinn ist im inneren Sinn kein beharrlicher Gegenstand gegeben, wie etwa die „Seele selbst" (A22/B37) als mentale Substanz oder ein „stehendes oder bleibendes Selbst" (A107), sondern nur ständig wechselnde Zustände, einen „Fluss[] innrer Erscheinungen" (A107).[27] Diese strukturelle Verschiedenheit wirft eine Reihe an Fragen auf: Wer oder was affiziert den inneren Sinn, wenn dies kein beharrlicher Gegenstand ist? Was genau empfinden wir im inneren Sinn, wenn dies keine üblichen Sinnesempfindungen, wie visuelle, taktile oder auditive Empfindungen, sind? Und was ist schließlich das „Materielle" der inneren Anschauung?

Diese Fragen lassen sich durch eine genauere Analyse von Kants Begriff der Selbstaffektion klären. Dabei ist zunächst festzustellen, dass Kant diesen Begriff im Rahmen seiner Theorie der figürlichen Synthesis entwickelt, die – wie oben erläutert – das Verhältnis der Kategorien zu den Formen der Anschauung erklären soll. Darin führt Kant dieses Verhältnis auf den „synthetischen Einfluss des Verstandes auf die Sinnlichkeit" (B152) zurück, den er an anderer Stelle auch als „Affizierung" des inneren Sinns bezeichnet. Genauer affiziert die Verstandestätigkeit des Gemüts selbst seinen inneren Sinn (siehe B155). Da nach Kant nicht nur die Verstandestätigkeit, sondern jede Art von Gemütstätigkeit eine Affizierung des inneren Sinns hervorrufen kann, werde ich im Folgenden die Rolle des Verstandes

---

[27] Gegen diese strukturelle Verschiedenheit wurde eingewendet, dass auch im äußeren Sinn nichts Beharrliches, sondern nur mannigfaltige Vorstellungen gegeben sind, die erst aufgrund der Syntheseleistung des Subjekts zur Anschauung von etwas Beharrlichem werden (z. B. Vogel 1993). Für eine Diskussion dieses Einwands siehe Kraus (2019).

vernachlässigen und vor allem die konstitutive Rolle des inneren Sinns für das *empirische Bewusstsein überhaupt* hervorheben.

Eine detaillierte Analyse der figürlichen Synthesis in §24 (B-Deduktion) bringt ein komplexeres Bild zum Vorschein. Demnach erzeugt die produktive Einbildungskraft eine Mannigfaltigkeit der Anschauung, die in das Bewusstsein aufgenommen, d. h. „apprehendiert", werden muss, um eine bewusste Vorstellung von etwas sein zu können. Die Apprehension einer Mannigfaltigkeit in das Bewusstsein kann nur unter Beteiligung des inneren Sinns geschehen, dem notwendigerweise alle Vorstellungen überhaupt angehören (siehe A99). Im inneren Sinn werden die „Elemente" der Mannigfaltigkeit unterschieden, indem sie der Form der Zeit nach sukzessive geordnet werden.[28] Durch weitere synthetische Aktivität wird die Mannigfaltigkeit reproduziert und entsprechend der Verstandesbegriffe zusammengesetzt, um schließlich die Erfahrung eines Gegenstandes darstellen zu können.[29] Der innere Sinn wird dabei auch als das Vermögen der „empirischen Apperzeption" (A107) bezeichnet, also das Vermögen, den eigenen Gemütszustand bzw. die darin enthaltenen Vorstellungen mit empirischem Bewusstsein zu begleiten.

Hierin wird nun also die konstitutive Bedeutung des inneren Sinns für das empirische Bewusstsein überhaupt deutlich. Empirisch bewusste Vorstellungen entstehen allererst durch das Einwirken eines aktiven mentalen Vermögens, das Vorstellungen erzeugt, auf den inneren Sinn. Dieses Einwirken besteht genauer im „Setzen seiner Vorstellungen [des Gemüts]" in das Bewusstsein, wodurch sich das Gemüt „selbst affiziert" (B68). Die „passive" Selbstaffektion ist also die Kehrseite der „aktiven" Erzeugung und Setzung von mentalen Gehalten in das Bewusstsein. Diese „Setzung" von Vorstellungen im inneren Sinn bezeichnet Kant andernorts auch als „Apprehension".[30]

Das empirische Bewusstsein von Anschauung ist für Kant nichts anderes als die *Wahrnehmung* von Erscheinungen (siehe B160 und A165/B207). Wahrneh-

---

[28] Hierbei handelt es sich zunächst um eine rudimentäre zeitliche Ordnung, die – ohne den bestimmenden Einfluss der Verstandeskategorien – ein bloßes Nacheinander ist.
[29] Siehe dazu auch die dreifache Synthesis in der A-Deduktion: (1) Synthesis der Apprehension in der Anschauung (d. i. im inneren Sinn); (2) Synthesis der Reproduktion in der Einbildung; und (3) Synthesis der Rekognition im Begriffe. Für hervorragende Analysen siehe Longuenesse 1998 und Grüne 2009.
[30] Siehe insbesondere B68, A99, B160. Der Begriff „Apprehension" bezeichnet in der A-Ausgabe nur den ersten Aspekt der dreifachen Synthesis, nämlich „das Durchlaufen der Mannigfaltigkeit und [...] die Zusammennehmung desselben" (A99) im inneren Sinn. In der B-Ausgabe bezeichnet der Begriff die gesamte Synthesis, die die „Zusammensetzung des Mannigfaltigen in einer empirischen Anschauung" bewirkt, wodurch Wahrnehmung entsteht (B160). Siehe auch A177/B220, B202. Eine ausführliche Argumentation findet sich in Kraus (2020, Kapitel 2)

mung entsteht also erst durch die Apprehension von Anschauungen (des äußeren Sinns) in das Bewusstsein und ist somit den Bedingungen der Zeitlichkeit unterworfen. Dementsprechend können die Anschauungen des äußeren Sinns nur mit Hilfe der Selbstaffektion im inneren Sinn mit Bewusstsein begleitet werden und werden erst dadurch zu bewussten Vorstellungen eines äußeren Gegenstandes.[31]

Zusammenfassend lässt sich feststellen, dass nach Kant Selbstaffektion konstitutiv für die Entstehung bewusster mentaler Gehalte ist: Ohne eine Affizierung des inneren Sinns durch die eigene Vorstellungstätigkeit können kein empirisches Bewusstsein von Vorstellungen im Allgemeinen und keine Wahrnehmung von äußeren Erscheinungen im Besonderen hervorgebracht werden. Die Selbstaffektion im inneren Sinn ist ein zentraler Aspekt bei der Erzeugung und Setzung mentaler Gehalte in das Bewusstsein. Das im inneren Sinn empfangene – also die subjektiven Bewusstseinsinhalte – machen schließlich das „Materielle" des Bewusstseins aus (*Anth* 7: 141).[32] Gleichzeitig gibt die Form des inneren Sinns dem empirischen Bewusstsein seine rudimentäre Zeitordnung, nämlich das bloß zeitliche Nacheinander seiner subjektiven Inhalte.

Beim Begriff der Selbstaffektion geht es Kant also in erster Linie *nicht* um eine Erklärung von Selbstreferenz, d. i. eine Erklärung davon, wie wir auf uns selbst als sinnlich erfahrbare Wesen in *innerer* Wahrnehmung und *innerer* Erfahrung Bezug nehmen. Vielmehr liefert dieser Begriff zunächst eine Erklärung für die materielle Konstituierung des empirischen Bewusstseins unter den Bedingungen der Zeit. Erst durch die Affizierung des inneren Sinns lässt sich verstehen, wie mentale Gehalte in ein zeitlich geordnetes Bewusstsein gelangen und dadurch als für das Subjekt bedeutungsvolle Vorstellungen von Gegenständen fungieren können. Die Referenz von einer Vorstellung auf einen Gegenstand wird also nicht nur durch die Aufnahme von Sinnesempfindungen im äußeren Sinn vermittelt. Zusätzlich bedarf es der Selbstaffektion im inneren Sinn, um den Bezug von einer *bewussten* Vorstellung, insbesondere einer *Wahrnehmung*, auf das Vorgestellte, etwa den wahrgenommenen äußeren Gegenstand, herzustellen.

Nichtsdestotrotz hat Kants Selbstaffektionstheorie auch Konsequenzen für sein Verständnis von Selbstreferenz. Aus den obigen Überlegungen ergibt sich, dass *innere Empfindungen* – also diejenigen Empfindungen, die spezifisch für den inneren Sinn sind – als das begleitende Bewusstsein von Vorstellungen verstanden werden sollten und somit die materiellen Konstituenten des empirischen

---

[31] Für eine detaillierte Diskussion von Wahrnehmung siehe Tolley 2017 und Indregard 2018.
[32] Diese „materiellen" Aspekte der Selbstaffektion werden in der Literatur meist ignoriert oder gar abgelehnt (z. B. Allison 2004 und Schmitz 2015). Eine Ausnahme bilden Melnick 2009 und Indregard 2017.

Bewusstseins selbst darstellen.³³ Dieses sollte nicht als ein höherstufiges Bewusstsein von Sinnesdaten verstanden werden, sondern als ein der Primärvorstellung gleichgeordnetes, begleitendes Bewusstsein: Es ist eine qualitative Eigenschaft von mentalen Gehalten, bewusst zu sein, und diese Bewusstheit tritt in Graden auf.³⁴

Daraus lässt sich die Bedeutung der Selbstaffektion für die *innere Wahrnehmung*, d. i. die Wahrnehmung *innerer Erscheinungen*, ableiten. Zu diesen zählen alle Erscheinungen, die von den mentalen Aktivitäten des Subjekts selbst stammen und in dessen empirischen Bewusstsein auftreten, wie etwa Gedanken, Wünsche und Gefühle. Innere Empfindungen rühren also nicht nur von der Wahrnehmung äußerer Anschauungen her, sondern können prinzipiell jede innere Erscheinung betreffen.

Bei der inneren Wahrnehmung spielt der innere Sinn nun eine zweifache Rolle: Er vermittelt nicht nur das Wahrnehmungsbewusstsein von einer inneren Erscheinung, sondern ermöglicht zugleich die Konstituierung der inneren Erscheinung selbst. Das, was in der inneren Wahrnehmung erscheint, sind schließlich nichts anderes als die Bewusstseinsinhalte des Subjekts. Wie im äußeren Falle ist uns unsere Gemütstätigkeit nicht „an sich" gegeben, sondern sie bewirkt eine innere Erscheinung im Bewusstsein. Eine solche Erscheinung wird konstituiert durch die Apprehension der zugehörigen Vorstellungsmannigfaltigkeit und der damit einhergehenden Selbstaffektion des inneren Sinns durch die Synthesetätigkeit des Gemüts.

Mein Gedanke etwa, *dass* Sokrates sterblich ist, der mir gerade „durch den Kopf geht", wird zu einer inneren Erscheinung dadurch, dass alle Konstituenten dieses Gedankens, etwa die Begriffe „Sokrates" und „sterblich", zu einem einheitlichen Gedanken verbunden werden. Nach Kants Theorie geht diese Synthesetätigkeit mit einer Mannigfaltigkeit innerer Empfindungen einher, die in das empirische Bewusstsein apprehendiert wird. Nur aufgrund dieser Apprehension erhält der Gedanke eine zeitliche Markierung im Bewusstsein relativ zu anderen Bewusstseinsinhalten. Eine innere Wahrnehmung meines Gedankens besteht dann, wenn ich die Aufmerksamkeit meines empirischen Bewusstseins auf diesen

---

33 Viele Kommentatoren lehnen die Idee von spezifisch inneren Empfindungen ab, wie etwa Allison 2004 und Schmitz 2015. Eine Ausnahme ist Indregard (2018), der innere Empfindungen direkt mit dem empirischen Bewusstsein gleichsetzt. Nach meiner Lesart sind innere Empfindungen das „Materielle" des Bewusstseins, das zusätzlich noch formale Bestimmungen benötigt.
34 Dass das empirische Bewusstsein nach Kant graduell ist, belegen insbesondere die Antizipationen der Wahrnehmung, nach denen das „Reale" der Empfindung eine „intensive Größe, d. i. ein Grad des Einflusses auf den Sinn" hat (A166/B207, siehe auch *Anth* 7: 135–140); siehe auch Indregard 2018.

Gedanken lenke und von anderen Bewusstseinsinhalten, die gleichzeitig mit diesem Gedanken erscheinen, abziehe, wie etwa von meiner Wahrnehmung der Kaffeetasse auf meinem Schreibtisch. Innere Erscheinungen können also mehr oder weniger im Fokus meiner Aufmerksamkeit stehen und treten häufig nur peripher zu äußeren Wahrnehmungen auf, ohne dass ich meine Aufmerksamkeit auf sie lenke.[35]

Somit lässt sich mit Kants Theorie der Selbstaffektion auch verstehen, wie wir mit Hilfe der inneren Wahrnehmung auf unsere eigenen Bewusstseinsinhalte Bezug nehmen können. Die Selbstaffektion trägt zur materiellen (wie auch zur formal-zeitlichen) Konstituierung innerer Erscheinungen bei und vermittelt somit die materiellen Aspekte von Selbstreferenz. Was die Theorie allerdings bislang nicht erklärt, ist die Frage, ob wir uns aufgrund von Selbstaffektion im inneren Sinn als zeitlich durchgängige, empirische Wesen wahrnehmen können. Dies wäre wohl nötig, um beharrlicher Gegenstand unserer inneren Erfahrung sein zu können.

Hier wird nun der strukturelle Unterschied zwischen innerem und äußerem Sinn noch einmal virulent. Im äußeren Sinn sind Gegenstände derart gegeben, dass sie den *Schemata* der Zeitordnungen entsprechen und insbesondere entsprechend der Kategorie der Substanz synthetisiert werden können. Denn äußere Erscheinungen weisen aufgrund ihrer räumlichen Struktur eine räumlich verteilte, physische Materialität auf, die als Korrelat des Schemas der Beharrlichkeit dienen kann. Da physische Materie aus gleichzeitig im Raum existierenden Teilen besteht, können diese Teile zu verschiedenen Zeiten als koexistierend apprehendiert und schließlich als Beharrliches in der Zeit wahrgenommen werden (freilich nur mit Hilfe des inneren Sinns, der die zeitliche Form beisteuert). Äußere Erscheinungen können daher als durch die Zeit hinweg beharrliche Körper erkannt werden.[36]

Innere Erscheinungen dagegen weisen nur eine zeitliche Struktur auf, die nicht geeignet ist, um als Korrelat des Schemas der Substanz zu fungieren. Die Bewusstseinsinhalte treten eben nur in einem zeitlichen Nacheinander, aber nicht

---

[35] Kant legt keine detaillierte transzendentalphilosophische Analyse von Aufmerksamkeit vor; sie spielt in der *Kritik der reinen Vernunft* nur eine nebengeordnete Rolle, etwa bei der figürlichen Synthesis (siehe B156n). In der *Anthropologie* finden sich genauere Ausführungen im Zusammenhang mit dem empirischen Bewusstsein (siehe *Anth* 7: 135–140). Welche Funktion bei der Lenkung der Aufmerksamkeit die spontanen Vermögen und insbesondere die Anwendung von Begriffen haben, lässt sich im Rahmen dieses Texts nicht klären. Für hilfreiche Diskussionen siehe Merritt und Valaris 2017 und Indregard 2017, siehe auch Kraus (2020, Kapitel 2).

[36] Das Argument dazu führt Kant in der ersten Analogie der Erfahrung aus (siehe A182–189/B224–232), siehe Kraus (2020, Kapitel 4).

in räumlicher Koexistenz auf. Das im inneren Sinn Gegebene, d. i. der fortwährende Fluss mentaler Gehalte, kann nicht als „Substratum" der Zeitbestimmung und damit als Beharrliches erkannt werden.[37] Der innere Sinn, der nur eine zeitliche und keine räumliche Struktur aufweist, kann allein keine Vorstellung von etwas Beharrlichem hervorbringen. Er kann allenfalls unter Zuhilfenahme des äußeren Sinns die Beharrlichkeit von physischer Materie darstellen. So kann ich mit Hilfe äußerer Anschauungen meines Körpers die Beharrlichkeit meines physiologischen Körpers erkennen.[38]

Abschließend lässt sich daher folgern, dass die Selbstaffektion im inneren Sinn zwar als materiale Quelle von Selbstreferenz dient, indem sie den Bezug auf Bewusstseinsinhalte herstellt, dass sie aber die zeitlichen Bedingungen von Gegenständlichkeit *nicht vollständig* garantieren kann. Sie kann insbesondere keine Vorstellungen hervorbringen, die zu verschiedenen Zeiten auf das empirische Selbst *als numerisch identisches* Wesen Bezug nehmen.

Mit Kants diffiziler Unterscheidung zwischen den beiden zentralen Vermögen von Selbstbewusstsein – Apperzeption und innerer Sinn – lässt sich das Paradox der Selbstaffektion weitgehend klären, denn es lässt sich verstehen, „wie ich mir selbst überhaupt ein Objekt [...] der Anschauung und innerer Wahrnehmungen" (B155f.) sein kann. Jedes dieser Vermögen ermöglicht einen basalen Moment unserer Selbstkonstituierung und erklärt dadurch einen zentralen Aspekt von Selbstreferenz. Die Apperzeption ermöglicht die reflexive Selbstbezüglichkeit auf das denkende Subjekt, während der innere Sinn die referenzielle Bezugnahme auf Bewusstseinsinhalte des Subjekts vermittelt. Allerdings lässt sich das Paradox dennoch nicht vollständig auflösen. Denn es ist nach wie vor unklar, inwiefern das empirische Selbst die Bedingungen der Gegenständlichkeit vollständig realisieren kann, also wie ich mir selbst *Gegenstand meiner inneren Erfahrung* sein kann. Zu diesen Bedingungen gehört es, dass ich mich selbst als Wesen mit personaler Identität durch die Zeit verstehe. Welches weitere Vermögen könnte nun also die Quelle einer *zeitlich durchgängigen mentalen Einheit* des empirischen Selbst sein?

---

37 Siehe A182/B226 und B291.
38 Eine ausführliche Argumentation legt Kant im Mechanik-Kapitel der *Metaphysischen Anfangsgründe der Naturwissenschaft* vor (siehe *MAN* 4: 542). Eine detaillierte Analyse davon findet sich in Kraus (2019).

4 Das dritte Moment der Selbstkonstituierung: Die Vernunftidee der Seele als formale Quelle der zeitlichen Selbstreferenz

Meine zentrale These in diesem letzten Abschnitt lautet, dass die Vernunft mit ihrer transzendentalen Idee der Seele das dritte Moment der Selbstkonstituierung darstellt, das zwischen den beiden anderen Momenten vermittelt. Diese Idee ermöglicht insbesondere das Bewusstsein personaler Identität in der Zeit und erklärt, wie ich mich als Gegenstand meiner inneren Erfahrung verstehen kann. Zentral dabei ist, dass ich mich als ein mentales Ganzes verstehen muss, welches sich über die Zeit hinweg als solches formiert, auch wenn ich mir selbst als Ganzes nie in einer Anschauung gegeben sein kann. Der Begriff von mir selbst als ein zeitlich durchgängiges Ganzes kann also weder ein empirischer Erfahrungsbegriff noch ein schematisierbarer reiner Verstandesbegriff sein. Vielmehr – so meine These – ist er eine regulative Idee der Vernunft, die eine über die Erfahrung hinausgehende Totalität beschreibt und dadurch zur Richtschnur der inneren Erfahrung wird.

Die Idee der Seele – als Begriff eines zeitlich durchgängigen mentalen Ganzen – vermittelt zwischen den ersten beiden Momenten der Selbstkonstituierung: Zwischen dem transzendentallogischen Begriff von uns selbst als denkendem Subjekt, d. i. das „Ich denke" der Apperzeption, und den Anschauungen des inneren Zustands, die im inneren Sinn in rudimentärer zeitlicher Ordnung gegeben sind. Die Vernunftidee leistet dies, indem sie die formale transzendentallogische Einheit des Bewusstseins auf den zeitlichen Verlauf erscheinender Bewusstseinsinhalte projiziert. Genauer wende ich die Vernunftidee als Inbegriff meiner inneren Erscheinungen nur regulativ an: Ich nehme bloß an, dass ich als zeitlich durchgängiges mentales Ganzes allen meinen wechselnden Zuständen zugrunde liege, ohne eine entsprechende Erfahrung meiner eigenen Beharrlichkeit zu haben. Die Vernunftidee bekommt eine transzendentale Bedeutung, da sie es mir ermöglicht, dieses mentale Ganze als den hypothetischen Träger meiner inneren Zustände und damit als *hypothetischen Gegenstand* meiner inneren Erfahrung zu deuten. Damit macht sie innere Erfahrung als Erfahrung meiner inneren Zustände möglich, obwohl ich mir selbst niemals als beharrlicher Gegenstand in der Erfahrung gegeben sein kann. Die Idee erklärt also letztlich, wie „[i]ch, als Intelligenz und denkend Subjekt, [...] mich selbst als *gedachtes* Objekt [erkenne]" (B155).

Der entscheidende Hinweis für diese Auflösung des Paradoxes findet sich allerdings erst im Anhang zur Dialektik der *Kritik der reinen Vernunft*. Dort erwägt

Kant die transzendentale Idee der Seele als „Leitfaden der inneren Erfahrung" (A672/B700). Genauer schreibt er:

> Wir wollen den genannten Ideen als Principien zu Folge erstlich (in der Psychologie) alle Erscheinungen, Handlungen und Empfänglichkeit unseres Gemüths an dem Leitfaden der inneren Erfahrung so verknüpfen, als ob dasselbe eine einfache Substanz wäre, die mit persönlicher Identität beharrlich (wenigstens im Leben) existirt, indessen daß ihre Zustände, zu welchen die des Körpers nur als äußere Bedingungen gehören, kontinuierlich wechseln. (A672/B700)

Dieser Passage entnehme ich die folgende zentrale These: Der Begriff der Seele, als regulative Vernunftidee angewandt, fungiert als „Leitfaden der inneren Erfahrung".[39] Das heißt, die Idee der Seele definiert ein Prinzip, nach dem wir uns alle unsere mentalen Zustände (d. s. „Erscheinungen, Handlungen und Empfänglichkeit unseres Gemüths") als systematisch verbunden vorstellen. Diese systematische Verbindung erhalten wir, indem wir uns selbst *so denken, als ob* wir „eine einfache Substanz [...] mit persönlicher Identität" wären, ohne diese Vorstellung von uns selbst jedoch als reale Bestimmung unserer selbst anzunehmen. Mit anderen Worten, wir nehmen hypothetisch an, dass wir mentale Substanzen sind, ohne dies assertorisch von uns auszusagen oder auf der Grundlage von Erfahrung zu erkennen.

Während die transzendentallogische Einheit der Apperzeption also konstitutiv für die Erfahrung ist, ist die systematische Einheit der Idee der Seele nur *regulativ*. Das heißt, die Einheit der Apperzeption muss mit apriorischer Notwendigkeit realisiert sein, damit wir überhaupt die Erfahrung eines Gegenstandes haben können. Die systematische Einheit meiner mentalen Zustände nach der Idee der Seele ist im Leben niemals vollständig realisiert, sondern muss vielmehr als zu realisierende Einheit bloß vorausgesetzt werden. Die Idee muss vorausgesetzt werden, um innere Erfahrungen der einzelnen Zustände, die dieses Ganze sukzessive realisieren, als zeitlich geordnet erkennen und im Ganzen meiner

---

39 Diese Passage bleibt in den meisten Interpretationen von Kants Theorie von Selbstbewusstsein und empirischem Selbst völlig unberücksichtigt, so etwa bei Kitcher (2011), Frierson (2014) und Longuenesse (2017), oder wird nur marginal behandelt, so etwa Sturm (2009: 254 f., Anm. 87). Ausnahmen bilden: Klemme (1996: 229–234), der jedoch behauptet Kant würde das „als-ob"-Modell der Seele in der B-Auflage zurückweisen; Serck-Hanssen (2011: 69), die argumentiert, dass die Idee der Seele als Gattungsbegriff für das Psychische bei Kant fungiert, Kant selbst aber diesen Gedanken nicht weiter entwickelt; Dyck (2014: 199–225), der allerdings der Idee der Seele eine bloß methodologische Rolle bei der Untersuchung innerer Erscheinungen in der empirischen Psychologie zuspricht, jedoch nicht auf ihre Rolle für die innere Erfahrung als Selbsterkenntnis eingeht. Eine ausführliche Diskussion dieser Passage findet sich in Kraus (2020, Kapitel 5).

Selbsterfahrung begreifen zu können. Daraus folgt schließlich, dass wir uns als empirisches Selbst mit personaler Identität begreifen können, indem wir unsere sinnlich erfahrbaren inneren Zustände als die Zustände eines Ganzen denken.

Eine genaue Rekonstruktion der regulativen Funktion der Idee der Seele benötigt eine detaillierte Analyse von Kants komplexer Theorie der Vernunft, die im Rahmen dieses Artikels nicht vollständig geleistet werden kann. Zum Abschluss deute ich daher die wesentlichen Aspekte einer solchen Rekonstruktion nur an.[40]

Im regulativen Gebrauch fungieren Vernunftbegriffe weder wie Erfahrungsbegriffe, mit deren Hilfe wir Anschauungen begrifflich bestimmen können, wie etwa die Begriffe „Blume", „Ball" und „rot", noch wie reine Verstandesbegriffe, nämlich die Kategorien, die – wie wir gesehen haben – die Regeln der sinnlichen Synthesis der Anschauungen definieren und somit die konstitutiven Grundsätze der Erfahrung liefern. In diesen beiden Fällen ist jeweils etwas real Existierendes in der Anschauung gegeben, das dem jeweiligen Begriff entspricht. Im Falle der Vernunftideen ist dies nicht so. Diese sind in gewisser Weise bloß intellektuelle Hilfsmittel, um das Ganze eines Erfahrungsbereichs, welches Kant auch als das „Unbedingte" zu den bedingten Erkenntnissen (eines bestimmten Bereichs) deutet, darstellen zu können.[41] Diese Darstellung benötigen wir, um der natürlichen Veranlagung unserer Vernunft stattzugeben, sich stets um die systematische Erweiterung unserer Erkenntnis zu bemühen. Mit der Darstellung des Ganzen eines Erkenntnisbereichs können wir unsere Einzelerfahrungen in diesem Bereich systematisch ordnen und dadurch auf weitere Erkenntnisse schließen, ohne jedoch die Realität dieses Ganzen oder gar dessen objektive Erkennbarkeit beweisen zu müssen.

Ähnlich wie die Kategorien definieren auch die Vernunftideen *Prinzipien* für unsere Erkenntnis. Die Vernunftideen liefern allerdings keine konstitutiven Grundsätze, sondern „regulative Prinzipien der systematischen Einheit des Mannigfaltigen der empirischen Erkenntnis überhaupt" (A671/B699). Diese Prinzipien der systematischen Einheit sind nicht konstitutiv für die bloße Möglichkeit von Erfahrung. Vielmehr geben sie uns regulative Kriterien für den richtigen Gebrauch des Verstandes an die Hand, mit deren Hilfe wir die Wahrheit unserer Einzelerfahrungen prüfen können. Der regulative Vernunftgebrauch projiziert die „systematische Einheit der Verstandeserkenntnisse", damit sie als „Probierstein der Wahrheit" für die Regeln des Verstandes dienen kann (A647/B675). Nur wenn meine Einzelerfahrungen systematisch zusammenstimmen und mit übergeordneten Naturgesetzmäßigkeiten vereinbar sind, kann ich sie also

---

[40] Für eine detaillierte Analyse siehe Kraus (2020, Kapitel 5, 6, und 7).
[41] Siehe z. B. A307/B364.

begründet für wahr halten. Die Idee des Weltganzen etwa stellt die Ganzheit aller Naturphänomene dar; sie ist somit der „Inbegriff aller Erscheinungen (*natura materialiter spectata*)" (B163). Nur mit Hilfe dieser Idee lassen sich unsere Erfahrungen (äußerer) Erscheinungen systematisch ordnen und durch allgemeine Naturgesetze beschreiben, z. B. durch die Gesetze der Physik.

Entsprechend lässt sich die Idee der Seele als Inbegriff aller inneren Erscheinungen deuten, der die „systematische Einheit aller Erscheinungen des inneren Sinns" darstellt (A682/B710). In diesem Fall hat die Vernunftidee allerdings noch eine grundlegendere Bedeutung für die innere Erfahrung. Sie stellt nicht nur Systematizitäts-Kriterien für die Überprüfung der empirischen Wahrheit innerer Erfahrung zur Verfügung. Sie liefert den Begriff vom Gegenstand der inneren Erfahrung selbst, d. h. den Begriff des empirischen Selbst, ohne den die Einzelerfahrungen von inneren Zuständen nicht als zusammengehörig erkannt werden könnten.

Die Idee der Seele ist in erster Bestimmung der Begriff von einer „einfachen denkenden Substanz" (A673/B701), die „an sich selbst unwandelbar (persönlich identisch)" ist (A682/B710).[42] Später werden weitere Prädikate hinzugefügt, wie etwa das kausale Prädikat der mentalen „Grundkraft", aus der alle mentalen Zustände erzeugt werden (A683/B710). Regulativ angewandt bezeichnet die Idee der Seele aber gerade keine in der Anschauung gegebene empirische Substanz, sondern definiert lediglich einen „Gegenstand in der Idee" (A670/B698), nämlich den Gegenstand einer denkenden Substanz, der als „transzendentales Ding" angenommen wird. Die hypothetische Annahme dieses „transzendentalen Dings" wirkt nun ähnlich wie das Schema der Kategorie der Substanz, nämlich als dessen *Analogon* für die innere Erfahrung (A665/B693): „Das transzendentale Ding ist bloß das Schema jenes regulativen Prinzips, wodurch die Vernunft [...] systematische Einheit über alle Erfahrung verbreitet" (A682/B710). Als Schema verstanden gibt mir die Vernunftidee eine Anwendungsvorschrift dafür, wie die Erfahrungen einzelner Zustände miteinander verknüpft werden können. Diese Anwendungsvorschrift ist als Analogon zur Anwendungsvorschrift des Schemas der Beharrlichkeit zu verstehen, die zeigt, wie die Anschauungen einzelner Akzidenzien mit der Anschauung einer Substanz verknüpft werden müssen.

---

42 Synonym dazu verwendet Kant auch den Begriff von der „einfachen selbständigen Intelligenz" (A682/B710). Der Gehalt der Idee wird aus der Funktionsweise der Vernunft selbst abgeleitet, nämlich aus deren natürlichen Tendenz, das „Unbedingte[] der kategorischen Synthesis in einem Subjekt" zu suchen (A323/B379); daraus ergibt sich der Begriff der „absolute[n] (unbedingte[n]) Einheit des denkenden Subjekts" (A343/B391); siehe auch A345/B403, A689/B717, A784/B812.

Durch die regulative Anwendung der Idee der Seele entwerfe ich mich selbst als ein mentales Ganzes, indem ich hypothetisch annehme, dass ich als dieses Ganze allen meinen wechselnden Zuständen zugrunde liege. Dieses Ganze ist die systematische Einheit aller mentalen Zustände, die jedoch zu keinem Zeitpunkt meines Lebens vollständig realisiert werden kann. Vielmehr handelt es sich dabei um eine „werdende Einheit", die ich durch fortwährende mentale Tätigkeit im Laufe meines Lebens zu komplettieren anstrebe.

In Bezug auf unsere innere Erfahrung ist die Idee eines mentalen Ganzen aller unserer Zustände (synchron als auch diachron) notwendig, um verschiedene mentale Zustände miteinander in Beziehung setzen zu können und insbesondere um kausale Beziehungen zwischen mentalen Zuständen erkennen zu können. Dazu müssen unsere inneren Erscheinungen von Gedanken, Gefühlen und Wünschen als Zustände einer gemeinsamen Substanz vorgestellt werden. Diese Substanz wird als realer Grund dieser Zustände bloß angenommen, ohne selbst in der Anschauung gegeben zu sein. das Bewusstsein unserer personalen Identität ist daher nicht selbst eine empirische Erkenntnis, sondern eine notwendige, wenn auch nur regulative, Annahme mentaler Subjekte, die die Erkenntnis von kausalen Zusammenhängen zwischen mentalen Zuständen erst ermöglicht. Wir müssen uns selbst als ein zeitlich durchgängiges mentales Ganzes verstehen, um den zeitlichen Verlauf unserer mentalen Zustände überhaupt erkennen zu können. Die innere Erfahrung als Zustandserkenntnis bildet nun also die Grundlage, um übergeordnete Schlussfolgerungen auf unseren allgemeinen empirischen Charakter anzustellen. Aus einem wiederkehrenden Muster einer Abfolge mentaler Zustände lässt sich etwa auf eine allgemein psychische Eigenschaft, wie z. B. ein Persönlichkeitsmerkmal, schließen. Somit trägt die innere Erfahrung zur Erkenntnis unserer selbst als empirische Personen bei.

5 Konklusion

Ausgehend vom Paradox der Selbstaffektion wurde eine Interpretation von Kants Begriff der inneren Erfahrung entwickelt, die der Erkenntnis unseres empirischen Selbst zugrunde liegt. Demnach wird die Erfahrung unserer selbst durch drei Momente der Selbstkonstituierung vermittelt. Diese drei Momente sind:
(1) die Apperzeption, die das Bewusstsein unserer selbst als denkendes Subjekt ermöglicht und damit die transzendentallogische Form der Reflexivität aller Bewusstseinsinhalte definiert,
(2) die Selbstaffektion, die den Bezug auf konkrete Bewusstseinsinhalte in rudimentärer zeitlicher Abfolge im inneren Sinn vermittelt, und

(3) die Vernunftidee der Seele, die das Bewusstsein unserer selbst als zeitlich durchgängiges, mentales Ganzes und somit die Bezugnahme auf uns selbst als *gedachter* Gegenstand der inneren Erfahrung ermöglicht.

Das empirische Selbst wird demnach als die systematische Einheit aller mentalen Zustände angenommen, die durch die Ausführungen mentaler Aktivitäten im Laufe des Lebens fortschreitend realisiert wird. In der inneren Erfahrung erkennen wir uns selbst niemals vollständig, sondern stets nur unsere wechselnden Zustände und deren kausal-zeitliche Abfolge.

Diese Interpretation der inneren Erfahrung hat zwei Vorteile. Einerseits kann sie die Kontinuität zwischen Kants Begriffen der äußeren und der inneren Erfahrung plausibel verdeutlichen. Andererseits kann sie die Besonderheiten der inneren Erfahrung anerkennen, insbesondere den Umstand, dass es sich dabei um eine selbstbezügliche Erfahrung handelt, deren besonderer Gegenstand – das empirische Ich – nur analog zu äußeren Erfahrungsgegenständen gedacht, niemals aber als solches sinnlich gegeben sein kann.

Bibliographie

Allais, Lucy, 2015, *Manifest Reality. Kant's Idealism and his Realism*, Oxford: Oxford University Press.
Allison, Henry, 2004, *Kant's Transcendental Idealism*, 2. Auflage, New Haven: Yale University Press.
Ameriks, Karl, 2000, *Kant's Theory of the Mind*, 2. Auflage, Oxford: Oxford University Press.
Boyle, Matthew, 2009, „Two Kinds of Self-Knowledge", *Philosophy and Phenomenological Research*, 78(1), 133–164.
Dyck, Corey, 2014, *Kant and Rational Psychology*, Oxford: Oxford University Press.
Emundts, Dina, 2007, „Kant über innere Erfahrung", in: Udo Kern (Hrsg.), *Was ist und was sein soll. Natur und Freiheit bei Immanuel Kant*, Berlin: De Gruyter, 191–205.
Frierson, Patrick, 2014, *Kant's Empirical Psychology*, Cambridge: Cambridge University Press.
Grüne, Stefanie, 2009, *Blinde Anschauung. Die Rolle von Begriffen in Kants Theorie sinnlicher Synthesis*, Frankfurt a. M.: Klostermann.
Henrich, Dieter, 1994, *The Unity of Reason. Essays on Kant's Philosophy*, Cambridge, MA: Harvard University Press.
Howell, Robert, 2001, „Kant, the ‚I Think', and Self-Awareness", in: Predrag Cicovacki (Hrsg.), *Kant's Legacy. Essays in Honor of Lewis White Beck*, Rochester: University of Rochester Press, 117–152.
Indregard, Jonas Jervell, 2017, „Self-Affection and Pure Intuition in Kant", *Australian Journal of Philosophy*, 95(4), 627–643.
Indregard, Jonas Jervell, 2018, „Consciousness as Inner Sensation: Crusius and Kant", *Ergo*, 5, 173–201.

Jankowiak, Tim, 2014, "Sensations as Representations in Kant", *British Journal for the History of Philosophy*, 22(3), 492–513.
Kaplan, David, 1989, "Demonstratives", in: Joseph Almog, John Perry und Howard Wettstein (Hrsg.), *Themes from Kaplan*, New York: Oxford University Press, 481–563.
Keller, Pierre, 1998, *Kant and the Demands of Self-Consciousness*, Cambridge: Cambridge University Press.
Kitcher, Patricia, 2011, *Kant's Thinker*, Oxford: Oxford University Press.
Klemme, Heiner, 1996, *Kants Philosophie des Subjekts*, Hamburg: Meiner.
Kraus, Katharina, 2019, "The Parity and Disparity between Inner and Outer Experience in Kant", *Kantian Review*, 24(2), 171–195.
Kraus, Katharina, 2020, *Kant on Self-Knowledge and Self-Formation: The Nature of Inner Experience*, Cambridge: Cambridge University Press.
Land, Thomas, 2015, "No Other Use Than in Judgment?: Kant on Concepts and Sensible Synthesis", *Journal of the History of Philosophy*, 53(3), 461–484.
Longuenesse, Béatrice, 1998, *Kant and the Capacity to Judge*, transl. by Charles T. Wolfe, Princeton: Princeton University Press.
Longuenesse, Béatrice, 2017, *I, Me, Mine*, Oxford: Oxford University Press.
Mariña, Jacqueline, 2011, "Transcendental Arguments for Personal Identity in Kant's Transcendental Deduction", *Philo*, 14(2), 109–136.
Melnick, Arthur, 2009, *Kant's Theory of the Self*, New York: Routledge.
Merritt, Melissa und Valaris, Marco, 2017, "Attention and Synthesis in Kant's Conception of Experience", *The Philosophical Quarterly*, 67(268), 571–592.
Mohr, Georg, 1991, *Das sinnliche Ich. Innerer Sinn und Bewußtsein bei Kant*, Würzburg: Könighausen & Neumann.
Rosefeldt, Tobias, 2017, "Subjects of Kant's First Paralogism", in: Anil Gomes and Andrew Stephenson (Hrsg.), *Kant and the Philosophy of Mind. New Essays on Consciousness, Judgement, and the Self*, Oxford: Oxford University Press, 221–244.
Schmitz, Friederike, 2015, "On Kant's Conception of Inner Sense: Self-Affection by the Understanding", *European Journal of Philosophy*, 23, 1044–1063.
Serck-Hanssen, Camilla, 2011, "Der Nutzen von Illusionen. Ist die Idee der Seele unentbehrlich?", in: Bernd Dörflinger und Günter Kruck (Hrsg.), *Über den Nutzen von Illusionen. Die regulativen Ideen in Kants theoretischer Philosophie*, Hildesheim: Olms, 59–70.
Stang, Nicholas, 2016, *Kant's Modal Metaphysics*, Oxford: Oxford University Press.
Sturm, Thomas, 2009, *Die Wissenschaften vom Menschen*, Paderborn: Mentis.
Sturm, Thomas, 2017, "Reines und empirisches Selbstbewusstsein in Kants Anthropologie", in: Udo Thiel und Guiseppe Motta (Hrsg.), *Immanuel Kant: Die Einheit des Bewusstseins*, Berlin/Boston: De Gruyter, 195–220.
Tolley, Clinton, 2017, "Kant on the Place of Cognition in the Progression of Our Representations", *Synthese*, 1–30.
Vogel, Jonathan, 1993, "The Problem of Self-Knowledge in Kant's ‚Refutation of Idealism': Two Recent Views", *Philosophy and Phenomenological Research*, 53, 875–887.
Watkins, Eric, 2005, *Kant and the Metaphysics of Causality*, Cambridge: Cambridge University Press.
Watkins, Eric und Willaschek, Marcus, 2017, "Kant's Account of Cognition", *Journal of the History of Philosophy*, 55(1), 83–112.
Wuerth, Julian, 2014, *Kant on Mind, Action, and Ethics*, Oxford: Oxford University Press.

Index of Names

Abicht, Johann Heinrich   4
Adelung, Johann Christoph   516
Adickes, Erich   6, 151, 183, 186, 295 ff., 311 f., 565
Adler, Hans   101 f.
Adorno, Theodor Wiesengrund   172
Aicher, Severin   174
Allais, Lucy   19, 24, 494, 599, 617
Allison, Henry E.   12, 19, 21, 107, 117, 140, 222, 260 f., 263, 269, 276, 279, 294 f., 315, 342, 345, 349, 382 ff., 386, 398, 401, 418, 422, 439 f., 444, 446 f., 451, 455 f., 464 f., 475, 478, 484, 486, 501, 530, 549, 599, 617, 630 f.
Almeida, Guido Antônio de   20
Alston, William   574, 578
Altman, Matthew C.   24
Ameriks, Karl   11, 14, 16, 82, 442 f., 613, 620, 626
Aportone, Anselmo   17
Aquila, Richard E.   14
Aristotle   61, 70, 174, 334 f., 519
Armstrong, David   580
Arndt, Hans Werner   136, 141
Aschenberg, Reinhold   12
Azeri, Siyaves   607

Bacin, Stefano   25
Bader, Ralf M.   24, 299, 301
Baensch, Otto   140, 276, 278
Baermann, Georg Friedrich   148
Baertschi, Bernhard L.   199
Baiasu, Sorin   23
Ball, B. W.   264
Banham, Gary   24, 451
Baranovas, Ruslanas   19
Bardout, Jean-Cristophe   95
Barnouw, Jeffrey   103
Barth, Christian   195
Basile, Giovanni Pietro   25
Bauer, Nathan   19, 23, 342, 396
Baum, Manfred   12 f., 16, 18, 22, 24, 141, 293 f., 297, 300, 441 ff., 526, 545, 549

Baumanns, Peter   9, 15
Baumgarten, Alexander Gottlieb   18, 72, 82, 93–109, 136, 141, 160, 163, 174, 208, 255, 289, 313, 326
Bayerer, Wolfgang Georg   86
Bayle, Pierre   62
Beattie, James   117
Beck, Jacob Sigismund   3 f., 139, 369
Beck, Lewis White   138, 140, 276, 278 f., 289, 292, 294 f., 421 f., 540
Becker, Wolfgang   14
Beiser, Frederick C.   276, 312
Bell, David   526
Bella, Michela   23
Bennett, Jonathan   9
Bernecker, Sven   572
Bernoulli, Johann   198, 279, 295
Bickmann, Nicolas   25
Bierbach, Pier   135
Bilgrami, Akeel   571, 580
Bird, Graham   24, 548
Birrer, Matthias   377, 451, 455
Birven, Henri Clemens   119
Blasche, Siegfried   11
Blomme, Henny   2, 24, 170
Boghossian, Paul   605
Bona Meyer, Jürgen   5
Bondeli, Martin   17
Borowski, Ludwig Ernst   257
Bossart, William H.   9
Boulter, Stephen   559
Bouterwek, Friedrich   4
Bouwsma, Oets Kolk   558
Bowman, Brady   19
Boyle, Matthew   409, 571, 581, 587, 604, 620
Brands, Hartmut   174
Brandt, Reinhard   12, 15, 18, 113 f., 172, 269, 276, 278, 299, 315, 521
Brook, Andrew   14 f., 20, 24, 107, 549, 572, 580
Brouillet, Raymond   10
Burchard, Hermann G. W.   20

https://doi.org/10.1515/9783110732603-026

Burge, Tyler 580f.
Buroker, Jill Vance 447
Bykova, Marina 17
Byrne, Alex 576, 580

Caimi, Mario 21, 23, 308
Caimi, María del Carmen 21
Calhoun, Zachary 17
Canz, Israel Gottlieb 265
Capozzi, Mirella 23
Carboncini, Sonia 102
Carl, Wolfgang 13, 15, 20, 117, 119, 193, 276, 285, 291, 292, 301, 303, 312–316, 342, 401, 447, 451
Carlin, Laurence 195
Carnap, Rudolf 550
Carney, James D. 203
Carruthers, Peter 571, 580
Cassam, Quassim 9, 413, 541, 571, 576, 580
Cassirer, Ernst 6, 119, 312, 365
Castañeda, Héctor-Neri 577
Castillon, Fréderic de 4
Chen, Yeben 23
Chignell, Andrew 24
Chiodi, Pietro 8
Chisholm, Roderick 549
Choi, In-Sook 16
Choi, So-In 16
Chotaš, Jiří 16
Clarke, Samuel 115
Cleermans, Axel 550
Coe, Cynthia D. 24
Cohen, Hermann 5, 369, 573
Colliva, Annalisa 605
Conant, James B. 19, 403–431, 433, 484
Condillac, Étienne Bonnot de 247, 269
Conrad, Elfriede 276
Correia, Carlos João 16
Costa Rego, Pedro 23
Cousin, D. R. 8
Cramer, Konrad 11, 16, 176
Cramer, Luise 276
Crone, Katia 17, 24
Crusius, Christian August 95, 253, 257–261, 263ff., 271, 293, 344f., 351f., 358, 517

Cudworth, Ralph 19
Church, Alonzo 20

Dalberg, Karl Theodor A. M. von 4
Dal Pra, Mario 115f.
De Boer, Karin 2
Debru, Claude 141
Delfosse, Heinrich P. 276
Descartes, René 10, 13, 18, 21, 61, 83f., 113f., 122–127, 161, 201ff., 210, 214, 263f., 383, 544, 555, 557, 559, 607f.
Dessoir, Max 95, 151
Dicker, George 552f.
Dörflinger, Bernd 17, 24
Dretske, Fred 413, 537, 576, 580
Dunlop, Katharine 140, 146ff., 154f.
Düsing, Klaus 11, 13, 21, 25, 300
Dyck, Corey W. 16, 18f., 21, 23f., 25, 105, 264, 282, 342, 386, 389, 392, 398, 415, 514, 520f., 635

Eberhard, Johann A. 353f.
Edel, Geert 8
Edgar, Scott 20
Eisenring, Max E. 135f., 138, 140f.
Ellis, Addison 23
Emundts, Dina 16f., 23f., 572, 614
Engel, Friedrich 150
Engstrom, Stephen 23f.
Enskat, Rainer 24
Erdmann, Benno 6, 194, 382, 547
Eschenmayer, Carl August 5
Escher, Maurits Cornelis 93
Euclid 145f., 148, 150, 153
Euler, Leonhard 134
Euler, Werner 18, 70
Evans, Gareth 19, 529f., 550
Evans, Joseph Claude 11, 383f., 386, 398, 439, 442f., 445

Fabbrizi, Chiara 20
Falkenburg, Brigitte 537
Falkenstein, Lorne 18, 299, 446, 494, 496
Favaretti Camposampiero, Matteo 19
Feder, Johann Georg Heinrich 3, 18, 186, 219ff., 224–231, 237, 242–246
Ficara, Elena 25

Index of Names

Fichant, Michel 140
Fichte, Johann Gottlieb 3 ff., 11, 17, 113, 125, 369
Fink-Eitel, Hinrich 11
Flemming, Georg August 558
Forgione, Luca 19, 22 f., 25
Formey, Jean Henri Samuel 198 f.
Förster, Eckardt 11 ff.
Fraassen, Bas van 558
Frank, Manfred 11, 17 f., 24, 199, 225, 241, 244
Freud, Sigmund 21
Friedman, Michael 261 f., 502
Friedrich II. 198
Frierson, Patrick R. 23, 614, 635
Fries, Jakob Friedrich 5
Fugate, Courtney 261

Gäbe, Lüder 8
Garve, Christian 3
Gassendi, Pierre 202
Gawlick, Günter 18, 96
Gennaro, Rocco J. 195, 197
Gentile, Andrea 19
Gentry, Gerard 24
George, Rolf 549
Gerhardt, Volker 24
Gertler, Brie 571, 580–583
Gettier, Edmund 550, 571
Ghisu, Sebastiano 23
Ginsborg, Hannah 19, 422, 507, 599
Giordanetti, Piero 24
Goldman, Avery 16
Golob, Sacha 19, 422
Gomes, Anil 19, 24, 422
Gorodeisky, Keren 24
Gram, Moltke S. 9, 540
Grandjean, Antoine 95
Greenberg, Robert 545, 547, 549
Griffing, Harold 140
Griffith, Aaron M. 19, 599
Grohmann, Johann Christian August 4
Grüne Stefanie 19, 507, 622, 629
Grundmann, Thomas 526
Gurwitsch, Aron 195, 215

Guyer, Paul 12 f., 23, 312, 392, 414, 442, 475, 538, 545, 549 f., 561, 602
Guzmán Grez, Nicolás 23

Haag, Johannes 475, 484 f.
Haering, Theodor 312 ff., 316 f.
Hahmann, Andree 261
Hall, Bryan 552
Hamann, Johann Georg 116, 220
Hammer, Martin 139, 165
Hanna, Robert 19, 499, 506 f., 547, 549, 599
Harms, Friedrich 151
Harper, William 549
Harrison, Ross 12
Hartmann, Nicolai 9
Hatzimoysis, Anthony 605
Hauff, Johann Karl Friedrich 148
Haumesser, Mathieu 19
Heckenroth, Lars 25
Heckmann, Reinhard 15
Hegel, Georg Wilhelm Friedrich 4, 17, 79, 83, 113, 369 f., 498 f.
Heidegger, Martin 7 f., 21, 378, 505
Heidemann, Dietmar H. 19, 24 f., 599
Heidemann, Ingeborg 8
Heimsoeth, Heinz 7 f., 161
Heintel, Erich 7 f.
Henrich, Dieter 9–14, 114, 124 f., 350, 356 f., 378, 383, 395, 404, 438 f., 442 f., 484, 625
Herbart, Johann Friedrich 5
Herder, Johann Gottfried 220
Herz, Marcus (or Markus) 18, 137, 139, 142, 154, 158, 275–279, 284, 287, 289, 292 f., 295, 297 f., 300 f., 304, 307, 309, 311, 324, 341, 343, 345 f., 351 f., 355, 358, 362, 507, 561, 563 f.
Heßbrüggen-Walter, Stefan 18, 514, 522
Hiltscher, Reinhard 24 f.
Hindrichs, Gunnar 17
Hinsch, Wilfried 13
Hintikka, Jaakko 203
Hissmann, Michael 200, 209
Hobbes, Thomas 115
Hoeppner, Till 22, 178, 464, 468, 475, 480 ff., 484 f.

Hoffbauer, Johann Christoph 4
Hohenegger, Hansmichael 93, 95 f., 109
Holland, Georg Jonathan von 150
Hoppe, Hansgeorg 9, 12, 14
Horst, Steven 537
Horstmann, Rolf-Peter 16, 24
Hossenfelder, Malte 11
Howell, Robert 15, 545, 549, 601, 625
Höwing, Thomas 24
Humboldt, Wilhelm von 278
Hume, David 12, 18 f., 109, 113–122, 125, 127, 199, 247, 262, 384, 398 f., 411 f., 421, 525 f., 536, 538–541, 543 f., 554, 559, 607
Hüning, Dieter 24
Husserl, Edmund 7, 260
Hutto, Daniel 494 f.
Hwang, Soon-U 17
Hyder, David 25

Indregard, Jonas Jervell 261, 263, 630 ff.
Ishikawa, Fumiyasu 114, 140, 172, 183

Janke, Wolfgang 193 ff.
Jankowiak, Tim 616
Jáuregui, Claudia 23
Jaspers, Karl 7
Jesus, Paulo 17, 25
Jorgensen, Larry M. 197
Josifovic, Sasa 23
Jungius, Joachim 19

Kaehler, Klaus Erich 25, 66, 69
Kannisto, Toni 24, 552
Kaplan, David 529, 625
Karásek, Jindřich 25
Kaye, Lawrence J. 20
Keil, Geert 537
Keller, Pierre 15, 451, 545, 552, 626
Kemmerling, Andreas 578
Kemp, Ryan 23, 342, 357
Kemp Smith, Norman 7, 119, 362, 540
Kim, Halla 25
Kim, Hyeongjoo 23
Kisner, Manja 25
Kitcher, Patricia 14, 18, 21, 24, 117, 514, 516, 521, 572, 601, 613, 620, 624, 635

Klein, Hans-Dieter 8
Klemme, Heiner F. 10, 15 f., 18, 24, 81, 107, 118 f., 140, 246, 253, 276, 278 f., 290, 295 ff., 303, 313, 315, 382, 607
Klingner, Stefan 24 f.
Klotz, Christian 17
Koch, Anton Friedrich 18
Kohl, Markus 20
Koistinen, Olli 18
König, Edmund 137 f., 140, 160
Körner, Stephan 541
Koßler, Matthias 16
Kraus, Katharina T. 22 f., 25, 614, 624, 628 f., 632 f., 635 f.
Kreimendahl, Lothar 18, 96, 295
Krouglov, Alexei N. 18
Kuehn, Manfred 18, 116, 220, 246, 254
Kuhne, Frank 17
Kuliniak, Radosław 140, 276, 278
Kulstad, Mark 68, 70, 195 f.
Kumar, Apaar 243
Kümmel, Friedrich 300 f., 303

Laiho, Hemmo 19
Lambert, Johann Heinrich 133–188, 199, 275–289, 292, 294 f., 297–301, 303 f.
Land, Thomas 19, 423, 507, 622
Lang, Stefan 17
Lange, Karl 194
Langbehn, Claus 23, 601
Langlois, Luc 25
La Rocca, Claudio 24 f.
Laywine, Alison 22, 133, 140, 148 ff., 153, 155, 157 f., 276, 278 f., 315
Leduc, Christian 140
Lefort, Elisabeth 25
Leibniz, Gottfried Wilhelm 12, 18, 59–90, 94 f., 100, 102, 139, 141, 149, 151, 160 ff., 174 f., 180, 182, 193–199, 205, 207 f., 210, 212–215, 253, 266, 291, 352 ff., 416, 529
Lenczewska, Olga 23
Lenders, Winfried 140, 149, 151, 161, 164, 180, 182
Lepsius, Johannes 140, 174
Lequan, Mai 25
Lewis, C. I. 417

Liang, Yibin 23
Licht dos Santos, Paulo Roberto 23, 25
Liske, Michael-Thomas 66, 68
Locke, John 12, 18 f., 61, 68, 78, 94 ff., 106, 114 f., 149, 160, 182, 210, 241, 247, 269 f., 291, 299, 554
Longuenesse, Béatrice 17, 21, 25, 377, 395, 439, 448, 455, 458, 475, 502, 507, 572, 613, 622, 624 f., 629, 635
Lorini, Gualtiero 18, 25
Lossius, Johann Christian 18, 135
Lu-Adler, Huaping 351
Ludwig, Bernd 16
Lüdtke, Franz 194
Luise, Gennaro 23
Luo, Xi 23
Lyssy, Ansgar 25

Macdonald, Cynthia 605
Maimon, Salomon 3, 352, 525
Makkreel, Rudolf 20
Malebranche, Nicolas 293, 326, 345
Maraguat, Edgar 25
Maréchal, Joseph 23
Mariña, Jacqueline 626
Markovits, Francine 198
Marshall, Colin 601
Martin, Gottfried 139 ff., 149, 161, 170 f., 173, 180
Martinelli, Riccardo 25
Maupertuis, Pierre Louis Moreau de 198 f.
McCann, Edwin 451
McCarty, Richard 537
McBay Merritt, Melissa 23, 632
McDowell, John 19, 369 f., 405, 414, 423 ff., 427 f., 431, 475, 599
McLear, Colin 19 f., 416, 494, 506 f.
McRae, Robert 195 f.
Meer (Mösenbacher), Rudolf 24 f., 138
Meerbote, Ralf 14, 259
Meier, Georg Friedrich 175, 179 f., 208, 253, 255 f., 259, 264 f., 334
Meiners, Christoph 3
Melnick, Arthur 20, 529, 545, 561, 563 ff., 630
Mendelssohn, Moses 18, 136 f., 276 – 279, 287, 300, 304

Mensch, Jennifer 276, 377
Merian, Johann Bernhard 18, 193 f., 198 – 210, 212, 215 f., 254
Merritt McBay, Melissa 23, 628
Metz, Wilhelm 11, 25
Michel, Karin 300
Mohr, Georg 14, 25, 300 f., 613
Moledo, Fernando 19, 23, 308
Molyneux, William 198
Monzel, Alois 312
Mörchen, Hermann 378
Moran, Richard 571, 576, 580, 582
Moretto, Antonio 86
Motta, Giuseppe 2, 23 ff., 121, 126, 148, 150, 153, 172, 220, 246, 553
Muralt, André de 8
Myin, Erik 494 f.

Nakano, Hirotaka 23, 499, 508
Naragon, Steve 313
Natorp, Paul 5 ff.
Neeb, Johann 4
Nehren, Birgit 276
Newen, Albert 605
Newton, Alexandra M. 20
Nichols, Shaun 580
Noë, Alva 493, 495 f., 500, 504, 507
Noske, Rainer 25
Nowotny, Viktor 10
Nuzzo, Angelica 499

Oberhausen, Michael 173 f.
Olk, Carsten 16, 23 f.
Olson, Michael J. 25
O'Brien, Lucy 571
O'Neill, Onora 14, 555
Onof, Christian 19, 419, 425 f., 443, 445, 452, 455 f., 494, 506
O'Shaughnessy, Brian 576
O'Shea, James 403

Paton, Herbert James 7, 119, 381, 387, 394, 549
Peacocke, Christopher 23
Pelletier, Arnaud 59, 138, 140, 160, 163, 195
Perin, Adriano 140

Perini, Roberto   106
Perler, Dominik   195
Perry, John   529, 597f., 601, 605, 608
Peters, Wilhelm S.   138, 140
Piché, Claude   25
Piché, David   559
Pimpinella, Pietro   102
Pippin, Robert B.   19, 414, 434
Plato   293, 333ff., 345
Poggi, Davide   18
Pollok, Konstantin   15f., 24, 441, 502
Powell, C. Thomas   9, 14, 16
Pozzo, Riccardo   24
Prantl, Carl von   199
Prato Gaspar, Francisco   17
Priestley, Joseph   18
Prauss, Gerold   14, 21
Proops, Ian   16f.
Psilojannopoulos, Anastassios   160f., 163, 174
Putnam, Hilary   608

Radrizzani, Ives   25
Reeb, Georg   517–520
Reich, Klaus   11, 432, 476, 490
Reicke, Rudolf   312
Reimarus, Hermann Samuel   259
Reinbeck, Johann Gustav   265
Reinhold, Karl Leonhard   3ff., 17
Reininger, Robert   7
Renz, Ursula   23, 572, 577, 585, 587, 593
Rescher, Nicolas   195
Rickert, Heinrich   6, 8
Riehl, Alois   6, 135, 140, 160f., 171, 174, 184, 276, 291
Riha, Rado   23
Rischmüller, Marie   268f.
Rivero, Gabriel   140, 278, 282, 292f., 296
Robinson, Hoke   10, 12
Rödl, Sebastian   25, 571
Römer, Inga   25
Roessler, Johannes   575f.
Rohden, Valerio   23
Rohlf, Michael   23
Rohs, Peter   12, 599
Rorty, Richard   526f., 534, 540
Rosales, Alberto   16, 439

Rosas, Alejandro   15
Rosch, Eleanor   495
Rosefeldt, Tobias   11, 16, 24, 572, 626
Rosenberg, Jay   541, 549
Roskies, Adina   550
Rousseau, Jean-Jacques   12, 19, 109, 253, 268ff.
Rumore, Paola   97

Sala, Giovanni B.   295f.
Sandberg, Eric   547
Sardinha, Diogo   25
Sartre, Jean-Paul   21, 23, 197
Saugstad, Jens   502
Schad, Johannes Baptist   4
Schäfer, Reiner   25
Schelling, Friedrich Wilhelm Joseph   4f., 113
Scherzer, Johann Adam   517
Schierbaum, Sonja   257f.
Schiewer, Gesine Lenore   282
Schindler, Walter   11
Schmid, Carl Christian Erhard   4
Schmitz, Friedericke   456, 501, 630f.
Schopenhauer, Arthur   4, 113
Schulthess, Peter   134, 140, 153, 155, 159ff., 163, 169, 172, 174, 177, 290, 295f.
Schulting, Dennis   11, 19, 21f., 24f., 253, 308, 342f., 405, 408, 410, 412, 414f., 419, 421ff., 425f., 428, 432f., 439, 443, 445, 447, 452, 455f., 506f., 515, 538, 553, 599, 601
Schultz, Johann   2f., 12, 139, 300
Schulze, Gottlob Ernst   3f.
Schüßler, Werner   59, 195
Schütz, Christian Gottfried   2
Schütz, Werner   151
Schwaiger, Clemens   109
Sedgwick, Sally   17, 24
Seebohm, Thomas M.   13
Seel, Gerhard   25
Séguy-Declot, Alain   23
Sellars, Wilfrid   370, 457, 599
Serban, Claudia   25
Serck-Hanssen, Camilla   16, 24, 315, 635
Serrano Escallón, Gonzalo   19
Seyler, Frédéric   25
Sgarbi, Marco   24

Shaddock, Justin B.   23
Shoemaker, Sydney   580, 605
Siebel, Mark   177
Simonetti, Christian Ernst   253, 263–269, 271
Sitorus, Fitzerald Kennedy   10
Smit, Houston   470
Smith, Barry   605
Snowdon, Paul F.   16
Stäckel, Paul   150
Städtler, Michael   21
Stang, Nicholas   616
Stark, Werner   15
Starobinski, Jean   270
Stepanenko Gutiérrez, Pedro   312
Stephenson, Andrew   24
Stern, Robert   541
Stich, Stephen   580
Stiening, Gideon   25
Stolzenberg, Jürgen   11, 25
Strawson, Peter Frederick   8f., 11, 13, 526, 547, 550, 602
Stroud, Barry   23, 526, 540f., 544
Sturm, Thomas   15f., 20, 24, 140, 160, 276, 613, 621, 635
Sturma, Dieter   14, 16f., 20, 24, 81, 219
Sulzer, Johann Georg   277, 304
Swedenborg, Emanuel   100, 254

Tai, Terence Hua   25
Tempier, Étienne   599
Tenbruck, Friedrich   9
Teruel, Pedro Jesús   20, 24
Tester, Steven   20
Tetens, Johann Nikolaus   12, 18, 72, 95, 135, 186, 208, 219ff., 224, 229, 232–249, 398f., 517
Theis, Robert   13, 276, 312
Thiel, Udo   2, 18, 24f., 59, 68, 94, 193f., 196, 199, 208ff., 212f., 220, 225, 241, 246–249, 254–257, 262f., 269f., 522
Thöle, Bernhard   10, 16, 440, 468
Thompson, Evan   495
Tieftrunk, Johann Heinrich   284
Tolley, Clinton   19, 24, 599, 630
Tomečková, Radka   19
Tonelli, Giorgio   172, 291

Tredanaro, Emanuele   25
Tschirnhaus, Ehrenfried Walther von   151
Tugendhat, Ernst   11
Tuschling, Burkhard   12, 18

Ulich, Robert   194
Ulrich, Johann August Heinrich   2

Vaihinger, Hans   6, 114, 119, 140
Valaris, Markos   500, 632
Van Cleve, James   299
Varela, Francisco   495f.
Verburgt, Jacco   24
Vigo, Alejandro G.   24
Vinci, Thomas C.   20
Vleeschauwer, Herman Jean de   6f., 138, 276, 312, 386, 388, 396, 553
Vogel, Jonathan   628
Volk, Otto   284
Volonté, Lucia   25
Vosgerau, Gottfried   605

Wagner, Hans   7, 10ff.
Waibel, Violetta L.   11, 24, 170
Walford, David   259
Walker, Ralph C. S.   24
Walsh, William Henry   418
Warda, Arthur   257
Watkins, Eric   140, 174–177, 589, 617
Waxman, Wayne   14
Weinberg, Julius   203
Weiß, Michael Bastian   25
Weitkamp, Ursula   23
Wellmann, Gesa   147, 154, 170
Werkmeister, William Henry   312
Westphal, Kenneth R.   22, 525f., 528f., 533f., 538, 540, 546, 548f., 550f., 553–556
Willaschek, Marcus   17, 25, 78f., 589
Williams, Jessica J.   19
Wittgenstein, Ludwig   21
Wolff, Christian   18, 72, 82, 84, 87, 95f., 100, 102–107, 123, 133, 149ff., 161–164, 186, 188, 199, 201, 204ff., 208, 210, 212, 214, 254, 256–259, 263, 289, 326f., 342, 420, 514, 517, 556
Wolff, Michael   16, 68, 468, 545f., 549

Wolff, Robert Paul   14, 540
Wolters, Gereon   135, 147f., 177
Wright, Crispin   605
Wuerth, Julian   15, 613, 620
Wunderlich, Falk   18, 24, 106, 212f., 516f., 521
Wundt, Max   6

Yamane, Yûichirô   182f.
Yandell, Keith   544
Young, J. Michael   549

Zahavi, Dan   574
Zammito, John   220
Zeidler, Kurt Walter   8
Zeller, Eduard   138
Zimmerman, Aaron   580
Zimmermann, Robert   140, 174, 276, 580, 597
Zobrist, Marc   16
Zocher, Rudolf   8
Zöller, Günter   24f., 156, 158, 363, 370, 372, 375

www.ingramcontent.com/pod-product-compliance
Lightning Source LLC
Chambersburg PA
CBHW031717230426
43669CB00007B/171